용과 독수리의 제국

나라는 어떻게 흥하고 망하는가! 진秦·한漢과 로마, 두 제국의 천년사

용과 독수리의 제국

김영문 옮김

어우양잉즈(歐陽瑩之) 지음

살림

선친 어우양치(歐陽啓) 선생을 기념하며

1922~2005

지식의 향연

　　　　　　중화서국에서 어우양잉즈(歐陽瑩之) 여사의 대작
『용과 독수리의 제국』을 부쳐왔다. 저자는 물리학자이지만 자신의 전
공 밖에서 중국 진·한(秦·漢)제국과 로마제국을 비교하는 이 저작을
집필했다. 저작을 읽으며 역사학자의 입장으로 내용을 살펴보는 동안
나는, 한편으로 탄복하면서도 한편으로는 부끄러웠다. 역사를 전공하
지 않고도 문화사의 문제에 대해 이처럼 주도면밀하면서도 독창적인
견해를 갖고 있다는 사실에 탄복했다. 그러나 수많은 역사학자 가운
데 유럽 역사를 이런 수준으로 이해할 수 있는 사람이 드물다는 사실
에 또 부끄러움을 느꼈다.

　유라시아 대륙에서 두 제국은 존재 시기도 비슷했고 역사적 중요성
도 비슷했다. 저자는 두 제국의 지리 환경·역사 조건·사회구조·관리
제도와 조직 등 각 부문의 내용을 손바닥 보듯 환하게 서술하고 있다.

저자는 또 문화적인 비교를 하고 있을 뿐 아니라 각 부문별 전문적인 장(章)까지 마련하여 두 제국 사이의 관계와 피차간의 인식 정도를 소개하고 있다. 일반 독자의 입장에서는 이 책을 읽으며 중국요리와 서양요리가 함께 제공되는 지식의 향연을 즐길 수 있고 아울러 중국인과 서양인의 입장에 서서 각각 타당한 진술 논리도 확보할 수 있다.

저자는 글을 쓰면서 다음 사실을 다뤘으면 더 좋았을 것이다. 어째서 이 두 대륙의 제국이 이렇게 발전하다가 나중에는 또 어째서 서로 다른 방향으로 나아갔을까? 나는 저자가 "왜 후대의 중국은 줄곧 하나의 '중국'이었고, 로마는 왜 유럽의 여러 나라로 갈라졌을까?"라는 점에 관심을 기울일 수 있었을 것이라고 생각한다. 나는 '중국'이 오랫동안 '중국'으로 유지해오면서, 비록 남북조시대의 이민족 침입과 요(遼)·금(金)·원(元)·청(淸) 시대의 이민족 통치를 겪었지만 결코 분열되지 않고 중국이란 본부에서 수많은 외래 영향을 받아들여 여전히 '중국적인' 본색을 갖춘 채 장기적으로 존속해왔다고 여긴다.

내 생각에 이 문제를 이해하기 위해서는 진·한 이후 중국이 시종일관 '호적을 편성하여 백성을 다스린(編戶齊民)' 사실을 국가 종족 분석의 기초로 삼아야 하리라고 본다. 중국에서는 시대가 달라도 모두 귀족만 있었지, 유럽 역사처럼 장기적인 봉건제도 시행으로 귀족과 평민 간의 자이가 계속 이어진 일은 없었다.

다른 한편으로 로마제국은 구성원이 광대했는데 이는 상이한 지역의 다양한 종족을 병탄한 결과였다. 제국 체제 아래에서 각 상이한 속지(屬地)는 로마와 각자 특정한 관계를 맺고 제국에서의 지위를 정했다. 게다가 각 지역은 황제에게 예속된 곳도 있었고, 원로원(元老院)에 예속된 곳도 있었다. 이것은 로마제국의 확장이 군사 정복을 주요 수단으로 삼았기에 야기된 현상이었다. 로마 군단의 사령관과 각 지역의 본래 통치계층은 주둔군과 속지 감독이라는 주종관계를 맺고 있었다. 로마에는 중국의 진·한 이후처럼 중앙 조정과 지방 군현(郡縣)이라는 일치된 행정체계가 출현한 적이 없다.

중국의 확장은 물론 군사 정복도 없지는 않았지만 이민의 확산이 오히려 훨씬 많았다. 완만하고 점진적으로 천천히 핵심에서 각 지역 변방으로 스며들었고, 그 후 강역 전체에까지 가득 차게 되었다. 중앙에서 가져간 것은 제도만이 아니었고, 문화와 그에 따른 동화도 함께였다. 게다가 초기의 변방은 새로운 중심으로 변화될 가능성도 있었다. 이 때문에 천하의 중심 지역은 항상 이동하면서 마지막에 중국 공동체 내로 집중되었으며, 이를 바탕으로 마침내 최대의 중심체가 중국을 일체로 묶을 수 있게 되었다.

로마도 수많은 외래 종족을 받아들였다. 이들은 한 그룹 한 그룹이 삼투(滲透)를 통해 혹은 정복을 통해 유럽 전역에 가득 찼다. 앞서거니 뒤서거니 로마로 들어온 종족은 먼저 지중해 중심 지역에 가입했고, 그 이후 또 기독교 문화 체계로 이루어진 유럽인이 되었지만 이들은 많든 적든 여전히 자기 종족으로서의 동일성을 갖고 있다. 본래 유럽의 공통어였던 라틴어는 17세기 민족국가 체제가 출현한 이후 더 이상 통용되지 않았고, 각 지역에서는 고유 언어 사용이 복원되었다. 일찍이 로마로 통일되었던 유럽은 다국 체제로 분리되어 수많은 정치·

문화적 공동체가 공존할 수밖에 없게 되었다.

여기에서 나는 저자에게 진심으로 경의를 표한다. 그녀는 전공의 한계에 갇히지 않고 광활한 시각으로 독자에게 유용한 양서를 내놓았다. 나는 어떤 분야에서든 어느 날 이와 같은 고수가 출현하여 그 분야에서 배운 분석과 종합 능력을 다른 분야에도 응용하여 연구하기를 기대한다. 이것이야말로 통합형 교육의 수준 높은 경지다.

쉬줘윈(許倬雲, 원로 역사학자)

1 청대(淸代) 용포   2 로마 군단 독수리 표지   3 로마 여신상

용은 중국의 네 가지 신령스런 동물(용. 호랑이. 봉황. 거북) 중에서 첫머리를 차지한다. 『역경』「건괘(乾卦)」에서는 "구오(九五)는 비상하는 용이 하늘에 있다(九五. 飛龍在天)"라고 했다. 건괘의 구오는 존엄한 자리이므로 그 덕이 하늘과 짝을 이룬다. 이에 용은 마침내 황제의 상징이 되었다. 황제를 나타내는 금룡(金龍)만이 발톱이 다섯 개임을 청대 용포가 드러내주고 있다.

독수리는 로마 군단의 표지다. 모든 군단은 자신만의 독특한 황금제 독수리 표지를 갖고 있었다. 군단은 도처로 정벌을 나가므로 독수리는 마침내 로마 패권의 상징이 되었다. 군국주의는 로마의 일관된 전통이다. 로마 여신이 지구를 밟고 있는 것은 그런 상징을 예술로 표현한 것이다.

1, 2 아우구스투스상   3, 4 진시황상

로마인은 사실적인 표현을 중시한다. 군복이나 예복은 모두 본인의 면모를 분명하게 드러낸 것이다.

중국인은 진실한 모습에 비교적 무심하다. 따라서 화가는 역사 인물의 모습을 허구로 그려낸다. 여러 문헌에서도 그 진위를 분별하지 않고 그것을 통칭하여 '상(像)'이라고 한다.

1, 2 중국 고대 형구 도끼와 예기 두(豆)   3 로마문화박물관에 전시중인 목제 쟁기와 창

주나라의 종법 봉건제도에서 "예(禮)는 아래로 서민에 미치지 않고, 형(刑)은 위로 대부에 미치지 않는다(禮不下庶人, 刑不上大夫)"고 했다. 출토된 예기와 형구는 오늘날 박물관에서 흔하게 볼 수 있다.

로마공화정의 공민은 귀천을 막론하고 모두가 농민 전사였다. 로마문화박물관에 전시된 목제 쟁기와 창을 통해 고대 로마의 건국 정신을 엿볼 수 있다.

1,2
3

1 로마 군단 사병   2 로마 황제의 근위대   3 진시황릉 병마용   4 진나라 쇠뇌 궁수 인형

로마 보병의 표준 군사 장비는 창, 단검, 방패였다.

중국 전국시대 군사는 일반적으로 청동창과 검을 소지했고, 한나라 초기에 이르러서야 철제 무기로 바뀌었다.

쇠뇌는 중국의 날카로운 무기의 하나다. 틀에 장전하여 발사하므로 강하고 정확했다. 쇠뇌 궁수는 고강도 훈련을 받지 않고도 대규모로 전투에 나갈 수 있었다.

1	2
3	4

1 오수전(五銖錢)　2 카이사르 은화

진·한과 로마는 모두 농업경제가 국력의 바탕이었으므로 대부분의 백성은 스스로 농사를 지으며 자족적인 삶을 살았다. 그러나 다른 고대 농업사회와 비교해보면 이 두 나라에서는 화폐도 상당히 널리 유통되었다. 중국 역대 황제들은 기본적으로 진나라의 방공전(方孔錢: 둥근 모양에 가운데 네모난 구멍이 있는 전통 엽전)을 따라서 썼다. 한나라에서는 무제 때부터 개인의 화폐주조를 금지하고 정부가 주조한 '오수전'을 유통시켰는데, 이것이 양한 경제 번영과 안정의 기반으로 작용했다.

로마 화폐는 은화 위주였다. 서양에서는 금화와 은화를 주조할 때 대부분 각종 도안을 설계해 넣어 경제 선전 효과를 달성하려 했다. 사진은 율리우스 카이사르가 발행한 은화다. 자신의 모습을 주조해 넣어 통치자의 이미지를 선전하려 했다.

1 콘스탄티누스 개선문　2 동한 무덤 벽의 궁궐 조각

로마의 건축은 로마시의 콘스탄티누스 개선문처럼 둥근 아치형이 일반적이다.
중국의 건축은 두공(斗拱) 양식이 일반적이다. 하지만 진·한의 궁궐은 고아하고 소박한데, 이는
후대에 두공 양식을 사용하여 높은 추녀를 날아갈 듯이 중첩한 건물보다는 못한 편이다. 동한의
무덤 벽 벽돌에 새겨진 그림에는 대궐 위에 봉황이 날아와 상서로움을 드러내고 있다. 여기에서
도 한나라 유학자들의 오행(五行)과 참위(讖緯) 사상을 분명하게 엿볼 수 있다.

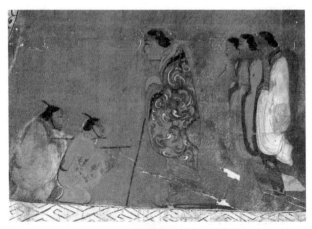

1 마왕두이(馬王堆) 한나라 무덤에서 출토된 상막(喪幕) 2 로마 원로 가족상

중국인과 로마인은 일반적으로 가정, 부권(父權), 조상을 중시했다. 후난성(湖南省) 창사시(長沙市) 마왕두이에서 출토된 서한 상막 그림의 디테일에는 중국인의 효성스러운 모습이 잘 표현되어 있다.

조상과 함께 있는 모습을 드러낸 로마인의 석상은 기원전 1세기의 작품인데, 한 원로 귀족과 그의 조상을 함께 묘사한 듯하다.

1
2

1 로마의 아피아 가도   2 진나라 직도(直道) 유적(지금의 산시성陝西省 춘화현淳化縣 경내)

로마는 대규모 인력과 물력을 동원하여 사통팔달의 공공 도로망을 건설했다. 그들이 두꺼운 돌로 만든 도로는 오늘날까지도 계속 사용되는 사례가 적지 않다. 길을 닦는 까닭은 본래 군사와 정치적 목적이 강했고, 제국을 통일하기 위한 목적도 있었다. 그러나 동시에 교통이 편리해지면 경제 교류에도 도움을 주고 백성의 복지에도 많은 혜택을 줄 수 있다.

진나라가 닦은 치도(馳道)와 직도(直道)의 기능도 이와 유사했다. 전통적인 문인들은 한결같이 이런 기반 건설을 '백성의 힘을 경솔하게 쓰는 것'이라고 공격했지만 그것은 편견이고 단견이다.

1 다키아인 상   2 흉노족 동상

로마제국과 중국 황조의 북방은 모두 이민족의 근거지였다. 평화 시절에는 함께 잘 살았지만 때로는 무력 충돌을 일으키며 위협을 가하기도 했다. 로마인은 북방 게르만족을 머리카락과 수염이 덥수룩한 사람으로 묘사했다. 콘스탄티누스 개선문에 부조된 모습과 같다.

중국인은 북방 민족을 둥근 얼굴에 광대뼈가 튀어나온 모습으로 묘사했다. 허난성(河南省) 뤄양시(洛陽市) 진촌(金村) 전국시대 무덤에서 출토된 동상의 모습과 같다.

1 폼페이에서 출토된 상감 인물화 2 마왕두이에서 출토된 흰 비단 도포
3 방직 화상석(탁본)

장건이 서역 교통로를 개척하고 한나라 때 서역도호부를 설치한 이후 중국의 비단은 율리우스 카이사르 시대(기원전 1세기)에 로마로 전해졌다. 로마인은 그것을 풀어서 다시 반투명 얇은 비단으로 짰다. 그것은 폼페이에서 출토된 상감 인물화에 묘사된 얇은 옷과 같다. 그 모습을 보고 대(大) 플리니우스와 같은 점잖은 사람도 크게 화를 낸 것이 이상한 일이 아니다.

기실 중국에도 일찍부터 견사(絹紗)가 있었다. 예를 들어 후난성 마왕두이에서 출토된 흰색 도포가 그것인데, 이는 손바닥 위에서 춤을 출 수도 있는 날씬한 초나라 여인의 옷감으로 적당하다.

방직 화상석(畵像石)은 1966년 장쑤성(江蘇省) 쉬저우시(徐州市) 퉁산(銅山) 훙러우촌(洪樓村)에서 출토되었다. 여기에는 한나라 방직 과정 세 가지가 묘사되어 있다. 즉, 실 고르기·실 잣기·베 짜기가 그것이다.

1 동한 무덤 벽화 속의 연회   2 로마 무덤 벽화 속의 주연

당나라 때 의자가 수입되기 전에 중국인은 늘 바닥에 그냥 앉았다. 동한 시대 벽화에는 연회 자리에 단정하게 앉아 있는 주인 부부가 묘사되어 있다.
로마인은 탁자 앞에서 의자에 비스듬히 앉아 밥을 먹는 게 관습이었고 주연 때도 마찬가지였다. 기원전 5세기의 이 벽화에 그런 모습이 드러나 있다.

1 자객의 칼에 맞는 카이사르를 그린 그림   2 형가(荊軻)가 진시황을 찌르는 그림(한나라 부딤 벽화)

위의 그림은 기원전 44년 일군의 로마 귀족이 원로원에서 카이사르를 죽이는 광경을 묘사했다. 왼쪽 구석에는 카이사르에게 패배한 폼페이우스상이 서 있다.

아래 그림은 『사기』「자객열전(刺客列傳)」의 내용을 상세하게 묘사했다. 그림 오른쪽은 진시황인데 옷소매가 잘려 있다. 형가가 들고 가 바친 번오기(樊於期)의 머리는 땅바닥에 떨어져 있다. 그림 왼쪽이 형가다. 그는 진시황의 어의 하무저(夏無且)에게 허리가 잡힌 채 비수를 던졌으나 진시황에 맞지 않고 기둥에 박혀 있다.

1 아우렐리우스의 개선 행렬(부조)   2 진시황의 경거(輕車)

1
2

1 로마 검투사(독일 네닝Nenning에서 출토된 상감 그림)   2 진시황릉 장사 도용(陶俑)

1
2

1 동한 벽화「거마 출행도(車馬出行圖)」 2 로마시 안토니우스 개선 기둥에 조각된 행군 부조

| 1 |
| 2 |

1 동한 벽화 「속리도(屬吏圖)」 2 기원전 1세기 로마의 「문인학사도」(폼페이 부근 토레 아눈
차타Torre Annunziata에서 출토된 상감 그림)

2,000년 전 동·서 웅자, 진·한과 로마제국

나의 선친 어우양치 선생은 광둥성(廣東省) 시골에서 태어났다. 어려서는 집에서 돼지고기 파는 일을 도왔고 조금 자라서는 외지로 나가 천하를 돌며 장사를 했다. 국가의 전란을 맞아 여러 번 좌절했다가 다시 일어서서 굳은 의지로 성공적인 삶을 살았다. 자신은 먹을 것을 절약하고 쓰임새를 줄이면서도 자식들은 흔쾌히 외국으로 유학을 보냈다. 자신은 겨우 사숙(私塾)에서 공부했지만 영어사전을 들고 미국 대학의 입학 규정을 정독하며 자식의 출세를 도왔다. 만년에 이르러서는 자식들이 오래 타국에 머물며 중국의 문화적 근본을 망각했다고 탄식했고, 자신은 영원히 조국의 산하와 대지를 품겠다며 화장한 뼈를 창장(長江: 양쯔강) 상류에 뿌려달라고 부탁했다. 그는 2005년에 세상을 떠났다. 나는 아버지의 뜻에 감복하여 국학 연구에 매진하기로 결심했다. 이 책은 그 첫 번째 성과물이다.

나는 상하이에서 초등학교를 다녔고, 홍콩에서 중·고등학교를 다녔다. 또 미국에서 대학을 다녔고 매사추세츠공과대학에서 박사학위를 받았다. 전공은 물리학이지만 문학과 역사에 대한 흥미도 버리지 않았다. 과거 20년 동안 책 네 권을 출판하여 과학과 관련된 역사와 철학을 논술했다. 예를 들면 칸트의 지식론 관점으로 양자장론(Quantum Field Theory)을 바라보거나 복잡계(complexity system) 이론의 구조를 분석하기도 했다. 이 때문에 사회과학도 조금씩 공부하게 되어 문학과 역사로 전환하는 데 교량을 놓을 수 있었다. 과학 연구로 배양된 객관적 이성 덕분에 나는 독립적인 사고에 힘을 쏟았다. 이에 모든 일에 증거를 구하고 진실을 탐색하며 권위를 가볍게 믿지 않고 청년 학자와 함께 힘쓸 수 있기를 희망했다. 나는 미국에 거주하기 때문에 영어 자료를 쉽게 구할 수 있다. 이런 환경에서 역사를 비교하는 건 연구 분야를 중국 역사로 전환하기 위한 디딤돌로 작용할 수 있다. 때마침 중국이 굴기(崛起)하고 미국이 제국주의를 다시 강화하는 시절을 만났다. 이는 2,000년 전 진·한황조(皇朝)와 로마제국이 각각 동과 서에서 웅자로 군림한 상황과 비슷하다. 이런 흐름이 내가 이 책의 제목을 선택하는 데 도움을 줬다.

이 책은 영어판이 먼저 출판되었다. 내가 다룬 내용이 중국이므로 나는 중국어판을 써서 가능한 한 내 생각을 분명하게 표현하여 중국 독자들을 존중해야겠다고 생각했다. 중국어판과 영어판 내용은 대부분 일치하지만 두 가지 점에서는 좀 차이가 난다. 첫째, 중국과 서양 독자들의 지식 배경이 상이함을 고려해야 했기에 개념과 전고(典故)

의 해석에 약간 차이가 있다. 둘째, 중국에 관한 자료를 다룰 때 영어판에서는 대부분 영어 문헌을 인용했고, 중국어판에서는 이를 바꿔서 중국어 문헌, 그중에서도 특히 근년의 새 저작을 인용했다. 이 두 가지는 모두 독자의 독서 편의를 위한 조치다.

이 책에서 나는 주로 중국과 서양의 군사와 경제를 비교했다. 또 다루고 있는 학술사상도 통치 엘리트의 영향에 국한되어 있다. 이 책에 실은 문화와 예술 분야의 이미지는 중국과 서양의 차이점과 공통점을 더욱 분명하게 보여줄 것이다.

매사추세츠 케임브리지에서
어우양잉즈

시간은 사물로 이루어진 긴 강처럼 세차게 물결치며 흘러간다. 한 가지 일이 발생하면 곧바로 세찬 물결이 휩쓸어버린다. 다른 일이 이어서 발생하지만 이 또한 즉시 물결 따라 흘러가버린다.

한마디로 말해서 인간 육신의 신진대사와 영혼은 꿈과 같고 연기와 같다. 인간 생애는 전쟁 같기도 하고 타향을 떠도는 나그네 같으며, 사후의 이름은 더 헛된 것이다. 우리의 행위를 지도할 수 있는 게 무엇이랴?

마르쿠스 아우렐리우스
『명상록』 4.43, 2.17

도도한 창장은 동쪽으로 흘러가며 물거품으로 영웅을 모두 쓸어갔네. 시비와 성패를 돌아보니 모두 헛되도다. 청산은 의구한데 석양은 몇 번이나 붉었던가?

백발의 어부와 나무꾼은 강가에서 가을 달과 봄바람을 익숙하게 바라보네. 탁주 한 병으로 서로 만남을 즐기도다. 고금의 수많은 일을 모두 담소 중에 부치노라.

나관중(羅貫中)
『삼국연의(三國演義)』 「권두사(卷頭詞)」

차례

용 모델, 독수리 모델

기원전 202년 문명세계의 동서 끝에서 각각 시대를 가르는 대전이 발생했다. 아프리카 북쪽 연안의 자마(Zama)에서는 로마군이 숙적 카르타고를 격파하고 대제국 건설의 장애물을 제거했다. 황허 남쪽 해하(垓下)에서는 한(漢)나라가 초(楚)나라를 격파하고 진(秦)나라 말기의 군웅할거 각축전을 끝냈다. 이로써 한나라는 규모가 역대 최대이고 공적과 문화가 모두 로마제국에 비견되는 거대한 왕조를 건립했다. 진·한황조와 로마제국의 유사점은 적지 않은 세계사학자·사회학자·정치학자를 이끌어들였다.[1] 근년에 이 두 제국을 비교한 논문이 적지 않게 발표되고 있지만 이 책 이전에 전문적인 저서는 아직 출판되지 않았다.[2]

어떤 학자는 동·서 양대 세계 제국의 역사를 형용하면서 '일대 집합'이라고 했다.[3] 기실 이 두 제국은 발전 추세는 비슷했지만 이합집

산의 양상은 여전히 큰 차이를 보였다. 상이한 사회가 유사한 문제에 직면하면 유사한 대책을 마련할 가능성이 있다. 그러므로 세상의 강고한 전통은 각각 다양하고, 시국의 변화도 예측할 수 없는 상황에서는 모든 나라에 적용할 수 있는 만능 해답을 내놓을 방법이 없다. 어떤 하나의 환경에서 빛나는 공적을 남긴 사상 제도라 해도 다른 환경에서는 아무런 효과를 발휘하지 못할 수도 있다. 이 때문에 진·한황조와 로마제국은 유사함 가운데서도 많은 차이점을 적지 않게 포함하고 있다. 이 두 제국은 스스로 자신의 통치 스타일을 각각 '용 모델'과 '독수리 모델'이라고 일컫고 있다. 용과 독수리의 특색을 분석하여 그 차이점과 공통점을 비교·평가하려는 것이 이 책의 주된 의도다.

제국이란 관념은 제2차 세계대전 이후 한동안 사라지는 듯했지만 미국이 군대를 거느리고 아프가니스탄과 이라크를 침입한 이후 다시 권토중래했다. 중국의 굴기(崛起), 글로벌 경제 등 국제 정세가 급격히 요동침에 따라 사람들은 더욱더 그 대응책을 찾기 위해 심사숙고하게 되었다. 과거 10여 년간 새로운 패권 강대국의 정치체제를 연구하는 책이 끊임없이 출간되었다. 어떤 학자는 그것이 세계정세를 안정시키며 장기적인 효력을 발휘할 것이라고 말했고, 또 다른 학자는 그것이 착취에 뜻을 두고 있기에 오래 지속될 수 없을 것이라고 말했다. 그러나 모두들 강대한 제국이 소국과 다른 점은 양이 아니라 질에 있다고 인식했다.[4] 영토가 좁고 인구가 적은 나라에서 동일한 인종이 같은 문자를 쓴다면 쉽게 내정의 조화를 이룰 수 있다. 그러나 이웃 나라와 분쟁이 생겼을 때는 군사적 충돌도 쉽게 발생할 수 있다. 대제국은 소국을 병탄하고 다양한 민족을 수용하고 있기 때문에 이들 사이의 충돌을 해결하거나 억누름으로써 평화 수립의 이득을 얻을 수 있다. 그러므로 세상을 태평하게 하는 일은 특히 간단하지 않다. 대제국은 땅이 넓고 인구가 많다. 따라서 백성의 사정이 복잡하고 종족이 불화를 일으키므로 통치하기가 쉽지 않다. 고대에는 현대와 같은 통신장비와 운송 기술이 부족해서 광활한 강역을 하나로 응집시키기가 더욱더 곤란했다.

역사에 나타난 제국은 드물다. 어떤 미국 학자는 이렇게 말했다. "통계를 내보면 역사적으로 출현한 제국은 70개에 불과하다. 만약 『더 타임스 세계사 지도집(*The Times Atlas of World History*)』을 믿을 수 있다면 미국은 역사상 68번째 제국이다. 공산 중국은 69번째이고, 어떤 사람은 EU를 70번째 제국이라고 부른다."[5] 과거 67개 제국 중에서 적지 않은 나라가 국운이 짧거나 영토가 제한적이거나 과오만 있고 공적은 없었다. 광활한 영토에 웅거하여 장기적으로 번영을 유지하며 세계 대제국으로 일컬을 수 있는 나라는 겨우 10여 개에 불과하다.

이처럼 출중하면서도 짧은 명단 가운데서 진·한황조와 로마제국이 거의 동시에 나타나 맨 앞자리를 차지하고 있다. 이 두 제국은 전성기에 각각 지구 인구의 4분의 1을 보유했으며 안정적으로 태평성대를 이룬 시기도 200년을 넘었다.[6] 전자는 천하를 통일했다고 자랑했고, 후자는 지구의 패권을 장악했다(imperium orbis terrae)고 자랑했다.[7] 양자는 모두 자신의 권력이 초월적인 어떤 것에 근원을 두고 있다고 인식했다. 하나는 천명(天命)이라고 일컬었고, 다른 하나는 신수(神授:

용과 독수리의 제국

divinitus adjuncta fortuna)라고 일컬었다.[8]

이 책에서는 동서양 대통일 질서의 형성 연대를 비교하여 '용'과 '독수리'의 정치적 특색을 탐구하려고 한다. 그 근원을 찾기 위해 황조와 제국의 흥망사를 두루 살펴볼 것이다. 기원전 771년 춘추(春秋) 진(秦)의 건국에서 기원후 316년 동진(東晉)이 강남으로 옮겨가고 화베이(華北) 지방이 북방 초원의 이민족에 정복당할 때까지를 다룰 것이며, 마찬가지로 기원전 509년 로마공화정 성립에서 기원후 476년 서로마제국이 북방 게르만족에게 멸망할 때까지를 다룰 것이다.

두 천년제국사는 동일한 모습으로 각각 두 단계로 나뉜다. 전반부는 발흥기이고 후반부는 융성기와 쇠락기인데, 그렇게 거쳐 간 단계가 비슷하다. 또 이 두 단계를 가르는 20여 년은 과도기라 할 수 있다. 기원전 221년 진시황은 전쟁이 끊이지 않았던 수백 년간의 춘추전국시대를 끝내고 통일 중국을 완성했다. 그러나 진나라는 단명했고 그 이후 중국은 내전으로 유린되다가 기원전 202년 해하 전투 이후에야 한 고조(高祖, 전 256~전 195)가 안정된 황조를 세웠다. 100년 후 서양에서도 이와 유사한 참혹한 내전이 계속 확장되다가 태평시대로 접어들었다. 카이사르(Gaius Julius Caesar, 전 100~전 44)는 수 세기에 걸친 로마의 정복 전쟁을 정점으로 끌어올린 후 기원전 48년에 창끝을 공화정으로 돌려 독재를 시행했다. 그가 피살된 후 로마 귀족 사이에 내전이 격화되다가 기원전 31년 악티움(Actium) 전투에 이르렀고, 이 전투에서 승리한 아우구스투스(Augustus, 전 63~후 14)가 로마제국을 안정시켰다. 잔혹한 내전은 로마공화정의 조종(弔鐘)이었고, 황조 중국의 산고(産苦)였다. 로마인들은 공화정의 강인함을 드러내면서 카이사르의 영웅적 야망에 항거할 수 있었다. 진나라가 건설한 군현제도는 생기도 발랄하게 봉건 귀족의 맹렬한 반격에 맞설 수 있었다.

이 책을 통해 쌍방의 이야기를 나란히 서술하는 건 역사 이해의 배경을 제공하여 저술의 주요 임무를 보조하려는 의도다. 또 중국과 서양의 정치적 특색을 분석하고 그 장단점을 비교·평가하여 자칫 견강부회로 빠져드는 폐단에서 벗어나려는 노력이다. 황조와 제국은 아주 유사하다. 쌍방의 경제는 모두 농업을 근본으로 삼아서 논밭이 주요 재산이었지만 화폐도 상당한 규모로 유통되었다.[9] 두 사회는 보수적이었고, 권위를 숭상했으며 계급도 엄정했다. 모두 부권 가정을 기본 단위로 삼았다.[10] 두 정부는 모두 중앙집권형이어서 황제가 군현이나 속주(provincia)를 관할했다.[11]

그러나 일반적인 광경을 살펴보면 분명한 차이가 드러난다. 제국이 위세를 부리더라도 모든 강국이 거기에 빌붙는 건 결코 아니다. 상이한 문화 전통, 특히 정치 엘리트의 관념은 그 영향력이 매우 크다.[12] 어떤 제국의 독특한 정치 스타일은 부분적으로 정책 결정자의 세계관에서 말미암는 경우가 많다. 이들은 모종의 표준으로 가치를 저울질하고 모종의 개념으로 이해득실을 감정한다. 자료가 부족한 상황에서 어떻게 형세를 판단하고 임기응변의 대책을 내놓을까? 한정된 국력과 자원을 무한한 내정과 외교적 요구에 어떻게 분배할까? 우리는 또 무슨 이유를 들어 이들의 취사선택을 해석해야 할까? 사람의 사상 경향을 좌우하는 세계관은 부분적으로 사회제도와 정치제도에 구현된

용과 독수리의 제국

다. 그것은 마치 '의식의 유전자'처럼 작은 고리가 항상 변화하며 환경에 적응한다. 그러나 대체로 세대 사이 유전은 뿌리가 견고하고 변화도 완만하며 그 흐름도 유장하다. 역사적 연원은 사회구조를 제약한다. 그것은 마치 어린 시절의 경험이 성인의 품성을 빚어내는 것과 같다. 황조와 제국은 결코 어느 날 갑자기 출현하지 않았다. 중국과 서양의 길고도 상이한 굴기 과정은 용과 독수리의 성격에 분명한 흔적이 남아 있어서 지금까지도 그 모습을 찾아볼 수 있다.

이 책의 이야기는 로마가 제국으로 전환하기 이전, 그리고 진나라가 중국을 통일하기 약 500년 이전에서 시작된다. 당시의 로마와 춘추열국 규모는 모두 하나의 도시와 그 주변부에 불과했다. 그러나 정치조직과 경제발전 부문에서는 양자 사이의 차이가 매우 커서 19세기 서양과 중국의 차이에 못지않다.[13] 그 시절 중국은 아직도 청동기시대였다. 춘추의 제후와 귀족이 정권을 장악하고 집안과 나라를 일체화했으며, 형벌만 있고 법은 없었다. 이들은 존귀한 지위와 풍족한 생활을 했고, 예(禮)를 서민에게까지 시행하지 않았다. 지중해 일대는 일찌감치 기술혁명을 거쳐 철기시대로 진입했다. 노동하는 백성이 가격은 싸고 성능은 뛰어난 생산도구와 전쟁무기를 장악하고 세력을 확대하면서 스스로 공법을 지키는 성안 공민(公民)이 되는 걸 영광으로 생각했다 고대의 중국과 서양은 전혀 교류가 없었지만 로마공화정에서 로마제국에 이르기까지 그리고 전국시대에서 한나라 초기까지 500년 역사를 함께 놓고 보면 앞을 향해 돌진하는 호쾌한 활극의 한 대목을 감상하는 듯하다.

로마공화정이 성립할 때 그 경제적 기반은 스스로 자기 땅을 경작하는 소농이었고, 군사의 주력은 농민이 겸임하는 보병이었다. 자신의 경작지를 소유한 농민은 땅을 보배처럼 아끼며 사유재산권 보호야말로 국가 최대 책임의 하나라고 인식했다. 로마인은 자신의 가정을 매우 아꼈지만 그들의 정치제도는 가정과 나라를 명확하게 구분했다. 귀족 자제는 경쟁에서 이겨야만 관리가 될 수 있었다.[14] 광장, 법원, 원로원 등 공공장소에서 귀족과 평민 등 각파 인사는 서로 논쟁을 벌이거나 협상을 했다. 사회 계급은 준엄했지만 상하 귀천 모두 법률을 준수하며 받들었다. 그것이 공공 국가를 상징하고 수호하며 각 계층이 협의를 이룰 수 있도록 도와주기 때문이다.

정리(情理)와 협력의 정치 경험은 공중도덕을 배양했으며, 여기에다 병역 복무 공헌과 효율적인 정치조직이 보태져 로마 평민은 200년간 지속된 투쟁 속에서 자유에 대한 개념을 적지 않게 찾아냈고 자신을 위해 적지 않은 정치적 권리를 쟁취했다. 이런 무혈혁명에 의해 절반만 민주적인 공화정 정치체제가 탄생했다. 귀족 중심의 원로원이 대권을 장악했지만 민회의 선거와 입법의 제약을 받아야 했다.[15] 공화정 정치체제는 로마를 이끌어 방대한 제국이 되게 했다. 이에 기대 내정의 권력 균형을 안정시켜 영감의 원천을 만들었고, 현대적 정치학을 길러냈다. 미국 헌법의 구상은 그 영향을 받았다.[16]

진나라 건국 시기는 바로 주(周)나라 평왕(平王, ? ~전 718)이 동쪽으로 도읍을 옮긴 때에 해당한다. 춘추열국의 경제조직은 정전제(井田制)[17] 공동 경작 방식이었고, 군사의 주력은 귀족이 주도하는 전차 부

　　　　　　　　　　　　　　용과 독수리의 제국

대였다. 수백 명의 제후가 입으로는 주나라 천자를 천하의 주인으로 받들었지만 실제로는 각각 군사와 정치적으로 독립을 견지하고 있었다. 각 제후국에서는 종법제도와 봉건제도를 실행하며 공경대부를 세습했고, 나라와 임금의 가문은 분화되지 않은 혼돈 상태였다. 혈연 친척 관계에 따라 귀천과 존비(尊卑) 관계를 유지하면서 공공 도덕관념으로 나아가지 못했다. 봉건 귀족이 정부와 정전을 통제했으므로 정치적 주권과 토지 소유권은 아직 분리되지 못했다. 시(詩)·서(書)·예(禮)·악(樂)으로 통치계급 내부의 조화를 이루고 서민에게는 형벌을 시행했지만 규범적인 법률은 없었다.[18] 청동기시대 말기 봉건제도가 붕괴되는 과정에서 선왕(先王)의 도를 숭상하는 몰락 귀족이 탄생했는데, 그가 바로 공자였다. 그는 왕과 관리의 학문을 평민으로 확대함과 아울러 개인 도덕의 기초를 강화했다.[19] 가정윤리가 바로 정치 기강이었고, 통치자가 개인 덕행으로 천하와 종법 봉건시대를 다스릴 수 있다는 인치(人治) 관념이 유가 경전 속에 응고되어 역대 황조의 주도 사상이 되었다.

진나라가 중국을 통일하기 이전 200년간을 역사에서는 전국시대라 부르고, 이때 중국은 점차 철기시대로 진입했다. 생산 효율이 높아지면서 한 가정 소농도 자신 있게 독립적으로 생활할 수 있었으므로 공동 경작을 할 필요가 없었다. 사회가 급변하고 열국이 경쟁하면서 사상의 활력이 무궁하게 촉발되어 백가쟁명의 경관이 펼쳐졌다. 창조적이고 실제적인 정치가들이 각국에서 변법을 주장하며 경제발전과 부국강병을 이끌었다. 이런 법가(法家)의 인물은 법률을 분명하게 반포하고 법 앞에서는 만민이 평등하다는 사상을 제창했다. 이들은 백성에게 공법 준수를 가르치고 공공도덕을 배양하는 한편 나라와 군주의 가문을 분리하여 이들의 세습을 억제하고 공적과 능력으로 직위를 정하는 제도를 마련했다. 국가는 사유재산권을 인정하고 체계적으로 땅을 농민 가정에 나눠주고 납세와 병역의 의무를 요구했다. 평민 보병부대가 귀족 전차 부대를 대체하고 전장에 군림했다. 이들 신흥 농민 전사는 로마공화정의 공민과 유사했지만 중국의 왕후장상은 토지와 경제적 이익으로 백성을 농락했다.

그러나 로마 귀족은 이와 달리 투표권과 정치적 이익을 이용했다. 법가가 창조한 관료제 행정 기구는 소농 경제의 생산력을 효과적으로 발동하여 점차 봉건귀족을 약화시키면서 그들의 권력을 군주에게 집중시켰다. 이 법가의 정치체제에 의지하여 진시황(秦始皇, 전 259~전 210)은 중국을 통일했고, 이후 다시 봉건제도를 폐지하고 군현제도를 시행했다.[20] 이 행정제도의 합리성과 효율성은 아우구스투스조차 샘을 낼 정도라 할 만하다.

제국 건설에는 전공을 빠뜨릴 수 없지만 전쟁에서 승리했다고 대업이 완성되는 건 결코 아니다. 적을 격퇴하고 그 적을 통치할 수 있는 견고한 정권을 확립하기까지는 지난하고 위험한 과정이 계속된다. 일찍이 이 과정에서 찬란한 빛을 발하던 제국이 순식간에 궤멸되었다. 알렉산드로스(Alexandros, 전 356~전 323)의 휘황찬란한 전공도 눈 깜짝할 사이 허공으로 사라졌다. 로마제국과 진·한황조는 잔혹한 내전을 치르며 오랜 치세를 이뤘지만 자체적인 손상을 피할 수 없었다. 정부는 반드시 정치 엘리트의 재능을 얻어야 나라를 순조롭게 통치할 수 있다. 권세 있는 귀족 계층을 만족시키기 위하여 로마제국은 공화정의 민주제도를 희생했고, 중국 황조는 이제 막 싹튼 법치제도를 희생했다. 이 심각한 약점이 이로부터 독수리와 용을 근심에 빠지게 했다.

어떤 현대 학자는 로마제국의 성공이 그 공민의 자유와 권리에서 연원했고, 공민 개념이 결핍된 중국은 로마제국에 미칠 수 없었다고 인식했다.[21] 이 책에서는 공민 개념이 단지 침략기와 확장기에만 유효했음을 지적했다. 군장을 갖춘 로마의 농민 전사들은 공민대회에서 활약하며 자신을 위해 권리를 쟁취했다. 그러나 찬란한 태평성대를 누린 로마제국은 공민의 모든 정치권을 박탈했고, 이로써 법으로 허락한 사회적 권리도 점차 소실되어갔다. 후기에 이르면 농노와 같은 가난한 로마 공민은 중국의 신민(臣民)에 비해 현실적인 존엄과 자유가 더욱 결핍되었다.[22]

로마제국은 민주적 선거를 금지했지만 공화정의 3대 권력, 즉 군대·재산·법률은 유지했다. 장기적인 평화 상태에서조차 제국은 줄곧 강대한 직업 상비군을 보유했고, 이는 황권을 보호하기 위함이었다. 또 막대한 군비를 마련하기 위해 상업경제를 촉진했는데 이는 현대의 서양 군대와 공·상업이 이익을 위해 제휴하는 것과 같다.[23] 로마는 일관되게 재산으로 공민을 구분했다. 공화정 시절 공민 한 사람의 투표권은 그의 재산에 정비례했고, 부자의 한 표는 가난한 사람의 한 표에 비해 훨씬 중요하게 간주되었다. 가장 돈이 많은 공민이라야 정부 직위에 선출될 자격이 있었다. 이후 로마제국에서는 자산의 기준을 대폭 높였다. 대지주가 아니면 원로원이나 제국 관리나 군대 장교로 임명될 수 없었다.

각 지역 행정 관청에서는 그곳 권력자와 거부들이 대소 도시의 정치회의에 똬리를 틀고 앉아 황제의 비호를 받으며 황제를 위해 토착민들로부터 세금을 거뒀다. '천하의 지주를 단결케 하라!' 이것이 공화정에서 제국으로 전수된 성공 비결이었다. 로마의 법률은 분쟁을 해결하며 수백 년의 경험을 쌓는 과정에서, 점차 복잡하지만 절대적인 사유재산권을 확립하고 부유한 통치계급을 고정화했다.[24] 군국주의와 법률로 지탱된 부호 통치가 전체 로마 역사에서 시종일관 튼튼한 지위를 유지했다. 군단과 부호 귀족을 통제하며 그들의 합작을 유도했지만 상호 견제를 통해 음모와 반역을 방지하는 일이 황제의 가장 힘든 업무였다. 일단 균형이 무너지면 제국은 바로 궁지에 빠질 수밖에 없었다.[25]

진나라는 법치제도로 법률의 공평함을 견지하며 규칙을 만들어서 벼슬아치들이 공평하게 일을 처리하도록 감독했다. 이런 정책은 귀족이 고위직에 임명되어서도 건드릴 필요가 없었던 기존 권익을 침범했으므로 통치 엘리트의 강렬한 반항이 야기되었다.[26] 임금은 임금다워야 하고 신하는 신하다워야 한다는 유가 사상은 개인의 덕성과 친척 관계에 국정을 맡긴 인치 사상이라 전제 황조의 모든 통치계급에 유리했다. 관직에 나아간 유학자는 고대의 임금과 관리의 학문을 계승하여 제자백가 중에서 가장 존귀한 대접을 받았다. 그러나 현실과 동떨어진 방안이 많아서 시국이 어려울 때는 중용되지 못했다.

한나라가 융성기로 들어선 이후에야 무제(武帝, 전 156~전 87)가 제자백가(諸子百家)를 퇴출하고 오직 유학만 존중했다(罷黜百家, 獨尊儒術). 유생은 정부 요직에 똬리를 틀고 앉아 나라를 임금의 가문으로 제한했고, 법률을 형벌로 깎아내렸다. 허례허식으로 태평성대를 분식했고, 실용 지식을 배제하고 백발이 될 때까지 유가 경전 읽기를 숭상했다. 이로써 유학자는 점차 경학에 의지하여 벼슬길로 나아가고 벼슬에 의지하여 부를 축적하는 문화귀족으로 변했다. 유가 사대부는 황조 중국의 대표적인 특성 중 하나였으며, 또 세계 역사에서 가장 유구한 전통을 가진 정치 이익집단의 하나였다.

이들이 통치를 유지할 수 있는 방법은 기실 중국의 또 다른 기둥에 의지하고 있었다. 즉 법가가 설계한 군주집권 관료기구는 진나라 말기의 내란과 한나라 초기의 분봉을 견디며 정부 체제의 골격으로 자리 잡았다. 그러나 유가 사대부가 관직에 올라 그 기풍을 바꾼 후 인정(人情)으로 이성적인 규율을 은폐했다.[27] 이로써 법가 뼈대에 유가 기풍이 스며들게 되었으니 서양인이 중국인을 이중 성격자로 느끼는 것도 이상한 일이 아니다. 어떤 학자는 진나라의 법치제도 창설에 착안하여 이렇게 강조했다. "고대국가의 발흥을 연구하면서 우리가 중국에 주의를 기울여야 할 이유는 그리스 로마의 그것보다 훨씬 많다. 왜냐하면 오직 중국만이 '현대식' 국가를 창립했기 때문이다."[28] 또 다른 학자는 역대 황조의 행정 스타일에 착안하여 그 국가관이 박약함을 발견했다. "중국은 기실 국가로 가장한 하나의 문명이다."[29]

사회학에 근거해보면 권위의 원천은 세 가지다. 정치·경제·사상이 그것이다. 정치적 원천은 군사력과 행정 조직으로 나눌 수 있다.[30] 어떤 정부도 이 가운데 어느 하나를 빠뜨려서는 안 된다. 그러므로 '독수리식' 권위는 군사와 경제를 결합하는 데 편중되어 있어서 비교적 강경하다. '용식' 권위는 행정과 교화에 편중되어 있어서 비교적 온화하다. 이 두 가지 통치 스타일은 각각 로마제국과 양한(兩漢: 전한과 후한) 황조의 통치기인 2세기에 성숙되었다. 그것이 어떻게 내정과 외교를 좌우했고, 또 각종 환경에서 어느 것이 우월하고 어느 것이 열등했는지는 이 책 제2부의 제목과 내용으로 다룰 것이다.

황조와 제국에는 모두 강권이 빠져서는 안 된다고 알고 있지만 단지 강권에만 의지해서는 통치를 할 수 없다. 성공한 통치자는 관리의 통치를 맑게 하고 민생을 부유하게 하는 것 이외에도 여전히 민심을 통제하고, 여론을 조종하고, 도덕으로 강권을 지탱하면서 백성에게 복종을 의무로 삼아야 한다고 가르쳤다. 상이한 선전 내용이 독특한 스타일과 가치를 드러냈다. 인의(仁義)에 입각한 설교가 유신(儒臣)의 상소문에 가득 찼고, 강건하고 호방한 기풍이 로마 찬가에 흘러넘쳤다. 그러나 화려한 언어와 고아한 논리가 황조와 제국의 희생품을 변상해줄 수는 없었다. 황조 중국은 법가의 제도를 물려받고도 오히려 그것을 비방하고 유가의 권익을 옹호했다. 사대부의 위선적인 가르침이 이성적인 개혁을 방해하여 정치사상이 발전할 수 없게 만들었다. 아우구스투스는 로마공화정을 전복했지만 그 간판은 남겨서 자신의 전제정치를 가렸다. 이처럼 황제와 귀족의 권력 다툼을 위장하여 연장함으로써 여러 차례 보위 승계 위기를 초래했다.

태평한 세월이 오래되면서 특권이 뿌리를 내리자 부패가 생겨났다. 통치 엘리트들은 계파와 붕당으로 분화되어 사리사욕을 다퉜다. 황조와 제국의 약점이 점차 크게 드러났다. 법치와 공덕(公德)이 사라지자, 입만 열면 천하를 깨끗하게 하겠다던 동한(東漢)의 명사는 국가와 백성에게 참화를 야기하는 군벌로 변신했다. 공공정신이 상실되자 로마의 공민은 야만인의 침입을 수수방관하며 제국을 보위하려 하지 않았다. 마침내 동쪽과 서쪽에서 웅자로 일컬어지던 양대 초강국은 모두 손바닥만 한 하찮은 적에게 궤멸되었다. 두 강대국의 저항력은 심각한 체내 암에 의해 깡그리 소진되어 외래의 약한 찬바람도 막아내지 못했다.

용과 독수리의 특성을 살펴보면 왜 황조와 제국이 쇠망한 이후 중국과 서양의 역사가 공히 분열의 길을 걸었는지 이해하는 데 도움을 줄 수 있다. 통치 엘리트가 허황한 대책을 내세워 고집스럽고 구차하게 행동하며 작은 테두리 내의 친분만 돌보는 경향으로 흐르면서 황조 중국은 누차 제자리걸음만 하며 정체와 분열의 길을 걸었다. 그러나 내란이나 외침을 겪으며 무자비한 전화(戰禍)가 적폐를 불태우고 견실한 정신을 촉발하기도 했다. 혈육 간의 정, 끈질긴 정치제도, 완고한 정치 엘리트 등의 요소는 마치 길게 뻗은 대나무 뿌리와 같아서 황폐화된 대숲을 다시 살아나게 하곤 했다. 사대부는 황권과 자기 권익을 보호하려는 마음과 도덕적 구호에 의지하여 새로운 명사로 면목을 바꾸고 새로운 주인에게 영합할 수 있었다. 설령 망국 이후의 이민족 지배라 해도 충분히 적응하며 살아남을 수 있었다. 중국은 자가 치유의 길을 걸으며 웅대한 기풍을 다시 떨쳤다. 이런 기풍은 용처럼 유장한 역사에서 여러 번 시험을 당하면서도 바뀌지 않았다.

로마제국은 한 번 꺾이고 나서 다시 일어나지 못했다. 그 정치세력은 부분적으로 강대한 경제계급과 의기투합해 있었지만 지주계급의 이익은 반드시 지역적 한계를 갖고 있었다. 지주의 단결에 의지한 드넓은 제국은 한 번은 요행으로 존재할 수 있었지만 다시 출현하기는 어려웠다. 그러나 독수리는 다시 날아오를 수 있었다. 로마의 무궁한 진취적 정신은 마치 상수리나무처럼 많은 씨앗을 뿌릴 수 있었다. 오랜 시간이 지난 후에도 그것은 더욱 비옥한 토지를 선택하여 싹을 틔우고 성장할 수 있었으며, 또 더욱 강대한 계급인 자본가와 결합할 수 있었다. 로마인은 건전한 공화정의 이성적 사유와 실제적인 논리에 의지하여 다른 법률과 제도를 발전시켜 더욱 복잡한 신세계를 통합해 냈다.

황조 중국은 1911년에 완전히 사라졌지만 그 특징 중 일부는 여전히 오늘날 신중국에서도 찾아볼 수 있다.[31] 로마는 서양의 모범 제국이어서 그 영향이 심원했다. 따라서 오늘날의 미국 제국도 흔히 '신로마'로 불린다.[32] 양대 제국은 유산이 풍부하며, 고대 중국과 고대 로마의 역사도 오늘날 현실적인 의미를 드러내고 있다. 당(唐) 태종(太宗, 598~649)은 자신에게 세 개의 거울이 있다고 했다. "동(銅)으로 거울을 만들면 나의 의관을 단정히 할 수 있고, 옛 역사를 거울로 삼으면 나라의 흥망성쇠를 알 수 있고, 사람을 거울로 삼으면 나의 잘잘못을 밝게 비춰볼 수 있소."[33] 폴리비오스(Polibios, 전 200~전 118)는 다음과 같

용과 독수리의 제국

이 해석했다. "오직 역사가 있어야 상해를 가하지 않고도 우리를 가르칠 수 있고, 또 어떤 행동이 어떤 상황에 적합한지 판단하는 데 도움을 줄 수 있다."[34] 그는 기원전 2세기에 생존한 그리스 정치가이자 첫 번째로 『로마사』를 지은 저자이기도 하다. 아득히 먼 역사의 거울은 모호할 수 있지만 용과 독수리 형상을 나란히 놓고 보면 아마도 21세기의 국제 정세를 이해하는 데 도움을 받을 수 있을 것이다.

* * * * *

위에서 서술한 두 가지 정치 스타일의 윤곽은 본문에서 상세한 자료로 충실하게 채울 것이다. 이 책은 중국이나 로마 역사를 잘 모르는 독자를 위해 썼다. 이 때문에 서술방식, 해석방식, 논평방식을 모두 참작했다. 한 장(章)은 길이가 비슷한 세 부분으로 구성되어 있다. 한 부분에서는 중국사를 서술했고, 또 다른 부분에서는 로마사를 서술하여 서로 참조할 수 있게 했다. 이 두 부분에서 인물과 사건, 전체 맥락을 진술하여 역사적 배경을 제공하고 세 번째 부분의 논평과 비교에 근거자료로 삼을 수 있게 했다. 실제 증거는 공허한 선전에 비해 대상의 성격을 더욱 분명하게 드러낼 수 있다. 역사의 동력을 분석하고 성패의 원인을 탐색하는 것이 세 번째 부분의 역할이다.

서사는 대부분 시간 순서에 따라 안배했고, 비평과 비교는 주제에 따라 구성하고 서술했다. 이중적인 기준을 가능한 한 방지하기 위해 합리적인 기준선을 마련하여 비교 자료로 삼고 중국과 서양 언어에서

오는 개념상의 간극을 메우려고 했다. 때때로 쌍방의 전문가들은 자신의 말만 하다가 서로 오해를 사는 경우가 있다. 모두 동일한 어휘를 쓰더라도 그 함의가 각각 다를 수 있기 때문이다. 이러한 함정에서 벗어나기 위해 본문에서 다양한 주제를 다루기 시작할 때 관련 어휘가 이 책에서 대표하는 개념을 잘 드러내도록 분명하게 해설했다. 이런 보편적 해설을 기준선으로 삼고 그것을 중국과 로마의 개별적인 실례에 구체적으로 적용하여 그 차이점을 분명하게 보여줬다. 개념 사이의 논리 관계와 구성을 나타내는 세세한 실례를 들어 논평이 필요한 광범위한 주제에 종합·수렴되도록 했다.

예컨대 군대조직, 병역기한, 전쟁빈도, 군민의 사상(死傷), 엘리트여론 및 이른바 '칼이냐 우유냐' 하는 정책적 선택 등 각종 세세한 실례를 비교하여 로마의 무력 남용이 진나라보다 심했음을 밝혔다. 이는 왜 동일한 장기전 끝에 만들어진 정부가 로마에서는 군사 독재로, 중국에서는 문치(文治) 전제로 귀결되었는지를 분명하게 이해하는 데 도움을 줄 것이다. 이것이 용과 독수리가 드러내는 차이의 일단이다.[35] 이 차이는 절대적이지 않고 상대적인 것임에 주의해야 한다. 로마가 진나라에 비해 무력 남용이 심했다는 것이 진나라가 평화 숭상 국가였음을 나타내는 것은 결코 아니다. 이 책의 모든 비교는 오직 '많고 적음'을 나타내며 '있고 없음'을 나타내지 않는다. 중국과 로마의 권모술수는 똑같이 민활해서 살상에서 선전에까지 사용하지 않는 영역이 없었다.

진·한과 로마 역사의 연구는 각각 장구한 전통과 다양한 해석을 갖

용과 독수리의 제국

고 있다. 이는 동양·서양, 고중세·근현대·동시대, 그리고 봉건주의·제국주의·자유주의·마르크스레닌주의·수정주의 등으로 갈려 의견이 분분할 뿐 아니라 때때로 모순된 논리까지 드러내면서 지금도 논쟁이 그치지 않고 있다. 이 책에서는 몇몇 판박이 해석에 대한 논박을 진행했다. 예를 들어 진나라 망국 원인이나 로마제국의 외정(外政)이 그것이다. 물론 나의 관점에도 크게 의문점이 있을 수 있다. 나는 가능한 한 학문적으로 수준 있는 답변을 제공했지만 지면의 제한으로 간략하게 서술할 수밖에 없었다. 문제는 너무 많고 지면은 너무 적었다. 이 책은 거시적 입장을 지향하며 중요한 문제에 대한 사색만 이끌어내려고 했을 뿐 감히 원만한 답안을 제시하려고 하지 않았다.

나는 이 책에 인용한 모든 학자들의 은혜를 입었다. 이들의 성명과 저서명은 이 책 뒤의 참고문헌에서 밝혔다. 중국과 서양의 수많은 인물의 성명은 생소하여 독자들에게 곤혹감을 안겨줄 것이다. 나는 혼란을 피하기 위해 본문에서 현대 학자의 이름은 생략했다. 이 자리를 빌려 사과의 말씀을 드린다.

제1부 춘추전국과 로마공화정

제1장
민족들의 각축장

제1절
고대문명

　　　　　'아시아'와 '유럽'이란 두 어휘는 시리아 말 'Asu' 와 'Ereb'에서 유래했고, 본래의 의미는 해 뜨는 곳과 해 지는 곳이다. 오랜 세월 동안 이 말은 적지 않은 장소의 지명으로 사용되었다. 또 아시아는 줄곧 로마제국의 한 지역 명칭이었다. 오늘날 말하는 아시아와 유럽은 기실 유럽인의 잘난 체하는 심리에 기반하고 있을 뿐이다. 지리상의 대륙은 사방이 바닷물로 둘러싸인 육지다. 따라서 진정한 대륙은 유라시아대륙이고, 이른바 유럽은 거대한 반도에 불과하다. 유라시아대륙과 그 인근의 아프리카는 모두 인류문명의 고향이다.

　기원 초에 4대 제국은 동에서 서로 이동하며 유라시아대륙 중부와 아프리카대륙 북부에 걸쳐 자리를 잡았다. 그것이 동한(東漢: 後漢), 쿠샨제국(Kushan Empire), 파르티아제국(Parthian Empire), 로마제국이다[지도 1]. 이들 북쪽에서는 흉노왕국이 한나라의 압박으로 점차 붕괴되어가고 있었지만, 장차 로마를 위협하게 되는 훈족은 아직 유럽에 도착하지 않았다. 파르티아와 쿠샨의 대부분은 오늘날의 중동과 중앙아시아인데, 이곳은 기원전 4세기에 알렉산드로스에게 정복당했다. 그러나 그리스형 통치는 특히 이 제국의 동부에서 짧은 기간만 시행되었다.[1] 기원전 128년 서한(西漢: 前漢) 사신 장건(張騫, ?~전 114)이 서역을 통해 중앙아시아 대월지(大月氏)에 도달해 연맹을 맺고 흉노를 함께 치려 했다. 그러자 대월지는 서둘러 그리스 잔존 세력을 제거하고 쿠샨왕조를 건립했다.[2] 기원후 2세기에 이르러서도 그리스 로마는 동방에 대한 지식이 부족했다. 이에 시리아에서 파미르로 간 어떤 상인의 여정이 동서 지리학자 논쟁의 주요 근거가 되었다.[3]

한나라와 로마제국의 전성시대에 이 동서 두 제국은 서로 3,000킬로미터 떨어져 있었다. 동한에서 로마로 파견한 사신은 중동의 메소포타미아 지역에 도달했다가 큰 바다를 만나 감히 건너지 못하고 귀환했다.[4] 그 후 자칭 로마의 사신이란 사람이 한나라 변방 남쪽인 지금의 베트남에 도착했지만 『후한서(後漢書)』 저자 범엽(范曄, 398~445)을 위시한 학자들 대부분이 그가 사기를 쳤다고 의심했다.[5] 로마 사학사들도 이와 관련된 어떤 기록도 찾지 못했다. 자신들의 병력이 미치지 못하는 국가에 대해서 로마는 일관되게 조공을 바치는 사신만 접대했으므로 사신을 파견하여 외교관계를 모색하는 일은 전혀 있을 수 없었다.[6] 어떤 학자는 최신 연구를 종합하여 이렇게 말했다. "종합적으로 말해보면 고고학 유물이나 역사 문헌을 막론하고 두 제국 사이에 왕래가 있었다고 믿을 만한 증거를 찾을 수 없다. 지금까지의 모든 사실에 비춰볼 때 고대 로마와 한나라 사이에는 기이할 정도로 접촉이 드물었음이 분명하다.[7]

세상에 절대적으로 고립된 사물은 없다. 4대 제국은 치안을 유지하며 소비를 높였다. 이런 자극하에 드문드문 바다와 육지 두 갈래로 장거리 교역이 계속 이어지다가 점차 그 길이 연결되어 후세의 실크로드가 완성되었다[지도 2].[8] 로마 귀족은 중국 비단에 군침을 흘렸다. 아마도 파르티아 왕이 로마의 노예 마술사를 한나라에 바치면서 한나라 조정에서 그 마술사의 연기가 펼쳐졌던 것 같다.[9] 그러나 실크로드 양 끝을 왕래한 상인은 거의 없다. 거의 모든 교역 정보는 릴레이식으로 이루어졌고, 중간 상인은 쿠샨과 파르티아 초원 주변의 시장이나 낙타 대상(隊商)의 휴식처인 오아시스, 그리고 바다 선박이 정박하는 항구에 나눠 거주했다. 상품은 여러 차례 중계업자를 거쳐도 아무 탈이 없었지만, 소식은 구술과 소문을 여러 번 거치고 다른 언어로 번역되고 나면 진실을 유지하기가 어려웠다.

이 때문에 한나라와 로마는 서로 상대방의 존재를 알고 있었지만 피차간에 아무런 인식도 없었다. 한쪽의 행동이 다른 쪽에 영향을 줄 수 있었다 해도 북방 초원의 유목민과 같은 중간자를 거쳐야만 했다. 만약 상대방에게서 반응이 있었다 해도 그건 여파에 그칠 뿐이었다. 로마가 변방 야만인의 소동에 대응할 때도 그 소동이 배후의 유목민에 의해 유도된 것인지 여부를 이해하는 경우는 드물었다. 그러므로 한나라의 압박을 받고 서쪽으로 이동한 유목민이 전하는 소식이야 더 말할 필요조차 없었다. 로마와 한나라는 간접적인 연관은 맺고 있었지만 직접적인 상호 교류는 없었다.[10]

한나라와 로마제국은 각각 강경한 내부 구조를 갖고 있었으나, 미약한 간접 관계만 맺고 있었을 뿐이었다. 이 때문에 이 책에서는 [부록1] [부록2]에서 양자의 상호 관념 및 실크로드 통상 관계를 조금 서술하는데 그치고, 본문에서는 그것을 고립된 정치체제로 간주하고 병렬하여 비교했다.

한 평제(平帝, 전 9~후 6) 원시(元始) 2년(기원후 2년) 서한은 호구 1,223만 3,062호에 인구 5,959만 4,978명이었다. 반고(班固, 32~92)는 이 호적 통계를 기록한 후 "한나라 최전성기였다"라고 평가했다.[11] 이런 총 숫자를 제외하고도 반고의 『한서(漢書)』에는 103개 군(郡) 또는 국(國)의 호구와 관할 현(縣)이 기록되어 있다. 이에 비춰보면 당시 중국 전역은 480만 제곱킬로미터였다.[12] 오늘날의 지도로 보면 중국과 한반도·베트남·미얀마의 일부까지 포괄한 영역이다. 이 밖에 서역도호부는 인적이 드물었지만 그 점유 면적은 거의 130만 제곱킬로미터에 달했다. 지금의 신장위구르자치구 대부분을 제외한 서쪽 파미르고원을 포괄했고, 카자흐스탄·키르기스스탄·타지키스탄까지도 조금씩 포함하고 있었다.

"그때에 가이사 아구스도가 영을 내려 천하로 다 호적하라 하였으니"[13]라는 「누가복음」의 이 말이 사실이고, 예수는 그의 부모가 호적 등록을 하러 가는 도중에 탄생했다면, 그 칙령은 적어도 예수가 태어난 기원전 4년보다 전에 내렸다고 할 수 있다. 그러나 고대사를 연구하는 학자들은 이에 대해 의심을 드러내고 있다. 「누가복음」을 제외하고는 다른 어떤 증거도 찾을 수 없기 때문이다.[14] 로마제국은 당시 혹은 아우구스투스 시대 어느 해에도 전국적인 인구조사를 실시한 적이 없다. 부분적인 호적 등록 기록은 있다. 기원전 8년 로마 공민 423만 3,000명을 등록했는데, 그것은 지배계급인 정복자의 인구였다.[15] 피정복자인 신민(臣民)에 대해서는 각 지역에서 시기를 택하여 호구조사를 실시했다. 이는 세금을 받기 위한 조치였다. 예를 들면 기원후 6년 유대 지역에 행정 구역을 설치할 때 백성에게 호적 등록을 요구한 것이 이 경우에 해당한다.

그러나 애석하게도 그런 호적 자료는 대부분 유실되었다. 이 때문에 학자들의 통계 숫자는 서로 차이가 매우 크다. 일설에는 로마제국 전성기의 인구가 5,400만에서 7,000만 명 사이였다고 한다. 이 학설이 믿을 만하다.[16] 로마제국의 강역은 약 500만 제곱킬로미터였으며,[17] 전체 혹은 일부 영역이 포함된 나라는 대체로 39개 국가에 이른다. 그리스·네덜란드·독일·레바논·루마니아·룩셈부르크·리비아·리히텐슈타인·마케도니아·모나코·모로코·몰타·벨기에·보스니아헤르체고비나·불가리아·산마리노·세르비아·스위스·슬로베니아·시리아·안도라·알바니아·알제리·에스파냐·영국·오스트리아·요르단·이라크·이스라엘·이집트·이탈리아·크로아티아·키프로스·터키·튀니지·팔레스타인·포르투갈·프랑스·헝가리가 이에 속한다.

자료를 비교해보자. 2011년 통계에 따르면 중화인민공화국 인구는

13억 5,000만 명이고, 영토는 960만 제곱킬로미터다. 미국 인구는 3억 1,400만 명이고, 영토는 940만 제곱킬로미터다.[18]

한나라나 로마제국처럼 광대한 영역을 가진 나라에는 복잡한 지형이 포함되기 마련이다. 그러나 지중해 주변을 영토로 삼은 로마는 그 중심지 역할을 담당했고, 한나라의 '중원(中原)'인 화베이 대평원도 전체 영역에서 유사한 역할을 담당했다. 로마의 위치는 비교적 북쪽으로 치우쳐 있어서, 위도로 보면 현재 중국의 선양(沈陽)과 위치가 비슷하다. 이는 한나라 도성 장안(長安: 지금의 시안西安)에 비해 북쪽으로 7.3도 더 올라간 곳이다.

일반적으로 북쪽은 틀림없이 추울 것이라 추측하지만 로마에 관한 그 추측은 정확하지 못하다. 지중해 일대는 사하라 기단의 영향을 받아서 여름에는 매우 덥고 건조하지만 겨울은 따뜻하며 비도 가을과 겨울에 많이 내린다. 이런 기후는 민회와 같은 옥외 활동에 적합하다. 화베이 일대는 시베리아 기단의 영향을 받는 대륙성기후대에 속하지만 남동계절풍이 불어서 기후가 따뜻하다. 여름에는 매우 덥고 겨울에는 한풍이 세차게 분다. 비는 여름에 집중되지만 강수량은 겨우 마른 땅을 경작할 수 있을 정도에 불과하다. 이 때문에 수리 관개 사업이 농업에 미치는 영향이 매우 크다.

한나라 강역 숭에서 인구가 밀집된 일대를 당시 주민들은 '해내(海內)'라 불렀다. 로마 영토는 지중해를 둘러싸고 있으므로 그것을 '해외(海外)'라고 부를 수 있다. 하지만 로마를 19세기 영국처럼 해양제국이라고 할 수는 없다. 그들의 해군은 창군 이후 오래지 않아 바로 천하무적이 되었지만 그들의 주력군은 여전히 육군이었다. 보병에 중점을 둔 것은 중국과 유사하지만, 기원전 5세기에 해군에 의지하여 지중해 동부의 패권을 차지한 아테네와는 다르다. 무슨 이유인가? 그 원인의 하나는 로마가 오랜 기간에 걸쳐 어렵게 이탈리아를 정복하는 과정에서 자기 군단의 특징과 육군 권력 중심이라는 특징을 빚어냈기 때문이다.

지리가 한 국가의 성격을 결정하는 데 도움을 주는 것과 마찬가지로 역사와 민족도 그러하다. 수많은 요소가 영향을 주고받게 되면, 그 총합은 각 부분의 합보다 커진다. 제국의 가지와 잎을 분명하게 알기 위해서는 반드시 그 뿌리를 탐색해야 한다.

제2절
포용의 장점

백성은 국가의 근본이다. 우리가 연구하는 시기의 시작 무렵 중국의 인구는 아마도 이탈리아보다 적었을 것이다. 그러나 인종은 복잡했고 풍속도 어지러웠다. 오랜 충돌과 교합을 거치면서 그들은 마침내 진·한황조와 로마의 통일정권 아래에서 하나의 주류 민족으로 융합되었다. 훗날 한족으로 불리는 화하족(華夏族)과 로마라는 이름을 쓴 이탈리아인이 그들이다. 민족 형성 과정은 험난했지만 화하족과 로마인은 비교적 개방적인 성격을 갖게 되었다.

어떤 현대 사학자의 말을 들어보자. "고대 이탈리아의 주민들은 본래 각양각색의 종족·사회경제·정치조직·종교언어·물질문화를 갖고 있었다. 이 점을 우리는 분명하게 알기 어렵다."[19] 고대 중국의 상황은 더욱 알기 어렵다. 왜냐하면 당시 중국은 더욱 방대하고 복잡했기 때문이다. 멀리서 바라보면 오늘날 중국인은 매우 단순하다. 92퍼센트는 한족이고 그 나머지는 55개 소수민족으로 나뉜다. 그러나 가까이서 바라보면 같은 한족 간에도 큰 차이가 있다. '한인(漢人)'이란 말은 한나라 이후에야 민족 명칭으로 쓰였다. 이러한 명칭이 있기 전 유구한 역사에서 한족은 이탈리아의 원주민보다 더 복잡한 수많은 민족을 융합했다.[20]

나는 그처럼 복잡한 원주민을 경제 문화적 특성에 따라 농민과 유목민의 양대 부류로 나눈다. 첫 번째 부류는 중국에서 주로 자칭 화하족으로 불린 주나라 왕실과 제후국 백성이다. 이탈리아에서는 주로 로마제국의 라틴(라티움)인, 에트루리아(Etruria)인 및 그리스인 식민지배자를 포괄한다. 이들은 보통 농사에 힘쓰고 평원이나 강 주위에 성을 쌓고 집단으로 거주하며 조직이 비교적 복잡한 국가를 건설했다. 두 번째 부류에는 중국의 융족(戎族)·적족(狄族)·만족(蠻族)·이족(夷族)·강족(羌族)·촉족(蜀族) 등이 포함된다. 이탈리아에서는 사비나(Sabina)·아이퀴(Aequi)·볼스키(Volsci)·삼니움(Samnium)·루카니아(Lucania)·갈리아(Gallia)족 등이 포함된다. 이들은 시골에 거주했고, 성곽이 드물었으며, 더더욱 정착하지 않고 소와 양을 따라 물과 풀을 찾기 위해 떠돌았다. 정치는 대부분 부락 조직이었고, 경제는 목축과 수렵 위주였으며, 간간이 농사도 지었다. 이탈리아에서 이들은 대부분 산악지역에서 왔다. 중국에서도 적지 않은 소수민족이 산촌에 거주했다. 그러나 평원과 소택지에 흩어져 살며 그곳의 풍부한 자원을 이용한 종족도 많다. 조금 뒤 대초원에 말타기와 활쏘기에 뛰어난 유목민이 출현했다. 중국에서는 이들을 호인(胡人)이라 불렀고, 그리스에서는 스키타이인(Scythian)이라고 범칭했다. 이 두 번째 부류의 사람들은 매우 복잡해서 나는 간편하게 이들을 유목민이라고 통칭하며 농민과 구별할 것이다.

농민과 유목민은 옛날부터 교류하며 평화롭게 지냈다. 로마인과 사비나족 사이의 밀접한 관계는 사비나 여성을 겁탈하는 그들의 건국신화에서도 개략적인 상황을 엿볼 수 있다. 로마공화정은 성립된 지 얼마 지나지 않아서 사비나족을 다량 수용했고, 이들의 영수를 로마의 집정관으로 임명했다. 이들 가운데 클라우디우스 종족이 줄곧 강성하여, 로마제국 시대에 이르러서도 율리우스·클라우디우스 왕조(Julio-Claudian Dynasty)에 참여했다.[21] 주나라 사람은 농사를 지었지만 빈번하게 인근 유목민과 교류했고, 강(姜)씨 성의 강족(羌族)과는 더욱 친하게 지내며 대대로 혼인했다. 이들의 시조 탄생 신화를 보면 거인의 발자국을 밟고 임신한 강원(姜嫄)을 시조 할머니로 삼고 있다. 흔히 강태공(姜太公, 전 1156?~전 1017?)으로 불리는 강상(姜尚)은 상(商)나라 정벌에 공을 세워 제(齊)나라에 분봉되었는데, 제나라는 동주(東周) 시대에 줄곧 강대국 선두 대열에 이름을 올렸다.[22]

중국에서 화하족과 이민족이 접촉한 기록은 기원전 8세기부터 크게 증가한다. 이탈리아는 기원전 5세기에 인구 대이동이 발생했고 산

용과 독수리의 제국

촌 거주민이 평원으로 이주하는 과정에서 도시국가를 침범하며 곳곳에서 전쟁을 일으켰다. 화하의 제후국이나 라틴의 도시국가를 막론하고 유목민의 위협을 당할 때는 잠시 내부 분쟁을 그치고 외적을 향해 단결했다. 어떤 주나라 대부가 말한 바와 같다. "형제는 담장 안에서 다투더라도, 밖에서는 함께 모욕에 맞선다(兄弟鬩于墻, 外禦其侮)."[23] 동주시대 열국은 패권을 잡은 군주의 영도 아래 동맹을 맺고 이민족에 맞섰다. 로마와 그 라틴 적국도 함께 자신들의 창끝을 아이퀴족과 볼스키족에게 돌렸다.[24] 그리하여 마침내 농경민족이 우위를 점하게 되었다. 이들 제후국과 도시국가는 패전한 민중을 흡수하여 그들의 전투 경험을 받아들인 후 더욱 강대해졌다. 수많은 유목민의 명칭은 뒷날 역사책에서 더 이상 찾아볼 수 없게 되었다. 그들의 운명은 각기 달라서 어떤 민족은 학살되어 거의 멸종되었고, 어떤 민족은 먼 타향으로 이주했다. 그러나 더욱 많은 민족은 신민으로 복종하거나 땅을 선택해 농경에 종사하면서 몇 세대 이후에는 주위의 농민과 아무 차이도 없을 정도로 변모했다.

군사 정벌, 정치 조합, 이주민 공동 거주, 혈연의 뒤섞임, 문화적 훈도 등의 요소가 다양한 민중을 정체성 있는 하나의 민족으로 빚어냈다. 이 같은 기나긴 과정은 정말 쉽지 않은 상황의 연속이었다. 화하족과 로마인은 중국과 이탈리아의 주류 민족이 되어 항상 교만하고 편협한 태도로 이기적인 싸움을 좋아했다. 그러나 미국의 인종차별을 기준으로 살펴보면 이들의 편견은 1860년대 남북전쟁 전의 의식과는 멀리 떨어져 있고, 1960년대 민권운동 뒤의 상황과 가깝다. 이들은 다른 종족을 적응시키고, 개조하거나 흡수·동화할 수 있는 능력을 갖고 있기 때문에 자신의 실력을 확대하려 했다. 화하족과 로마인의 상대 종족 '포용량'을 인식하려면 이들과 다른 민족을 대조해보는 것이 가장 좋다. 이들과 동시대 그리스인이 바로 좋은 사례에 속한다.

로마인이 취락을 이루어 도시를 건설하기 시작할 때 약 700개의 그리스 도시가 이미 지중해와 흑해 연안에 분포해 있었다. 철학자 플라톤은 그것을 연못가에서 노래하는 개구리에 비유했다. 그 도시 대부분은 미약해서 주민이 평균 수천 명에 불과했다. 거대도시인 아테네와 코린토스(Corinth)는 예외라 할 수 있을 정도였다. 그리스 도시국가의 공민은 정치, 사회, 경제적으로 큰 권익을 누렸다. 누가 공민의 자격을 가질 수 있는가? 당시 철학자 아리스토텔레스(Aristoteles, 전 384~전 322)는 이렇게 해석했다. "일반적인 실제 규율은 공민의 양친이 모두 공민이어야 했다. 부친이나 모친 한편만 공민이면 공민의 자격을 가질 수 없었다. 때로는 이 규율을 조부나 증조부 혹은 더 먼 선조에까지 소급해 적용하기도 했다."[25] 일단 이들 범위 밖의 혼인이 발견되면 자손 몇 대까지 공민 자격을 박탈당할 위험에 처하게 된다. 어떤 현대 학자는 민주적인 아테네가 어떻게 공민 내부의 혼인 규칙을 시행했는지 다음과 같이 묘사했다. "포위된 성과 같은 느낌이 든다. 공민이 성곽을 굳게 지키면서 끊임없이 외부의 압력에 저항하는 것처럼 말이다."[26]

이탈리아와 중국의 습속은 그리스와 달랐다. 두 곳에서는 외부 종족과의 통혼에 따른 불이익이 그다지 크지 않았다. 로마에서는 자신

용과 독수리의 제국

들이 정복한 이탈리아인에게 점차 공민 호적 및 그 권익을 부여했다. 주나라 사람에게는 동성불혼(同姓不婚)의 금기가 있어서 제후 귀족의 통혼에 장애로 작용했다. 이들 대부분은 주나라 왕실의 친척인 '희(姬)' 성 제후였기 때문이다. 이에 이들은 항상 서민이나 토착민 및 심지어 오랑캐 이민족에서 짝을 찾아야 한다는 압박을 받았다.[27] 황조 중국에는 공민제도가 없었지만 진나라 때부터 시작하여 일관되게 주민 대부분을 연원을 따지지 않고 모두 호적으로 편입하여 동등한 의무와 권익을 부여했고, 또 외부 종족과의 통혼도 금하지 않았다.

누가 정부의 관직을 담당할 자격이 있었는가? 이것은 정치사회의 중요한 성질 중 하나다. 배타적인 그리스 사람 중에서 알렉산드로스 대왕이 가장 독특한 사람이었다. 그리스 전기 작가 플루타르코스(Plutarchos, 46?~120?)는 이렇게 말했다. "아리스토텔레스는 알렉산드로스에게 그리스의 영수와 야만인의 주인이 되라고 가르쳤다. 전자는 사람을 친구나 친척처럼 사랑하고, 후자는 야수나 초목처럼 대하라고 했다……. 그러나 알렉산드로스는 그 말을 듣지 않고 모든 사람을 똑같이 대했다."[28]

알렉산드로스는 이처럼 통이 컸지만 그의 후계자들은 전통을 회복하고, 그가 임용한 페르시아인 등 각 지역 토착민을 깡그리 정부에서 몰아냈다. 그리스식으로 변한 방대한 세계에서 그리스와 마케도니아 사람들은 우등 민족으로 자리 잡았다. 극소수의 지방 토착민만 그들의 폐쇄된 테두리 안으로 진입할 수 있었고, 성공하려는 사람은 반드시 참을성 있게 기다려야 했으며, 또 어려운 세례 과정을 거쳐야 스스로 문화적인 그리스인으로 변모할 수 있었다. 그리스인은 운동장에서 옷을 벗고 일광욕을 하는 일에 익숙하지만 동방 사회에서는 나체를 보이는 걸 가장 큰 수치로 생각한다.[29] 이와 유사한 가혹한 조건 때문에 알렉산드로스를 계승하여 그리스식으로 변한 왕국에서는 토착 인재에게서 도움을 받을 수 없었다.

그러나 로마와 중국은 이보다 훨씬 개방적이었다. 기원전 1세기부터 이탈리아와 각 지역 토착민은 계속해서 원로원으로 들어갔다. 나중에 적지 않은 로마 황제가 아프리카와 아시아 출신이었다. 진시황은 봉건제를 폐지한 후 능력과 품성에 따라 인재를 임용하면서 종족의 친소 관계를 따지지 않아 중국의 이상을 구현했다. 승상과 대신도 전국 각지에서 온 인재가 임명되었다. 한 무제는 유언으로 남긴 조칙에서 여덟 살 어린 임금(소제昭帝)을 위해 보정대신(輔政大臣) 네 명을 지정했다. 그런데 그중 한 명이 흉노 출신 김일제(金日磾, 전 134~전 86)였다.[30]

강한 배타성 때문에 그리스 도시국가는 확장·합병·통일을 이루기 어려웠다. 대다수 도시국가는 시종일관 미약했을 뿐 아니라 항상 인근 도시국가와 분규를 겪었다. 이런 도시국가를 거느리고 페르시아와 저항하며 큰 공을 세운 아테네 제국도 불과 50년을 유지했을 뿐이다. 아테네와 그리스식으로 변한 왕국에 비해서 진시황조와 로마제국은 훨씬 장수했다. 화하족과 로마인은 편견을 갖고 있었지만 그것은 주로 종족의 출신에 기반한 것이 아니라 도덕적 행동과 문화적 정치에 기반해 있었다.[31] 우리는 이들의 사례에서 드넓은 포용이 제국의 확장

용과 독수리의 제국

과 유지에 도움이 된다는 사실을 알 수 있다.[32]

이 두 가지 정치체제를 잘 비교하려면 양자 모두에 대해 상당히 정확한 인식을 해야 한다. 나는 배경 자료를 제공하기 위해 중국과 로마의 역사를 나눠 서술한 후 다시 분석과 대조 작업을 진행할 것이다.

제3절
중국의 지형과 민족

중국 고대 역사의 중심은 먼저 지금의 황허 유역에 있었고, 뒤에 점차 창장(長江)으로 확대되었다[지도 3]. 황허와 창장 중하류는 각각 남쪽과 북쪽에서 평원을 치달려 동쪽 바다로 유입된다. 이 두 강 사이 서쪽 친링(秦嶺)에서 동쪽 화이허(淮河)에 이르는 일대가 중국 남북을 나누는 지역인데 이를 경계로 북쪽에서는 밀을 심고 남쪽에서는 벼를 심는다. 2,000년 동안 중국은 여러 번 남북 정권으로 분열되었다. 창장을 지키려면 화이허를 수호해야 했다. 유목민이 북방으로 진입하여 주인 노릇을 할 때 화이허 및 이 강의 무수한 지류와 소택지는 기병의 남침을 방어하는 데 많은 도움을 줬다.[33]

지금의 화난(華南) 지역 기후는 고온다습하여 산림, 강, 호수가 널리 분포해 있다. 고고학자들은 지금의 저장성(浙江省)에서 7,000년 전에 이미 벼농사를 지은 사람이 있었음을 발견했다.[34] 그러나 초기 원시인이 도구를 만드는 기술은 밀림을 대거 개발하거나 소택지의 물을 뺄 만큼 충분하지 않았다. 이 책에서 다루는 연대 후기에 와서야 창장하류 및 삼각주에 어물과 쌀이 풍부한 고을이 발전하기 시작했다. 이전에는 정치 경제의 중심이 창장 중류에 있었다. 그곳은 바로 한장(漢江), 샹장(湘江), 윈멍(雲夢) 대택(大澤) 일대의 초(楚)나라 땅이었다.

화베이는 반건조 기후대에 속하기 때문에 강우량이 적은 땅에 기장, 밀을 파종하기에만 충분할 뿐이다. 따라서 관개 사업이 농업 생산량을 높이는 데 큰 효과를 발휘했다. 화베이 지방은 중국 문명의 주요 발상지이자 고대 역사의 주요 무대였다. 바람이 만든 황토지는 비교적 부드러워서 원시적인 도구로 개간하기에 적합했다. 황허는 황토고원을 침식하여 다량의 진흙과 모래를 타이항산(太行山) 아래로 실어 날랐다. 가로세로 3,000제곱킬로미터에 달하는 화베이 대평원에서는 물의 흐름이 느려지면서 모래가 쌓였다. 이에 물길이 막히면서 자주 강물이 범람했다. 충적토는 비교적 비옥했지만 너무 빽빽해서 개발하기도 비교적 어려웠다. 대평원의 북쪽으로 가면 강수량이 점차 줄어들어 농업 생산량이 목축으로 얻는 소득보다 못 했다. 다시 북쪽으로 가면 고비사막을 사이에 두고 유라시아대륙의 대초원(스텝)이 펼쳐지는데, 그곳은 유목민의 천하였다. 중국의 역대 장성(長城)은 보통 농경과 유목의 접경에 쌓았다. 이것은 두 경제와 문화를 가르는 상징이었다. 지금까지 전해지는 웅대한 만리장성은 1368년 몽골족 원(元)나라를 몰아낸 명(明)나라가 건축한 것이다. 전국시대와 진·한시대의 장성은 흙을 다져서 만들었고 성벽도 낮고 좁았다. 그 위치는 지금의 명대 장성보다 더욱 북쪽에 있었다. 세월이 흐르면서 생태 지대도 기후 변화에 따라 이동하여, 건조한 모래바람이 남쪽으로 불어오게 되었다.

용과 독수리의 제국

황허는 황토고원에서 네 차례 크게 방향을 바꾼다. 맨 처음 동쪽으로 흐르는 황허는 방향을 바꾸어 북쪽으로 올라가 허란산(賀蘭山)을 거치고 나서 두 번째로 방향을 틀어 인산(陰山) 남쪽 기슭을 따라 동쪽으로 흘러간다. 그리고 세 번째로 방향을 틀어 남쪽으로 흘러가 친링산맥에 이르고 거기에서 다시 네 번째로 방향을 틀어 동쪽으로 흘러간다. 이 마지막 전환점에서 직각으로 방향을 바꿀 때 서쪽에서 흘러온 웨이허(渭河)를 받아들인다. 웨이허와 황허는 합류한 후 한 줄기 회랑(回廊)을 형성하여 동쪽 화베이평원을 통과한다. 이 요로에 양대 고도(古都)가 우뚝 솟아 있다. 황허 남쪽에는 동도(東都) 낙양(洛陽: 지금의 뤄양)이 웅크리고 앉아 평원을 굽어본다. 웨이허 및 징허(涇河)가 합류하는 부근에는 서도(西都)가 있는데 지금의 지명은 시안(西安)이다. 서주(西周) 시대에는 호경(鎬京)이었고, 진나라 때는 함양(咸陽)이었으며, 한나라와 당나라 때는 장안이었다. 징웨이분지(涇渭盆地)는 황허와 친링산맥에 병풍처럼 둘러싸여 있는데 역대로 이곳을 관중(關中)이라 불렀다.

한장(漢江) 상류의 한중(漢中)에서는 북쪽으로 친링산맥을 넘어 관중으로 통하고, 서남쪽으로는 다바산(大巴山)을 넘어 쓰촨(四川)과 통하며, 한장을 따라가면 곧바로 창장에 닿을 수 있다. 한나라라는 이름은 바로 이곳 전략 요충지에서 왔다. 시남쪽에 위치한 쓰촨분지는 토지가 비옥하고 사방이 산으로 보호받고 있어서 여러 차례 난세의 피난지가 되었다. 창장은 쓰촨 남부를 통과한 후 싼샤(三峽)를 뚫고 동쪽으로 흘러간다.

중국의 창장과 황허는 대체로 서쪽에서 동쪽으로 흘러가기 때문에 문화가 남북으로 전파되는 데 장애물로 작용한다. 위에서 서술한 지리 개황은 간략하지만 한 가지 잘못된 이론을 반박할 수 있다. 그것은 바로 동아시아가 서구에서 달성할 수 없었던 정치적 통일을 이룬 것이 전적으로 그 지리적 형세에 의지했다는 이론이다. 그러나 사실은 중국도 서양과 마찬가지로 지형이 여러 갈래로 분산되어 있다. 화베이평원은 북유럽 평원에 비해 광대하지 않고, 친링과 다바산도 유럽 알프스산맥에 비해 교통이 불편하다. 학자들은 대개 중국 지형을 교통이 불편한 8대 통상구역으로 나눈다. 화베이평원·징웨이분지·쓰촨분지·창장 중류·창장삼각주·동남 해안지대·주장(珠江) 유역·서남 산악지역이 그것이다. 여기에는 동북·내몽골·신장(新疆)·시짱(西藏)은 포함되어 있지도 않다.[35] 이러한 지리 환경을 이용하여 중국은 통합이 오래되면 왜 반드시 분열하는지를 설명하기는 쉽다.

그러나 중국에는 이처럼 복잡한 지형과 경제, 방언과 풍속이 포함되어 있는데도 분열 후에 왜 다시 통합되는지를 설명하기는 어렵다. 로마제국은 그렇지 않았다. 왜 중국은 분리 후에 반드시 통합되는가? 그것은 하늘과 땅에 묻기보다 민족·역사·문화 부문에서 해답을 찾는 것이 더 낫다.

근래 수십 년 동안 사회 기초건설 사업이 활발하게 진행되면서 곳곳의 땅이 파괴되고 있다. 이에 석기시대 유적지가 전국 각지에서 드러나면서 재차 고고학자들의 논란이 종식되었다. 즉, 중국에는 선사시대에 이미 지역별로 수많은 문명이 동시에 존재했고 서로 소통하고 있었지만 각각 그 특색을 갖고 있었다.[36] 중국은 옛날부터 다민족 국가였다. 고문헌에는 화(華)·하(夏)·융·적·만·이·월·강·파·촉과 헤아릴 수 없이 많은 민족이 기록되어 있다. 이중 어떤 민족은 석기시대 문명까지 거슬러 올라갈 수도 있다.[37] 이들은 민족의 대용광로 속에서 한족과 여러 소수민족으로 응집되었다.

고대 민족 중에는 하(夏)·상(商)·주(周)의 문화가 유사하여 앞서거니 뒤서거니 정치의 리더 역할을 했다. 이들의 역사가 바로 '삼대(三代)'라는, 유가 정치사상에서 말하는 이상세계다. 하나라는 낙양 쑹산(嵩山) 일대에 자리 잡고 있었고, 믿을 만한 역사의 시초에 해당하지만 유물은 매우 부족하다.

상나라 세력은 중국 동쪽에 치우쳐 있었으며, 그 중심지는 지금의 산둥성(山東省), 허난성(河南省), 허베이성(河北省)의 경계 지점이었다. 큰 도시가 있었고, 문자·수레·정교한 청동기·피비린내나는 인신 희생 등의 문화가 있었다. 상나라 왕은 많은 부족을 거느렸다. 그중 하나가 서쪽 위수(渭水) 상류에 거주하던 주나라 사람들이었다. 이들은 상나라가 동이(東夷)에 의해 쇠약해진 틈에 800여 부족을 규합하여 반란을 일으켰다. 주 무왕(武王, ?~전 1043)이 상나라를 멸망시킨 연도는 학설이 분분한데 그중 하나가 기원전 1066년 설이다. 그 후 무왕의 동생 주공(周公, ?~?)이 3년 동안 동쪽 정벌에 나서서 자국 내의 동란과 동이족을 평정하고 세력을 바닷가까지 넓혔다.[38]

주나라 사람들은 자기 조상의 원류를 하나라까지 끌어올린 후 스스로 하(夏) 또는 화(華)로 부르거나 '화하'로 붙여서 부르기도 했다. 주나라가 분봉한 봉건 도시는 애초에 광활한 대지 여기저기 드문드문 흩어져 있었고, 주나라 경계 근처에서 각각 농사를 짓고 살았다. 도시 사이의 황야에는 수렵과 목축에 종사하는 수많은 민족이 살고 있었다. 이들을 융·적·만·이라고 불렀는데, 이들이 바로 '사예(四裔)' 또는 '사이(四夷)'다. 이는 특정한 네 민족만을 지칭하는 개념이 아니기 때문에 항상 그 지칭대상이 바뀌곤 했고, 또 만이(蠻夷)나 융적(戎狄)으로 병칭하기도 했다. 화하와 사예 모두 구성이 단순하지 않았기에 흔히 제하(諸夏) 또는 제이(諸夷)로도 불렸다. 애초에 사예는 중원에서 화하족과 섞여 살았다. 이는 훗날 중앙 조정에 의해 사방으로 격리된 이민족과는 다른 모습이다. 기원전 5세기에 이르러서도 중원에는 아직 개간되지 않은 목축지가 남아 있었다. 위(衛)나라의 성루에서 조망하면 융족 부락이 보였는데, 기원전 478년 위 장공(莊公)이 그 사이에서 죽었다.[39]

제4절
동주열국(東周列國)과 '오랑캐'

어떤 서구 학자는 이렇게 말했다. "상나라 멸망 이전에도 주나라 사람은 이미 원대한 안목·계획·규율로 칭송을 들었다. 이들은 로마인이 숭상하는 두 가지 품성, 즉 gravitas(침착함)와 constantia(굳셈)를 갖고 있었다.[40] 주 무왕이 상나라 주왕(紂王, 전 1105?~전 1045?)을 정벌하러 나설 때 모인 연합군은 흔히 병거 300승,

용과 독수리의 제국

용맹한 호위무사(虎賁) 3,000명, 갑사(甲士) 4만 5,000명의 규모라고 하지만 문헌에 기록된 숫자는 더러 과장된 혐의가 있다. 고고학자는 주나라 유적지 규모에 근거하여 주나라가 상나라에 반란을 일으킬 때 전체 남자 장정이 6만~7만 명 정도였을 것으로 추정한다. 인구가 희박했던 고대 중국에서는 주나라 사람도 소수에 속했을 것이다.[41] 광활한 지역을 통제하기 위해 주나라 사람은 사방으로 흩어져서 통치했다. 주나라 왕은 친척과 공신을 세습 제후로 분봉하고 군대를 분배하여 그를 따르게 했다. 그리고 이들을 원근의 군사와 정치 요충지로 파견하여 성을 쌓고 제후국을 세우게 했다. 그러나 반드시 정기적으로 중앙 조정으로 와서 조공을 바치게 했다.

마찬가지로 무장 병력으로 식민지를 지배하기도 했는데, 주나라 봉건제도는 그리스의 경우와는 달랐고 로마와 비교적 비슷했다. 그리스의 식민지 도시국가는 본국의 인구 압박을 분산하는 데 뜻을 두었고, 자립한 후에는 본국에서 이탈하여 독립국이 되었다. 주나라의 제후 분봉은 세력 확장과 강역 연결에 뜻을 두어 정복한 민족을 마치 사슬처럼 연결했다. 이는 로마가 이탈리아에 설치한 라틴 식민지와 유사했다. 제후국은 처음 시작 때는 군사를 주둔시키고 영토를 지켰지만 긴장 시기가 지나간 후에는 문치(文治) 정부로 전환했다. 또 식민 통치자는 봉토에 뿌리를 내리고 화하의 풍속을 전파하며 토착민을 동화시켰다.[42]

300년간 비교적 평화로웠던 주나라 통치는 제후 귀족의 안일과 교만을 키웠다. 좋은 시절이 항상 존재하는 것은 아니다. 기원전 771년 위수 유역에 지진이 발생하고 큰 가뭄이 들었지만 부패한 정부는 떠돌며 걸식하는 백성을 신경도 쓰지 않았다. 이 기회를 틈타 도적이 들끓었고 마침내 서융(西戎)은 여산(驪山) 아래에서 주 유왕(幽王, 전 795~전 771)을 죽였다. 주나라 왕실은 낭패를 당한 후 도읍을 버리고 도주해서 다시는 돌아오지 못했다. 동쪽으로 천도할 때 진(秦)나라 장수가 천자의 수레를 호위하며 공을 세웠기 때문에 봉작을 받고 제후가 되었다. 제후 중에서는 오직 진공(秦公)만 관중을 지켰고, 양대에 걸쳐 고전 끝에 서융의 난리를 평정했다. 진나라 사람들은 어렵게 나라를 경영하다가 나중에 서융의 패자(霸者)가 되었고, 서쪽 지역의 인력과 자원을 흡수하여 이후 중국 통일의 기초를 놓았다.[43]

기원전 1066년 주 무왕이 상나라를 멸망시키고 나서 기원전 771년 주나라가 도읍을 동쪽으로 옮기기까지 기간을 역사에서는 도읍지 호경이 서쪽에 있었기 때문에 서주라고 부른다. 동주는 암담한 상황에서 낙양에 도읍을 정하고 명맥을 유지하다가 기원전 249년에 이르러 진나라에 멸망당했다. 동천(東遷) 후 기원전 711년에서 기원전 479년까지의 역사를 공자(孔子, 전 551~전 479)가 『춘추(春秋)』라는 역사책에서 서술했기 때문에 춘추시대라고 부른다. 그 후 전개된 전국시대(戰國時代)는 기원전 221년 진나라 통일로 종결되었다.

일반적인 시대구분, 예를 들면 춘추시대와 전국시대, 혹은 로마공화정과 제정으로 구분하는 것은 결코 절대적이지는 않지만 그렇다고 우연도 아니다. 두 시기를 나누는 건 시간의 분명한 경계선이 아니고, 앞뒤 정세의 차이다. 그것은 마치 영화 속에서 강산을 보여주던 경치가 점차 열어지며 인간의 얼굴로 바뀌는 것과 같다. 기원전 5세기와 기원전 3세기 중국의 정치, 경제, 사회 상황은 판이하게 달랐다. 춘추시대와 전국시대의 구분은 실제로 중대한 역사적 의의가 있다.

춘추시대가 시작될 때, 300년 전에 분봉된 제후국은 여전히 공후(公侯)로 불렸지만 실제로는 이미 100여 개의 독립 소국으로 발전해 있었다. 중원의 요지에 위치해서 가장 우월한 조건으로 위세를 떨쳤던 노(魯)나라와 위(衛)나라 등은 더 이상 발전의 여지가 없어졌기 때문에 나라의 상황이 정체되고 위축되었다. 이와는 반대로 나라 밖을 둘러싸고 있던 제(齊), 진(晉), 초(楚), 진(秦) 등은 변방지대를 개발하여 사방 이민족을 병합했기 때문에 대국으로 굴기했다[지도 4]. 이 네 변방 제후국 공실(公室) 중에서 진(晉)나라만 화하족인 주나라 왕족이었다. 그러나 진나라 제후는 대부분 이민족인 융적에서 아내를 맞아들였다. 패주(覇主)를 칭한 진 문공(文公, 전 671~전 628) 중이(重耳)도 진 헌공(獻公, ?~전 651)이 대융(大戎) 호희(胡姬)를 맞아들여 낳은 아들이었다.[44] 또 제나라의 선조는 강융(羌戎)이었다. 초나라는 상나라를 배반하고 주나라를 따르며 제후에 봉해졌지만 작위는 낮았다. 이 때문에 화하 제후의 멸시에 분노하여 "우리는 오랑캐다. 중국의 호칭과 시호를 함께 쓰지 않겠다(我蠻夷也, 不與中國之號諡)"라고 하며 스스로 왕을 칭했다.[45]

춘추 초기에는 남만(南蠻)과 북적(北狄)이 중원을 가장 크게 위협했다. 주 왕실이 쇠미한 틈을 타 열국이 분쟁했고 남쪽 초나라가 강력하게 영역을 확장하기 시작했다. 서북에서 온 적족(狄族)이 낙양을 핍박하며 제·노·진(晉)을 공격했고 결국 형(邢)나라와 위나라를 멸망시켰다. 역사에서는 "남쪽 오랑캐와 북쪽 오랑캐가 오고 가느라, 중국의 운명이 마치 끊어질듯 끊어지지 않는 미약한 실과 같았다(南夷與北夷交, 中國不絶如線)"[46]라고 했다. 이러한 형세에서 제 환공(桓公, ?~전 643)은 관중(管仲, 전 723?~전 645)을 재상으로 임명하여 기원전 670년에 '존왕양이(尊王攘夷)'의 기치를 내걸고 천자의 명의로 제후를 규합하여 맹약을 맺은 후 단결을 재촉했다. 내부가 좀 안정되자 제 환공은 제후를 이끌고, 중원으로 침입한 오랑캐에 맞서 형나라와 위나라를 다시 일으켜주고 초나라를 억누르는 기염을 토했다. 그의 군사력은 한계가 있었지만 정국을 안정시키고 마침내 춘추시대 첫 번째 패주가 되었다.[47] 거의 200년 후 공자는 이렇게 찬양했다. "관중은 환공을 보좌하여 제후의 패자가 되게 했고, 천하를 한번에 바로잡게 했다. 이에 백성이 오늘날까지도 그 은혜를 입고 있다. 관중이 아니었다면 나는 (오랑캐처럼) 머리를 풀어헤치고 옷깃을 왼쪽으로 여몄을 것이다(管仲相桓公覇諸侯, 一匡天下, 民到于今受其賜. 微管仲, 吾其被髮左衽矣)."[48]

춘추시대는 패주정치 시기였다. '패(覇)'는 '백(伯: 이때 패로 읽기도 함)'과 통하여 제후의 우두머리를 뜻한다. 이 존칭은 그리스어 hegemon에 가깝다. hegemon은 동맹에 지원한 영광스러운 통수권자다. 뚜렷한 사례로는 아테네가 그리스의 도시국가 연합군을 거느리고 페르시아 제국의 침략에 항거한 일을 들 수 있다.[49] 춘추시대 패주의 기능은 hegemon과 거의 같다. 패주가 된 대국은 동맹국에 복종하는 인구와 토지는 병탄하지 않았지만 그들의 외교를 통제하거나 일부

          용과 독수리의 제국

내정에까지 간섭하기도 했다. 춘추시대 패주는 종속국에 조공을 바치도록 명령을 내렸고 자신도 정기적으로 주나라 왕실에 직접 올라가 조공을 바쳤으며 왕실의 조칙에 응하여 군사를 동원했다. 패주는 제후를 소집하여 회맹(會盟)을 열고 맹약을 주재했다. 또 찬탈과 시해를 금지하고 분규를 중재하면서 제후국 간의 평화를 추구했다. 또 회맹국과 함께 반역자와 오랑캐를 정벌하여 동란 속에서 질서를 세웠다.[50] 제나라에 이어 진(晉), 진(秦), 초가 한 번씩 패주를 칭했다. 제와 진(秦)은 당시 천하의 동서 양 끝에 자리 잡고 있어서 땅이 비교적 편벽했다. 진(秦)은 겨우 서융의 패자를 칭했고, 제는 환공 사후 내란으로 국력을 떨치지 못했다. 북쪽의 진(晉)이 제 환공의 '존왕양이' 정책을 이어받아 남방의 초와 대치했다.[51]

진 문공 중이는 제후국을 편력할 때 초왕의 성대한 접대를 받았다. 그는 나중에 전쟁터에서 초나라와 만나서 군사를 먼저 90리 뒤로 후퇴함으로써 초왕의 은혜에 보답했다. 보위에 오른 후 정력을 다해 패업을 도모하다가 기원전 632년 초나라와 정면으로 충돌했다. 문공은 이전에 맺었던 초왕과의 약속을 지키기 위해 진나라 군사를 90리 뒤 성복(城濮)까지 후퇴시켜 도의적으로도 우세를 점했을 뿐 아니라 적군을 교만하게 만들고 자신의 보급선을 단축시켜 전략적으로도 우세를 점했다. 진나라는 성복에서 승리하여 초나라의 북침을 막고 마침내 제후들을 크게 모아 천토(踐土)에서 회맹한 후 패주를 칭하기 시작했다.

그럼에도 초나라의 원기는 손상되지 않아 금방 본래의 국력을 회복했고 다시 진나라와 맹주를 다퉜다. 이 두 강국은 100년 동안 대치를 계속했고, 그 과정에서 초나라는 점차 중원의 문화에 동화되었다. 기원전 546년 두 강국 사이에 끼어서 명령을 받들기에 급급하던 약소국 송(宋)이 전쟁을 없애기 위한 회맹을 성공적으로 개최했다. 당시에 초나라는 이미 화하와 분리될 수 없는 일부분이 되어 있었다.[52]

진나라와 초나라가 패주를 다툴 때 진나라는 비밀 무기를 발견했다. 그것은 바로 초나라의 동쪽 이웃으로 지금의 장쑤성(江蘇省)에 위치한 오(吳)나라였다. 진나라는 오나라에 무기를 보내주고 전투 진영을 가르친 후 그들을 사주하여 초나라를 침략하게 했다. 초나라의 대책은 오나라의 남방에 위치해 있는 월(越)나라를 지원하여 완충 역할을 하게 하는 것이었다. 남방에서 초·오·월 세 나라가 서로 다투자 북방의 제후들은 다소나마 휴식할 수 있었다.

주 왕실의 통치는 처음부터 강온 양면책을 함께 쓰며 각 지역의 풍속을 두루 포용하는 것이었다. 주나라에서는 채시관(采詩官)을 두어 민간으로 깊이 들어가 민요를 채집하게 했다. 이 일이 오래 지속되면서 나중에 『시경(詩經)』 안의 「국풍(國風)」이 편집되었다. 이것은 그리스의 서사시와 다르다. 『시경』의 「국풍」에서 노래하는 사람은 살육 현장의 전사가 아니라 논밭의 농부나 짝을 찾는 여인이었다. 「국풍」에는 백성의 심성과 사회의 면모가 반영되어 있다. 주 왕실의 일반 정책은 "교화를 베풀면서도 그 풍속은 바꾸지 않고, 정치는 하나로 통일하면서도 각지의 타당한 일은 바꾸지 않는(脩其敎, 不易其俗, 齊其政, 不易其宜)"[53] 것이었다. 제후들의 조치와 성과는 모두 달랐다. 제나라와 노나라는 산둥(山東)의 이웃이었지만 정책은 달랐다. 제나라 시조 강태공은 봉토에 도착하여 단지 5개월 만에 자신의 직무를 달성했다고 주 왕실 천자에게 보고했다. 그러나 주공의 아들인 노나라 제후는 3년의 시간이 필요했다. 제나라는 그 지방의 풍속에 따라 주 왕실의 예절을 간략화하고 공(工)·상(商)·어(魚)·염(鹽)의 직업을 장려하여 많은 백성을 흡수했다. 노나라는 그 지방의 풍속을 바꾸고 예의를 가르쳤고 3년 상(喪)을 시행했다. 그러나 결국 제나라는 강국이 되었지만 노나라는 유가사상에만 충실한 중진 국가가 되었다.[54]

주나라 시대의 귀족은 시·서·예·악을 중시했다. 이들의 문화와 예교는 각 지역 제후에게 응축되어 있었고, 또 이민족 통치계층에서도 그것을 모방했다. 형식이 유사한 주나라 초기 청동기와 도기(陶器)가 거의 1,000여 킬로미터나 떨어진 땅에서 출토되었는데, 지방 특색이 드러나던 제품도 수백 년 후에는 점차 형식이 비슷하게 되었다.[55] 오나라와 월나라는 본래 남쪽 오랑캐 땅이어서 그곳 백성은 이빨을 검게 칠하고 얼굴에 진흙을 발랐으며 머리를 짧게 깎고 몸에 문신을 했다. 그들을 다스리던 통치계층은 초나라 귀족과 마찬가지로 화하의 의관 문화를 흠모하며 중원에서 패자가 되려 했다. 이들은 국가의 발전과 자신의 명성을 높이는 동시에 화하의 문화를 백성에게 전파하려고 노력했다.[56] 이 과정은 이탈리아 귀족이 앞장서서 그리스 문화를 수입한 일과 좀 비슷하다.

그러나 귀족들의 동화는 사회 기층으로 전혀 파고들지 못했기에, 각지의 백성은 여전히 지방의 다양한 습속을 따랐다. 이 밖에 각 제후국 통치자도 본국의 특색을 표방하는 데 열중하면서 신민의 충성심을 유지하려 했다. "산은 평야를 따라 사라지고, 강은 광야로 굽이쳐 흐르는(山隨平野盡, 江入大荒流)" 초나라 땅에서는 『초사(楚辭)』가 탄생하여 신화가 빛을 발하고 상상력이 찬란하게 펼쳐졌다. 이것은 북쪽 두터운 황토에서 배양된 『시경』이 사실적인 풍유를 특징으로 한 점과 다르다. 초나라 굴원(屈原)의 「이소(離騷)」와 『시경』의 「국풍」은 모두 중국 문화의 보배이지만 각각 남북의 상이한 풍격을 보여주고 있고, 또 지역 분리의 원심력과 중앙 통일의 구심력을 은유적으로 드러내고 있다.

중원의 화하와 사방 이민족은 통상과 통혼을 하면서 때로는 전쟁도 하고 때로는 공동의 적에 맞서 연합했다. 회맹을 통해 동맹을 맺기도 하고 서로 사신을 보내고 맞아들이기도 했다.[57] 그들의 복잡한 관계는 강융의 역사를 통해 알아볼 수 있다. 성(姓)을 강(姜)으로 쓰는 융족(戎族)은 대대로 서쪽 변방에 거주하다가 기원전 789년 주나라 도읍을 습격하여 주나라 왕의 군대를 격파했다. 나중에 진(秦)나라에 패배하고 관중에서 쫓겨나 진(晉)나라로 달아났다. 기원전 627년 다시 복수의 기회가 왔다. 진(秦)나라가 정(鄭)나라로 원정 가서 아무 전공도 세우지 못하고 돌아오는 틈에 진(晉)나라는 융족의 군사를 출정시켜 효산(崤山)에서 진군(秦軍)을 습격하여 대패시켰다.[58] 역사에서는 이 대전을 한 글자도 기록하지 않았지만, 나중에 작은 사건을 다루면서 그 내막을 자세히 기록했다.

기원전 559년 진(晉)나라 대부(大夫) 범선자(范宣子, ? ~전 548)는 제후 회맹을 준비하면서 부속국 강융이 기밀을 누설하여 제후들이 진을

용과 독수리의 제국

섬기는 일에 소홀하도록 할까 봐 의심했다. 이 때문에 범선자는 조당(朝堂)에서 강융의 수령 구지(駒支)에게 회맹에 참가할 수 없다고 경고하면서 명령에 따르지 않으면 바로 체포하겠다고 했다. 그러자 구지는 이렇게 대답했다.

"옛날에 진(秦)나라 사람들은 자신들의 군사가 많다는 것만 믿고 토지를 탐하여 우리 융족을 내쫓았습니다. 그러자 혜공(惠公, ? ~전 637)께서 큰 덕을 베푸시며 우리 융족이 사악(四嶽)의 후손이므로 버려서는 안 된다고 말씀하셨습니다. 그리고 우리에게 남쪽 변방 땅을 하사하셨는데, 그곳에는 여우와 삵이 살고, 승냥이와 이리가 울부짖고 있었습니다. 하지만 우리 융족은 그곳의 가시덤불을 베어내고 여우와 삵, 승냥이와 이리를 내쫓고, 선군이신 혜공을 위해 진나라를 침략하거나 배반하지 않는 신하가 되겠다고 하고 오늘날까지도 두 마음을 먹지 않았습니다."

(昔秦人負恃其衆, 貪于土地, 逐我諸戎. 惠公蠲其大德, 謂我諸戎是四嶽之裔冑也, 毋是翦棄, 賜我南鄙之田, 狐狸所居, 豺狼所嗥. 我諸戎除翦其莉棘, 驅其狐狸豺狼, 以爲先君不侵不叛之臣, 至于今不貳.)

그리고 구지는 효산 선두를 서술하며 진(秦)나라 군사 전부가 궤멸된 것은 대부분 강융의 강력한 힘에 의지했다고 말했다. 그 후 강융은 진(晉)나라를 따라 일백 차례나 전쟁에 참가하면서도 충성심이 약화되지 않았다. 구지는 또 진(晉)나라의 관리가 업무를 제대로 수행하지 못하면서도 무고한 자신들을 함부로 탓한다고 질책했다.

"우리 융족은 음식과 의복이 화하와 다르고 화폐도 통용되지 않으며 언
어도 통하지 않는데 어떻게 악한 짓을 할 수 있겠습니까?"

(我諸戎飮食衣服不與華同, 贄幣不通, 言語不達, 何惡之能爲?)

이어서 구지는 「청승(靑蠅)」이란 시를 읊은 후 물러났다. 범선자는
그에게 사과하고 계속 회맹에 참여하게 하여 그의 단정한 태도와 깨
끗한 명예를 온전히 이뤄주게 했다.[59]

기원전 5세기 무렵에 완성된 『좌전(左傳)』은 춘추시대와 관련된 저
작 중에서 가장 상세하고 믿을 만한 사료다. 위에서 인용한 단락은 문
화적 의미가 정치적 의미보다 강하다. 우리는 그 회맹에서 어떤 성과
가 있었는지 알지 못한다. 다만 융족이 비록 화하족 다음 등급에 속하
지만 조정에 올라가 토론에 참여할 수 있었음을 분명히 알 수 있다.
구지 자신은 귀족으로 자작(子爵)을 칭했으므로 작위도 대부인 범선
자보다 낮지 않았다. 그가 비록 화하족과 융족이 다르다고 강조했지
만 강융이 이미 토지를 개간하여 농사에 종사하고 있음을 드러냈다.
그 자신도 시를 읊는 등 화하 귀족의 예교에 익숙했고, 정치적 대화를
나누면서도 시를 인용하여 자신의 말을 수식할 줄 알았다. "단정한 군
자께서는 모함하는 말 믿지 마시라(豈弟君子, 無信讒言)"라는 「청승」 시
는 현존하는 『시경』 「소아(小雅)」에 나온다. 구지가 말한 사악은 요·
순(堯·舜) 시대의 성현인데, 강융과 제·허(許)·여(呂) 등의 나라가 모

용과 독수리의 제국

두 그의 후예로 전해진다. 이 전설의 진위는 알 수 없지만 각 민족이 동일한 선조를 숭배하며 관계를 강화했던 것으로 보인다. 남방 이민족인 오나라도 주나라 왕실의 일족을 자신의 선조로 삼고 신분을 올려 화하족과 동등한 대열에 서려고 했다.[60] 이러한 풍속은 서양에서도 유행했다. 서사시가 전하는 바에 따르면 로마를 창건한 아이네이아스(Aeneas)는 트로이 목마에서 쏟아져 나온 적군이 살육전을 자행할 때 아버지를 업고 탈출한 트로이 사람이다. 이 때문에 로마는 그리스 문화권에 포함된다.[61] 구지가 변론을 한 이후 강융의 흔적은 더 이상 역사에 보이지 않는다. 아마도 그들은 진(晉)나라 사람들과 융합되었을 것으로 생각된다.[62]

여기저기 흩어진 무수한 성읍국가들은 서로 경계를 맞댄 10여 개 대국으로 통합되었고, 중원에 거주하던 잡다한 종족도 이에 따라 동화되었다. 즉, 중원에 거주하던 사예 백성은 대부분 화하족에 융합되어 모두 한족의 전신이 되었다. 남만과 북적은 산골짜기와 초원으로 물러나서 소수민족이 되었다. 북으로 이동한 융적(戎狄)은 말타기와 활쏘기를 익숙하게 연습하여 대초원 생활에 적응한 후 점차 유목민으로 발전했다. 이 용맹한 호인들은 전국시대에 중원을 위협하기 시작했고, 한대에 이르러 강력한 적대세력인 흉노로 통합되었다.[63]

제5절

이탈리아의 지형과 민족

이탈리아반도는 장화와 같은 모양으로 지중해를 밟고 서서 동방의 문명세계를 등지고 있다[지도 5]. 아펜니노산맥(Appennino Mts.)이 서쪽 해안을 따라 내려오면서 동쪽으로부터 외적의 침략을 병풍처럼 막고 있다. 산맥의 남북 양 끝은 서쪽으로 굽어 들어 반도 서부의 좁다란 해안 평원을 가볍게 감싸고 있다. 평원 북부의 에트루리아(Etruria)에는 광물이 풍부하게 묻혀 있고, 남부의 캄파니아(Campania)는 나폴리만(Bay of Naples)에 맞닿아 있으며, 이 사이에 200킬로미터에 달하는 라티움(Latium) 지방이 끼어 있다. 이곳에는 선박 운항이 가능한 두 줄기 강이 평원을 가로지르고 있다. 아르노(Arno)강은 에트루리아를 기름지게 하고, 테베레(Tivere: 티베르)강은 해안과 내륙을 이어주는 주요 교통로인데 그 하류는 에트루리아와 라티움(라틴) 평원을 가르고 있다. 이 강의 마지막 항구는 바다에서 25킬로미터 떨어져 있고 그 주위에 구릉 일곱 개가 있다. 그 구릉 위에 로마시(Roma)가 솟아 있다.[64]

아펜니노산맥과 그 북쪽의 알프스산맥 사이에는 포(Po)강이 흐르고 이 강 유역 면적은 기타 모든 이탈리아 평원을 합친 것보다 크다. 이곳은 본래 소택지가 널려 있던 홍수 범람 지역이어서 로마인은 이곳을 개척하기 위해 많은 노력을 기울였다. 개발 후에는 농산물이 풍부하게 생산되면서 로마제국의 경제 중심지로 변했다. 알프스산맥은 이탈리아 북부를 병풍처럼 보호하고 있지만 교통로가 전혀 없지는 않다. 산허리에는 로마나 적군이 통과한 흔적이 곳곳에 보인다.

이탈리아반도의 해안선은 거의 3,000킬로미터에 달한다. 좋은 항구가 부족하기 때문에 거주민은 먼저 육지 개발에 진력했다. 그러나 해양에 대한 관심도 끊이지 않았다. 반도와 그 남단의 시칠리아(Sicilia) 섬은 지중해를 거의 반으로 가르고 있다. 로마시는 반도 중앙에 웅대하게 터를 잡고 지중해 서부의 인적·물적 자원을 굽어보고 있다. 이러한 조건으로 로마는 동쪽에서 들어오는 세력을 축출할 수만 있으면 모든 자원을 마음껏 개발하고 이용할 수 있었다.

전설에 따르면 로물루스(Romulus)가 기원전 753년에 로마시를 건설했다고 한다. 고고학자들은 이 연대가 취락으로 말하기에는 너무 늦고, 도시로 말하기에는 너무 이르다는 사실을 발견했다. 테베레강변의 구릉에는 기원전 1000년경부터 목축인의 촌락이 생기기 시작했지만 기원전 7세기 말에 이르러서야 나중에 광장이 된 저지대의 물을 뺐고, 이로써 로마는 도시의 명칭에 걸맞은 모습을 갖게 되었다. 기원전 8세기 중엽 테베레강변에는 큰일이 없었지만 다른 곳은 그렇지 않았다. 페니키아인과 그리스인이 이주하여 이탈리아의 면모를 바꿨는데 그 영향이 깊었다.[65]

기원전 1000년 전후에 서주(西周)의 식민 도시가 중국 도처에 뿌리를 내릴 때 지중해 동부 지역도 암흑에서 깨어나기 시작했다. 페니키아인은 글자를 발명했고, 그리스인이 그것을 개량했다. 이 두 민족의 도시는 마치 세포가 분열하는 것처럼 널리 퍼져나갔다. 인구가 지나치게 증가한 도시는 사람을 바다로 보내서 독립적인 새 도시를 건설하게 했다. 항해에 뛰어난 페니키아인이 앞장서서 서쪽으로 나아가 아프리카 북쪽 해안에 시칠리아섬과 마주한 전략적 요충지를 발견했고, 그곳에 카르타고(Carthago)시[66]를 건설했다. 그 뒤를 이어 그리스인은 이탈리아를 탐지하고 관측했다.

테베레강 하구는 침전물이 쌓여 심하게 막혔다. 나폴리만 뒤에 자리 잡은 비옥한 캄파니아 평원이 사람을 유혹했다. 시칠리아와 이탈리아 남부 해안 일대는 가장 환영을 받는 지역이어서 이민이 끊임없이 이어졌고, 도시도 즐비하게 생겨났다. 이런 모든 식민지를 통틀어 대(大)그리스(Magna Graecia)라 불렀다. 그러나 배타적 정책이 토착민의 원한을 야기했고, 여기에다 도시국가 사이에 전쟁이 발생하여 처음에는 생기발랄하던 대그리스가 끝내 뿌리를 내릴 수 없었다. 기원전 3세기에 로마 군사가 들이닥치기 전에 이미 많은 도시국가가 쓸쓸하게 몰락했다. 그러나 그리스인은 이탈리아와 로마에 가치를 따질 수 없는 선물을 줬다. 그것은 바로 문자와 도시 모델이었다.[67]

페니키아인과 그리스인은 항상 에트루리아로 가서 동·철·은을 구매했다. 에트루리아인은 공사에 뛰어나 이탈리아 토착민 중에서 가장 먼저 도시를 건설했다. 이들은 그리스 문자를 개조해서 현재 우리가 말하는 '로마숫자'를 발명했고 그것을 로마인에게 전해줬다. 로마인과 라틴 형제국은 언어·문화·종교가 모두 같았다. 이들 도시 사이에는 서로 혜택을 공유하는 협의가 있었고, 한 도시국가의 공민이 다른 도시국가에서 짝을 구하고, 장사를 하고, 협약을 맺고, 땅을 사고, 심지어 공민 호적을 얻는 것도 허용되었다.[68] 서로 소통하며 융화된 라틴 습속은 에트루리아와 유사했지만 그리스와는 달랐다. 그리스 도시국가에는 엄격한 제한이 많았다. 예를 들어 어떤 도시국가에서는 그곳 공민만 생업의 주인이 될 수 있었고, 외지인은 땅을 가질 권리도 없었다. 다만 그가 무적 해군을 배후에 둔 아테네인일 경우에만 가능했다.[69]

이탈리아 중부 고원지대 거주자는 언어가 비슷하여 모두 인도유럽어족의 한 갈래인 이탈리아어족에 속한다. 고대의 이탈리아인은 고원의 계곡에서 소와 양을 방목하면서 포도와 올리브를 길렀다. 그러나 대개 화폐와 성곽은 거의 없었고 부락 조직만 있었다.[70] 산악지대의 움브리아(Umbria)인은 그 인근에 거주한 에트루리아인을 모방하여 성을 쌓고 나라를 세웠다. 중부의 사비나족·아이퀴족·볼스키족 등은 라틴인과 관계가 밀접했다. 모든 이탈리아인은 결국 로마 철권통치에 굴복했다. 자유를 위한 투쟁을 가장 단호하고도 열렬하게 펼친 부족은 삼니움족이었다.[71]

본래 유럽 서북부에 거주하던 갈리아족이 기원전 5세기에 대이동을 시작했다. 그중 일부가 남하하여 알프스산맥을 넘어 포강 유역 평원에 도착했다. 나중에 로마인은 그곳에 거주하는 사람들을 갈리아 키살피나(Cisalpina: 산 이편)라 불렀다. 또 일부는 지금의 프랑스에 정착했는데 이들이 나중에 카이사르에게 정복된 갈리아 트란살피나(Transalpina: 산 저편)이다.[72]

제6절
라틴 식민지들과 '야만인'

　　　　　　　　　로마시는 라틴 평원 북쪽 연안에 위치하여 동서로 테베레강 항로를 통제하고 남북으로 에트루리아와 캄파니아를 연결하는 대로를 장악하고 있다. 이 도시는 에트루리아 문화에 깊이 스며들어 풍속을 공유했다. 에트루리아와 마찬가지로 로마 도시국가는 일찍부터 왕조 체제를 시행했다. 그러나 왕위 계승은 세습이 아니었을뿐더러 항상 외국인에게 왕위를 맡겼다. 마지막 로마 국왕 세 사람 중에서 두 사람이 에트루리아인이었다. 로마공화정은 왕정을 폐지했지만 에트루리아 문화는 버리지 않았다. 무역도 관례대로 계속되었고, 성안의 에트루리아 집단은 여전히 왕성하게 활동했다.[73]

　기원전 509년 로마공화정이 성립했다. 인구는 3만에서 4만 명 정도였고, 라틴 평원의 3분의 1을 차지했다. 그 규모는 당시 대도시였던 에트루리아에 근접했고, 라틴 도시국가 가운데서 첫손가락에 꼽혔다. 대략 30개 라틴 도시국가는 로마가 교만하게 자신을 예속국으로 삼는 데 분노하여 동맹을 맺고 저항했다. 쌍방은 기원전 493년까지 싸우다가 정전 협정에 조인했다. 당시에 침략의 경보가 사방에서 울리면 그들은 단결하여 외침을 막았다.[74]

　인구 팽창으로 산악 거주 민족은 사방으로 세력을 확장했다. 산악 거주민이 라틴 평원을 침략한 것은 대부분 비교적 부유한 농민을 약탈하는 데 뜻을 두었다. 이는 중국 융적의 행위와 다르지 않다. 반세기 동안 로마와 라틴 사람은 해마다 산악 거주민과 싸웠다. 한쪽은 소

　　　　　　　　　　　　　　　　　　용과 독수리의 제국

멸되고 한쪽은 성장하면서 천천히 아이퀴족과 볼스키족의 침입 횟수가 줄어들었고, 사비나족은 역사에서 사라졌다.[75]

산악 거주민의 압력이 약화되자 로마는 즉각 확장에 나섰다. 로마의 첫 번째 목표는 에트루리아의 대도시 웨이이(Veii)였다. 이 두 도시 사이는 15킬로미터여서 걸어서 몇 시간밖에 걸리지 않았으므로 자연히 적지 않은 이해와 충돌이 발생했다. 이것은 산악 거주민의 유격전이 아니라 전통이 비슷한 두 문명국가 사이의 정규전이었다. 10년 대전쟁은 로마 역사에 마치 서사시처럼 남아 있지만 어떤 찬양의 언어로도 영웅의 행운을 덮을 수는 없었다. 로마의 적은 줄곧 분열했다. 에트루리아는 대그리스 도시국가와 마찬가지로 하나의 도시에만 의지했을 뿐 정치적 결사체를 만들지 못했다. 웨이이와 로마가 대치할 때 12개 에트루리아 도시국가는 중립을 선포했다. 비록 동포의 곤경을 구원하려는 그들의 마음이 철석같았음에도 말이다. 그리하여 웨이이는 기원전 396년 멸망했다.[76]

로마의 대표적 역사가로 기원전 1세기에 활약한 티투스 리비우스(Titus Livius, 전 59~전 17)의 기록에 따르면 로마 원로원은 전쟁 승리 전야에 로마 공민 중에서 웨이이 성을 약탈하고 도륙하기를 원하는 자는 모두 웨이이 포위 공격을 지휘하는 카밀루스(M. F. Camillus, ? ~전 365)에게 가서 이름을 등록하라고 선포했다. 1,000여 명의 전사가 흥분하여 군영으로 몰려들었다. "그 유명한 하루가 당도하자 로마를 도살하던 적들, 즉 그들의 재산을 휩쓸어가던 웨이이에게 모든 시간을 썼다. 이튿날 카밀루스는 명령을 내려 살아남은 웨이이인을 모조리

노예로 팔았다. 이 수입이 유일하게 국고로 귀속된 돈이었다.[77] 노예를 부려서 얻은 막대한 이윤 이외에도 국가는 광대한 토지를 차지했다. 로마의 강역은 60퍼센트나 늘어났다. 이 토지는 나중에 부분적으로 공민에게 분배되었다.[78]

로마인이 첫 번째 대첩을 즐기고 있을 때 포강 유역에 거주하는 갈리아인이 이탈리아 중부로 쳐들어왔다. 로마에서 멀지 않은 알리아(Allia)에 갈리아 전사가 어깨를 드러낸 채 진을 쳤다. 전신을 옷으로 감싼 로마 군사는 그들의 강건한 체격을 보고 경악했다. 로마군은 중무장한 보병이 긴 창을 들고 밀집 대형을 형성했다. 갈리아군은 가벼운 복장으로 장검을 들고 민첩하게 움직였다. 결과적으로 갈리아가 대승했고, 기원전 390년 로마시는 함락되어 불바다로 변했다. 이것이 로마 역사에서 가장 치욕적인 사건이었다. 이후 집정관은 항상 이 사건을 이용하여 공포를 조성했고, 긴급조치를 시행했으며, 무한 권력을 휘둘렀다. 그러나 현대 고고학자들은 파괴된 벽돌과 불탄 잿더미 유적을 연구하여 당시 도시 파괴가 전통적인 묘사보다 훨씬 가볍다는 사실을 발견했다. 시내 중심 카피톨리노 언덕(Mons Capitolino)의 신전과 공공 건축물은 모두 아무 손상도 입지 않았다. 로마에 강력하게 대적했던 웨이이에 비해 갈리아는 로마를 훨씬 인자하게 대했다. 몇 달후 이들은 손해배상 황금을 가지고 의기양양하게 이곳을 떠났다.[79]

로마의 확장 활동은 이런 좌절을 겪었지만 결코 약화되지 않았다. 12년 후 로마는 10미터 높이의 방어 성벽을 쌓기 시작했다. 전체 면적은 4.3제곱킬로미터였고, 로마의 7개 언덕을 둘러싸는 규모였다.[80] 로마 군단은 이전 전투의 경험과 교훈을 흡수하여 단검과 표창으로 긴 창을 대신했다. 갈리아인이 계속 쳐들어왔지만 로마 군단은 전투력을 개혁한 이후 더 이상 그들이 전술적 우세를 점하도록 내버려두지 않았다. 전략적으로는 갈리아인들이 로마보다 유리했다. 그들은 에트루리아를 공격하여 약화시켰고, 나중에 로마가 정복로로 사용한 것과 똑같은 노선의 대로를 장악하고 있었기 때문이다.[81]

카푸아(Capua)는 캄파니아에서 가장 큰 도시국가였다. 그 통치자는 삼니움 산악 거주민과 전쟁을 하느라 로마에 구원을 요청했다. 로마는 앞서 기원전 354년 삼니움과 조약을 맺었다. 로마는 줄곧 신용을 중시했지만 막대한 이익의 유혹을 뿌리치지 못하여 조약을 파기하고 출병했다. 로마가 카푸아를 정복하기도 전에 카푸아 귀족이 자진해서 귀순했다. 그들이 후회막급의 지경에 빠졌는지 여부는 그 뒷이야기에 속한다.[82] 때로는 정치 엘리트가 자신의 권익을 보호하기 위해 국외 세력에게 내정 간섭을 간청하기도 하며 심지어 스스로 머리를 숙이고 신하를 칭하기도 한다. 이러한 매국적인 결탁이 외교사에 자주 등장하는데 이는 서양에만 한정된 것이 아니다. 30년 후 중국에서도 촉(蜀)나라가 귀족의 내분으로 진(秦)나라에 구원을 요청했다. 이것을 중국 속담에서는 '이리를 집안으로 끌어들인다(引狼入室)'고 한다.[83]

바로 이어서 제1차 삼니움 전쟁이 일어나자 로마는 자신의 라틴 맹우(盟友)를 집어삼켰다. 기원전 338년 조인한 라틴조약은 로마 역사에서 중요한 이정표의 하나로 인정된다. 로마는 캄파니아 북부를 점령하고 라티움평원을 포괄함과 아울러 에트루리아 남부에까지 손길을 뻗쳤다. 로마와 카푸아를 잇는 아피아(Appia) 가도는 220킬로미터에 달한다. 이 대로는 곧고 평탄하게 뻗어 높다란 다리로 소택지를 통과하며 통일을 공고히 했으므로 후일 진시황의 치도(馳道)와 유사했다. 그러나 치도처럼 문화귀족의 비판을 받지는 않았다. 또 이 대로는 이후 계속 건설된 다른 대로와 함께 이탈리아를 연결하는 교통망이 되었다. 사회 기반시설 건설은 정치조직 형성을 도와주고, 경제를 빠르게 성장시키고, 백성을 편리하게 하고, 군사 이동도 편리하게 하여 로마가 강대한 적을 정복하는 일에 튼튼한 바탕이 되었다.[84]

삼니움인은 국가를 보위하기 위해 산악 지역에서 로마인과 장기 유격전을 전개했다. 이탈리아인은 자유 상실의 위기에 직면하여 마침내 단결하여 항전할 필요가 있다고 인식했다. 삼니움인은 북정(北征)을 하여 에트루리아인, 움브리아인, 갈리아인과 통일전선을 결성했지만 애석하게도 그건 너무 늦은 행동이었다. 효과적인 협력에는 경험과 훈련이 필요하지만 이들은 한결같이 자신의 방식만을 고집했다. 이들은 동원이 느려서 로마에게 충분히 대응할 시간을 줬다. 이들의 협력 차질은 로마의 행운이었다. 기원전 295년 센티눔(Sentinum) 전투에서 로마는 삼니움과 갈리아 연합군을 크게 격파했다. 만약 에트루리아와 움브리아 원군이 제때에 도착했다면 전투 결과는 달라졌을 가능성이 있다.

그러나 대세는 이미 기울었고 이 4대 민족은 독립을 이루기 위해 손을 잡을 수 없었다. 로마는 잔여세력을 쓸어 없애 삼니움 동맹을 해산시키고 개별적인 불평등조약들로 수많은 고립 부락을 통제했다.[85]

강인한 삼니움을 정복한 후 로마는 남부 이탈리아의 그리스 도시국가들을 추풍낙엽처럼 함락시켰다. 그런 과정에서 로마 군단은 처음으로 그리스의 용병을 만났다. 기원전 280년 에피루스(Epirus)의 왕 피루스(Pyrrhus)가 동포의 간청에 응했지만 그때는 로마 독수리의 날개에 이미 깃털이 풍성해진 이후였다. 피루스는 비록 승리했으나 지금까지도 흔히 사용되는 '피루스의 승리'라는 격언을 남겼다. 즉, 비록 승리했지만 아무런 보상도 받지 못하여 결국 유명무실한 승리가 되고 말았다는 뜻이다.

기원전 264년 로마는 해외로 세력을 확장하기 시작했다. 이보다 100여 년 앞서 로마는 끊임없이 전쟁을 하여 포강 유역 이남의 모든 이탈리아반도를 정복한 상태였다. 센티눔 전투 후에 로마는 넓은 강역을 겸병했다. 서쪽 바다에서 동쪽 바다까지 반도를 횡단하며 반도의 5분의 1 면적, 인구의 3분의 1을 직접 통치했다. 기타 지역은 수많은 식민지와 부속 동맹국으로 나뉘어 있었고 로마가 동맹의 패주가 되었다[지도 6].[86]

토지는 전쟁의 주요 전리품이다. 농사를 지으려는 공민의 요구를 만족시키기 위해, 또 피정복자 신민을 통제하기 위해 로마는 이탈리아에 두 종류의 식민지를 설치했다. 공민 식민지의 인구는 수백 명을 넘지 못하게 했고, 대부분 군사 요새를 지키게 했다. 더욱 중요한 것은 라틴 식민지인데, 성마다 2,000명에서 6,000명의 남자 장정과 그 가족을 이주시키고 거기에 그 성에서 선택한 토착민을 더 보탰다. 이민자는 로마의 공민 호적을 포기하고 그것을 몇 헥타르의 땅으로 바꿨다. 식민지는 내정을 자치(自治)로 운영하면서 법률상 라틴 도시국가와 동등하다고 규정했으나, 조약을 바탕으로 로마에 부속되어 있었다. 조약은 개별 상황에 따라 각각 달랐지만 로마를 위해 군대를 보낼 수밖에 없었다.[87]

식민지는 여러 가지 기능이 있었다. 식민지로 강역을 점령하고 토착민의 생산력과 반항력을 약화시켰다. 식민지에는 군사적 역량이 있어서, 전략적 요충지를 점거하고 토착민을 위협하며 적군을 감시했다. 이로써 지방의 소요에 신속하게 대응할 수 있었고 또 한 걸음 더 나아간 확장 정책을 준비할 수 있었다. 식민지는 직접적인 병력 주둔에 비해 오래도록 편리함을 유지할 수 있다. 이민을 통해 자급자족할 수 있기 때문이다. 이에 라틴 식민지를 연결하여 로마의 쇠사슬로 삼아 이탈리아를 튼튼하게 보위했으며 그중에는 번영한 도시로 발전한 곳도 많았다. 로마공화정 말기에 집정관 겸 연설가 키케로(Marcus Tullius Cicero, 전 106~전 43)는 이렇게 회고했다. "우리 조상은 식민지를 고르기 위해 정말 많은 고심을 했다. 살펴보면 식민지는 요충지에 위치하고 있어서 이탈리아의 도시에 그치지 않고 제국의 보루로 기능했음을 알 수 있다."[88] 로마의 식민지가 토착민을 동화시키고 사회를 변화시킨 공로는 중국 주나라 왕실의 번속국이 되고 싶어한 제후 열국에 못지않다.

어떤 역사학자는 '나누어 다스리기(divide and rule)'가 로마 정책의 기본 원칙 중 하나라고 인식했다.[89] 로마는 이탈리아를 정복하면서 종속 정치체제를 널리 시행하여 식민지 사이의 토착 조직을 파괴하고

모든 식민지와 일대일로 상대했다. 종속 정치체제에서 식민지는 마음
대로 외교 활동을 할 수 없었다. 내정에 있어서는 상당한 자주권을 가
졌지만 로마가 마음대로 간섭할 수 있었다.[90] 동맹국이나 식민지를 막
론하고 모든 종속국은 로마의 동원 명령에 따라 군사를 출동시켜야
했고, 스스로 군비를 갖춰야 했다. 이런 일은 고역이긴 했지만 투자
라 할 수도 있었다. 전리품을 넉넉히 챙길 수 있었기 때문이다. 이런
제도에 의지하여 로마는 패권을 유지하며 한니발(Hannibal, 전 247~전
183)과의 전투 위기에서도 벗어날 수 있었다.[91]

제7절
정벌과 회유

통혼과 통상 등 평화적인 교류는 민족의 융합을
촉진했지만 이런 일상적인 관계를 역사 문헌에서는 찾아보기가 어렵
다. 가장 쉽게 눈에 띄는 것은 전쟁과 정치다. 전쟁과 정치는 사람들
을 격리시키기도 하고 뒤섞기도 한다. 생사존망이 걸린 때에는 의리
와 기개가 출신 성분보다 중요한 법이다. 군사들이 원정을 가고 난민
이 유랑하면서 타향에서 다른 사람들을 만나게 된다. 전란은 봉토를
고수하던 토호 세력을 괴멸시켜 전쟁 후에 주거지를 옮기지 않을 수
없게 만든다. 로마가 이탈리아를 정복하고 춘추 열국이 병탄을 통해
전국칠웅(戰國七雄)이 되는 과정에서 벌어진 전쟁은 아직 소규모라 할
수 있다. 이탈리아나 중국의 복잡한 민족이 응집을 시작했지만 아직

일체가 될 정도는 아니었다. 로마의 분리 통치는 지방주의를 강화했다. 중국에서도 제후국이 분립되어 제나라 사람, 초나라 사람 등의 지방색이 배양되었다. 이러한 지방색은 이후 200년간 벌어진 사나운 전화(戰禍) 속에서 상당 부분 연소되었고, 그 이후 황조 제국의 정치 조직 속에 대부분 융화되었다.

전쟁이 그쳤다고 반드시 고난이 사라지는 건 아니다. 전쟁 이후 살아남은 사람들은 더욱 다양한 고통에 직면하곤 한다. 중국에서 승리자는 흔히 옛 호족을 몰아내고 새 이민자를 받아들인다. 통제를 쉽게 하기 위한 의도 외에도 경제 발전을 위해서 강제로 이민을 추진하곤 했다. 초나라는 북방의 작은 나라를 멸망시킨 후 흔히 그 유민을 낙후된 남만(南蠻) 지역으로 이주시키곤 했다.

진(秦)나라가 쓰촨을 경영한 것은 또 다른 사례에 속한다. 기원전 316년 진은 '융적의 수장'인 촉을 멸한 후 진나라 백성 1만 호를 촉 땅으로 이주시켰다. '촉으로 가는 길은 험하다(蜀道難)'란 말처럼 쓰촨으로 출입하는 일은 쉽지 않아서 문제 인물을 유배보내기 딱 좋은 장소였다. 진시황은 패전한 여섯 나라 귀족과 진의 정치범을 줄줄이 그곳으로 귀양 보내라고 명령을 내렸다. 이런 사람들 일부는 넉넉한 재산을 갖고 있었기에, 설령 자신의 재능만 남았다 하더라도 그 능력으로 지방에 공헌할 수 있었다.[92] 촉 땅 사람은 이렇게 말했다. "진(秦) 혜문왕과 시황제가 육국을 평정하고 그 호걸들을 촉 땅으로 이주시켜 우리 땅이 풍성해지도록 도움을 줬다(秦惠文·秦始皇克定六國, 輒徙其豪俠于蜀, 資我豐土)."[93]

이주민과 섞여 사는 건 이탈리아에서도 일상사였다. 한니발과의 싸움 때 전쟁의 불길이 이탈리아를 뒤덮자, 로마는 또 주민을 대거 추방하여 한꺼번에 적에게 항복한 성안 주민을 징벌했다. 이탈리아 자유민의 3분의 1이 정처 없이 떠돌게 되었다. 10년 내전은 공화정 전체를 훼손함과 동시에 완고한 지방 전통도 적지 않게 파괴했다. 모병에 참여한 군벌은 대부분 퇴역 때 땅으로 보상을 받았다. 승자는 주민의 땅을 빼앗아 자신의 약속을 이행했고, 대대로 농사를 지어온 적지 않은 백성이 이 때문에 땅을 빼앗기고 쫓겨났다. 패자를 지지한 파벌은 궤멸되었고 재산도 공용으로 편입되었다. 기원전 80년에서 기원전 8년까지 이탈리아 자유인의 거의 절반에 해당하는 약 150만 명이 강제로 집을 떠나거나 정부의 명령으로 이주했다. 갈리아인은 도주했고, 삼니움인은 거의 살해되어 독특한 에트루리아 문화도 소멸되었다.[94]

전쟁 후 협약과 안배를 통해 민족 융합을 촉진할 수 있었지만 그 효과는 정치 조직에 따라 달랐다. 가령 패전국에서 본래의 정치체제를 유지하다가 승전국에게 병탄되면 그 백성도 비교적 강한 힘으로 동화에 저항했다. 나라 안의 나라인 이들 지역은 심지어 딴마음을 먹을 수도 있고, 자신의 군대를 보유하고 있다면 더욱 쉽게 반란을 일으킬 수도 있었다. 나중에 동한이 남흉노를 수용한 것이나 로마제국이 서고트(Visigoths)를 수용한 경우가 그러한데, 이로 인해 대재앙의 싹이 자라나게 되었다.

춘추전국과 로마공화정의 민족 수용 정책은 성공을 거뒀다. 왜냐하면 밖으로 세력을 확장하는 동시에 자체 내의 내정체제도 발전시켰기 때문이다. 정치 개혁으로 패전국의 권력 조직을 해산시키고, 엉성한 지방 세력을 타파하거나 개조하여 민족 융합의 용광로를 더욱 뜨겁게 달궜다. 정치 조직이 없는 사람은 개별적으로 전승국에 가담했으므로 그들 자신의 옛 신분을 쉽게 잊어버리고 새로운 환경에 녹아들었다.

종속 동맹국은 로마가 카르타고를 공격하고 지중해를 정복할 때 도움을 줬다. 이들의 병력은 로마 공민 군사보다 많았지만 동등한 대우를 받지는 못했다. 이 때문에 원망이 쌓였고 이들이 창을 거꾸로 잡고 기원전 91년에서 기원전 87년까지 지속된 동맹 내전을 야기했다. 로마 군대는 불리한 환경에 처하자 정치적인 양보를 결정하고, 이탈리아 포강 유역 이남의 전체 자유민에게 공민 호적을 부여했다. 이로써 분리 통치를 견지하던 로마가 마침내 정치적 통합체로 변했다. 뒷날 로마 내전 때 옥타비아누스(Gaius Octavianus Augustus, 전 63~후 14)는 그의 적수가 기실 뛰어난 로마 공민 안토니우스(Marcus Antonius, 전 83?~전 30)라고 부끄럽게 말하며, 선전의 창끝을 이집트 정부(情婦: 클레오파트라)에게 돌린 후, 민족주의를 이용하여 이탈리아인을 단결시켜 내전을 도왔다. 그는 전쟁에 승리하여 아우구스투스 황제가 되었다. 그가 세상을 떠날 무렵 이탈리아인은 그리스문화를 가진 하나의 민족 공동체로 융화되었다.[95]

진시황이 중국 통일에 끼친 공헌은 비견할 만한 대상이 없다. 전국시대 여섯 나라를 멸망시킨 후 진은 지방 봉건국을 폐지하고, 험한 곳을 평탄하게 다듬어 교통과 행상을 편리하게 했다. 또 법률·화폐·도량형을 통일하고 동일한 규격의 수레바퀴와 동일한 문자 사용을 극력 추구했다. 전국 백성은 호적에 등록된 평등한 주민이 되었다. 이러한 제도하에서 회수(淮水)와 사수(泗水) 일대의 동이족은 오래지 않아 화하족과 다름이 없게 되었다.[96]

화하족은 상이한 방언을 쓰지만 동일한 문자를 써서 '의관(衣冠)이 같은 나라'로 통합되었다. 이탈리아에서도 수많은 사투리가 점차 소멸되면서 동일한 라틴어를 말하고 '같은 양식의 토가(toga)[97]를 입는 나라'로 통합되었다.[98] 여러 세기의 시간이 흐르면서 복잡한 이탈리아와 중국 민족은 비교적 순수한 하나의 민족, 즉 이탈리아인과 한족으로 융합되었다. 이 시기에 두 민족이 각각 웅장한 통일 제국을 건설했다고 말하지는 못하겠지만 민족 형성 자체로만 본다면 불후의 성과를 거둔 셈이다.

제2장
건국과 제도

제1절
철과 피, 정치와 사상

선진(先秦: 진나라의 통일 전) 시대와 로마공화정은 중국과 서양의 고전문화 황금기다. 공자는 제자들을 가르쳤고, 소크라테스(Socrates, 전 469~전 399)는 학문을 강의했다. 능력으로 직무를 맡는 일이 중국에서 싹이 텄고, 민주 정치체제가 그리스에서 성행했으며, 지금까지도 우리에게 영향을 미치는 사상이 온갖 꽃처럼 만발했다(百花齊放). 하지만 그 시대에도 피비린내 나는 잔혹함이 이어졌고, 자유를 표방한 서양에서는 곳곳에 노예가 가득했다. 인문학자들은 추악한 현실에 대응하는 방식으로 자기 발언의 진실한 의미를 드러냈다. 이들의 사상을 계발한 환경은 도덕의 근원을 분명히 보여줬다. 당시의 철학과 사상은 어렴풋이 정치에 영향을 미쳤지만 그것이 현실에서 이탈한 순수 학술임을 말하는 건 아니다. 그것은 또 집권자가 어떤 위대한 지도 사상을 고수하고 있음을 의미하는 것도 아니다.

이들 대부분은 눈앞의 임무에 다급해하며 성과를 다퉜다. 그러나 돌다리도 두들겨 보고 건너는 것처럼 신중한 것이 결코 이상(理想)이 없다는 말은 아니다. 전통 풍속, 선입견, 가용(可用) 개념, 보편적인 포폄(褒貶)이 모두 판단을 좌우하고 선택을 제약했다. 수많은 사회적 묵계는 뜻으로 짐작할 수 있을 뿐이지만 철학자들은 그것들을 시험하며 말로써 전하려고 했다. 분석하고 분별하여 잠재적 행동 아래 의향을 분명하게 말하면서 자기 행동이 가져올 후과를 직시하고 가치 취향의 이성을 높여서 마침내 정책을 개량할 수 있게 되었다. 정치사에 미치는 이데올로기의 영향은 중대하지만 미묘하다. 이 책에서도 피상적인 면모만을 대략 다룰 수 있을 뿐이다.

경제발전과 사회변천도 뜨거운 불처럼 타올랐다. 전국시대에 중국은 철기시대로 접어들어서 생산력이 비약적으로 발전했다. 로마에서는 이전에 이미 이런 기술혁명을 완성했다. 철은 경제사에서 주로 원시사회가 노예제 생산양식으로 전환하는 고리를 상징한다. 철기와 노예제는 모두 경제를 추동하여 더 많은 잉여생산물을 만들어냈고, 이것은 전쟁이나 사치의 재료로 이용되었다. 이와 동시에 정치와 연관된 사회적 동요도 야기했다. 중국에서는 도구의 개량과 국가의 경지 공급 방침에 따라 독립하여 농사를 짓는 소농이 흥성했지만, 이탈리아에서는 노예로 운영되는 대농장(latifundium)과 경쟁할 수 없어서 몰락했다. 자신의 경지를 소유한 농가는 그 역할이 경작 사회의 중산계급에 그치지 않았다. 이들은 주요 생산자 겸 납세자였을 뿐 아니라 보병의 주요 예비 전사이기도 했다. 보습과 칼날이 정권을 창출했다. 자경 소농의 흥망성쇠가 군대의 사회적 성분, 정치권력의 분포 및 정부의 구조까지 바꿨으므로 그 영향이 막대했다.

이 생기발랄한 사회적 자양분을 받아먹으며 미래의 황조와 제국이 나날이 성장했다. 굴기의 과정에서 그들은 각각 영토를 개척하고 민족을 융합했다. 또 대국을 장악할 수 있는 정치체제를 만들고 경제를 발전시켜 광대한 백성의 생활을 개선하고 갖가지 급격한 변화에 대한 반성을 자극했다. 정치·군사·경제·민족·문화 다섯 가지 역사의 동인(動因)이 서로 얽혀서 각각 상황이 다른 한 가지 발전의 요인으로 작용했다. 이 다섯 가지 항목은 함께 변화했지만 발전 속도는 각각 서로 달랐다. 정치가 때로는 앞서기도 했고, 때로는 뒤처지기도 했다. 몇몇 개혁과 창조는 보조 요소가 미성숙해서 실패할 수밖에 없었다. 사회 경제는 자신만의 잠재적 동력이 있어서 자주 변화하고 발전한다. 설령 현대의 강력한 정부라 해도 대략 유도만 할 수 있을 뿐 전반적으로 통제할 수는 없다. 정치·경제·대외 확장 등의 부문에서 결코 동시에 급격한 변화가 일어나지 않았고, 급변이 일어난 상대적 시기가 미래 황조와 제국의 특색에 영향을 미쳤다. 시기가 다르기에 유사한 사건이 일으키는 효과는 후세에 깊은 흔적을 남길 수도 있고, 연기처럼 사라져 버릴 수도 있다. 시기의 중요성은 다음 토론에서 잘 드러날 것이다.

상호 발전이 미치는 효과를 연구하려면 역사를 해체하여 고립적이고 정적인 요소로 만들어서는 안 된다. 그런데 불행하게도 동적인 상호작용은 지극히 복잡하다. 이를 분명하게 해석하기 위해 나는 세 장으로 나누어 서술할 것이다. 민족 구조는 앞 장에서 이야기했고, 군사와 무공은 다음 장에서 다루고자 한다. 이 장에서는 정치체제, 사회경제, 사상문화를 분석하겠다. 그러나 대외전쟁을 배경으로 삼고 시간을 뼈대로 삼고자 한다. 외교 압력과 영토 확장이 내정에 큰 영향을 끼치기 때문이다.

서한황조와 로마제국을 이끈 500년의 역정은 각각 세 가지 전쟁시기로 구분해볼 수 있다. 첫째 도시국가가 지역 대국이 되는 시기, 둘째 제국이 성립될 때까지의 시기, 셋째 안정된 태평기가 도래할 때까지의 시기다. 첫째 시기는 대략 중국의 춘추시대(전 722~전 479)와 로마의 이탈리아 정복시기(전 509~전 264)로 상정할 수 있다. 둘째 시기의 종점은 기원전 221년 진시황이 중국을 통일한 시기와 기원전 49년 카이사르가 로마시로 진군한 시기로 잡을 수 있다. 이 기간은 대략 중국의 전국시대와 로마의 해외 확장 시기에 해당한다. 셋째 시기는 중국에서 내전이 벌어진 이후 기원전 202년 해하(垓下) 전투에서 전쟁이 끝날 때까지, 또 서양에서는 기원전 31년 악티움 해전까지의 기간인데, 기간은 오래지 않았지만 잔혹함이 가장 심했다.

첫째 시기에 선생이 시작될 때는 미래의 황조와 제국이 전개될 대지에서 각종 유목민이 떠돌았고, 그 사이 사이에 하나의 성곽보다 얼마 크지 않은 무수한 나라가 흩어져 있었다. 고고학자들은 중국과 서양 사람들이 성곽을 쌓을 때 보통 장방형이나 바둑판 모양을 좋아했다는 사실을 발견했다.[1] 모든 성은 주위의 농촌 사회경제와 밀접한 연관을 맺고 하나의 나라로 연결되어 있었다. 그리스 로마 세계에서는 그것을 도시국가(city-state)라고 부른다. 나는 이 명칭을 동주시대의 봉건 제후국에 차용하는 것은 피할 것이다. 왜냐하면 제후국과 그리스 도시국가는 규모가 비슷하기는 하지만 정치조직과 이데올로기에서 차이가 아주 클 뿐 아니라 애초에 생긴 이런 차이가 후대 역사에도 깊은 영향을 미쳤기 때문이다.

춘추 초기 중국에는 제후국이 1,200개 정도 있었던 것으로 전해진다. 그중 170개 제후국이 『춘추』에 보이고, 또 그중 139개는 유적지가 확인되었다. 이 제후국들의 인구와 면적은 각각 상당한 차이를 보이고 있다. 일반적으로 말해서 한 제후국의 영토는 430~1,700제곱킬로미터 정도로 서로 일정하지 않았다. 내성(內城)의 면적은 대체로 0.5제곱킬로미터 정도였지만 약 3,000호의 백성은 내성 밖에 거주하면서 바깥 성곽의 보호를 받는 동시에 사방 교외의 야인(野人)을 항복시켰다.[2] 제후들은 전차로 국력을 따졌다. 네 필의 말이 끄는 병거 한 대(一乘)에는 수레를 모는 사람 외에 궁수(弓手) 1명과 모수(矛手: 창잡이) 1명이 탔고, 처음에는 그 뒤에 보병 10명이 따랐지만 후대로 갈수록 점점 보병 숫자가 많아졌다. 기원전 7세기에는 천승지국(千乘之國)이 드물었다.[3] 제·초·진(晉)·진(秦) 4개 대국이 나라의 규모에서 로마와 비슷했다. 로마공화정이 성립될 때의 인구는 약 3만~4만 명 정도였고, 징집 가능한 인구는 6,000명 정도였으며, 기마병은 600명 정도였다. 도시 면적은 약 2.8제곱킬로미터였고, 영토는 900제곱킬로미터로 라틴 도시국가 중에서는 수위를 차지했지만 웨이이와 카푸아 등과 같은 그리스 식민도시나 에트루리아의 대도시국가에 비하면 별로 큰 규모가 아니었다.[4] 여기에서 말하는 중국과 서양의 군사 수는 모두 상비군 숫자가 아니라 징집 가능한 후방 병력임을 주의해야 한다. 당시의 전쟁은 대부분 계절을 고려했다. 군대에 동원되지 않을 때는 후방에서 관례에 따라 늘 경작에 종사했다. 이 첫 번째 시기 전쟁의 주인공 자취는 앞 장에서 간략하게 언급했다.

두 세기 동안 이어진 정벌과 병탄 전쟁은 국제 정세를 바꿨다. 기원전 453년 한(韓)·조(趙)·위(魏) 세 가문이 진(晉)을 분할할 때 춘추 초기 100여 개의 제후국은 이미 10여 개 지역 대국으로 합병되었다. 전국칠웅(제·초·연·한·조·위·진)의 면적은 모두 오늘날 중국의 한두 개 성(省) 정도였고, 큰 것은 이탈리아반도 전체 면적에 견줄 만했다. 이들 나라는 이미 전차 중심의 군대를 보병 중심으로 바꿨고, 정치적 변법 이후에 능력자는 군대를 수십만이나 동원할 수 있었다.[5] 이와 유사한 10배의 확대가 지중해 일대에서도 발생했다. 기원전 264년 로마가 해외에서 군대를 지휘할 때, 포강 이남의 이탈리아엔 자유민 약 300만 명이 있었는데 이중 매년 10만 명을 군사로 동원하여 카르타고와 그리스화된 왕국 및 기타 세력에 대항했다.[6] 이들이 제2기 전쟁의 주인공인데 그 자취를 다음 장에서 상세히 소개할 것이다.

많은 사학자는 역사 속의 전쟁이 국가를 건설하는 데 더없이 중요한 작용을 했고, 특히 현대 유럽의 민주국가 건설에 그 작용이 컸으며, 다음으로 고대 동양의 전제국가 건설에도 그런 작용을 했다고 특별히 강조한다.[7] "전쟁은 국가 건설에 있어서 가장 중요한 격려자다", "전쟁은 국가를 만들고 국가는 전쟁에 종사한다"[8]와 같은 언급이 그것이다. 무슨 이유인가?

국가는 독특한 기구로 종족이나 종교 및 기타 사회단체와 다르다. 명확한 강역 안에서 국가는 최고통치권을 장악하고 합법적인 폭력을 마음껏 휘두르며 국민에게 충성을 요구한다. 국가는 국민을 영도하고 단결시키고 심지어 강제하여 전체의 안전을 보호하고, 사회질서를 유지하고, 제도를 만들어 공공사업을 총괄하고, 필수적인 서비스를 제공하고, 아울러 다른 나라와 외교를 진행할 책임을 갖는다.

국가가 직권을 실행하려면 인재를 동원하고 자원을 조정·통제할 능력이 있어야 한다. 효과적으로 생산을 조직해내고 계획적으로 물자를 모아 공공사업에 투입하여 사회 상태와 자연 환경을 개선하려면 복잡한 관리체계가 필수적이다. 정부 체제를 구성하는 건 본래 쉬운 일이 아니며 정부에 항거하는 사람을 부리는 건 더욱 어려운 일이다. 조세와 병역은 국민의 양대 부담이다. 설령 공공 대중에게 이로운 점이 있어도 사람들은 이 두 의무를 좋아하지 않는다. 귀족과 토호 등과 같은 세력집단은 의도적으로 자원을 착취하여 자신의 소유로 삼고 있다가 국가가 그들의 기득권에 간섭하면 맹렬하게 반항하며 부도덕하다고 배척한다. 양보와 협력을 끌어내기 위해 내세우는 가장 쉬운 일은 공통의 외적을 만드는 것이다. 진짜든 가짜든 그 외적이 우리 모두의 안전을 위협한다고 고함을 지르거나 외적의 약탈을 묵계하고 모두들 그 전리품을 나눠 갖는다.

전쟁의 불길은 무능한 나라를 가차없이 도태시키고, 군비경쟁은 과학기술의 혁신을 추동한다. 다량의 군수품은 경제생산을 고무하여 자본집적 효율을 높이고 금융기관을 자극한다. 외적과의 전쟁은 내부의 단결을 촉진한다. 그것은 민심을 흥분시키는 구호, 일부 사람의 이익 추구 기회, 통치자의 통제 강화 이유를 제공하기 때문이다. 이 밖에도 외적과의 전쟁을 통해 나라의 안전밸브를 만들어 백성에게 원망을 배설할 기회를 주고, 경제학에서 말하는 '전이효과(轉移效果)'를 얻을 수도 있다. 그것은 현대산업이 오염된 물과 공기를 외부로 배출한 후 다른 사람이 환경오염의 피해를 당하게 하는 것과 같다. 또 국내인은 사회적 마찰을 완화하기 위해 이러한 분리 수법에 동의하고 서로의 권익을 인정하면서 외부인을 정복하고 지배하는 데 협력한다. 그리고 모순 해결의 대가를 이들에게 던져준다. 이처럼 유럽 19세기의 개명한 철학자는 대내적으로는 민주와 자유를 제창하면서 대외적으로는 제국주의적 식민 정책을 함께 추진했다.[9] 고대인은 그들처럼 '진보'를 선전하는 데 뛰어나지 못했다. 그러나 전쟁과 그들의 정치적 발전 관계가 밀접하게 연관되어 있음은 알고 있었다.

전쟁에 승리하여 판도가 확장되면 국가의 관할 직무도 더욱 증가한다. 새로 편입된 백성의 숫자가 늘어나면 책임은 더욱 무거워지고 어려움도 더욱 커진다. 규모의 크기는 중요하지만 늘 소홀히 취급되는 요소이기도 하다. 자연물이든 인위적인 조직이든 규모의 한계에서 벗어날 수 없다. 어떤 복잡한 사물의 설계를 무한하게 확대할 수는 없다. 우리는 코끼리와 같은 큰 짐승의 몸에서는 곤충과 같은 가늘고 긴

(a) 이중바큇살 모델(Layered hub-and-spokes)　　(b) 자가모방분봉 모델(Fractal)

[그림 1] 초기 정치 구조

다리를 절대 발견할 수 없다. 곤충의 체형 비례로 볼 때 곤충의 몸집이 너무 크거나 무거우면 다리가 부러질 수도 있기 때문이다. 따라서 다리를 코끼리처럼 굵게 하거나 강철로 그 골격을 대신하지 않으면 몸을 지탱할 수 없게 된다. 어떻게 하든 우리는 그 설계를 바꿔야 한다. 소국은 곤충과 같아서 나라가 커졌는데도 정부 기구를 바꾸지 않으면 그 나라는 붕괴될 수 있다.

　아리스토텔레스는 이런 이치를 깊이 깨닫고 있었다. 이 때문에 공민의 인구를 적절하게 조정해야 그 도시국가 체제가 효과적으로 움직인다고 했다.[10] 규모와 체제에 대한 견해와 유사하게 중국에도 개혁에 종사한 법가가 있었다. 애석하게도 이를 분명하게 알고 있는 사람은 아직도 드문 형편이다. 로마인은 규모와 체제에 대해서 상관하지 않다가 내전의 참담한 교훈을 겪고 나서 깨닫게 되었다. 중국 유가에서 연연하는 선왕들의 세계는 인구가 많지 않았고 가(家)와 국(國)이 분리되지 않았으며, 정치도 종친과 친하고 연장자를 존중하는 범위를 벗어나지 못했다. 1,100년 후 인구가 천 배, 만 배나 증가했는데도, 유생은 규모의 거대한 변화에도 아랑곳하지 않고 고루한 대가문식 체제를 견지하고도 방대하고 복잡한 대제국을 통치할 수 있다고 생각했다. 이는 정치사상을 옥죄는 일이었을 뿐 아니라 나라와 백성에게 해를 끼치는 일이었다.

고대의 도시 제후국은 나라 규모의 성장에 대응하여 처음에는 각종 번식을 응집시키는 방법을 사용했다. 독립적인 식민지를 설치한 그리스식이 가장 간단했지만 식민지와 모국의 관계가 소원해지면 힘을 모아 세력을 확장하는 데 방해가 되었다.[11] 비교적 성공한 제도로는 로마의 이중바큇살 모델과 주나라 봉건시대의 자가모방분봉 모델이 있다. [그림 1]에서 그 개념도를 제시한다. 이와 관련된 내용은 제2장 6절, 7절에서 토론할 것이다. 이 두 모델은 마지막에 결국 실패했고, 특히 봉건제가 더 심했다. 국가의 진일보한 확장에 대응하려면 정부는 반드시 법을 바꾸고 제도를 개혁해야 한다.

제2절
기술과 경제

과학기술의 진보는 역사 대동력의 하나다. 그것은 생산 효율을 높여 동일한 자본과 노력으로 잉여 상품을 더 많이 생산할 수 있게 한다. 경제학에서 이런 잉여 생산품은 과학기술 진보가

사회에 공헌하는 '공짜 점심'에 해당한다.[12]

산업혁명 이전 역사에서 생산 효율은 두 번의 대약진이 있었다. 그것은 바로 농업과 철기였다. 농업의 번성은 지금 우리가 이야기하고자 하는 시대보다 훨씬 먼 옛날에 발생한 일이다. 전설에 따르면 서양에서 철기가 널리 퍼지기 시작한 것은 목마의 꾀로 트로이를 살육한 미케네왕국 멸망 후 오래지 않아 발생한 일이라고 한다. 로마공화정이 건립되었을 때 이 기술혁명은 이미 완성 단계에 들어섰다. 그리스의 철학과 예술은 계속 비약했지만 기술은 그렇지 않았다. 콘크리트 등 로마의 발명품은 공사를 편리하게 했지만 이러한 변화는 진보였을 뿐 혁명은 아니었다.

당시 기술 창조는 대부분 공공건설, 즉 고가 수로, 군대 수송로, 신전 등과 같은 대형 건축에 치우쳐 있었다. 농업, 방직, 물질 에너지 등을 포함하는 사적 부문에서는 기원전 500년에서 기원후 500년 사이에 기술 진보가 크게 이루어지지 않았다.[13] 로마제국의 태평성대는 상품과 화폐의 유통을 크게 고무했다. 그러나 당시 지중해 일대에 있었던 경제성장의 근원은 대부분 이미 널리 전파된 기술과 더욱 많이 개간된 농지에서 비롯되었다. 그리스 로마가 발명한 대규모 노예 생산 조직은 사람의 업무를 압박하며 생산의 자본과 노동력을 강화시켰지만 생산의 효율은 거의 높이지 못했다. 어떤 학자는 로마의 경제 정체가 극심했다고 말한다. 그러나 고대 경제성장 연구에 열중하는 학자도 '그리스 세계가 유럽 철기시대의 성숙기'인 것은 인정한다.[14] 발전이 무르익자 성장 속도가 자연히 느려진 것이다.[15]

유럽 철기시대의 발전이 느려질 때 동아시아 사회는 발전을 시작했다. 세계의 4대문명 중에서 중국이 가장 나이가 어리다. 문자, 계급사회, 도시 거주, 대형 건축과 같은 문명의 특징은 기원전 3000년 전후에 이집트와 메소포타미아 지역에서 출현했다. 기원전 1200년에 현재 터키의 히타이트인(Hittite)이 가장 먼저 철기를 이용했다.[16] 고고학 발굴에 따르면 중국에서 가장 이른 시기에 사용된 갑골문은 기원전 1500년 무렵의 것이다. 야철(冶鐵)은 춘추시대 말기인 기원전 500년 무렵보다 조금 앞서 출현했다.

중국에서 자체적으로 개발된 야철 기술은 서양의 그것과 다르다. 고대 서양에서는 한결같이 괴련법(塊煉法)을 이용하여 철광석으로부터 고체를 떼어냈다. 그 과정을 거쳐 이것을 불로 달궈 단조하는 데 많은 시간이 필요했다. 그런데 철광석을 녹여 액체로 만들고 도구 모형에 부어 주조하면 대량으로 생산하기가 쉬워서 가격이 낮아지고 널리 보급할 수 있다. 그러나 쇠를 녹이기 위해서는 고온의 용해과정을 거쳐야 한다. 서양에서는 14세기에 이르러서야 비로소 이런 일이 가능했다.[17] 중국인은 청동 주조 기술에 뛰어나서 일찌감치 용광로의 온도를 높이는 풀무 기술을 발명했다. 이 때문에 이들은 거의 같은 시기에 괴련철과 주철, 즉 생철(生鐵)을 제조할 수 있었다. 초기의 생철은 쉽게 부서져서 용도가 많지 않았다. 오랜 시도와 경험을 통해 철을 부드럽고 질기게 만드는 기술을 습득했고, 마침내 생철을 단조(鍛造)하여 강철을 만드는 방법까지 얻게 되었다.[18]

전국시대에 철기가 점차 널리 퍼져나갔지만 그 질과 양은 일정하지 않았다. 지금까지 출토된 것 중 대부분은 농기구이고, 석기와 조개껍질과 한 구덩이에 묻혀 있는 경우도 적지 않다.[19] 이러한 생철은 부러지기 쉬워서 날카롭게 갈 수 없었으므로 무기로 만들기에 불편했다. 출토된 전국시대 유물 중에서 철검의 숫자는 청동검의 10분의 1에도 미치지 못하고, 그것도 몇몇 장소에 집중되어 있을 뿐이다. 초나라 땅에서 출토된 강철검을 제외하면 연나라의 유물이 많다. 진나라 병마용갱(兵馬俑坑) 근처 공사장에서는 적지 않은 철 도구가 발굴되었다. 그러나 진시황을 수호하는 도병(陶兵)이 들고 있는 무기는 약간의 화살촉을 제외하고는 전부 청동으로 만든 것이다.[20]

야철 기술은 오래지 않아 신속하게 발전했다. 서한 전기에 이르면 청동 단검을 전부 철제 장검으로 대체했다. 중국의 철은 원시 실크로드를 따라 서쪽으로 흘러갔다.[21] 1세기 중엽 다재다능한 로마의 인재 대(大)플리니우스(Gaius Plinius Secundus, 23~79)는 이렇게 기록했다. "우리는 모든 종류의 철을 비교해서 세레스(Seres) 사람들에게 월계관을 수여했다. 그것은 세레스 사람들이 그들의 비단이나 모피와 함께 우리에게 수출한 것이다. 파르티아 철이 2등상을 받았다." '세레스 사람'은 비단 생산자란 뜻으로, 로마 사람들이 중국인을 일컫는 말이다.[22]

청동은 값이 비싸서 대부분 무기와 사치품으로 사용되었다. 철이 없을 때 생산 도구의 주요 재료는 석기와 단단한 목제였다. 이러한 보잘것없는 도구에 의지하여 입에 풀칠을 하던 농민은 생존에 급급하여 잉여 생산물을 거의 만들 수 없었다. 질병과 기아 등의 천재와 인재를 막기 위해 사람들은 함께 생산활동을 하며 서로 의지했다. 현대 경

용과 독수리의 제국

제학자들은 그것을 보험에 드는 것과 같은 일이라고 말했다. 청동기시대의 공동 경작 장면은 호메로스(Homeros, 전 800?~전 750)의 서사시 『일리아스(*Ilias*)』와 『시경』 「소아·대전(大田)」과 「송(頌)·희희(噫嘻)」 등의 작품에 나온다.[23] 호메로스가 서술한 선사시대는 신화까지 담고 있다. 정전(井田)을 공동 경작하는 일이 여전히 보편적으로 행해지던 중국의 춘추시대는 일찌감치 역사의 기억 속으로 편입되었다. 정전제를 재건하는 일은 이후 유가 복고사상의 이상이 되었다.

전차(戰車)는 동·서양 공히 청동기시대 말기의 주요 무기였다. 값이 비싼 데다 고도의 조작 기술이 필요했기에 전차는 귀족 특권계층의 전유물이었다. 미케네의 분묘 벽화에 그 모습이 그려져 있다. 그러나 목마로 트로이를 함락시킨 이야기를 호메로스가 노래하던 시절에는 이미 전차가 전장에서 사라진 지 오래되었다. 시인은 병거의 군사용도를 잘 알지 못하여 이것을 위풍당당한 교통도구로 간주하고, 영웅이 그것을 몰고 전장까지 가서 전차에서 내린 후 도보로 전투에 임했다고 말했다. 로마인은 전차 경기를 했고, 전차를 이용하여 전승 경축 퍼레이드를 벌였지만 이것으로 전투를 하지는 않았다. 오히려 전차를 밀집시켜 적진에 충격을 가하거나 이동발사대로 삼았는데, 이런 풍조가 춘추시대 전쟁에 유행했다. 『좌전』에 적지 않은 기록이 있다.[24]

보병이 사용하는 철검과 긴 창은 전차에 비해 훨씬 쉽게 몸에 지닐 수 있다. 철기는 생산 효율을 높여 농가의 독립적 생활을 가능하게 했고, 흉년을 견딜 수 있게 했을 뿐 아니라 잉여생산물을 산출하여 무장(武裝)을 늘릴 수 있게 했다. 지중해 일대에서 철기의 전파는 국가 기구가 없는 것처럼 미약했던 '암흑시대'에 시작되었다. 그리스는 초기에 보병, 즉 벌써 전투에 뛰어난 소농이 이미 경제적으로 독립하여 군사적 활동을 활발하게 펼쳤다. 이들은 단결성을 발휘하며 논밭에서 공동 경작에 참여하지 않을 때는 전장에서 창과 방패를 들고 함께 전투에 참여했다.

사학자들은 이렇게 해석하고 있다. "야금술의 발전으로 철제 무기의 가격이 하락하여 충분하게 공급되자 이런 무기를 구입할 능력이 있는 사람들이 새로운 정치권력을 다투게 되었다. 이에 중무장 보병이 아테네 군대의 주력군이 되었다. 아테네의 민주, 특히 클레이스테네스(Cleisthenes, ?~전 570)의 개혁은 이들의 지지에 의지했다."[25] 병역은 그리스 도시국가 공민의 가장 중요한 의무였고, 심지어 공민의 개념도 군사적 연원을 갖고 있을 가능성이 있다. 기원전 6세기 로마에서 국왕에게 항거를 시작할 때 철기를 다룰 줄 아는 자경농이 이미 널리 퍼져 있었다. 스스로 무장한 농민 겸 보병은 군사훈련장에서 민회를 거행했다. 이들은 민회의 기반이었고, 그 대회는 로마공화정 정부의 민주 담당 부서였다.[26]

춘추시대 여러 나라에서도 많은 국인(國人)이 전차의 전사가 되어 어느 정도 정치권력을 보유했다. 그러나 이들은 귀족이 통제하는 정전제 사회에서 제후들이 무기와 장비를 내려주기를 바랐으므로 권력은 로마 공민에 미치지 못했다. 서양의 과학기술 혁명 시기와는 상반되게 중국에서는 철기가 전파될 때 국가기관이 이미 상당히 강하게 자리 잡고 있었다. 전국칠웅은 한편으로 정치적 변법과 중앙집권제를 추진하면서 다른 한편으로는 경제를 고무하고 소농을 도왔다. 이와 함께 군제(軍制)를 개혁하여 주력 보병을 발전시켰다. 중국의 농민 보병은 국유 무기를 잡고 집권 국가의 도움으로 성장했다. 이 때문에 옛 권력에 취해 있던 봉건 귀족에게는 매우 불리했다. 사회 경제의 급격한 발전이 정부의 혁신과 변화를 강제했다. 다른 한편으로 격동 속 사회도 정치적 간섭을 쉽게 받아들였다. 정치, 기술, 사회, 경제의 변천이 서로 간에 추진 작용을 발휘하는 점은 중국이 로마보다 복잡했다.

토지개혁과 관련된 투쟁은 중국 선진(先秦)시대와 로마공화정 시기에 모두 정치적 추진력의 하나로 작용했다. 로마는 웨이이를 멸한 후이들의 영역을 강탈하여 그 절반은 공공 속지(屬地)로 남겨 두고 그 나머지는 4유게라(jugera)에서 7유게라로 갈라 공민에게 사유재산으로 분배했다. 1유게라는 0.25헥타르, 3.75무(畝)에 해당한다. 나중에 변방 식민지는 비교적 크게 분배했는데, 보병은 10~20유게라, 기병은 30~40유게라를 받을 수도 있었다.

그러나 이런 통 큰 분배가 늘 있었던 건 아니었다. 고고학적 증거에 따른 전통적인 인상으로 말하자면 이탈리아 농장에서는 7유게라보다 작은 농지가 상당히 보편적이었다.[27]

중국 종법 봉건제도 아래서 토지는 왕과 제후 귀족의 권익이었다. 개인의 토지소유권은 기원전 4세기 열국이 변법을 시행하고 나서야 명확하게 규정되었다. 당시에 위(魏), 진(秦) 등 국가에서는 수전제(授田制)를 시행하여 체계적으로 토지를 구분하고 호(戶)별로 자경 소농들에게 균등하게 분배했으며, 마찬가지로 호별로 세금을 받고 장병을 징집했다. 수전(授田)은 일반적으로 한 집에 100무를 분배했고, 만약 토지가 척박하면 200~300무로 늘려줬다. 1무의 면적은 시기와 국가에 따라 차이가 매우 컸다. 진(秦)과 조(趙)가 가장 넓어서 100진무(秦畝)=18.2유게라=4.61헥타르=69.2무에 해당했다. 진나라가 중국을 통일한 후에는 자기 나라의 표준을 전국에 시행했다. 한나라는 진의 제도를 따랐다.[28]

로마인과 중국인은 이성적으로 구획하고, 엄격하게 측량했다. 이들이 대규모로 땅을 나누고 분배한 흔적이 지형에 남아서 지금까지도 볼 수 있다. 이탈리아와 옛 로마 속주 여러 곳을 항공 촬영해보면 네모꼴로 구획된 경지의 연결망이 촘촘하게 드러난다. 하나의 구역 면적이 200유게라에 해당하는 네모꼴 경지다. 로마의 제도는 2유게라 넓이로 길게 100개의 경지로 나눴다.[29] 전국시대에는 진, 조, 위가 분배한 토지가 가장 넓었다. 그 옛 흔적이 지금의 산시성(陝西省)과 허난성(河南省) 일대에 남아 있다. 대규모 지형 관찰을 통해 직선 구조가 명확히 드러났고, 도처에서 동서 혹은 남북 방향의 구획을 찾아볼 수 있는데, 그 면적이 1,400만 헥타르를 넘는다. 이런 현상이 제나라나 노나라의 옛 땅인 산둥성에서는 보이지 않는다.[30]

만약 중국의 토양이 이탈리아처럼 비옥했거나 중국의 생산 기술이 이미 이탈리아를 따라잡았다면 서로 비슷한 소농장 면적으로 살펴볼 때 두 곳의 생계 수준이 아마도 그렇게 큰 차이가 나지는 않았을 것이다. 그러나 우리가 농민의 생애를 이해하려면 단순히 통상적인 상황만을 고려해서는 안 된다. 변화무상한 파동이 두려운 모험, 돌이킬 수 없는 전환을 가져올 수 있다. 장마와 가뭄에 따른 굶주림, 질병과 전란, 가렴주구 등과 같은 온갖 재난을 당한 농민은 어쩔 수 없이 집과 땅을 팔거나 고리대금업자의 수중에 떨어지기도 했다. 세금을 징수할 때 곡식으로 받지 않고 화폐만 받으면 농민은 도리 없이 곡식을 팔아 세금을 내야 할 것이고, 또 시장가격에 의거하면 풍년에는 곡식 값이 낮아 견디기 어려웠을 것이다. 농사는 어려운 일이다. 더욱이 관개시설, 보험, 합리적 대출 제도가 없던 시대에는 더 말할 것도 없다.

전국시대 초기에 이회(李悝, 전 455~전 395)는 위나라에서 변법을 실시하여 농가의 수입과 지출을 자세히 조사하여 100무(畝)의 농장으로 평소에 다섯 식구를 부양할 수 있다고 계산했다(1魏畝=0.83秦畝=2周畝). 하지만 그는 여전히 정부의 실천을 제창했다. 왜냐하면 대재난이 들이닥치면 생산량이 10퍼센트로까지 감소할 수 있기 때문이다. 몇 년간 흉년이 계속되면 농가는 가난의 소용돌이로 빠져들게 된다.[31] 이회의 계산보다 더욱 인상적인 것은 로마의 킨키나투스(Cincinnatus, 전 519?~전 439?)의 일화다. 킨키나투스는 로마의 전통 귀족으로 기원전 460년에 집정관에 임명되었다. 그의 아들 가운데 하나가 악동 패거리를 거느리고 정치개혁자를 공격하여 사람을 죽였다. 사형을 당하게 된 그는 심문 기간 보호구역을 벗어나 도주했다. 보석금을 주고 아들을 석빙하기 위해 킨키나투스는 재산을 모두 팔고 로마시에서 5유게라 크기의 농장에 기거했다. 원로원의 사자가 그곳을 찾았을 때 그는 웃통을 벗어젖힌 채 농사일을 하고 있었다. 아이퀴족의 침입으로 집정관이 포위되었고, 이에 로마가 그를 지도자로 소환하려 한다는 말을 듣고 그는 군사를 거느리고 국가를 구하러 나서며 말했다. "내 땅을 올해 경작할 수가 없으니 우리는 배불리 먹을 수 없게 되었다!"[32] 밭갈이는 농민의 생계 활동이다. 생활 문제가 이처럼 기본적으로 바탕에 깔려 있었기 때문에 토지개혁이 정치를 좌우한 것도 이상한 일이 아니었다.

이회의 저작에는 또 한 가지 사회적 특성이 드러나 있다. 그는 가구당 양식은 곡식으로, 의복과 기타 비용은 금속 화폐로 계산했다. 금속 가치는 비교적 비쌀 뿐 아니라 또 질과 양을 일관되게 유지할 수 있다. 주화(鑄貨)는 집권자가 표준에 맞게 발행하여 보증 가치를 새겨 놓은 작은 금속 조각인데, 이것은 교역의 매개로, 장부 기록의 단위로, 재산 저축의 방법으로 기능했다. 화폐 유통과 가격 안정은 상업의 번성과 정치적 성숙을 나타낸다. 중국과 로마의 동전 유통은 그 사회의 경제적 수준이 다수의 다른 고대 농업사회보다 더 높았음을 의미한다. 서양에서는 기원전 7세기, 지금의 터키 서부 리디아(Lydia)에서 동전이 발명되어 세금을 거두거나 외국 용병에게 급료를 지불하는 데 사용되었다. 그중에는 그리스인이 가장 많았다. 이에 그리스 도시국가가 곧바로 각 나라에서 동전을 주조했다. 그 위에는 도안과 구호를 새겨 넣어 상업적 용도를 선전했다. 이민자들이 그 방법을 이탈리아로 가져갔다. 로마에서는 초기에 커다란 청동으로 화폐를 만들었는데, 피루스와 전쟁을 할 때가 되어서야 군대의 수요 때문에 성실하게 동전을 발행했다. 가장 먼저 발행한 것은 청동 동전이었다. 기원전 269년 초에 은화를 만들었다. 기원전 214년에 데나리온(denarius: 소형

　　　　　　　　　　　용과 독수리의 제국

은화)을 발행하기 시작하여 로마제국 중기까지 유통했다. 로마인이 장부를 작성할 때 늘 사용한 단위는 세스테르티우스(sesterce)였는데, 이것은 데나리온의 4분의 1에 해당한다.[33]

기원전 524년 주나라 천자는 '대전(大錢)'을 주조했고, 각 제후국에서도 이를 따라 청동전(靑銅錢)를 주조했다. 다량으로 출토된 동전으로 살펴볼 때 당시에 이미 동전이 상당히 넓게 유통되었음을 알 수 있다. 전국시대 여러 나라의 동전은 소형 칼·낫·호미 모양이었다. 이는 아마도 금속 도구가 줄곧 상거래의 매개로 사용되었기 때문일 것이다. 진시황 통일 후 역대 황조에서는 동그란 동전 안에 네모꼴 구멍이 있는 진나라 돈을 사용했다. 그 위에는 중량이나 주조 연호를 새겨 넣었다.[34] 이런 단순한 설계는 그것이 천원지방(天圓地方: 하늘은 둥글고 땅은 반듯함)이나 외원내직(外圓內直: 겉은 원만하고 속은 강직함)을 의미하는지 여부와는 상관없이 주로 실용성을 지향한 것이다. 동전은 액면가가 작아서 일상적인 사용에 적합했다. 또 동그란 모양 안에 네모꼴 구멍이 있어 돈을 꿰어 휴대하고 다니다가 고액으로 지불하기에도 편리했다. 전국시대에는 황금이 다량 사용되었지만 금화는 전혀 주조하지 않았다.[35]

제3절
전통과 사회

가정은 자연적인 혈통과 인위적인 교양을 결합

하여 유전자·재산·가풍·지식·기능·권력·지위를 전해준다. 어떤 사회에서 가족을 중시하는 정도를 살피려면 성명 시스템을 분석해보면 된다. 수많은 고대 사회에서는 사람이 이름 하나만을 가지며 추가로 부친의 이름을 끌어오는 경우가 가장 많았다. 예를 들면 '요셉(Joseph)의 아들 예수(Jesus)'의 경우가 그렇다. 이런 이름에는 친척에 관한 정보는 거의 들어 있지 않다. 반면 중국과 로마의 성명 시스템은 상당히 복잡하다. 모든 사람은 자신의 이름(praenomen)이 있고 거기에 가족의 성(nomen)을 붙인다. 또 옛날 귀족은 성 이외에도 씨(氏, cognomen)로써 종족의 분파를 구별했다. 출가한 여성은 친정집 성으로 불렸다. 예를 들어 진씨(陳氏) 집안에서 다른 집으로 출가한 여성은 모두 진씨로 불렸다. 로마에서도 율리우스(Julius) 집안에서 출가한 여성은 모두 율리아(Julia)로 불렸다. 이처럼 일관되게 쓰는 성씨는 먼 친척이나 외척을 구별하고, 족보를 만들고, 역대 기억을 연결하고, 가족 세력을 연장하는 데 편리하다.[36] 이런 점을 보더라도 가족이 중국과 로마에서 얼마나 중요했는지 알 수 있다. 두 곳 모두 조상을 숭배했는데 중국인이 더욱 심했다.[37]

이 두 사회는 모두 가부장제를 존중했지만 풍속은 좀 달랐다. 로마는 법률로 한 집안의 장(paterfamilias)에게 권력을 부여하여 그 가족 구성원을 지배할 수 있게 했다. 성년이 되어 결혼을 했더라도 가부장의 명령에 절대적으로 따라야 했다. 이른 시기에는 가장이 성년 자녀에 대해서도 생사여탈권을 갖고 있었다. 이 권리는 로마제국 중기에 폐기되었지만 가장의 권위는 계속해서 널리 전파되었으며, 로마제국이 멸망한 이후까지도 여전히 중단되지 않았다.[38] 중국의 부권도 로마에 비해 전혀 손색이 없었지만 법률보다는 예교에 기반을 두는 경우가 많았다. 부친은 자녀를 체벌할 권한을 가졌다. 자녀가 고관대작이 되었다 해도 아버지의 체벌에서 벗어날 수 없었다.[39]

로마와 중국에서는 가정교육으로 자녀가 권위에 복종하도록 가르쳐서 연장자를 보호하고 문화 전통을 보존하게 했다. 두 곳의 풍속은 모두 매우 보수적이었다. 어떤 현대 학자는 이렇게 지적하고 있다. "로마인의 민족성은 권위·전례·전통을 매우 숭배한다. 이들은 본능적으로 변혁을 혐오한다. 그 변혁이 선조의 규범(mos maiorum)에 부합함을 증명하지 않는 한에서는 말이다."[40] 효능에서 로마인 선조의 규범과 유사한 것이 바로 중국의 예(禮)다. 좁은 의미로 볼 때 예는 귀족 군자의 행위규범을 가리키고, 넓은 의미에서는 존귀와 비천을 유지하는 풍속과 습관을 가리킨다.[41] 간단하게 말하면 중국은 로마 사회와 마찬가지로 신분 등급이 매우 엄격했다. 각종 신분 지위에는 모두 예나 선조의 규범으로 정해진 행동 법도가 있었다. 만약 사람이 모두 안분지족하며 기존 규범을 어기려고 망상하지 않으면 그 사회는 자연스럽게 안정을 찾을 수 있다. 규범은 대부분 전통 관례다. 이런 관례 중 일부는 문자로 명확하게 기록되어 있고, 고정된 의례까지 갖추고 있어서 더욱 권위가 높아졌다. 또 일부 소수인은 법률 규정 속에 편입되어 국가의 지원을 받았다. 어떻든 이 규범들은 모두 도덕적 신념에 의해 지탱되었다.

예나 선조의 규범은 모두 실천에 의해 구현되었는데, 여기에는 정치적 실천도 포함되어 있다. 귀족 집체 통치는 뿌리 깊은 로마 선조의 규범으로 원로원이란 기관에 의해 구현되었다. 로마 귀족들은 개인적인 야심과 포부를 갖고 있었다. 수백 명의 구성원을 단결시키기 위해 원로원은 심판 법원을 설립하여 분쟁을 해결하고, 지위 등급과 지위 상승에 관한 규정을 제정하여 관리가 되는 기회를 평균화함으로써, 어떤 사람의 공적이 너무 특별하여 전체 사회에 위해가 되는 상황을 피할 수 있게 했다.[42] 구성원 간의 편협한 질투심이 어떤 인물의 재능을 억압할 수 있지만 제한된 경쟁과 보편적 영예를 통해 조화를 촉진하여, 공공 법률을 준수하는 그리고 평균 자질이 우수한 귀족을 많이 양성할 수 있었다. 그들은 끊임없이 단체를 만들고 전통을 준수하며 공화정의 골간으로 성장했다.[43]

중국의 예교는 상하가 서로 공경해야 한다고 주장하지만 사실은 아랫사람이 윗사람에게 존경심을 갖고 그들에게 복종해야 한다고 강조한다. 주나라 귀족에게는 모든 사람의 역량을 단결시킬 수 있는 기구가 부족했다. 그러나 번잡한 예절로 귀천과 존비의 질서를 유지했다. 기원전 771년 주나라가 동쪽으로 도읍을 옮긴 지 얼마 지나지 않아서 천자의 권력은 2등 제후에도 미치지 못할 정도로 약화되었다. 그런데도 천자는 여전히 지존(至尊)의 지위를 유지했다. 남쪽 오랑캐에 속하는 초나라를 제외하면, 전권 독립으로 일찌감치 왕자(王者)의 실권을 갖춘 중원의 제후도 기원전 330년에 이르러서야 왕을 칭했다. 이런 면에서도 당시 예교의 제약을 대략 엿볼 수 있다.[44]

로마인은 중국인과 마찬가지로 모두 귀족 인물의 모범 행위를 자랑했고, 그 도덕적 통섭력을 뽐냈다. 로마의 원로원은 통치권(potestas)을 거의 갖지 못했다. 원로원이 존중을 받은 까닭은 전적으로 혁혁한 지위와 우수한 성과에 기반한 명성(auctoritas) 때문이었다.[45] 키케로는 평민들이 모방만 할 줄 안다고 말했다. "역사가 증명한 바에 따르면 국가의 성격은 그 지도자에게서 온다. 지도자의 행위에 무슨 변화가 있으면 민중도 현실 생활에서 그것을 모방한다."[46] 이와 유사한 태도가 중국에서는 더욱 분명한 모습으로 드러났다. 즉, 통치자는 그의 통치가 힘을 중시하지 않고 덕(德)을 중시한다고 공언했다.[47] '덕(德)'은 『상서(尚書)』에 수록된 선왕의 문서, 예를 들면 "덕은 오직 선정이다(德惟善政)"와 같은 구절에 자주 보인다. 진시황의 각석(刻石)에서도 황제는 "도를 몸에 익혀 덕을 행한다(體道行德)"[48]는 구절처럼 자주 덕을 일컬었다.

중국과 서양 모두 도덕교육을 중시했지만 한 가지 기본적인 차이가 있다. 로마인은 원로원의 명성을 존중했으나 원로들은 솔선해서 법률 제도를 존중하며 법치 숭상을 자부심으로 삼았다. 중국 유가는 성현이 개인의 덕성에 의지하기만 하면 천하를 태평하게 다스릴 수 있다고 인식했기 때문에 법치를 배척하고 인치를 제창했다.[49] 상세한 상황은 제2장 9절과 제6장 9절에서 토론할 것이다. 그러나 법치 이상과 인치 이상은 갖가지 사회적, 정책적 차이를 유발한다. 이 책의 내용이 모두 이와 관련된 것이다.

인류의 접촉 방식을 거칠게 분류하면 두 가지로 나눌 수 있다. 개인관계와 사회결합이 그것이다. 임금과 신하의 관계는 전자를 중시하고, 국가의 공민은 후자에 참여한다. 갓난아기가 눈을 뜨자마자 어머니의 웃는 얼굴을 보는 것으로써 개인과 개인의 관계가 성립한다. 개인관계는 상호성이 특징이지만 그것이 반드시 대칭은 아니며, 상하 존비의 관계도 대칭이 아니다. 그것은 쉽게 사람의 마음을 울리는데, 감정의 강약은 대상에 따라 다르다.

우리 모두는 개인과 개인의 관계망 속에 들어 있고, 그 중심의 덕행은 사랑과 대의다[그림 2a]. 이것은 인류의 가장 기본적인 연결망이므로 오랜 세월이 지나더라도 바뀌지 않는다. 그러나 그 접촉 범위는 넓지 않다. 하물며 개인관계는 어머니의 뜻에는 순종하면서 아버지의 뜻은 어기는 것처럼 항상 대립하는 것임에랴? 따라서 개인관계는 비교적 단순한 테두리로만 제한되는 경우가 거의 대부분이다.

인구가 많고 구성원이 복잡한 사회에서는 합리적으로 협의하고, 서로 이해하고 양보하며 분규를 해결하고, 각종 협의를 종합하고, 오랜 경험을 축적하여 점차 비교적 객관적인 사회 제도를 만든다. 따라서 모든 사람이 그것을 준수해야지 이와 관련된 사람을 구체적으로 지명하여 준수하게 할 필요는 없다[그림 2b]. 교통법규가 바로 잘 알려진 사회제도다. 교통법규를 지키면 자신에게 이로울 뿐 아니라 모든 운전자와 보행자에게도 이롭다. 사회결합 속에서 작동하는 중심 도덕은 정의와 공정이다.

이것은 개인관계의 따뜻함보다는 못하지만 냉정한 사고와 이성적 분석에 호소하여 개인 생활을 충실하게 만드는 한편 법률 제도 등과 같은 공공 범주를 창조한다. 이에 의지하여 인류 사회는 더욱 드넓고

용과 독수리의 제국

(a) 개인관계망   (b) 사회결합   (c) 사교계

[그림 2] 인간관계 구조

풍부하게 변한다. 그것은 마치 삼차원의 공간과 같다. 내면에는 평면적인 개인관계가 층층이 끼어 있고, 거기에 또 공공 범주에 의해 개척된 깊이가 더해져 있어서, 인류가 접촉하고 활동할 여지가 크게 늘어난다[그림 2c]. 개인관계와 사회결합이 서로 이어지는 지점에서는 어쩔 수 없이 마찰이 발생한다. 문명의 진보를 통해 적지 않은 분야에서 이성적 가치 탐색에 노력하고, 마찰을 해소하고, 사회결합을 다듬어 공의를 훼손하지 않으면서도 더욱 진실한 사적 감정을 수용할 수 있게 한다.

가족과 친척 관계로부터 시작되는 개인관계는 세상의 모든 곳에 존재한다. 중국인은 로마인과 마찬가지로 가족을 아끼지만 가족 밖에서는 두 가지 점에서 큰 차이를 보이고 있다. 주나라 종법 봉건 제후국은 공후(公侯)의 가문과 다름이 없었고 공경대부도 모두 세습직이었을 뿐 아니라 그 대부분은 군주의 친척이 임명되었다. 피차간에 개인관계가 중심을 이뤘을 뿐이다. 종법 봉건 사회에 뿌리를 내린 유가는 정치조차도 삼강오륜(三綱五倫)과 상하존비(上下尊卑)의 개인관계를 벗

어나지 않는 것으로 간주했다. 그 모형이 바로 위 [그림 2a]이다.[50]

로마에서도 대가문 출신이 관직 선발 과정에서 우위를 점하여 명문 대가 자제들이 대대로 높은 관직에 임명되었다. 그러나 장관은 세습 직이 아니어서 누구든 반드시 경선 과정을 거쳐야 했다. 로마공화정 의 법률은 가문과 나라를 명확하게 구분하고 마치 [그림 2c]처럼 개인 관계와 사회결합을 함께 포용했다. 이에 정치는 사회결합을 바탕으로 삼았다. 엄격하게 말해서 현대 사회의 이른바 '정치(political)'라는 개 념은 대부분 제도와 법률을 가리키는데 이는 전적으로 인사와 관련된 권모(權謀, politics)의 개념과는 구별된다. 이를 근거로 엄격하게 정의 해보면 유가의 정치는 권력을 다투기는 하지만 현대적 정치 개념과는 상당한 거리가 있다. 이것이 로마의 경우와 크게 다른 점이다.

유가에서 신하가 임금에게 충성을 다해야 한다고 가르치는 것은 마 치 자식이 아버지에게 효도를 다해야 한다고 가르치는 것과 같다. 그 러나 로마공화정 공민의 충성 대상은 개인이 아니라 '원로원과 로마 백성(SPQR: Senatus Populus que Romanus)'이었다. 고대 중국에는 사회 (society)의 개념이 없었다. 춘추시대에 쓰인 '공(公)'의 의미는 아직 공 후(公侯)의 범위에 한정되어 있었다. 공전(公田)도 공후의 땅이었고, 공 사(公事)도 공후의 가문과 관련된 일이었다.[51]

이와는 반대로 로마공화정(res publica)이란 명칭에는 이미 참신한 공 적 범주가 분명하게 드러나 있다. 즉, 그것은 개인생활(res private)과 구 별되는 공공이란 범주다. 로마에서는 다양한 의견이 들끓는 연병장, 민회, 원로원에서 공민들이 사회적 연대망 속에 참여하여 공공의 복지와 이익을 토론했다. 어떤 개인에게도 속하지 않는 법률과 공공기관이 공공 범주를 대표하여 공공의 대의를 신장하고 공중도덕을 육성하여 가(家)와 다른 국(國)이란 정치 개념을 빚어냈다. 이것은 철인의 심사숙고의 대상이 되었다. 그러나 중국에서는 동주 전기까지도 이런 개념이 없었다. 춘추 말기에 이르러서도 공자는 여전히 명문화된 법률 공포에 반대했다.[52]

전통의 힘은 뿌리가 깊고도 강인하다. 뒤에서 진술한 것처럼, 개념과 공공 범주는 전국시대 개혁 정치를 주관한 법가(法家)에 의해 정립되고 있었지만 복고적인 수구사상에 의해 압박을 받으면서 중국에서는 시종일관 허약한 상태를 벗어나지 못했다. 로마공화정의 공공 정신은 로마제국 시기에 쇠퇴했지만 이와 관련된 법률 체제는 계속 유지되었다. 인간은 어린 시절에 성격이 정해진다. 공공도덕을 받들고 법률을 준수하는 측면에서 중국은 로마와 그 계승자들에게 미치지 못했다.

제4절
로마의 신분투쟁

기원전 509년 로마공화정이 성립되었지만 정치와 법률 제도를 완전히 뒤엎지는 않았다. 옛 제도에는 원래 크게 세 부분, 즉 국왕·원로원·군대편제의 이름으로 된 켄투리아 민회(Centuriate Assembly)가 포함되어 있었다. 후자 두 가지는 변화가 크지 않았다. 공화정이 국왕을 대신하게 되었지만 국왕의 권력(imperium)은 그대로 남겨서 두 명의 집정관에게 부여했다. 집정관은 매년 민회에서 선출되었고 임기는 1년이었다. 리비우스는 이렇게 해석했다. "정치적 자유를 향해 내디딘 로마의 첫걸음은 집정관의 권력이 아니라 임기를 제한하는 방향으로 나아갔다."[53]

이것은 첫걸음에 불과했다. 때로는 유일한 것처럼 보이는 변화도 발생했다. 즉, 한 사람의 독단적 권력에서 소수인의 독단적 권력으로 전환한 것이 그런 변화인데 이는 모든 집정관이 유서 깊은 명문 귀족 소집단이었기에 생긴 현상이었다. 더욱 나빴던 건 자유가 결코 사회의 번영과 안전을 보장해주지 못했다는 사실이다. 로마공화정은 처음 탄생하자마자 내우외환에 직면해서 상업과 공업이 쇠퇴했고, 아이퀴족과 기타 산촌 거주민의 침략을 받았다. 많은 소농이 재난 때문에 빚을 지거나 심지어 빚 때문에 노예로 전락하기도 했다.

평민은 채권자의 권력을 약화시켜달라고 요구했고, 이에 정부가 토지를 분배해줬지만 결국 압제를 당했다. 이들은 좌절하지 않았고, 공화정에서 이들의 군사역량을 필요로 할 때 분리를 선언했다. 기원전 494년 다수의 평민이 로마시에서 철수하여 근처의 산마루에 진채를 세웠으며, 그 후 아이퀴족을 공격하라는 정부의 명령에 따르지 않았다. 전통 귀족은 공황 상태에 빠져 담판에 응하겠다고 했다. 평민들의 항의 운동은 영도자와 조직을 탄생시켰고, 또 계속 분발하면서 그 후에도 여러 번 철수했다. 기원전 287년 마지막 철수가 바로 민중 승리의 이정표가 되었다. 이 200여 년의 역사를 역사가들은 로마의 '신분

투쟁'이라고 부른다.[54]

자세히 분석해보면 이 장기 투쟁이 세 가지 사항과 관계되어 있음을 알 수 있다. 첫째, 전체 공민의 분투가 합리적인 정치체제 건립을 지향했다. 둘째, 양대 지주 그룹이 권력 투쟁을 벌였다. 즉, 전통 귀족과 평민 부호가 고위 관직 선발자격을 다퉜다. 셋째, 빈자와 부자 사이의 계층투쟁이 사회 경제 문제에까지 미쳤다. 기원전 287년에 이르러 첫째와 둘째 문제는 기본적으로 해결되었지만 셋째 문제는 잠시 완화되는 데 그쳤다. 빈부 간의 충돌이 다시 격화하면 공화정을 무너뜨릴 수도 있게 되었다.[55]

로마공화정 초기에 라틴과 에트루리아 부호들이 줄줄이 이주한 뒤 로마 본토의 평민 대지주와 연대하여 전통 귀족이 고관과 요직을 독점하는 일에 분노하며 자신의 몫을 나눠달라고 극력 요구했다. 이들은 보통 평민의 불만을 이용하여 대중을 조직하고 권력투쟁을 위해 자신들의 세력을 길렀다. 기원전 367년 신법을 제정할 때 두 지주 그룹은 매년 두 집정관 직위를 고루 나누자고 협정을 맺었다. 평민 부호의 경제적 이익은 본래 전통 귀족과 일치했기에 세력을 얻은 후 곧바로 이들의 태도를 받아들였다. 이 두 그룹은 단합하여 새로운 귀족 통치계층이 되었다. 이들의 입장에서는 권력투쟁을 통해 두 그룹을 합병했으므로 좋은 결과를 얻었다고 할 수 있다.[56]

보통 평민이 쟁취한 것은 정부나 고관의 압제를 받지 않을 권리와 토지 개혁과 채무법 개정이었다. 이들의 사유 농장은 대개 아주 작은 편이었다. 따뜻하게 입고 배부르게 먹기 위해 많은 사람이 공용 토지에서 수입을 보충해야 했다. 그러나 불행하게도 권력자가 드넓은 공용 토지를 독점하고 있었다. 평민은 공용 토지를 개방하라고 요구했지만 권력자는 그 요구를 자신들의 가보를 빼앗는 것으로 간주했다. 토지 문제는 신분투쟁 시기의 정치적 충돌을 야기했다. 평민 부호는 자신의 정치적 야심과 경제적 침탈뿐만 아니라 공익을 위해서 많은 것을 만들었다. 이를 통해 이들은 권력을 쟁취한 후 공용 토지 독점에 참여할 수 있었다.[57]

우리는 뒤에서 중국 주나라의 국인(國人)도 항상 불공평한 제도에 항의했음을 살펴볼 것이다. 이에 비해 로마의 평민운동은 이성적 협상, 법률 준수, 조직 규율의 측면에서 강점을 갖고 있었다. 따라서 감정적으로 일을 처리하는 사람은 힘을 잃을 수밖에 없었다. 이와 반대로 이성적인 조직에 의지하면 시행착오를 통해 경험을 흡수할 수 있고, 또 그 경험을 종합하여 지식으로 만들 수 있다. 그것은 마치 계단을 만드는 것과 같아서 후세대가 그것을 밟고 위로 올라가거나 각 세대를 단결시킬 수 있다. 로마 평민과 전통 귀족이 협의한 결과는 두 사사로운 가문 간의 사사로운 약속보다 훨씬 큰 영향력을 갖고 있었다. 공개 변론을 통해 사람들이 동의한 세부 항목을 확정했는데, 이것은 오랜 세월을 거치면서 공공 법률제도로 변했다. 새로운 제도는 혁명 성공의 표지다. 이 때문에 역사학자들은 로마의 신분투쟁을 '무혈혁명'이라고 일컫는다.[58]

평민이 관리의 핍박에 항거하는 일을 예로 들어보겠다. '길을 가다가 억울한 사람을 만나면 칼을 빼들고 도와준다(路見不平, 拔刀相助)'는 말이 있다. 이 중국 속담에는 대의를 보고 용기를 발휘하는 개인의 열렬한 의협심이 내포되어 있다. 로마의 공민은 이런 마음을 상설 법제로 만들었다. 평민은 학대를 당할 때 구조 요청을 하면 당연히 도움을 받을 수 있었는데, 이러한 제도가 계속해서 '공정함을 구할 권리(provocatio)'로 발전했다. 또 공민이 중형을 받아야 할 경우에도 시민에게 호소하여 공개 재판을 받을 권리가 있었다. 요컨대 정부의 독단적인 압박에서 벗어날 수 있는 법적 장치를 무슨 성군과 현인의 어진 마음에서 구한 것이 아니라, 시민 스스로의 실천으로 쟁취했다. 이 때문에 공민은 왜 이러한 장치가 합리적인지 또 왜 그것이 시민이 응당 보유해야 할 권리로서 모든 사람이 단결해서 옹호할 가치가 있는지를 분명하게 알고 있었다.

이처럼 공적 원리를 추구하는 권리는 후세의 법률로 누차 강화되면서 로마의 공민이 누린 자유의 주춧돌이 되었다.[59]

민중의 의지가 가장 구체적으로 드러난 것은 바로 호민관(tribunus) 제도다. 애초에 호민관은 평민의 영수에 불과했지 제도적인 관직이나 법률적 지위는 전혀 갖지 못했다. 그의 유일한 힘은 누구에게도 침범을 받지 않는 육신뿐이었다. 민중은 호민관이 받은 어떤 상해(傷害)에 대해서도 복수를 하겠다고 맹세했다. 이런 신용 있는 맹세를 믿고 그는 관리의 권력 남용 행위를 저지해줬다. 설령 상대가 막강한 권력을 가진 집정관이라 하더라도 그는 자신의 몸을 방패로 삼아 학대받는 소민(小民)을 구해줬다. 맹세와 복수는 어느 세상에서도 흔히 볼 수 있는 일이다.

춘추시대 진(晉)나라 경대부는 권력투쟁 과정에서 자신들 몇몇 가문끼리 집단적으로 회맹을 하고 회맹에서 맺은 맹세를 통해 배신자를 저주했다. 그러나 그 맹약은 사람의 죽음을 따라 흘러가버리고 맹약을 새긴 돌만 남아서 고고학자의 연구 자료로 제공되고 있다.[60] 이와 반대로 로마의 평민은 자신의 조직을 가지고 전통 귀족과 끈기 있게 토론을 벌였다. 평민의 정서에 부합한 호민관은 마침내 국가의 정식 관리로 승진한 후 맹세가 아니라 법률에 의지하여 평민을 보호할 수 있게 되었다. 권력 남용을 억제하는 호민관의 역량은 참신한 정치 개념인 '거부권(veto)'으로 발전했다.[61]

첫 번째 로마시 퇴각을 시작으로 항의에 나선 평민은 대회를 거행하고 매년 호민관을 선임했고, 또 투표로 평민의 결의사항을 통과시켰다. 이는 완전히 국가조직과 같았다. 이 국가 속 국가는 국가 당국과 대항했지만 사사건건 어깃장을 놓은 건 아니었다. 이 두 기구는 항상 대중의 이익을 위해서 협력했다. 로마가 처음으로 공포한 법률인 '12표법(Duodecim Tabulae)'[62]이 바로 이런 협력이 이뤄낸 성과의 하나다. 국사에 대한 공헌을 기반으로 퇴각하겠다는 협박을 보태서 평민은 점차 자유와 권리를 쟁취하고 '부채 노예(債奴)' 상태에서 벗어났다. 이들이 대대로 양성해온 조직은 마침내 국가기구로 편입되었다. 평민대회는 로마공화정 내의 부락 민회로 변하여 본래 있었던 켄투리아 민회와 병립했다. 기원전 289년에는 다음과 같은 법이 정해졌다. "부락대회를 통과한 평민 표결은 바로 국법이므로 모든 공민에게 시행한다." 여기에는 전통 귀족도 예외가 아니었다.[63]

제5절
확장의 부작용

　　　　　로마는 정치제도를 발전시키는 동시에 이탈리아 반도를 정복했다. 기원전 264년부터 시작하여 로마는 해외로 군대를 보내 카르타고와 힘을 겨뤘다. 많은 학자는 기원전 202년 제2차 포에니 전쟁 승리에서 기원전 146년 카르타고가 완전히 궤멸될 때까지의 반세기를 로마공화정의 황금시대라고 칭한다. 내정은 안정을 이뤘고 심한 분쟁도 없었다. 이런 평화는 고압적인 정책의 성공이 아니라 상하가 한마음으로 해외를 향해 이익을 추구하는 방향에 근원을 두고 있었다. 신분투쟁 기간에 로마 정부는 정복으로 얻은 땅을 공민에게 분배하거나 식민지로 삼고 토지에 대한 평민의 갈구를 완화시키며 널리 대중의 협조를 얻어냈다. 이러한 유화책은 이탈리아 전역이 복종함에 따라 종결되었지만, 지중해 서쪽으로는 에스파냐까지, 동쪽으로는 시리아까지 미치며 더욱 큰 유화책을 제공하기도 했다.

　로마는 제국으로 굴기하며 군단을 사방으로 내보내 정복하고 학살하고 약탈했다. 지중해 동쪽의 그리스화된 세계는 오랜 문명을 갖고 있었고, 그 부유함도 견줄 만한 곳이 없었지만 안일하고 나태한 나머지 로마의 공격을 한 차례도 견디지 못했다. 로마는 이런 문화 보루를 정복하고 무수한 노획물을 얻었다. 어기에 정신적인 영광이 더해지면서 애국적 자부심은 더욱 높아졌다. 제국의 확장으로 로마인은 무궁한 기회를 얻는 것 같았고, 패전자들에게서 약탈한 이익이 모든 공민을 만족시킴으로써 사회가 조화를 이루는 것처럼 보였다.[64]

경제학에 이른바 '이윤체감'이라는 것이 있다. 쉽게 얻을 수 있는 결과가 사라지면 이윤 추구가 갈수록 어려워진다는 뜻이다. 로마도 이 법칙에서 벗어나지 못했다. 전리품이 감소함에 따라 사회적 마찰이 다시 생기기 시작했다. 기원전 146년 로마는 미약한 구실로 카르타고와 코린토스 두 대도시를 1년 사이에 도륙했다. 이 사건이 역사의 전환점이라고 인식한 사람은 로마공화정 말기의 역사가 살루스트(Sallust, 전 86~전 34)뿐만이 아니다.[65] 이후 제국의 강역은 계속 팽창했지만 확장률은 느려져서 사람들의 욕망을 따라잡을 수 없었다.

전쟁의 불길이 계속되면서 로마는 점차 공격을 주도하는 입장에서 공격을 당하는 입장으로 바뀌었다. 따라서 마음대로 공격 목표를 선택하지 못하고 국외의 군사 봉기를 진압하기 위해 출병하기 급급한 처지로 전락했다. 가장 골치 아팠던 것은 정복에 굴하지 않고 자유를 쟁취하기 위해 결사항전에 나선 강력한 야만인이었다. 기원전 167년 로마는 마케도니아에 승리하고 에피루스 일대를 깡그리 약탈하여 모든 사병에게 은화 200데나리온을 나눠줬다. 이는 그들의 2년 치 봉급에 달하는 액수였다. 기원전 133년 에스파냐의 누만티아(Numantia)를 도륙한 후에는 모든 사병이 겨우 7데나리온만 받았는데, 그것도 아마 장교가 쓸어 담은 돈주머니에서 나온 것이었다. 공민들은 병역에 대해 원망을 터뜨리기 시작했다. 이득은 적고 위험은 높은 전장은 엄청난 불만을 야기했다.[66]

보통 사병이 얼마나 많은 노획물을 나눠받는지 막론하고 그것을 귀족이 획득한 액수와 비교해보면 실로 미미하기 이를 데 없었다. 출정

용과 독수리의 제국

군의 장교와 국외를 총괄하는 총독은 본래 부자였고, 거기에다 동방에서 막대한 재물과 보배를 긁어모았다. 이들의 사치는 한도를 가늠할 수 없을 정도로 심했고, 장사도 체면을 따지지 않았으며, 또 장원(莊園) 사들이는 걸 가장 좋아했다. 기원전 167년 로마 정부는 수입이 짭짤하자 이탈리아의 토지세를 감면하여 농장의 이윤을 더욱 늘려줬다. 권력자는 마음대로 토지 구획을 긋거나 심지어 강제로 땅을 사들이며 가난하고 약한 이웃을 기만했다. 땅만 있으면 노동력은 걱정할 필요가 없었다. 전리품은 물질에 그치지 않았고, 대규모 노예도 포함되어 있었다. 기원전 225년 이탈리아의 노예 숫자는 불과 50만 명 내외였지만 200년 사이에 200만~300만 명으로 늘어났다. 같은 기간에 자유민의 숫자는 29퍼센트나 감소했다.[67]

소농은 노예를 쓰는 대농장과 경쟁하기 어려워서 대부분 병탄되었다.[68] 남자 주인이 두각을 나타내지 못하는 가정이 가장 취약했다. 적지 않은 농민 전사가 씩씩하게 원정에 나섰다가 여러 해가 지나 귀향해서는 자신의 가정이 파산했음을 발견하곤 했다.[69] 경지를 잃어버린 다수의 공민은 로마로 이주하여 공공 건축 현장이나 호화로운 사업장에서 품팔이를 하며 입에 풀칠을 했고, 나중에는 정부가 나눠주는 식량을 받아야 했다. 시골에 남은 일부는 소작농이 되거나 전용 노예에 들이가지 않는 날품팔이를 해서 생활이 더욱 어려웠다. 제국 확장은 나라의 번영을 가져왔지만 빈곤층도 크게 증가시켰다.[70] 어떤 역사학자는 로마공화정 후기의 사회 상황을 다음과 같이 총괄했다. "재산이나 생활 방식을 막론하고 빈부격차가 나날이 증가했다. 도시의 무산자와 사유지 없는 농촌의 날품팔이가 가장 어려운 생활을 했다. 절대적으로 생활수준이 낮은 처지나 상대적으로 부유한 것처럼 보이는 처지를 막론하고 모두들 생활 상황이 현저히 악화되었다.[71]

침략으로 조성된 우환이 본국으로 돌아오기 시작했고, 거기에 이자까지 붙어서 공화정의 군정(軍政)을 위협했다.[72] 본래 전사는 스스로 군장을 꾸려야 했으므로 반드시 재산을 갖출 필요가 있었다. 이 때문에 군단의 구성원은 적어도 자영농은 되어야 했고 이들은 모두 중산계급이었다. 그런데 이제 빈부가 양극화로 치달아 중간층이 소멸되었으므로 정부의 징병제도는 마침내 곤경에 처하게 되었다.

기원전 133년 호민관 티베리우스 그라쿠스(Tiberius Gracchus, ? ~전 133)는 병력 자원을 늘리기 위해 국유지를 빈민에게 분배하여 중산층 소농을 중흥시키자고 제안했다. 그러나 공용 토지는 일찍부터 권력자에게 점령되어 있었다. 그라쿠스는 또 공용 토지 점령을 제한하자고 제의했다. 즉, 각 가정의 가장은 500유게라만 가질 수 있지만, 이 밖에 250유게라를 모든 아들에게 주고, 이 규정 밖의 땅은 다시 공용으로 귀속시켜 공평하게 분배하자는 것이었다. 당시에는 10유게라만 있어도 튼실한 소농장을 꾸릴 수 있었다. 그라쿠스의 제안은 공민의 절대 다수의 찬성을 받아 법률로 제정되었다. 그러나 다수의 원로들 특히 이미 공용 토지에서 농장을 경영하던 권력자는 이 법안이 그들의 자유를 해친다고 인식했다. 그라쿠스는 경선을 통해 연임한 후 토지 분배 법안을 실행에 옮겼다. 권력자는 그가 독재를 한다고 공격하며 그와 그를 옹호하는 사람을 한꺼번에 살해했다.[73]

10년 후 티베리우스의 동생 가이우스 그라쿠스(Gaius Gracchus, 전 153~전 121)가 호민관에 선출되어 더욱 상세한 개혁안을 세웠는데 그 것은 땅을 분배하는 것보다 한 걸음 더 나아간 것이었다. 그의 운명도 형 티베리우스와 거의 비슷했다. 그는 공개 재판도 받지 못하고 옹호 자들과 함께 피살되었다. 그를 살해한 사람을 한 집정관이 데리고 갔 고, 원로원의 공개 지지를 받았다. 그 이유는 국가의 안전을 보호하기 위해서라는 것이었다.[74]

그라쿠스 형제는 귀족 명문가 출신이었다. 이들이 맞선 현실문제는 당시 모든 사람이 다 알고 있는 것이었다. 이들의 제안은 전혀 신선한 것이 아니었다. 점유 토지 제한, 공용 토지 분배 등의 제안은 신분투 쟁 시대에 이미 널리 알려진 것이었다. 그러나 그라쿠스가 선도적으 로 제안하여 입법 절차를 통과했다는 건 꽤 새로운 의미가 있다. 이들 은 민회를 격려하며 그 입법권과 선거권을 대담하게 이용했다. 학자 들은 이들 행동의 합법 여부에 대해 논쟁을 벌였다. 세부 항목에서 법 률이 모호했기 때문이다. 그러나 이들을 살해한 게 절대 합법이 아니 라는 사실에는 아무 이의가 없었다.[75] 그리스 로마 역사학자 아피아노 스(Appianos, 95?~165)는 『로마 내전사』를 쓰면서 이렇게 평가했다. "유 사 이래 민회에서 싸움을 하거나 무기를 쓰는 일은 없었다. 그런데 티 베리우스 그라쿠스를 살해함으로써 무기를 이용한 잔혹한 범죄의 선 례를 열었다. 이후 이와 유사한 폭행이 정치회의에서 심심치 않게 일 어났다."[76]

민주운동이 로마공화정에서 이른 시기에 성공했지만 왜 말년에는 실패했을까? 일부는 정치학에서 말하는 '엘리트 선발의 악순환' 때문이다. 통치자가 대중 속에서 엘리트 인재를 선발해가면 남은 사람에게는 영도자 수준급 인물이 부족하게 되고, 이 때문에 조직이 해이해지고 역량이 약해진다.[77] 신분투쟁 때 평민 부호가 민중을 조직했고, 평민대회의 기능은 마치 내구성 있는 반대파 모임 같았다. 투쟁을 끝내기 위한 안배 과정에서 정부는 평민대회를 흡수했고, 통치계층은 평민 부호를 흡수하여 그들을 귀족으로 만들었다.

본래 민중을 옹호해야 할 호민관도 임기 1년의 정부 관리가 됨과 아울러 법률의 제한을 받게 되었다. 이 때문에 민중의 산만한 역량을 조직하여 게으름 없이 통치자와 협상하여 이들의 권익을 쟁취할 수 없게 되었다. 살루스트는 로마공화정 말기의 민주운동에 치명적인 약점이 있었는데 그것은 바로 개혁파가 효과적인 조직을 갖지 못한 것이라고 지적했다.[78] 개별 호민관의 책임감은 사라지지 않았지만 이들은 민회에서 일시적으로 참여자의 열정을 불러 일으켜 개별 법안을 통과시킬 수 있을 뿐이었다. 그라쿠스 형제의 공적도 바로 이와 같았을 뿐, 체계적으로 법을 바꿀 수도 없었고, 귀족들의 단합된 행동에도 저항할 수 없었다. 또 이들이 고무한 민회의 입법권도 야심가들의 수중에서 권모술수의 도구로 변모하여, 사회문제는 해결하지 않고 자신의 사리사욕만 추구하는 수단이 되었다.

그라쿠스 형제가 피살되고 토지개혁 정책이 쇠퇴하자 군비를 마련할 능력이 있는 중산층 소농은 나날이 감소했다. 군대의 능력을 유지하기 위해 정부가 점차 무기와 갑옷 제공의 책임을 지기 시작했고, 군대에 참여할 수 있는 재산 자격을 낮췄다. 기원전 107년 전공에 의해 일곱 차례나 집정관에 선임된 마리우스(Gaius Marius, 전 155~전 86)는 공개적으로 무산자 빈민을 향해 모병에 나섰다.[79] 징병제는 계속 시행되었지만 날이 갈수록 군인은 시골의 극빈자 가정에서 모병에 응해 입대하는 경우가 많았다. 이런 지원병은 제대 후 땅을 분배해달라고 요구하면서 이들과 이들 가족이 국가를 보위하기 위해 무릅쓴 위험에 보상을 받으려 했다. 호민관은 이들을 실망시켰지만 장군들은 이들의 요구에 승낙하는 경우가 많았다. 이에 귀족들이 소문을 듣고 야심을 품었다. 기원전 88년 술라(Lucius Cornelius Sulla, 전 138?~전 78)는 막대한 부를 얻을 수 있는 원정 지휘권을 쟁취하기 위해 로마 군대를 거느리고 로마시를 공격하여 내전을 일으켰다. 동방에서 그는 풍부한 전리품을 분배했고, 또 이후에 정적에게서 탈취한 땅을 나눠주겠다고 응답하여 장졸의 마음을 얻은 후 계속해서 이탈리아로 돌아와 내전을 일으켰다. 폼페이우스(Gnaeus Pompeius Magnus, 전 106~전 48)와 카이사르도 그 뒤를 따랐다. 토지개혁은 제대 군인을 잘 대우하는 제도로 성격이 바뀌었다. 토지 문제는 시종일관 사라지지 않았지만 이제는 토지를 쟁취한 사람이 권력의 실질, 즉 칼자루를 잡게 되었다.[80]

제6절
로마공화정은 민주적이었나

로마공화정은 안정된 정치체제를 갖고 있었지만

명문화된 헌법은 없었다. 이 정치체제에 딸린 것은 정식 절차로 통과된 법률을 제외하고도 성문화되지 않은 규율 및 전통적인 도덕관과 선조들의 규칙 등이었다. 그 주요 구조는 몇 세기를 거치면서도 변하지 않았다. 즉, 행정관·원로원·민회가 시종일관 솥발처럼 정립해 있었다. 폴리비오스와 키케로는 모두 로마는 혼합 정치제제로 아리스토텔레스가 분석한 세 가지 정치제도, 즉 군주제·귀족제·민주제를 결합했다고 인식했다.[81] 이에 대해 한 현대 정치학자는 새로운 진술을 했다. "세계의 각종 정부와 관련된 역사에서 로마는 첫 번째로 '견제와 균형'의 정치를 갖춘 나라였다. 현재 세계에서 이러한 제도를 가장 온전하게 갖추고 있는 정부는 미국 연방정부다."[82]

로마공화정에서는 선거로 선출된 80여 명의 장관이 행정과 사법기관을 분담했다. 그중 두 명의 감찰관이 가장 권위를 갖고 있었다. 이 두 사람은 공민을 구분하고 원로를 선발하는 일 이외에도 공용 토지를 관리하고 대형 건축사업의 전체 계약을 담당했다. 집정관 두 명과 대법관 여덟 명과 같은 다른 고관은 생사여탈권을 장악하고 군대 통솔, 칙령 반포, 강제 집행 등의 권력으로 목적을 달성할 수 있었다. 이들은 원로원과 켄투리아 민회를 소집하여 법안을 제출했다. 입법 절차를 통과한 결의안도 이들이 집행했다.

그러나 이들의 권한에는 많은 제약이 수반되었다. 로마시 안에서 집정관은 병권(兵權)을 갖지 못했고, 그의 강제 권력도 공공도덕을 요구하는 공민의 권리에 의해 제약을 받았다. 성을 나서면 그의 권한은 전제 국왕과 같았지만 그것도 원로원이 그에게 부여한 권력 제한 구

역에서만 사용해야 했으며, 군정의 경비도 원로원에 지급을 요청해야
했다. 임기 내에는 함부로 행동해도 고발을 면할 수 있었지만 임기가
끝나면 그가 학대한 토착 세력에 의해 법률 절차에 따라 기소될 수 있
었다.[83]

감찰관은 임기가 5년이었고, 기타 모든 장관은 임기가 1년이었다.
연임과 재임(再任)은 매우 엄격하게 제한되었다. 하나의 관직을 한 명
만 담당하지 않았다. 모든 행정관은 최소한 권력이 대등한 동료 한 명
과 함께 일했고, 그 동료는 서로의 판단에 거부권을 행사할 수 있었다.
10명의 호민관은 직위가 높지는 않았지만 권한은 작지 않았다. 이들
은 부락 민회를 소집하여 법안을 제출했다. 이 밖에도 이들은 특정 관
리의 임용을 거부할 권한을 갖고 있었다. 가장 권한이 강한 고관대작
이라 해도 여기에서 벗어날 수 없었다. 동료와 함께 나라를 다스리는
제도는 권력 남용을 방지할 수는 있었지만 분쟁을 야기할 수도 있었
다. 이 때문에 위기가 닥쳐 흔들림 없이 결정을 내려야 할 때는 한 명
의 독재관(dictator)을 선임하여 단독으로 결정권을 행사하게 할 수도
있었다.[84]

원로원은 로마공화정부의 심의기구였다. 매년 약 40차례 회의를 열
었고, 구성원은 300명 내외였는데 기원전 81년에 이르러서야 배로 증
가했다. 원로는 감찰관이 귀족 가운데서 선발했다. 한번 원로원에 들
어가면 단정치 못한 행동을 하지 않는 한 종신토록 재직했다. 다수의
원로들 특히 세력이 큰 원로는 모두 현임 혹은 퇴임 장관이었다. 원로
원은 국가의 지식 창고와 같아서 정치와 군사 경험이 풍부한 사람이

모인 기구였고, 이에 일관된 정책을 안정되게 유지할 수 있었다. 원로원은 조세와 재정 정책을 장악하고 그것을 이탈리아 본토에 시행했다. 또 외교 절차를 확정했고, 군대 동원과 군량미 준비도 담당했다. 또 행정관에게 담당 구역을 나눠주고 대책을 지시했다.

로마가 해외에 행정 기구를 설치한 후 원로원은 그 장관 임면권을 가졌다. 전쟁과 화의 등 외교 대사(大事)에서는 원로원의 건의가 반드시 민회에서 비준을 받아야 했지만 대개는 원로원의 희망대로 결정되었고, 그런 결정에 민중이 항의하는 경우는 드물었다. 엄격하게 말해서 원로원의 정식 기능은 정책 자문에 불과했다. 원로원은 강제적인 힘을 갖고 있지 못해서 반드시 행정관들에게 의지하여 그 뜻을 실행해야 했기 때문이다. 만약 집정관이 말을 듣지 않으면 원로원도 어떻게 할 수 없었다. 하지만 집정관은 보통 이들의 말에 따랐다. 이들은 모두 나라의 원로였기 때문이다. 귀족 집체 통치는 로마의 뿌리 깊은 전통이었고, 그것은 공화정 말기까지 지속되었다.[85]

켄투리아 민회에서는 행정 고위직을 선발했고, 부락 민회(tribal assembly)에서는 하급 관료를 선발했다. 매년 경선 활동이 매우 치열하게 전개되었으므로, 입후보자는 친지나 시종을 동원하여 적극적으로 유세를 벌였다. 선거 이외에도 민회는 입법권을 가졌고, 전쟁·정전·화의·동맹 등의 일을 투표로 결정했다. 이런 일에 대한 어떤 안건이 표결을 통과하거나 부결되면 절대적인 효력을 발휘했다.[86]

로마인은 투표로 모든 일을 결정하는 측면에서는 무한 권력을 가졌다고 할 수 있다. 그러나 이들의 선택에 부쳐지는 안건은 사전에 귀족들에 의해 결정되었으므로 그 한계가 매우 뚜렷했다. 민회는 자체적으로 안건을 제출할 수 없었고, 결의안을 수정할 수도 없었으며, 선발 인원도 민회에서 단독으로 발언할 권한이 없었다. 민중은 집정관이나 호민관의 소집에 응하여 그들이 제출한 안건과 그들이 안배한 찬반 변론을 듣고 투표를 하여 안건을 통과시키거나 철회시켜야 했다. 이들이 듣고 결정해야 하는 제안은 보통 원로원의 인가를 받은 것이었다. 만약 어떤 개별 관리가 규칙을 지키지 않거나 원로원의 동의를 받지 않고 마음대로 민회에 제안을 하면 그 안건에 반대하는 원로는 자신의 지지자를 찾아 그것을 부결시킬 수도 있었다. 호민관 10명도 이런 권한을 갖고 있었다. 그라쿠스와 같은 인물 한 명이 더러 원로원보다 지혜로울 수 있지만 임기가 겨우 1년이어서 많은 일을 할 수가 없었다. 민회는 정부를 향해서 무료로 제공되는 빵이나 오락 공연 등과 같은 간단한 후생복리를 요청할 수 있었다. 복잡한 사회 개혁 문제에 봉착했을 때는 원로원의 단합된 반대를 극복할 수 없었다.[87]

민중은 선거를 통해 귀족의 반대를 무시하고 그들이 숭앙하는 영웅을 추대할 수 있었다. 그러나 입후보자의 자격은 법률의 제한을 받아야 했다. 로마의 정치는 정치적 권리가 개인의 재산에 의해 정해지는 큰 특색을 갖고 있었다. 정부는 정기적으로 인구를 조사하여 전체 공민을 소유재산 차이에 따라 7등급으로 나눴다. 날품팔이의 일당이 대략 2세스테르티우스 좀 넘는 시대에 재산이 4,400세스테르티우스에 미치지 못하면 무산자 빈민으로 간주되었다. 그 위로 다섯 개 등급의 재산소유자가 있고, 최고 등급 소유자는 남은 돈으로 중무장 보병의 전체 장비를 구입해야 했다. 재산이 40만 세스테르티우스를 초과한 상위계층은 기사(騎士)로 불렸다. 기사가 되어야만 원로원 진입이나 행정관 경선 자격이 주어졌다. 군대에서도 하급 장교들은 기사와 같은 재산을 갖지 못했다.[88]

재산에 따라 얻은 자격은 또 투표제도의 기초였지만 고관을 선거하는 켄투리아 민회로 한정되어 있었다. 백성은 고르지 않게 각각 193개 켄투리아로 분산 거주했다. 모든 무산자는 대략 전체 공민의 절반을 차지했지만 모두 하나의 켄투리아로 편입되었다. 기사 숫자는 2,000명 내외에 불과했지만 18개 켄투리아를 차지하고 있었다. 또 최고 등급 재산가는 70개 켄투리아를 점거했다. 모든 켄투리아는 민중의 의견에 근거하여 한 표를 행사했다. 부유한 켄투리아가 먼저 투표했고, 중도에 찬성이나 반대가 과반수를 넘으면 안건을 통과시키거나 폐기했고, 그러면 투표는 바로 중지되었다. 이 절차에 따르면 부유한 사람 사이에 의견이 갈리는 경우를 제외하고는 가난한 사람이 투표할 기회는 없었다.[89] 로마 정치의 요체에 대해서는 스파르타인 나비스(Nabis)가 명쾌하게 말했다. "여러분이 재산으로 기사와 보병을 뽑는 건 기실 소수인을 높이는 일이어서, 결국 대다수 평민은 이들의 지배를 받게 됩니다."[90]

근대적 자유 중에서 첫 번째로 중요한 것은 공평하게 공개된 보통선거를 정기적으로 실시한다는 사실이고, 두 번째로 중요한 것은 법률로 인권을 보장하여 공민들이 정부의 탄압을 받지 않게 되어 있다는 사실이다. 겉으로 드러난 형식만 보면 로마공화정은 전체 민중이 직접 정치에 참여하는 민주적 정치체제인 것처럼 보인다.[91] 그러나 형식을 들춰서 내용을 들여다보면 로마의 대권이 원로원과 행정관을 장악한 귀족의 수중에 있었음을 알 수 있다. 이에 대해서는 근현대 학자들도 대부분 다음과 같이 동의한다. "로마의 정치체제는 민주 체제가 아니었다. 그건 전통적으로 공민을 존중한 것에 불과했다. 공민의 권리 배경에는 공민의 무장 역량이 중요하게 작용했다. 그것은 민회의 투표와 입법 활동으로 표현되었다."[92]

투표와 입법 활동을 통해 공민은 정부와 이해관계를 맺게 되었다. 이것을 소통 창구로 활용하여 공민은 원망과 분노를 발설했고, 통치자는 공민의 뜻을 청취했다. 정기 선거는 행정 권력을 순조롭게 귀족들 사이에 이동시킬 수 있게 했으며, 공민은 법률 절차에 따라 귀족 간의 경쟁을 중재하여 과도한 충돌을 피할 수 있게 했다. 이렇게 함으로써 공민은 귀족 통치를 안정시킬 수 있는 요소로 작용할 수 있었다. 종합해보면 로마공화정은 본질적인 면에서 귀족통치에 바탕을 두고 있었지만 다소 민주적인 색채도 가미되어 있었다.[93]

공화정부가 로마를 500년간 이끌면서 로마를 도시국가에서 제국으로 이끌어 올렸다. 그러나 그 로마제국도 결국 붕괴되었다. 무슨 이유인가? 로마제국 쇠망에 관한 저명한 답안을 상투적으로 인용하여 공화정이 왜 쇠망했는가를 묻기보다, 공화정이 왜 그렇게 오래 지속되었는지를 묻는 것이 더 나을 것이다. 어떤 정치학자는 공화정의 구조가 서로 모순되었기 때문이라고 지적한다. 고위직 행정관 10명과 호민관 10명은 모두 민회를 소집하여 안건을 제안할 권리를 갖고 있었다. 또 고관들은 동료나 하급 관리의 결의를 부결시킬 권한을 갖고 있었고, 더더욱 호민관의 거부권은 어떤 결의도 비판할 수 있었다. 민회도 어떤 제안이라도 거부하거나 선택할 절대 권력을 갖고 있었다.

견제와 균형은 본래 정치 안정을 위한 제도이지만 각종 권력이 서로 갈등을 빚으면 정국이 경색되어 정부가 파탄을 맞을 수도 있었다. 그러나 로마공화정이 종말을 고하기 전까지 극심한 혼란이 발생한 경우는 드물었다. 무슨 까닭인가? 어떤 정치학자의 분석에 따르면 로마인이 일반적으로 실제에 힘쓰고 공상에 빠지지 않았으며, 경험을 중시하고 교조(教條)를 고수하지 않았기 때문이라고 한다. "로마공화정의 기구가 효율적인 것은 오늘날 영국 헌법이 효율적인 것과 유사하다. 많은 점에서 기성 법규를 고수하지 않고, 합리적인 묵계에 따르며 경직된 매듭을 비껴간다."[94] 이 부분에서 그들은 결국 실패했지만 중국의 유가 사대부보다는 훨씬 뛰어났다.

로마 사회는 보수적이어서 귀족의 전통적인 지위와 명망에 기댄 원로원은 그 권세가 비견할 대상이 없을 정도였다. 민회는 정식 입법권을 갖고 있었지만 줄곧 귀족의 영도에 복종했다. 공화정 권력 견제의 성공은 전적으로 원로원과 민회가 서로를 존중하고 여유를 가지면서 정식 권력으로 상대방을 끝까지 이기려고 하지 않는 자세에 의지해야 했다. 모두들 협력하며 대외지향 정책을 펼 때는 제도의 운행에 막힘이 없었다. 진정한 제도 실험은 사회의 문제에 대처하는 부문에 놓여 있었다. 로마공화정은 후기에 이르러 빈부격차가 극심해졌다. 이해관계가 충돌하면서 사회적 긴장이 높아지자 민주운동이 봇물처럼 터져

나왔다. 애석하게도 이러한 상황이 발생하자 사회적 분열이 심화되었다. 호민관은 민회를 부추겨 자신의 입법권 운용에 모든 힘을 쏟았고, 귀족도 민중의 요구에 있는 힘을 다해 대항하면서 극단으로 치달려갔다.[95] 살루스트는 "사람들은 각각 당파를 만들어 분쟁을 그치지 않았다. 사람들이 한마음으로 줄곧 애호해온 공화정은 이때에 이르러 분열되기 시작했다"[96]고 탄식했다.

이상에서 토론한 것은 로마 본토의 정치인데, 그 대상은 모두 로마 공민이었다. 그러나 로마인은 피정복 신민에 대해서는 이와 다른 장치를 갖고 있었다. 이탈리아에서 로마의 통치조직은 이중바큇살 모델이다[그림 1a]. '바큇살'은 분할하여 다스리는 패권 정책을 가리킨다. '이중'은 빈부와 상하를 구획 짓는 재벌 통치를 가리킨다. 로마가 병탄한 이탈리아 중부는 그 면적이 전체 반도의 5분의 1에 불과하다. 그밖의 지역에서는 직접 통치하지 못하고 그 지역 패주를 임명해야 했으므로 번거로운 일이 많이 발생했다. 식민지와 동맹국 등 각종 형식의 복종 체제는 각각 독특한 내용의 불평등조약에 의지했다. 단독으로 로마에 복속한 경우는 바큇살이 바퀴 축으로 집중되는 모습과 같다. 바큇살만으로는 바퀴를 이루지 못한다. 바퀴 테가 없기 때문이다. 로마의 부속국끼리는 서로 어떤 외교 관계도 맺을 수 없었다. 이들 사이에 전통적인 조약이 있으면 로마가 연대와 모반을 방지하기 위해 깡그리 폐기했다. 로마는 이렇게 복속한 지역을 고립된 구역으로 잘게 나누어 별도로 상벌을 시행했다. 영역이 확장됨에 따라 복종국 숫자는 증가했지만 분할하여 다스리는 패권 형식은 계속 이어가다가 기

원전 87년에 이르러 동맹국 내전이 끝나고 나서 그 제도를 바꿨다.[97]

로마는 복종국에 대해서 친소를 구별했지만 두 가지 책략은 예외였다. 우선 복종국은 일반적으로 세금을 납부할 필요는 없었지만 출병 요구에 응하여 패주를 따라 정벌에 나서야 했다. 군장 및 출병 비용은 간접세 항목에 속했지만 적극 참여하여 행동하는 것이 직접 군비나 군량을 요청하는 것보다 받아들여지기 쉬웠다. 더욱 중요한 것은 장차 얻을 수 있는 이익이 많다는 점이었다.

로마 군대는 늘 승리를 거뒀을 뿐 아니라 전리품도 아주 공평하게 처리했다. 로마는 복종국과 조약을 체결할 때 항상 전리품을 어떻게 나눌 것인지를 분명하게 표시했다. 여기에는 점령한 토지를 어떻게 분배할 것인지와 식민지에 어떻게 이민을 시행할 것인지의 내용이 포함되어 있었다. 로마 패권 정치에 속한 연맹은 약탈품을 서로 나눠 갖는 군사 기업과 같았다.[98]

로마의 두 번째 책략은 재산에 따라 권력을 나누며 부자는 높여주고 빈자는 억누르는 방법이었다. 라틴 식민지를 설치할 때 로마는 계급이 엄격한 자신의 사회구조에 근거하여 체계적으로 부자를 선택하여 특권과 혜택을 부여했다. 신하로 복속한 이탈리아 동맹국들에 대해서도 이와 같이 도처에서 토호와 권세가를 지원했다. 이들이 대외 업무에 복종하기만 하면 내정에 있어서 상당한 자주권을 누릴 수 있게 해줬다.[99]

어떤 사학자는 로마의 타렌툼(Tarentum) 정복을 서술하면서 이렇게 말했다. "이 사건은 로마가 신복(臣服)한 세력에 대해서 행하는 일

용과 독수리의 제국

관된 스타일을 잘 보여준다. 이탈리아는 곳곳에서 상층계급을 공고하게 만들어줬다. 토호는 로마를 맹우(盟友)로 간주했지만 평민은 로마에 적의를 품었다."[100] 이에 도시국가들의 수많은 귀족이 로마에 머리를 숙이고 충성을 다하며 이익을 나눴다. 이들은 로마에 기대 평민을 진압했고, 로마는 이들을 이용하여 자신을 위한 통치를 했다. 로마가 이들의 배경으로서 펼치는 수단은 강경했다. 기원전 265년 월시니이(Volsinii)의 평민들이 정권을 쟁취했지만, 로마의 군대가 들이닥쳐 성을 함락시킨 후 남은 생존자를 다른 곳으로 옮기고는 그곳 가축까지 다 죽여서 다른 부속국가들의 평민들을 위협했다.[101]

이러한 제도 아래서 어느 날 로마가 천하무적이라는 명성이 한니발에 의해 깨어지자 압제받던 백성의 원한이 한꺼번에 폭발했다. 리비우스는 다음과 같이 서술했다. "이탈리아의 부락들이 전부 동일한 질병에 전염되자 권세가와 하층민이 분열되었다. 각지의 원로원은 로마를 지지했지만 평민은 카르타고를 도왔다."[102] 어떤 현대 학자는 그 질병이 결코 절대적이고 보편적인 것이 아니었다고 하면서, 현대의 계급투쟁 이론을 마음대로 고대인에게 덮어씌우지 않도록 조심해야 한다고 지적했다. 그러나 리비우스가 예증으로 인용한 크로톤(Croton)과 놀라(Nola)의 사례도 독특한 예외가 아니라 로마의 고압적 스타일에 대한 평민들의 일반적인 반응이었다.

유사한 상황이 이후 그리스에서 반복해서 나타났다. 로마는 그리스로 진격하여 부호의 전횡을 20년 동안 조장하다가 마케도니아의 페르세우스(Perseus)에게 패배했다. 폴리비오스는 이렇게 서술했다. "페르세우스를 숭배하는 백성의 열정이 그들 마음속에 숨어 있다가 이제 불꽃처럼 폭발했다."[103] 하지만 군단은 강력했고, 반항도 극렬했다. 당시 그리스의 민주 정치체제는 이미 과두세력의 충격을 받고 쇠락하는 중이었다. 그런 시기에 로마군이 진격해오자 그리스는 더 이상 손쓸 수 없게 되었다. 그리스에서 동맹이 해체되자 민주체제는 더 이상 정상적인 정치체제로 기능할 수 없었다.[104]

도시국가에서 제국에 이르기까지 로마의 통치에는 일관된 성공 비결이 감춰져 있었다. 그것은 바로 정치권력과 경제이익의 결합이었다. 위에서 이야기한 바와 같이 로마공화정은 재산을 기준으로 삼아 공민의 계급을 나눴고, 정치적 실권을 돈 많은 사람 수중으로 집중시켰다. 부자는 자신이 납세와 국방 의무를 비교적 많이 지고 있기 때문에 응당 더 많은 권익을 누려야 한다고 말했다. 이런 이유는 공화정 말기에 소멸되었다. 이탈리아의 토지세가 이미 감면되었고, 병역도 고용된 빈민이 담당했기 때문이다. 본래 권익과 의무가 균형을 이루던 제도가 점차 불평등한 재벌 제도, 즉 부자 통치로 변모했다.[105]

상하 등급이 분명한 재벌 통치는 로마의 정복 전쟁에 따라 제국 정책으로 확장되었다. 동맹들의 내전을 거친 후 이탈리아에서 시행하던 로마의 패권 정치는 직접 통치로 바뀌었다. 지역적인 분할 통치가 끝나자 바퀴통은 달콤한 케이크로 변했다.

하지만 이것은 이중 케이크였다. 이탈리아 밖에서도 토호 거부(巨富)의 네트워크가 지중해 일대로 뻗어나가 로마 권력과 이어져 있었다. 로마제국의 전성시대에는 공민과 신민이 모두 빈부 차에 따라 법

용과 독수리의 제국

정 귀족과 천민으로 나뉘어졌다.[106]

제7절
주나라의 종법 봉건제도

기원전 660년 가을 북방의 적인(狄人)이 위(衛)나라를 공격했다. 당시 위 의공(懿公, ? ~전 660)은 재물을 낭비하며 학(두루미)을 기르다가 일찍부터 민심을 잃었다. 갑옷과 무기를 받으러 온 백성은 모두 불만을 토로했다. "학을 보내 싸우게 하라. 학은 관직과 녹봉까지 받았는데, 어찌 우리더러 싸우라는 건가?" 의공은 병거를 거느리고 성을 나와 싸웠지만 전군이 궤멸되고 말았다. 백성은 성을 버리고 도주하다가 야만인에게 크게 살육을 당했다. 다행히 이웃의 송(宋)나라 군사가 이들을 엄호하여 밤에 황허를 건네주었지만 730명의 남녀 백성만 도피했을 뿐이다.[107] 제(齊) 환공(桓公, ? ~전 643)이 패주로서의 책임을 다하기 위해 생활필수품을 실은 군사를 보내 위나라 사람들을 구해내고, 2년 후 제후를 모아 오랑캐를 물리친 후 땅을 골라 위나라의 새 도읍을 건설해줬다.

위나라는 성 밖 두 고을의 유민 5,000명을 모아서 30승(乘)의 나라를 다시 세웠다. 위 문공(文公, ? ~전 635)은 거친 옷을 입고 검소한 생활을 하며 농사에 힘썼다. 적인이 계속 침범했지만 백성은 현인에게 보위를 양보하자는 문공의 요청을 거부하고 그의 영도 아래 투지를 불태웠다. 기원전 628년에 이르러 적인은 화의를 요청했고, 위나라는 점차 300승의 나라로 국력을 회복했다.[108]

주 왕실은 중원의 무장 식민지를 사방에 널리 설치했는데, 400년이 지나자 그 식민지가 수백 개에 달하는 독립 자주 제후국으로 성장했다. 그들의 정치 조직은 위나라와 대동소이했다. 하나의 제후국은 보통 3개 계층을 포괄하고 있었다. 공후(公侯)를 머리로 하는 귀족, 성안이나 성 근처에 사는 국인(國人), 성 밖에 사는 야인(野人)이 그것이었다. 귀족과 국인은 본래 무장하고 이주한 사람들의 후예이고, 야인은 그 땅의 토착민이었다.[109]

국인과 야인은 대부분 촌사(村社: 부락공동체)에 모여 살았지만 촌사의 조직은 서로 달랐다. 국인은 혈연에 의지했지만 야인은 지역에 의지했다. 정전제 아래서 촌사의 백성은 집단으로 공실(公室)의 토지를 경작했고, 그 수확은 귀족에게 귀속되었다. 이 밖에 촌사의 백성은 반드시 귀족을 위해 각양각색의 부역에 동원되거나, 방직 등 생산 업무에 종사해야 했다. 또 촌사의 백성은 분배받은 작은 땅으로 농사를 지어 자신의 생활을 유지했다. 분배받은 토지는 정기적으로 돌려가며 경작하게 하여 비옥한 땅과 척박한 땅을 공평하게 접하게 했다.[110]

야인과 국인 체제는 대체로 로마가 정복한 신민과 이들 위에 군림한 공민 체제와 비슷하다. 야인은 군사와 정치에서 소외되었지만 국인은 상비군에 충당되었다. 군대 조직은 보통 촌사 조직과 결합했다. 동일한 대오에 편입된 전사는 대부분 친족이었으며, "거주할 때는 함께 즐거워하고, 행동할 때는 함께 어울리고, 죽으면 함께 슬퍼했다. 이러한 까닭에 지킬 때는 함께 견고함을 유지했고, 싸울 때는 함께 강함을 유지했다."

주나라의 국인은 군대를 위해 세금을 납부해야 했으므로, 로마 전사가 스스로 전투 장비를 갖춘 것과는 다르다. 공실 귀족은 전차와 무기를 갖춰서 출병할 때 전사에게 지급했다. 출정하지 않을 때는 국인 대부분이 농사에 종사했고 일부는 대장장이나 상인 그리고 경비 담당 하급 관리 등의 직책에 종사했다.[111]

국인은 무장 역량과 종족 조직에 기반을 두고 상당한 정치적 실력을 갖췄다. 국가는 이들의 보위에 의지했고, 군주는 이들의 동란을 두려워했다. 외적의 침입, 도성 이전, 군주 옹립 등과 같은 국가대사에 공경대부들은 항상 이들을 소집해서 의견을 물었다.[112] 귀족들이 분파를 이뤄 서로 알력을 빚을 때는 국인의 동향이 정국을 안정시킬 수 있는 주요 지표로 작용했다. 하지만 그 효과는 로마가 선거를 통해 귀족들의 경쟁을 완화하는 것에 훨씬 미치지 못했다.

주나라의 국인은 역량은 있었지만 실권이 없었다. 정부에 로마의 민회와 유사한 법정 자문기구가 없었기 때문이다. 법적 체계로 지탱해주지 않았으므로 역량만으로는 권력을 오래 공고히 할 수 없었다. 제후들은 자발적으로 또는 형세의 압박을 받아 국인에게 발언권을 부여하기도 했지만 이들에게 권한을 주는 일에는 전혀 관심을 갖지 않았다. 만약 통치자가 국인의 요구를 듣지 않으면 국인이 사용할 수 있는 유일한 방법은 무력 항쟁이었다. 이들이 제후들이 정권을 타도한 적이 적잖이 있다. 국인의 잠재적 반발은 귀족을 위협하여 그들의 횡포를 상당 수준 방지하기도 했다. 그러나 무력에만 의지하여 정치에 참여했기 때문에 사회의 혼란과 불안을 야기하기 쉬웠다.[113]

주나라의 권력은 귀족이 장악하고 있었다. 청동기시대에 귀족의 가정·경제·정권 이 세 가지는 마구 뒤섞여 분리할 수 없는 상태였다. 종법·봉건·관직세습은 서로 밀접한 관련을 맺고 귀족 통치를 이뤘고, 여기에 귀족의 감정을 융합하고 귀족의 권위를 드러내는 시·서·예·악을 더하여 유학자들이 사모해 마지않는 '선왕지도(先王之道)'를 형성했다.

종법(宗法)은 부계 혈연 조직이다. 대종(大宗)의 종주(宗主)는 한 가문의 장으로 그 가문의 생사여탈권을 가졌다. 대종주의 지위는 보통 적장자(嫡長子)가 계승했다. 다른 아들은 적자나 서자를 막론하고 각각 소종(小宗) 가문을 세워 대종에 복종했지만 소종 내에서는 자신이 종주 역할을 했다. 이와 같이 가지와 잎이 뻗어나가 종족이 번성했다. 종주는 씨족을 영도하고, 씨족의 재산을 운용하고, 고아와 과부와 홀아비를 돌보고 종묘·묘지·학교를 관리하며 각종 제사와 의례를 주관하고 재난 구조 등의 활동을 조직했다.

종법제도는 혈연과 친족을 이용하여 많은 인구를 효과적으로 단합시켰다. 국인도 대부분 종법제도를 활용했고, 귀족은 더욱 독실하게 그 제도를 따랐다. 동주 후기에 이르러 엄격한 종법 형식과 세력이 점차 붕괴되었다. 그러나 종족이 한데 모여 살며 혈연관계를 중시하는 풍속은 강고한 사회 응집력으로 작용하며 오래도록 쇠퇴하지 않았다. 이 풍속은 송(宋)나라 때 다시 도학자의 고취를 거치며 다시 왕성하게 되살아났다.[114]

『좌전』에서 주공은 "친척을 봉건 제후로 임명하여 주나라의 울타리로 삼았다(封建親戚, 以藩屛周)"라고 했다.[115] '봉(封)'은 흙을 쌓고 나무를 심어 땅의 경계를 나누는 것을 가리키고, '건(建)'은 경계 내에 정권을 설립하는 것을 가리킨다. 이 책에서는 '봉건'을 이런 의미로 제한해서 쓰고자 한다. 예를 들면 진시황이 "봉건을 폐지하고 군현을 설치했다"는 것과 같은 경우가 그것이다. 주 무왕은 상 주왕을 치고, 주공은 동쪽 정벌을 감행하여 광활한 토지를 점령했다. 이를 통치하기 위해 그들은 식민지의 무장을 허용하며 봉건 제후국을 크게 건설했다. 주나라 천자는 천하의 주인으로 불렸지만 실제로는 크지 않은 왕기(王畿: 도성과 그 주변)만 직접 다스렸다. 나머지 강역은 세습 귀족에게 분봉하여 봉토로 삼게 하고, 이들에게 정기적으로 왕실로 찾아와 조공을 바치게 했다. 자신의 봉토 내에서 제후는 군주로서 군대·정치·재정권을 보유했다.

주나라 천자와 제후 사이의 권력 관계는 시대에 따라 달랐다. 주나라 초기 왕실이 강력할 때는 제후 임면권을 가진 경대부가 있었다. 춘추시대에 이르러 주 왕실의 힘이 쇠퇴하자 더 이상 제후들에 간섭할 수 없었다. 제후는 실제로 독립된 군주였고, 각각 주나라 천자를 내세워 천하의 판도를 재조직하고 다른 제후국을 좌우했다. 제후는 공실 직할 토지만 남겨 두고 나머지 땅은 자신에게 신복한 경대부에게 분봉하여 이들을 소영수로 만들었다. 군주와 지주는 일체를 이루었는데, 봉건영주는 정전제 마을을 관장하면서 소속 국인과 야인에게 명령을 내려 땅을 경작하게 했다.[116]

왕기나 공실을 관장하던 관직은 대부분 세습이었고, 고관대작도 대

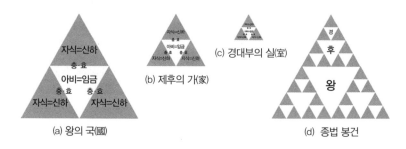

[그림 3] 봉건구조(프랙탈)

부분 명문세가 귀족에 의해 독점되었다. '일근(昵近)'이란 말은 종친과 친해야 한다는 정치 원칙의 하나다. 강력한 종족과 거대한 가문은 대대로 국정을 장악했고, 거기에 혈연관계가 더해졌으므로 늘 오만불손한 모습을 보였다. 제후가 만약 외부인을 임용하여 친족 세습 제도를 침범하면 종법의 공격을 받거나 심하면 재앙을 당하기도 했다.[117]

'공(公)'은 귀족의 최고 봉작이었지만 공·후·백·자·남(公侯伯子男) 어떤 작위를 막론하고 제후는 자국 내에서 모두 공(公)이라 칭했고, 이들의 직할 영역을 공실(公室)이라 불렀으며, 이들의 아들을 공자(公子)라고 일컬었다. 고관을 겸임한 경대부는 공실의 사무를 관리하는 한편 이들 자신의 봉토를 관장하며 이를 '사실(私室)'이라 불렀고, 자신의 군대를 '사군(私軍)'이라 불렀다. 이것이 종법 봉건제도 아래의 공·사의 주요 의미다.[118]

『좌전』에 이런 기록이 있다. "천자는 국(國)을 세우고, 제후는 가(家)를 세우고, 경은 측실(側室)을 세우고, 대부는 이종(貳宗: 대부의 장자는 小宗, 차자는 이종이라 함)을 두고, 사(士)는 예자제(隸子弟: 잡무를 담당하는

　　　　　　　　　　　　　　　　　용과 독수리의 제국

자제)를 두고, 서인(庶人)과 상공인은 각각 친소에 따라 분가를 두는데 모두 등급에 차등이 있다(天子建國, 諸侯立家, 卿置側室, 大夫有貳宗, 士有隸子弟, 庶人工商各有分親, 皆有等衰).["]119 국·가의 조직과 기능은 모두 같아서 가족과 정치가 혼연일체를 이뤘다. 유일하게 다른 점은 그 지위와 규모였다. 서주 시대에는 천자가 다스리는 곳을 국이라 하고 제후가 다스리는 곳을 가라 했다. 동주 시대에는 제후가 다스리는 곳을 국, 경대부가 다스리는 곳을 가라 했다. 이것이 바로 전통적인 '국가' 개념의 연원이다.

천자·제후·경대부 등으로 층층이 분봉하며 등급을 낮추어 아래로 내려가 통치권을 분할해줬다. 전체 봉건구조는 수학에서 말하는 프랙탈(fractal) 모형, 즉 부분이 전체를 닮는 형태와 유사하다. 하나의 부분에는 수많은 차원의 내용이 분명하게 드러난다. 그런데 크기가 어떻든 모든 차원의 기본구조는 피차 서로 닮아 있다. [그림 1b]가 표시하고 있는 프랙탈은 크고 작은 각 층위의 모형이 모두 하나의 기본 유형과 부합한다. 세 개(이를테면)의 정삼각형이 하나의 역삼각형 공백을 둘러싸고 더욱 큰 정삼각형을 만들고 있다. 봉건제도 안의 기본 유형이 바로 정치적 가정이다. 작은 삼각형은 큰 삼각형에 복종하는 아들과 신하다[그림 3]. 하나의 자신(子臣)이 이룬 가정 구조도 기본 유형처럼 다시 한 명의 부군(父君)이 세 명의 아들(신하)을 거느린다. 하지만 규모는 비교적 작다. 가장 고위의 부군은 천자이고, 한 등급 낮은 부군은 제후이고, 그다음은 경대부다. 모든 권력 층위에서 부군에 대한 자신의 충(忠)은 모두 부친에 대한 자녀의 효(孝)와 같다.

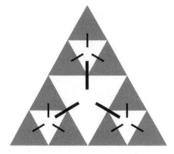
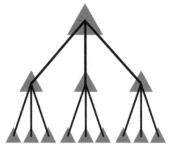

(a) 종법·봉건(프랙탈 모형)　　　　　　(b) 관료조직(나무모형)

[그림 4] 권력조직(실선은 권력과 충성을 나타냄)

봉건과 종법은 밀접한 관련을 맺고 있다. 주 무왕과 주공이 분봉한 절대다수는 동성 친족인데 이들이 바로 희(姬) 성을 가진 소종으로 주나라 천자를 높여 대종주로 인정했다. 제나라 강씨처럼 타성(他姓) 제후의 경우에도 대부분 주 왕실과 혼인을 맺었다. 주나라 천자는 습관적으로 동성 제후를 숙(叔: 숙부)이라 불렀고, 타성 제후를 구(舅: 외숙부)라 불렀다. 제후의 경대부도 대부분 제후의 친척이었다. 이들은 제후를 높여 종주로 삼았다. 이처럼 정치와 혈연은 표리 관계를 이뤘고, 충과 효도 동일한 논리를 갖게 되었으며, '종친과 친해야 한다(親親)'는 입장이 정치의 가장 높은 원칙이 되었다.[120] 한 근대 학자는 이렇게 말했다. "이러한 '가족 본위의 정치'가 노정한 당시의 장단점이 어떠했는지는 지금 자세히 논술할 시간이 없다. 요컨대 이 점이 이후 유가 정치사상의 주요 성분이 되었다."[121] 제가(齊家)와 평천하(平天下)의 구별은 [그림 3]의 c와 a의 구별을 넘어서지 않는다. 한나라에서 유가만을 존중한 이래로 사대부가 2,000년간 집권하면서 '수신·제가·치국·

평천하(修身齊家治國平天下)'를 중시한 것이 이상한 일이 아닌 것이다. 그러므로 정치 관념에 줄곧 창조성이 부족했다.

이러한 프랙탈 모델은 흔히 볼 수 있는 나무(tree) 모델과 다르다[그림 4]. 현대인에게 익숙한 중앙집권 정부 및 기타 위계(hierarchy) 조직, 예컨대 군대나 대기업의 조직 체계는 모두 원칙적으로 나무 모델에 의지한다. 대기업 총수는 각 부장을 거느리고, 부장은 과장을 거느리면서 마치 가지처럼 층층이 업무를 분담한다. 나무 모델은 상하를 총괄하는 지휘권을 갖고 있다. 그것은 군단장의 명령이 연대장과 대대장에게 직접 하달되는 것과 같다. 이와 마찬가지로 개인의 충성도 상하를 관통하며 전체 조직에 대해 동일한 인식과 귀속감을 가져야 했다. 이러한 전체 조직에 대한 일체감은 프랙탈 구조에서는 결코 존재할 수 없다.

봉건의 특색은 층층이 권력을 나누고 개인의 충성을 하나의 층위로 차단하는 것이다. 권력과 충성이 미치는 범위는 모두 하나의 층위로만 제한되었다. 제후의 나라에서 대부는 제후를 주군으로 받든다. 대부의 실도 엄연한 소국인데, 거기에 속한 가신은 오직 대부를 주군으로 받들고 그 위의 제후는 염두에 두지 않는다.

대부와 제후 사이에 충돌이 일어나면 이러한 봉건 윤리가 가장 뚜렷한 특징을 드리낸다. 제\나라 대부 최저(崔杼, ? ~전 546)의 가신은 제장공(莊公, ? ~전 731)을 격살하면서 자신은 최저의 명령만 따를 뿐 "두 가지 명령이 있는지 모른다(不知二命)"고 했다. 이 가신은 예법을 아는 사람이다. 그러나 남괴(南蒯)는 이 가신에 미치지 못했다. 노나라 대부 계손씨(季孫氏)가 권력을 남용하며 노공(魯公)을 핍박하자 계손씨의 가신 남괴가 노공을 도와 계손씨의 권력을 억제하려 했다. 그러나 당시 사람들은 남괴가 반역했다고 질책하며 "가신이 자기 주군(계손씨)이 아니라 공실(노공)을 강화하려는 것은 그 죄가 막대하다"라고 했다. 역사가는 이에 대해 다음과 같이 해석했다. "예에 따르면 가신은 반드시 자신의 주군에게 충성을 바치며 두 마음을 품지 말아야 한다. …… 가신은 반드시 '가'에 충성을 바쳐야 하기 때문에 가만 알 뿐 국이 있는 줄은 모른다."[122] 이처럼 협소한 충성 관념은 개인 관계로 이루어진 봉건제도에 아주 적합했다. 봉건제도는 충성의 범위를 가의 내부로 국한시켜, 복잡한 관계 때문에 어떻게 행동해야 할지 모르는 개인에게 하나의 방향을 제시해줬다. 이 때문에 국에 난리가 발생했을 때 사람들은 당당하게 예법을 따르며 이렇게 말했다. "나는 가신이므로 감히 국에 대해서는 알지 못한다(我家臣也, 不敢知國)."[123] 봉건제도는 붕괴되었지만 그 예교와 윤리는 유가 경전에 기록되어 오래도록 영향을 끼쳤다.[124] 그것이 한나라 흥망 과정에서 담당한 역할은 제8장 4절에서 논의할 것이다.

로마가 이탈리아를 통치한 바큇살 모델보다 주나라의 프랙탈 모델이 비교적 복잡하다. 주나라 천자는 로마와 마찬가지로 직할 통치구역 이외에는 토착민에게 직접적으로 권력을 행사하지 않았다. 로마는 첫 단계의 통치권만 사용하여 간접적으로 통치한 이탈리아인을 무수하고도 미세한 종속국들로 나눴고, 또 이들 사이의 관계를 파괴했다. 각 종속국이 마주한 것은 단순히 로마 그 자체가 아니라 로마에 기타 종속국이 더해진 막강한 힘이었다. 이처럼 로마는 어느 나라에 대해서도 압도적인 실력 우위를 점했다. 주나라 봉건제도는 간접적으로 신복한 백성을 몇 단계 층위로 분할했다. 주나라 천자는 최고 층위에서 소수의 제후와 대면했다. 제후의 권세와 역량은 주 왕실과 거의 비슷했으므로 서로 연합하여 주 왕실에 항거했다. 제후에 대한 주 왕실의 우위는 이탈리아 종속국에 대한 로마의 그것에 훨씬 미치지 못했다.

종법 봉건제도는 주나라가 초기에 정복한 강역을 공고화했고, 또 춘추시대 전기 제후들의 확장 정책을 공고화했다. 춘추시대에 이르면 주나라 천자는 이미 유명무실해졌다. 제후들은 이웃 약소국을 병탄했고, 유목민을 동화했으며, 황무지를 개간했다. 나날이 증가하는 인구와 토지를 효과적으로 통치하기 위해 이들은 새로운 경대부를 분봉했다. 이런 새로운 귀족이 여왕벌처럼 사방에 근거지를 마련하고 백성을 기르면서 자기 종족의 이익을 위해 진력했다. 이들은 한편으로 봉건통치에 의지하고, 다른 한편으로는 각자의 시험을 거쳐 생산과 관할 방법을 개선하여 각지의 상이한 환경과 풍속에 적응했다. 이들의 봉토는 크지 않았지만 국력을 기르기는 쉬워서 백성에게 세밀한 법도에 유의하게 하고 현실에 집중하게 하여 행정 효율을 높일 수 있었다.

새로운 법도가 효과를 보게 되면 각 제후국이 서로 모방하고 수용하여 성치세도와 경제발전에 큰 도움을 받았다. 경험이 축적됨에 따라 백성의 지혜도 나날이 증가하고 나라의 강역도 드넓게 확장되었다. 그러나 개발할 수 있는 자원이 감소함에 따라 제후국의 경대부 사이에 직접적인 충돌이 증가했다. 상황이 이렇게 되자 봉건제도의 약점이 드러나기 시작했다. 춘추시대 후기에는 새로 제후에 봉해지는 종족이 아주 드물었고, 몰락한 옛 종족도 적지 않았다. 심지어 공실조차도 강력한 경대부의 거대 종족에 의해 찬탈되기도 했다. 봉건제도는 분란의 원천이 되어 정치제도의 집권 방식을 바꾸는 것이 천하의 대세가 되었다.[125]

진(晉)나라의 역사가 가장 뚜렷한 사례일 뿐 아니라 그 후과(後果)도 가장 컸다. 그러나 진나라의 경험은 춘추시대에 전혀 드문 사례에 속하지 않는다. 기원전 7세기 중엽에 진 문공은 패업을 성취하고 10여 명의 심복 부하를 경(卿)으로 봉했다. 새로운 귀족은 의례를 익히며 자신의 봉토를 잘 경영하기 위해 온 힘을 다 바쳤다. 이 밖에도 번갈아가며 제후국의 국정을 담당했고, 삼군을 통솔했으며, 나라에 큰일이 생기면 함께 모여 대책을 논의하거나 서로 다투기도 했다. 양공(襄公,?~전 621) 사후에 보위를 둘러싸고 분쟁이 일어난 것이 그런 사례의 하나다.

당시 진나라를 전차에 비유하자면 경대부는 수레를 끄는 네 필의 말과 같았다. 진나라 제후가 강력하게 고삐를 잡을 때는 이들 모두 협력하여 초나라에 대항하며 진나라의 패주 지위를 보위했다. 그러나 진나라가 쇠락하자 네 필의 말은 사방으로 달아났고, 그것이 진나라라는 수레가 전복되는 재앙의 근원이었다. 그 위기는 매우 심각했지만 이들 자신의 가문 외에도 여러 경대부가 진나라 공실을 조종하고 있었기 때문에 공실의 권력을 훔쳐서 자신의 가문을 강하게 기를 수 있었다. 이들은 서로 결탁하여 이익을 도모했는데, 『관자(管子)』에 이들의 실상이 잘 폭로되어 있다. "가와 가는 서로의 이익에만 힘쓰고, 군주를 높이는 데는 힘쓰지 않았다(家與家務於相益, 不務尊君也)."[126]

초나라의 압력 때문에 진나라는 잠시 야심을 눌러둬야 했다. 기원전 575년 언릉(鄢陵)에서 진나라가 초나라를 격파하고 패주의 지위를 회복했지만 내전이 폭발했다. 진나라 경대부는 서로 병탄했고, 기원전 514년에 이르렀을 때 기존 육경(六卿)은 이미 진나라 군주를 안중에도 두지 않았다. 이들은 내정을 개혁하고 자강을 도모하며 공실을 잠식하고 피차간에도 침략을 일삼았다. 육경은 셋으로 통합되었고 기원전 453년에 이르러 한(韓)·조(趙)·위(魏) 세 가문이 진나라를 분할했다. 이 해를 보통 전국시대의 시작으로 간주한다.[127]

진나라 외에 제나라와 노나라에서도 정권 찬탈 사건이 발생했다. 예법에 어긋난 이 같은 행동에 대해 도덕군자는 필설로 그 잘못을 성토했지만 당시 백성은 아무 일도 없는 것처럼 태연하게 행동했다. 노나라에서 계씨(季氏)가 군주를 추방해도 백성은 아무 반응도 보이지 않았다. 이에 대한 역사가의 해석은 이렇다. "노나라 군주는 대대로 잘못된 행동만 추구했지만 계씨는 대대로 부지런히 덕행을 닦았으므로 백성은 노나라 군주를 잊었다. 그러니 노나라 군주가 외지에서 죽었다 해도 누가 그를 가련하게 여기겠는가?(魯君世從其失, 季氏世修其勤, 民忘君矣. 雖死於外, 其誰矜之?)."[128]

봉건제도의 입장에서 바라보면 권력은 끊임없이 하락했다. 주나라 천자에서 제후에게 옮겨갔고, 제후에서 경대부로 옮겨갔다. 시선을 조금 더 넓히면 왕·제후·경으로 이루어진 봉건 귀족은 나날이 방대해지는 정치 규모와 나날이 복잡해지는 사회 경제에 제대로 대응할 수 없었기 때문에 모든 것이 쇠퇴하고 붕괴되었다.[129] 귀족의 권력은 위로 집권자인 군주에게 공격을 받고, 아래로는 비교적 광대한 서민에게 공격을 받는다. 지난날 진나라 제후는 모두 여러 경대부 귀족의 맏형이었다. 새로 일어난 한후·조후·위후는 모두 아직 병아리 군주였으므로 권력을 집중하는 데 뜻을 두었다. 이들은 스스로 권력을 쟁취한 경험을 갖고 있었기에 군주에 대한 귀족의 위협을 잘 알고 있었다. 이에 강을 건넌 후 다리를 잘라버렸다. 이제 귀족을 분봉하는 일은 너무나 위험하므로 이들은 시험 삼아 녹봉을 주는 관리를 기용하여 백성을 직접 통치하는 방식을 쓰기 시작했다. 이들은 일찍이 갖가지 방법으로 민심을 매수하여 권력을 찬탈했다. 다른 사람보다 앞서기 위해 솔선하여 정치를 개량하고 경제를 발전시켰다. 이들은 너무나 좋은 시기를 만났다. 도처에서 거대한 변화가 발생했다. 그 기회를 잡을 수 있는지의 여부는 스스로의 노력에 달려 있었다.

제8절
춘추풍우(春秋風雨), 백가쟁명(百家爭鳴)

기원전 536년 자산(子産, ? ~전 522)이 정(鄭)나라에서 법률을 선포했다. 이것은 중국 역사 최초의 사례다. 23년 후 진(晉)나라가 그 뒤를 따라 형법을 철제 솥에다 새겼다. 이것이 중국에서 철기가 처음 등장하는 신빙성 있는 문헌이다.[130] 동서양 두 역사의 첫 번째 시기가 비슷한 것은 우연이란 생각을 지울 수 없다. 새로운 기술은 새로운 재산과 새로운 활력을 가져와서 사회에 충격을 가하고 동란을 야기한다. 정부의 반응은 각종 개혁을 추진하고 새 동력을 끌어들여 혼란을 억제하는 것이다. 개혁의 첫째 과제는 바로 명문화된 법률 선포였다.

'고금 일대 변혁의 기회'가 춘추시대와 전국시대 교체기에 닥쳐왔다.[131] 철기의 전파에 따라 노동하는 백성의 생산 효율이 매우 높아졌고, 개별 농가에서도 점차 황무지를 개간할 능력을 갖게 되어 수확이 증가했고, 그것을 저장하여 흉년에 대비할 수 있게 되었다. 농민의 자립심이 강화되자 소농가가 도처에서 우후죽순처럼 생겨나서 공동 경작하던 정전제가 쇠퇴하기 시작했다.

보상 없이 노동력을 착취하던 제도가 효험을 잃게 되어 귀족의 욕망을 만족시킬 수 없게 되었다. 기원전 594년 노나라에서 토지세를 거두기 시작하자 열국이 앞다퉈 그것을 모방했다. 이러한 변동 과정에서 국인의 정치적 역량은 점차 줄어들었다. 이들의 종족 마을도 파괴되었고, 전차전 기술도 때 지난 것이 되었다. 보병이 맹위를 떨치는 전장에서는 야인이 무용을 뽐낼 수 있었다. 성곽이 확장되어 한 지역의 대국이 됨에 따라 국인과 야인은 천천히 융합되어 보통 평민이 되었다.[132]

정부는 여전히 무기와 청동기 제조업을 독점했다. 야철과 기타 신흥 공업은 개인이 경영하는 경우도 적지 않았다. 전쟁이 없을 때는 제후국이 시장 개방, 관세 완화, 도로 안전, 하천 운항에 힘썼다. 이는 수백 년 후 완공된 대운하의 첫 번째 공사라 할 수 있는데, 기원전 486년에 처음 땅을 파고 공사를 시작했다. 본래 행정과 군사 주둔에 중점을 두었던 제후국 도성이 소비 중심 도시를 겸하게 되자 사방의 토산품이 모여들었다. 물품이 대량 유통되면서 주요 교통 중심지에 상업도시가 흥성하기 시작했다. 중국의 인구는 팽창하여 전국시대에 1,000만 명을 넘었다.[133]

인구·물류·화폐와 함께 각종 사상도 번성했다. 도로를 끊임없이 오가는 사람들 중에는 군인·상인·사신뿐 아니라 유세객도 있었다. 유세객은 각각 서로 다른 특징을 갖고 있었기 때문에 어떤 사람은 시서(詩書)에 능통했고, 어떤 사람은 치국의 재능이 뛰어났다. 물욕이 없고 뜻이 밝은 사람도 일부 있었지만 대부분은 제후를 향해 관직과 녹봉을 구하거나 귀족에게 빌붙어 식객 노릇을 했다. 이상과 같은 과정에서 사(士)가 벌써 두 차례 출현했다. 이들은 일찍이 대부 아래에서 일을 하던 하급 귀족이었고, 또 말단 관리로 귀족을 호위하던 고급 국인이기도 했다.

귀족은 보통 자신의 친족을 부양해야 했다. 방계 자손(支孫)이 많아지면서 서자와 그 자손도 귀족 하층에 쌓이게 되었다. 종족의 재물이 떨어지고 내우외환이 겹치면서 귀족은 서민 계층으로 신분이 하락할 수도 있었다. 다른 한편으로 경제가 넉넉해지면서 비교적 많은 서민이 공부할 만한 여력이 생겼다. 열국이 경쟁하면서 재능 있는 사람에게 포부를 펼칠 기회가 주어졌다.

사회의 격변 과정에서 귀족과 서민이 교차하는 곳은 신분이 상승

용과 독수리의 제국

하고 하락하는 사람의 집합처가 되어 새로운 계층인 사를 양성해냈다.[134] 사의 지위는 비교적 낮아서 가신과 같은 그룹에 속했고, 따라서 가만 알고 국에 대해서는 신경 쓰지 않았다. 따라서 일단 가가 와해되면 충성 대상이 없어지므로 사는 자유롭게 다른 주군을 선택하여 섬길 수 있었다. 다른 나라의 군주도 이런 전통을 잘 알고 있었다. 군주의 입장에서는 외래 인사를 임용하는 것이 더 안전할 가능성이 있었다. 외래 인사는 국내에 그를 비호하는 귀족 세력이 없어서 군주를 위협하는 힘이 크지 않았기 때문이다.[135] 이에 사인(士人)들은 열국을 주유하며 정부 고위직에 진출하여 독창적인 개혁 방안을 효과적으로 전파했고, 이것은 마침내 국가체제를 경영하는 주된 힘으로 작용했다.

"사·농·공·상 네 종류의 백성은 나라의 주춧돌이다(士農工商四民者, 國之石民也)." 네 종류의 백성, 즉 '사민(四民)'이란 말을 처음 만들어낸 『관자』「소광(小匡)」편은 대체로 전국시대의 저술이다. 이와 비슷한 시기에 아리스토텔레스도 군중을 농민·기술공·점주(店主)·날품팔이 네 종류로 분류했다.[136] 이 두 분류를 비교해보면 중국과 서양에서 네 가지 중 세 가지 업종의 차례가 동일하게 배열되어 있음을 알 수 있다. 그날그날 벌어먹고사는 날품팔이는 지구 전체에 두루 분포할 테지만 중국의 사는 독특한 개념이다. 지식이 있는 공민은 그리스에도 부지기수였지만 이들은 중국의 사처럼 정치성이 농후한 권익 계층이 되지는 못했다. 전국시대 사인에는 문사(文士)도 있었고 무사(武士)도 있었으며 사상과 식견도 다재다능했다. 미래의 황조 중국에서 이들은 획일적인 유가 사대부로 변했다. 어떻든 사는 봉건 귀족의 서자이므로,

이미 뱃속에서부터 정치권력과 불가분의 관계를 맺고 있었다.[137]

가장 위대한 사는 공자(孔子)였다. 그는 기원전 5세기 초엽 노나라의 몰락한 귀족이었다. 그는 학생을 받을 때 학비만 얼마간 내면 출신을 따지지 않고 가르침을 베풀었다. 그는 본래 왕실의 학문을 평민에게 전파했다. 당시는 이전의 예악이 붕괴된 시대였다. "계승하여 서술만 하고 새로 짓지는 않으며, 옛것을 믿고 좋아한다(述而不作, 信而好古)"라고 말한 공자는 예를 다시 회복하고 예교 윤리를 지탱하자고 주장했다. 귀족들이 인가한 예는 가정생활 속으로 스며들어 도덕을 배양할 수 있었고, 민간에서도 새로운 활력을 얻었다.[138] 원래 군왕의 아들을 가리키는 '군자(君子)'라는 말은 점차 품성이 고상한 사람으로 의미가 발전했다. 따라서 군자는 귀족 출신이 아니더라도 그 가치 이상과 포부를 잃지 않았다. 공자의 도덕은 감정에 중점을 두고 사람의 공감을 얻으려는 관념이다. 이 점은 소크라테스의 윤리가 분석에 중점을 두고 이성적 명확함을 추구하는 점과는 다르다. 공자가 추구한 최고의 윤리는 '인(仁)'이었고, 그의 제자는 여기에 '의(義)'를 보탰다.[139]

공자가 제자에게 가르친 육예(六藝)는 왕실과 귀족의 전통 교육 과목이었다. 그가 저술한 『춘추』에는 봉건 귀족의 전성시대가 기록되어 있다. 『춘추좌전(春秋左傳)』에 따르면 귀족들은 정치적으로 대응할 때 시를 자주 읊었다고 한다. 따라서 공자가 왜 "시를 배우지 않으면 말을 할 수 없다", "예를 배우지 않으면 설 수 없다"라고 말했는지는 더 말할 필요조차 없다.[140] 『상서』는 고대 제왕과 관련된 가장 중요한 역사 문헌이다. 『시경』『상서』『예기(禮記)』『춘추』에 점술서 『주역(周易)』

용과 독수리의 제국

을 더하면 유가의 오경(五經)이 된다.[141]

공자는 중국사상사에서 가장 활발한 시대를 열었다. 제자백가의 다양한 논쟁은 전국시대를 거치면서도 시들지 않았다. 공자는 기원전 479년에 세상을 떠났다. 그 후 오래지 않아 진(晉)의 세 귀족이 진을 분할했고, 전씨(田氏)가 제나라를 찬탈했다. 이로써 국제정치 형세는 급격하게 변하기 시작했다. 지리멸렬하게 흩어져 있던 약소 제후국은 모두 강대국에 병탄되어 사라졌고, 턱짓으로 동맹국을 지시하던 패주도 약소국의 멸망에 따라 점차 힘을 잃었다. 국경을 접한 10여 개의 대국은 문화가 비슷한 광대한 강역을 나눠가졌다. 전국칠웅은 서로 공격하고 견제하며 국제적인 균형을 이뤘다. 중립은 몽상에 불과했고, 중립의 실패로 야기되는 후과는 상상을 초월하는 것이었다.

이에 모든 나라는 서로 위협을 느끼고 자강책을 마련하기 위해 노력했다. 기원전 445년 위(魏) 문후(文侯, 전 472~전 396)는 이회 등을 등용하여 경제, 정치, 군사 부문을 개혁했고, 이로써 위나라의 국력은 열국의 첫머리를 차지하게 되었다. 제나라와 초나라 등도 위나라를 다투어 본받았다. 칠국 중에서 진(秦)나라가 가장 낙후되어 위나라와 한나라에 적지 않은 영토를 잠식당했다. 진 효공(孝公, 전 381~전 338)은 산하로 둘러싸인 진나라는 반드시 고루한 풍속을 없애야 하고, 그렇지 않으면 나라를 보전하기 어렵다는 사실을 깊이 깨달았다. 그는 즉위 후 현인을 구하려고 애를 쓰다가 마침내 위나라에서 상앙(商鞅, 전 395?~전 338)을 초빙했다. 기원전 359년 효공의 지원으로 상앙은 영향이 심원한 일련의 변법을 시행하기 시작했다.[142]

상앙은 개혁가들 중에서 가장 성공한 사람이었다. 그의 선구자로는 위나라 이회, 초나라 오기(吳起, 전 440~전 381), 정나라 자산, 제 환공을 보좌하여 천하를 호령하게 한 관중까지 거슬러 올라갈 수 있다. 그와 거의 비슷한 시기에 신불해(申不害, 전 385~전 337)는 한(韓)나라에서 활동했고, 추기(鄒忌, 전 385?~전 319)는 제나라에서 활동했다. 그 이후 한비(韓非, 전 280?~전 233)와 이사(李斯, 전 284?~전 208)는 모두 진나라의 천하통일에 큰 공을 세웠다. 이런 정치가들은 국가와 백성의 장기적인 이익을 바라보고 경제발전에 진력함과 동시에 행정기구를 만들어 생산 효율을 성장시키고 부국강병을 달성했다. 이들은 날마다 수많은 일을 처리했다.

그러나 이들은 학식은 있었지만 순수한 학자는 아니었다. 이들의 사상은 대부분 실제적인 정책 수행에 구현되었다. 그러나 군주의 지지를 얻기 위해 이들은 때때로 정책을 분석하고 정책 시행 이유를 해석하여 귀족과 수구파의 비난을 반박했다. 이런 과정에서 이들은 자신만의 이론을 세우기도 했다. 상앙의 저작은 지금까지도 전해오고 있다. 그러나 『상군서(商君書)』에 수록된 글이 모두 다 그의 손에서 나온 건 아니다. 분량이 방대한 『관자』는 더더욱 한 사람이나 한 시대에 지어진 저작이 아니다. 이들의 정책 저술에는 대동소이한 원칙이 분명하게 드러나 있다. 그것은 바로 법치를 중시했다는 점이다. 이 때문에 후인은 이들을 법가라고 통칭한다. 한비는 이론에 뛰어나서 법가의 사상을 집대성했다.[143]

상앙과 오기의 운명은 서로 같았다. 이 두 사람은 자신을 후원해주던 군주가 죽은 후 바로 귀족의 반격을 받고 살해되거나 비루한 소인 배로 멸시당했다. 초나라도 귀족의 뿌리가 매우 강고했고, 오기가 변법을 시행한 시간이 오래지 않아서 큰 효과는 거두지 못했다. 진나라는 귀족 세력의 힘이 비교적 약했다. 따라서 상앙은 거열형을 당했지만 그가 제안한 중앙집권 정책은 유지되어, 이후 진나라를 일등 강국으로 끌어올렸을 뿐 아니라 역대로 2,000년간 이어진 황조 정치체제의 씨를 뿌렸다.

기원전 338년 상앙이 죽었을 때 공자의 삼전제자(三傳弟子) 맹가(孟軻: 맹자, 전 372?~전 289?)[144]가 위나라와 제나라 등지에서 활동을 늘리고 있었다. 그는 다른 사람의 말을 잘 알아듣고 호연지기를 기르며 30년 동안 유세객으로 활동했다. 명성이 높아지자 사례금도 많아졌다. 벼슬은 제나라 삼경(三卿), 녹봉은 10만 종(鐘)에 달했다. 그러나 그는 단지 "위로는 임금을 바로잡을 수 없었고, 아래로는 백성을 구제할 수도 없다(上未能正其君, 下未能濟其民)"면서 고향으로 돌아가고 싶다는 뜻을 비쳤다.[145] 등(滕)나라에서 그가 고취한 '인정(仁政)'을 채택했을 때, 만약 효율적인 결과를 얻었다면 유학이 비현실적이고 공허하다는 비평을 반박할 수 있었을 것이다. 그러나 『맹자』에는 등(滕) 문공(文公, ?~?)이 국사를 버려두고 오랫동안 상례를 지켰으며 그것을 본 사람들이 흡족하게 여겼다는 사실만 기록되어 있고 임금의 은택이 백성에게까지 미쳤다는 사례는 언급되어 있지 않다. 맹자는 70여 세에 제나라 경(卿) 직위를 사퇴할 때 이렇게 말했다. "만약 천하를 평화롭게 다스리려 한다면, 오늘날 세상에서 나 말고 누가 있겠는가?(如欲平治天下,

當今之世, 舍我其誰也)." 맹자가 자신을 중용하지 않는 세상에 울분을 터 뜨리고 있음을 알 수 있다.[146] 위로가 될 만한 일은 맹자가 사후에 공자 다음가는 아성(亞聖)으로 추존되었다는 사실이다. 그의 저작『맹자』도 사서(四書)에 들어가서 공자와 그 제자들의 어록인『논어(論語)』와,『예기』에서 뽑은『대학(大學)』『중용(中庸)』과 함께 나열되었다. 유가의 사서오경(四書五經)은 황조 사대부들의 사상을 지배하며, 1905년에 과거제가 폐지될 때까지 유가의 필수 교과서로 기능했다.

제9절
인치(人治)와 법치

제자백가는 서로 힐난했지만 그 연원을 보면 모두 동일한 전통의 영향을 받아서 몇 가지 신념을 함께 받들며 정치질서 수호를 의무로 여겼다. 한나라 초기 역사가 사마담(司馬談: 사마천의 부친, 전 165~전 110)은 육가(六家)를 이렇게 논평했다. "음양가(陰陽家)·유가·묵가(墨家)·명가(名家)·법가·도덕가(道德家: 도가)는 나라를 잘 다스리는 일에 힘쓰지만, 다만 그들이 따르는 언어의 길이 달라서 분명하냐 분명하지 않으냐의 차이가 있을 뿐이다(陰陽·儒·墨·名·法·道德, 此務爲治者也, 直所從言之異路, 有省不省耳)."[147]

아직은 아무도 백성이 자주권을 가져야 한다고 상상할 수 없었지만 백성은 국가의 근본이고 통치자의 자산이라는 사실을 모두 알고 있었다. 민심을 얻어 치세를 도모하든가 권력을 쟁취하는 일이 춘추시대에 일찌감치 제후와 대부의 상투 수단으로 변했다. 따라서 백성을 보호하고 구휼해야 한다는 논조가 더욱 보편화되었다.[148]

맹자는 말했다. "백성이 귀하고, 사직은 그다음이며, 임금은 가볍다. 이러한 까닭에 백성의 마음을 얻어야 천자가 된다(民爲貴, 社稷次之, 君爲輕. 是故, 得乎丘民, 而爲天子)."

상앙은 말했다. "법이란 백성을 사랑하는 방법이다. …… 참으로 백성을 이롭게 할 수 있다면 예를 따르지 않아도 된다(法者, 所以愛民也. …… 苟可以利民, 不循其禮)."

관자는 말했다. "정치의 흥성은 민심을 따르는 데 있고, 정치의 몰락은 민심을 거스르는 데 있다(政之所興在循民心, 政之所廢在逆民心)."[149]

모두들 일치된 마음으로 빈부격차에 반대하고 있다. 공자는 말했다. "적음을 근심하지 말고 고르지 못함을 근심하고, 가난을 근심하지 말고 안정되지 못함을 근심하라(不患寡而患不均, 不患貧而患不安)." 법가는 가난을 근심하여 경제 발전에 진력했지만 한결같이 고르지 못함도 근심했다.

관자는 말했다. "법령이 시행되지 않으면 만민이 다스려지지 않고, 빈부도 고르지 않게 된다(法令之不行, 萬民之不治, 貧富之不齊也)."[150]

현대 학자들은 이렇게 결론을 내렸다. "무릇 선진 제자백가는 빈부를 고르게 히어 백성이 익식을 풍족하게 하는 걸 급선무로 삼지 않은 사람이 없었다. 그러나 그 방법은 서로 달라서 맹자는 정전제를 회복하자고 주장했고, 상앙은 전답의 두렁을 터서 땅의 이로움을 남김없이 이용하자고 주장했다."[151] 방법이 달랐으므로 실제로 백성을 이롭게 하는 효과도 달랐다.

간단하게 말해보면 유가와 법가는 모두 나라를 잘 다스리고 백성을 잘 부양하는 권위 있는 정부에 뜻을 두고 있었지만, 정부의 성격에 대해서는 큰 차이를 보였다.[152] 유가는 인치(人治)를 주장했고, 법가는 법치(法治)를 주장했다. 그 대전제를 세 가지 항목으로 나누어 논의할 수 있다.

첫째, 유가는 봉건 귀족을 동정하며 스스로 통치 엘리트임을 자처했다. 그러나 법가는 군주 집권의 국가 정치체제 건립에 진력하면서 귀족의 권리를 제한했다.

둘째, 유가의 정부는 개인 관계를 벗어나지 않고, 정치 원칙도 가정 윤리의 단순한 연장선에서 벗어나지 않았다. 예를 들면 앞의 [그림 2a]와 같은 경우다. 법가는 공공범주 및 그것을 지탱해주는 법률과 제도 개척에 진력하여 공의(公義)와 같은 정치 개념을 창조했다[그림 2c].

셋째, 유가는 통치자의 주관적인 마음가짐에 주안점을 뒀지만 법가는 정책의 객관적 효과를 고려했다. 유가는 주관적 이상에 터잡고 있으므로 항상 현실에서 벗어나면서도 고상하고 아름다운 말을 많이 했다. 이는 현실적으로 추악한 문제 처리에 힘쓰는 법가 이론보다 듣기는 훨씬 좋다.

군자와 소인

백가쟁명(百家爭鳴)의 시대에 봉건 귀족은 점차 쇠락하고 있었지만 여전히 사나운 기세로 교만과 사치를 부리며 전횡을 일삼았다. 유가는 선왕지도를 고수하며 귀족의 지위를 공고화한 뒤에 '인의(仁義)'의 개념으로 그들의 예교를 개량하여 통치권 안에 들어갈 수 있기를 갈망했다. 맹자는 명문세가를 강화하고 우대할 것을 주장하면서 '세습 신하의 녹봉'을 인정(仁政)의 기초의 하나로 삼아야 한다고 제창했다.[153] 이와 반대로 오기는 다음과 같이 말했다. "봉토를 받은 귀족이 너무 많은데, 이렇게 되면 위로 임금을 핍박하고 아래로 백성을 학대하게 된다(封君太衆, 若此則上偪主而下虐民)."[154] 법가는 적시에 법을 바꾸고 개혁을 하여 제도 마련에 온 힘을 쏟아부었다. 그리하여 법률에 따라 귀족을 억제하고 관리를 감찰하여 그들이 임금과 백성을 속이려고 권력을 남용하는 걸 방지했다. 권익을 누리는 계층에 대한 상이한 태도가 유가와 법가의 충돌 초점의 하나다.[155]

법가는 군주를 강력하게 지탱하려는 관점을 가졌고, 유가는 백성을 넉넉하게 부양하려는 관점을 가졌는데, 이것이 이 두 학파의 정치적 입장의 가장 큰 차이라고 어떤 학자는 말했다.[156] 나는 이 학설에 매우 부족한 점이 있다고 생각한다. 법가가 제도를 중시하기는 했지만 그 중점은 군주에게 놓여 있지 않고 나라, 즉 군주가 권력을 장악하는 국가체제에 놓여 있었다. 이 내용에 대해서는 뒤에서 다시 논술할 것이다. 지금은 먼저 유가의 입장을 살펴보고자 한다.

백성(人民)은 판에 박힌 개념이 아니다. 선진이나 로마 사회에서는 특히 계급이 엄격했다. 거대한 가문과 작은 집안의 권익과 갈망은 복잡다단했을 뿐 아니라 늘 충돌을 야기했다. 이 때문에 독자들은 반드시 정치적 문장에 쓰인 '백성'이 주로 누구를 가리키는지 세

심하게 관찰해야 한다. 예를 들어 어떤 학자는 폴리비오스와 키케로의 저작을 분석하면서 정치권력의 분포를 토론할 때 그들이 말한 '인민(populus)', 즉 원로 귀족과 집정관에 대항한 '인민'은 기사 계층만을 가리켰고, 그 범위를 가장 넓힌다 해도 중무장 보병의 전신 장비를 살 수 있는 부농까지였음을 발견했다.[157]

　마찬가지로 맹자의 '귀민(貴民)'에 대해 논의할 때도 그 백성이 어떤 사람들이었는지 또 얼마나 법을 귀중하게 여겼는지 질문해봐야 한다. 이 문제를 탐색하기 위해서는 공허한 논리를 살펴보기보다는 구체적인 사안을 만났을 때 어떤 선택을 했는지 살펴보는 것이 더 낫다. 위에서 우리는 로마공화정의 경험이 정치과학 학설의 하나로 드러나는 현상을 서술했다. 즉, 만약 사회가 풍요롭고 민중이 만족하면 통치하기가 쉬워지는 현상이 그것이다. 그런데 자원이 궁핍하여 사방에서 분쟁이 일어나면 어떻게 분배의 경중을 저울질하고 어떻게 취사선택을 조화롭게 할 수 있는지가 백성을 귀하게 여기는 것이 무엇인지를 밝혀내는 관건이 된다.

　맹자는 말했다. "군자가 없으면 야인을 다스릴 수 없고, 야인이 없으면 군자를 먹여 살릴 수 없다(無君子, 莫治野人. 無野人, 莫養君子)." "정신노동을 하는 사람은 다른 사람을 다스리고, 육체노동을 하는 사람은 다른 사람에게 다스림을 받는다는 것은 천하에 통용되는 이치다(勞心者治人, 勞力者治於人, 天下之通義也)."[158] 백성을, 권세를 가진 군자와 생산에 종사하는 소인(小人)으로 구분한 것은 맹자가 가장 먼저 주장한 논리가 아니다. 하지만 정신노동에 종사하는 군자는 통치 특권과 부양

받을 권리를 가져야 한다고 하면서 그것을 천리(天理)로 끌어올려 지식인의 영원한 우월감으로 삼게 하고 있다. 오늘날 민주제도 안에서도 여전히 이런 잔영을 찾아볼 수 있다.[159]

맹자와 같은 시대에 장자(莊子, 전 369?~전 286?)는 유가를 '진신선생(搢紳先生)'[160]이라고 형용했다.[161] 유가는 왕실의 학문을 계승하여 제자백가 중에서 가장 존귀한 대접을 받았다. 비록 묵가나 법가처럼 현실 속에서 뚜렷한 공적을 남기지는 못했지만 귀족들로부터 융숭한 예물을 받았다. 역사에서는 유가를 "귀족의 빈객에 가깝다"라고 했으며, "꼭 정치에 종사할 필요가 없더라도 엄연히 사대부로 자처했다"고 묘사했다.[162] 이처럼 거들먹거리는 자세로 농사를 짓지 않고 밥을 먹는 행태는 당시에도 심한 비판을 받았다. 공자와 같은 시대에 제나라의 현명한 재상 안영(晏嬰, 전 578~전 500)은 유가의 군자들이 번잡한 허례허식과 후한 장례를 고취하는 것이 그들 자신에게는 유리하지만 백성에게는 복이 아니라 재앙이라고 지적했다.[163]

맹자는 당시 현실을 불쌍히 여기며 "백성에게 굶주린 기색이 있고, 들판에 굶어 죽은 시체가 있다(民有飢色, 野有餓莩)"고 했지만, 그와 동시에 제후들이 군자를 넉넉하게 부양해야 한다고 강조했다.[164] 맹자 스스로도 도처에서 황금 선물을 받았고, 모친의 장례를 후하게 치렀다. 그리지 그의 제자들과 노나라 군주가 모두 너무 사치스럽다고 여겼다.[165] 그는 직책도 없이 "뒤따르는 수레 수십 승과 수행하는 사람 수백 명을 거느리고 각 제후의 땅을 옮겨가며 밥을 먹었다(後車數十乘, 從者數百人, 以傳食於諸侯)". 제자들이 그런 행동이 너무 지나치지 않으냐고 걱정하자, 그는 "올바른 도를 따르고 있다(如其道)"라고 하며 자신의 행동을 견지했다.

그러나 이 '도'가 무엇인지는 매우 애매모호하다.[166] 사회의 분업이 바로 그가 가장 유력하게 내세우는 합리화의 논거였다. 그러나 그의 제자가 맹자에게 "하는 일 없이 밥을 먹는다(無事而食)"고 힐난한 일과 맹자가 인용한 "군자는 공밥을 먹지 않는다(君子不素餐)"라는 시구를 통해 우리는 맹자가 제자의 3대 질의에 완전하게 대답하지 못했음을 알 수 있다. 왜 정신노동과 육체노동을 하는 사람에 대한 대우가 하늘과 땅처럼 다르고, 또 백성은 왜 군자를 부양해야 하는가? 군자는 자화자찬 이외에 무슨 실적으로 오래 공밥을 먹는다는 혐의에서 벗어날 수 있는가? 사회의 분업이 이루어져 곡식으로 옷감을 교환하는 것은 백성이 스스로 원해야 하는데 군자는 왜 정부의 강제 권력을 이용하여 백성의 육체노동 대가를 착취하는가?[167]

노자(老子)는 "백성이 굶주리는 것은 윗사람이 세금을 많이 걷기 때문이다(民之饑, 以其上食稅之多)"라고 지적했다. 이 정치경제적 인과 관계는 사회 현실에 관심이 있는 사람이라면 모두 잘 알아야 하는 내용이다. 묵가와 도가는 적지 않은 유생이 "거짓으로 효성스럽고 공손한 행동을 하여 봉건 제후로 봉해져 부귀하게 되는 요행을 얻는다(妄作孝弟, 而僥幸於封侯富貴者也)"[168]라고 지적했다.

법가에서는 유생이 시서를 받들고 스스로 몸값을 높여 인의를 말하면서 고위관직에 탐닉하는 사람이라 지탄하며 이들을 '이(虱)'와 '좀(蠹)'으로 여겼다. 이들은 스스로 허황된 생활을 했을 뿐 아니라 다른

용과 독수리의 제국

사람의 의욕도 꺾으며 근면한 기풍을 해쳤다. 만약 터무니없이 '인의'만을 말해도 고위 관직과 후한 녹봉을 받을 수 있다면 백성이 그것을 보고 농사를 짓지 않고 벼슬만 구하는 학문으로 전향할 것이다. 상앙은 이렇게 말했다. "녹봉을 많이 받고, 세금을 많이 거두고, 먹여 살릴 입이 많은 사람은 농사를 망치는 사람이다(祿厚而稅多, 食口衆者, 敗農者也)." "농사 짓는 사람이 적고 놀고먹는 사람이 많기 때문에 그 나라가 가난하여 위태롭게 된다(農者寡, 而遊食者衆, 故其國貧危)."[169] 아무 공적도 없이 국가가 먹여 살려주기를 바라는 건 간접적으로 백성의 고혈을 빼는 일인데, 이는 바로 법가에서 극력 금지하는 권력자들의 행태다.

인사와 제도

맹자가 말했다. "군자가 지나가는 곳은 교화가 이루어지고, 머무는 곳은 신성하게 되어 상하 백성이 천지와 흐름을 함께하게 된다(夫君子所過者化, 所存者神, 上下與天地同流)."[170] 유생은 부양받을 자격이 있다고 자화자찬한다. 이들은 인치 사상을 신봉하면서 성현 군자인 자신이 고위 관직에 임명되기만 하면 바로 큰일이 성사되므로 구구하게 정책 실천을 고려할 필요도 없이 개인의 품성에만 의지해도 천하가 저절로 태평하게 되기 때문이라는 것이다. 이것이 바로 이들이 말하는 '교화(敎化)'다. 그리고 권력 순위가 가장 높은 군주의 교화력이 가장 크다. 공자는 이렇게 말했다. "군자의 덕은 바람이고, 소인의 덕은 풀이다. 풀 위에 바람이 불면 풀은 반드시 쓰러진다(君子之德風, 小人之德草. 草上之風, 必偃)." 또 공자는 군주를 다음처럼 가르쳤다. "정치(政)란 바르게 하는(正) 것입니다. 그대가 바르게 이끌면 누가 감히 바르게 행동하지 않을 수 있겠습니까?(政者, 正也. 子帥以正, 執敢不正?)"¹⁷¹

이들의 인치주의를 논리적으로 지탱하기 위해 유학자는 고대 성군의 완전한 세계를 내세우며 하·상·주 삼대에서 역사 이전의 요(堯)·순(舜) 시대까지 거슬러 올라갔다. 맹자는 말을 할 때마다 반드시 요·순을 거론하며 이렇게 말했다. "임금이 어질면 어질지 않은 사람이 없고, 임금이 의로우면 의롭지 않은 사람이 없고, 임금이 바르면 바르지 않은 사람이 없으므로, 일단 임금이 바르면 나라가 안정된다(君仁莫不仁, 君義莫不義, 君正莫不正. 一正君而國定矣)."¹⁷² 이와 유사한 언급은 이루 헤아릴 수 없을 정도로 많다. 결론적으로 치세와 난세의 운명을 모두 군왕 한 사람에게 맡기자는 것이다. 『중용』에 또 이런 말이 있다. "올바른 정치를 하는 사람이 있으면 그 정치는 이루어지고, 그런 사람이 없으면 그 정치는 끝납니다(其人存, 則其政擧. 其人亡, 則其政息)."¹⁷³ 성현의 인치 사상은 송나라와 명나라의 도학(道學)을 거치며 다시 발양되었는데, 거의 대동소이한 형태로 중국 전통문화에 오랫동안 스며들어 위대한 영수(우두머리)를 숭배하는 심리를 길러냈다.¹⁷⁴

유가의 성군과 현신(賢臣)이 표방하는 인의는 가정을 요체로 삼고, 종친과 친하고 존귀한 사람을 높이는 걸 최상으로 친다. 공자는 정치를 이렇게 해석했다. "오직 효도하고 형제간에 우애 있게 지내고, 그것을 정치에 베푸는 것, 이 또한 정치를 하는 것이다(惟孝, 友于兄弟, 施於有政. 是亦爲政)."¹⁷⁵ 그의 뛰어난 제자 증삼(曾參, 전 505~전 435)도 "효로써 나라를 다스리자(以孝治國)"고 제창했다. 이것은 나중에 역대 황조의 선전 문구가 되었다.[176] 맹자는 청렴을 작은 절개라고 폄하하며 "친척·군신·상하의 의리(親戚君臣上下)"를 최고의 대의라고 주장했다.[177] 그는 반복해서 가르침을 폈다. "종친과 친근한 것이 인(仁)이고, 윗사람을 공경하는 것이 의다(親親, 仁也. 敬長, 義也)." "요·순의 도는 효도와 공손일 뿐이다(堯舜之道, 孝弟而已矣)."[178]

대동 세계의 이상을 제기한 『예기』「예운(禮運)」에도 공자의 말이 기록되어 있다. "아버지는 자애롭고, 아들은 효성스럽고, 형은 선량하고, 아우는 공손하고, 남편은 의롭고, 아내는 순종하고, 어른은 은혜롭고, 아이는 잘 따르고, 임금은 어질고, 신하는 충성스러운 이 열 가지를 일러 사람의 도의라고 한다(父慈, 子孝, 兄良, 弟弟, 夫義, 婦聽, 長惠, 幼順, 君仁, 臣忠, 十者, 謂之人義)." 성인이 이런 품행을 분명하게 실천하면 "천하를 한 집으로 만들 수 있다(以天下爲一家)"고 했다.[179] 오륜(五倫)도 모두 개인 사이의 윤리다. 유가는 이런 윤리가 천하의 모든 인간관계에 적용될 수 있다고 인식했다. 그것이 개인 관계망 속에 새겨지면 개인은 따뜻하고 안전한 마음을 느낀다는 것이다.

세계 곳곳에는 모두 개인 관계망이 있지만 유가처럼 정부도 인간관계로 파악하는 경우는 매우 드물다. 맹자는 제(齊) 선왕(宣王, 전 350?~전 301)에게 다음과 같이 말했다. "군왕께서 신하를 손과 발처럼 보면, 신하는 군왕을 배와 심장처럼 봅니다. …… 군왕이 신하를 흙이나 지푸라기처럼 보면, 신하는 임금을 도적이나 원수처럼 봅니다(君之視臣如手足, 則臣視君如腹心. …… 君之視臣如土芥, 則臣視君如寇讐)."[180] 여기에도 인간관계 속의 권모술수만 보일 뿐 정치제도는 보이지 않고, 군신 간의 사사로운 교분만 보일 뿐 국가의 공무는 보이지 않는다.

이처럼 단순한 치국 방안은 봉건귀족 가문처럼 인구가 적고 영토가 작은 나라에서는 효과를 볼 수 있지만 맹자 시대에는 이러한 정치 사회가 벌써 사라지고 없었다. 인구와 국가 규모가 예전에 비해 이미 10배나 급증했으므로 중국 통일 후의 방대한 규모나 사회의 복잡성은 더 말할 필요도 없게 되었다. 유가는 사회의 급변을 고려하지 않고 현실에서 이탈하여 옛 법도만을 고집했다.

맹자의 진술은 이렇다. "'틀리지도 않고 잊지도 않고, 옛 제도를 그대로 따르네'라고 했다. 선왕의 법도를 따르면서 잘못을 저지르는 자는 아직까지 없었다('不愆不忘, 率由舊章.' 遵先王之法而過者, 未之有也)."[181] 그러므로 수백 명의 친척과 친구를 돌보는 데만 익숙한 군자가 어떻게 수억의 낯선 사람을 다스릴 수 있겠는가? 종친과 친하고 존귀한 사람을 높이는 인의 도덕으로 붕당과 얽히고 사욕으로 부패에 빠져드는 관리의 폐해를 피할 수 있겠는가?

법가는 그렇게 할 수 없다고 대답했다. 법가는 성현의 인덕에 의지하는 인치에 반대했다. 성군의 모범적인 교화력이 진정으로 유가가 말하는 것처럼 전지전능할 수도 있겠지만 요·순과 같은 성군은 백대(百代)에 한 번 나타나는데, 거짓 군자는 곳곳에 널려 있다. 이 때문에 군왕의 품성에만 의지하면 반드시 치세보다 난세가 많게 된다.

사회의 안정과 번영을 추구하려면 정부는 반드시 건전한 법률제도를 가져야 한다. 법률제도는 평범한 군왕 아래에서도 시행하여 다수 대중을 돌볼 수 있다. 바꿔 말하면 국가는 반드시 법률에 따라 다스려

야 한다.[182]

법가가 중국사상에 끼친 불후의 공헌은 객관적이고 실제적으로 비교적 추상적인 정치 개념을 발명하여 개인 사이의 교분을 뛰어넘고 보편적인 사회 결합을 달성하게 했다는 점이다. 그들의 정책 속에서 '공(公)'의 개념은 점차 공후(公侯)·공실(公室)·공전(公田)과 같은 봉건적 의미를 씻어내고 우리가 익히 알고 있는 공평·공공도덕·공의·공공(公共)·공동향유·공공대중 등의 개념으로 발전했다.[183] 공개적이고 공평한 법률제도는 공공도덕과 공의를 주재하며 공공범주라는 새로운 차원의 의미를 개척했다. '입체'적인 인류 세계에 오류가 포함되어 있기는 하지만 그것에 속박되지 않았기 때문에 더욱 광활하고 더욱 풍부한 제도를 만들 수 있었다[그림 2c].

"법을 만드는 사람은 임금이다. 법을 수호하는 사람은 신하다. 법을 법으로 따르는 사람은 백성이다. 군신·상하·귀천이 모두 법을 따르면 이를 일러 대치(大治)라 한다(生法者, 君也. 守法者, 臣也. 法于法者, 民也. 君臣上下貴賤從法, 此謂爲大治)." 이 언급을 보면 『관자』에도 법가와 공유하는 사상이 있음을 알 수 있다.[184] 많은 구체적 법조문은 사회 풍속에 근원을 두고 있다. 이 때문에 법가에서는 입법을 할 때 반드시 인정을 살피고 시속(時俗)을 관찰해야 한다고 강조했다. 즉, "풍속을 헤아려 법을 만들고(度俗而爲之法)" "상벌은 반드시 민심에 바탕을 두어야 하며(賞罰必於人心)" "이치에 따르고 백성의 상황에 부합하면 백성이 법을 받아들인다(順於理, 合於民情, 則民受其辭)"는 것이다.[185] 법가에서는 법률이 사회 변화에 따라 천천히 바뀌어야 한다고 인식했다. 하지만 법률 개정은 반드시 신중해야 한다. 조령모개(朝令暮改)로 이랬다저랬다 하면 백성을 실망시킬 수 있다. 법령 반포 후에는 군주 자신도 법을 어기지 말아야 한다. "임금의 욕심 때문에 법령을 바꾸지 않으면, 법령이 임금을 높여준다(不爲君欲變其令, 令尊於君)."[186]

그러나 법가는 아직 입법 기구와 절차를 고려하지 않았는데 이것이 이들의 큰 결점이었다. 그러나 세상 일이 한꺼번에 이루어지는 경우는 드물다. 법에 따라 통치하려는 이들의 원칙은 현대의 헌정 체제에는 미치지 못하지만 헌법 정신과 통하는 길을 열었다(제6장 2절, 9절). 법에 따라 통치하려는 원칙은 '임금이 어질면 백성이 따른다'는 유가 사상을 뛰어넘어 공공 법률을 준수하는 공공 정신을 배양했다. "법은 임금과 신하가 모두 지켜야 한다(法者, 君臣之共操也)"[187]라는 말이 바로 군권(君權)을 제한하는 제도의 맹아다. 이것이 '국가는 모든 구성원을 초월하는 체제'라는 현대적 개념으로 성장할 수도 있었을 것이다. 그런데 왜 이러한 사상이 모태에서 유산되었을까? 이것이 중국 역사에서 드러난 한 가지 중요한 문제인데, 애석하게도 아직까지 응분의 주의를 받지 못하고 있다.

법 앞에서 모든 사람은 평등하다는 것이 당시에 법가 사상이 일으킨 일대 혁명이었다. 법가는 '일법(壹法)' 원칙을 견지했다. 한비는 이렇게 말했다. "법은 고귀한 사람이라고 아부하지 않고, 먹줄은 굽은 나무라고 구부려 긋지 않는다. 법을 시행하면 지혜로운 사람이라도 변명할 수 없으며, 용감한 사람이라도 감히 다투지 못한다. 과오에 형벌을 가할 때는 대신에게도 피해가지 않고, 선행에 상을 내릴 때는 필

용과 독수리의 제국

부라도 빠뜨리지 않는다(法不阿貴, 繩不撓曲. 法之所加, 智者弗能辭, 勇者弗敢
爭. 刑過不辟大臣, 賞善不遺匹夫)."[188] 상앙은 강력한 수단으로 공자(公子)들
의 범법 행위도 용서하지 않았다. 어떤 서구 학자는 법률의 공평성과
보편성이 유가의 예교에서 엄수하던 상하, 귀천, 존비의 원칙과 가장
심한 충돌을 일으켰다고 지적했다.[189] "형벌은 위로 대부에 미치지 않
는다(刑不上大夫)"는 원칙을 인의로 여기는 권력층에서는 전에 없던 위
협을 느끼고 맹렬하게 반격하며, 상앙은 은정(恩情)이 부족하고 법치
는 잔인하다는 저주를 퍼부었다(제4장 5절, 제6장 9절).

한결같은 법 원칙(壹法)을 시행하려면 '성문법'에 의지해야 한다. 한
비는 말했다. "법은 밝게 드러나는 것보다 더 좋은 것은 없다(法莫如
顯)." "법이란 도서로 편찬하여 관청에 비치해두고 백성에게 포고하는
것이다(法者, 編著之圖籍, 設之於官府, 而布之於百姓者也)."[190] 성문법 이론은
인류의 지능이 평등하고 육체노동을 하는 소인도 모두 두뇌가 있다는
사실에 기반을 두고 있다. 정신노동을 하는 군자는 심오한 학문을 자
랑했지만 법가는 체면을 봐주지 않고 서민도 법률을 분명하게 알 수
있도록 정부가 법률을 상세하고 착실하게 공개해야 한다고 일관되게
주장했다. 상앙은 이렇게 말했다.

현명한 사람이라야 알 수 있는 것은 법으로 만들어서는 안 된다. 모든
백성이 다 현명하지는 않기 때문이다. 따라서 성인은 백성을 위해 법을
만들 때 반드시 이들이 쉽게 알 수 있게 하고, 우매한 자도 두루 알 수
있게 한다. …… 법관을 두어 이들의 스승으로 삼게 하고 이들을 인도

하여 법령을 알게 한다. 이에 만백성이 모두 피하고 나아갈 바를 알게
된다. 즉, 참화를 피하고 행복으로 나아가면서 모두 스스로 다스리게
된다.

(賢者而後知之, 不可以爲法, 民不盡賢. 故聖人爲法, 必使之明白易知, 愚知遍
能知之……. 爲置法官吏爲之師, 以道之知. 萬民皆知所避就, 避禍就福, 而皆以
自治也.) (『상군서』「정분(定分)」)

출토된 진(秦)나라 죽간이 증명하는 바에 따르면 법가는 법리를 해
설하고 판례를 제공하여 법률문제에 해답을 제시하고 있다.[191] 이들은
상앙의 이상을 관철하려고 노력했다. "천하의 관리와 백성 중에서 법
을 모르는 사람이 없다. 관리는 백성이 법령을 알고 있음을 분명하게
알기 때문에 감히 불법 수단으로 백성을 대하지 못하며 백성도 감히
법을 어기며 법을 시행하는 관리에 대들지 못한다(天下之吏民, 無不知法
者. 吏明知民知法令也, 故吏不敢以非法遇民, 民不敢犯法以干法官也)."[192] 명문화
된 법률 반포는 민중을 위한 버팀목 제공일 뿐 아니라 이들에게 법률
지식이 있으면 스스로 허리를 펴고 관리의 직권 남용에 두려움을 가
질 필요가 없음을 알려주는 일이었다. 공자는 법률이 서민의 자존감
을 강화하고 귀족의 권세를 위협할 수 있는 제도임을 민감하게 관찰
했다. 그는 진(晉)나라에서 문공이 법령을 반포하고 가혹한 형벌을 솥
에 새기자 탄식하며 말했다. "백성이 솥에나 신경 쓰게 되었으니, 무
엇으로 고귀한 사람을 존중하겠는가? 고귀한 사람은 또 무엇으로 가
업을 지키겠는가? 귀천에 질서가 없어졌으니 무엇으로 나라를 다스

리겠는가?(民在鼎矣, 何以尊貴? 貴何業之守? 貴賤無序, 何以爲國?)."[193]

상앙은 신법을 반포하기 전에 현상금 10금(金)을 걸고, 도성 남문 앞에 세워놓은 큰 나무기둥을 북문으로 옮길 사람을 모집했다. 사람들이 의심하며 주저하자 그는 현상금을 5배로 올렸다. 마침내 어떤 사람이 나무기둥을 옮기고 50금을 받아갔다. 그러자 모든 사람이 정부가 식언하지 않는다는 사실을 알게 되었다.[194] 법가에서는 신용을 강조한다. "신용이란 군신이 함께 서는 방법이다(信者, 君臣之所共立也)."[195] 법률은 국가가 전체 국민에게 공표한 공공 약속이다. 백성이 그것을 신봉하는 것은 정부에 날개를 다는 일에 그치지 않는다. 법률 준수가 가정과 국가에 이롭다는 사실을 군주와 백성이 함께 믿는다면 시간이 지날수록 공민 정신이 저절로 자라나게 될 것이다. 정부가 백성의 장기적인 신임을 얻으려면 헛된 구호에 의지해서는 안 되고, 반드시 공평하고 공정한 행정 실적을 쌓아야 한다. 효과적인 정부를 세우기 위해 법가는 두 가지 정치 원칙을 제기하여 법치의 보조로 삼았다. 그것은 바로 세(勢)와 술(術)이다. '세'는 제도와 기구를 가리키고, '술'은 관리를 감독하고 감찰하는 것을 가리킨다.[196]

유가와 법가는 모두 민주에 대해서는 알지 못했고 군주 관념만 갖고 있었다. 서로 상이한 것은 유가는 군주 개인을 숭배하는 데 비해 법가는 군주가 권력을 갖는 국가제도를 세우려 한다는 점이다. 법가는 군주의 권력이 무력이나 개인의 성덕에 기반을 두어서는 안 되고, 모든 사람이 두려워하는 정치체제에 기반을 둬야 한다고 인식했다. 상앙은 "무릇 나라를 세우려면 제도를 살피지 않을 수 없다(凡將立國,

制度不可不察也)"라고 했다. 세란 제도 가운데서 지위에 수반된 권력이다. 사람들을 명령에 따르게 하는 것은 군주 개인이 아니라 군왕이라는 그의 지위 및 그 지위가 발휘할 수 있는 제도와 능력이다.[197]

제도는 비교적 추상적이지만 현대인은 '용이 바람을 탄다(龍乘風)' 등과 같은 옛사람의 비유를 쓸 필요도 없이 제도의 특징을 곧바로 이해한다. 경찰관을 침범하는 것이 큰 죄가 되는 것은 경찰관 개인이 특별히 고귀한 품성을 갖고 있기 때문이 아니라 그가 법률을 대표하기 때문이다. 피해를 당하고 나서 공정한 처리를 요구하는 것은 개인적인 일에 그치지 않고 사회의 치안 체제를 유지하는 일이다. 이 사례에서 경찰관은 용이고 치안 체제는 용이 올라탄 바람인데, 그것이 바로 백성을 다스릴 수 있는 세다. 정치적인 세는 종법 봉건제도 아래서도 성행했지만 그것은 혈연, 재산과 밀접하게 관련되어 있었다. 선진(先秦) 개혁가의 노력으로 이러한 요소가 제거되면서 더욱 합리적인 정치체제가 성립되었다.

정치체제는 정부의 권력구조를 결정한다. 상앙은 "세를 얻게 되면 관리가 참여하지 않아도 나라가 깨끗해진다(得勢之至, 不參官而潔)"라고 했다. 제도가 건전하면 관리가 많지 않아도 정무를 깨끗하게 처리할 수 있다는 것이다.[198] 제도를 세우는 일은 명분을 정하고 관직을 설치하는 데서 시작한다. 정치체제에서 모든 관직은 지위와 권력, 기능과 책임을 갖는다. 한비는 다음과 같이 말했다. "맡은 일을 서로 간섭하지 못하게 하니 다툼이 발생하지 않았고, 관리에게 겸직을 하지 못하게 하니 서로 장기를 발휘할 수 있게 되었고, 사람들에게 같은 일을 하며 공을 세우지 못하게 하니 분쟁이 발생하지 않게 되었다(使事不相干, 故莫訟. 使士不兼官, 故技長. 使人不同功, 故莫爭)."[199] 효율적인 조직은 관직의 명분(名), 권세(權), 직무(職), 책임(責)을 명확하게 정해두고 각 관직의 기능에 협조하며 월권행위와 직무유기의 기회를 낮춘다. 이런 점들이 현대사회에서 말하는 관료 행정 시스템의 특색이다.[200]

상앙은 말했다. "나라가 다스려지는 까닭은 첫째 법률, 둘째 신용, 셋째 권력이 있기 때문이다(國之所以治者, 一曰法, 二曰信, 三曰權)." 또 "강한 힘에 의지하지 않고 권세에 의지하며, 자신의 믿음에 의지하지 않고 통치술에 의지한다(不恃其强, 而恃其勢. 不恃其信, 而恃其數)."[201] 위의 두 인용문에 쓰인 신(信)이 왜 전혀 모순되지 않는지 해설해보고자 한다. 군주제나 민주제 등 어떤 종류의 국가를 막론하고 관리에게 권력을 부여하여 사법과 행정의 직무를 맡긴다. 권력은 신의에 기반을 두지만 그것이 맹신이어서는 안 된다. 권력은 본래 유혹하는 강한 힘을 갖고 있어 권력자가 사심을 품지 않더라도 쉽게 주위의 부추김에 유혹되어 잘못된 길로 빠져들 수 있기 때문이다. 이렇게 되면 관리는 공권력을 남용하고 정부는 신용을 잃는다. 이런 우환을 미연에 방지하기 위해 정부는 군자와 대인의 사사로운 신의에만 기대서는 안 되고 인재를 선발하고 감독하는 절차를 만들어 정도를 유지해야 한다. 현대의 많은 나라 경찰 내부에 감찰 부서를 설치하여 경찰관을 감시하는 것이 바로 이런 의미다.

한비는 "밝은 군주는 관리를 다스리지 백성을 다스리지 않는다(明君治吏不治民)"라고 말했다. 관리를 다스리는 방법이 바로 술이다. "술이란 임무에 따라 관직을 주고, 명분에 따라 실무를 맡기는 것이다(術者, 因任而授官, 循名而責實)." "군주는 신하들의 진언에 따라 국사를 맡기고 오로지 실적으로 공로를 판단한다(君以其言授之事, 專以其事責其功)." 귀족이 횡행하고 군자가 거들먹거리는 시대에 관리를 감찰하는 일은 더욱 중요했다. 그렇게 하지 않으면 정부의 노력이 개인의 주머니로 들어가기 일쑤이기 때문이다.[202] 일찍이 운영한 비밀 염탐 조직과 같은 통치술 수단은 비판받아야 마땅하다. 그러나 통치술이 개선되고 성숙됨에 따라 많은 내용이 감독 규칙으로 명문화되어 점점 정치제도 속으로 융합되었다. 서한시대에는 주(州)에 자사(刺史)를 설치하여 황제의 조칙을 받들고 군현(郡縣)을 순행하며 관리의 불법 행위 다섯 가지를 추궁하게 했다. 이것이 바로 통치술을 제대로 구현한 제도다.[203]

군주집권, 법률평등, 관리감독 등 이러한 조치는 봉건 귀족과 특권 계층의 장기적이고 완강한 저항에 부딪쳤다. 군주는 식견과 담력을 갖춘 법가의 보필 아래서 점차 합법적 권력 사용의 제도를 만들어 세습 세력을 약화시켰다. 국가는 계속 새로운 봉작을 내렸지만 더 이상 친척과 혈연이 아니라 능력과 공로를 근거로 삼았다. 이와 동시에 국가는 모든 관리의 임면권을 회수했다. 녹봉을 받는 가신도 예외가 없었다. 국가에서 발급하는 병부(兵符)가 없으면 아무도 군대를 마음대로 동원할 수 없었다. 이 때문에 위(魏)나라 공자 신분이던 신릉군(信陵君, ?~전 243)도 병부를 훔쳐서 군대를 동원하고 조(趙)나라를 구원해야 했다.

귀족 봉건 제후국은 인사권과 군사권을 상실하고 순수 식읍(食邑)

만 유지한 채 경제적 수입만 제공받았으므로 중앙국가에 항거할 근거지를 건설할 수 없었다. 정부가 수여한 부절(符節), 옥새(玉璽), 인수(印綬) 등의 신표에는 제한적인 권력을 명확하게 표기했고, 그것도 수시로 회수할 수 있었다. 행정을 관리하는 '상계(上計)' 제도를 통해 일정한 통계 숫자를 정하고 각 부문에 그 숫자를 연말까지 채울 것을 요구했다. 상급 기관에서는 고핵(考核: 고과와 탄핵) 제도로 관리의 업적과 우열을 심사하여 승진과 좌천 인사를 단행했다.

지방의 고관은 항상 관할지를 순행하며 휘하 관리를 감시하고 이들의 부패를 조사했다. 통일된 도량형은 회계를 편리하게 하여 관리의 도적질과 편취를 줄였다. 규칙과 제도는 실제 적용 과정에서 많은 부분이 개선되었다. 100여 년의 경험이 쌓이면서 점차 관료 행정기구의 기틀이 형성되었다.[204]

봉건 세력은 지방 정부에서 힘이 가장 강력하므로 지방 개혁도 변법의 중요 목표였다. 춘추시대에 초, 진(晉), 진(秦)은 이미 새로 병탄한 땅을 대부들에게 봉토로 주지 않고 그곳에 직할 현(縣)을 설치했다. 이후 또 변방에는 군(郡)을 설치했는데 군의 면적은 보통 현보다 컸지만 인구와 경제 자원은 비교적 적었고 군사적 책임은 무거웠다. 군과 현의 행정기구는 각국이 달랐지만 피차 모방하며 점차 상황에 맞게 개선했다. 상앙은 일관된 양식에 의지하여 다른 나라의 경험을 종합적으로 흡수했다. 기원전 350년대에 그는 현(縣) 제도를 체계적이고 보편적으로 추진하면서 진(秦)나라의 수많은 고을을 30여 곳의 큰 현으로 합병했다. 모든 현에는 현령(縣令)을 필두로 그 아래에 민정을 관할하는 현승(縣丞)과 군사를 관장하는 현위(縣尉)를 설치하고, 다시 그 밑에 정액으로 녹봉을 받는 소리(小吏)를 두었다. 진나라 통일 이후에는 봉건제도를 폐지하고 군·현을 설치한 후 중앙 직할의 새로운 제도를 전국에 시행했다.[205]

법가의 노력으로 중국의 정치체제는 혈연 중심, 즉 [그림 4a]와 같은 분권봉건 모델에서 기능 중심, 즉 [그림 4b]와 같은 집권관료 모델로 바뀌었다. 이러한 국가 정비 성과는 세계에서 가장 앞선 것이다. 고대 정치질서를 연구하는 서구 학자는 이렇게 평가했다. "권한이 제한적인 현대 정부를 계발하는 측면에서는 그리스 로마의 선구적 실험이 지극히 중요하다. 그러나 국가체제를 발전시키는 측면에서는 중국의 경험이 더욱 중요하다."[206]

의(義)와 이(利)

경제발전과 정치체제 전환은 동시에 진행된다. 유가와 법가는 모두 백성을 부유하게 하기를 추구했지만 이들이 정책을 저울질하는 관점은 상당히 달랐다. 유가는 주관적으로 개인의 심성, 특히 인의를 지향하는 성군과 현신의 의지에 주안점을 두었다. 법가는 객관적으로 예상할 수 있는 행동 효과, 특히 정책으로 획득할 수 있는 사회적 공리(功利: 효용)에 주안점을 두었다. 동기와 결과는 물론 관련이 있지만 자기기만·무지·태만·실책·돌발사태·환경 등과 같은 갖가지 현실적 요인 때문에 일방적인 소망과 정반대의 결과를 얻을 수도 있다. 정책은 수많은 백성과 관련되므로, 실패한 결과나 나쁜 부작용이 백성에게 비참한 결과를 가져다줄 수도 있다. 현실적으로 책임져야 할 정치가는 이와 같은 가능성을 반드시 고려해야 한다.

위대한 유학자 순경(荀卿: 순자, 전 313?~전 238)은 비교적 현실에 따르면서 주관적 관점과 객관적 관점을 소통시키려고 시도했다. 그러나 순자는 역사에서 유가 도통론자에게 냉대를 받았다. 예를 들면 송나라 유학자 주희(朱熹, 1130~1200)는 "순경에게 온통 신불해와 한비의 이론만 있다(荀卿則全是申韓)"고 말했다.[207] 도통론자는 맹자를 숭배했다. 아래에서는 맹자 사상을 중심으로 삼아 그것을 법가와 비교해보도록 하겠다.

인치주의 아래에서 군자는 자신의 인의를 수양하기만 하면 된다고 여겼지, 어떻게 그것을 실행할 것인지는 상관하지 않았다. 더 나아가 이런 절실한 문제는 소인들이나 힘쓰는 것이라고 비천하게 여겼다. 공자는 "군자는 한 가지 용도로 쓰이는 그릇이 아니다(君子不器)"라고 했고, 또 농사를 배우려는 제자 번지(樊遲, 전 515~?)를 소인이라고 질책했다.[208] 유가는 봉건 귀족의 오만함을 계승하여 분석적인 이성 및 농업·법률·경제 등 경험지식을 폄하했다.[209] 경제를 이야기하려면 대가·효율·공리 등을 계산하지 않을 수 없다. 그런데 공자는 "군자는 대의에 밝고, 소인은 이익에 밝다(君子喩於義, 小人喩於利)"라고 했다. 맹자는 상대적인 귀천의 구분을 절대적인 정사(正邪)의 논리로까지 끌어올렸다. 그는 또 부지런히 이익을 추구하는 사람을 모두 춘추시대 유명한 도적인 도척(盜跖)의 무리라고 비난했다.[210] 이에 의(義)와 이(利)는 양립할 수 없다는 견해가 마침내 유가 도덕의 경직화된 원칙이 되었다.

맹자가 위(魏)나라로 가서 혜왕(惠王, 전 400~전 319: 후에 양혜왕)을 만났을 때 혜왕이 말했다. "어르신께서 천 리를 멀다 하지 않으시고 이곳으로 오셨으니 장차 우리나라를 이롭게 할 방법이 있으시겠지요?(叟不遠千里而來, 亦將有以利吾國乎?)" 맹자가 대답했다. "왕께서는 하필 이익을 말씀하십니까? 인의가 있을 뿐입니다(王何必曰利? 亦有仁義而已矣)."[211] 동한시대에 왕충(王充, 27~97?)은 맹자가 대답한 '이(利)'와 혜왕이 질문한 '이'의 의미가 다르다고 지적했다.[212] 혜왕은 맹자가 건의할 정책의 유익한 효과를 알고 싶었던 것이지, 그가 인의를 무시했다는 증거는 어디에도 없다. 그런데도 맹자는 혜왕이 말한 '이'의 동기가 불량하다고 억측하여 군주의 마음을 바로잡으려고 인의의 관념을 고취하고 있다.

사람 특히 중임을 맡은 집정관이 무수한 객관적 요인에 직면하면 마음속에서 움직이는 동기가 복잡다단할 것이다. 공자는 인(仁)을 토론할 때 다양한 각도, 심도, 정도에서 그것의 풍부한 함의와 공부의 깊이를 탐구했다. 맹자는 이것을 매우 단순하게 변형시켰다. "공자께서 말씀하셨다. '길은 두 가지다. 인과 불인(不仁)일 뿐이다'(孔子曰, '道二, 仁與不仁而已矣')."[213] 그는 두루뭉술한 도덕적 교조주의로 사상을 선과 악의 양극단으로 나누고, 자신과 다른 것은 악의 편으로 몰아넣고 그 해악을 설파했다. "양주(楊朱, 전 395?~전 335?)와 묵적(墨翟: 묵자, ? ~?)의 도는 사라지지 않고, 공자의 도는 드러나지 않으니 그것은 사악한 논설로 백성을 속이는 것이고, 인의를 틀어막는 것이다. 인의가 틀어막히면 짐승을 몰고 와서 사람을 잡아먹고, 사람도 장차 서로 잡아 먹게 된다. …… 마음에 작용하면 일에 해롭게 되고, 일에 작용하면 정치에 해롭게 된다(楊墨之道不息, 孔子之道不著, 是邪說誣民, 充塞仁義也. 仁 義充塞, 則率獸食人, 人將相食. …… 作於其心, 害於其事, 作於其事, 害於其政).”[214] 마찬가지로 이것도 과장된 말로 사람을 놀라게 하는 대목인데 맹자는 혜왕의 이익에 대한 질문에 대답하면서 “나라가 위태롭게 된다(國危 矣)”라고 했다.[215]

의와 이가 상극인 것은 사상 양극화 사례의 하나일 뿐인데, 그것 은 왕도(王道)와 패도(覇道)가 확연히 대립하는 것과 병행하는 이론이 다.[216] 왕은 백성을 통치하고, 패주는 회맹한 독립국들을 영도하므로 그 성질은 물론 다르다. 하지만 정치적인 기능은 맹자의 시야에 있지 않다. 그의 구분은 전적으로 경직된 원칙에 기반을 두고 있다. 예컨대 제1장 4절에서 말한 것처럼 ‘패’는 ‘백(伯)’과 뜻이 통하고 이때 ‘伯’의 발음은 ‘패’로 읽기도 하므로 그 본뜻은 제후의 장(長)이다. 이 말은 본 래 그리스어의 ‘hegemon’과 마찬가지로 영광스러운 존칭이다.

춘추오패(春秋五覇)의 첫 번째 패주였던 제 환공은 어려운 시국에서 회맹을 주도하여 오랑캐를 물리쳤고, 위기에 처한 나라를 구해줬고, 멸망한 나라를 다시 일으켜줬고, 백성에게 복락을 누리게 해서 공자 도 그를 칭찬했다.[217] 물론 패주의 행동이 변할 수도 있었다. 예를 들 면 아테네가 그리스 동맹국을 이끌고 페르시아의 침략을 격퇴한 후에 방향을 바꿔 휘하의 동맹국을 속이고 핍박한 경우가 그러하다. 이 때 문에 그리스인은 아테네를 패주(hegemon)라고 부르는 것이 아니라, 폭

군의 나라(polis tyrannos)라고 불렀다.[218]

이와는 반대로 맹자는 춘추오패를 거짓 인의를 내세운 악랄한 패주(惡覇)로 여겼다. 이것은 결코 행위의 전환에 근거한 호칭이 아니다. 그는 춘추오패에 대한 공자의 평가를 왜곡하여 제 환공과 진 문공을 전반적으로 말살하며 두 사람을 한데 묶어서 멸시하는 태도를 보였다. 그들이 순수한 인의의 발현인 왕도정치에 부합하지 않기 때문이라는 것이다.[219] 관중은 제 환공을 도와 천하를 하나로 통합했기 때문에 제나라 백성의 사랑을 받았지만 맹자는 오히려 그의 공을 깎아내렸다.[220] 백성을 위해 극력 헌신했고 백성에게 힘써 은혜를 베풀었지만 위엄이 군자처럼 고귀하지 못했고, 실적도 공상 속에서 꿈꾸는 것처럼 완벽하지 못했기 때문에 맹자는 그를 비첩(婢妾)과 같은 행동을 했다고 매도하며 자존망대하는 모습을 보였다.[221] 그는 통치자에게 말하기를 마음을 바르게 하고 어진 정치(仁政)을 행하는 건 나뭇가지를 꺾는 것처럼 쉽고, 어진 정치를 베풀며 천하에 왕 노릇을 하는 건 손바닥을 뒤집는 것처럼 쉽다고 했다.[222]

그러자 제자들이 맹자를 원망했다. "도가 높기야 높고 아름답기야 아름답습니다만, 그것은 하늘로 올라가는 것과 같아서 아마도 미칠 수 없을 것만 같습니다(道則高矣, 美矣. 宜若登天然, 似不可及也)."[223] 누군가 실천 문제까지 걱정하면서 마음을 바르게 하지 않고 하늘로 올라가려는 것을 맹자는 가차없이 통박했다. 혜왕이 재난 구조 방법에 대해 묻자 맹자는 '오십보백보'의 비유로 그를 꾸짖었다.

송경(宋牼)이 이해관계에 기대 진(秦)나라와 초나라에 군사행동을 그만두도록 유세하려 하자 맹자는 불의를 부추긴다고 질책했다. 송나라 대부가 점차 감세(減稅) 정책을 추진하려 하자 그는 닭을 훔치는 일로 풍자했다. 묵가에서 겸애(兼愛)와 공리를 주장하자 그는 금수와 같은 짓이라고 매도했다.[224]

의와 이, 왕도와 패도에 관한 논쟁은 늘 유가와 법가의 논쟁 비슷한 것으로 간주되었다. 법가의 인물들은 대부분 실제로 정무를 담당했기에 그 결과에 책임을 져야 했다. 이 때문에 이들은 공리를 중시하면서 왕도는 공허하고 비현실적이라 일을 망치고 백성에게 재앙을 야기하는 이론이라고 인식했다. 이들은 말로만 떠들며 임금의 총애나 탐하는 무책임한 이상주의자들의 행위나 논쟁할 틈도 주지 않는 증명 불가의 인성론을 혐오하고, 절실한 세속 인정을 중시했다. 식욕·색욕·명성·소망에 대해서 사람의 호오(好惡)는 매우 분분하지만 일반적으로 이익을 좋아하고 손해를 싫어하는 것이 인지상정이다.

이익과 손해의 함의는 아주 광범위해서 단순히 물질만 가리키는 것으로 볼 수 없다. 문인은 명성을 좋아하고, 부모는 자녀가 훌륭하게 되기를 바라고, 대중은 편안한 생활과 즐거운 직업을 추구한다. 이런 것들은 모두 이익에 속한다. 사람들은 모험을 피하려 하고, 고향 마을에서 멸시당할까 두려워하고, 다른 사람에게서 상처받기를 원하지 않는다. 이런 것들은 모두 손해에 속한다. 이해(利害)와 인의는 기본적으로 충돌하는 개념이 전혀 아니다.

상앙은 말했다. "백성의 마음을 살피지 않고 법을 세우려 하면 성공하지 못한다(法不察民之情而立之, 則不成)." 한비는 말했다. "무릇 천하를 다스리려면 인정에 따라야 한다. 인정에는 좋아하고 싫어함이 있다. 이 때문에 상벌을 쓸 수 있다. 상벌을 쓸 수 있으면 금지령을 세울 수 있어서 치도(治道)가 갖춰진다(凡治天下, 必因人情. 人情者, 有好惡, 故賞罰可用. 賞罰可用, 則禁令可立, 而治道具矣).”[225]

법가가 진력한 제도는 국가와 백성의 이해관계를 일치시키고 큰 틀에서 백성의 사정에 따라 만든 법이다. 따르지 못할 점은 상과 벌 두 가지 권한으로 백성의 사정을 통제하여 그들을 동원했다. 백성은 자신에게 이익이 되는 점이 있기에 농사와 전쟁 등과 같은 부국강병 정책을 좋아했다. 또 자신에게 손해가 되는 점이 있기에 개인적인 싸움 등과 같은 사회 혼란 행위를 싫어했다. 또 개인의 호오가 단체의 목표와 부합했기 때문에 기꺼이 단결하고 협력하여 자신에게 이롭고 나라에도 이롭고 백성에게도 이로운 군사·정치·사회·경제·건설 행위에 종사하며 함께 부국강병을 도모했다.[226]

이익 추구와 손해 회피에 주안점을 두는 행동심리학과 최저의 리스크로 최고의 이익을 거두는 이론이 지금의 정치과학계와 합리적 경제학계에 자주 등장한다. 이 이론들은 공리적(utilitarian) 효과에 착안했지만 각자의 도덕적 전제가 있다. 정치에 응용할 때 행동심리학의 요체는 신상필벌이다. 법가는 신용을 강조한다. 신용은 실천에 바탕을 둘 때 생기며 거짓말을 할 때는 생기지 않는다. 이 때문에 법가는 명분에 따라 실적을 따지고, 감찰로 관리의 직권남용과 정부의 신용 파괴를 방지한다. 한비는 말했다. “법제를 밝히고 사사로운 은혜를 제거하면 명령이 반드시 시행되고 금지하는 일이 반드시 그치는데, 이것이 임금의 공의다(明法制, 去私恩, 夫令必行, 禁必止, 人主之公義也)."[227] 법령을 반드시 시행하고, 종친 귀족도 용서하지 않는 공의로 백성에게 신용을 지키는 것 이외에도 공공도덕과 공평무사한 조치를 더욱 확장하는 것이 법치의 도덕적 전제였다.

법가가 이익과 손해, 신상필벌을 강구하는 것이 '비도덕적'이라고 매도하는 사람은 도덕이 어떤 집안 어떤 일파의 경직된 품성에 한정되지 않는다는 사실과 도의도 온종일 '도의'를 입에 달고 사는 사람들의 헛말과는 다르다는 사실을 모를 것이다. 맹자는 다음과 같이 말했다. "대인은 말을 했다고 반드시 신용을 지키지도 않고, 행동했다고 반드시 결과를 만들어내지도 않는다. 오직 의가 있는 곳으로 갈 뿐이다(大人者, 言不必信, 行不必果, 惟義所在)."[228] 이러한 도덕은 구호가 요란하기는 하지만 고관대작이 이를 이용하여 위아래를 속이고 자신의 실책을 분식할 수 있다. 이러한 도덕은 윤리적 난제에는 다가가지 못했기 때문이다. 의는 어디에 있는가? 우리는 어떤 원칙으로 그것을 판별할 수 있는가? 어떤 행위가 어떤 상황에서 옳은가 그른가? 합리적인가 불합리한가? 의인가 불의인가? 종친과 친하고 존귀한 사람을 높여주는 일도 가치가 있지만 공평과 정의, 백성을 부유하게 하고 나라를 강하게 하는 일도 가치가 있다. 정부는 광대한 백성의 복잡한 가치에 대해서 어떻게 합리적으로 저울질하여 취사선택할 수 있는가? 다양한 가치를 다양한 현실 환경 속에 안배하는 선후 차례로써 그것들이 조화롭게 공생하도록 할 수 있는가?

근대 윤리학 가운데서 막강한 영향력을 발휘하는 이론이 몇 가지 있다. 그중 결과론의 취지를 확장하면 법가에 대한 답변이 될 수 있으며 상앙이 말한 "내가 말하는 이는 의의 근본이다(吾所謂利者, 義之本也)"[229]라는 명제를 해석할 수 있다. 결과론에서는 어떤 행위나 어떤 종류 행위의 잘잘못 여부는 이런 행위에 의해 야기된 모든 결과의 총체적 가치로 판단해야 한다고 인식한다. 결과론 중에서 가장 유명한 공리주의(功利主義)는 행복으로 결과를 저울질하고 최대 다수가 최대 행복을 누릴 수 있게 하는 행위를 선택해야 한다고 생각한다.[230] 물론 결과론이나 공리주의도 큰 비판을 받을 수 있지만 윤리학 논쟁에서 그것은 의무론(품성론)과 세력을 양분하고 있다. 구체적인 사회 정의와 공공 도덕을 심사숙고할 때 결과론이 더욱 큰 힘을 발휘한다. 근년에 어떤 학자는 법가의 도덕적 기반을 연구하여 법가가 비도덕적이라는 주장을 반박했다. 이 사건은 2,000년을 기다려서야 비로소 억울한 누명을 벗게 되었다.[231]

한나라 이래 유가만 홀로 존중받으며 '인의'를 제멋대로 주무르면서 사대부들은 자기네만 옳다 여기고 복잡한 윤리 문제를 깊이 있게 토론하는 데 게을러, 공허한 교조적 구호만 내뱉고 다른 학설은 배제했다. 정치사상사학자의 관찰에 따르면 그 이후 황조의 유생은 "일단 부강(富强)에 관한 말을 만나기만 하면 바로 신불해와 한비의 패도정치라 배척하며 성인(聖人)의 문도(門徒)로 허락하지 않았다". 송나라 도학가들은 특히 의와 이가 물과 불처럼 상반된 것이란 입장을 견지했다.[232] 정책의 효과를 객관적으로 분석할 때는 실사구시의 태도로 이익과 손해를 자세하게 관찰하지 않으면 안 된다. 주관적인 인의만을

용과 독수리의 제국

관찰하면 쉽게 인신공격으로 흘러서 반(反)공리적인 죽은 원칙을 권모술수의 구실로 삼을 수 있다. 또 사상적으로도 불분명한 죄명을 덮어씌우면 사대부는 실제적인 효과를 공개적으로 토론하거나, 사회의 공리를 솔직하게 평가하거나, 현실적인 정책을 합리적으로 토의하기 어렵게 된다. 송나라 왕안석(王安石, 1021~1086)의 변법 실패의 원인 하나가 바로 여기에 있다.[233] 한나라의 사례는 뒤에서 자주 살펴볼 수 있을 것이다.

맹자는 또 다음과 같은 주장을 힘껏 펼쳤다. "전쟁을 잘하는 자는 극형에 처하고, 제후와 연합하는 자는 그다음 형벌을 받게 하고, 풀을 쳐내고 땅을 개척하는 자는 또 그다음 형벌을 받게 한다(善戰者服上刑, 連諸侯者次之, 辟草萊任土地者次之)."[234] 전국시대에 군사와 외교 관련 인재를 모두 중형에 처하고[235] 어떻게 국가를 보위할 수 있겠는가? 맹자의 만능대책은 '인자무적(仁者無敵)'이었다.[236] 예를 들어 그는 혜왕에게 주저하지 말고 어진 정치를 시행하라고 하면서, 그렇게 하여 민심을 얻으면 바로 백성들이 나무 몽둥이를 들고 진나라와 초나라의 견고한 갑옷과 날카로운 무기에 대항할 수 있다고 했다.[237] 그는 또 제선왕에게 농민이 곤궁하게 사는 건 모두 경작지가 부족하기 때문이라고 했다. 그는 어진 정치의 기둥을 정전제라고 하면서 그것을 다시 시행하여 농민에게 땅을 분배해야 하다고 주장했다. 그런데 맹자를 가장 숭배했던 주희도 다음과 같은 사실을 인정했다. "맹자의 말은 너무 엉성하다. 5무(畝)의 택지에 뽕나무를 심고 예악과 같은 일은 군자를 기다리겠다고만 말했고, 그것을 실천했는지 않았는지는 밝히지 않았다. 단지 말로만 사람을 가르치며 기뻐했다."[238]

이것은 일시적으로 감정을 충동질한 아름다운 이상인데, 현실 상황은 전혀 고려하지 않았다. 백성이 경작지를 갖는 것은 물론 좋은 일이다. 그러나 문제는 그 땅이 어디서 왔느냐는 것이다. 그라쿠스 형제가 로마에서 토지 개혁을 추진할 때 맞닥뜨린 난제가 중국에서도 똑같이 존재하고 있었다. 우리는 뒤에서 서한과 동한 교체기에 왕망(王莽, 전 46~후 23)이 정전제를 회복하려다 어떻게 천하대란을 야기했는지 살펴볼 것이다. 맹자는 그라쿠스 형제처럼 빈민을 위해 땅을 마련하다가 참화를 당하지는 않았다. 그의 적극적인 제창에도 불구하고 어진 정치는 실현될 가능성이 없었다. 그는 '대가문에 죄를 지으려 하지 않았고(不得罪於巨室)', 황무지 개간을 허락하지 않았으며, '토지를 개척하는(辟土地)' 신하를 '백성의 적(民敵)'이라고 공격했기 때문이다.[239]

맹자가 형벌을 가하려 한 사람들은 법가 일파였다. 이들은 대가문의 특권을 억제하려 하면서 또 갖가지 건설 사업과 황무지 개간 사업을 이끌며 땅을 분배했다. 법가는 부국강병을 도모했다. 유생은 부국 정책을 공격하며 백성의 재물을 도적질하여 임금을 부유하게 하는 일이라고 비난했다. "천지간에 두 가지를 모두 채우는 경우는 없는데 하물며 인사(人事)임에랴? 저것을 이롭게 하려면 반드시 이것을 덜어내야 한다(天地不能兩盈, 而況人事乎? 利於彼者必耗於此)."[240] 아마도 이들은 "군자는 한 가지 용도로 쓰이는 그릇이 아니다(君子不器)"라는 생각에 젖어 있었으므로 경제에는 무지했거나 은연중 '민'을 군주의 부양을 앙망하는 군자로 제한했을지도 모른다. 군주와 군자는 한정된 물자를 나눠야 했기 때문에 너 죽고 나 살기로 다툰 건 당연한 일이다.

그러나 법가사상에서 '민'은 대부분 생산 활동에 종사하는 사람, 그 중에서도 특히 농민을 가리킨다. 법가는 경험 지식을 중시했고 또 생산 활동을 더 한층 중시했다. 그리고 일단 생산을 하게 되면 바로 생산량에 따라 물자의 총량을 증감할 수 있다. 경제정책을 개선하면 총 생산량을 늘려서 나라와 백성 쌍방이 모두 혜택을 볼 수 있다. "나라에도 유익하고 백성에게도 해가 없다(有益於國, 無害於人)"[241]는 경지가 그것이다.

이 때문에 열국의 변법은 각국마다 신통한 힘을 드러내지 않는 경우가 없었다. 경제 발전을 위해 황무지를 개간하거나 관개시설을 확충하여 생산력을 높였다. 조·위·진(秦) 등의 나라에서도 대규모로 토지를 나누어 체계적으로 소농에 분배했다. 모두들 전통적 이상인 1호당 100무(畝) 분배 정책을 계승했지만 위나라의 1무 면적은 주나라 1무의 배 이상이나 되었다. 진과 조가 가장 후하여 그들의 1무는 주나라의 2.4배였다. 상앙은 황무지 개간을 장려함과 아울러 옛 토지 경계를 없애고 진나라의 도량형에 따라 전지의 두렁을 터서 그 땅을 소농에게 고루 분배했다. 이런 수전제(授田制)는 가정을 가진 농가의 독립 생활을 도와서 소농경제를 열었다. 이 제도는 뒷날 몇 세대 황조의 전범(典範)이 되었다.[242]

법가의 수전제와 맹자가 역설한 정전제는 모두 평등하고 이상적인 요소를 갖고 있다. 후세 유학자들은 수전제의 공적을 절취하여 맹자를 찬양했지만 그건 근본적인 오류에 해당한다. 수전제는 백성에게 혜택을 주었다는 점에서 공적을 남겼고, 정전제는 끝내 공허한 이론이 되었다. 그 원인은 맹자가 시행상의 문제를 고려하지 않았기 때문만이 아니다. 수전제는 새로운 개념을 이끌면서 정전제의 와해를 촉진하여 참신한 사회경제제도를 만들었다.

한나라 유학자 동중서(董仲舒, 전 179~전 104)는 이렇게 말했다. "상앙의 법은 옛 제왕(帝王)의 제도를 바꾼 것으로, 정전제를 폐지하여 백성이 땅을 매매할 수 있게 했다(商鞅之法, 改帝王之制, 除井田, 民得買賣)."[243] 그렇다. 토지를 사사롭게 매매할 수 있는 권리가 정전제와 다른 수전제의 창조적 특징이다. 한나라 유학자들은 그것을 "이리의 탐욕을 풍속으로 삼았다"고 비난하며 그들의 반공리적 사상을 분명하게 드러냈다. 또 그것을 전부 상앙에게 덮어씌우는 것도 사실에 부합하지 않는다. 하나의 토지에는 일반적으로 세 가지 권리가 병립해 있다. 그것은 바로 지배권, 소유권, 사용권이다. 이 세 가지 권리는 각각 국가의 통치, 지주의 소유, 임차인의 사용 등으로 명확하게 구분된다. 정전제에서 촌민은 분배받은 토지를 일시적으로 사용할 수 있는 권리만 갖고 있었다. 서주 시대에는 토지 주권과 재산권이 분리되지 않은 채 마구 뒤섞여 있었다. 공자가 말한 "존귀함으로는 천자가 되었고, 부유함으로는 사해 안을 모두 소유했다(尊爲天子, 富有四海之內)"[244]라는 언급에도 그런 상황이 잘 드러나 있다. 춘추시대에 이르러 이 세 가지 권리가 점차 분리되었지만 그렇게 명확하지는 않았다. 고대에는 "토지를 팔지 않았다(田里不鬻)."[245] 토지 점유자가 바뀌어도 공인된 매매 절차와 보장 장치가 부족했다. 춘추시대와 전국시대 교차기인 조(趙)나라

　　　　　　　　　　　　　　　용과 독수리의 제국

양자(襄子, ?~전 444) 때 어떤 두 사람이 학문으로 관직을 얻게 되자 그 고을 사람 절반이 "밭을 버리고 택지를 팔아 문학의 길을 좇았다(棄田 耘, 賣宅圃, 而隨文學)".[246] 토지 재산권은 건물 재산권에 비해 그 규정 범위가 분명하지 않다. 당시에 경지는 매매하고 교역할 수 없었기 때문에 버려둘 수밖에 없었다.

토지 재산권은 오늘날도 여전히 매우 복잡하다. 왜냐하면 토지는 자연에 존재하는 것이어서 그것을 개인 재산으로 삼으려면 명확한 법률 규정이 있어야 한다. 그 법률로 토지를 어떻게 점유·이용·수익·매매·처분할 것인지에 대한 명문과 서로 믿을 만한 경계에 대한 측량이 이루어져야만 끝도 없는 분쟁을 평화롭게 해결할 수 있다. 점차 이런 제도를 마련하는 측면에서 법가는 말살할 수 없는 큰 공을 세웠다. 사유 재산권이 가져온 거대한 동력은 경제발전을 추동하고 민생을 부유하게 했다. 이것은 공동경작에 기반한 정전제가 도저히 미칠 수 없는 점이다.[247]

농민의 유동성도 정전제와 수전제에서 크게 달라진 모습을 보였다. 농사는 농민의 생계수단이다. 사유재산 제도 아래서 백성은 토지를 매매할 수 있고 이주할 땅을 찾을 자유가 있기 때문에, 수전제를 시행하는 정부는 호적을 만들어야 했다. 호적으로 인구를 통제했지만 정전제 아래서 세대가 완전히 토지에 얽매어 있던 상황, 즉 맹자가 이상적으로 여긴 "사람이 죽거나 이사하는 일이 생기더라도 고향을 떠나지 않는(死徙無出鄕)"[248] 상황과 비교해보면 농민들의 생활은 뚜렷하게 발전했다.

정전제·수전제와 관련된 제3의 분야는 정부의 수입 방식이다. 맹자가 옹호한 정전제는 "공전(公田) 경작에 도움을 주면 세금은 받지 않는(助而不稅)" 제도다. 정전제에 참여하는 농민은 대가 없이 공후의 땅을 경작한다. 이 제도 아래서 농민의 이익은 공후의 이익과 대립한다. 그 결과는 당시 사람들이 형용한 바와 같다. "백성은 공전에 힘을 다 바치려 하지 않았으며(民不肯盡力於公田)", "공전 경작은 느렸는데 그것은 그 힘을 숨기는 바가 있기 때문이다. 분배받은 토지 경작은 빨랐는데, 그것은 그 힘을 숨기는 바가 없기 때문이다(工作則遲, 有所匿其力也. 分地則速, 無所匿其力也)."[249] 맹자가 "상하가 서로 이익을 다투면 나라가 위태로워진다(上下交征利而國危矣)"라고 하며 사람들의 사상을 개조하려 한 것이 이상한 일이 아니다. 그는 또 이익을 말하지 않고 대의를 말하며 "대의가 있으면서도 자기 임금을 뒷전으로 돌리는 사람은 아직 없었다(未有義而後其君者也)"라고 말했다.[250]

그러나 맹자는 인간 본성이 선하다고 믿으면서도 서민은 "금수와 다른 사람이 거의 없다(所以異於禽獸者幾希)"[251]라고 인식했다. 결국 그의 어진 정치는 여전히 강제적인 힘에 호소하는 것이었으므로 "공무를 다 끝낸 후에 감히 사사로운 일을 한다(公事畢, 然後敢治私事)"라고 토로했다.[252] 공전은 공후와 군자를 먹여 살리는 땅이었다. 가뭄이 들어 물을 다투고 비바람이 불어 수확을 다툴 때도 농민을 핍박하여 공전을 먼저 돌보게 하면서 말로는 백성이 가장 귀하다고 떠벌렸다.

유가는 경직된 교조주의를 주입했고, 법가는 제도를 개량했다. 법가는 민정을 살폈고 경제에 밝았고, 농민의 이익을 중시하며 법을 만들어 그것이 국가 이익과 부합되게 했다. 상앙은 "곡식 수확을 헤아려 세금을 매기면, 위의 제도가 통일되어 백성의 부담이 공평해진다(訾粟 而稅, 則上壹而民平)"라고 했다. 정부는 통일된 제도와 공평한 세율에 의 거하여 매년 생산된 곡식 수확량에 맞춰 세금을 받는다는 것이다.[253] 이러한 제도는 현대의 소득세와 유사하다. 경제가 활발할 때는 전국 총생산량이 증가하여 백성도 부유하고 국가의 세수도 늘어난다. 경제 를 자극하려면 생산 기회를 다양하게 제공하여 백성의 생산 열정을 고무해야 한다. 이것이 법가가 나라와 백성을 부유하게 하려는 민생 방침이다.

한비는 이렇게 지적했다. "무릇 농사는 힘이 들고 고되지만 백성 중 에 그 일을 하는 자는 그것으로 부유해질 수 있다고 말한다(夫耕之用力 也勞, 而民爲之者曰, 可得以富也)." 백성은 자신의 가정을 풍요롭게 할 수 있을 때 가장 열심히 일한다. 무거운 세금을 부과하여 백성을 피로하 게 하고 가난하게 살게 하면서 그들의 의욕을 해치면 경제의 몰락과 생산량 감소를 초래하게 될 것이고, 그럼 백성과 국가는 모두 곤궁한 지경에 빠져들 것이다. 백성으로 하여금 부지런하게 일하여 부자가 되도록 하기 위해, 상앙은 세율을 낮고 공평하게 시행해야 하고, 세금 수입으로 교언영색만 일삼는 기생충을 격려하느라 생산자의 기운을 빼서는 안 된다고 인식했다.[254] 그의 정책은 놀고먹는 한량에게 무거 운 세금을 부과하고, 부지런히 농사짓고 길쌈하는 이에겐 세금을 가 볍게 해주고, 더욱 생산력이 뛰어난 이에겐 심지어 세금을 면제해주 는 것이었다.

사마천(司馬遷, 전 145?~전 86?)의 『사기(史記)』에는 상앙의 제1차 변법이 "시행된 지 10년 만에 진나라 백성이 크게 기뻐했으며, 도로에 떨어진 물건을 줍지도 않았고, 산간에는 도적이 없어졌으며, 가정과 백성이 모두 풍족했다(行之十年, 秦民大悅, 道不拾遺, 山無盜賊, 家給人足)"라고 기록되어 있다. 또 제2차 변법이 시행되자 "새 밭을 만들려고 기존 두렁과 경계를 트고 세금을 공평하게 매겼다. …… 이에 진나라 사람은 부강하게 되었다(爲田開阡陌封疆, 而賦稅平. …… 秦人富强)".[255] 진시황도 각석에서 "농사를 높이고 말단의 직업을 없애니 백성이 부유해졌다(上農除末, 黔首是富)"라고 했는데 이 말이 완전히 과장된 수식어는 아니다. 상하가 서로 이익을 추구하자 국가와 백성이 부유해졌다.

『사기』는 또 "상앙이 진나라 재상이 된 지 10년이 되자 종실과 귀족 중에서 원망하는 사람이 많아졌다(商君相秦十年, 宗室貴戚多怨望者)"[256]라고 기록했다. 악랄한 원한은 상앙을 살해하고도 전혀 그치지 않았다. 법가가 건설한 제도는 사라지지 않았기 때문이다. 권력층이 어떻게 반격을 가했는지는 제5장에서 다시 설명하겠다.

제10절
귀족정에서 중앙집권으로

역사는 성읍 국가에서 대국으로, 동주열국 종법 봉건제도에서 중앙집권제도로, 로마공화정 귀족 집체통치에서 귀족 내전으로 나아갔다. 중국과 서양 쌍방은 매우 상이한 기점에서 출발하여 여러 세기를 거쳐 중앙집권 제국으로 발전했다. 결국에는 같은 산으로 들어갔지만 경험과 역정은 서로 달랐다. 쌍방이 도달한 곳은 같은 산의 동쪽 모서리와 서쪽 기슭이었다.[257] 로마제국과 진·한황조는 동일한 체제이면서 서로 다른 점을 갖고 있었다. 최초 200년간은 더욱 심했다. 로마는 방대한 상비군 군단이 유명했고, 진·한은 문치 정부가 유명했다. 황실 아래의 통치계층을 보면 로마는 모두 부호 귀족이었지만 한나라 초기는 학식을 갖춘 평민이 주도했다. 이런 차이점은 어떻게 생긴 것일까?

정치는 변화가 복잡하다. 이상의 서술을 통해 여러 부문을 언급했지만 '귀족'이란 하나의 단어에도 이미 정치체제·작동기구·사회신분 등 몇 가지 함의가 포함되어 있음을 알 수 있다. 민주정·귀족정·군주정 등의 정치체제(政體)는 국가의 정치 권한을 행사하는 정식 구조를 가리킨다. 권한 작동은 인간의 손과 조직적 기구에 의지한다. 각종 정부가 작동하는 형식, 예를 들면 귀족 시스템, 관료 시스템 등은 조직과 효과가 모두 다르다. 관직에 나가서 권력 작동을 돕는 사람들은 국정 엘리트를 이룬다. 엘리트의 사회적 성분, 예를 들어 귀족이나 평민이냐 등은 정치에 대한 영향력이 매우 크다.

권위(authority)는 법가에서 말하는 '세(勢)'인데 이 말에는 합법적이고 합리적으로 사람을 신복케 하는 의미가 담겨 있다. 이 때문에 권위를 장악한 사람은 흔히 스스로 도덕적이라고 일컫는 경우가 많다. 많은 사람이 알고 있는 것처럼 권위를 가진 사람의 명령에는 당연히 따라야 한다. 권위를 가진 사람이 명령을 내렸을 때 그것이 실제로 준수되면 그는 명령을 관철할 수 있는 권력(power)을 갖게 된다.[258] 현실에서 권위와 권력을 분명하게 구분하기는 쉽지 않다. 첫째는 이 두 가지가 항상 한 사람에게 집중되기 때문이고, 둘째는 '당연히 따라야 한다'는 의미가 늘 모호하기 때문이다. 그러나 역사에 기록된, 권위만 있고 권력은 없는 꼭두각시나 권력만 있고 권위는 없는 참주(僭主)를 통해서 우리는 권위와 권력이 전혀 다르다는 사실을 알 수 있다.

정치체제는 국가의 최고권위를 체계적으로 각종 국민에게 분배한다. 아리스토텔레스의 범주를 빌려 거칠게 국민을 분류해보면 '대중(the many)' '소수(the few)' '1인(the one)'으로 나눌 수 있다. 대중이 권위를 장악한 제도를 민주제라 부르고, 소수가 권위를 장악하는 것을 과두제 또는 귀족제라 부르며, 1인이 권위를 장악하는 것을 독재 혹은 군주제라 부른다.[259] 이 가운데 한 가지 순수한 제도는 이론상으로는 많이 존재하지만 현실에서는 아주 드물다. 폴리비오스는 로마공화정이 세 가지 체제의 혼합물이라고 지적했다. 그러나 주나라 종법 봉건 제도에는 어떤 다른 제도도 끼어들 수 없었다. 천자가 있다고 해서 반드시 군주제인 것은 아니다. 주나라 천자는 제후들이 함께 받드는 군주일 뿐 집중된 권위를 갖지는 못했다. 관건은 대중·소수·1인이 어떻게 권위를 나누느냐에 달려 있다. 게다가 권위의 분산은 시기에 따라 흔히 변하기 마련이다.

지금 우리가 이야기하는 역사 초기에 이 세 파는 정도는 달랐지만 조금씩 권위를 가지고 서로 견제하며 균형을 이루고 있었다. '대중'은 전체 백성을 가리키는 것이 아니라 정치 토론에 조금씩 참여할 수 있

용과 독수리의 제국

고, 정책 결정 과정에 상당한 영향을 미치는 평민을 가리킨다. 이들은 바로 로마공화정의 자작농 또는 춘추시대 제후국의 국인이었다. 양자는 모두 사회의 중간계층이면서 군대의 후방 보급부대였는데, 실력에 의지하여 권위를 분점했다. 1인 신분인 로마의 집정관 또는 주나라 천자는 가장 혁혁한 지위를 누렸지만 실제로는 귀족 무리 중에서 맏형에 불과했다. 권위는 대부분 소수에 분산되어 있었는데, 로마의 원로원과 주나라의 세습 제후 및 대부가 그들이었다. 거칠게 말해서 중국과 서양 모두 귀족이 지배했다.

역사가 진전되는 동안 귀족들 사이에서 권력 투쟁이 발생하여 정국이 혼란해졌고 전쟁도 빈번했으며 이에 사회가 어지러워져서 백성이 도탄에 빠졌다. 그때 능력이 뛰어난 1인이 나타나서 대중의 힘을 농락하고 그것으로 소수를 제압하여 다시 안정을 되찾았다. 권위는 새롭게 분배되었다. 또 바뀐 것은 정치체제에 그치지 않았고 각 파의 본질도 환골탈태했다. 로마에서는 경지를 소유한 소농이 노예를 부리는 부호의 압박을 받아 지위가 나날이 몰락하여 군대에서조차 퇴출되었다. 본래 로마의 군대는 징발된 중산층 공민의 군단이었지만 점차 빈민 모병으로 전환했다. 야심만만한 장군은 은화와 제대 후 땅을 분배하겠다는 약속을 무기로 군단을 매수하고 민회를 선동하여 최후에는 귀족 주체의 원로원까지 굴복시켰다

동주열국의 국인은 마을 조직이 붕괴되고 전차 기술이 때 지난 것으로 변하자 점차 야인과 섞여 거주하기 시작했다. 열국의 군주는 변법으로 권위를 집중하고 토지를 분배하여 경지를 소유한 소농을 격려

하면서 이들을 보병 대오로 편입시켰다. 새로운 정부 기구는 대중을 효율적으로 조직하고 직접 이들에게서 세금을 걷고 장병을 징집하면서, 더 이상 귀족 중심의 중간층에 의지하지 않았다. 봉건 귀족은 정치적 기능을 상실하고 사치한 잉여집단으로 몰락했으며, 이들의 권력도 끝없이 실추했다. 중국과 서양 모두 정부의 권위는 마침내 1인에 집중되어, 로마의 장군이나 진나라 황제 지위로 계승된다.

중국과 서양이 군주집권 제도를 세운 시기는 영토 확장의 서로 다른 단계에 해당한다. 지중해를 정복하는 전체 과정에서 로마는 시종일관 공화정 체제를 유지했다. 이 도시국가 체제는 점차 나날이 커지는 군단과 그것을 움직이는 귀족 장군의 전횡을 통제할 힘이 없었다. 내전의 참혹한 경험을 통해 승자 아우구스투스는 한편으로 정부를 개혁하고 다른 한편으로는 게으름 없이 군사를 양성했다. 이와 반대로 전국칠웅은 대규모 전쟁이 벌어지기 전에 이미 각각 변법을 시행하여 귀족을 진압했다. 효율적인 행정기구로 인력을 동원하여 전쟁을 확대하는 한편 군대의 규율도 단단하게 틀어잡았다. 마침내 가장 철저하게 변법을 시행한 진나라가 다른 여섯 나라를 격파하고 자신의 정치체제를 중국 전역으로 확장했다. 정치 개혁을 단행한 상이한 시기를 부분적으로는 모두 무슨 황제 제도로 해석하지만, 로마제국의 권한은 군대에 있었고, 진·한황조의 권한은 문신에게 있었다.

어떤 정치체제에 속하는가에 상관없이 정부에는 반드시 사무를 처리하는 관리 기구가 있기 마련이다. 사회학에서는 행정제도를 거칠게 두 부류로 분류한다. 가부장형과 관료형이 그것이다. 전자는 관리의 품성에 치중하고, 후자는 관리의 조직화에 치중한다. 이 두 가지는 같은 시기에 병존하면서 동일한 역할을 놓고 다툴 수도 있다.

가부장형 제도에는 세습 관직·매관매직·음관(蔭官) 제도·세금 독점·금전 재판 등등이 포함되어 있다. 부당한 이득과 관련되어 있는 이들 제도는 역사에서 늘 귀족에게 독점되었다. 이 때문에 귀족형 제도라 부르기도 한다. 이 제도의 특색은 정치적 기능을 좌우하는 관직이 모두 출신이 혁혁하거나 돈 있고 명망 있는 가부장형 인사에게 돌아간다는 점이다. 관리는 녹봉을 받을 필요 없이 행정 제도를 통해 이익을 갈취하여 응분의 보상을 받는다. 또한 직위를 이용하여 개인의 위세와 명망을 강화하면서도 그 수단은 통상 제한을 적게 받는다.[260]

관료형 제도는 복잡한 행정 직위를 기능에 따라 분류하고 권한과 책임에 맞춰 계층식 시스템으로 조직화한 것이다. 모든 직위에는 명확한 업무·경비·권한·시스템 상의 상관과 부하·임직자의 자격과 봉급이 포함되어 있다. 관리의 제한된 권한은 직위에서 나온다. 그는 규정에 따라 일을 처리하면서 규정된 녹봉 이외에 직위를 이용하여 개인의 이익을 도모해서는 안 된다. 가장 간단한 관리(管理) 업무를 제외하면 관료형 제도의 공정성과 효율은 일반적으로 가부장형 제도보다 훨씬 뛰어나다. 현대에 정부나 대기업 모두 관료형 관리 시스템을 채택하는 것도 모두 일리가 있는 셈이다.

가부장형 제도는 대부분 로마공화정과 춘추시대 봉건 제후국을 포함한 고대의 정치체제에 많이 쓰였다. 법가가 종법 봉건제도 대신 창안한 제도, 즉 진·한의 삼공구경제(三公九卿制)와 같은 제도가 바로 관

료형으로 제도화된 피라미드다(제6장 5절).²⁶¹

로마제국도 나중에 이 길을 걸었다. 비교적 합리적이고 효과적인 행정 제도는 진·한황조와 로마제국의 위대한 성취였지만 애석하게도 너무 일찍 태어나서 온전하게 성장하지 못했다. 오늘날에는 관료형 시스템을 흔히 볼 수 있어서 우리는 그것이 로마제국 멸망 후 15세기에 이르러서야 유럽에서 중시되었고 19세기에 이르러서야 성숙되었다는 사실을 쉽게 망각한다.

전통 속에 깊게 뿌리 내린 귀족은 자신의 권익을 보호하기 위해 관료제에 강경하게 반대했다. 중국도 마찬가지였다. 우리는 한나라가 유학을 홀로 높여준 후 수많은 가부장식 견해가 다시 일어나 관료형 정부제도를 뒤덮었음을 알 수 있다. 거드름을 피우고, 관계를 이용하고, 뒷문으로 거래하고, 관직을 이용해 개인의 명리를 확장하면서도 그것을 탐욕이라 부르지 않고 도덕이라 부르는 것이 황조 관료의 기풍으로 자리 잡았다(제8장 4절). 관료시스템(bureaucracy)은 부문별로 나누어진 부서가 가장 큰 특징이다. 재정과나 공안국과 같은 부서는 모두 법에서 정한 복무 직위를 가리키고 이 부서는 법치제도와 서로 조화를 이룬다. 중국에서는 인치와 서로 뒤섞인 '관료시스템'에, 골간은 법가이면서 분위기는 유가인 관료 특색이 반영되어 있다.

군주제의 권위는 황제의 수중에 집중되어 있었다. 하지만 황제 한 사람만으로는 절대로 무한한 권한을 운용할 수 없다. 효과적인 통치를 위해 황제는 반드시 소수의 보좌를 받아야 한다. 그러나 이 소수는 강포한 옛 귀족이 아니라 황제에게 순종하고 그와 이익을 나누는 통치계층이었다. 로마제국과 진·한황조가 발흥한 역사 속에서 우리는 황제 일인의 집권이 소수 계층의 복종과 병행하고 있음을 발견할 수 있다.

고대에는 비종교적인 정치 엘리트를 귀족이라고 범칭했다. 세계 각지의 귀족은 각양각색의 특색이 있고 꼭 세습하는 것도 아니지만 모두 대권을 장악하고 고위직에 앉아 지위가 낮은 사람에 대해서 속임수를 쓰거나 핍박하지 않고도 턱짓으로 지휘하며 일상생활에서도 대단한 위세를 부렸다.

이들은 또 자만심에 젖어 자신의 인격과 품성도 특별히 고상하다고 여겼다. 이들은 대부분 목전의 현상을 옹호하며 외부인을 배척했고, 자신의 기존 권익을 보호하기 위해 온 힘을 다 썼다.[262]

로마와 중국의 귀족은 오만하고 보수적인 성격에서 벗어나지 못했지만 각각의 특색도 충분히 갖추고 있다. 로마공화정은 경쟁이 치열한 국제정세 속에서 탄생했다. 이에 귀족은 활발하고 씩씩하며, 솔직하고 독실한 기상을 갖고 있다. 또 이들은 공공정신이 우수하고 합리적인 협상과 정치 조직화에 뛰어난 특징을 보인다. 춘추시대 귀족은 수백 년간 존귀한 안락을 누리면서 점잖고 우아한 품성을 배양하여 연회를 열 때나 정치를 토론할 때 항상 시를 읊었다. 로마 귀족은 이런 관행을 그리스를 정복한 이후에야 갖게 되었다.[263] 봉건 귀족은 작위·봉토·녹봉을 세습했고, 권력·재산·명망을 모두 소유했다. 그러나 정치 경제 등에 대한 개념은 매우 모호했다. 나날이 새롭게 변화하는 전국시대 정세에서 귀족은 부패한 이념을 끌어안고 비현실적인 태도로 자존망대하다가 점차 현실에서 이탈했으므로 당시 창조적인 사상을 가진 법가와 경쟁할 수 없었다. 그러나 이들의 정신적인 유전자는 나중에 유가 사대부에 스며들었고, 대대로 중국 황조의 '문화귀족'으로 군림했다.

미래 황조와 제국의 통치 엘리트는 일인지하 만인지상의 고위직을 차지했으므로 그 권익이 막대했다. 하지만 만인지상에만 군림하던 봉건시대나 공화시대와 비교해보면 그 권익은 보잘것 없었다. 귀족들은 목숨을 걸고 반항했다. 동양과 서양에서 벌어진 군주파와 귀족파의 권력투쟁은 결국 큰 싸움판으로 발전했다. 잔혹한 내전에서 가장 고통받은 사람들은 바로 하층민이었다.

제11절
노예와 자유민

서구의 어떤 마르크스레닌주의 역사학자는 중국과 로마가 확연히 다른 문명체계로 서로 다른 생산양식에 기반하고 있으며, 중국에는 로마와 같은 노예제 생산양식이 없었다고 말했다.[264] 또 중국에서는 로마처럼 정치적 자유의 개념이 성행하지 않았다. 이 두 가지 분야는 과연 관련이 있을까 없을까?

이름이 바르지 못하면 말이 순조롭지 못한 법이다. 똑바로 해석해보자. 여기에서 말하는 '자유'는 아무 구속 없이 유유자적하는 개인의 심경과 행동이 아니다. 여유롭게 소요(逍遙)하는 취향은 중국인이 아주 잘 아는 경지다. 예를 들면 시인이기도 한 남당(南唐) 후주(後主) 이욱(李煜, 937~978)의 「어부(漁父)」에 나오는 "만경창파 속에서 자유를 얻었다(萬頃波中得自由)"와 같은 경지가 그것이다. 그러나 이 단락에서 말하고자 하는 자유는 정치적 자유(freedom과 liberty)로, 여기에는 사회와 인권의 의미가 포함되어 있다.

또 여기에서 말하는 '노예(chattel slave)'는 일종의 독특한 사회계급을 가리키는데, 여기에는 우리가 일반적으로 범칭하는 노역자는 결코 포함되지 않는다. 착취와 압제는 세상의 모든 사회에 유행했고, 전쟁이 빈번한 고대에는 더욱 심했다. 그러나 모든 피압박 대중이 독특한 계급인 것은 아니다. 옛날부터 수많은 사람이 핍박을 받으며 고통 속에서 장성을 쌓거나 광산에서 일했지만 로마인이 지적한 바와 같이 이들은 전쟁 포로가 아니면 법에 의해 복역하는 죄수였지 노예는 아니었다.[265] 정부에서 전쟁 포로와 흉악범을 공매 처분해야 비로소 그들의 신분이 바뀌었다.

노예는 농노·문객·고용 하인·부역자·채무범 등과 같이 주인에게 예속되지 않는 일꾼과 다르다. 주인의 부속물과 같은 노예는 주인이 법률에서 인정하는 재산권을 가지고 마음대로 처분할 수 있었기 때문이다. 그는 기타 노역자처럼 노동의 자유를 상실했을 뿐 아니라 인격까지 상실했다. 그것은 아리스토텔레스가 "노예는 살아 있는 도구이고, 도구는 죽은 노예다"라고 말한 바와 같다. 정말 적확한 비유다.[266] 그리스 로마에서는 법전을 통해 노예의 비인간적 지위를 상세하게 규정했고, 또 친척, 결혼 등과 같은 모든 인간관계를 깡그리 박탈했다.

노예제는 원시적인 폭력이나 학대가 아니라 문명의 바탕을 이룬 법적 재산권이었다.[267]

중국에 믿을 만한 역사서가 출현한 이래 역사가는 대대로 전쟁포로와 신민이 받은 잔혹한 대우를 기록했다. 중국의 몇몇 마르크스레닌주의 학자는 그것을 '노예제 사회'라고 통칭한다. 그들이 내린 정의가 광범위하고 심지어 모든 서민을 노예로 간주하기 때문에 이런 정의는 이 책의 정의와 상이하다.[268] 위에서 서술한 정의에 근거해보면 노예제가 명확하게 출현한 것은 전국시대이며 이는 사유재산권 형성과 거의 동시대다.[269] 사회적으로 공인된 노예계급과 마음대로 매매가 가능한 노예제도는 시종일관 황조 중국과 병존했다. 노예는 대부분 죄수 출신이었다. 하·상·주 시대에 이미 시행된 연좌제로 인해 어떤 사람의 죄는 가족에게까지 미쳤고, 이에 많은 사람이 노예로 전락했다. 이 밖에도 빚이나 가난 때문에 스스로 몸을 팔기도 했다. 광업이나 어업 그리고 각종 수공업 외에도 노예들은 대부분 가사업무에 종사했다. 한나라 때는 이들의 총 인원이 전국 인구의 100분의 1에도 미치지 못했다.[270]

사회학에서는 사회를 두 종류로 구분하는데 그 하나는 '노예가 있는 사회'이고, 다른 하나는 '노예제 기반 사회'다. 전자는 노예 숫자가 적을 뿐 아니라 사회 경제적 효과도 뚜렷하게 드러나지 않는다. 후자는 마르크스의 이른바 노예제 생산양식을 채택한 사회이기 때문에 노예의 숫자가 전체 인구에서 차지하는 비중이 상당히 크다. 또 그들은 생산 업무를 확실하게 담당하며 엘리트층 대부분에게 직접적인 수입

을 가져다준다.[271]

'노예가 있는 사회'는 역사적으로 수백 개 나라에 달하고 황조 중국도 그 하나의 사례다. '노예 기반 사회'는 세계 역사에서 다섯 차례의 사례만을 꼽을 수 있을 뿐이다. 고대에 두 경우를 찾아볼 수 있는데 그것은 바로 아테네와 그리스 도시국가들(스파르타는 제외), 그리고 로마 치하의 이탈리아, 갈리아, 그리스 도시국가다(제국 전부를 포함하지는 않음). 현대에도 세 경우를 찾아볼 수 있다. 즉, 남북전쟁 전의 미국 남부, 카리브해 근처의 에스파냐 식민지, 포르투갈 통치 아래의 브라질이 그것이다. 이들 사회의 노예 숫자는 가장 많을 때 전체 인구의 3분의 1을 초과했다.[272]

위의 사례는 사람들에게 이상한 느낌을 갖게 한다. 아테네와 미국은 자유 민주의 간판으로 알려져 있기 때문이다. 로마공화정도 완전한 민주를 실행하지는 못했지만 자유를 표방한 나라로 유명하다. "소리 높여 자유를 부르짖은 국민 중에서 적지 않은 사람이 왜 흑인 노예 이용에 그처럼 열중했을까?" 근대 노예제를 목격한 학자가 이처럼 물었다.[273] 한 사학자는 이 수수께끼가 옛날부터 있었음을 발견했다. "공민의 자유가 가장 고양된 도시국가가 바로 노예제가 가장 만연한 도시국가였다. 아테네가 가장 뚜렷한 사례다."[274] 세계 역사상 첫 번째 민주정치체제를 가진 나라로 일컫는 곳은 바로 첫 번째로 노예제에 기반을 둔 사회이기도 했다. 이 두 가지 체제가 흥기한 시기는 또 정치적 자유 개념이 탄생한 때에 해당한다. 이 두 가지가 교묘하게 결합되어 있는 것은 모두가 우연일까?

이 수수께끼는 우리로 하여금 또 다른 문제를 떠올리게 한다. 그것은 바로 왜 전통 중국에서는 정치적 자유라는 개념이 부족했을까 하는 점이다. 우리는 일반적으로 그 원인을 상하관계와 존비관계를 엄수하는 중국 사회의 오랜 관습 탓으로 돌리곤 한다. 이 해석이 일리가 있다는 건 의심할 수 없지만 그 이면에 논리적 허점도 함께 존재함을 부정할 수 없다. 어떤 학자는 이렇게 지적했다. "로마 사회는 계급이 매우 엄격했다. 모든 사회생활과 정치생활은 신분에 따라 달라졌다. 자유민과 노예, 공민과 비공민, 원로와 기사, 전통 귀족과 평민 귀족은 그 경계선이 아주 분명했다. 모든 로마인이 자신의 지위를 잘 알고 있었다는 점은 강조할 만하다."[275] 그러나 로마는 자유를 숭상했는데 중국에는 왜 자유 개념이 부족했을까? 중국에서는 찾아볼 수 없지만 로마와 자유의 선구인 아테네에서는 주목할 만한 현상, 즉 그 사회의 경제적 기반인 노예로 그 부족한 부분을 보충할 수 있을까?

개념의 기능은 사물을 변별하는 데 있다. 사물을 잘 구별하지 못할 때는 거의 개념이 탄생하지 않는다. '자유민'이란 조사 항목이 만약 오늘날의 인구조사표에 출현한다면, 그건 쓸모 없는 항목일 뿐 아니라 추악한 설문으로 취급될 것이다. 태어날 때부터 모든 사람이 자유롭다는 명제는 너무나 당연한 것인데 무엇 때문에 '자유민'이란 범주를 넣을 필요가 있겠는가? 서양에서는 자유민이 노예와 대립되는 개념이었지만, 중국에서는 노예가 천민에 속했으며 그것은 양민과 대립되는 개념이었다. 소수의 노예만으로는 사회적으로 깊은 사고를 불러일으킬 수 없었다. 역사사회학의 해석은 이렇다. "노예(고대 그리스)가

용과 독수리의 제국

생산을 담당하는 주력이 되자 노예와 상반되는 자유 개념이 비로소 탄생했다. 사람들은 마침내 새로운 명사를 발명하여 새로운 개념을 표현하기 시작했다. '자유(freedom)'란 단어는 바빌로니아어나 중국어로 직역할 방법이 없다."[276] 바빌로니아와 중국은 노예제에 기반을 둔 사회가 아니었기 때문이다.

인류 역사에 출현한 다섯 노예제 사회에서 로마의 규모가 가장 컸다.[277] 로마법에는 노예를 언급한 부분이 대단히 많다. 생각할 수 있고 말할 수 있는 사람에게 있어서 재산은 사회 경제적으로 필수불가결의 도구였다. 이는 자연스럽게 사람들의 적극적인 생각을 가능케 하여 '비노예'로서의 의의를 명확하게 규정할 수 있게 했다.[278] 어떤 고전학자는 이렇게 해석했다. "자유에 대한 생각 및 그것에 대한 평가는 모두 노예경제에서 발전되어 나온 것이다."[279] "로마에서는 그리스에서처럼 자유가 주로 노예와 상대되는 법적 지위를 가리켰다."[280] "노예가 경작을 담당함으로써 자유민 소농은 정치에 참여하고 정치적 권리를 누릴 여유를 갖게 되었다. 또 귀족계급은 사치스럽게 생활하며 권력으로 공공사업을 통제할 자원을 갖게 되었다."[281] "공민의 단결을 가능하게 한 민주 체제로 나날이 숫자가 늘어나는 노예를 효과적으로 통제했고…… 자유를 자부심으로 생각하는 공민 소농들은 노예와 한 대오에 서는 것을 두려워하며 그들의 소란을 방지하기 위해 노예주를 위해 기꺼이 노예 진압에 힘을 바쳤다."[282] "간단하게 말해서 그리스 역사의 특징 중 하나는 정치적 자유와 노예제도가 같은 길을 걸었다는 것이다."[283] 세계 역사에서 민주제의 선봉 국가를 자세히 살펴보면 매우 배타적인 일군의 공민이 귀족과의 협상에 성공하여 피차간의 평등과 자유를 인정받았음을 발견할 수 있다. 이는 부분적으로 그들이 외국인을 다량으로 잡아와 노예로 삼고, 불평등과 부자유를 노예의 몸에 전가하여 자기 내부만의 찬란한 민주체제를 유지했기 때문에 가능한 일이었다. 이것이 경제학에서 말하는 '전이효과'의 한 사례다.

똑같은 인류이면서 노예의 비참한 운명 때문에 노예주는 어쩔 수 없이 자신들의 잘못을 덮어 감추려 했다. 그리스 시인 에우리피데스(Euripides, 전 484?~전 406?)는 그의 비극 작품에서 다음처럼 말했다.

> 그리스인은 야만인을 통치하기 위해 태어나지만, 야만인은 그리스인을 통치할 수 없다. 그들은 태어날 때부터 노예이고, 우리는 태어날 때부터 혈관 속에 자유를 갖고 있다.[284]

아리스토텔레스는 에우리피데스의 말을 이렇게 해석했다. "분명 어떤 사람은 태어날 때부터 자유인이지만 어떤 사람은 태어날 때부터 노예다. 노예에게 노예제는 유익할 뿐 아니라 정의롭다."[285] 이것이 당시에 유행한 생각이었다.[286] 이들을 해치고 모욕까지 주면서도 노예주는 피해자 노예를 나무라며 자신이 이들에게 가한 고난을 '타고난 노예성 탓'이라고 말한다. 또 노예는 도덕적으로 열등하지만 자유민은 도덕적으로 당연히 우월하다고 인식했다.[287] 그리고도 노예의 등을 밟고 선 노예주는 자유의 우월함을 소리 높여 외치고 있다.

근대 자유주의 민주 정체(政體)에서 가장 유행하고 있는 개념을 뒤집어보면, 자유가 있음을 말한 것이 아니라 자유가 없음을 말한 것이다. 자유는 구속과 억압이 없는 상태인데, 특히 그 원천은 정치적 억압에서 비롯된다. 저명한 자유주의 철학자는 이렇게 해석했다. "이른바 억압은 직접적으로나 간접적으로 또는 의식적으로나 무의식적으로 다른 사람이 나의 의사와 욕망을 가로막는 것이다. 이런 의미에서 보면 자유는 다른 사람의 간섭을 받지 않는 것이다. 간섭을 받지 않는 공간이 넓으면 넓을수록 나의 자유는 더욱더 커진다."[288]

자유는 억압을 받지 않는 것이란 생각은 고대인도 갖고 있었다. '억압'의 광범위한 함의에 근거하여 우리는 로마 내정과 외교상의 여러 가지 자유 관념을 분명하게 이해할 수 있다.[289] 권력자의 억압에 저항하는 백성의 방패로서 자유 개념은 평등한 공민권을 확립하는 바탕이 되었다. 이것은 로마 시민이 공화정 초기 신분투쟁에서 거둔 찬란한 전리품이다.

다른 한편으로 막강한 권력자가 자신이 하고 싶은 일을 할 때 자신의 만행을 방해하면 모두 억압으로 간주하기도 한다. 즉, 나는 네 물건이 필요한데 네가 내게 주지 않으면 나의 욕망을 가로막는 것이므로 내 자유가 침해를 받은 것이 된다는 것이다. 이런 억지 논리에 근거하여 자유는 로마가 다른 나라를 침략하고 약탈하는 빌미로 작용했다. 어떤 사학자는 "많은 고전 문헌에서 말하는 자유의 한 종류가 다른 사람을 자유롭게 부리는 것이란 사실"을 발견했다.[290]

이처럼 자위와 약탈이라는 개념상의 양극단 사이에는 서로 상이한 자유가 관통하고 있으므로 그 도의상의 잘잘못을 세심하게 따져볼 필요가 있다. '자유'라는 구호는 '인의'라는 구호와 마찬가지로 듣기만 해도 귀가 솔깃해진다. 그러나 이를 심사숙고한 철학자는 경고한다. "우리는 자유가 억압을 받지 않는다는 의미와 동일한 개념이어서, 거대하고 오래된 사회의 죄악과 결코 상충되지 않는다는 사실을 잘 기억해야 한다. 게다가 (의지가 행동에 영향을 끼치는 상황에서는) 악인의 악행을 조장할 수도 있다. ······ 즉, 이리의 자유는 항상 양의 죽음을 의미한다."[291]

제3장
정벌과 병탄

제1절
변방에 이는 전운(戰雲)

중국의 전국시대와 로마의 전사시대에는 강함을 드러내려는 인류의 의지가 전투를 통해 남김 없이 표출되었다. 당시의 잔인한 살육은 오랫동안 지속되었는데, '제국주의' 정치체제가 발명된 근대 유럽에 이르러서 그 규모와 정도를 훨씬 뛰어넘었다.[1] 당시 유라시아대륙 양 끝에는 각각 전쟁 중심의 국제질서가 세력을 떨쳤다. 동쪽에서는 제(齊)·초(楚)·연(燕)·한(韓)·조(趙)·위(魏)·진(秦) 칠국이 중소국 사이에서 패권을 다퉜다. 서쪽에서는 로마·카르타고·그리스의 아카이아(Achaea) 동맹과 아이톨리아(Aetolia) 동맹, 그리고 그리스화된 왕국 마케도니아·시리아·이집트 등 대국이 여러 도시국가 사이에서 공방전을 벌였다. 200년 동안 지속된 전쟁으로 모든 시스템은 진(秦)황조와 로마제국이라는 거대한 국가로 융합되었다.

만약 동서양 역사를 거대한 연극 두 편이라고 상상한다면, 전통 역사책에 남아 있는 두 각본은 대륙의 양 끝에서 찬란한 빛을 발하며 서로의 몸을 비춰주고 있는 것으로 볼 수 있다. 서양에서는 강렬한 수은등 하나가 시종일관 로마라는 독보적인 주인공의 몸을 비추고 있다. 다른 나라들은 로마와 교류할 때만 잠깐 모습을 드러낼 뿐이다. 동양에서는 막이 오르자마자 조명등 여러 개가 중원으로 대표되는 전체 무대를 비추고 있다. 그 무대 위에는 동주시대 여러 나라가 형제나 친척처럼 점점 성장하며 분쟁하다가 마침내 서로 살육하는 지경으로까지 내달았다. 진(秦)나라는 서쪽 한구석에서 몸을 웅크리고 있다가 최후 1막에 이르러서 수은등 하나를 홀로 차지했다. 이런 줄거리의 차이는 역사가의 수완에서 나온 것이 아니라 주로 기본적인 역사 사실이 상이한 데서 온 것이다.

어떤 학자는 미국의 세력 확장 경험을 로마 역사에 비유했다.[2] 지중해 동부 열강이 머나먼 이탈리아에 아무 흥미도 갖지 않는 틈을 로마가 파고들어 강국으로 변한 것과 마찬가지로, 유럽 열강도 아메리카 대륙의 신흥 국가를 방해할 틈이 없어서 미국도 쉽게 강대국이 될 수 있었다. 이 두 나라는 연맹을 만들어 적에게 대항한 전통이 부족하다. 소수의 예외를 제외하고 로마는 어떤 적수에 대해서도 군사적 우위를 유지했다. 이 때문에 로마는 주체적으로 과녁을 선택하여 외국을 하나하나 요리하면서, 단독행동과 단독명령으로 외국을 대하는 습관을 갖게 되었다. 또 어떤 학자는 전국시대의 형세를 현대 유럽 초기의 세력 균형에 비유할 수 있다고 인식했다.[3] 관계가 밀접하고 실력이 비슷한 5~7개 국가는 군사와 외교 부문에 통달하여 설령 최강국이라 해도 몇 나라의 연합 전선에 대적할 수 없음을 잘 알고 있었다. 이에 전국 칠웅은 다방면으로 담판을 하며 합종연횡(合縱連衡)을 실시했다. 단독 혹은 다자간 외교 교섭이 제국이나 황조 시대에 이르러서도 쇠퇴하지 않았다.

동서 두 제국 창건자의 초기 환경은 아주 유사했다. 진나라는 기원전 771년에 봉토를 받아 제후가 되었다. 전설에 따르면 로마는 기원전 753년에 도시를 건설했고, 기원전 509년에 공화정으로 진입했다. 이 두 나라는 모두 다른 나라보다 뒤에 일어나서 가장 강대한 나라가 되었고, 또 각각 문명이 발생한 중심부로부터 서쪽 변방에 위치해 있었다. 지중해 동부에서 그리스인은 기원전 776년에 제1차 고대 올림픽대회를 거행했다. 중국 동부에서 평민 교육을 가장 먼저 제창한 공자는 기원전 479년에 죽었다. 이는 그리스 철학자 소크라테스가 태어난 해보다 10년 앞선 시기다. 이들 인문 지식인이 살았던 사회는 경제적으로 농업이 위주였고, 그 사이에 상업이 섞여 있었으며, 공업 기술도 풍부함을 드러내며 호화롭게 경쟁하고 있었다.

후미진 강가에 숨어 있었던 진나라나 긴 반도에 자리 잡은 로마는 문화나 경제가 모두 동쪽 이웃보다 상당히 뒤떨어져 있었다. 두 나라는 본래 고급 학문에 별 흥미가 없었고 공예 기술 부문에서도 장기를 발휘하지 못했다. 진나라의 쇠뇌와 철검은 비교적 낙후되어 있었고,[4] 로마의 무기도 늘 적국보다 수준이 떨어졌다.[5]

그러나 국가조직에서는 독창적인 면모를 보이며 효율적인 정치 기관을 발전시켜 인력과 물자 동원을 순조롭게 할 수 있게 했다. 진나라 사람은 로마 사람과 마찬가지로 생활이 소박했고, 생각은 착실했다. 이들은 전사의 기풍으로 농민을 강인하게 단합시켰다. 칠국 중에서 진나라가 병농일치(兵農一致)를 제창했다. 로마인은 카르타고가 실패한 까닭이 상업을 군대 위에 올려놓은 탓이라고 인식했다. 진과 로마는 모두 자신의 동쪽 이웃을 정복했지만 그 문화에는 복종했다. 진나라의 고위 경상(卿相)은 대부분 동쪽 여러 나라 출신이었다. 로마 관할의 그리스인은 라틴어를 배우는 사람이 드물었고, 오히려 로마인이 그리스 문학을 따라 배웠다. 그것은 로마 시인 호라티우스(Horatius, 전 65~전 8)가 말한 바와 같다. "죄수인 그리스가 그 주인을 정복하여 야만적인 라틴인을 문명으로 진입하게 했다."[6]

진과 로마의 굴기는 가장 오래된 나라이면서 증거도 가장 많은 역사 모델에 부합한다. 본래 문명의 변방에 위치한 세력이 떨쳐 일어나 획기적인 전쟁으로 세상의 형세를 바꿨다.[7] 부족국가나 변방 소국의 정치체제는 대부분 작은 깃털처럼 소리 소문도 없이 역사의 거대한 강물 속으로 침몰한다. 그러나 몇몇 사례만 우연히 우뚝한 암벽처럼 남아서 거대한 강물의 방향을 바꾼다. 메소포타미아 문명의 동쪽 변방 페르시아와 그리스 문명의 북쪽 변방 마케도니아는 각각 대제국으로 굴기했다. 동아시아에서는 중국 북방의 유목민이 끊임없이 중화문명을 향해 도전을 감행했다. 몽골인은 중국 전역 및 동유럽 대부분을 정복했다. 17세기에는 청(淸)나라 군사들이 산해관(山海關)으로 진입하여 중국 최후의 황조를 세웠다. 진나라와 로마의 강적이었던 초나라와 카르타고도 바로 변방 세력이었다.[8]

변방 세력은 고도의 문화 민족과 미개 민족 사이에서 전자의 지식을 취합하여 후자의 활력을 추동한다. 누적된 지식과 문화는 발명력을 높이지만 아무리 정교한 발명이라 해도 보수적인 사상에 질식되고, 강경한 제도에 의해 속박되면 작은 장난감으로 전락할 뿐, 창조적으로 사회 개선에 응용되지 못한다. 중국이 발명한 화약·나침반이 바로 이런 사례다.

변방 민족은 발명에는 뒤떨어지더라도 창조성은 뛰어날 수 있다. 이들에게는 진부한 사상의 굴레가 없기 때문에 새로운 사물을 받아들이면서 기민하게 시대의 흐름을 파악할 수 있다. 이들은 사치스럽고 안일한 생활에 의해 부패하지 않아서, 생활이 소박하고, 인내심이 강하고, 모험 정신도 풍부하다. 이들의 단순한 시스템은 발전 여지가 많고 미개발 자원은 새로운 건설에 투입할 수 있다. 그것은 이미 극도로 발전한 사회의 자원이 낡은 시스템에 갇혀 있는 경우와는 다르다.

역사의 진전은 대부분 실천을 통해 모색된다. 이 과정에서 선행자의 착오를 통해 새로운 지식을 얻을 수 있지만 선행자의 흉터를 물려받기도 한다. 신흥국가는 앞서간 나라의 전철을 거울로 삼을 수 있으므로 사람들이 쉽게 범하는 오류에서 벗어날 수 있다. 따라서 새로운 지식과 발명을 선택하여 대담하게 창조하면서 선두로 치고나갈 수 있다. 역사학자들은 이런 점들을 모두 '낙후국에 유리한 요소'라고 말했다. 또 변방이란 위치는 전략적으로도 유리한 점이 있다. 그곳은 선진 문물을 수용하기에 충분히 가깝고, 열강의 주의와 간섭에서 벗어나기에 충분히 멀다. 변방 세력은 열강과 한바탕 겨룰 수 있을 때까지 은인자중하며 실력을 감춘 채, 조용히 후미진 사방으로 발전을 도모하며 튼튼한 국가제도를 건립할 수 있다.

진과 로마의 굴기는 갑작스러운 듯 보이지만, 사실 두 나라의 동쪽 적수가 이미 쇠퇴 중이었기 때문에 가능한 일이었다. 그것은 마치 달빛을 가리고 있던 밝은 햇볕이 사라짐으로써 황혼 무렵에 밝은 달이 갑자기 하늘에 떠 있는 것과 같다. 중국에서 육국은 이미 서로 간의 정벌로 피로한 모습을 드러내고 있었고, 지중해에서는 그리스식 왕국이 이미 알렉산드로스 대왕의 건설을 망각하고 있었다.[9] 동쪽의 여러 나라는 모두 위험을 감지하고 있었다. 육국은 진나라를 큰 새에 비유하면서 그 새가 동쪽을 향해 서서 중원을 쪼아 먹고 있는 것으로 보았다. 그리스인은 로마를 서쪽 하늘에 드리운 폭풍우로 간주했다.[10] 두 곳에서 모두 단결하여 저항해야 한다는 호소가 있었지만 항거할 힘이 없어서 구차하게 안일한 태도를 보이다가 결국 스스로 망국의 수렁으로 빠져들고 말았다.

진나라는 로마제국과 마찬가지로 적극적인 전쟁으로 굴기하여 황제를 칭했다. 두 나라는 부정적인 말로(末路)도 매우 유사하다. 두 나라는 모두 스스로를 보위할 능력이 없어서 거의 싸워보지도 못하고 멸망했다. 다른 점은 천양지차를 보인 나라의 수명이다. 진나라는 한 세대도 채우지 못하고 통일 15년 만에 자신의 무적 군대를 잃어버렸다. 로마제국은 400년의 시간이 지난 이후에야 멸망했다. 왜 진나라

용과 독수리의 제국

의 군대가 이처럼 빨리 약해져서 적군이 함양성 아래에 당도했을 때 죄수를 사면하여 보위에 나설 수밖에 없었을까? 한나라는 진나라의 제도를 따랐는데 왜 건국 초기에 흉노에 무릎을 꿇고 조공을 바쳐야 했을까? 반면에 로마는 어떻게 내전이 끝나자마자 바로 아우구스투스가 대규모 정벌 전쟁을 일으켜 제국 확장에 나섰을까? 서한황조와 로마제국의 상이한 대외 정책에는 서로 다른 두 문화와 통치계층의 특색이 반영된 것은 아닐까? 그렇다면 이러한 특색을 통해 중국의 선진시대와 로마의 공화정시대 특색을 희미하게나마 살펴볼 수 있지 않을까?

제2절
진과 육국(六國)의 합종연횡

서양에서 중국을 부르는 명칭인 China는 '秦(Qin, 친)'에서 유래했다. 따라서 '秦那(Qinna, 친나)'로 음역하는 것이 '支那(Zhina, 즈나)'로 번역하는 것보다 더 적합하다.[11] 진은 동주시대 열국 중에서 가장 서쪽에 위치했다. 중국을 통일하기 전에 진은 징웨이분지(涇渭盆地)에서 500년 이상 할거하며 중국에서 중앙아시아로 가는 천연 통로, 즉 ㅣ중에 신크로드의 동쪽 끝이 되는 하서주랑(河西走廊)[12]을 장악했다[지도 2]. 서양인들이 중국을 왕래하기 위해서는 모두 진나라 땅을 거쳐야 했기 때문에 동쪽의 모든 나라를 '진나(秦那)'라고 불렀는데, 이는 이상한 일이 아니다. 한나라 때도 흉노는 중원 사람을

'진인(秦人)'이라고 칭했고, 삼국시대에도 여전히 호인(胡人)과 상대되는 개념으로 '진인'을 사용했다.[13]

징웨이분지는 800리에 걸쳐 강이 흐르고 산하가 잘 어울려 있어서 흔히 관중(關中)이라 부른다[지도 3, 7]. 황허가 동북쪽을 둘러싸고 있으며, 황허 남쪽에는 친링산맥이 황허 가까이로 치달리며 험준한 관문을 만들고 있다. 함곡관(函谷關)·효관(殽關)·동관(潼關)에서는 역사상 가장 치열한 전투가 벌어졌다. 전국시대 사람들은 이미 관중의 전략적 장점이 진나라가 승리한 요인의 하나라고 인식했다. 당시 장량(張良, ?~전 186)은 이렇게 평가했다.

관중 땅은 왼쪽으로 효관과 함곡관을 끼고, 오른쪽으로 농(隴, 간쑤)과 촉(蜀, 쓰촨)을 울타리로 삼아 비옥한 평야가 천 리에 걸쳐 있다. 남으로는 파촉(巴蜀)의 풍요로움이 있고, 북으로는 호원(胡苑)의 이로움이 있다. 삼면이 가로막힌 곳에서 지키면서 유독 한 면으로 동쪽 제후를 제압할 수 있다. 제후가 안정되면 하수(河水)와 위수(渭水)를 통해 천하 곳곳으로 조운을 하며 서쪽 도성에까지 물자를 공급할 수 있다. 제후에게 변란이 생기면 강을 따라 내려가서 그들을 격파할 수 있다.
(夫關中左殽函, 右隴蜀, 沃野千里. 南有巴蜀之饒, 北有胡苑之利. 阻三面而守, 獨以一面東制諸侯. 諸侯安定, 河渭漕輓天下, 西給京師. 諸侯有變, 順流而下, 足以委輸)[14]

변방 세력은 관중의 유리한 지형에 의지하여 남북의 자원을 안정되게 개발하며 자신을 강성하게 할 수 있다. 2,000년 뒤에는 다른 지역이 더욱 풍요로운 삶을 누리게 되었지만 관중 북쪽 옌안(延安)[15]은 여전히 중국 공산혁명을 보호하고 배양하는 땅으로 존재했다. 한나라 때는 군신이 모두 중원을 좋아하면서도 여전히 관중에 도읍을 정하고 다른 세력이 그곳을 이용하지 못하게 했다. 한나라는 진나라가 관중에서 일어났고, 또 진나라 이전 주(周)나라도 그곳에 도읍했다는 역사적 교훈을 수용한 것이다.

관중은 서주의 왕도였다. 그 서쪽 구석의 영(嬴)씨 일족은 대대로 서융족과 뒤섞여 살았다. 영비자(嬴非子, ?~전858)는 말을 잘 사육했다. 주나라 왕은 그의 재능을 알아보고 기원전 870년 그에게 진나라 땅을 하사한 후 주나라 부용국 군주로 봉했다. 이 때문에 그곳을 진영(秦嬴)이라 불렀다. 기원전 771년 봉화로 제후들을 놀리던 주 유왕(幽王)이 견융(犬戎)에게 살해되자 귀족들은 모두 평왕(平王)을 따라 동쪽으로 달아났다. 이때 진 양공(襄公, ?~전766)은 동쪽으로 이주하는 평왕의 수레를 호위한 공을 세웠고, 이에 평왕은 그를 제후로 봉하여 관중을 지키게 했다. 또 만약 진나라가 견융족을 축출하면 그 땅을 전부 진나라에 귀속시키기로 약속했다. 진 양공은 견융을 정벌하다 전사했다. 그 아들 문공(文公, ?~전716)도 끊임없이 정벌에 나서서 마침내 융적의 난을 평정하고 관중에 남아 있던 주나라 백성을 수습했다. 이렇게 하여 진나라는 서주의 땅과 백성을 계승했다. 그러나 이 진나라가 기원전 249년 동주를 멸하고 천자의 지위를 이어받으리라곤 아무도 예상하지 못했다.[16]

기원전 659년 즉위한 진 목공(穆公, 전 682~전 621)은 다시 서융을 정벌하여 12개 나라를 보태고 1,000리의 땅을 개척한 후 마침내 서융의 패권을 차지했다. 이로써 융적의 위협은 감소했지만 완전히 사라진 건 아니었다. 진나라가 아직 적당한 통치 기구를 마련하기 전에 투항했던 융적이 재차 침략하여 난리가 끝없이 이어졌다. 기원전 272년에 이르러서야 진나라는 서융 최강국이었던 의거(義渠)를 완전히 궤멸시켰다. 로마가 강력한 이웃 나라를 신속하게 정리한 일과 비교해보면 상당히 늦은 결과라 할 수 있다.[17]

서융의 패자가 된 것은 작은 만족에 불과했다. 진 목공은 이어서 중원에 손을 쓰려는 야심을 품었다. 그는 두 차례나 진(晉)나라로 곡식을 운송하여 가뭄을 구제했고, 세 차례나 진(晉)을 도와 보위 계승 문제를 해결했다. 그러나 진(秦)이 진(晉)의 경계를 넘어 정(鄭)나라 정벌에 나서자, 진(晉)은 단호하게 강융(姜戎)의 군사와 힘을 합쳐 진(秦)을 격퇴했다. 험준한 관문은 양날의 칼과 같다. 동쪽 나라로부터의 공격을 막아주는 관문은 진(秦)나라가 동쪽으로 진출할 때 장애로 작용하기도 한다. 어느 날 그 관문이 강력한 진(晉)나라 수중에 떨어지면 진(秦)나라는 서쪽 구석에 폐쇄될 수밖에 없다. 목공 이후 진(秦)은 국력을 떨치지 못하고 진(晉)과 초(楚)의 쟁패를 구경만 해야 했다.[18]

기원전 453년 한(韓)·조(趙)·위(魏) 세 가문이 진(晉)나라를 분할하자, 중원은 새로운 국면을 맞이하게 되었다. 세 가문은 적극적으로 변법을 시행하여 낡은 법규를 제거했다. 부국강병에 성공한 위나라는 서쪽으로 황허를 넘어 진(秦)나라의 하서(河西) 땅을 대거 탈취했다.

하지만 진나라에겐 행운이라고 할 수 있는 상황이 전개됐다. 기원전 361년 위 혜왕(惠王)은 진나라 인근 안읍(安邑)에서 동쪽 대량(大梁)으로 천도를 단행했다. 이에 위 혜왕을 양혜왕이라고도 부른다. 동방의 앞날은 밝았다. 새로운 기술에 의지하여 비옥한 충적 평야를 개발하자 중원의 부패한 귀족도 쉽게 신진 세력으로 대체되었다. 전략의 중심이 경제와 외교 활동이 왕성한 곳으로 이동했다. 이것은 본래 국가를 위한 지혜로운 결정이었다.

그러나 사후 역사의 전개로 판단해보면 이것은 위나라의 큰 실수였다. 위나라는 진나라를 과소평가하고 방비에 소홀했다. 이후 위나라는 제나라 등 동방 제후들과 전쟁을 하느라 국력을 소모했고, 위나라가 버려둔 서쪽 땅은 진나라를 살찌웠다.[19]

어리석은 군주와 귀족이 계속해서 정권을 다투는 사이에 진(秦)나라는 100년 동안 약소국가로 전락해 있었다. 그런 사이 진(晉)나라에 오래 거주한 진(秦) 헌공(獻公, 전 424~전 362)이 귀국하여 보위에 올랐다. 그는 위나라가 동쪽에 신경 쓰는 동안 외부의 압력이 줄어들자 이 기회에 진나라가 자강을 이루지 못하면 나라를 보존할 수 없음을 알았다. 진 효공(孝公, 전 381~전 338)은 헌공의 유업을 계승하여 즉위 후 현인을 구하라 명령을 내리고 위나라에서 온 상앙을 등용했다. 효공의 지지 아래 상앙은 기원전 356년 변법을 시행히여 니리를 일신헀다. 그러나 기원전 328년에 이르러서야 진나라는 위나라에게 잃은 땅을 수복했다. 이런 상황을 봐도 진나라가 효공 이전에 얼마나 낙후되었는지 알 수 있다.[20]

기원전 316년 진 혜왕(惠王: 일명 惠文王, 전 337~전 311)은 한나라를 정벌하여 위엄을 세우려던 일을 그만두고 촉나라 귀족의 내란을 틈타 구원에 나설 기회를 잡았다. 이후 파촉 정복은 10개월밖에 걸리지 않았지만, 그곳에 군(郡)을 설치하고 통치를 완성하기까지는 30년이나 공을 들여야 했다. 진나라는 파촉을 안무(按撫)하고 경영하는 데 여력을 남기지 않으면서 지금의 쓰촨분지를 물산이 풍부한 땅으로 만들었다. 이로써 파촉 땅은 이후 진나라의 중국 통일을 지원하는 물질적 기지가 되었다. 이것은 변방 세력이 발전 공간을 개척할 수 있는 장점에 해당한다고 할 수 있다.[21]

기원전 4세기 후반에 이르러 전국시대는 점차 종법 봉건제도의 속박에서 벗어났다. 경제가 발전하고, 내정이 정상 궤도에 오르고, 외교도 형태가 바뀌어 정세가 완전히 새롭게 변했다. 춘추시대에는 대국이 소국을 병탄하고 중등 동맹국을 쟁취하며 패권을 다투는 국제 정세가 전개되었지만, 소국이 거의 사라짐으로써 그런 정세는 때 지난 것이 되었다. 이어서 일어난 10여 개 대국은 서로 견제하고 공격하며 힘의 균형을 이뤘다. 전국칠웅은 서로 강역과 인구를 다퉜다. 새로운 정치조직의 힘으로 국가는 물자와 인력을 더 많이 동원할 수 있게 되어 이에 따라 전쟁의 규모도 더욱 대형화되었다. 대규모 보병이 소규모 전차를 대신하게 되었고, 쇠뇌와 기병 등 신식 무기와 신식 병종(兵種)이 계속 출현했다. 병법가들도 기민한 야전을 중시하며 전통적인 진법을 보완했다. 방어 공사와 공성 기술이 서로 신통력을 다퉜다. 각국은 장성을 쌓아 서로 대적했고, 이 밖에도 연·조·진은 북방에 장성

용과 독수리의 제국

을 쌓아 호족(胡族)을 방어했다. 전국시대에는 궁술과 기마에 능한 초원 민족이 강성해져서 점차 중원을 위협하기 시작했다.[22]

전국칠웅 중에서 남방의 초나라는 춘추 말기에 패자를 칭했던 오나라와 월나라를 병탄해서 강역이 가장 넓었고, 또 진나라를 정복하기 위해서 많은 군대가 필요했다. 그러나 초나라는 땅이 넓고 물산이 풍부했지만 국력은 평범한 수준이었다. 그리고 강고한 귀족들이 오기(吳起)가 시행한 대부분의 신법을 폐기했기 때문에 정부 조직의 효율이 떨어져서 자신의 자원을 동원하여 적국에 대항할 수 없었다.

연나라의 도성은 지금의 베이징(北京) 근처에 있었다. 땅이 비교적 외져 춘추시대에는 별로 알려지지 않았고, 전국시대에도 일곱 강국 중에서 가장 국력이 약했다. 그러나 고고학자들은 연나라 땅에서 가장 많은 철검을 발굴했다.[23] 중국 역사상 가장 유명한 자객 형가(荊軻)도 이곳을 출발하여 진나라로 갔다. 형가는 송별회에서 "바람은 스산하고 역수(易水)는 차가운데, 장사는 한번 떠나 돌아오지 않는다네(風蕭蕭兮易水寒, 壯士一去兮不復還)"라고 노래하며 연·조 지방의 비분강개한 기풍을 표현했다. 그는 경비가 삼엄한 진나라 조정으로 들어가며 자신이 소지한 지도 두루마리에 비수를 감췄다. 그가 겨냥한 목표는 장차 통일을 이루게 될 진나라였다.[24] 연나라는 진나라에 한을 품고 있었으나 실제로는 그들이 진나라의 숙적을 약화시켰기 때문에 오히려 진나라의 온전한 성취를 이뤄준 측면이 있다. 즉, 연나라의 습격으로 제나라는 곤경에 빠져 그 길로 더 이상 국력을 떨치지 못한 것이다. 또 연나라는 조나라와도 자주 전쟁을 함으로써 진나라가 어부지리의 이득을 얻을 수 있게 했다.

조나라는 이중적인 성격을 갖고 있었다. 조나라의 도성 한단(邯鄲)에는 음악과 가무 등 운치 있는 문화가 가득함과 동시에 북방 풍습의 영향을 받아서 호방하고 통쾌한 기풍도 함께 존재했다. 기원전 307년 조 무령왕(武靈王, 전 340?~전 295)은 자국의 기병을 발전시키면서 군사들에게 오랑캐 복장(胡服)을 입게 하고, 말을 타고 활쏘기를 익히게 했다. 초원의 유목 민족을 정복한 이외에도 조나라는 허베이에 위치한 호족(胡族)의 나라 중산국(中山國)을 병탄하고 그들의 군대를 접수하여 일등 강국으로 도약했다. 제나라가 연나라의 공격으로 위축된 후 조나라가 진나라의 가장 큰 적수였다.[25]

중원의 한나라와 위나라는 사방에서 적의 공격을 받고 쓰러지기 쉬운 형편이어서, 어느 나라에 병탄되느냐에 따라 국제적 세력 균형을 좌우할 위치에 있었다. 한나라는 강역이 가장 작았고, 지형은 가장 험했다. 황허 양쪽에 걸쳐 있어서 진나라가 동쪽으로 진출하려면 반드시 거쳐야 할 땅이었다. 이 때문에 한나라는 멸망 이전부터 벌써 진나라에게 잠식당하고 있었다. 위나라는 맨 먼저 전국칠웅의 으뜸이 되었으며, 제나라에게 패배하여 기세가 크게 꺾였어도 여전히 경시할 수 없는 힘을 갖고 있었다. 뛰어난 인재는 많았지만 쉽게 임용할 수 없었다. 일찍이 위 문후(文侯, 전 472~전 396)를 도와 정치를 개량하고 진나라 땅을 탈취했던 오기는 배척을 당해 초나라로 갔다. 상앙, 장의(張儀, ?~전 309), 범저(范雎, ?~전 255)도 진나라로 갔다. 군사와 정치에 뛰어난 이러한 인재가 적국을 위해 봉사한다는 것이 위나라에게는 불

행이었다.[26]

　바둑판의 동서 양 끝에 위치한 제나라와 진나라는 화하문명의 동질성 속에서도 이질적인 특징을 잘 드러냈다. 당시 농업은 모든 국가의 경제 기초였다. 진나라는 오로지 농업에만 힘썼으나 제나라는 농업 외에 어업·염업(鹽業)·상업을 모두 장려했다. 진나라 도성 함양은 단순하고 소박했다. 제나라 도성 임치(臨淄)는 가구수 7만 호에 인구는 30만 명을 넘었다. 거리에는 수레바퀴가 부딪치고 사람의 어깨가 서로 닿았다. 도처에 취주 악기 소리가 요란했고, 닭싸움과 개 경주도 유행했다. 진나라 상앙은 문학을 배워 유세하는 인사를 배척했지만 제 위왕(威王, 전 378~전 320)과 선왕(宣王, 전 350?~전 301)은 이들을 좋아했다. 제나라 땅은 공자의 가르침(孔敎)의 대본산인 노나라에 접해 있었고, 임치의 직하학궁(稷下學宮)에도 1,000여 명의 학자가 모여 있었다. 위왕과 선왕은 도로를 넓게 확장하고 높다란 대문이 있는 대저택을 지어주고 70여 명의 직하학사를 총애했다. 더욱이나 맹자에게는 높은 벼슬과 많은 녹봉을 줬다.[27]

　수백 년 동안 세상 상황이 변화하면서 서로의 군사가 경쟁 속으로 빠져들었다. 전국칠웅도 그 소용돌이에 휩쓸렸는데, 하나의 국가가 혼자서 군사를 부리면 자살과 진배없었고, 여러 국가끼리 화의를 하는 것이 그래도 더 나은 상황이었다. 약한 나라는 땅을 떼어주고 화친을 청했지만 얻은 것은 태평이 아니라 더 심한 핍박이었다. 전쟁에서 이긴 강국도 감히 나태해질 생각을 하지 못했다. 조금이라도 긴장을 늦추면 다른 나라가 그 틈을 노릴 수 있기 때문이었다. 각국이 서로 경계를 강화하자 정세는 더욱 긴박해졌다.

다수의 국가가 동시에 병존하는 상황은 세계 역사에 매우 흔한 광경이다. 그러나 국력이 비슷하고, 문화가 동일하고, 지위가 평등하고, 외교관계가 밀접한 나라들이 국경을 마주하고 국제적으로 균형을 이룬 사례는 매우 드물다. 힘이 강한 여러 세력은 균형을 유지하기 어렵다. 이 때문에 대국은 모두 긴 세월을 함께하기 어렵다. 마지막에는 그중 한 나라가 두각을 나타내며 패주가 되거나 제국으로 변한다. 진나라가 육국을 멸망시킨 것이 바로 이와 같은 사례다. 또 변방 세력이 강성해져서 위협을 가할 수 있는데 바로 동지중해 세계가 로마에게 정복당한 경우가 그러하다.

역사적으로 강대국의 세력 균형은 아주 드물지만 전혀 없었던 건 아니다. 그 하나의 사례가 중국 전국시대이고, 또 하나의 사례는 30년 전쟁 결과로 1648년 '베스트팔렌(Westfalen) 조약'을 체결한 이후 전개된 현대 유럽이다. 영국·프랑스·오스트리아·프로이센·러시아는 마치 전국칠웅처럼 각각 독립하여 야심만만하게 전쟁에 진력했다. 이 나라들은 모두 기독교를 숭배했고, 로마 교황청의 세력은 주나라 천자보다 컸다. 전쟁 동원력은 유럽 열강 정치 개혁의 대동력이었다.[28] 이들의 외교는 장기 주재 대사와 같은 제도가 마련되어 있었다. 그러나 얼굴을 찌푸리게 하는 외교 행태나 각 나라 간의 아귀다툼은 전국시대의 합종연횡과 비교해 봐도 막상막하라 할 만하다. 간계에 뛰어난 영(英)제국은 수단과 방법을 가리지 않고 유럽 대륙의 통일을 방해했다. 전국시대와 가장 다른 점은 유럽에서 세력 균형이 깨어졌을 때 국외자인 미국이 참전했다는 사실이다. 그 결과 유럽은 지금도 계속 분열 상태에 있지만 진나라는 중국을 통일했다.[29]

제3절
세력 균형에서 통일로

전국시대의 세력 균형이 가장 먼저 조정 국면을 맞은 것은 위(魏)나라가 대량으로 천도한 후 제나라에게 그 예봉이 꺾였을 때였다. 먼저 조나라가 위(魏)나라 부용국 위(衛)나라를 침략했다. 위(魏)나라는 분노하여 한나라와 연합한 후 조나라 도성 한단을 포위 공격했다. 그러자 조나라는 제나라에 구원을 요청했다. 제나라 경대부는 조나라를 구원하지 않으면 위나라가 한단을 탈취하여 힘이 강대해지므로 그것은 제나라에 불리하다고 말했다. 또 출병하여 한단의 포위를 풀면 위나라와 조나라가 모두 힘을 온전하게 유지하게 되므로 그것도 제나라에 불리하다고 했다.

이에 이들은 먼저 제나라와 조나라가 한단에서 생사존망을 건 전투를 하도록 내버려두고 위나라의 정예병이 외지에 있는 틈에 곧바로 그들의 도성 대량으로 쳐들어가서 위나라를 포위하고 조나라를 구조하기로 결정했다. 과연 위나라는 계략에 빠져들어 군사를 되돌려 대량을 구조하러 왔다. 이때 제나라 군사는 계릉(桂陵)에서 매복하고 있다가 위나라 군사를 격파했다.

강대한 위나라에게 계릉의 패배는 작은 좌절에 불과했다. 위나라는 조나라와 화의를 맺고 진나라의 준동을 진압했다. 기원전 342년에는 이전의 맹우 한나라를 다시 공격했다. 한나라는 제나라에 구원을 요청했다. 그러자 제나라는 이전의 계략을 다시 써서 먼저 위나라와 한나라가 싸우도록 내버려 둔 후 군사를 이끌고 대량을 공격하며 위나라를 핍박하여 군사를 돌이키게 했다. 이번에 제나라는 위나라 군사를 마릉(馬陵)의 좁은 길로 유인했다. 그곳에 복병을 배치하여 일제히 공격하자, 위나라 군사는 궤멸했고 장군은 전사했으며 군대를 수행한 태자는 포로가 되었다. 마릉 전투 이전에 위 혜왕은 독자적으로 왕을 칭했다. 그 후 기원전 334년 위 혜왕은 제 위왕과 서주(徐州)에서 회합을 갖고 서로 왕을 칭해야만 했다.[30]

진나라는 위나라가 패배한 틈을 타고 판도를 크게 확장했다. 진나라는 자신의 본토 관중과 새로 점령한 파촉 사이에 있는 전략적 요충지 한중(漢中)에 주목했다. 한중은 초나라에 속해 있었고, 초나라는 제나라와 동맹 관계였다. 진나라는 장의의 계책을 이용하여 제나라와 초나라 사이를 이간질하는 한편 위나라와 한나라를 자기편으로 끌어들였다. 초나라를 격파하고 한중을 빼앗은 후 진나라는 마음을 바꿔 자국의 동맹국을 기만했다. 이에 위나라와 한나라는 제나라에 의지하게 되었고, 진나라는 다시 초나라와 우호 관계를 맺었다.

이러한 사례를 보더라도 전국시대에는 아주 짧은 기간에도 천변만화하는 외교 국면이 전개되었음을 알 수 있다. 한 나라가 특별히 강할 때는 다른 여러 나라가 합종하여 그 나라에 대항했다. 강대국은 합종책으로 이루어진 연맹을 깨기 위해서 각국과 개별적으로 담판을 하고 연횡책을 펼쳤다. 무수한 종횡가(縱橫家)가 열국을 주유하며 '여러 약한 나라가 힘을 합쳐 일강(一强) 진나라를 공격하거나' '일강을 섬기며 여러 약한 나라를 공격하는'[31] 갖가지 외교 책략을 제공했다. '세력 균형'이란 말을 쓰는 사람은 없었지만 실제로 행동할 때는 꼭 추상적인 개념이 필요한 건 아니었다. 개체가 다수일 경우에는 모든 사람이 민감하게 자신의 이익을 고려하며 교역을 진행하기 때문에 힘의 균형을 이룰 수 있다. 경제학에서는 이런 현상을 시장의 '보이지 않는 손'이라고 부른다.

기원전 316년 진나라는 한나라를 치지 않고 촉나라를 쳤다. 이런 결정을 통해 세력 균형의 비밀이 드러난다. 진나라 신하들은 서로 의견을 모았다. 장의는 진나라가 위나라·초나라와 연맹을 맺고 한나라를 정벌한 후 주나라 경계에까지 다가가서 주나라에게 구정(九鼎: 천자의 권위를 상징하는 아홉 개의 세발솥)을 바치도록 핍박해야 한다고 주장했다. "구정에 의지하고 지도와 호적을 장악하여 천자를 끼고 천하에 명령을 내리면 명령에 따르지 않을 제후가 아무도 없을 것입니다(據九鼎, 按圖籍, 挾天子以令天下, 諸侯莫敢不聽)." 그러나 사마착(司馬錯)의 반박이 더욱 힘이 있었다. "천자를 겁박하는 건 이름을 더럽히는 일이니 반드시 이로운 것이 아니고, 불의한 이름을 남기게 됩니다. 천하 사람들이 공격하고 싶어 하지 않는 대상을 공격하면 위태롭습니다!(劫天子, 惡名也, 而未必利也, 又有不義之名. 而攻天下之所不欲, 危)."[32]

진나라가 구정을 차지하기 위해 군침을 삼키고 있었음은 확실하지만 기원전 225년에 가서야 주나라를 멸망시켰다. 진나라가 한나라를 계속 용인한 인내심은 더욱 컸다. 불필요할 때는 상대 나라의 적개심을 자극하지 말아야 한다는 사실을 진나라가 분명하게 알고 있었기 때문이다. 파촉과 같은 변방 소국을 병탄하는 일에는 아무 문제가 없었고, 중원의 대국을 조금씩 잠식하는 것도 가능한 일이었다. 그러나 만약 대국을 점령하여 세력 균형을 어지럽게 하면 천하의 금기를 범하여 도처에서 적을 만들 수도 있었다.

외교의 요점을 통찰해보면 문학지사(文學之士)가 가득했던 제나라는 실용적 외교를 추구한 진나라에 미치지 못했다. 본래 연나라 왕은 신하에게 왕위를 선양하려 했지만 태자가 불복했다. 요·순의 선양을 본받은 행동은 결과적으로 기원전 314년 연나라 귀족들의 내란을 야기했다. 사마천은 『맹자』란 책에 대해 잘 알고 있었지만 모든 사료를 저울질해본 후 『사기』를 쓸 때 『전국책(戰國策)』의 자료를 채택했다. "지금 연나라 정벌은 바로 주 문왕과 무왕이 상 주왕을 정벌할 때와 같습니다. 시기를 놓쳐서는 안 됩니다(今伐燕, 此文·武之時, 不可失也)."[33] 『맹자』를 봐도 이 이야기가 당시에 널리 퍼져 있었음을 알 수 있다. 『맹자』에는 연나라 정벌과 관련된 맹자의 다섯 가지 해명이 각 장에 분산되어 있어서 좀 모호하기는 하지만 맹자가 연나라 정벌에 찬성하고 있을 뿐 아니라 전쟁을 위해 계속 제나라 경(卿) 자리에 유임되어 의견을 제시하고 있었음을 알 수 있다.[34]

제 선왕은 맹자의 오랜 친구 광장(匡章)을 장수로 파견하여 파죽지세로 연나라를 격파했다. 그러나 제후들이 연나라 구원을 모의할 때, 연나라 사람은 제나라 군사의 포악함을 견디지 못하고 반란을 일으켰

용과 독수리의 제국

다. 주나라 무왕이 상나라 주왕을 정벌한 것을 본받으려는 제나라의
꿈은 공염불이 될 것이고, 또 끝없는 후환에 시달릴 것이라고 생각했
다. 연나라 사람은 제나라가 자신들의 혼란을 틈타 침입한 일에 원한
을 품고 보복을 하기 위해 소진(蘇秦, ?~전 284)을 시켜 첩자를 역이용
하여 제나라에게 송나라를 치라고 종용했다. 기원전 286년 제나라는
송나라를 멸망시켰다. 그러나 이 일을 본 제후들은 강력하게 반발했
다. 본래 제나라와 합종하여 진나라에 대항하던 조·위·한 세 나라가
창을 거꾸로 들고 진나라와 연합하여 제나라 군사를 섬멸했다. 또 장
군 악의(樂毅)도 이 기회를 틈타 연나라 군대를 이끌고 북쪽에서 곧바
로 제나라로 쳐내려가서 제나라 성 70곳을 함락시켰다. 나중에 제나
라는 잃은 땅을 수복할 수는 있었으나 나라의 기력이 크게 손상되어
이후로는 고립된 채 자신을 지키기에 급급했다.[35]

삼국시대 제갈공명(諸葛孔明, 181~234)은 육국이 단결하여 진나라에
대항하지 못했다고 질책했다. 전국시대 마지막 20년만 본다면 이것은
일리 있는 질책이다. 그러나 그 이전에는 육국의 외교 전략이 매우 복
잡하여 흑백이나 취사선택의 구분이 전혀 없었다. 모든 나라에게 진
나라가 유일한 위협이 된 것도 아니었다. 열국은 각각 사심을 품고 있
었으므로, 생사존망의 위기에 봉착하지 않는 한 장기적으로 연맹을
맺기도 어려웠다. 입술이 사라지면 이빨이 시리다는 충언(忠言)과 사
단을 없애고 사람을 편안하게 한다는 논리에 입각하여 합종책을 더욱
공고하게 유지하기 위해 몇몇 나라에서는 더러 공동 재상을 함께 임
명하기도 했다.

소진이 육국 재상의 인수(印綬)를 차고 합종책으로 진나라를 정벌한 이야기는 대부분 과장된 것이다. 그는 육국의 공동 재상 또는 연합군의 최고 지휘관이었지만 각국 군대의 상이한 조직 문제와 합동 훈련 문제를 해결할 수 없었다. 맹방들은 서로 선봉을 맡으려 하지 않고 불로소득을 바라며 연합군 내부의 협력을 방해하려 했다. 기원전 293년 이궐(伊闕) 전투에서 진나라 장수 백기(白起, ? ~전 257)는 서로 미루는 적군의 심리를 이용하여 병력이 두 배나 많은 한·위 연합군을 크게 격파했다. 그는 또 가짜 군대를 써서 한나라 군사의 출전을 더욱 주저하게 만들고, 정예병을 모아 위나라 군사를 대파한 후 다시 방향을 돌려 한나라 군사를 쓸어냈다.[36]

진 소왕(昭王, 전 325~전 251)은 기원전 306년에서 기원전 251년까지 재위했다. 장기 집권한 이 군왕이 보위에 오를 수 있었던 건 오로지 선태후(宣太后, ? ~전 265)와 양후(穰侯)의 도움 때문이었다. 소왕이 집권한 전기에는 귀족의 권력이 극성했다. 진나라는 초나라를 격파하고, 한나라를 침략하고, 위나라를 공격하여 수많은 노획물을 얻었다. 다만 조나라만이 진나라의 예봉을 꺾을 수 있었다. 양후는 진나라 경계에서 멀리 떨어진 산둥의 상업도시 도(陶)를 빼앗아 자신의 봉토로 삼으려 했다. 봉토를 도읍(陶邑)으로 확대하기 위해 그는 여러 번 적국의 경계를 넘어 위나라 대량을 공격했지만 연나라와 조나라 원군에게 패배했다.

기원전 266년 위나라 노예 범저가 진나라로 가서 소왕에게 양후의 행위는 기실 국력을 낭비하며 사리사욕을 채우는 짓이고, 먼 곳의 땅을 빼앗는 건 아무 이득도 얻을 수 없는 일이라고 지적했다. 먼 곳은 지킬 수 없어서 적의 핍박을 받으면 결국 그 땅을 포기해야 하기 때문이라는 것이다. "왕께서는 먼 나라와는 교분을 맺고 가까운 나라는 공격하는 것이 더 좋을 것입니다. 한 치의 땅을 얻으면 그 한 치의 땅이 왕의 소유가 될 것이고, 한 자의 땅을 얻으면 그 한 자의 땅이 왕의 소유가 될 것입니다. 지금 이것을 버리고 먼 곳을 공격한다면 이 또한 잘못된 일이 아니겠습니까?(王不如遠交而近攻, 得寸, 則王之寸, 得尺, 亦王之尺也)."[37] 영토를 확장한 후에는 그것을 공고하게 지킬 수 있어야 한다. 현재 우리의 입장에서 볼 때 이것은 제국 경영의 상식이다. '원교근공(遠交近攻)' 정책이 이처럼 늦게야 명확하게 제기되고, 또 이렇게 오래도록 인구에 회자된 것을 보면 봉건제도로 지역을 나눠 다스리는 사상이 전국시대에도 여전히 강성했음을 알 수 있다.

　제나라가 쇠퇴한 후 진나라와 균형을 이룬 세력은 조나라였다. 조나라는 여러 차례 진나라를 격파했다. 본래 한나라에 속한 상당(上黨) 땅을 탈취하기 위해 진나라와 조나라는 장평(長平)에서 3년간 대치했다. 기원전 260년 진나라 장수 백기(白起)는 기습병 2만 5,000명을 거느리고 조나라 후방을 쳐서 군량미 운송로를 끊었다. 아울러 기마병 5,000명으로 조나라 군영을 양분했다. 46일간 굶주린 조나라 군대는 마침내 항복했다. 백기는 항복한 조나라 장졸을 생매장해서 죽였는데, 학설에 따르면 그 숫자가 40만 명을 넘었다고 한다. 이런 엄청난 숫자는 과장된 듯하지만 중국 역사책에는 드물지 않게 나온다. 어떻든 조나라는 군사를 크게 잃었어도 저항력이 약화되지는 않았다. 진나라는 3년 동안 한단을 포위했지만 성을 함락시킬 수 없었다. 열국의 군주들이 진나라의 위력에 겁을 먹고 감히 구원에 나서지 못하자 귀족이 행동을 시작했다. 조나라 평원군(平原君, 전 308?~전 251)은 초나라로 가서 초왕을 설득했다. 위나라 신릉군(信陵君, ?~전 243)은 위왕의 병부(兵符)를 훔쳐서 군사 8만 명을 징발했다. 위나라와 초나라 연합군은 한단에서 모여 힘을 합치고 진나라 군사의 포위를 풀었을 뿐 아니라 그들을 궤멸시킨 후 잃었던 영토까지 수복했다. 이러한 지경에 이르러서야 합종책은 성과를 거둘 수 있었다. 불행하게도 육국은 기회를 살려 동맹을 공고하게 다지지 못하고 서로 작은 이익을 다투기에 바빴다. 기원전 241년 그들은 최후의 합종책으로 진나라에 대항했지만 우레 소리만 크고 비는 거의 내리지 않았다. 이에 육국의 멸망을 단지 진나라의 강력한 힘 탓으로만 돌리기는 어렵다.[38]

국제정세를 상세하게 관찰한 『관자』에는 이런 말이 있다. "강국이 많으면 먼저 거병한 나라가 위태롭고 뒤에 거병한 나라가 이롭다. 강국이 적으면 먼저 거병한 나라가 왕 노릇을 하고, 뒤에 거병한 나라는 멸망한다(強國衆, 先擧者危, 後擧者利. 強國少, 先擧者王, 後擧者亡)."[39] 전국시대 초기에 진나라는 고의로 늦추지는 않았지만, 먼저 군사행동에 나선 제나라와 초나라가 서로 전쟁하느라 지치기를 기다렸다가 그 뒤에 거병하여 충분한 이득을 얻었다. 200년의 세월이 흐르는 동안 형세가 바뀌자 육국의 국력은 모두 약해졌고 진나라만 강국이 되었다.

기원전 238년 약관의 나이에 친정에 나선 진왕 영정(嬴政: 통일 후 진시황)은 천하의 대임을 맡아 전쟁으로 이 피비린내 나는 전국시대를

용과 독수리의 제국

종결하려고 결심했다. 진나라 군신들은 웅심을 품고 모든 상황에 주의를 기울이며 전국시대 역사에서 무수하게 실족한 통한의 전철을 잊지 않았다. 이들은 무수한 간첩을 육국에 침투시켜 권신(權臣)을 매수했다. 그리고 그들을 마비·부패시켜 합종책 실행을 방지하고 적국을 하나하나 차례로 격파했다. 진나라의 뇌물을 받은 제나라 재상은 국경을 폐쇄하고 안주하며 진나라에 저항하는 다섯 나라를 도우려 하지 않다가 결국 제나라 스스로 재앙을 당하고 말았다. 진나라가 치밀한 준비를 통해 신속한 작전을 펴자 육국은 마치 추풍낙엽처럼 멸망의 길을 걸었다. 기원전 221년 진나라는 중국을 통일하고 새로운 역사를 열었다.[40]

같은 해 지중해 지역에서는 한니발이 카르타고 군대에서 총사령관으로 선출되었다는 소식이 로마로 전해졌다.

제4절
로마와 카르타고의 쟁패

로마가 이탈리아를 정복하는 동안에 알렉산드로스 제국이 폭죽처럼 하늘에 솟아올랐다가 곧바로 세 왕국으로 분열되었고 나중에 로마에게 멸망했다. 저항 능력에서 이들 나라는 로마의 첫 번째 해외 강적이었던 카르타고에 훨씬 미치지 못했다.

카르타고는 전략적 요충지에 자리 잡고 기원전 8세기 지중해 서부 연안 식민지였던 포에니 도시국가를 이끌었다. 카르타고 사람들은 항해에 뛰어나 상업으로 돈 버는 일에 열중했으므로 영토에 대한 야심은 아프리카 북부 지역에서 벗어나지 않았다. 다른 지역에서 이들은 상업 활동 독점 공간을 확장하려 할 뿐이었다. 이들은 상업 항구에서 정국의 안정을 가장 중시했으며, 또 에스파냐·사르데냐섬·시칠리아섬에서도 평화 유지라는 일관된 정책을 견지했다. 시칠리아섬의 그리스 도시국가는 시라쿠사(Siracusa)의 영도 아래 카르타고와 세력 균형을 유지하며 안정을 이뤘다.[41]

아리스토텔레스는 정치체제를 분석하면서 카르타고가 스파르타와 유사하지만 그보다 좀 더 낫다고 인식했다. 폴리비오스는 카르타고가 로마처럼 혼합식 정치체제였지만 로마는 귀족에 편중되어 있고, 카르타고는 민주에 편중되어 있다고 말했다.[42] 키케로는 이렇게 평가했다. "카르타고의 통치는 밝고 지혜로웠다. 그렇지 않았다면 패주의 지위를 600년 동안 유지할 수 없었을 것이다."[43]

로마와 카르타고는 수백 년 동안 좋은 관계를 지속했다. 두 공화국은 세 번 이상 조약을 맺고 서로의 세력 범위를 인정했다. 한 현대 학자는 유력한 방증 자료를 제시하면서 "로마는 시칠리아의 어떤 곳으로도 건너가지 않고, 카르타고는 이탈리아의 어떤 곳으로도 건너가지 않는다"라는 규정이 있었을 것이라고 추측했다.[44] 이 두 지역을 가르는 건 좁다란 메시나(Messina) 해협뿐이었다.

시칠리아섬 북단에 메시나시가 있고, 당시에는 마메르티니(Mamertines) 사람이 그곳을 강점하고 있었다. 이들 흉악한 이탈리아 용병들은 근처의 그리스와 페니키아 도시국가를 약탈했다. 그러자 도시국가 시라쿠사 사람이 나서서 간섭했다. 한 마메르티니 그룹은 로마에게 구원을 요청했고, 또 다른 그룹은 카르타고에 구원을 호소했다. 카르타고는 군사를 보내 메시나를 지켰다. 로마 원로원은 차일피일 결정을 유예했다. 그 이유는 마메르티니 사람이 악명으로 널리 알려졌기 때문이다. 어떻든 집정관은 풍성한 전리품으로 유혹하는 한편 카르타고가 시칠리아를 점령했을 때 공포정치를 펼 것이라 위협하며 민회에서 전쟁 참여에 찬성표를 던지라고 설득했다.[45] 기원전 264년 로마는 처음으로 해외로 군사를 파견했다. 페니키아 사람들이라는 뜻의 '포에니(Poeni)' 전쟁으로 명명된 세 차례 전쟁은 기원전 146년 카르타고의 멸망으로 막을 내렸다. 제1~2차 전쟁은 휴전 기간 23년을 포함하여 두 강국이 모두 62년 동안 장기 항전을 벌였다. 기간이 비교적 짧았던 제3차 전쟁은 무장해제당한 민중이 초강대국을 맞아 목숨을 건 투쟁에 나섰다.

제1차 포에니 전쟁

어떤 현대 학자는 로마의 시칠리아 침입을 "자위성 제국주의가 로마 외교정책을 주도했다"라고 평가했다.[46] 이것은 상당히 보편적인 논조다. 서구 제국주의가 전 지구를 횡행하던 시대에 서구 학계에는 로마의 침략을 자위성으로 분식하는 풍조가 유행했다. 그러나 제국주의의 착취는 자위란 평계를 대더라도 비판을 받을 수밖에 없다. 오늘날 대부분의 서구 학자는 카르타고가 로마에게 객관적인 위협을 가하지 않았다고 인식한다. 만약 로마가 주관적으로 장기적인 걱정에 싸여 있었다면 결코 외교 담판이나 시라쿠사와의 동맹과 같은 평화로운 해결 방안을 찾지 않았을 것이다. 로마는 단호하게 시칠리아에 침입했다. 이 정치적 분석은 군사행동과 상호 증거로 작용할 수 있다.

제1차 포에니 전쟁 과정에서 카르타고는 시종일관 피동적이었다. 전략과 군사행동의 주체는 거의 모두 로마였다.[47] 로마의 대군이 국경을 넘자 카르타고와 시라쿠사는 줄줄이 겁을 먹었다. 창졸지간에 어깨를 나란히 하고 적을 맞아 싸웠지만 패배를 면하기 어려웠다. 로마가 이탈리아를 방위하는 데만 뜻이 있었다면 마메르티니를 점령하고 수비에 전념하는 것으로 충분했을 것이다. 그러나 로마는 거기에서 멈추지 않았다. 다음 해 로마는 원정군을 두 배로 늘렸다. 시라쿠사는 압박을 받고 성 아래에서 항복하고 종속국이 되었다. 시칠리아 남부 연안의 그리스 도시국가 아그리겐툼(Agrigentum: 아그리젠토)은 카르타고의 신병 모집 집합 장소를 허용했다가 로마에게 참혹한 학살을 당했고, 나머지 그리스 공민은 모두 노예로 매매되었다.[48]

로마의 육군은 무적이었지만 시칠리아의 항구 도시국가를 함락시킬 방법이 없었다. 그 항구들은 카르타고의 보급과 지지를 받고 있었기 때문이다. 3년간 교착 상태에 빠진 후 로마는 반드시 책략의 변화가 필요함을 알았다. 이들은 익숙하지 않은 해군에 뜻을 두고 3개월 만에 전선 120척을 건조했다. 로마는 첫 번째 항해에서 대승을 거뒀고, 이후로는 해상의 우위를 장악했다.

기원전 256년 로마는 해군을 세 배로 확장하여 대군을 싣고 지중해를 건너 북아프리카에 상륙했다. 원정군은 그리스가 고용한 장군이

용과 독수리의 제국

지휘하는 카르타고 육군에게 패배했다. 로마의 함대는 패잔병을 싣고 귀국하는 과정에서 날씨를 무시한 사령관 때문에 폭풍우를 만나 전부 바닷속으로 침몰하고 말았다. 그러나 로마는 의기소침하지 않고 다시 함대를 재건했지만 그것은 지난 전철을 다시 보여주는 일일 뿐이었다.[49] 폴리비오스는 이렇게 해석했다. "로마인은 모든 일을 힘으로 쟁취한다. 뜻을 세우고 힘써 실천하면 극복하지 못할 곤란은 없다고 여긴다. 그들의 굳건한 의지는 늘 그들을 성공으로 이끈다. …… 그들은 하늘과 바다의 위력에 직면했을 때도 힘을 믿고 모든 노력을 다했지만 결과적으로 엄청난 좌절에서 벗어나기 어려웠다."[50]

이후 시칠리아의 형세는 교착 상태에 빠졌다. 로마는 바다에서 무능했고, 육상에서도 카르타고의 신임 사령관 하밀카르 바르카(Hamilcar Barca, 전 270~전 228)에게 기세가 꺾였다. 마지막에 로마는 이를 악물고 세 번째로 함대를 건조하여 마침내 카르타고의 해군을 격파하고 물자 보급이 부족한 항구 도시를 향해 투항하라고 압박했다. 기원전 241년 카르타고는 패배를 인정했다. 제1차 포에니 전쟁을 회고하며 폴리비오스는 다음과 같이 평가했다. "용기로 말하자면 로마의 전사가 우위를 점했다. 쌍방의 장수를 논하자면 가장 위대한 사람이 하밀카르였음은 의심할 바 없다."[51] 기원전 246년 시칠리아군 총사령관에 승진했을 때 하밀카르는 뛰어난 아들을 얻어서 한니발이란 이름을 붙였다. 과연 호랑이 같은 아버지 밑에 개 같은 아들이 없다는 격이었다.

20여 년에 걸친 전쟁으로 쌍방은 국고를 탕진했다. 세 번째 함대를 만들기 위해 로마는 공채(公債)를 발행했는데 이는 전쟁에 반드시 승리해야만 갚을 수 있는 상황이었음을 설명해준다. 국내의 세금을 올리지 않기 위해 카르타고는 그들이 계속 연체하던 용병의 임금을 깎으려고 했다. 결과적으로 로마인의 애국심은 승리를 견인했고, 카르타고인의 탐욕은 재앙을 야기했다. 용병은 결국 변란을 일으켰다. 더욱 불행한 건 새로 맺은 강화조약을 무시하고 카르타고가 반란군에 대처하는 틈에 로마가 풍요로운 사르데냐섬을 강점한 일이었다.[52] 폴리비오스는 이렇게 분석했다. "사르데냐섬에 관해서는 실제로 로마의 행위를 합리화해줄 만한 어떤 이유나 핑계도 찾을 수 없다." 로마가 카르타고의 사르데냐섬을 강점한 것은 "모든 공리와 정의를 위반한 사건이었다". 그는 이 일이 이후 전쟁의 주요 원인이라고 인식했다.[53]

제2차 포에니 전쟁

카르타고는 시칠리아와 사르데냐섬의 자원을 상실한 데다 막대한 전쟁 배상금까지 물어야 했다. 하밀카르는 당시 형세에 비춰보고 국민을 설득하여 에스파냐에서 유지하고 있는 그들의 패권을 다시 진작하고 확장한 후 그곳의 풍부한 광산 자원을 개발하려고 했다. 그는 지브롤터 해협을 건너 병영에서 죽을 때까지 에스파냐를 경략했다. 기원전 226년 체결한 로마와의 조약에 따르면 에스파냐 북부 이베루스(Ebro)강을 국경으로 삼는다고 되어 있다. 그러나 이 조약에는 카르타고 경내의 사군툼(Saguntum)에 대해서 아무런 언급이 없다.[54]

기원전 221년 카르타고 정부는 군대에서 치러진 선거 결과를 확인하고 한니발을 에스파냐 총사령관으로 임명하여 통치권을 강화했다. 사군툼은 이에 불복하고 로마에 사실을 알렸다. 자세한 상황은 잘 알 수 없지만 대다수 현대 학자들은 로마에게 한니발의 사군툼 공격을 제지할 합법적인 이유가 없다는 데 동의한다.

사실 로마도 이 일 때문에 어떤 군사행동도 하지 않았다. 사군툼 성을 함락한 후 한니발이 자행한 도살 수법은 로마가 아그리젠토를 도살한 수법과 완전히 같았다.[55]

사군툼이 8개월 포위되어 있는 동안 로마는 수수방관했다. 성이 함락된 후 3개월을 기다리고 나서야 로마는 카르타고를 향해 최후통첩을 했다. 어떤 현대 학자는 로마의 일관된 대외 수법을 형용하며 이렇게 강조했다. "로마는 고의로 협상 조건을 끝 간 데까지 끌어올려 자신들이 질책하는 손해 규모와 전혀 균형이 맞지 않게 한 후 상대방이 수용할 방법이 없게 한다."[56] 하늘 끝까지 배상금을 높여 상대방에게 양자택일, 즉 수용이 아니면 전쟁을 선택하라고 강요한다. 폴리비오스의 서술에 따르면 분노한 카르타고 원로원은 로마를 반박하며 조약의 조항을 증거로 삼아 자국 행위의 합법성을 극력 진술했다고 한다. 로마는 어떤 변명이나 이유에 대한 토론도 일언지하에 거절했다. 이런 교섭은 이전에도 로마가 시도한 적이 있다. 제1차 포에니 전쟁 도중 로마가 아프리카에 상륙했을 때 카르타고가 강화를 요청하자 로마 사령관은 자기가 이미 주재자가 된 것처럼 행동했다.[57] 당시에 카르타고인은 자존심을 유지해야 했다. 이런 상황은 지금도 마찬가지다. 이렇게 하여 제2차 포에니 전쟁이 기원전 218년에 시작되었다.

전쟁에서 누가 이기든 현지의 백성은 재앙을 당한다. 로마는 자국으로 침입한 산악 민족을 격퇴한 후 일관되게 다른 지역으로 가서 전쟁을 했다.[58] 로마는 이번에도 마찬가지로 일찍부터 전쟁 준비를 한후 선전포고를 하자마자 바로 두 갈래로 군대를 파견했다. 한 갈래는 에스파냐로 향했고, 한 갈래는 아프리카로 향했다. 의외인 것은 이번에 로마는 적수를 만나 적의 전술에 당해야 했다는 것이다. 한니발은 자신의 성(姓)인 바르카(Barca, 번개)에 부끄럽지 않게 행동했다. 그는 신속하게 에스파냐와 아프리카의 방어선을 구축하고 사신을 곳곳으로 보내 길을 빌리게 했다. 아울러 그는 갈리아인과 연맹을 맺고 다민족 대군을 모집한 후 에스파냐에서 이탈리아로 진군하며 서사시와같은 전쟁을 시작했다. 그는 지금의 프랑스 마르세유 부근을 지날 때에스파냐로 향해 가던 로마군과 엇갈렸다. 당시에 로마군은 제해권을장악하고 바다 위를 운항하고 있었던 반면, 그는 1,000리 길을 걸어서장정에 나서고 있었다. 행군으로 연도의 장애물을 돌파하는 과정에서엄청난 힘을 소모해야 했다. 한니발은 도망가는 군사는 내버려두고정예병만 남겼다. 초겨울 눈보라 속에서 알프스산맥을 넘자 다시 부상을 당하거나 사망하는 군사가 줄줄이 이어졌다. 이탈리아에 도착했을 때 그의 군사는 겨우 절반만 남아 있었다.[59]

폴리비오스는 다음과 같이 기록했다. "로마와 그 종속 동맹국은 예비 보병 70만 명과 기병 7만 명을 보유하고 있어서 수시로 장병 모집에 응할 수 있었다. 그러나 한니발은 2만 명의 군사로 이탈리아를 침략했다."[60] 보병 이외에 한니발은 또 6,000 기병을 보유했다. 고난의

용과 독수리의 제국

진군 노선은 그가 퇴로를 생각하지 않았고, 증원도 생각하지 않았음을 의미한다. 이탈리아에서 15년간 전투를 치르며 그는 단 한 차례 총 4,000명의 사병을 증원받은 적이 있다. 별도의 군사도 그는 반드시 로마의 부속 연맹에서 모집했다. 그러나 포강 유역의 갈리아인도 방금 로마에게 정복되어 복수를 간절히 원하고 있었지만 설산에서 고초를 겪은 이 초췌한 군대에 대해 반신반의하는 마음을 갖고 있었다. 군대의 사기를 높이고 지지를 얻어내기 위해 한니발은 반드시 승리해야 했다. 또 승리하면서도 사상자가 적어야 했다. 그의 골간 부대는 한 사람이 전사하면 한 사람이 줄어드는 형편이었기 때문이다.

한니발은 고군(孤軍)으로 적의 소굴 깊숙이 진격했지만 그가 견지한 것은 절대 자살성 광증이 아니었고, 냉정하고 제한된 정치적 목표였다. 그것은 바로 로마의 해외 확장을 막으려는 욕망이었다. 폴리비오스의 기록에 따르면 그는 나중에 마케도니아와 협약을 맺고 로마를 강압하여 일련의 도시를 포기하게 한 후 공화제를 실시하려 했다고 한다.[61] 로마가 관할하는 이탈리아는 하나의 연맹체였고, 그중 로마 공민은 겨우 인구의 3분의 1을 차지하고 있었고, 군사는 대부분 종속 동맹국에서 충당했다.[62] 따라서 만약 종속국의 반란을 부추길 수 있으면 로마의 세력을 크게 약화시킬 수 있었다. 한니발은 로마의 무적 명성을 분쇄하기 위해 종속국의 반란을 회책했다.[63]

한니발은 이탈리아반도 북단에서 군사를 이끌고 남하했다. 그는 여러 번 로마군과 교전을 하며 갈수록 더 강해지는 적을 격파했다. 그가 먼저 몇 차례 복병을 피해 우회하자 로마인은 그를 기만술에 능한 자라 부르며 비명을 질렀다. 그러나 기원전 216년 칸나에(Cannae) 대회전에서는 쌍방이 원형진으로 마주보고 정규전을 치렀다. 이 전투는 로마가 고른 전장에서 진행되었다. 한니발은 보병 4만 명과 기병 1만 명을 거느렸는데 그중 절반은 갈리아인이었다. 로마와 그 종속국에서는 모두 보병 8만 명과 기병 6,000명을 징발하여 태산과 같은 압도적 기세로 적을 섬멸하려 했다.

로마가 동원한 군대는 유사 이래 최대 규모였지만 결국 가장 참혹한 패배를 기록했다. 한니발은 뭇 사람이 주시하는 가운데 함정을 설치하고, 가운데가 도드라진 초승달 모양의 전선을 형성하여 자신의 중군을 허약하게 노출시켰다. 중군의 경무장 보병은 한편으로 싸움을 걸며 한편으로 후퇴했다. 이들은 천천히 적을 양 날개의 중무장한 보병 쪽으로 유인했고, 기병으로 하여금 때때로 로마 기병을 공격하여 패퇴시켰다. 그런 후 회군하는 적의 배후를 공격하며 큰 포위 전술을 구사했다. 거의 7만 명의 로마 군사가 전장에 쓰러졌고, 한니발 군대의 사상자는 약 6,000명이었다. 칸나에 전투는 세계 전쟁사에서 유명한 대첩 중의 하나다.[64]

한니발이 모든 전투에서 승리하자 그의 부장들은 모두 승세를 타고 로마시를 치자고 종용했다. 칸나에 대첩으로 이들은 주체할 수 없는 기쁨에 들떠 있었지만 한니발은 오히려 부하들의 망동을 단속했다. 손무(손자)는 "가장 나쁜 계책이 성을 공격하는 것이다(其下攻城)"라고 했다. 이 말은 서양에서도 통용될 수 있다. 70년 후에도 강약이 현격하게 차이나는데도 로마는 여전히 3년을 기다린 후에야 카르타고성을 함락시킬 수 있었다. 그런데 당시는 로마시가 매우 견고하고 정치도 깨끗하며 수시로 병력 보충이 가능한 후방 예비군도 이탈리아 전체에 널려 있는 상황이었다. 한니발의 군대는 숫자가 적고 야전에 능했다. 견고한 성을 공격하려면 무거운 공성 기구를 갖춰야 하므로 기동력의 우세를 상실하게 되고, 장기적으로 한곳에 묶여 있으면 안팎으로 적의 공격을 받게 되어 승산이 줄어들 수밖에 없다. 그는 스스로 로마 연맹 분열 책략을 고수하며 매번 승리한 후 전쟁포로를 로마 공민과 종속국 병사로 나눠 수용했다. 그는 종속국 병사에 대해서는 호의를 베풀며 석방을 위해 돈을 낼 필요가 없다고 말했다. "내가 이곳에 온 것은 이탈리아 민중의 자유를 회복하게 하고, 그들이 상실한 토지와 성곽을 로마 수중에서 탈환하도록 도와주려는 것이다."[65] 칸나에 대회전 이후 한니발은 다시 로마 전쟁포로에게 "내가 로마와 싸우는 것은 결코 생사존망을 건 전투가 아니다"라고 말했다. 그는 전쟁포로를 골라 사절단에 동행하게 하여 이 소식과 강화 제의를 로마시로 갖고 가게 했다.[66]

국지전 개념은 결코 한니발의 독창적 견해가 아니다. 민족주의는 2,000년 후에야 탄생했다. 이와 마찬가지로 키케로도 로마와 카르타고가 다툰 것은 영광과 권세이며, 이런 전쟁은 생사존망을 건 전쟁에 비해 잔혹하지 않다고 인식했다.[67] 나중에 로마는 승리를 쟁취한 후 카르타고, 마케도니아 등과 강화조약을 체결했다. 당시 국제 풍속에 비춰 한니발은 적을 살상한 후 주체적으로 협상에 나서 정리에 부합하는 강화조약을 맺으려 했는데, 이는 결코 기상천외한 생각이 아니었다. 그러나 그는 로마인의 강고한 의지를 과소평가했다. 그들은 카르타고의 사절을 근본적으로 성문 가까이 다가오지 못하게 했다. 공민들은 상하가 한마음이 되어 절대 담판을 하지 않겠다고 했으며, 전쟁포로조차 대속(代贖)하지 않고 죽이거나 팔거나 자기들 마음대로 처리했다. 그들은 승리하지 못하면 싸우다 죽겠다고 주장했다.[68] 전면전을 하겠다는 결심에 따라 로마는 마침내 천하를 혼자 소유하게 되었다. 하지만 이탈리아 민중은 참혹한 대가를 치러야 했다.

로마는 초토화 정책을 시행하며 한니발과 교전하려 하지 않고 그가 본토를 유린하도록 내버려뒀다. 로마는 성벽을 튼튼히 하고 들판에 식량을 남기지 않는 견벽청야(堅壁淸野) 전술만 쓰며 긴밀히 뒤를 따르다가 틈이 생기면 소란을 일으켰다. 한니발이 등을 보이면 바로 방법을 강구하여 투항한 종속국 포로를 탈취한 후 심한 징벌을 가했다. 한니발은 맹방의 땅을 얻는 동시에 피로가 누적되어 갔다. 그들을 보호하려고 그는 우세한 기동성을 희생하지 않을 수 없었다. 이처럼 장기적인 소모전 과정에서 로마는 이탈리아의 사회 구조를 이용하여 한니발의 군대를 약화시켰다. 쌍방은 서로서로 공포 수단을 강화하여 통제를 달성했다.[69]

로마의 연맹은 붕괴되었지만 붕괴된 게 아니었다. 한니발은 이탈리아 남부에서 많은 맹우(盟友)를 얻었지만 로마가 직할하는 영토가 가로로 반도를 나누고 있어서 남북이 서로 단절될 수밖에 없었다. 이는 그가 북부의 갈리아인을 이끌고 작전을 구사하는 데 방해가 되는 환경이었다. 이탈리아의 중부와 북부는 안정되어 있었고, 각지의 항구

용과 독수리의 제국

는 해군의 보호를 받고 있었다. 다수의 평민은 로마의 영광을 위해 희생하려 하지 않고 차라리 한니발과 강화를 원했다. 그러나 권력을 장악한 부호들이 이들을 통제하며 로마에 충성을 강요했다. 로마의 재벌주의와 분리 통치 정책이 주효했고, 군국주의도 마찬가지의 효과를 드러냈다. 기원전 212년 로마는 가장 침체된 시기에 접어들어 부속 동맹국 100분의 40을 상실했다. 하지만 여전히 육군과 해군 24만 명을 동원할 수 있었다.[70]

병역 복무는 로마 공민과 종속 동맹국 민중의 가장 큰 책무였다. 이와는 반대로 카르타고의 공민은 자위를 위해 무기를 잡았을 뿐 외적과의 전쟁에는 시종일관 용병을 고용했고, 그때도 반드시 사소한 금액까지 따졌다. 정부는 전혀 단합된 힘을 발휘하지 못했고 한니발에 반대하는 당파도 아주 강경했다. 이번 전쟁 전체 과정을 통틀어 카르타고는 겨우 사병 8만 2,000명만 파견하여 에스파냐, 시칠리아 등지에서 로마군과 대응하게 했다. 또 함대 재건을 위해 돈을 쓰려 하지 않아서 로마 해군은 마음대로 카르타고 연안 도시를 습격하거나 신속하게 군사를 운송할 수 있었다.[71]

기원전 210년 로마는 에스파냐 지역 전투에서 우위를 빼앗겼다. 사람들은 스키피오(Publius Cornelius Scipio Africanus, 전 236~전 184)를 에스파냐 사령관으로 선출했다. 스키피오는 한니발의 용병을 두 차례 경험한 적이 있다. 그중 두 번째가 칸나에 전투였다. 에스파냐에 도착한 후 그는 카르타고 노바(Carthago Nova)를 기습했다. 이 해안 대도시는 에스파냐의 수도였을 뿐 아니라 이곳 반도의 대외 중심 항구였다. 그는 또 한니발의 전술을 채택하여 군단을 훈련시키고 그들이 공수 작전에서 기민하게 행동할 수 있게 했다. 5년 동안 그는 카르타고 세력을 에스파냐에서 축출했다. 그 후 그는 원로원을 설득하여 아프리카 원정을 단행했다. 이것은 한니발이 이탈리아에서 쓴 것과 똑같은 방법을 응용한 것이다. 카르타고의 이웃 나라 누미디아(Numidia)는 기병으로 명성을 떨쳤는데, 그곳 왕이 로마와 카르타고에게 화의를 권했다. 스키피오는 기회를 틈타 그를 유인하여 살해했다. 카르타고는 국가를 보호하기 위해 한니발을 소환했다.[72]

기원전 202년 자마. 한니발과 스키피오는 서로 진을 치고 대면했다. 한니발은 재차 강화를 제의했으나 뜻을 이루지 못했다. 그런 후 백병전이 벌어졌다. 쌍방의 병력이 얼마였는지는 학설이 분분하다. 그러나 그가 누미디아를 수복했기 때문에 스키피오의 기병이 좀 더 강했을 것이라는 데 의견의 일치를 보인다. 한 군사평론가는 다음과 같이 논평했다. "정말 이상하다. 역사상 발군의 능력을 발휘한 두 장군이 이전에는 독창적이고 신묘한 수법을 무수히 썼으면서도 자마에서 대적할 때는 죽어라고 강경한 전투만을 고수했다."[73] 아마도 자마 전투는 두 차례의 포에니 전쟁을 상징하는 듯하다. 군사적 천재가 찬란한 전공을 세웠더라도 끝내 참혹한 전쟁의 내막을 가릴 수는 없다. 양대 세력은 각자 의지를 굳건히 하고 모든 자원을 동원하여 장기적으로 강경한 대치를 이어갔다. 모든 역사학자는 로마가 인력과 군사력에서 훨씬 우세했다는 점에 주의하고 있다.[74] 어떤 역사학자도 "서로 맞설 만한 실력이었으나 로마가 카르타고에게 승리할 만한 능력이 있었음

은 분명하다"라고 말했다.[75]

한니발과 스키피오는 각각 25세 때 원로원의 반대를 무릅쓴 전사들에 의해 사령관으로 선출되었다. 두 사람의 나이는 열두 살 차이지만 모두 기원전 183년 유배 중에 죽었다. 군사적 천재성뿐만 아니라 정치적으로도 이들은 높고 원대한 안목을 보여줬다.[76] 한니발은 이탈리아에서 자유를 선전하고 로마에게 화의를 제의하여, 자신의 행동으로 원한에 찬 미치광이란 모함을 반박했다. 자마 패전 후 그는 드넓은 흉금으로 현실을 받아들이고 호전파를 단속하며, 로마가 내건 조건이 그다지 가혹하지 않으므로 주의해서 준수해야 한다고 주장했다. 전후에 국고가 고갈되자 백성은 위기에 대처하기 위해 한니발을 집정관으로 선출했다. 그는 국가의 장부를 자세히 조사한 후 카르타고가 로마에게 전후 손해배상금을 지불할 수 있으므로, 백성의 세금을 올릴 필요가 없고, 탐관오리가 훔쳐간 돈을 환수하면 된다고 선포했다. 그는 자신이 한 말을 그대로 실천했다. 리비우스는 한니발이 권세가의 권력 남용을 개혁한 일을 이렇게 묘사했다. "그는 이 일로 백성의 사랑을 받았는데, 그만큼 귀족들에게서 미움을 받았다."[77] 카르타고의 권세가들과 탐관오리들은 그들의 맹우인 로마 귀족에게 호소했다. 그러자 로마에서는 한 무리 고관을 파견했다. 한니발은 말없이 조국을 떠났고, 로마인이 그를 체포하기 전에 음독 자결했다.[78]

스키피오는 카르타고에 대승을 거둔 후에도 전혀 사나운 모습을 드러내지 않았다. 그는 오히려 로마인의 복수 욕망을 단속하고 정리에 맞는 조약을 체결하여 효과적으로 카르타고를 억제하면서 그들이 원한을 품지 못하게 했다. 카르타고는 여전히 아프리카의 근거지와 내정의 자주권을 보유했지만 거액의 전쟁 배상금을 물어야 했을 뿐 아니라 로마의 허락 없이는 자위를 포함한 어떤 무장행동도 할 수 없었다.[79] 이 조약으로 로마는 반세기 동안 평화와 번영을 누렸다. 스키피오는 로마 민중의 영웅이 되었다. 그는 카르타고를 합리적으로 대우하는 정책에 맞춰서 이성적인 외치를 하자고 주장하면서 그리스화된 도시국가의 권리도 존중했다. 마지막에는 그도 편협하고 시기심 많은 정객들에게 배척되어 정치 생애를 마감하고 스스로 추방객이 되었다. 그의 정적 가운데 하나는 아프리카 전투에서 그의 수하였던 마르쿠스 카토(Marcus Porcius Cato, 전 234~전 149)였다. 나중에 연로한 카토는 한마디 말로 로마 민중을 선동할 줄 알았다. "카르타고는 틀림없이 파멸할 것이다."[80]

제3차 포에니 전쟁

카르타고인은 패전 후에 아마도 더 즐거웠을 것이다. 이들은 로마인과 마찬가지로 자기가 좋아하는 일에 전념할 수 있었다. 로마가 지중해 동부에서 계속 승리하고 있을 때 카르타고인의 생활은 번성했다. 심지어 어떤 사람은 당시 카르타고가 세상에서 가장 부유한 나라였다고 말했다.[81] 카르타고는 한 가지 일만 제외하면 유순한 로마 종속국으로서 매우 즐거운 생활을 누렸다. 그것은 바로 국가의 안위에 관한 정책을 모두 로마의 기색을 살펴서 결정해야 한다는 점이었다. 돈으로 살 수 없는 이 일은 정말 몹시 불쾌한 일이었다.

용과 독수리의 제국

누미디아는 로마의 비호 아래 점차 국력을 키웠고, 카르타고는 반격할 힘이 없었다. 누미디아는 날이 갈수록 대담하게 카르타고의 땅과 성을 침략했다. 두 아프리카 국가는 항상 로마로 가서 송사를 벌였다. 당시 폴리비오스는 로마에 거주하며 수많은 고관대작과 교유했다. 그는 다음과 같은 사실에 주의했다. "카르타고는 늘 재판에서 손해를 봤는데, 그건 그들이 불합리한 주장을 했거나 잘못을 저질렀기 때문이 결코 아니었고, 중재하는 법관이 편파적이어서 카르타고를 재판에서 패배하게 해야 자신에게 유리했기 때문이다."[82]

불공평한 판결과 굴욕적인 감정이 갈수록 심해지자 원한을 품은 카르타고인은 강경한 민주파 영수를 선출했다. 기원전 151년 누미디아의 침략에 항거하는 싸움이 전쟁으로 확대되었다. 카르타고는 대패했다. 더욱 불행했던 건 카르타고가 처음으로 로마와의 조약을 어기게 되었고, 거기에다 그 시기가 좋지 않았다는 점이다. 2년 전 로마의 시찰단이 카르타고가 번성 중이라고 칭찬한 이후 감찰관 카토는 끊임없이 카르타고를 멸망시켜야 한다고 주장하고 있었기 때문이다.[83] 폴리비오스의 말에 따르면 로마인은 일찍부터 출병할 마음을 품고 있었다고 한다. "하지만 그들은 기회를 찾고 있었는데, 이제 다른 나라를 향해 선전할 좋은 기회를 찾았다." 이제 카르타고가 스스로 그 빌미를 제공해준 것이다.[84]

카르타고의 사죄단은 로마에 도착하여 로마가 이미 군사를 조련하고 병마를 사육하는 것을 목도하고 절망감에 젖어 무조건 항복을 선언하고 모든 처리를 로마에 일임했다. 원로원에서는 카르타고가 시대의 흐름을 잘 파악했다고 칭찬하고 장차 자유와 법률 및 전체 영토를 보장해주겠다 하고, 다만 모든 일은 로마의 명령에 따라 처리하라고 요구했다. 동시에 그들은 일반 규정보다 두 배 많은 원정군이 탄 전함에 승선하여 아프리카로 향했다. 이 군대에는 약탈을 위한 지원군도 많이 포함되어 있었다. 카르타고인은 순순히 모든 무기와 갑옷을 내줬고, 몇몇 지도자급 공민은 자신의 아들을 로마시에 인질로 보냈다. 그런 후 그들에게 파괴를 위해 카르타고성을 바치라고 했다. 그들은 자신의 영토 안에서 자유롭게 거주할 수 있었지만 반드시 바다에서 10마일 이상 떨어진 곳에서 살아야 했다.[85]

카르타고인은 항해를 통한 상업으로 살아가기 때문에 반드시 해변 근처에 거주해야 했다.[86] 그런데 내륙에 거주하도록 압력을 받자 생계를 유지할 수 없게 되었다. 누미디아인은 사방에서 호시탐탐 약탈할 틈을 노렸고, 성곽의 보호도 받지 못하고 자위를 위한 무장도 할 수 없는 카르타고인의 자유는 마치 얕은 물로 옮겨진 고래의 몸부림과 다름이 없었다. 그들은 앞날을 따져본 후, 투항하겠다는 승낙을 철회했다.

카르타고 성안의 모든 공공장소는 밤낮으로 일을 하는 무기제조 장소로 변했다. 계급과 귀천을 막론하고 남자는 노동에 참가했고, 여자는 긴 머리를 잘라 투석기의 밧줄 재료로 제공했다. 지난번 로마와의 교전 이후 카르타고인은 처음으로 합심 협력했고, 그 투지도 칸나에 패전 후의 로마인에 뒤지지 않았다. 그러나 때는 너무 늦었다. 높은 성곽과 굳센 투지에 의지하여 이들은 무적 로마 군단과 맞서 3년

용과 독수리의 제국

을 항거했다. 기원전 146년에 이르러 로마 군단은 성을 함락시켰지만 6일 밤낮 동안 치열한 시가전을 치르고 나서야 완강하게 저항하는 적을 깨끗하게 제거했다. 그들은 성안을 완전히 약탈한 후 불을 질러 평지로 만들었다. 카르타고에 소속된 모든 고을도 똑같은 운명을 맞았다. 5만여 명만 목숨을 건져서 노예로 팔려갔다. 로마는 마침내 카르타고를 철저하게 파괴했다.[87]

로마 군단 총사령관 스키피오 아이밀리아누스(Scipio Aemilianus, 전 185~전 129)는 문화 소양이 풍부한 사람으로 개명한 귀족 중에서 뛰어난 인물이었다. 그는 카르타고가 자신이 내린 명령에 의해 화염 속에 몰락하는 것을 응시하다가 트로이 목마를 읊은 호메로스의 시구를 낮게 읊조리며 처연하게 눈물을 흘렸다. 그는 자기 곁에 서 있던 스승의 손을 잡고 말했다. "아, 폴리비오스! 참으로 찬란한 순간입니다! 하지만 불길한 예감을 느낍니다. 아마도 미래의 어느 날 이와 똑같은 운명이 우리 나라에 닥칠 것 같군요.'[88]

설마 스키피오가 화염 속에서 카르타고 영웅의 혼령을 본 것일까? 자마 전투 후 오래지 않아 한니발은 자기 동포들에게 말했다. "대국은 태평시대를 오래 유지하기 어렵습니다. 외환이 없으면 내란이 발생하기 때문입니다. 인체를 예로 들면 밖으로부터 병균에 감염되지 않더라도 내면의 긴장이 병을 유발할 수 있는 것과 같습니다.'[89] 외적의 위협을 내정의 경계로 삼으려는 의도는 로마인과 중국인 모두에게 존재하고 있었다.[90]

이보다 400년 전 중국에서는 진(晉)나라와 초나라가 대치하고 있었

다. 진경(晉卿) 범문자(范文子, ? ~전 574)는 초나라와 싸우지 말고 퇴각
하자고 주장했다. "우리 선군께서 자주 전쟁을 한 건 까닭이 있소. 진
(秦)·적(狄)·제(齊)·초(楚)가 모두 강하여 힘을 다 쓰지 않으면 자손이
장차 허약해질 수 있기 때문이었소. 지금은 삼강이 굴복했으니 오직
초나라만 대적하면 되오. 성인만이 내우외환을 모두 없앨 수 있소. 나
자신은 성인이 아니니 밖이 편안하면 안에서 우환이 발생하게 되오.
어찌 초나라를 풀어두고 외환의 경계로 삼지 않으시오?(吾先君之亟戰
也, 有故. 秦狄齊楚皆强, 不盡力, 子孫將弱. 今三强服矣, 敵楚而已. 唯聖人能外內無
患, 自非聖人, 外寧必有內憂. 盍釋楚以爲外懼乎?)." 아무도 그의 충고를 듣지
않았다. 진나라는 언릉(鄢陵)에서 초나라를 격파했지만 2년 후 진나라
경(卿) 두 사람이 모의하여 진 여공(厲公, ? ~전 573)을 살해했다. 진나라
는 이때부터 분열의 길을 걷게 된다.[91]

　　로마는 지금도 '영원한 도시'로 우뚝 서 있다. 600년 이후에 중건
된 카르타고에서 출발하여 싸우지도 않고 로마시를 접수한 야만인(반
달족)들의 살인과 약탈 수단은 로마인의 야만성에 훨씬 미치지 못했
다. 스키피오가 눈물을 흘리며 예감한 일에 해당하는 건 로마시가 아
니라 로마공화정 정체(政體)였다. 13년 후 스키피오가 또 다른 카르타
고의 꼬리인 에스파냐의 누만티아를 파괴할 때 티베리우스 그라쿠스
(Tiberius Gracchus, ? ~전 133)는 토지개혁을 추진하다가 피살되었다. 이
는 로마공화정 몰락의 표지다. 카르타고 멸망이 로마공화정 성쇠의
교차점이었다고 인식한 사람은 살루스트 한 사람에 그치지 않았다.[92]

제5절

자유로 포장한 제국주의

한 현대 학자는 로마가 카르타고를 파괴한 일에 대해 이렇게 형용했다. "우리는 그 잔학성이 로마가 일관되게 자행한 전쟁 행위와 다름이 없고 단지 다른 점은 학살의 양이었음을 알아야 한다."[93] 카르타고는 로마의 숙적이었지만 코린토스는 그렇지 않았다. 그러나 모두 기원전 146년에 똑같은 대우를 받았다. 코린토스도 불바다가 되었고 생존자는 모두 노예로 팔려갔다. 그 원인은 단지 아카이아 동맹을 약화시키라고 명령하러 온 로마 대사를 모욕했기 때문이었다. 코린토스 폐허는 요충지에 위치하여 그 소식을 듣고 전율한 그리스 도시국가들에게 공포심을 심어주었다. 로마는 계속해서 그리스에 자유와 자주를 선전했지만, 반세기 전 로마가 코린토스의 이스트미아(Isthmia) 경기대회에서 선전한 '그리스의 자유'라는 구호와 그 구호에 의해 촉발된 환상은 이미 깨어질 수밖에 없었다.

지중해 동부는 그리스의 세계였다. 기원전 3세기 후반부 국제 시스템의 중심은 알렉산드로스 대제국의 세 왕국, 즉 발칸반도의 마케도니아, 중동의 시리아, 아프리카의 이집트로 분열되었다. 그 밖에 독립된 내정을 갖춘 많은 그리스 도시국가는 강대한 아카이아 동맹과 아이톨리아 동맹을 맺고 외교 및 기타 약정 사안에 협력했다.[94] 열강은 대체로 세력 균형을 이뤘는데 이는 이보다 100년 일찍 나타난 중국의 전국칠웅과 같은 상황이었다. 상이한 것은 이곳의 세력균형이 외래 침략자에 의해 무너졌다는 점이다.

기원전 200년 막 한니발을 패퇴시킨 로마는 군사를 휘몰아 마케도니아 왕 필리포스 5세(Philippos V)를 향해 담판도 거치지 않고 바로 전쟁을 일으켰다. 폴리비오스는 원로원이 필리포스 5세에게 보낸 편지를 기록했다. "평화를 원하면 반드시 이와 같이 해야 합니다. 명령을 따르지 않으면 로마와의 전쟁을 피할 수 없을 것입니다." 이 유일한 최후통첩에서 제시한 요구를 필리포스 5세는 당시 상황에서 절대로 받아들일 수 없었다.[95] 현대 학자의 지적에 따르면 이런 태도가 로마의 특색이라고 한다. "복종이냐 불복종이냐, 이것이 로마가 일관되게 그리스 세계에 던져준 유일한 선택지였다."[96] 가이우스 마리우스는 로마의 특징을 드러내며 미트리다테스 6세(Mithridates VI)에게 소리쳤다. "로마보다 강하다면 몰라도 그렇지 않으면 닥치고 명령에 따르시오." 어떤 로마 사신은 원로원의 최후통첩을 전하면서 시리아 왕 발 주위에 둥근 테두리를 그려놓고, 승낙을 하지 않으면 테두리 밖으로 나올 수 없다고 했다.[97] 로마인은 무례했고, 그들의 강권외교는 그리스 세계에서는 매우 익숙한 것이었다. 문화적 소양이 풍부한 그리스인은 현대인이 '제국주의'라고 부르는 제도의 함의를 더욱 분명하게 밝혀낼 수 있었다. 기원전 5세기의 아테네 제국은 내정에선 민주주의가 극성했지만 대외적으로는 횡포를 부리며 한결같이 스파르타의 굴기를 압박하며 패권을 다퉜다. 이 때문에 그리스 도시국가 사이에서 오랫동안 피비린내 나는 대전이 야기되었다. 아테네는 스파르타에게 "약자가 강자에게 복종해야 하는 건 세상의 일관된 법칙이다"라고 공언했다.

섬나라 밀로스(Milos)가 중립을 요구하며 공의에 호소하자 아테네는 너무 천진하게 굴지 말라고 하면서 이렇게 말했다. "실력이 비슷해야 이치를 이야기할 수 있다. 강약이 현격하게 다를 때는 강자 마음대로 해도 약자는 반드시 순종해야 한다."[98] 자신이 직접 몸으로 겪은 일을 기록한 투키디데스(Thucydides, 전 460?~전 400?)는 전쟁 및 자유변론을 주로 서술했다. 그가 쓴 『펠로폰네소스 전쟁사』는 강권외교의 경전으로 지금까지도 늘 정론가들에게 언급되고 있다.[99] 이런 폭력은 바로 현대 구미 제국주의의 '함포외교'로 드러났다. 이것은 서구에서 매우 유구한 전통을 갖고 있으며, 지금은 고대의 무기가 현대의 무기로 달라졌을 뿐이다. 전통은 바뀌지 않고 시국만 바뀌었다. 로마가 제국을 건설하자, 그리스는 강경한 적수를 만나게 되어 연전연패의 나락으로 떨어졌고, 이에 필연적으로 제국주의의 논리를 받아들일 수밖에 없었다. 기원전 168년 피드나(Pydna) 전투에서 로마는 페르세우스(Perseus) 왕을 격파하고 마케도니아를 정복했다. 폴리비오스는 다음과 같이 평가했다. "이로부터 당시 사람들은 현실을 보편적으로 받아들였다. 아무도 로마에 순종하는 일을 피할 수 없어서 머리를 숙이고 명령에 따라야 했다."[100]

상대를 채찍으로 굴복시키는 동시에 로마는 자유를 선전했다. 그리스 사람은 전혀 아이러니를 느끼지 못했다. 이런 수단은 본래 그리스인이 발명한 것이었기 때문이다. 한편으로 정복자는 습관적으로 '자유 민주'를 선전하며 패배자를 위무하면서, 다른 한편으로는 차꼬와 수갑으로 압제를 가했다. '압제에서 해방'이란 구호는 침략 전쟁과 정권 전복을 위해 합법적인 외투를 입고 등장했다.[101] 로마는 청출어람이었다. 동쪽으로 창끝을 겨누며 '그리스 해방'이라는 선전 공세를 펼쳐서 마케도니아의 종속 동맹국을 분리하여 착취했다. 희극적인 상황의 절정은 기원전 198년 로마가 필리포스 5세를 격파한 후 집정관이 코린토스의 이스트미아 경기대회에서 소아시아의 도시국가를 포함한 모든 그리스 도시국가의 자유를 지지한다고 선언한 것이다. 그리고 로마의 세력범위가 시리아 왕국 문전까지 도달했다고 공언했다. 10년도 지나지 않아 로마는 시리아 본토를 정복했다.[102]

로마는 필리포스 5세를 격파한 후 주둔군을 남기지 않고 철수했다. 그리스인은 환호했지만 주인이 하사한 자유는 주인이 마음 내킬 때 바로 회수해간다는 사실을 몰랐다. 로마 군단은 3년 뒤 다시 돌아왔고, 이후 이런 행동을 반복하며 마침내 장기 체류를 결정했다. 피드나 전투 이후 로마는 마케도니아를 4개의 정치체제로 나누고, 이들이 번창한 바탕인 광산을 폐쇄하고, 이들의 세금 수입 절반을 가로챘다. 그러나 20년을 기다리고 나서야 마케도니아를 병탄했다. 로마는 자유를 표방한 제국이다. 로마는 "마케도니아인은 반드시 자유를 누려야 한다", "따라서 세계의 자유민은 이들의 자유가 로마인의 보호 아래에서 영원히 존속함을 알아야 한다"라고 널리 알렸다. 마찬가지로 로마 군단에서는 마케도니아의 옛 동맹국 에피루스에서 철수하여 "에피루스인도 마케도니아인처럼 자유를 누릴 것이다"라고 선포했다. 또 동일한 어투로 로마 군단은 에피루스인에게 금은을 내라고 하여 체계적으로 이들의 재물을 깡그리 약탈했다. 막 자유를 보증받은 15만 명의 에

피루스인은 자신의 몸이 노예 시장에서 경매되고 있다는 사실을 발견했다.[103]

민주제나 과두제를 막론하고 그리스 도시국가에는 보통 다수의 당파와 그룹이 포함되어 있다. 기원전 180년부터 로마는 도시국가들의 내정에 적극 개입하여 그들의 반항을 진압했다. 관리들은 자유로운 도시국가를 순찰하며 누가 열심히 로마를 옹호하고 누가 건성으로 대응하는지 안다고 하면서, 건성으로 대응하는 자는 반역자와 같은 처벌을 받을 것이라고 선포했다. 이에 사람들은 경악했다. 로도스(Rhodos)에 거주하던 반(反) 로마 인사 다수가 목숨을 잃었고, 적지 않은 사람이 자결했다.

아카이아 동맹 소속 수석 공민 1,000명은 로마로 보내져 인질이 되었다. 16년 후 300명만 생존하여 귀향했다. 그중 한 사람이 역사학자 폴리비오스다. 다른 한편으로는 적과 내통하며 매국 행위를 한 그리스인도 적지 않았다. 그리스에서는 정객들이 자신의 지위를 강화하기 위하여 외국을 향해 그리스 내정의 권력투쟁에 개입해달라고 요구하곤 했는데, 이것은 그리스 민주 정치체제 전통의 하나다.[104] 예를 들면 아카이아의 칼리크라테스(Callicrates)는 다음과 같은 태도를 견지했다. "무릇 로마인이 요구하는 것은 그것이 법률, 맹약, 맹세 등 무엇이든 상관하지 말고 충성을 다해 실행해야 한다. 설령 그리스 아이에게 거리에서 '매국노'로 매도하거나 로마의 비호 아래 발호하는 놈이라고 매도하더라도 말이다."[105] 한 근대 학자는 "로마의 쇠사슬이 그리스인의 손을 거쳐 그리스인의 목에 채워졌다"라고 평가했다.[106]

그리스 도시국가에서 로마의 명령에 따르기만 하면 다른 일은 자유롭게 처리할 수 있었다. 그리스인의 습관적인 다툼은 로마인에게 조력자를 돕고 반항자를 제거하는 구실을 제공해줬다. 아카이아 동맹은 스파르타의 퇴출을 막으려 했다. 로마는 동맹에서 스파르타를 퇴출하라고 명령을 내렸을 뿐 아니라, 코린토스 및 동맹을 아끼는 도시국가에게 동맹을 떠나라고 명령을 내렸다. 코린토스 집회에서 아카이아 의원들은 로마가 그들의 동맹을 약화시키려 한다고 화를 내며 명령을 전하러 온 로마의 사자를 모욕했다. 로마는 다시 사자를 보내 동맹을 약화시킬 의도가 없다고 하면서도 동일한 명령을 반복했다. 아카이아 동맹국은 그들의 동맹을 보위하기로 결정했다. 광범위한 민중의 지지로도 로마 군단의 예봉을 막지 못했다. 코린토스는 폐허로 변했다.[107]

키케로는 로마인에게 이렇게 말했다. "문자로는 외국인들이 우리에게 품고 있는 원한을 표현할 수 없다. 왜냐하면 우리가 그들을 관리하라고 파견한 사람들의 행위가 부끄러울 정도로 탐욕스럽고 포악하기 때문이다."[108] 미트리다테스 6세가 많은 환영을 받은 것이 이상한 일이 아니었다. 그는 그리스화된 페르시아계 변방 소국의 왕이었지만 기원전 88년 무장투쟁을 일으켜 대다수 그리스 도시국가의 지지를 받았는데, 이는 아테네의 지위조차 능가하는 것이었다. 중심이 생기자 그리스인의 쌓인 원한이 한꺼번에 폭발했다. 이 때문에 약 8만 명의 해외 거주 이탈리아인이 환란에 얽혔다. 당시 로마는 내분 중이었지만 다시 진압에 나섰다. 로마의 장군 술라(Sulla, 전 138~전 78)는 내전 발동도 꺼리지 않고 군 통수권자가 되어 미트리다테스 6세를 타일렀다. 미트리다테스 6세는 패배했다가 다시 권토중래했다. 최후에는 폼페이우스(Pompeius, 전 106~전 48)가 4년 동안 동정(東征)에 나서서 미트리다테스 6세를 제거하고 정치를 개혁했으며, 기원전 64년 시리아에 로마의 속주를 설치했다. 이때에 이르러 명확한 통치 강역을 가진 로마제국의 형태가 완성되었다[지도 10].[109]

지중해 서부 지역에 사는 야만인은 매우 사나워서 여러 차례 로마 군대에게 패배를 안겼지만 로마의 굳건한 강국 추구 의지에 맞설 만한 세력은 없었다. 로마는 지중해를 평정한 후 북쪽 알프스산맥을 넘어 오늘날의 프랑스를 점령했다. 카이사르의 갈리아 정복은 로마 역사에서 가장 유명한 전쟁으로 알려져 있는데, 이 또한 그리스 정복의 축소판이라 할 수 있다. 카이사르는 애초에 갈리아인을 해방하러 왔다고 선전했지만 결국 그들의 자유를 박탈했다. 그는 전반적인 계획은 전혀 없이 맹우건 적이건 또는 해협 건너 영국 지역을 막론하고 어떤 도발의 기회도 놓치지 않고 공격 가능성만 있으면 바로 달려가 공격했다.

카이사르는 늘 이탈리아의 안전을 보위하겠다고 말해 로마인의 무한한 찬사를 받았다. 8년 정벌을 통해 그는 공화국을 위해 광대한 지역을 쟁취했고, 또 자기 스스로는 막강한 권력을 손에 쥐었다. 갈리아의 원주민에 대해 말하자면 전체 주민 3분의 1이 피살되었고, 3분의 1은 노예로 팔려갔다. 플루타르코스가 제공한 이들 숫자는 과장되었을 가능성이 있지만, 호구(虎口)에서 살아남은 노약자와 고아까지 살해되었음은 추호도 의심할 바 없다. 카이사르가 출병한 이후에는 대규모 반란이 일어나지 않았다. 찬란한 전투로 갈리아를 정복했을 뿐 아니라 그곳을 성공적으로 안정시켰다.[110]

제6절
의전(義戰)과 성전(聖戰)

"갈리아인은 자유를 위해 싸웠지만 그것은 무엇을 위한 자유인가? 갈리아인이 마음대로 할 수 있었다 해도, 그들이 피차의 분쟁을 해소할 수 있었을 것이라고 증명할 만한 어떤 증거도 없다. 이처럼 그 한 세대 사람이 피를 흘리고, 고통을 받고 죽어갔지만 후세 사람들은 평화를 누리고 있다. 이 모든 것은 그들 선조의 희생 및 위대한 정복자의 영명한 안배에 감사해야 할 일이다." 카이사르의 정복 전쟁에 대한 이 같은 평가는 자위적 제국주의를 고취하는 현대 학자가 내린 것이다.[111]

"그들은 도적질, 학살, 약탈을 자행하며 거짓말로 그것을 제국의 왕권이라고 찬미했다. 그들은 정복한 땅을 무인지경으로 만들어놓고 그것을 평화라 불렀다." 로마제국 전성기를 살았던 최고의 역사가 타키투스(Publius Cornelius Tacitus, 55?~120?)는 로마의 정복 전쟁을 비판한 이 명구를 로마에 항거한 지도자의 입을 통해 진술하고 있다.[112]

"허리띠 고리를 훔친 자는 주살당하고, 나라를 훔친 자는 제후가 된다. 제후의 대문 안에는 인의가 존재한다(竊鉤者誅, 竊國者爲諸侯. 諸侯之門, 而仁義存焉)." 중국 전국시대 장자는 허위의 가면을 벗겨냈다. 승리한 침략자는 역사를 편찬하면서 사실을 왜곡하고 인의로 강권을 분식하여 정의가 이중의 타격을 받게 했다. 즉, 패배자를 폄하고 폭력적 상해에 도덕의 허울을 덧씌웠다. 정의의 이름도 참칭되어 마치 명품이 짝퉁으로 매매되는 것과 같았다.

진시황은 자신이 육국을 멸한 일을 변호할 때 전국시대 각국의 폭행을 꼽으며 이렇게 결론을 내렸다. "과인이 미약한 몸으로 군사를 일으켜 난폭한 자들을 주살한 것은 종묘의 신령에 의지한 것이다. 육국이 모두 자신들의 죄를 자복하자 천하가 크게 안정되었다(寡人以眇眇之身, 興兵誅暴亂, 賴宗廟之靈. 六王咸伏其辜, 天下大定)."[113] 그는 천하의 호응을 받지 못했다. 진나라는 통일 15년 만에 망했고, 역사는 물론 진을 배반한 입장에서 기록되었다. 사마천의 평가가 후세 사람들에 비해 공평하다. 전국칠웅은 모두 "군대를 강하게 하여 적을 병탄하는 데 힘을 쏟았다. 이에 권모술수가 널리 쓰이고 합종연횡설이 일어났다. 각종 사기술도 벌 떼처럼 횡행했고, 서로 맹세하는 말도 신용이 없었다(務在强兵幷敵, 謀詐用而從橫短長之說起. 矯稱蠭出, 盟誓不信)." 이런 사기와 폭력의 시대에 "진나라는 천하에서 많은 폭행을 저질렀지만 세상의 변화에 따르면서 큰 공을 세웠다(秦取天下多暴, 然世異變, 成功大)."[114]

로마제국 대시인 베르길리우스(Vergilius, 전 70~전 19)의 말에 따르면 로마는 도처에서 정벌에 나서 4대 사명, 즉 "약자를 도와주고, 강자를 제거하고, 천하를 잘 다스리고, 법률로 평화를 돕는 일"을[115] 실행했다고 한다. 로마제국의 자기 선전은 진시황에 비해 훨씬 성공적이었고 아울러 후세의 나라들도 이를 모방했다. 19세기 중엽 구미 제국주의가 위세를 떨칠 때 고급 지식인들은 자위적 제국주의 이론을 발명하여 침략이란 용어를 벗어던지려고 했다. "로마는 자신이 좋아하는 바를 따르며 자유롭게 행동하기를 바라다가 뜻하지 않게 시대의 희생품이 되었다."[116] 이러한 논리가 100년 이상 학계를 주도했고, 1970년대에 이르러서야 잦아들었다. 새로운 세대 학자들은 로마의 강고한 군국주의 전통을 폭로하면서, 그 제국주의 지향이 자위에 있지 않고 약탈에 있다고 질책했다.[117] 그러나 세상은 변화막측이었다. 2003년 미국의 이라크 침공은 제국주의 경향이 다시 강화되고, 자위적 제국주의 이론이 부활하는 조짐을 보여줬다.[118] 역사 평론가들이 폭로하는 건 평론 대상에 그치지 않고 평론가 본인의 성질까지 포함한다.

자위적 제국주의 이론의 증거로 흔히 거론하는 것 중 하나는 로마가 다른 나라를 정복한 후 왕왕 오랜 시간이 지나고 나서야 그 나라의 영토를 병탄했다는 사실이다. 그렇다. 중국의 전국시대도 마찬가지였다. 진나라는 기원전 352년 처음 위나라 안읍을 함락시킨 후 66년 지나서야 병탄했다. 또 진나라는 촉 땅을 탈취한 후 31년이 지나서야 촉후(蜀侯)를 폐위하고 군(郡)을 설치했다. 인내한 기간으로 말하자면 로마가 마케도니아를 다룬 시각보다 더욱 길었다.[119] 진나라가 이렇게 한 이유는 주로 군정(軍政) 때문이었지 도덕 때문이 아니었다. 로마도 마찬가지다. 양자는 모두 경솔하게 행동하지 않았고, 아울러 적의 군대를 궤멸시키는 것이 확장의 첫걸음에 불과하다는 사실을 알고 있었다. 정권을 공고하게 하려는 긴 노정에는 거대한 위험이 도사리고 있으므로 더욱 많은 자원이 필요하다. 패전국 점령은 봉기자가 잠복하여 복수를 엿보는 등 갖가지 모험을 동반하는 일이다. 점령군이 부족하면 반격하는 적군의 공격 목표가 되거나 심지어 무기고 탈취의 대상이 될 뿐이다.

그런데 강대한 주둔군은 또 지휘 장수의 할거 야심을 쉽게 유발할 수 있다. 국력은 유한하기 때문에 모든 곳을 지키려면 그 인력과 자원이 모자라기 마련이다. 그러므로 차라리 병력을 분산하여 모든 곳을 지키다가 적의 의병에게 주도권을 내주기보다, 물러나서 자국의 강력한 기동부대를 보호한 후 자신은 잠시 적국을 통제만 하며 정국의 주도권을 잡는 편이 더 낫다. 이렇게 하면 수시로 점령지로 가서 강력한 징벌을 이용하여 적의 불측한 마음을 제압할 수 있다. 이 밖에도 온전한 기동부대는 새로운 지역을 정벌하러 갈 수도 있다. 로마가 승리 후에 군사를 물리며 점령지까지 돌려준 것은 결코 정의감이나 인자함의 소산이 아니라 스스로 경직된 수세를 버리고 기민한 공세를 이어가기 위한 전략에 따른 것이다. 그들은 스스로 시기를 선택하여 패전국으로 다시 와서 공세를 강화하곤 했다. 카르타고에 대한 로마의 정책이 바로 이런 전략의 좋은 사례다.

그리스 로마와 동주열국은 침략성이 강한 나라였지만 모두 의로운 전쟁(義戰)에 관한 사상을 갖고 있었고 또 그것을 분식하고 선전하는 데 그치지 않았다. 즉, 무도한 폭력이 창궐하면 사람들은 자신의 불리함에 대해 함께 분노하며 저항할 수 있게 된다. 초 장왕(莊王, ? ~전591)이 말한 "전쟁을 그치는 것이 무(武)다(止戈爲武)"라는 명제가 결코 '무(武)'자의 구조(止+戈=武)만 가리키는 것은 아니다. "대저 무란 폭력을 금하고, 전쟁을 그치게 하고, 큰 나라를 보호하고, 공적을 정하고, 백성을 편안하게 하고, 대중을 화합하게 하고, 재물을 풍성하게 하는 것이다(夫武, 禁暴, 戢兵, 保大, 定功, 安民, 和衆, 豊財者也)." 이러한 '의전(義戰)' 또는 정전(正戰, just war) 사상은 병법에도 나오지만 부국강병을 주장한 법가의 논저에 자주 등장한다. 기원전 597년 초 장왕은 필(邲) 땅 전투에서 진(晉)나라에 승리한 후 패주의 지위에 올랐다. 그러나 장편의 글로 자신의 행동을 검토하고 나서 "무에는 일곱 가지 덕이 있는데 나는 한 가지도 갖지 못했다(武有七德, 我無一焉)"[120]라고 결론을 내렸다. 또 맹자는 "춘추시대엔 의로운 전쟁이 없었다(春秋無義戰)"[121]라고 했다. 사마천은 전국시대에 더욱 나빠졌다고 했고, 이후 사학자들도 보통 그의 견해에 동의하고 있다.

아리스토텔레스는 세 가지 상황에서 벌이는 전쟁은 정의로운 것이라고 했다. "첫째, 우리가 다른 사람의 노예가 되는 걸 방비하는 전쟁이다. 둘째, 우리가 패주(hēgemōn)로서 영도적 지위를 갖기 위한 전쟁이다. 영도는 신민의 이익을 보살피기 위한 것이지, 그들을 노예로 부리기 위한 것이 아니다. 셋째, 우리가 태생적 노예들의 주인으로 살게 하는 전쟁이다."[122] 키케로는 로마의 정벌이 생존을 위하고, 맹우를 보호하고, 제국을 건립하기 위한 것인데 이 세 가지는 모두 정의에 부합하고, 카르타고와 누만티아를 멸망시킨 것도 틀림없이 정의에 속하지만, 코린토스를 멸망시킨 건 따져봐야 한다고 말했다.[123]

자위적 제국주의 이론에서는 로마의 해외 출병이 생존을 위한 전쟁이었다고 말한다. 실재하는 위협이 없을 때도 로마인은 자신이 위험

용과 독수리의 제국

하다고 상상했다. 그 부분적인 원인은 그들이 동방의 정사(政事)에 대해 무지했기 때문이다.[124] 이 이론은 상세하고 착실한 연구에 의해 뒤집어졌다. 역사적 사실이 증명하는 바에 따르면 그리스 세계는 그 내부에 온갖 어려움이 중첩해 있어서 아득히 먼 곳에 있는 야만의 나라 이탈리아에 관심이나 흥미를 가질 겨를이 없었다.[125] 게다가 로마인도 그렇게 무지하지는 않았지만, 다른 속셈을 품고 있었을 뿐이다. 다수의 로마 귀족은 그리스 문화를 배웠기에 동방의 상황에 대해 상당히 익숙하게 알고 있었다. 하지만 이들의 지식은 늘 군사 정책 결정 밖으로 밀려나기 일쑤였다.[126] 귀족은 영예를 갈망해서 위협적인 수단으로 사령관의 직책을 쟁취했고, 정객은 일부러 과장된 말로 백성을 선동하여 전장으로 내몰았다. 양심에 입각하여 사실을 보지 않고 해마다 아득히 먼 나라로 군사를 보내 공격을 일삼았는데 어찌 여기에 자위의 의미가 조금이라도 들어 있겠는가?

방어적 전쟁은 결코 전투에서 기선을 제압하는 것과 같지 않다. 전자는 주관적이고, 후자는 객관적이다. 만약 상대가 적극적으로 전쟁 준비를 하며 수시로 진공해올 증거가 확실하다면 기선 제압은 선견지명이 있는 자위적 전투라 할 수 있다. 방어적 전쟁은 목전에 위협도 없고 객관적인 증거도 없는 상황에서 주관적인 추측에 의지하며 장래에 문제가 발생할 가능성이 있다고 헛소리를 하며 군사행동을 하는 것이다. 예를 들면 미국의 이라크 침공이 그러하다. 국제법이나 의전(義戰) 이론을 막론하고 방어적 전쟁은 기실 침략 전쟁과 다르지 않다고 인식한다.[127]

방어적 제국주의 이론은 로마인과 마찬가지로 방어적 전쟁을 자위로 간주한다. 카토가 카르타고를 멸망시켜야 한다고 부추긴 것이 그 한 가지 사례다. 카토는 50년 전의 옛일을 들춰서 민의를 선동했다. 그러나 역사에 그런 일이 다시 재연될 것이란 어떤 객관적인 증거도 없었다. 폴리비오스의 관찰에 따르면 자마 전투에서 패배한 후 카르타고인은 줄곧 로마에 매우 순종적이었다. 이들은 본래 부유하지만 유약한 민족이었고, 전통적인 용병의 원천도 로마에 의해 가로막혀 있었다. 누미디아 같은 작은 나라도 공격할 수 없는 형편인데 어떻게 카토가 말한 것처럼 초강대국 로마에 손상을 가할 수 있겠는가? 무수한 유사 사례에 근거하여 학자들은 다음과 같이 결론을 내렸다. "로마는 세계에 어떤 진정한 독립국가가 존재하여, 혹시라도 장래의 어느 날 그 나라가 자기를 공격할 강력한 힘을 가질 가능성이 있으면 모두 위협으로 인식했고, 이에 그 나라를 핍박할 전쟁을 일으켜야 한다고 여겼다."[128] 이처럼 포악한 태도를 '방어적'인 것으로 간주한다면 평론가가 스스로의 침략성을 드러내는 것이 아닐까?

동맹국 구조를 전쟁의 이유로 삼으려면 동맹의 조건에 주의해야 한다. 전국시대에는 합종연횡이 성행했지만 이러한 연맹은 보통 임시방편에 불과한 것으로 인식할 뿐 의로운 전쟁의 이유로 내세우지는 않았다. 이는 『여씨춘추(呂氏春秋)』에서 말한 바와 같다. "의와 불의도 구별하지 않고 재빨리 구하고 지켜주기만 한다면 이보다 더 큰 불의는 없다(不別其義與不義, 而疾取救守, 不義莫大焉)."[129]

마찬가지로 의로운 전쟁에 대해 토론하려면 반드시 로마 맹방의 신분과 로마가 구조하려는 이유를 연구해야 한다. 로마는 마메르티니인을 구원하기 위해 시칠리아로 진공했고, 이 때문에 포에니 전쟁이 발발했다. 또 로마는 마메르티니의 흉악함은 따지지도 않고 로마 법률로도 용인할 수 없는 폭행을 일삼았다. 문제의 핵심은 마메르티니가 카르타고나 시라쿠사와 교전하기 전에 로마와 아무런 맹약도 맺지 않았다는 점이다. 로마는 의도적으로 전쟁의 소용돌이에 빠진 나라를 새 맹방으로 선택하여 구원을 도발의 핑계로 삼았다. 한 현대 학자는 이렇게 평가했다. "기원전 264년의 사건은 분명히 이후 로마 대외 정책의 효시가 되었고 이것은 로마 대외 정책의 표준 수법이 되었다. 로마는 어떤 맹약의 구속도 받지 않은 채, 결국 새로운 적과 개전(開戰)할 것이란 사실을 분명하게 알면서도 흔쾌히 마메르티니를 새로운 맹방으로 받아들였다. …… 이런 수법은 맹약 준수라는 도덕적 포장지를 제공하므로 어떤 침략 행위도 가릴 수 있다."[130]

아리스토텔레스의 세 번째 의전(義戰)은 자유와 노예에 관한 것이다. "수렵은 당연히 행해져야 한다. 그것은 야수에 대처하기 위한 방법일 뿐만 아니라 다른 사람에게 통제받도록 운명 지워졌지만 그런 운명에 복종하지 않으려는 사람에 대처하기 위한 방법이기도 하다. 이런 전쟁은 물론 정의에 속한다."[131] 그리스인은 대부분 그리스인이 아닌 사람을 야만인이라 여기면서 야만인의 천성은 노예와 다르지 않다고 인식했다.[132] 아테네 사람은 자유와 노예의 개념을 더 부연하여 '정의로운 전쟁'의 범위로 확대했다. 이들은 소아시아의 그리스 도시 국가가 페르시아에 투항했기 때문에 영원히 노예로 전락하여 자유를 누릴 자격이 없고 아테네의 공격을 받는 것이 당연하다고 말했다. 그런데 아테네는 민주주의가 흥성한 곳이고, 가장 자유로운 도시국가이므로 그들을 통제하며 무궁한 자유의 권익을 누릴 자격이 있다는 것이다.[133]

현대 학자는 그리스 로마 세계의 자유 개념을 연구하는 과정에서 그들의 자유에 세 가지 연원이 있음을 발견했다. 그것은 민주와 노예 그리고 제국의 강권이다.[134] 이 세 가지는 모두 세계 역사에서 아테네가 가장 먼저 제시했고, 자유를 다른 사람에 대한 압박 수단으로 변질시켜서 제국주의 통치를 시행하는 이유로 삼았다. 자유에 대한 열애와 타인에 대한 강제 지배가 밀접하게 연관된 것이 그리스 특색의 하나다.[135] 타인을 자유롭게 압제하는 이런 사상은 로마의 성향과도 부합했다. 키케로는 로마인이 이 세상 어떤 사람들보다 우월하기에 모든 신들이 총애하여 세상을 통치하는 자유를 부여했다고 하면서 "자유는 제국 왕권의 특권이다"라고 말했다.[136] 강권의 자유를 '의로운 전쟁'으로 여기는 사상이 중국에는 전혀 존재하지 않았다.

로마인은 자신의 제국 왕권을 하늘의 신에게 귀속시켰다. 키케로는 말했다. "우리가 모든 국가와 민족을 정복할 수 있는 이유는 우리가 근엄하게 종교를 신봉하며 삼라만상이 전부 주재자에 소속된다는 최고의 진리를 명확하게 파악하고 있기 때문이다."[137] 로마인은 그들의 제국이 신들의 뜻으로 건국되었음을 굳게 믿었다. 따라서 신이 그들의 편에 서 있는 모든 전쟁은 정의에 속하므로 그들은 모든 힘을 다해 신들의 기분을 맞추며 조금도 소홀하지 않게 전쟁 축복의 종교 의례를 집행했다. 하지만 이런 종교 예법은 당면한 전쟁이 도덕에 합치되는지 여부는 전혀 상관하지 않았다. 신의 의도는 분명했다. 즉, 로마의 승리가 신의 뜻에 부합하고 그 전쟁이 정의롭다는 사실이다. 패배는 정의가 아닐 수 있지만 다음번 전투 승리를 위한 좋은 동기로 작용할 수 있다. 복수를 하여 영예를 회복할 수 있는 것이다.[138]

로마가 내세우는 정의로운 전쟁은 신의 뜻에 호소하고, 아리스토텔레스가 내세우는 정의로운 전쟁의 세 번째 준칙은 자연의 법칙에 호소한다. 로마의 종교와 그리스의 자연 법칙에서 세부항목을 걷어내고 남는 것은 비교적 추상적인 통용 개념이다. 즉, 전쟁은 하늘이 부여한 직무인데 전쟁 수행의 최종 이유는 인간을 초월하는 신성한 사명을 집행하기 위한 것이라고 한다. 이런 보편적인 이념이 다른 신에게도 응용되어 지중해의 다른 민족에게서도 성행했다.[139] 『구약성서』에는 하느님이 이스라엘인에게 내린 명령이 기록되어 있다. "그러나 주 너희 하느님께서 너희에게 상속 재산으로 주시는 저 민족들의 성읍에서는, 숨 쉬는 것은 하나도 살려 두어서는 안 된다. 너희는 주 너희 하느님께서 너희에게 명령하신 대로, 히타이트족·아모리족·가나안족·프리즈족·히위족·여부스족을 모조리 전멸시켜야 한다." "그러니 너는 이제 가서 사정없이 아말렉을 치고, 그들에게 딸린 것을 완전히 없애 버려라. 남자와 여자, 아이와 젖먹이, 소 떼와 양 떼, 낙타와 나귀를 다 죽여야 한다."[140] 이스라엘인은 일일이 명령에 따랐다. 만약 즉시 몰살시키지 않으면 하느님이 바로 엄한 징벌을 내리기 때문이라는 것이다.[141] 기독교가 로마의 국교로 공인된 후 역사학자들은 하느님의 명령을 인용하여 야만인을 훈계하고 용인했다.[142] 더욱 심원한 영향을 끼친 건 아우구스티누스(Augustinus, 354~430)가 그리스 로마 사상과 기독교의 이념을 결합하여 서양에서 말하는 '정의의 전쟁'의 전통 이론을 계발했고, 여기에는 사명을 초월하는 성전(聖戰, Holy War)까지 포함되어 있다는 사실이다. 성전의 실례로는 11세기부터 기독교 국가들이 이슬람교도를 정벌한 십자군전쟁이 가장 대표적이다. 성전의 목적은 사람이 접촉할 수 있는 사물이 아니라 절대적인 이상이다. 이 때문에 그 냉정하고 잔혹함이 일반 전쟁보다 훨씬 심하다.[143]

수많은 전쟁에는 종교적 의미가 포함되어 있지만 그것이 모두 성전은 아니다. 성전은 편향된 신에 기반을 두고 있다. 그 논리는 대개 이렇다. 우리의 행동은 신성하다. 왜냐하면 그것은 신의 의지이기 때문이다. 정의의 전쟁은 도덕에 기반을 두고 있다. 신은 우리를 보우한다. 우리가 선량하거나 우리의 적이 사악하기 때문이다. 후자의 사례로는 주나라 사람들이 은나라 정벌을 합리화한 '천명'을 들 수 있다. 하늘이 사방을 감시하며 은나라가 백성을 학대하는 것을 보고 천명을 주 문왕에게 내림과 동시에 상 주왕을 경계했다는 것이다. 옛 전적에 기록이 남아 있다. "천명은 고정불변이 아니다(天命靡常)." "마땅히 은 (상)나라를 거울삼으라, 천명을 지키기는 쉽지 않나니(宜鑒于殷, 駿命不易)."[144] 상나라를 멸한 후 주나라는 그 후예를 송나라에 봉했다. 중국에서 말하는 초월의 의미는 마치 하늘처럼 만물을 덮어주거나 포용하는 것이므로 여기에는 이교도를 말살하는 성전의 의미가 들어 있지 않다. 하지만 서양 학자들은 정의의 전쟁 개념이 무경칠서(武經七書:

용과 독수리의 제국

『손자』『오자』『사마법』『위료자』『이위공문대』『삼략』『육도』) 및 기타 군사 경전에 가득함을 발견했다. "그러나 나는 중국 문헌에서 『구약성서』처럼 모든 민족을 말살하는 성전이 정의라는 증거를 찾을 수 없다."[145]

제7절
전쟁의 시대, 전사의 나라

　　　　　국제무대의 대부분은 무정부 상태다. 나라와 나라 사이에는 노골적인 경쟁이 펼쳐지지만 서로 간의 저의는 알기 어렵다. 원한이 쌓이면 우환 의식이 각국의 자강을 도모하게 하고 심지어 군사 경쟁의 소용돌이로 밀어 넣기도 한다. 그러나 환경이 어렵더라도 다양한 방법과 태도로 앞으로 닥쳐올 모험을 헤아려 타당한 대책을 제정한다. 어떤 사람은 전쟁을 즐거운 일이라 여기지만 어떤 사람은 어쩔 수 없어서 전쟁을 한다. 그러나 어떤 결정을 내렸더라도 그것을 잘 실천해야 할 책임이 있다. 광란의 소용돌이가 유라시아대륙 동서 양끝을 수백 년간 휩쓸면서 두 가지 관점을 드러냈다.

　고대 역사를 연구하는 뛰어난 사학자는 이렇게 말했다. "주의할 만한 것은 제국의 강권에 대해서 아테네나 로마 내부에서 항의가 없었다는 사실이다. 나는 아테네에서 이에 반대하는 외견을 전혀 찾을 수 없었다. 로마에서는 희미한 한 가닥 호소만이 있었을 뿐이다."[146] 로마인은 위엄을 떨치려는 어떤 국가도 전쟁에 종사해야 한다고 인식했다. 전쟁은 고귀한 행동이기 때문이라는 것이다. 로마가 끊임없이 해

외 정벌에 나설 때의 문헌에도 평화를 갈망하는 생각이 거의 드러나 있지 않다.[147]

이와는 반대로 전국시대의 유가·도가·묵가는 이구동성으로 그들이 제지할 수 없는 전쟁을 질책했다. 로마인은 개선 행진을 벌이며 즐거워했지만 중국의 노자는 "전승한 이후에는 상례(喪禮)로 대처하자(戰勝以喪禮處之)"[148]고 제안했다. 이것은 권력을 가지지 못한 자의 호소에 그치지 않는다. 극력 강병을 기르자고 한 법가와 병법서를 쓴 장군들은 모두 전쟁은 정치에 미치지 못하고, 가장 좋은 건 싸우지 않고 승리하는 것이라는 데 동의했다. 진나라 도성 함양 성문 위에서 공표한 『여씨춘추』에도 이에 관한 분명한 언급이 있다. "무릇 병기는 천하의 흉기다. 용기는 천하의 악덕이다. 흉기를 들어 악덕을 행하는 건 어쩔 수 없을 때 하는 일이다(凡兵, 天下之凶器也. 勇, 天下之凶德也. 舉凶器, 行凶德, 猶不得已也)."[149] 서구 학자들은 전쟁을 바라보는 중국인의 이런 특징에 주목했다. "그리스 로마와 반대로 중국의 전통문화에서는 전쟁을 어쩔 수 없을 때 행하는 흉사, 그리고 다른 선택지가 없을 때 취하는 마지막 행동으로 간주한다." "여기에서 우리는 중국 전통의 평화주의적 경향을 목격할 수 있다. 전쟁으로 영예를 얻기는 아주 어렵다. 이상적인 입장에서 그것은 근본적으로 발생해서는 안 되는 일이기 때문이다. 모든 도덕은 전부 평화 일변도로 기울어 있다."[150]

이상이 어떻든 현실은 무정하다. 인자무적(仁者無敵)의 태도로 나무 몽둥이를 들고서도 견고한 갑옷과 날카로운 무기를 든 적을 패퇴시킬 수 있다고 헛소리를 늘어놓았지만 이는 기실 백성의 생사에 진실한 관심을 기울이지 않는 자세다. 군비와 국방은 정부가 내려놓을 수 없는 책임이다. 그러나 그것이 모든 책임을 능가하는지 여부는 각국의 가치관에 따라 달라질 것이다. 농사와 전쟁을 함께 중시한(農戰幷重) 진나라의 정책은 "군대가 움직이면 땅이 넓어지고, 군대가 휴전하면 나라가 부유해지는(兵動而地廣, 兵休而國富)"[151] 결과를 가져왔다.

로마 본토의 공민 군단도 군사와 경제를 함께 중시했지만 로마 연맹 하의 이탈리아 종속국은 오로지 전쟁에만 집중했다. 로마가 부과한 유일한 '세금'은 군장을 자비로 꾸리는 것이었다. 이 때문에 종속국을 이끌고 출정해야만 연맹의 이익을 누릴 수 있었다. 1년 동안 전쟁이 없다면 그건 종속국에 1년 세금을 감면해주는 것과 같았다. 따라서 학자들은 "전쟁은 이탈리아에 있는 로마 연맹의 운명이었다"라고 말한다.[152]

이탈리아 본토는 제2차 포에니 전쟁 때 심하게 파괴되어 재건을 갈망했다. 그러나 한니발에 가까스로 승리한 후에도 원로원은 기력이 고갈된 백성을 새로운 전장인 마케도니아로 내몰았다.[153] 장평(長平)은 진나라 본토에 있지 않다. 그곳에서 대승을 거둔 후 진 소왕은 백성이 피로할까 염려하여, 승세를 타고 조나라를 멸망시키자는 백기의 요청을 거절하고 군사들에게 9개월 동안 휴식을 베풀었다. 진왕 정(진시황)은 중국을 통일하겠단 결심을 하고 나서 긴박한 전쟁을 수행하는 과정에서도 한나라 수리(水利) 전문가 겸 간첩 정국(鄭國)의 이성적인 분석에 따라 인력을 차출하여 농업 관개를 위한 정국거(鄭國渠)를 완공했다.[154] '무기냐 우유냐'를 취사선택하는 과정을 통해 우리는 동서 두 지역 군사들의 피로도가 매우 상이했음을 알 수 있다.

처음 고전 문헌을 읽을 때 사람들은 동서 두 세계에 대해 서로 다른 인상을 받는다. 로마공화정에 관한 역사책에는 용맹한 전투와 영광스런 승리가 자세하게 기록되어 있다. 끓는 피와 호방한 기상이 넘치는 이런 대장면에서 제국의 평화를 기록한 타키투스는 질투심을 드러냈다. "그들의 제재(題材)는 찬란한 대전투, 검투와 학살, 적국을 멸하고 국왕을 사로잡는 일 등이다. …… 나의 제재는 아! 정말 협소하여 빛이 나지 않는다. 평화는 참으로 얻기 어렵지만 어떤 때는 정말 끝도 없이 이어진다."[155]

이와는 반대로 중국 역사가는 전쟁에 그리 큰 흥미가 없어서 겨우 몇 줄 기록으로 그치므로 무슨 전술로 싸웠는지 언급하기가 어렵다.[156] 역사가가 선택하는 주제가 다르기 때문에 우리는 로마인이 실제로 어떻게 전투하는지를 잘 알고 있고 이는 우리가 중국인이 어떻게 전투하는지 알고 있는 것보다 훨씬 자세하고 풍부하다.

중국에는 카이사르의 『갈리아 전기(Commentarii de Bello Gallico)』와 비슷한 전쟁사가 없지만 군사이론에 있어서는 서양보다 뛰어나다. 한나라 초기 장량과 한신(韓信, 전 231?~전 196)은 역대 병법가를 182가(家)로 정리한 후 쓸 만한 병법을 35가로 정했다.[157] 그중에서 공자와 동시대 사람인 손무의 『손자병법』이 가장 정밀하다. 그러나 신묘한 이론이 승리를 보장하는 건 아니다. 따라서 변론에 뛰어난 학자와 경험이 풍부한 장수 중에서 누구와 맞서는 것이 더 나을까? 진나라는 분명히 전자를 선택했다. 장평의 고착 상태를 타파하기 위해 진나라는

용과 독수리의 제국

반간계를 이용하여 조나라 왕으로 하여금 노련한 장수 염파(廉頗, 전 305?~전 230) 대신 병서만 풍부하게 읽은 조괄(趙括, ? ~전 260)을 지휘관으로 선택하게 했다. 한비는 말했다. "손자와 오자의 병법서를 소장한 사람이 집집마다 있지만 군대는 더욱 약해졌고, 전쟁을 말하는 자는 많지만 갑옷을 입은 자는 드물다(藏孫吳之書者家有之, 而兵愈弱. 言戰者 多, 被甲者少也)."[158] 로마인도 이 말을 들었다면 아마도 고개를 끄덕이며 수긍할 것이다. 로마 장정들은 모두 갑옷을 입었고 그중 보통 사병들도 사회적으로 존경을 받았는데 이는 진나라 이외의 중국 사병보다 훨씬 높은 수준이었다. 군단에서는 자체적인 전통과 자발성을 영예로 여기면서 전사들에게 소속감을 갖게 했다. 로마인은 도시국가를 보우하는 신의 도움으로 군단이 승리한다고 여기며 개별 장수의 전략과 전술은 부차적인 것으로 생각했다. 이 때문에 공화국의 전공은 무수히 알려져 있지만 명장은 몇 명밖에 거론되지 않는다.[159]

"로마인은 아마도 무기를 잡고 태어나는 듯하다. 그들은 끊임없이 훈련했으므로 위기가 닥치지 않아도 재빨리 전투에 나설 수 있었다." 이것은 1세기 유대 역사가 요세푸스(Flavius Josephus, 37?~100?)의 말인데 이후 현대 학자도 그의 의견에 동의했다. "전체 로마 사회는 상층에서 하층까지 전쟁 준비로 피곤해했는데, 그 정도가 스파르타를 포함한 어떤 그리스 도시국가보다 심했다."[160] 농민 전사는 민회의 골간으로 화의와 전쟁의 결정권을 갖고 있었다. 이들은 부상이나 죽음도 기꺼이 참고 거의 백여 년 동안 고난의 해외 원정에 종사하며 로마의 군국주의를 분명하게 드러냈고, 또 그런 인상을 광대한 민중의 마음속에 새겨놓았다.[161] 어떤 사학자는 미국의 냉전시대 구호를 로마에 부여하면서 '전사의 나라'라고 불렀고, 그 공민이 "진심으로 국가를 위해 '어떤 임무라도 담당하고, 어떤 희생도 마다하지 않았다'"라고 인정했다.[162]

전사는 검투사(gladiator)나 무술가와는 다르다. 후자는 각자 개인적으로 활동하므로 전사를 단결시키거나 기율을 기르는 공동 목표가 부족하다. 중국 역사에는 개인적인 영웅주의가 적지 않게 발견된다. 형가와 예양(豫讓) 등의 자객은 늠름하게 몸을 바쳐 자신을 알아준 주군의 은혜에 보답했지만 이들도 그중 걸출한 소수에 불과했다.[163] 동주 시대 여러 제후국도 당시 무사의 기개를 이용하지 않은 나라가 없지만 각국에서 쓴 수단은 서로 달랐다. 제나라에서는 격투에 뛰어난 무사를 훈련시켜 전쟁의 승패는 따지지 않고 적의 수급을 많이 벤 사람에게 상을 줬다. 그것은 마치 날품팔이를 고용한 것 같아서 병졸 개인의 무예는 뛰어났지만 군대가 강적을 만나면 뿔뿔이 흩어지기 일쑤였다. 위나라에서는 용맹한 무사를 선택하여 엄격한 시험을 거쳐 부역을 면해주고 토지와 주택을 하사했다. 이 때문에 뛰어난 병졸을 얻을 수는 있었지만 막대한 비용에 국력이 남아나지 않았다. 순자는 각국의 군사제도를 비교한 후 제나라와 위나라의 제도가 진나라에 미치지 못한다는 사실을 발견했다.[164]

진나라의 법치제도는 공공 정신을 숭상했다. 순자는 진나라 사람의 본성이 잔혹하고 전투적임에 주의했다. 상앙은 변법을 시행하여 사사로운 싸움을 엄금했다. 또 농업과 전쟁을 승진의 유일한 가도로 삼아 전체 백성을 조직하고 용기를 집중시켜 국사에 운용했다.[165] 그 결과는 오늘날 진시황릉 곁에 도열한 병마용의 모습으로 역력하게 드러나 있다. 비록 흙으로 빚었지만 전사의 씩씩한 기풍을 보면 이들이 받은 존경에 부끄럽지 않은 모습이다. 솜씨가 뛰어난 장인이 7,000여 명의 전사 인형에 각각 상이하고 독특한 성격을 부여하여 보통 병사에 대한 그들의 경의를 충분하게 표현했다.[166] 후세의 황조는 문을 중시하고 무를 경시하며 병졸에게 치욕을 안겼다. 예를 들어 송나라 때는 마치 죄인처럼 병사의 얼굴에 먹물을 새겨 넣기도 했다. 이는 정말 진나라 때와 비교해서 하늘과 땅만큼의 차이가 있다.

변법 후의 진나라는 로마공화정의 초·중기와 마찬가지로 농민이 군대의 주요 구성원이었다. 전 국력을 동원하는 근대국가의 국민개병제는 오래전에 이미 그 임무를 끝냈다. 법으로 정한 바에 따르면 모든 남자는 일생 동안 병역 의무를 지고 복역 적령기에 일정 기간 군대에서 복무를 해야 한다. 그러나 국가가 모든 사람에게 이 의무를 다하게 할 필요는 없다. 많은 사람이 일부 기간 입대하지만 전혀 징발되지 않는 사람도 많다(미국과 중국 모두 그렇다). 군대에 소집되지 않을 때 후방 예비 인력은 평상시대로 살면서 생산 활동에 종사한다. 국가는 징발할 수 있는 군력(軍力)으로 국력을 계산한다. 병적부에 기록된 인원수를 모두 상비군으로 잘못 계산하는 건 선전가들이 병력을 과장하는 수법의 하나다.

진나라 사람의 병역 연한은 15세에서 60세까지였다. 병역 의무를 이행해야 하는 사람은 모두 일생을 통틀어 2년간 복무해야 하지만 꼭 연속으로 복무할 필요는 없었다. 출토된 진나라 죽간에 따르면 2년 복무기간이 반드시 정확하게 지켜진 건 아니나 사실과 그리 큰 차이가 나는 것은 아니다.[167] 장평에서 3년 동안 전쟁이 교착 상태에 빠져들고 진나라가 조나라 보급로를 끊은 후 진 소왕은 직접 전선으로 달려가서 인근 15세 이상의 남자를 모두 징발하고 각자에게 백성이 받을 수 있는 작위를 한 계단 올려준 후 이들을 시켜 조나라 증원군을 막게 했다. 이 국지적 전민 동원령은 2개월도 지속되지 않았다.[168]

진나라 병역이 가혹하다고 질책한 유생들은 로마의 경우를 살펴보기 바란다. 로마의 남자는 17세에서 46세까지 병역의무를 져야 하고, 일생동안 복무해야 할 연한은 16년이었으며 위기 때에는 4년이 추가되었다. 새로운 연구 성과에 따르면 로마가 해외 영토를 확장한 후 적지 않은 사람이 복무연한을 채우지 않았지만 이 또한 이전에 연구자들이 추측한 6~7년에 그치지 않았다. 기원전 200~기원전 168년까지 매년 평균 16퍼센트의 공민이 해외에서 복무했다. 기원전 1세기의 전쟁에는 장정 3분의 1이 수년간 연속으로 입대해야 했다. 군인은 생산 현장에서 이탈하여 다른 사람이 공급해주는 군량미에 의지해야 했다. 로마가 군비를 약탈과 노예로 보상받지 않았다면 장기적이고 고도의 징병 비율로 인해 로마 경제가 도산했을 수도 있다.[169]

진나라와 로마는 각각 잘 갖춰진 상벌 시스템으로 장병들의 사기를 진작시켰다. 진나라 군대에서는 야전에서 적의 수급 2,000명을 베거나, 성곽 공격에서 적의 수급 8,000명 이상을 벤 각급 장수에게는 모두 작위를 높여주는 상을 내렸다.[170] 로마 군대에서는 한 차례 전쟁에서 적을 5,000명 이상 죽인 장수에게는 귀족이 가장 바라는 영예인 로마시 개선 행진을 허락했다. 제국 확장 기간에는 매년 한 차례씩 개선 행진이 있었다.[171]

진나라 개별 병사는 갑사(甲士)의 머리를 베면 등급이 한 단계 오름과 아울러 토지와 주택을 받았으며 지방관으로 배치될 수도 있었다. "부귀한 가문에서는 반드시 자제를 군대에 보냈다. 이런 까닭에 백성은 전쟁이 났다는 소문을 들으면 서로 축하했다(富貴之門, 必出於兵. 是故民聞戰而相賀也)."[172]

로마 군단에는 병사들로 하여금 적을 약탈하여 보상을 받게 하는 규정이 있었다. 항복한 에피루스를 깨끗이 약탈하기 위해 로마 군대는 70여 개 도시에서 동시에 행동하며 적들이 달아날 곳이 없게 했다. 이들은 명령에 따라 내놓은 금은을 먼저 수집한 후 동일한 시간에 신호를 내려 약탈을 시작했다.[173] 패배한 적을 약탈하는 것이지만 규율에 맞게 진행하려면 병사들이 잘 협조하도록 훈련을 해야 했다. 약탈한 재물은 한곳에 모은 후에 공평하게 분배하여 장병들의 단결을 강화했다. 이는 진나라 군사들이 적의 수급을 벤 공적을 올리기 위해 때때로 자신들끼리 싸움을 벌이는 경우와는 다른 모습이다.

전투에서 모험을 하려 하지 않는 사람에게는 진나라와 로마 모두 육체적으로나 정신적인 핍박을 가했다. 진나라 군사가 성을 공격할 때 죽음이 두려워 회피하는 병사가 있으면 성 아래 많은 군사들 앞에서 얼굴에 먹물로 죄인 표시를 새기거나 코를 베는 형벌을 가했다. 다섯 명 대오에서 한 사람이 도망가면 다른 네 사람은 모두 2년 동안 고통스런 노동에 종사해야 했다. 진나라는 법률로 백성에게 전투를 겁내지 못하게 만들어놓았다. "아버지는 아들을 군대에 보내며, 형은 아우를 군대에 보내며, 아내는 남편을 군대에 보내며 말하기를 '적의 수급을 얻지 못하면 돌아오지 말라'고 했다. 또 '법을 어기고 명령에서 이탈하여 죽게 되면 내가 죽겠다'고 했다(父遺其子, 兄遺其弟, 妻遺其夫, 皆曰, '不得, 無返.' 又曰, '失法離令, 若死我死')."[174]

로마의 병사는 엄격한 훈련으로 깊은 책임감을 길렀다. 어떤 병사가 밤샘 근무를 할 때 근무지에서 졸거나 근무지를 이탈하면 전체 군영 앞에서 때려죽였다. 한 부대가 패배하면 그 부대원 10분의 1을 임의로 뽑아서 군영 앞에서 때려죽이고, 나머지는 위험하고 비천한 직무에 종사하게 했다. 폴리비오스는 이렇게 기록했다. "전투에 패배할 때 적지 않은 병사가 생존할 수 있더라도 나중에 피할 수 없는 치욕과 친구의 따돌림에서 벗어나기 위해 차라리 전사하려고 했다.[175]

제8절
전쟁과 군기

일부 학자는 동주열국 시대에 전투가 빈번했다는 사실을 인용하여 중국이 로마보다 호전적이었다고 말한다. 그러나 이들은 사과를 오렌지에 비유하며 범주의 오류를 범하고 있다. 동주 시대에 중국은 결코 하나의 국가가 아니라 국제적인 시스템이었다. 그것은 마치 전체 지중해 권역과 같다. 서양에는 『춘추좌전』처럼 통계를 낼 수 있는 상세한 편년체 역사서가 부족하다. 그러나 기록이 없는 것이지 전쟁이 없었던 건 결코 아니다. 여기저기 흩어져 있는 역사 기록을 통해서도 우리는 고대 지중해 지역의 대소 전쟁이 헤아릴 수 없을 정도로 많았음을 알 수 있다.

로마와 비교할 수 있는 대상은 당시의 중국이 아니라 개별 제후국이다. 춘추시대에 가장 바빴던 제후국은 진(晉)나라로 대체로 평균 2년에 한 번씩 전쟁을 했다. 기원전 453년 진(晉)의 세 유력 가문이 나라를 삼분한 이후 기원전 221년 진(秦)나라가 천하를 통일하기까지 진(秦)은 232년 동안 적어도 114년 동안 군사를 움직였다.[176] 로마는 이웃의 라틴 도시국가를 병탄한 이후 3세기 가까이 거의 매년 전쟁을 했다. 좀 정확하게 말하자면 기원전 264년 로마 군단이 시칠리아로 침입한 이후 기원전 49년 카이사르가 로마시로 진격하기까지 215년간 로마는 최소한 203년 동안 군사를 움직였다. 로마는 전투 연습이 일상이었는데 그것은 무력 남용이 심한 고대라 해도 매우 드문 경우에 속한다. 아테네는 페르시아 전쟁 후 반세기 동안 3년에 두 번 정도 전쟁을 했을 뿐이다.[177] 하지만 아테네라 해도 중국에서 가장 호전적인 진(秦)나라에 비해서는 매우 부지런히 군사행동을 한 점에 주의해야 한다.

전쟁의 규모도 정확하게 말하기가 비교적 어렵다. 서양에서 첫 번째로 상세한 전쟁사를 쓴 투키디데스는 다음 사실에 주의했다. "당사자 쌍방이 제공하는 숫자는 근본적으로 믿을 수 없다. 왜냐하면 자신의 병력을 과장하는 것이 인간의 본성인 탓이다."[178] 로마의 군사력은 비교적 쉽게 추측할 수 있다. 군단의 편제가 일정하고 군사를 거느리는 제도에도 규칙이 있을 뿐 아니라 역사가도 실력에 집중하며 자료도 비교적 온전하게 갖춰놓았기 때문이다. 로마공화정의 최대 규모 장기전은 한니발과의 전쟁이었다. 그 전쟁이 절정일 때 매년 24만 명의 군사를 동원했다. 공화정 말기 내전 중 최대 규모는 기원전 42년에 벌어진 빌립보(Philippi) 전투인데, 쌍방이 모두 로마 공민 20만 명과 비슷한 수의 부속 군사를 동원했다.[179]

중국의 '만(萬)'은 가장 남용하기 쉬운 단위다. '10만 군사'라는 말이 전국시대의 역사책에 자주 보인다. 전설에 따르면 장평에서 3년간 대치하는 동안 조나라는 정예병 40만 이상을 잃었다고 한다. 그러나 조나라에는 도성 한단을 강인하게 보위할 여력이 남아 있어서 진나라가 3년 동안 공격했지만 함락되지 않았다. 당시의 생산력에 비춰볼 때 장기적으로 넉넉하게 대군을 부양하는 건 역사책에 기록된 것처럼 그렇게 쉬운 일이 아니었다. 100여 년 후 중국은 통일되었고 인구는 증가했으며 철기도 성행했다. 생산력이 높아지자 경제가 번영을 누렸다. 한 무제는 전국의 역량을 모두 기울여 흉노를 쳤는데, 그때 일으킨 군사가 13만에서 30만이었다. 『한서』에서는 "천하가 텅 빌 정도로 손상을 입어 사람들이 또 서로 잡아먹기 시작했다(天下虛耗, 人復相食)"라고 했다.

전국칠웅을 언급할 때는 걸핏하면 마음대로 수십만 군사를 동원했다고 하는데 이는 실로 의심스러운 일이다. 『사기』에서는 초·한 전쟁을 기록하면서 "항우(項羽, 전 232~전 202)는 군사가 40만이었지만

100만을 일컬었고, 패공(沛公) 유방(劉邦, 전 256~전 195)은 군사가 10만이었지만 20만을 일컬었다(項羽兵四十萬, 號百萬, 沛公兵十萬, 號二十萬)"라고 했다. 정사(正史)『삼국지(三國志)』에서는 조조(曹操, 155~220)가 강남으로 내려갈 때의 군사력을 다섯 배나 부풀려 기록했다.『한서』에는 곽거병(霍去病, 전 140~전 117)이 흉노에 승리할 때 "항복한 자가 수만 명이었지만 10만을 일컬었다(降者數萬人, 號稱十萬)"라고 기록되어 있다.[180] 병력을 과장하여 선전하는 습관은 전국시대에 이미 형성된 것일까?

중국의 전술은 심리전 및 불의의 습격을 중시한다. 이 때문에『손자병법』이 오늘날 서구 경영대학의 애독서가 되었다. 이런 전술 중 하나를 예로 들자면 능력이 있으면서도 무능한 것처럼 꾸며 속임수로 적을 기만하고 적이 큰 잘못을 범하게 하곤 한다. 기원전 342년 제나라가 한나라를 구원하기 위해 위나라를 칠 때 군사(軍師) 손빈(孫臏)은 군사를 이끌고 위나라 국경으로 들어간 후 날마다 군영의 취사용 부뚜막을 줄이게 했다. 뒤쫓던 위나라 장수 방연(龐涓, ?~전 341)은 부뚜막이 줄어드는 것을 군사가 도망치는 것으로 간주하고, 더욱더 주관적으로 제나라 군사가 비겁하다고 생각했다. 그는 경기병으로 서둘러 추격에 나섰다가 끝내 마릉(馬陵)에서 제나라 군사의 매복에 걸려 전군이 궤멸되고 말았다.[181]

로마의 장수 중에서는 스키피오와 카이사르가 예외에 속한다. 단도직입적으로 교전을 좋아하며 한니발을 매도한 다른 장수는 모두 복병의 기습을 받았다.[182] 하지만 그들이 유리할 때는 속임수를 즐겨 썼다. 기원전 207년 하스드루발(Hasdrubal, ? ~전 207)은 알프스산맥을 넘어 이탈리아에 도착하여 자신의 형 한니발과 연대하려 했다. 로마는 집정관 두 명이 군대를 결집해놓고, 하스드루발이 너무 강력한 로마군을 보고 전투를 거절할까 걱정을 했다. 이에 뒤에 도착한 군대에 명령을 내려 캄캄한 밤에 먼저 도착한 군영으로 몰래 들어가게 했다. 이 두 군단은 하나의 군영을 이룬 후, 군율에 따라 자기 집정관의 나팔소리가 들려올 때까지 하스드루발을 속였다.[183]

적을 파괴하는 능력은 싸우지 않고 저절로 혼란에 빠뜨리는 것이다. 이것은 중국 병법 원칙의 하나다.[184] 『손자병법』에는 간첩을 이용하는 「용간편(用間篇)」이 있고 또 「모공편(謀攻篇)」에도 이런 말이 있다. "최상의 군대는 적의 모략을 치고, 그다음 군대는 적의 외교를 치고, 그다음 군대는 적의 군대를 치고, 최하의 군대는 적의 성을 친다(上兵伐謀, 其次伐交, 其次伐兵, 其下攻城)."[185] 전국시대 각국은 간첩 이용에 공을 들였고, 진나라도 예외는 아니었다. 범저는 진 소왕을 향해 어떻게 형성(陘城)을 포위하여 한(韓)나라를 복종시킬 것인지에 대해 해설했다.

지금 대왕께서 한나라를 공격하며 그곳 형(陘) 땅을 포위하려 하는데, 저는 대왕께서 그곳 땅만 공격하지 마시고 그곳 사람들(의 마음)을 공격하시기를 바랍니다. 대왕께서 한나라를 공격하고 형 땅을 포위하려면 장의(張儀)를 담판 대상으로 삼으십시오. 장의의 힘이 강하면 땅을 떼어 주고 스스로 대왕에게 속죄할 것입니다. 몇 번 땅을 할양한다 해도 한나라 땅이 다 없어지지는 않을 것입니다. 장의의 힘이 약하면 장의를 축출하시고 다시 장의 같지 않은 자와 교섭을 진행하십시오. 그럼 대왕께서 한나라에서 구하고 싶은 것을 얻을 수 있을 것입니다.

(今王將攻韓圍隙, 臣願王之毋獨攻其地, 而攻其人也. 王攻韓圍隙, 以張儀爲言. 張儀之力多, 且削地而以自贖於王, 幾割地而韓不盡. 張儀之力少, 則王逐張儀, 而更與不如張儀者市. 則王之所求於韓者, 言可得也).[186]

이것은 로마가 그리스의 반역자들을 이용한 방법과 같다. 진나라는 적국에서 어리석게 안일을 탐하는 경대부를 찾아 교섭하여, 그들이 몰래 매국 행위를 하도록 유혹하고 있다. 또 적국의 강직하고 능력 있는 관리와 장수도 간첩을 이용하여 제거했다. 조나라 명장 염파와 이목(李牧, ?~전 229)은 전쟁터에서 죽은 것이 아니라 조정의 권모술수에 의해 죽었다.

간첩의 음모에서도 피비린내가 나지만 그것을 전쟁터의 살육과 함께 이야기할 수는 없다. 어떤 서구 학자는 위의 인용문 중 "그곳 땅만 공격하지 마시고 그곳 사람을 공격하십시오"라는 구절을 잘라내 '대량 학살 정책(a policy of mass slaughter)'이라고 왜곡한 후 이를 근거로 중국이 폭력을 숭상한다고 말했다.[187] 아마도 사랑하는 사람 눈에는 애인이 서시(西施)로 보이고, 흉악한 사람 눈에는 모든 정치가 폭정으로 보이는 것과 같은 듯하다. 먼저 적의 모략을 공격하며 간첩을 쓰는 건 전쟁으로 인한 사상자를 줄이고 대규모 도살을 피하기 위한 방법이다.

전국시대에는 서로 전쟁을 하면서도 적을 깡그리 멸종시키려 하지는 않았다. 손자는 "포위하는 군사는 반드시 빈 곳을 남겨두고, 막다른 골목에 몰린 적은 급박하게 공격하지 말라(圍師必闕, 窮寇勿迫)"라고 했다. 상앙은 "적이 패배하여 도망가기를 그치지 않으면 내버려두라(潰而不止, 則免)"라고 했다.[188] 끝까지 추격하여 사납게 공격하는 일을 피하면 자신이 적에게 몰려 곤궁한 지경에 빠졌을 때 목숨을 구할 수 있다. 이러한 군사 사상은 서양과 서로 다른 점이다. 세계 군사 역사학자 한 사람은 이렇게 썼다. "대회전이나 공성이나 소모전을 막론하고 서양 군사전략의 주지(主旨)는 일관되게 적을 섬멸하는 것이다. 이것은 세계 다른 사회의 군사행동과 상반된다. 그리스의 갑사와 로마의 군단은 너무나 잔혹하여 고대 작가들이 주목하는 대상이 되었다. 근대 초 '일말의 인정도 없음'을 의미하는 '로마의 전투(bellum romanum)'는 유럽이 해외를 경략하는 전술의 표준이 되었다.[189]

인간이 형벌 집행 장면을 둘러서서 구경하거나 목숨 걸고 싸우는 검투사 경기를 구경하는 시대에 전쟁이 참혹했던 건 전혀 이상한 일이 아니다. 당시에는 아무도 대량 살상무기 사용에 대해 불안해하지 않았다. 물과 불은 인정이 없다. 불은 고대인들이 보편적으로 좋아한 무기였다. 예를 들어 로마군은 카르타고로 진공한 후 사방에 불을 질렀고 폐허에 숨은 적을 제거하기 위해 시가전을 벌였다. 집안에 숨어 있던 노인과 어린이는 대부분 불에 타 죽었다. 또 높은 건물이 무너져 내림에 따라 사람들의 머리는 불타고 다리는 부러진 채 모두들 벽돌 더미에 깔려 슬프게 울부짖었다.[190]

용과 독수리의 제국

중국의 지리는 물로 공격을 펼치기 좋다. 전국시대에는 늘 강물을 막았다가 둑을 터뜨려 적의 토지를 물에 잠기게 하거나 성곽과 보루를 물로 공격했다. 기원전 279년 백기가 초나라를 공격할 때 초나라 군사는 언성(鄢城)을 굳게 지켰다. 백기는 긴 수로를 건설하고 강물을 끌어들여 성벽을 무너뜨렸다. 거센 물결이 성 서쪽으로부터 성 동쪽으로 들이닥치자 백성이 물결에 휩쓸려 성 동쪽에서 죽은 자가 수십만이나 되었다. 이에 성 동쪽 땅은 모두 악취로 뒤덮여서 그곳을 취지(臭池)라고 불렀다.[191] 거센 물결은 마치 양탄자가 휩쓸고 가듯 모든 걸 파괴했다. 아마도 백기의 의도는 초나라 군대를 패퇴시키는 데 있었을 것이고 이에 백성은 부수적인 희생품에 불과했을 뿐 절대 국가의 테러리즘 시행 대상은 아니었을 것이다. 그러나 익사자에 대해서 말하자면 전쟁이란 헛소리를 선전하는 것에 불과할 뿐이다.

적국 궁궐 창고의 보물을 탈취하는 것은 백성의 집을 약탈하고 그들의 생계를 파괴하는 것과는 다르다. 그러나 군대는 기율이 엄정하고 보급품이 충분해야 약탈을 막을 수 있다. 이상적인 일이지만 『여씨춘추』의 진술에 따르면 정의로운 군대는 "오곡을 짓밟지 않고, 분묘를 파헤치지 않고, 수목을 베지 않고, 쌓아놓은 물건에 불을 지르지 않고, 궁실을 태우지 않고, 가축을 탈취하지 않는다(不虐五穀, 不掘墳墓, 不伐樹木, 不燒積聚, 不焚室屋, 不取六畜)"고 한다.[192] 실제로 여러 해 동안 맹자이 우정에 교화를 받은 광장이 제나라 군사를 거느리고 연나라를 정벌할 때 군사들의 포악한 행동을 제지할 수 없어서 연나라 사람들이 반란을 일으켰다.[193] 맹자에게 교화를 받은 사람의 군대가 이 정도였으니 전국시대 다른 나라 군대의 행동이 어떠했을지는 상상할 만하다.

중국에서는 군과 민의 경계선이 매우 모호했고, 그리스와 로마에서도 그 경계가 거의 존재하지 않았다. 그곳에서는 고의로 학살을 일삼는 만행이 매우 흔한 일이었다. 그리스 시대의 전쟁 관련 기록물 중에서 약 4분의 1이 포로 학살과 관련된 것이고, 이와 마찬가지로 포로를 노예로 파는 일도 아주 보편적이었다.[194] 아테네는 문자도 같고 인종도 같은 밀로스를 짓밟은 후 남자는 모두 죽였고 여자와 아이는 전부 노예로 만들었다.[195] 로마인은 그리스인처럼 잔인한 데다 흉포함까지 보여주고 있으니 심장이 떨릴 정도로 경악스럽다. 로마법에도 포로의 안전을 보장하는 조항이 있지만 성을 공격하기 전에 투항하지 않은 자는 모두 학살을 면하기 어려웠고 투항한 자라도 안전을 보장 받기 어려웠다.[196] 폴리비오스는 기원전 210년 카르타고 노바 함락 때 일을 이렇게 묘사했다.

스키피오는 충분한 군사를 입성시킬 심산이었다. 이에 로마의 관례에 따라 대부분의 군사를 보내 성안 주민을 한 사람도 남기지 말고 보이는 대로 죽이라고 명령을 내렸다. 약탈 신호를 듣지 못했다고 학살을 멈추는 것 또한 허용되지 않았다. 그들이 이렇게 한 것은 공포심을 퍼뜨리기 위한 행동이었다고 나는 생각한다. 따라서 로마인이 점령한 도시에서는 사람뿐 아니라 개조차도 몸이 두 동강 난 사례를 늘 목도할 수 있다. 이런 학살이 카르타고 노바에서 매우 광대하게 자행되었다.[197]

그들은 그렇게 행동할 권리를 갖고 있었다. 플라톤, 아리스토텔레스, 리비우스 등이 모두 그리스 로마의 전쟁 법률에 근거하여 그런 사실을 실증적으로 증명했다. "전승자는 승리의 결과로 자연스럽게 조건 없는 절대적 재산권을 획득했다. 사람이나 물건을 막론하고 그들은 모든 걸 파멸시킬 수 있는 권리를 가졌고, 또 그것들을 자신의 이익을 위해 남겨둘 수 있는 권리도 가졌다."[198] 이러한 권리를 다 쓰지 않은 승리자는 인자하다는 찬사를 들었다.

아우구스투스는 『공훈록(Achievemehts)』에 다음과 같이 썼다. "외국인이 안전하게 사면받을 수 있을 때, 나는 그들을 보존하는 것이 그들을 근절하는 것보다 훨씬 좋다고 생각한다."[199] 이런 관용의 미소로 자신을 선양하는 동시에 다른 사람의 권리를 파괴했다. 어떤 현대 학자는 "그가 표현한 솔직한 양심이 사나운 말로 위협하는 것보다 더욱 공포스러웠다"라고 평가했다.[200]

사실을 중시하는 어떤 학자는 고대 역사책에 서술된 엄청난 숫자, 즉 만이니 억이니 하는 숫자는 대개 믿을 수 없으므로 반드시 방증 자료를 이용하여 자세히 분석해야 한다고 지적했다. 특히 대규모 사상자 숫자는 더욱 믿을 수 없다. 사람들은 위엄을 떨치기 위해 자신의 군사력을 과장하고 또 전공을 다투기 위해 적의 사상자를 부풀리는 데 익숙하기 때문이다. 전쟁으로 혼란이 가중된 시기에는 더욱 통계 숫자를 비교할 수 없게 만들어놓는다.[201] 2003년 미국의 이라크 침입 이후 6년간 발생한 이라크인 사망자를 고급 정보처리 기술로 통계 낸 결과도 적게는 9만 8,170명에서 많게는 103만 3,000명까지 그 편차

가 매우 크다.[202]

우리는 상식적인 숫자를 살펴봄으로써 고대의 폭력을 이해해야 한다는 경고를 기억해야 한다. 중국 통일 이전 130년간 전쟁이 정점에 달했을 때 진나라는 모두 150만 명의 적을 죽였다고 한다. '인간 백정'이라고 불린 백기가 가장 흉악했다. 언(鄢) 땅 전투를 포함하여 그는 30년간 벌인 4대 전투에서 모두 100만 명이 넘는 사람을 죽였다. 당시 중국 전체 인구는 약 2,000만 명이었다.[203] 진나라는 포악함으로 악명을 날렸다.

카이사르는 모든 포로를 죽이지 않고 그들의 손만 잘랐기 때문에 관대하다는 명성을 들었다. 전설에 따르면 그는 8년 동안 이어진 갈리아 전투에서 40만 명에서 100만 명 사이의 적을 죽였다. 당시 갈리아 인구가 약 300만 명이었다. 게다가 일설에 따르면 내전과 동방 원정에서 그의 군단은 120만 명의 생명을 끝장냈다고 한다.[204] 모든 숫자에는 병사와 평민 그리고 갖가지 상황에서 무기·수공·화공으로 죽은 사람까지 포함되어 있다. 이러한 대량 학살은 기독교로 인해 유발된 유럽 30년 전쟁에 이르러서야 그 규모를 넘어선다. 당시 열강의 장병 전사자 숫자는 모두 210만에 달했고, 전체 평민 사망자는 500만 명을 넘었다. 제1차, 제2차 세계대전 때 열강의 장병 전사자는 각각 770만과 1,300만에 달했다. 여기에 평민 사상자는 포함되지도 않았고, 중국과 열강이 아닌 기타 국가의 사상자 숫자도 포함되지 않았다.[205]

카이사르의 보고에 따르면 아퇴투키(Atuatuci)를 정복한 후 그는 성 안의 남녀노소 5만 3,000명을 한꺼번에 팔아치웠다고 한다. 전체 갈리아 전쟁에서 그가 매도한 노예는 최고 100만 명에 달하는데 그는 이 돈으로 자신의 장졸을 만족시켰다.[206] 그는 고효율의 노예 매매 시장에서 수익을 올렸다. 백기는 이러한 혜택을 누리지 못했다. 장평대전 승리 후 그는 대규모 전쟁포로 때문에 골치가 아팠다. 그는 "조나라 병졸은 변심할 수 있으므로 모두 죽이지 않으면 아마 반란을 일으킬 것이다(趙卒反復, 非盡殺之, 恐爲亂)"라고 추측했다. 3년 후 그는 한단을 포위한 후 공격하지 않으려 하다가 모함을 당해 폄적되었다. 그는 자결용으로 내린 칼을 받아들고 울부짖었다. "내가 하늘에 무슨 죄를 지었기에 이런 지경에 떨어졌는가?(我何罪于天而至此哉?)." 오랜 시간이 지나서 또 말했다. "나는 죽어 마땅하다. 장평 전투에서 조나라에서 항복한 병졸 수십만 명을 속임수를 써서 모두 생매장했으니 나는 죽을 만한 죄를 지었다(我固當死. 長平之戰, 趙卒降者數十萬人, 我詐而盡坑之, 是足以死)." 그리고 마침내 자결했다.[207]

제4장
처음 맞는 평화

제1절
제국의 내란

건괘(乾卦: ☰)는 천도(天道)의 강건함을 상징하므로 『주역』 64괘의 첫머리에 놓았다. 건괘의 여섯 효(爻)는 용이 나아가는 과정을 상징으로 삼고 있다. 하효(下爻)의 "물에 잠긴 용이니 쓰지 말라(潛龍勿用)"부터 구이(九二)의 "나타난 용이 밭에 있다(見龍在田)"는 상황과 전국시대의 "용 떼에 우두머리가 없다(群龍無首)"는 상황을 거쳐 구오(九五)의 "날아오른 용이 하늘에 있다(飛龍在天)"는 상황에 이르면 구오의 존귀한 덕이 천하에 짝한다고 하여 항상 이 효로 제왕을 비유했다. 하지만 건괘는 결코 완성된 것이 아니다. 상효(上爻)에 이르러 "맨 끝까지 올라간 용이니 후회가 있으리라(亢龍有悔)"는 효사(爻辭)로 마감되기 때문이다.

승리를 쟁취하려면 다른 사람을 이겨야 하고, 평화를 이루려면 자신을 이겨야 한다. 자신을 이기는 것이 가장 어렵다. 정벌로 영토를 확대하는 건 진시황과 카이사르에 이르러 정점에 도달했다. 이제 중국과 로마는 가장 대응하기 어려운 적과 마주하게 되었다. 역사적으로 외국을 휩쓸던 제국 중에서 적지 않은 나라가 내란으로 패망하거나 분열했다. 중국과 로마는 잔혹한 내전에 맞서며 각각 평화를 얻기 위해 비싼 대가를 지불했다.

제국 확장 시기가 지나고 대내외로부터 위기가 닥쳐오는 건 세계 역사에서 흔히 볼 수 있는 일이다. 정복당한 민족은 잠시 울분을 참으며 목소리를 죽이고 있지만 적대의식은 쉽게 식지 않으므로 기회가 오면 반란으로 폭발할 수도 있다. 적당한 정치 기구로 이들을 다스리거나 단속하지 않으면 전쟁에 승리는 했지만 안정된 제국을 건설하지 못하고 단기 점령이나 장기 혼란에 그칠 수 있다. 그럼 이익을 얻지 못하고 본전까지 까먹게 된다.

또 전승국 내부에서 재난이 발생할 수도 있는데, 막대한 군비로 인해 경제가 고갈되는 경우가 그것이다. 새로 유입된 인구는 복잡한 관리 문제를 유발하여 정부를 혼란에 빠뜨릴 수도 있다. 또 전리품 분배가 고르지 않으면 사회적 갈등이 초래될 수도 있다. 현대 제국주의를 연구하는 학자들은 이런 현상을 '역풍(blowback)'이라고 부른다. 즉, 다른 나라를 정복한 후과가 부정적인 인과응보를 불러일으켜 정복자에게 손상을 가하는 현상을 말한다.[1] 이렇게 보면 전승국 최대의 위기는 시국의 변화가 너무 크고 빠른 상황에서 정복국의 통치 엘리트가 자만과 부패에 빠져 정치 사회의 제도를 제때에 변화시키지 못하는 데서 온다.

로마와 진나라의 전적(戰績)은 크게 다르다. 따라서 두 나라에게 다가온 역풍도 큰 차이를 보인다. 정복으로 얻은 광활한 강역에 민족도 복잡하고 풍속도 모두 다른 상황에서 각 지역을 어떻게 다스려야 하며, 또 지방관을 어떻게 초빙해야 할까? 중앙정부는 지방 정부를 어떻게 통제하여 그들이 독립하여 할거하지 못하게 할 수 있을까? 광대한 제국을 다스리려면 거시적이고 원대한 안목이 필요하다. 그러나 새로운 견해는 구세력과의 갈등을 유발할 수밖에 없다. 특히 편협한 원로 귀족이나 봉건 제후의 반발에 직면하게 마련이다. 나중에 로마와 양한 황조의 장기적인 성공이 어쩌면 우리로 하여금 양대 제국 건국 때 있었던 혁명적 창조와 건국 과정에서 겪은 참혹한 전쟁을 망각하게 할 수도 있을 것이다. 이 두 제국의 평화를 당연하게 생각하는 사람은 단명한 알렉산드로스 제국을 잠시라도 돌아보면 좋을 것이다.

'제국(empire)'이란 번역 명사에는 두 가지 견해가 동반된다. 첫째는 전제주의로 이른바 '제제(帝制) 중국'이란 말이 그것이다. 둘째, 통일 정부 아래의 지역 대국인데 지도에서 같은 색으로 칠해지는 광대한 지역이 그것이다. 이 두 가지 견해는 모두 정확하지 않다. 제국이라고 해서 반드시 황제가 통치하는 지역을 가리키는 것은 아니다. 아테네 제국은 민주 정체를 가졌고, 로마의 제국도 공화성에 의해 정초되었다. 이 밖에도 아테네와 로마공화정은 모두 자신이 통제하는 많은 강역을 겸병하지 않았다. 우리는 그것을 '패권'이라고 부르는 것이 더

　　　　　　　　　　　　　용과 독수리의 제국

욱 적합할 것이다. 이런 학설이 제국이란 이름의 연원에 비교적 부합한다. 'empire'란 말은 본래 로마어 'imperium'에서 나왔다. 로마인의 관점에서 'imperium'의 뜻은 주로 무한 권력을 가리킨다. 'imperium populi Romani'는 로마인이 다른 사람의 권력을 지배하는 것을 가리키는데, 그 땅을 겸병하느냐 여부는 아무 상관이 없다. 기원전 1세기 중엽 로마공화정 말기에 점차 속주가 설치되면서 영토 관념이 뚜렷해졌고, 'imperium Romanum'이 되어서야 비로소 우리가 익숙하게 알고 있는 '로마제국'이란 의미를 갖게 되었다.[2]

로마공화정의 권력은 멀리까지 미쳤지만 관리 시스템은 졸렬했다. 광활한 영토를 통치하려면 그것을 관리하는 수많은 인재가 필요하다. 중국 진나라는 평민을 다량 기용했다. 이와는 반대로 로마 귀족은 첫째, 자신의 좁은 통치 권역을 유지하려 했고, 둘째, 통치 권역내의 어떤 사람이 너무 출중하여 정치권력을 독단하는 걸 방지하려 했다. 군사를 거느리는 지방의 고관은 권력을 농단하기가 매우 쉽다. 로마공화정은 향토 귀족, 매국노, 조세 전담 징수인을 이용하여 자신들 대신 착취하기를 좋아했다. 이런 사람은 사리사욕 채우기에만 급급했고, 또 정부의 감독이 없으면 백성을 아주 혹독하게 대했다. 따라서 이들이 국가에 기여하는 효율은 매우 낮은 편이었다. 이와 같더라도 대부분의 귀족은 여전히 만족했고, 오직 폼페이우스나 카이사르 등 몇몇 대정치가만 이런 상황이 오래갈 수 없다는 걸 간파했지만 강경한 반항에 막혀 실각하고 말았다. 아우구스투스 시대에 이르러서야 방법을 찾아 군주 집권의 제국 정체를 건립했다. 이로써 로마는 오랫동안 정

복의 성과를 향유했지만 이를 위해 값으로 따질 수 없는 공화의 정신을 희생할 수밖에 없었다.[3]

옛사람은 진나라가 제후를 잠식(蠶食)했다고 말했다. 잠식은 누에가 뽕잎 전체를 알지 못한 채 그 일부만 갉아먹는 것을 의미한다. 전국시대에는 진나라도 이웃 나라를 잠식하는 데 바빠서 전체 중국을 통일하려는 관념이 없었다.[4] 나중에 유생들이 단장취의(斷章取義)하여 실제와 동떨어진 3자(字) 진언 '대일통(大一統)'과 '정우일(定于一)'이란 말을 발굴한 후 이 '일(一)'이 본래 일력(日曆)이나 어떤 관념 혹은 다른 무엇을 가리킨다는 것은 상관하지도 않고 의미를 견강부회하여 정치 통일의 선구적인 어휘라고 사기를 쳤다.

맹자는 "살인을 좋아하지 않는 사람이 통일할 수 있을 겁니다(不嗜殺人者能一之)"라고 말한 이외에 '정우일(定于一)'이란 말에 어떤 부연설명도 하지 않았다.[5] 이 말에는 적어도 두 가지 의미가 들어 있다. 그 한 가지는 성인이 세상 사람의 생각을 개조하여 열국 사람으로 하여금 일치된 견해로 전쟁을 혐오하게 하여 천하를 안정시킨다는 의미다. 다른 한 가지는 살인을 하지 않는 사람이 기적처럼 천하를 석권한다는 의미다. 우리가 두 번째 견해를 정치 통일의 의미로 받아들인다 하더라도 맹자가 한결같이 선왕의 도를 강조했고 세습 귀족의 녹봉을 옹호했음을 감안해보면 그가 동경한 '일(一)'이 주나라 초기와 같은 태평성대, 즉 [그림 4a]와 같은 봉건 종법제도였음을 알 수 있다. 법가는 일언(壹言), 일법(壹法), 일무(壹務)[7] 등 정치적 개념에 대해 착실한 분석을 하여 [그림 4b]의 집권제도 건립에 응용했다. 그러나 상앙과 한비에서 진왕 정의 친정 1년 전에 발표된 『여씨춘추』에 이르기까지도 이들의 안목은 일국에만 한정되어 있었지, 일곱 독립국가의 통일 황조 체제에까지 미치지는 못했다. 이러한 혁명적인 정치 구상은 젊은 임금 진왕 정이 조정에서 이사 등 대신들의 보좌를 받아 100여 년 동안 노력한 법가의 경험을 종합하면서 점차 그 완성된 형태를 드러냈다.

카이사르가 갈리아를 정복한 것과 거의 비슷한 기간에 진나라는 인구가 자신보다 여섯 배나 많은 강역을 병탄했다. 진시황은 전쟁 국면을 끝냈을 뿐 아니라 종법 봉건제도를 폐지하고 법에 따라 통치하고, 관료들이 국정을 관리하고, 군주에게 권력이 집중된 황조 체제를 세워서 '통일'과 '중국'에 대한 견해를 철저하게 바꿨다. 그러나 봉건 복고 세력은 금서(禁書) 조치로 제지할 수 있는 대상이 아니었다. 진나라는 대담한 창조를 시도하다가 멸망했다. 더욱 큰 희생품은 법가의 이성적 사유와 법치 정신이었다. 법가 사상은 '법가가 진나라를 멸망시켰다(法家亡秦)'는 멍에를 쓰고 2,000년 동안 유가의 경직된 인치 사상 아래 암울하게 매몰되어 있었다.

전국칠웅이 수백 년 동안 길러온 장병과 유세객은 순식간에 실업자 신세가 되었다. 옛 귀족은 중앙집권제도 아래에서 특권과 이익을 상실하자 골수에 사무친 원한을 품었다. 통일 황조의 급속한 정치 개혁이 진행되자 당시 사회는 일시적으로 적응하기 어려운 모습을 드러냈다. 900명의 수비병이 대택향(大澤鄕)에서 일으킨 봉기가 마침내 반진(反秦)의 불길을 타오르게 한 것도 전혀 이상한 일이 아니었다. 진나라와는 달리 로마는 지방의 동란을 진압할 능력을 갖고 있었다. 하지만 피정복민은 로마인이 자신에게서 착취해간 재물이 그들 내부의 대규모 동족상잔 비용으로 쓰이자 그것을 대리 복수로 간주하기도 했다. 동서양 두 제국이 맞은 역풍은 모두 통치계층 내부의 폭력 동란으로 드러났다. 견고한 정부 구조를 만들기 위해, 또 군주제를 옹호하거나 귀족제를 옹호하기 위해 처음에는 계파 투쟁을 벌이다가 마지막에는 반란자가 각 지역에 할거하는 내전으로 발전했다.

카이사르나 진시황 사후에 폭발한 내전이 로마인이나 중국인에게 끼친 해독은 영토 확장 전쟁 때보다 심했다. 그들은 또 완고한 구세력에게 타격을 가하며 원한을 풀고 뒷날 평화의 조건을 만들었다. 대동란의 공포는 분골쇄신하며 싸우는 사람들의 안목을 크게 열어줘서 이전의 불가사의한 사물을 쉽게 수용할 수 있게 했다. 피정복자는 더 이상 반항할 마음도 없었고, 또 통제도 달가워하지 않았지만 결국 제국 군현 소속의 백성이 되었다. 카이사르를 암살한 원로 귀족은 한번 몰락한 후 일어서지 못한 채 아우구스투스와 훗날 황제에게 머리를 굽히고 신하 노릇을 하지 않을 수 없었다. 진시황에 의해 폐족이 되었던 봉건 귀족은 한나라 초기에 다시 일어났지만 끝내 오래갈 수 없었다. 그러나 그들은 자신의 사상 가치를 유가에게 물려줘서 이들이 나중에 황조의 통치 엘리트로 자라나게 했다. 권력투쟁은 내전 기간에 정점에 도달했고, 제국이나 황조시대에는 크게 위축되었지만, 그것이 사라진 건 결코 아니었고 정치의 지층 아래에 숨은 복류(伏流)로 변했다.

30년 대동란은 로마와 중국 역사의 전환점이었다. 두 시대 사이의 과도기에는 앞을 바라볼 수도 있고 뒤를 바라볼 수도 있다. 카이사르는 구시대를 끝냈고, 진시황은 신기원을 열었다. 로마는 구 정치체제가 효력을 잃자 자신이 정복한 광대한 영역을 통치할 수 없었고 이에 내전이 발생했다. 이 시기를 로마공화정의 황혼기라 부를 수 있다. 획기적인 정치체제 개조는 승자 아우구스투스를 기다려야 했다. 진나라는 황조 중국의 여명이었다. 진시황은 천하를 통일하고 획기적이고 오래 지속된 정치체제를 창조했다. 전통 사학에서는 진나라 이전 시기를 '선진(先秦)'이라고 부르며 '진·한(秦·漢)' 시대와 구별한다. 역사의 논리에 따르면 진나라는 이 책 제2부에 배치해야 하므로 나는 그곳에서 진나라 제도를 분석했다. 이 장에서는 진나라 흥망의 인과 관계를 탐구하여 로마 과도기와 비교하는 자료로 삼고자 한다.

제2절
로마공화정의 쇠락

기원전 59년 율리우스 카이사르는 로마 집정관에 임명되어 원로원을 향해 경작지를 제대 군인과 빈곤 가정에 분배할 것을 제안했다. 소(小) 카토(Marcus Porcius Cato Uticensis, 전 95~전 46)는 극력 반대했다. 원로원은 여전히 교착 상태에 빠져 투표로 결정할 수노 없었다. 카이사르는 다음 전략으로 부락 민회를 소집하여 폼페이우스와 크라수스(Marcus Licinius Crassus, 전 115~전 53)에게 연설을 요청했다. 그는 또 폼페이우스에게 자신의 제안을 지지하고 반대파에 항거할 것인지 물었다. 폼페이우스가 대답했다. "누가 감히 칼을 뽑으면 나도 방패를 들고 항거할 것이오." 민중은 갈채를 보냈고 많은 원로 귀족은 전율했다. 투표 날이 정해지자 폼페이우스의 노병들이 모두 참가하러 왔다. 대다수 원로는 집정 동료 비불루스(Marcus Calpurnius Bibulus, ? ~전 48?)에게 투표를 부결시키도록 부추겼다. 그러나 얼굴 정면에 똥물을 맞은 그는 즉시 집으로 돌아갔다. 카이사르의 제안은 통과되어 법률로 성문화되었다. 투쟁이 계속되자 결국 원로들은 법안을 준수하겠다고 맹세했다.[8]

카이사르는 민회에서 자신이 폼페이우스 및 크라수스와의 연맹을 통해 정치를 하겠다는 의견을 밝혔다. 하지만 당시로서 가장 이득을 얻는 계층은 일반 백성이었다. 로마공화정 후기에 이르면 형식적으로는 민주 세력이 강화되었다. 투표는 무기명으로 바뀌어 유권자가 권력자의 압력에서 벗어날 수 있었다. 재산 분야를 다루지 않는 부락 민회도 입법의 중추기관으로 변했다. 집정관이나 호민관도 항상 원로원의 비준을 받지 않고 직접 안건을 제출하여 표결에 부칠 수 있었다.

로마시에 거주하는 수많은 공민은 식량 배급권을 받거나 심지어 무료로 식사를 제공받을 수 있었다.[9] 그러나 어두운 그림자도 겹겹이 드리우고 있었다. 뇌물로 투표권을 매수하는 행위가 유행했다. 민중에게는 집회의 자유가 있었지만 정부에게는 치안 유지를 위한 경찰이 없었고, 거리에서 여러 파당이 생겨나 정치를 좌우했다. 연설과 투표를 통제하는 광장이 민주정치의 주요 수단이 되었다. 정부는 반신불수가 되어 전승과 영토 확대로 야기된 문제를 해결할 수 없었다. 이에

국내외에서 폭력이 점차 고개를 들기 시작했다.[10]

민중파로 불리는 정객은 항상 원로원을 회피하고 직접 민회에서 안건 통과를 추진하며 한편으로는 민중의 입법 주권을 진흥하고 다른 한편으로는 자신의 세력을 강화했다. 카이사르는 토지개혁 법안을 발의하여 민중에게 토지를 갖게 하는 한편 자신도 적지 않은 이익을 쟁취했다. 토지를 받는 사람은 전통적인 관념에 따라 토지 하사자를 주인으로 받들기 때문이다. 나중에 키케로가 '카이사르의 군대'라고 부른 사람들이 바로 그의 병력 모집에 호응했다. 민중파와 대립한 귀족파는 전통적인 귀족 평등과 원로원의 집체정치를 고수했다. 이 두 파의 경계선은 명확하지 않아서 기회주의자도 적지 않았다. 폼페이우스도 최소한 두 차례나 신발을 거꾸로 신었다.[11] 이들은 모두 귀족이어서 서로 공유하는 이익이 같았다. 한 현대 사학자는 이렇게 평가했다. "민중파 정객은 그가 폼페이우스든 카이사르든 상관없이 권력을 손에 잡기만 하면 바로 민중의 자유를 억압하는 데 진력했다. 민중의 자유는 늘 위험에 처했다. 모든 로마 정치가가 민중의 자유 억제를 가장 중요한 책무로 삼았기 때문이다."[12]

기원전 83년 술라는 동방에서 회군했다. 그는 해외에서 장물과 뇌물을 마음껏 벌어들인 로마 원정군을 지휘하여 민중파 정객, 그중에서도 특히 민중의 영웅 마리우스에 대항했다. 폼페이우스와 크라수스는 자신의 자금으로 군대를 모집하여 자발적으로 술라의 귀족그룹에 가입했다. 술라는 승리 후 독재를 행하며 정객을 대대적으로 학살하거나 추방했고, 또 호민관에 압력을 가하면서 원로원을 강화했다. 개혁을 끝내고 그는 스스로 권력을 내려놓고 물러났다. 카이사르는 그를 '권모술수의 맹인'이라고 비웃었다.[13] 그의 조치는 장기적으로 다소 효과를 발휘했지만 민중파를 핍박하려는 그의 뜻은 부하들에 의해 폐기되었다. 기원전 70년 폼페이우스와 크라수스는 함께 집정관으로 선출되어 호민관의 전권을 회복해주었고 이 때문에 민중의 사랑을 받았다.[14]

로마가 지중해를 정복한 사회·경제적 결과는 결국 이 시기에 이르러 백해무익한 양상을 드러냈다. 예를 들어 해상 치안은 본래 로도스가 담당했는데, 로도스가 파괴된 이후에는 해적이 횡행하여 심지어 로마시의 식량 공급까지 위협할 정도였다. 기원전 67년 로마인은 폼페이우스에게 해적 소탕 임무를 맡겼다. 그는 단지 3개월 만에 지중해를 깨끗하게 청소하여 대규모 조직 행사의 천재임을 과시했다. 이 때문에 로마인은 다시 그에게 숙적 미트리다테스 6세를 정벌하는 전권을 맡겼다. 그는 4년 동안 동방 정벌에 나서 미트리다테스 6세를 철저하게 괴멸시켰다. 이어서 그는 현지 로마 대리인의 권력 남용을 제한하고 그 지역을 안무하며 속주를 설치했다. 그의 정치 개혁으로 현지 사회가 안정을 찾았기에 그곳 백성이 매우 기뻐했다. 이 밖에도 거간꾼의 가로채기를 제재했기 때문에 매년 로마의 수입이 70퍼센트나 증가했다. 그는 이러한 치적을 통해 행정관리 체계가 효과적으로 운영되면 모든 사람이 이익을 얻을 수 있음을 증명해 보였다.[15]

폼페이우스가 대승을 거두고 회군하자 로마 사회는 불안감에 젖어들었다. 술라 독재의 역사가 재연되는 것이 아닐까? 다행히 폼페이우스는 이탈리아에 상륙한 후 법에 따라 군대를 해산했다. 카이사르가 몰래 웃음을 지었는지는 알 수 없다. 권모술수의 맹인이 또 한 명 탄생했다고 말이다. 폼페이우스는 명민한 장군이자 정치가였지만 유치한 정객이었다. 이에 국가 관리에는 장기를 보였지만 권모술수에는 뛰어나지 못했다. 에스파냐에서 시리아에 이르는 제국 각지에서 그의 영향력은 매우 컸다. 그러나 로마시에서는 전혀 그렇지 못했다. 그는 신흥 귀족으로 외부를 포위하는 노선을 걸었을 뿐 원로원에 들어가거나 집정관으로 선임되지 못했다. 권력은 약진했지만 그에게는 고위층으로 통하는 경로가 부족했다. 따라서 민중의 옹호를 받으면서도 원로원 곳곳에서 장벽에 부딪혀야 했다. 그는 심지어 그의 동방 정책을 인준받거나 그의 노병들에게 토지조차 분배할 방법이 없었다.[16]

카이사르의 율리우스 가문은 오래된 귀족에 속했고, 스스로도 신들의 후예라 칭했다. 카이사르는 원로원의 규정에 따라 법에서 정한 42세에 이르러서야 집정관으로 선출되었다. 참을성 있게 승진을 추구한 경험이 그의 인간관계에 축적되어 고도의 정치 수완을 갖게 되었다. 카이사르의 이모는 마리우스에게 시집갔고, 민중파에 기운 그 자신의 경향도 귀족파의 의심을 샀는데, 특히 소 카토가 그를 심하게 의심했다. 소 카토는 폼페이우스가 그의 질녀에게 보낸 구혼 요청을 일언지하에 거절했지만, 카이사르는 오히려 자신의 외동딸 율리아(Julia)를 이용하여 자신보다 여섯 살이나 많은 폼페이우스를 사위로 삼았다. 귀족 정객들의 씀씀이는 매우 커서 카이사르도 계속 빚이 늘어났다. 그럼에도 크라수스는 카이사르에 대한 경제적 지원을 계속해 카이사르를 감격시켰다. 카이사르·폼페이우스·크라수스는 삼두(三頭) 동맹을 맺었다. 이들은 카이사르가 집정관에 선출될 수 있도록 도움을 줬다. 권력을 잡은 후 카이사르는 폼페이우스의 동방 정책을 승인했고, 또 크라수스에게는 모든 세금을 징수할 수 있는 혜택을 줬다. 카이사르 본인은 곧바로 5년 내에 알프스 남쪽 갈리아 군정의 모든 권한을 장악할 수 있는 특별 임무를 얻었다. 마침 알프스 북쪽 갈리아 총독이 사망하자 폼페이우스의 제의로 민회에서는 카이사르의 특권을 알프스 북쪽으로 연장해줬다.[17]

매년 임명되는 파병 군단 사령관과 속주 지사는 본래 원로원의 몫이었다. 원로원은 지식과 경험 그리고 감독 능력을 갖고 있기 때문이다. 민주적 기풍에 따라 그것을 민회에 가져가면, 정객들이 민의를 선동할 것이고, 이에 따른 일시적인 열정이 끝도 없는 결과를 야기할 결정을 내릴 수도 있었다. 이는 리비우스가 집정관의 권력은 국왕과 다르지 않다고 지적한 바와 같다. 따라서 공화정이 그들의 권력 남용을 막는 방법은 주로 임기 단축에 집중되었다.[18] 원로원의 감찰을 받지 않는 장기적인 군정 전권 부여는 매우 드문 사례에 해당한다. 게다가 이런 전권은 명확히 실재하는 군사적 필요성에 대응하기 위해 부여된다. 폼페이우스의 특별 임무는 오랫동안 해결하지 못한 미트리다테스 6세와의 갈등 때문에 부여된 것이다.

그러나 카이사르의 특별 임무는 역사에 전례가 없는 경우다. 아무 사건도 일어나지 않은 갈리아에 5년 동안 특별 임무를 부여한 건 순전히 카이사르 개인의 정치적 야심을 위한 것이기 때문이다. 민주

용과 독수리의 제국

적 형식이 독재를 위해 길을 연 것이다. 카이사르는 병권을 장악하자마자 원로원 진압에 나섰다. 로마의 전기 작가 수에토니우스(Gaius Suetonius Tranquillus, 69~130?)의 기록에 따르면 카이사르는 그의 정적에게 "내가 너희의 몸을 짓밟을 수 있다"라고 경고했다. 알프스산맥 남북 갈리아에는 정복할 만한 드넓은 대지가 펼쳐져 있었다. "어떤 무리한 상황이나 위험이 있어도, 또 선의를 가진 맹우든 악의를 품은 야만인이든 상관없이 카이사르는 기회가 있으면 꼬투리를 찾아 싸움을 걸고 진격했다."[19] 카이사르는 민중의 수중에서 무한 권력을 획득하여 전쟁을 하며 아울러 이를 빌려 자신의 권위를 세웠다.[20]

카이사르는 갈리아를 정벌하는 동시에 로마의 정적에 대응해야 했다. 이를 위해 그는 삼두 동맹을 강화했다. 기원전 56년 그는 휘하의 병사에게 휴가를 주어, 로마로 가서 투표에 참여하고 폼페이우스와 크라수스를 집정관으로 선출하게 했다. 이들은 정치를 맡자마자 카이사르의 갈리아 특임 전권을 다시 5년간 연장해줬다. 아울러 그 전권이 끝날 때 카이사르에게 다시 집정관을 맡겼다. 그들도 각각 5년간 특임 전권을 부여받았는데 크라수스는 시리아, 폼페이우스는 에스파냐에서 그 권리를 행사했다. 플루타르코스가 말한 "정부를 파괴하고 주권을 분할하려는 음모"가 소원대로 진행되고 있었다. 유일한 문제는 기원전 49년 카이사르가 로마 경선에서 선출된 집정관 직위를 유지할 수 없게 되자 그 자신이 직접 내전의 도화선에 불을 붙였다는 점이다.[21]

키케로는 삼두 정치에서 제출한 안건을 위해 분주하게 움직이며 그것이 "갈리아 전체를 우리에게 복종시키는 일"이라고 선전하며 민중에게 애국심으로 그것을 지지해달라고 고무했다.[22] 카이사르가 전선에서 부친 서신 『갈리아 전기』는 민중을 승리의 영광에 심취하게 했다. 폼페이우스는 로마 근처에 남아 그의 부하를 시켜 에스파냐를 경영하게 했다. 크라수스는 카이사르를 모방하여 시리아에서 파르티아로 진공하기로 결정했다. 파르티아 침공과 갈리아 침공은 그 상황이 비슷했지만 크라수스는 패배했기 때문에 그의 전쟁은 정의롭지 못한 것으로 규정되었다. 기원전 53년 유프라테스(Euphrates)강 상류의 카레(Carrhae)에서 로마의 전군이 전멸하고 독수리 깃발까지 적에게 빼앗겼다. 그곳에서 로마인은 처음으로 유목민 기병의 뛰어난 활솜씨를 맛봤다.[23] 그들은 뜨거운 햇볕 아래에서 반짝이는 파르티아의 깃발을 기이하게 바라봤다. 어떤 학자는 그 깃발이 비단 깃발이라고 설명한다. 어떻든 중국의 비단이 그 무렵을 전후하여 지중해에 전해진 것이 확실하다.[25]

크라수스의 죽음은 율리아의 죽음보다 카이사르와 폼페이우스의 관계에 더 심한 손상을 끼쳤다. 세 거두의 권위가 비슷하면 공화정의 균등한 세력이 계속 유지될 희망이 있었다. 크라수스의 중재가 없어지자 카이사르와 폼페이우스는 친구이자 적으로서 타협의 여지가 날이 갈수록 줄어들었다. 찬란한 전공과 갈리아의 풍부한 재물로 얻은 정치자금과 백전불굴의 충성스러운 군대에 의지하여 카이사르는 정부를 좌우했다. 원로원은 그의 핍박을 받아 어쩔 수 없이 폼페이우스에게 기대야 했다. 폼페이우스는 주저하다가 카이사르가 다시 집정관이 되면 공화정이 파괴될 것이고 자신의 세력도 손상을 입을 것이라고 생각했다.

　계파 투쟁이 진행되는 가운데 원로원은 마침내 소 카토의 의견을 채택하여 카이사르가 법에 따라 병권을 내려놓아야 집정관 경선에 나설 수 있다는 입장을 견지했다. 카이사르가 보기에 그것은 권모술수를 모르는 자들이 스스로 죽을 길을 찾아 나선 것에 불과했다. 그는 병권을 내려놓으면 바로 자신의 지난날 불법행위가 심한 지탄을 받을 수 있다는 사실을 알았다. 내전을 바라는 사람은 아무도 없었지만 모두 그와 타협할 수 없는 이유를 갖고 있었다. 선전구호가 온 하늘을 뒤덮자 이지적인 판단은 뒤안길로 사라져버렸고 상호 질투가 합리적인 협상조차 말살해버렸다.[25]

제3절
원수(元首)에서 황제로

　　　　　"주사위는 던져졌다." 기원전 49년 카이사르가 루비콘(Rubicon)강을 건너며 한 말이다. 루비콘강은 갈리아와 이탈리아의 경계다. 카이사르가 이탈리아로 진군하여 내전을 일으키는 건 상당한 모험이었다. 이탈리아인은 공화정 보위에 나설 수도 있었지만 이들은 움직이지 않았다. 폼페이우스는 동방으로 퇴각하여 전쟁 물자를 모았다. 대다수 노련한 원로는 카이사르를 따랐지만 그를 깊이 경계했다. 이들은 불안한 마음으로 폼페이우스의 지휘권을 무효화시켰다. 던져진 주사위는 9개월 후 마케도니아 한 평원에서 멈췄다. 파르살루스(Pharsalus) 전장에 즐비한 반 카이사르 로마인 부상자와 사망자를 응시하며 카이사르가 말했다. "자업자득이다."[26] 폼페이우스는 그 속에 있지 않았다. 그는 동쪽으로 도주하다 이집트 연안에서 살해되었다.[27]

카이사르는 "폼페이우스는 어떤 사람과도 권위를 나누려 하지 않았다"라고 썼다. 그는 또 자신의 심정을 더욱 분명하게 토로했다. "나는 줄곧 권위가 가장 중요하다고 인식해왔다. 나는 그것을 생명보다 더 귀중하게 아낀다."[28] 야심을 논하면서, 키케로는 두 사람이 똑같이 광기로 가득했다고 인식했다. 한 현대 학자의 해석은 이렇다. "폼페이우스는 카이사르의 행위가 일고의 가치도 없다고 여겼다. 그는 여전히 원로 집체 통치의 관점에서 카이사르의 행위가 타당하지 못하다고 느꼈기 때문이다."[29] 카이사르의 입장에서는 사정이 너무나 간단했다. 그는 "공화정은 텅 빈 이름만 남았을 뿐 기실 그 근본에는 아무것도 없다"[30]라고 명확하게 말했다. 폼페이우스의 병폐가 전통에 대한 미련이라면 카이사르의 병폐는 공화정을 무시한 것이었다.

카이사르는 동방을 수복하고 제멋대로 명언을 남겼다. "왔노라, 보았노라, 이겼노라(Veni, vidi, vici)." 그는 카르타고와 코린토스를 재건하면서 해외 식민지를 널리 설치했다. 또 노병을 위로하며 이탈리아의 공포를 완화하고 제국을 공고하게 유지했다. 거의 모든 원로는 그의 용서를 받아 공직에 복귀했다. 키케로 외에 가장 중요한 사람은 브루투스(Marcus Junius Brutus, 전 85~전 42)와 카시우스롱기누스(Gaius Cassius

용과 독수리의 제국

Longinus, ? ~전 42)였다. 두 사람은 모두 미래 자객단의 리더가 되었다. 소 카토만 폭군을 섬기려 하지 않고 자결을 택했다. 키케로는 송사(頌辭)를 지어 그가 공화정을 위해 순절하여 진정한 로마인의 절개를 드러냈다고 찬미했다. 키케로의 송사 「카토」는 일세를 풍미했다. 카이사르 입장에서는 자신이 생명보다 권위를 더 사랑하지만 다른 사람은 생명보다 자유를 더 사랑한다는 사실을 깨달았을 것이다.[31]

공화정의 실질과 형식이 분리되자 정부는 반신불수가 되어 긴박한 문제조차 해결할 수 없었다. 그러나 공화정은 아직 유명무실한 지경으로까지 떨어지지는 않았다. 군주 전제를 증오하는 전통은 여전히 남아 있었다. 카이사르가 독재자의 지위에 올라 무한 권력을 장악하고 거의 신으로 숭배받는 경지에 이른 것은, 적나라한 병력에 의지하여 기능을 잃은 공화정의 기관 위에 앉아 귀족을 포악하게 다뤘기 때문이다. 카이사르는 호민관을 학대하고 정치 집회를 금지했다. 또 투표 절차를 농락한 후 어떤 이에게도 자문을 받지 않고 일련의 지령을 내렸다.[32]

찬란한 전공, 하사받은 땅, 뛰어난 경기 등을 보고 줄곧 그를 숭배해온 공민은 그의 전횡에 불만을 품기 시작했다. 카이사르는 항상 이렇게 말했다. "내게 만약 불측한 마음이 있었다면 로마가 평화를 누릴 수 있게 내버려두지 않았을 것이다. 새로운 내전이 폭발하여 이전보다 훨씬 상황이 나빠졌을 것이다."[33] 그는 위험을 분명하게 알고 있었지만 대비하지 않았다. 또 로마에서 2년간 독재를 하는 동안 정부가 자신의 응답기로만 작동하지 않게 하는 어떤 계획도 남겨놓지 않았다. 그리고 필요한 정치개혁은 방치한 채 피할 수 있는 전쟁을 준비하며 파르티아를 치는 일에 급급했다. 기원전 44년 카이사르는 자신에게 종신 독재의 권력을 부여했다. 이는 국왕과 다를 바 없었다. 이 일로 인자하고 너그러운 행동으로 얻었던 호감을 모두 잃어버렸고, 공화정에 충성하는 원로 귀족이 그를 암살했다.

그해에 천문을 관찰하던 고대 중국인이 객성(客星)의 출현을 기록했다. 로마에서도 대낮에 볼 수 있는 혜성이 카이사르 추도 경기장 상공에 나타났다. 사람들은 그것을 카이사르의 혼령이 승천하는 것으로 인식했다.[34] 오래지 않아 카이사르는 정식으로 신의 대열에 추대되었다. 로마의 역서(曆書)에서는 혜성을 길조로 간주했다. 그러나 그것은 너무나 큰 착오였다. 카이사르로 인해 유발된 세월은 흉측한 죽음으로 가득 찼다.[35]

흉측한 세월은 3월 15일부터 시작되었다. 자객 그룹은 브루투스의 말을 듣고 카이사르의 수장(首將) 안토니우스를 방면했다. 이들은 스스로 공화정을 보위한다고 말했지만, 공화정의 제도가 안토니우스나 기타 야심가들이 카이사르의 길을 다시 걸어도 그걸 저지할 방법이 없다는 사실을 잘 알고 있었다. 특히 이들은 이미 카이사르의 옛 부대를 방패로 삼고 있었다. 로마시 안에서는 비밀 모의가 무르익고 있었다. 이탈리아와 로마제국 각지에서는 군사를 모집하고 병마를 사고, 변란이 교차하고 칼날이 부딪치는 일이 우후죽순처럼 일어나고 있었다. 담판이 실패한 후 브루투스와 카시우스롱기누스는 동방으로 가서 군사를 모집했다. 그들이 떠나자 담판 기간 피해 있던 키케로가 로마로 돌아왔다. 그의 손에는 18세 '아이'라는 비밀무기가 들려 있었다. "그의 성명과 나이를 좀 살펴보라"고 키케로는 기록했다. 키케로는 카이사르의 후계자인 이 젊은이를 이용하여 카이사르의 자객(브루투스)이 카이사르의 장수(안토니우스)를 치는 걸 도와주려 했다. 그러나 도리어 늙은 여우가 어린 여우에게 조종당하게 되었다.[36]

역사가들은 혼돈을 피하기 위해 이 젊은이를 옥타비아누스(Octavianus, 전 63~전 14)라고 부르지만 그는 정치 생명이 끝날 때까지 카이사르의 양자로 행동하며 생부의 성을 한 번도 쓰지 않았다. 카이사르의 성은 그의 자본이었다고 안토니우스는 말했다. 그렇지만 그것이 그의 유일한 자본은 아니었다. 옥타비아누스는 카이사르의 방대한 유산 4분의 3을 계승했다. 나머지 4분의 1은 모든 로마 공민에게 75 데나리온씩 나눠줘도 충분한 양이었다. 그는 양부를 위해 복수를 해야 한다는 명분이 있었다. 그의 최대 자본은 아마 냉정한 두뇌, 냉혹한 심장, 그리고 카이사르의 정치권력을 계승하려는 열망이었다. 옥타비아누스는 카이사르의 옛 심복과 연락하는 한편 키케로의 허영심에 아부하는 편지를 보냈다. 키케로의 도움에 기대고 공화 그룹을 이용하여 그는 집정관이 되었다. 그는 또 카이사르 그룹의 거두와 대등하게 담판할 수 있는 실력을 쌓은 후 명분 있는 반란을 일으켜 카이사르의 옛 부하 안토니우스 및 레피두스(Marcus Aemilius Lepidus, ?~전 13)와 손을 잡았다. 기원전 43년 세 사람은 함성을 지르며 군사를 거느리고 로마시로 진입하여 무한 권력의 제2차 삼두 동맹을 맺었다.[37]

카이사르의 관대한 정치는 더 이상 재현되지 않았고 술라의 공포

정치가 다시 시행되었다. 신(新) 삼두는 공화 그룹을 제거하고 모든 정적을 청산하기로 결의했다. 공동의 정적 명단을 높이 걸고, 적을 사로잡거나 죽이면 후한 상을 받고 그들을 도우면 같은 죄로 처벌받는다고 선언했다. 키케로는 옥타비아누스에게 은혜를 베풀었지만 결코 사면받지 못했다. 잘려진 그의 머리와 손은 본보기로 광장에 높이 내걸렸다.[38]

많은 사람이 보물을 많이 갖고 있다는 죄로 추방되었다. 삼두 정치가 급하게 재물을 필요로 했기 때문이다. 내전이 벌어질 때는 각 그룹이 모두 정의를 내세웠지만 사람들은 그들의 말을 수긍하기 어려웠다. 변란이 일어날 때 적에게 투항하는 것은 매우 흔한 일이었으므로 모병 가격도 매우 인상되기 마련이었다. 옥타비아누스가 정권을 잡은 후에 가장 먼저 신경 쓴 것도 국고를 털어 자신의 부하에게 각각 2,500데나리온씩 나눠준 일이었다. 그것은 카이사르 이전 사병 연봉의 20배에 달하는 액수였다. 은화는 계약금에 불과했고 병졸의 최대 소망은 땅을 분배받는 것이었다. 최고 권력자 세 사람은 이탈리아에서 가장 부유한 세 도시를 확정하고 장차 그곳 주민을 추방한 후 노병을 안치하겠다고 응답했다. 당장 그들은 전제 권력의 재산 몰수권을 이용하여 터무니없이 가혹한 세금을 징수했다. 카이사르 그룹은 더 많은 노력을 기울여야 했다. 공화 그룹이 동방에서 똑같은 수법을 쓰느라 분주했기 때문이다. 이에 로마인은 분분히 인원 동원에 호응하면서 한편으로 충성을 부르짖고, 다른 한편으로는 자유를 부르짖었다. 이탈리아 자유민 남자의 4분의 1 이상이 군대에 들어가 전쟁에 참

여했다.[39]

기원전 42년 빌립보에서 창을 들고 대진한 로마 군대는 카이사르와 폼페이우스 때 대진한 군사보다 세 배나 많았다. 안토니우스는 카이사르 그룹을 지휘했고, 옥타비아누스는 병으로 장막 속에 누워 있었다. 전투는 20여 일 동안 지속되었고, 그중 두 차례 큰 전투에서 치열한 살상이 자행되었다.[40] 공화 그룹에 투신한 사람은 이것이 그들의 마지막 전투라는 걸 알고 있었다. 운명은 그렇게 진행되었다. 마르쿠스 브루투스와 공화파의 많은 장수가 패배 후 자결했다. 안토니우스는 자신의 가장 귀중한 자주색 망토를 벗어서 브루투스의 시신을 덮어줬다. 옥타비아누스는 브루투스의 목을 베어 카이사르의 조각상 앞에 갖다놓으라고 명령을 내렸다.[41] 어떤 현대 학자는 감탄했다. "빌립보에서 전사한 병사는 원칙을 위해 목숨을 바쳤다. 이들의 계급 전통은 협소하고 진부했지만, 그런 여러 가지 결함에도 불구하고 이들의 행동은 로마의 정신이자 영혼이었다." "그것은 자유 국가의 마지막 몸부림이었다. 상황이 결정되고 나서는 더 이상 만회할 수 없었다. 이후의 모든 일은 자유를 위해 싸운 시신 위에서 폭군들이 권력과 이익을 위해 싸운 것에 불과했다."[42]

"로마가 처음 건설되었을 때 통치자는 국왕이었다. 나중에 루키우스 브루투스(Lucius Junius Brutus)가 집정관과 기타 자유 공화정 체제를 창설했다." 타키투스는 『연대기(Annals)』 첫머리에서 짧은 문장으로 500년 로마 역사를 서술한 뒤 곧바로 아우구스투스의 '개인 통치'로 진입하고 있다. 자유 공화제는 처음에 흥성하다가 마지막에 멸망하여 그 운명을 다했다. 공화정 말기에 공화정을 어지럽힌 자가 왕이 되었다. "법률과 도덕은 사라졌고, 범죄는 처벌받지 않았으며, 정직은 늘 목숨을 건 행위였다."[43] 정부 안에서는 당파 집단이 각각 정적을 숙청하기에 여념이 없었다. 사회에서는 내전에 참여한 군대가 서로 공방을 벌이는 가운데 군기가 해이해져서 병사의 약탈 행위를 그대로 내버려뒀다. 상황이 이러했으므로 심한 핍박에서 벗어나 자유를 찾는다는 건 공염불에 불과했다. 아테네에서 발명된 '남을 핍박할 수 있는 자유'는 원래 자신들의 대외 전쟁을 분식하기 위한 것이었으나, 내전의 구호로도 사용되면서 똑같은 호소력을 발휘했다.[44]

현대 학자들은 타키투스의 관찰을 이렇게 확정했다. "그들은 물론 듣기 좋은 구실을 이용하여 자유와 해방을 소리 높여 부르짖었다. 고의로 다른 사람을 노예로 부리는 폭군 중에서 이런 구호에 뛰어나지 않은 사람이 아무도 없었다."[45] 술라는 군사를 이끌고 로마로 진공하면서 "로마를 폭군의 수중에서 해방하기 위해서"[46]라고 선전했다. 카이사르는 공화정부를 향해 전쟁을 시작하면서 "자기 자신 및 로마인의 자유를 회복하기 위해서"라고 말했다. 카이사르의 자객들도 스스로 '해방자'라고 불렀다. 양부 카이사르를 위해 복수에 나선 옥타비아누스도 황제가 된 후 『공훈록』에서 "나는 국가를 위해 자유를 회복했다"[47]라고 선전했다. 그것은 개인 독재 아래의 자유일 뿐이었다.

카이사르가 군사를 지휘하여 로마를 해방할 때 대략 로마 공민 20만 명이 늘 그의 대오에 참여했고, 비공민 보조군 숫자도 막상막하였을 것이다.[48] 각 속주는 군비를 대느라 재정이 고갈되기 일쑤였다.

용과 독수리의 제국

정치에 적극적으로 참여한 사람들은 공화정을 자신들 야심의 자유 경기장으로 간주하며, 사회가 파괴되는데도 불구하고 민중을 유린했다. 이들 스스로 상호 살상과 상호 비방을 계속했기 때문에 시국이 변하기 시작했다. 정치적 구호에 염증을 느낀 보통 사람은 실제적인 평화를 선택했다. 사람들은 점점 '자유'란 명목으로 추진되는 일이 기실 생사를 걸 만한 가치가 없음을 인식하게 되었다.[49]

3세기 그리스 로마 역사가 디오(Cocceianus Dio Cassius, 150?~235?)는 로마 역사를 크게 세 시기로 구분했다. 첫째는 민주시기로 공화국 건국에서 기원전 42년 빌립보 전쟁까지다. 셋째는 군주집권 시기로 기원전 27년 아우구스투스의 즉위에서 시작된다. 이 두 시기 사이가 군벌시기다. 먼저 삼두 정치가 있었고 이어서 옥타비아누스가 안토니우스와 이집트 여왕 클레오파트라(Cleopatra, 전 69~전 30)에 대적했다.[50]

빌립보 전투 이후 안토니우스와 옥타비아누스는 억지로 연합하여 제국을 통치했다. 안토니우스는 본래 비교적 강한 사람이었으나 옥타비아누스를 제거할 수 있는 두 번의 기회를 잡고도 차마 손을 쓰지 못했다. 그는 동방에 거주하며 복잡한 속주·부속국·예속 동맹 사이에서 질서를 유지했다. 파르티아와 두 차례 교전했으나 이기지 못했는데 이 일이 그의 운명을 바꿨다. 안토니우스는 적지 않은 군사적 실책과 정책적 과오를 범했다. 통속적인 전설에 따르면 그가 클레오파트라의 아름다움에 미혹되어 실수를 범했다고 하지만 그랬을 가능성은 크지 않다.[51]

클레오파트라는 기원전 51년 18세 나이에 이집트 국왕으로 등극했다. 이집트는 알렉산드로스 제국의 유산 중에서 가장 장수한 나라였다. 그녀는 마케도니아 사람의 후손이었지만 현지 백성의 풍습에 따랐다. 기원전 48년 카이사르가 이집트로 진군하자 그녀는 자신의 지위를 공고화하기 위해 그와의 사이에서 아들 하나를 낳았다. 카이사르와 안토니우스는 이집트를 병탄하지 않고 계속 로마의 가장 부유한 종속 동맹국으로 남겨뒀다. 기원전 41년 안토니우스는 클레오파트라를 시리아로 불러 이집트가 왜 카이사르 그룹을 도와 공화 그룹을 공격하지 않는지 질책했다. 그해에 안토니우스는 알렉산드리아항에서 겨울을 보내면서 그녀와의 사이에서 쌍둥이 자녀를 낳았다. 두 사람은 4년 후에야 시리아에서 재회하여 다시 아들 하나를 낳았다.[52]

옥타비아누스는 빌립보에서 이탈리아로 돌아온 후 신속하게 노병들에게 나눠줄 땅을 찾았다. 그는 군대의 추대를 받았지만 재산이 몰수된 지주들은 격노했다. 이탈리아인들은 마지막 한 차례 반란을 일으켰다. 옥타비아누스는 잔혹하게 진압하여 이탈리아인들로 하여금 그의 포악한 수단을 알게 했다. 나중에 그가 인자한 국부(國父)로 변했을 때도 이탈리아인들은 그의 잔혹한 진압을 잊기 어려워했다. 그 자신은 군사적 재능이 뛰어나지 못했지만 아그리파(Marcus Vipsanius Agrippa, 전 63~전 12)와 같은 대장의 힘에 의지하여 모든 적을 격파했다. 그는 또 세금과 부채 감면, 공공 건축물 수리 등의 조치로 민심을 얻었다. 살아남은 귀족은 힘이 위축되고 기가 꺾여서 새로운 주인을 받들었다. 제국의 중심과 기반이 치유되기 시작했다. 안토니우스는 해외에 거주했으므로 로마에서 홀로 권력을 잡은 옥타비아누스는 원

로 집정관을 마음대로 임명하여 정부를 조종하면서 점차 정국의 우세를 차지했다.[53]

기원전 32년 삼두 정치의 법정 기한이 끝났다. 옥타비아누스는 자발적으로 전쟁을 준비하면서 로마인이 동족인 로마인과 대적하기를 원하지 않는다는 사실을 발견했다. 이 때문에 그는 안토니우스에게는 싸움을 걸지 않고 클레오파트라에게 창끝을 겨누며 그녀가 '로마의 여왕'이 될 마음을 품고 있다고 말했다. 로마인은 권모술수를 부리더라도 줄곧 언론의 자유를 중시했지만 옥타비아누스의 거리낌 없는 모함은 정말 전무후무할 것이다. 그의 선전은 군사·정치·종교·문화에까지 미쳤는데 모든 부문에서 이집트인에게 해독을 끼치며 민족적 원한을 선동했다. 옥타비아누스는 로마의 선전포고 종교 의식을 주의 깊게 봉행한 후 애국적인 이탈리아인을 이끌고 그들의 눈에 금수처럼 보이는 이집트인을 향해 성전을 전개했다.[54]

안토니우스는 클레오파트라를 배반하지 않았다. 그가 그녀를 깊이 사랑했는지 여부는 알 수 없지만 신의를 지키는 건 로마인의 일관된 기질이었다. 두 사람 편에서 서술한 기록은 일찌감치 사라졌다. 두 사람의 적이 기록한 단편적인 문장에 따르면 안토니우스는 알렉산드리아항에 2년을 머물렀고, 그런 과정에서 이집트화되었으며, 클레오파트라를 두려워했다고 한다.[55]

기원전 31년 쌍방은 그리스 북부 악티움(Actium)반도에서 대회전을 치렀다. 옥타비아누스는 대승을 거뒀지만 적군의 두 주인공은 사로잡지 못했다. 그가 알렉산드리아항으로 다가갈 때 안토니우스는 만찬을 열고 눈물을 흘리는 부하들에게 자신은 내일 전장에서 영광스럽게 죽겠다고 말했다. 그날 저녁 성안은 술에 취한 사람의 노랫소리로 가득 찼다. 전언에 따르면 여러 신들은 안토니우스를 포기하는 흉조를 보여줬다고 한다. 여명에 먼저 해군이, 이어서 육군이 옥타비아누스에게 투항했다. 안토니우스는 클레오파트라가 이미 죽은 줄 알고 칼로 자결을 감행했고, 결국 마지막 힘을 다해 그녀에게 다가가 그녀의 품속에서 숨을 거뒀다.[56]

옥타비아누스는 이집트를 장악하고 감시원을 붙여서 클레오파트라를 감시했다. 그러나 안토니우스가 죽은 후 9일째 되는 날 그녀는 황금 침대에서 화려하게 차려입은 채 편안하게 누워서 세상을 떠났다. 그녀가 어떻게 감시원을 따돌렸는지는 전설이 분분하다. 어떤 사람은 그녀가 몰래 독약을 먹었다고 말한다. 그녀의 몸에 어떤 자상(刺傷)도 남아 있지 않기 때문이라는 것이다. 옥타비아누스는 개선 퍼레이드에서 뱀을 곁에 둔 클레오파트라 초상을 내걸고 전쟁 전에 '파충류를 숭배하는 이집트인'이라고 선전한 것이 사실임을 증명했다.[57] 어떻든 이집트 최후의 파라오는 로마의 첫 번째 황제의 의도를 격파하고 그의 개선 행진에서 조리돌림을 당하는 치욕을 받지 않았다. 클레오파트라는 안토니우스의 곁에 묻혔다. 그녀의 장엄한 죽음은 고귀한 왕족의 종지부에 부합한다고 할 만하다.[58]

용과 독수리의 제국

제4절

진시황의 십년천하

　　진시황 영정(嬴政)은 조(趙)나라에서 태어났다. 당시 조나라 사람들은 장평대전의 아픔으로 진나라 사람에게 이빨을 갈고 있었다. 영정은 어린 시절에 편안하게 살지는 못했던 것으로 보인다. 그의 부친 이인(異人: 莊襄王, 전 281~전 247)은 진나라의 서출 왕손이어서 소왕에 의해 조나라 인질로 파견되었다. 이때 한단에 와서 장사를 하던 여불위(呂不韋, 전 292~전 235)가 실의에 빠진 이인을 보고 기이한 인재로 여겼다. 그는 막대한 황금을 투자하여 이인을 진나라 태자의 적자(嫡子)로 만들었다. 그는 이인을 통해 무수한 이익을 남기려 했는데 수법도 뛰어났고 운수도 좋았다. 태자는 즉위한 지 사흘 만에 세상을 떠났고 이인이 이어서 보위에 올라 장양왕(莊襄王)이 되어 여불위를 재상에 임명했다. 4년 후 장양왕이 세상을 떠날 때 영정은 겨우 열두 살이었다. 영정이 보위에 오르자 여불위는 상국(相國)으로 정치를 보좌했다.[59]

　진왕 정이 어렸을 때 진나라 대권을 장악한 사람은 여불위 외에도 태후와 그녀의 노리개 신하 노애(嫪毐, ?~전 238)가 있었다. 여불위파와 노애파는 각각 파당을 만들어 권력투쟁을 벌이며 조야(朝野)를 뒤흔들었지만 때맞춰 정치에 나선 젊은 군주의 적수가 되지 못했다. 기원전 238년 진왕 정은 친정에 나선 후 곧바로 내란을 평정했다. 태후의 거처는 옮겨졌고, 노애는 주살되었으며, 면직된 여불위는 음독 자살했다. 2년이 채 되지 않아 진왕 정은 웅대한 외정(外政)을 도모하며

안정된 내정의 기초를 놓았다.[60]

노애와 여불위 및 그의 빈객 3,000명은 대부분 외국인이었다. 수리 사업에 뛰어난 정국(鄭國)도 한(韓)나라에서 파견한 간첩으로 밝혀졌다. 그의 의도는 진나라의 인적·물적 자원을 수로 건설에 투입하도록 하여 한나라에 대한 압력을 완화하려는 것이었다. 진나라 종실 대신의 부추김으로 진왕은 빈객을 내쫓으라는 '축객령(逐客令)'을 내렸다. 쫓겨나게 된 빈객 중에 이사(李斯)란 사람이 있었다. 그는 본래 초나라 말단 관리였는데 진나라에 온 후 여불위에 의해 진왕에게 추천되었다. 이사는 상소문을 써서 극력 간언을 올렸다. 그는 외국에서 온 역대 객경(客卿)들이 진나라에 공헌한 바를 낱낱이 아뢰었다. "왕업을 세우려는 사람은 대중을 물리치지 않기에 자신의 덕을 밝힐 수 있습니다. 이런 까닭에 땅을 얻을 때는 사방을 가리지 않고 백성을 얻을 때는 타국을 가리지 않습니다(王者不却衆庶, 故能明其德 是以地無四方, 民無異國)." 진왕은 간언을 받아들여 축객령을 폐지했다. 이사는 진왕을 돕는 가장 강력한 신하가 되었다. 그는 진나라의 세력이면 "제후를 멸하고 제업을 이루어 천하통일을 달성할 수 있다(足以滅諸侯, 成帝業, 爲天下一統)"[61]라고 지적했다. 활력이 충만했던 진나라 군신은 천재일우의 기회를 그냥 흘려보내지 않았다.

기원전 230년 진나라가 한(韓)나라를 멸망시킨 것은 카이사르가 루비콘강을 건너 낡은 제도를 등 뒤로 던져버린 일과 흡사하다. 이후로는 중국을 통일하기 위한 새로운 책략이 정책의 우선 순위를 차지했다. 진나라의 방침은 명확했고 의지도 굳건했다. 이들은 질풍노도처럼 몰아치며 열국이 합종책을 쓸 수 없게 했다. 남북 정벌이 벌어진 기원전 225년에서 기원전 221년까지 4년 동안 진나라는 위·연·조·제를 차례로 멸망시켰다.[62]

'천하 화평'은 진시황 스스로 인정한 최대의 공적으로 그의 석각에도 자주 등장하는 말이다. "여섯 왕을 사로잡아 죽이고 천하를 아울렀으며, 재난을 끝내고 무기를 영원히 눕혀놓았다(禽滅六王, 闡並天下, 咎害絶息, 永偃戎兵)."[63] 그는 육국의 무기를 모아서 녹였으며, 성곽이나 관문 등 방어 공사를 없앴다. 이로써 지세가 넓게 트이게 되었고 도처에 사통팔달의 도로가 생겼다. 진나라를 극력 폄훼한 한(漢)나라 유학자들도 다음 사실은 인정해야만 했다. "백성들이 모두 전국시대 전쟁에서 벗어나 밝은 천자를 만나자 그들 스스로 새 삶을 찾았다고 생각했다(元元黎民得免于戰國, 逢明天子, 人人自以爲更生)."[64]

험한 곳을 평탄하게 닦은 치도(馳道)와 역로(驛路)가 함양으로부터 사방으로 뻗어나갔고, 곳곳에 건설된 운하는 교통망을 전국으로 더욱 잘 통하게 했다. 오늘날 여전히 선박 운항에 이용되는 링취(靈渠)는 샹장(湘江)과 리장(漓江)을 연결하여 창장 유역과 주장 유역을 소통시키고 있다. 한나라 유학자는 진나라의 대형 공사가 백성의 노동력을 함부로 이용한 것이라고 질책했지만 사회 기반시설은 공공 사회 건설에 큰 공헌을 한다. 진나라의 역로 및 운하는 로마제국의 대로와 마찬가지로 군사적 용도로 쓰였을 뿐 아니라 광대한 강역을 연결하여 통일을 강화했으며, 또 상업 활동을 편리하게 하여 경제를 촉진하고 민생을 널리 이롭게 했다.[65]

전에 없던 강역과 인구를 어떻게 통치해야 할까? 정부 조직은 어떻게 꾸려야 할까? 중앙정부와 지방 정부는 어떤 관계를 유지해야 할까? 진시황은 정부체제 개편이라는 중대한 결정 사항을 마주하고 의연하게 이사의 제의를 받아들여 봉건제도를 폐지하고 군현제도를 실시했다. 이것은 관료식 기관을 만들어 황제 중심의 중앙정부에 권력을 집중시키는 제도다. 이에 전국을 36군으로 나눠 중앙정부의 명령에 따르도록 했다. 군 아래에는 현을 설치했다. 군과 현 조직에는 획일적으로 중앙에서 임명한 군수와 현령이 파견되었다. 그들은 각각 지방 인재를 선발하여 보조 인력으로 삼고 행정 처리를 맡겼다.

군과 현은 전국시대에 이미 출현했지만 봉토나 제후국과 병존했다. 군현을 일괄적으로 전국에 시행하고 제후와 봉건 귀족 기반을 없앤 것은 중국 역사에 출현한 행정 시스템의 창조적 전환이라고 할 수 있다. 만약 적자생존을 주장하는 진화론을 정치에 응용할 수 있다면 이후 2,000여 년에 걸쳐 봉건제도가 누차 복원되어 백성에게 전란의 참화를 안긴 일이나, 중앙집권제도가 여러 번 타격을 받았지만 끝내 쓰러지지 않은 일을 서로 비교해볼 수도 있을 것이다. 그럼 과연 어느 것이 우월하고 어느 것이 열등한 것으로 결론을 내려야 할까? 하지만 당시 진시황의 조치는 봉건제도를 옹호하는 복고파로부터 도덕적인 견책과 완고한 저항을 받아서 결국 분서갱유(焚書坑儒) 사건을 초래했고 그 일이 연장되어 진나라는 망국에까지 이르게 되었다. 이것은 뒤에서 다시 서술할 것이다.[66]

중국인은 여러 가지 방언을 쓰기 때문에 늘 서로의 말을 알아듣지 못하는 현상이 발생한다. 방언은 라틴어가 여러 가지 언어로 분화한 것처럼 완전히 상이한 언어로 분화할 가능성도 있다. 중국어는 이런 분화를 피할 수 있었다. 왜냐하면 상이한 방언을 쓰는 사람들이 소리보다 형체가 강조된 동일한 문자를 썼기 때문이다. 동주 시대에는 비슷하면서도 상이한 여러 종류의 문자가 병존했다. 문자 이외에도 진나라는 법률·화폐·도량형 통일에 진력했다. 진나라는 심지어 수레바퀴 간격을 통일하여 전국의 수레가 동일한 궤도를 따라 달릴 수 있도록 했다. 어떤 미국 사학자는 이렇게 말했다. "전국에 통용되는 표준은 오늘날의 관점으로 보면 너무나 당연한 것이다. 따라서 우리는 풍부한 상상력을 동원해야만 그것들이 3세기 때 창안된 새로운 제도라는 걸 인식할 수 있다. 진나라의 다양한 창의적 제도가 유럽에서는 2,000년이 지난 후 프랑스대혁명 때에 이르러서야 출현했다."[67]

『사기』에 실린 관방(官方) 기록에 따르면 육국을 멸망시킨 후 진나라는 6년 동안 산간에서 드문드문 도적이나 반란군 소탕 작전을 벌이긴 했지만 대규모 전쟁을 일으키진 않았다. 기원전 215년 진시황은 북쪽 변방을 순시한 후 그곳을 지키던 몽염(蒙恬, 전 259?~전 210)에게 대군을 동원하여 흉노를 인산(陰山) 이남 오르도스(河套) 지역으로 축출하고, 그곳에 성을 쌓은 후 현을 설치하여 변방을 보위하라는 명령을 내렸다. 그다음 해에는 또 남방을 개척하여 백성을 이주시키고 그곳에 게림군(桂林郡)·상군(象郡)·남해군(南海郡)을 설치했다. 이로써 중국의 드넓은 판도가 확정되었다[지도 9].[68]

진시황은 재위 마지막 3년간 토목공사를 크게 일으켰다. 원래 있던 연·조·진 세 나라 장성을 수리하고 연결하여 장장 1만 리에 이르는 변방 방어 시스템을 완성했다. 군수품은 함양에서 북쪽 변방까지 통하는 신설 직도(直道)를 이용하여 보충했다. 중국의 도로는 땅을 다져서 만들기 때문에 두꺼운 돌을 까는 로마의 포장도로보다 공사 과정이 복잡하지 않다. 장성과 직도에 비해 훨씬 사치스러웠던 건 함양 일대의 건축이었는데, 학설에 따르면 죄수 70만 명을 동원했다고 한다. 끝내 완공하지 못한 아방궁(阿房宮) 외에도 루산(驪山)의 진시황릉도 복잡한 계단을 통해 진입하게 되어 있다.[69] 진나라 도성의 건축이 웅장하고 화려했음은 의심할 바 없다. 애석하게도 그것들이 모두 파괴되었기 때문에 현재 로마에 남아 있는 아우구스투스의 '대리석 성곽'과 비교할 방법이 없다.

군사들을 위무하고 먼 곳의 백성을 안정시키기 위해 진시황은 다섯 차례나 장거리 순행에 나섰고, 또 제왕이 천지신명에 제사를 올리는 봉선(封禪) 의식을 병행했다. 그는 각지에 각석을 남겨서 자신을 찬양하게 한 이외에도 자신이 도덕과 경제를 중시하며 지방의 실제 특수 상황을 바로잡는 데 공헌했음을 과시하기도 했다. 즉, 회계(會稽) 각석에는 현지의 음란한 풍속을 개혁한 사실이 기록되어 있고, 갈석(碣石) 석각에는 이전 전국시대에 이웃 나라를 침수시킨 제방을 무너뜨린 일이 기록되어 있다. 진시황은 순행 중에 강산을 유람했는데, 특히 바다를 좋아했으며 심지어 바다로 나가 활로 고래를 쏘기도 했다.[70]

기원전 210년 진시황은 제5차 순행 도중에 사망했다. 그는 죽음이라는 말을 꺼리며 태자도 세워놓지 않았다. 그러다가 병이 위중해지자 비로소 국서를 써서 당시 몽염과 함께 군대를 감독하던 맏아들 부소(扶蘇, ? ~전 210)에게 전하겠다고 했다. 그러나 국서가 발송되기도 전에 황제는 세상을 떠났다. 수행 환관 조고(趙高, ? ~전 207)는 승상 이사를 설득하여 국서를 고치기 위한 음모를 꾸몄다. 그 후 부소가 자결하자 진시황의 어린 아들 호해(胡亥, 전 230~전 207)를 2세 황제로 옹립했다.

진 2세의 어리석고 포악한 모습은 마치 로마에 대화재가 발생했을 때 리라를 타며 노래를 불렀다는 네로(Nero, 37~68) 황제나 해방된 노예에게 휘둘린 클라우디우스(Tiberius Claudius Nero Germanicus, 전 10~후 54) 황제와 같다. 진시황이 생전에 진2세를 가혹하게 대했으므로 그는 사납게 변했다. 그는 조고만 믿고 종실 대신을 살해하여 음모로 찬탈한 자신의 황제 지위를 공고히 하려고 했으며, 이 과정에서 이사도 참화를 면치 못했다.[71]

진 2세 즉위 10개월 후, 어양(漁陽)으로 향하던 수졸(戍卒) 900명이 큰 비를 만나 대택향에 발이 묶이게 되었다. 정해진 기한에 목적지에 도착하지 못하면 진나라 법률에 의해 처벌을 받게 되어 있었다. 두 명의 대장 진승(陳勝, ? ~전 208)과 오광(吳廣, ? ~전 208)은 "도망가도 죽고 큰일을 해도 죽는다면, 기다리다 죽는 것보다 왕을 칭하고 나라를 세워 한번 겨뤄보는 것이 더 낫다"고 의견을 모았다. 심리적인 준비 과정을 거친 후 이들은 진나라 군관을 죽였다. 이어서 변방 수졸의 고통을 이용하여 병졸을 선동하고 군사를 일으켰다.[72] 진승은 "피폐하여 흩어진 병졸을 인솔하고 수백 명의 대오를 지휘하여, 방향을 바꿔 진나라를 공격했다. 나무를 베어 무기로 삼고 대나무 장대를 꽂아 깃발로 삼자 천하 사람들이 운집하여 호응하며 식량을 짊어지고 그림자처럼 따랐다. 산동의 호걸들도 마침내 함께 일어나 진나라 종족을 멸망시키려 했다(率罷散之卒, 將數百之衆, 而轉攻秦. 斬木爲兵, 揭竿爲旗, 天下雲集響應, 贏糧而景從. 山東豪俊遂並起而亡秦族矣)".[73] 진승은 일찍이 초나라 도성이었던 진(陳)을 점령하여 근거지로 삼고 스스로 왕이 되어 국호를 장초(張楚)라 했다. 그는 부하 주문(周文, ?~전 209) 등을 파견하여 함양을 공격하게 했다.

그 소식은 신속하게 함양으로 전해졌다. 박사 숙손통(叔孫通, ?~전 194?)은 반란이 아니고 도적질이라고 아첨했다. 진 2세는 그 말을 듣고 사실대로 보고한 사자를 처벌했고, 주문의 군사가 함양에 박두하고 나서야 루산에서 노역에 종사하던 죄수를 사면하여 무장시켰다. 장한(章邯, ?~전 205)은 이 죄수 부대를 이끌고 주문을 격파하여 승세를 타고 초나라 땅으로 진공했다. 진승은 패퇴하여 도주하다가 자신의 수레꾼에게 피살되었다.

그러나 진나라의 전성기는 이미 지나가버렸다.[74] 진나라에 울분을 품고 있던 산동의 호걸들은 일찌감치 그들의 군수와 현령을 살해하고 제후와 왕으로 자립했다. 육국의 옛 귀족들도 분연히 재기했고, 초야의 영웅도 이 기회를 틈타 떨쳐 일어났다. 유방은 패현(沛縣)을 탈취했고, 항량(項梁, ?~전 208)과 항우는 회계군수를 살해하고 그곳 군사를 징발했다. 조왕(趙王) 등이 거록(鉅鹿)에 모이자 장한이 포위 공격에 나섰다. 항우는 초나라 군사를 거느리고 황허를 건널 때 솥을 깨버리고

용과 독수리의 제국

배를 침몰 시킨 후 사흘 치 식량만 지닌 채 거록을 구원하고 진나라 군사를 격파했다. 장한은 구원병이 도착하지 않자 결국 투항했다. 항우가 중원에서 힘든 싸움을 벌일 때 유방은 곧바로 함양으로 쳐들어 갔다. 기원전 206년 진나라는 항복하고 멸망했다.[75]

샛별과도 같은 대제국, 예를 들면 알렉산드로스의 제국이나 몽골 칸(汗)국과 같은 나라는 한때 찬란한 빛을 발하며 온 천지를 떨게 했다. 그러나 이들 나라는 순식간에 소멸하여 후세에 미미한 영향만 끼쳤고, 또 몇몇 유적만 남겨서 수 세기 후 고고학자들에게 연구 자료만을 제공하고 있다. 진나라는 예외다. 그것은 짧은 제국이 아니라 이후 오래 지속될 제국의 비조(鼻祖)였다. 국운은 비록 짧았지만 영향은 심원했다. 진나라는 중국에 마멸할 수 없는 통일 관념을 심어줬고, 원대한 안목의 국가 체제를 남겨서 장차 중국에 혁명적인 변화를 가져오게 했다.

진나라 이전의 '중국'이란 용어는 지리적·문화적 개념일 뿐이었지만 이후로 '중국'은 정치적 개념으로 발전하여 중앙정부가 있는 강대한 국가를 가리키게 되었다. 생물진화론의 비유를 빌리자면 진나라는 중국 정치의 유전자를 변화시켰다. 새로운 관념과 제도라는 유전자는 한나라로 계승되어 약간의 수정을 거친 후 환경에 적응하여 후대로 유전되었다. 진나라 유전자는 백대 동안 진화하면서 지금까지도 여전히 그 특징을 드러내고 있다.[76]

제5절

항룡유회(亢龍有悔)

　　　　　　진나라는 왜 그렇게 갑자기 멸망했을까? 또 후세인들은 왜 진나라를 병폐로 여기면서도 그 체제를 계승했을까? 진나라의 흥망은 중국 역사의 전환점이었다. 이에 관련된 권력투쟁과 사상충돌은 이후 2,000년 동안 지속되었다. 따라서 진나라 흥망성쇠의 원인에 대해서는 분석보다 선전이 많다.

　역사의 흥망성쇠는 원인이 매우 복잡하지만 운수와 개인적 요소도 적지 않게 포함되어 있다. 몇 가지 점에서 진시황은 카이사르와 상당히 유사하다. 두 사람은 모두 끝없는 자부심에 부합하는 정력과, 그 방대한 제국에 상응하는 책임감을 갖고 있었다. 카이사르는 경기를 관람할 때도 끊임없이 편지를 썼다. 진시황은 매일 일정량의 서간을 읽고 비답(批答)을 내리지 않으면 쉬지 않았다.[77] 원로 박사들은 권력자가 정사에 힘쓰는 것이 모두 권력을 탐하기 때문이라고 말했다. 그러나 이들 원로 박사는 아마도 자신의 권력욕을 이루지 못하자 불만을 토로한 것으로 보인다. 그러나 이들의 비평이 일리가 없지는 않다. 카이사르와 진시황은 모든 일을 직접 처리했다. 이 때문에 정책결정기구가 업무 훈련을 할 시간이 없어서 허약해질 수밖에 없게 되었고, 정부도 지나치게 황제 개인에게 의지해야 했다. 또 두 사람은 후계자를 지정하려 하지 않았다. 카이사르는 56세에 자객에게 살해되었고, 진시황은 50세에 병으로 세상을 떠났다. 권력이양을 잘 준비해두지 않은 것이 두 사람의 가장 큰 실수였다.

권력이양은 어떤 정권에서도 가장 중요한 일에 속한다. 일상 법규에서 벗어난 권력이양은 쉽게 정치적 혼란을 야기한다. 법규에서 벗어나면 사람들이 불복하는 동시에 반항의 빌미로 삼기 때문이다. 최고 권력자를 시해하고 그 자리를 찬탈한 자는 마음에 의심이 많아서 정적을 핍박하게 되고, 결국 민심이 이반한다. 그렇게 하여 자신만 멸망의 나락에 떨어진다면 그 또한 사소한 일이라 할 수 있지만 큰일은 나라를 망치고 백성을 죽이는 것이다. 세계 역사에는 이런 사례가 무수하다. 바로 진 2세가 그중 가장 뚜렷한 사례다.

평화가 달콤한 것은 의심할 수 없지만 전쟁 후 제대한 수많은 군인은 심각한 사회문제를 야기할 수 있다. 제1차 세계대전의 후유증이 제2차 세계대전을 유발했음은 지금의 우리도 잘 알고 있는 사례다. 내전 후 로마에는 대규모 군대가 남게 되어 그 제대 군인들에게 땅을 찾아주기 위해 노력하면서 해외 식민지를 크게 개척했다. 그러나 이탈리아 본토에서의 폭동은 피할 수 없었다.[78]

진나라의 전쟁 중지가 야기한 사회 문제는 더욱 컸다. 특히 육국 지역에서는 더욱 그러했다. 전국칠웅은 모두 10만이 넘는 갑사를 보유했다. 전문 무사는 위나라에서 우대를 받았고, 격투기 무사는 제나라에서 융성했다. 장수 외에도 무수한 중하급 장교가 정전 후 실업이라는 난제에 직면했다.[79] 장기적인 국제경쟁이 다량의 인재를 양성했고, 취직할 수 있는 기회가 신분상승 욕구를 사회의 하층까지 심어놓았다. 종횡가가 열국을 주유하자 귀족들의 식객은 수천을 헤아렸다. 유세객들은 다른 나라를 돕겠다고 압박하며 권력과 이익을 취득했다.

전국칠웅이 갑자기 통일 중국으로 바뀌자 전쟁으로 돈을 벌던 사람들의 앞날은 암담해졌고, 그들의 어려움으로 피정복자의 고통은 가중되었다. 진승에 호응한 '산동 호걸' 중에도 이런 부류에 속하는 사람이 적지 않았고, 어떤 사람은 주문(周文)처럼 역사에 이름을 남겼다. 갑옷과 무기를 함께 녹인 건 평화를 위해서였지만 한나라 사람들은 그것을 진나라 폭정이라고 비판했으니 당시의 문제점을 엿볼 수 있다.[80]

진나라는 천하를 통일한 후 강렬한 전쟁 충동을 억제해야 했고, 또 봉건세력의 강고한 근거지를 제거해야 했다. 변방의 진나라는 전국칠웅 중에서도 새로 일어난 벼락부자에 속했다. 문화적 소양이 깊은 동방 제후는 한결같이 진나라를 멸시하며 "오랑캐로 대우했고", 적국에서도 항상 진나라를 "범이나 이리 같은 나라"라고 선전했다.[81] 육국은 각각 800년의 역사·문화·풍속·방언을 갖고 있었다. 제나라 사람과 초나라 사람은 오늘날 영국인과 프랑스인처럼 달랐다. 가령 몇 년 내에 동아시아 지역의 지도가 지금 서구와 같은 잡다한 색깔에서 하나의 색깔로 변한다고 상상해보라. 그럼 우리는 진나라가 무슨 일을 했는지 인식할 수 있을 것이다.[82] 제나라 사람과 초나라 사람은, 오랜 원수에서 변신한 새 주인을 저주하지 않는 것이 이상할 것이다. 오랜 전쟁 기간에 얼마나 많은 부모, 형제, 친우들이 그 원수의 손에서 죽어갔던가?

이렇게 깊이 쌓인 원한을 일시에 해소할 수는 없다. 통일 후 9년이 지난 시점에서도 부소는 아직 이렇게 지적했다. "천하가 비로소 안정되었지만 먼 곳의 백성은 아직 모여들지 않고 있습니다(天下初定, 遠方

용과 독수리의 제국

黔首未集)." 민심을 얻기 위해 진승은 초나라 마지막 보위 전투에서 희생된 항연(項燕, ? ~전 223)을 표방했고, 항량은 초나라 후손을 찾아 초회왕(懷王, ? ~전 206)으로 옹립했다.[83] 그들의 행동은 옛 임금을 그리워하는 고국 백성을 부추긴 것이다. 그들은 통치에 반항한 사람들이라기보다는 고국을 점거한 외국인을 쫓아내려는 사람들이었다. 이 때문에 산둥 육국 옛 땅에서 반란이 일어났는데도 진나라 본토는 오히려 평화로웠다.

한나라 유학자들은 진나라 멸망 원인을 과장하면서 그들이 매우 포악했다고 선전했다. 기실 그들은 역사를 무시했다. 오기는 "싸움에서 이기는 건 쉽지만, 승리를 지키는 것이 어렵다(戰勝易, 守勝難)"라고 했다. 순자는 "다른 나라를 병탄하는 건 쉽게 할 수 있는 일이지만, 그것을 안정시키는 건 어려운 일이다(兼幷易能也, 唯堅凝之難焉)"라고 했다.[84] 전국시대의 경험에서 제련해낸 이와 같은 지혜는 모든 세상에 통용될 수 있다. 중상을 입은 패전 장병들은 굴복하지 않을 수 없었지만 한동안 살아서 휴양을 하는 중에 그들의 원한이 화산처럼 폭발할 수 있다. 점령자들은 손쓸 틈도 없이 늘 커다란 곤경에 빠지곤 한다. 예를 들어 제나라가 난리에 편승해 연나라를 취할 때는 마치 손바닥 뒤집듯 쉬웠지만, 맹자를 삼경(三卿)으로 삼고 오랫동안 맹자의 교화를 받은 광장을 총사령관으로 삼아도 나중에 연나라 사람들의 맹렬한 반격에서 벗어나기 어려웠다.[85] 우리는 로마의 확장사에서도 이와 유사한 반란을 목도할 수 있다. 오늘날 독일 토이토부르크(Teutoburg)의 숲속에는 거대한 조각상이 우뚝 서 있다. 그것은 게르만족이 봉기하여 로마제

국을 라인강 서쪽으로 몰아낸 일을 기념하는 조형물이다.[86]

나라를 안정시키는 건 어려운 일이고, 게다가 서둘러 안정시키는 건 더욱 어려운 일이다. 광대한 강역을 서둘러 안정시키는 일은 하늘에 오르는 것만큼 어렵다. 새 정권을 안정시키고 튼튼하게 만들기 위해서는 행정과 통치가 필요하므로 충성스럽고 유능한 인재들을 제때에 양성해야 한다. 새 조직은 경험에 의지하여 개선되고, 또 그 시행 원리는 실천 속에서 원숙해지므로 모든 일을 단번에 성취할 수는 없다. 풍속의 편견을 극복하고 민심을 얻으려면 새 통치자가 투명한 관리 체계에만 의지해서는 안 되고 반드시 인내심을 가져야 한다.

어떤 역사학자는 진나라와 로마제국 그리고 영국의 인도 통치 경험을 종합하여 다음과 같은 결론을 내렸다. "일거에 성공한 제국 창업자의 가장 큰 성공 원인은 그들의 위대한 공적이 하루아침에 폭력으로 뒤집힐 수 있음을 항상 두려워했기 때문이다. 특히 지방의식이 뿌리 깊고 토호 세력이 강고한 국가를 병탄했을 경우는 더더욱 그렇다."[87] 육국을 통일한 진나라의 상황이 이와 같았다. 진나라의 체제가 우월했다는 건 이후의 역사가 증명한다. 만약 진나라가 나중의 한나라처럼 점진적으로 정책을 관철했다면 봉건세력의 완강한 저항을 완화할 수 있었을 것이다. 진시황은 온갖 개혁을 단번에 추진했다. 그것은 마치 철근을 급하게 구부리려 하다가 그 반발력에 의해 상처를 입는 경우와 같았다.

통일 후에 반란이 발생하는 건 희귀한 일이 아니다. 이상한 건 진나라가 그것을 평정할 수 없었다는 점이다. 전통적인 해석은 진나라의 포악한 정치에 잘못을 돌리며 대부분 한나라 초기 유생 가의(賈誼, 전 200~전 168)의 「과진론(過秦論)」을 인용한다. "인의를 펼치지 않아, 공격과 수비의 형세가 달라졌습니다(仁義不施而攻守之勢異也)."[88] 이 말은 너무 두루뭉술하다. 진나라가 어떻게 불인하고 불의하다는 것인가? 나는 진나라의 일반 행정이 특별히 잔학했다는 지적에 동의하지 않는다. 진나라가 정말 그처럼 무력을 남용했다면 반란 진압 수단도 아주 강경했어야 한다.

여기에서 바로잡아야 할 요지는 다음과 같다. 진나라가 거스른 것은 종법 봉건사회 도덕에 포함된 인이다. 진나라의 새 정치체제는 가와 국을 분리하여 정치적으로 봉건 귀족이 준수해온 인(仁), 즉 종친과 친해야 한다는 의미의 인을 거슬렀다. 진나라는 법 앞에 만민이 평등하다는 원칙을 견지하며 봉건제도가 엄수해온 귀천과 존비의 대의를 방기했다. 나의 해석은 어떤 현대 국학 대가의 견해와 비슷하다. 그는 진나라 말기 군웅들의 언행을 자세히 관찰한 후 이렇게 결론을 내렸다. "봉건 관념의 잔재와 전국시대의 그림자가 아직도 백성의 뇌리에 남아 있었다. 이에 수졸 한 사람이 한번 고함을 치자 산둥의 영웅들이 모두 호응하며 고대 봉건 정치체제를 위해 움직였고, 이에 진나라가 마침내 멸망했다."[89] 나는 여기에서 한 걸음 더 나아가, 봉건 도덕이 유가 경전에 새겨진 상황에서 유생들이 "법가가 진나라를 멸망시켰다(法家亡秦)"는 논조를 오랫동안 퍼뜨리며 황조 통치 엘리트의 권익을 일관되게 보호했다고 본다.

"천하가 진나라에게 고통받은 지 오래되었다(天下苦秦久矣)." 누가 가장 고통받았을까? 고대의 대중은 편안한 생활을 한 적이 없지만 당시 통일 전쟁의 여진 외에 그들의 생활수준이 이전보다 나빠졌음을 증명할 만한 증거는 아무것도 없다. 나는 당시에 가장 고통받은 대상이 대중이 아니라 귀족 군자였다고 생각한다. 이들이 봉건체제 안에서 누리던 권익과 지위가 진나라의 봉건제 폐지와 공정한 법률 원칙 견지로 사라졌기 때문에 고통을 받았다고 봐야 한다.

진나라는 자기 정부의 관리를 포함한 모든 통치계층을 회유할 수 없었기 때문에 제국의 신속한 팽창과 대규모 병력 감축으로 초래된 위기에 대처할 힘이 부족했다. 진나라가 멸망한 후 통치 엘리트는 여론을 조작하거나 심지어 진나라의 결점을 과도하게 날조한 후, 국가와 백성에 해악을 끼친 자신의 행위를 '왕도'의 깃발로 분식했고, 아울러 새 황조는 반드시 자신들의 특권과 이익을 돌봐줘야 한다고 경고 위협했다.

고대 대중 봉기의 원인을 연구하는 일은 현대의 기준을 도덕적 잣대로 삼는 일과는 다르다. 진나라가 잔학했던 건 의심할 수 없는 사실이다. 다만 그 시대는 잔학이 일상화된 시대였다. 우리가 비교의 대상으로 삼아야 할 것은 당시에 유행한 현실 풍경이지 절대적 도덕 기준이나 공상이 아니다. 예를 들어 진나라 아방궁과 루산의 능묘(陵墓) 등의 공사는 역대로 많은 질책을 받았지만 이런 교만하고 방자한 행동은 전국시대 귀족들 사이에서 매우 흔한 일이었다. 제 선왕은 "큰 궁궐을 지을 때 그 크기가 100무를 넘었고 당(堂) 위에는 300개의 문이 달렸다(爲大室, 大益百畝, 堂上三百戶)". 이 때문에 3년을 넘기고도 완공할 수 없었다. 맹자는 선왕과 사이가 좋아서 큰 궁궐을 지을 때 큰 나무를 구해야 함은 언급했지만 비용의 낭비는 비판하지 않았다.[90] 아방궁은 "동서가 500보, 남북이 50장(丈)이어서 건물 위에는 1만 명이 앉을 수 있었고, 건물 아래에는 길이가 5장이나 되는 깃발을 꽂을 수 있었다(東西五百步, 南北五十丈, 上可以坐萬人, 下可以建五丈旗)".[91] 진나라 궁궐은 사치스러웠지만 통일 중국의 국정 논의 장소였다. 이것을 당시 제나라 궁궐과 비교해볼 때 과연 백성의 반란을 촉발시킬 정도로 규모가 과도했던가? 진나라는 2세 만에 멸망했는데, 과연 진나라의 정치가 옛 육국에 비해 훨씬 포악했던가? 그렇다면 진나라가 어떻게 오랜 경쟁 과정에서 육국에 비해 백성의 자발적인 역량을 더 온전하게 끌어내어 승리를 쟁취할 수 있었을까?

대유학자 순자는 원적이 조나라였고, 오랫동안 제나라와 초나라에 거주했으며, 범저가 정치를 맡았을 때 진나라를 방문하여 진나라에서 목격한 것을 보고했다.

국경으로 들어와 풍속을 살펴보니 백성은 소박했고, 음악은 음란하거나 비천하지 않았고, 의복은 화려하지 않았습니다. 관리를 매우 두려워하며 순종하니 옛날의 백성과 같았습니다. 크고 작은 고을의 관청에 이르니 백관이 엄숙한 태도를 보이며 공손·검소·돈독·경건하지 않은 사람이 없었고, 충실하고 신용이 있으면서 함부로 행동하지 않았는데 이는 옛날의 관리와 같았습니다. 도성으로 들어가서 사대부를 살펴보니 자기 집 대문에서 나와 공실의 문으로 들어가고, 공실의 문에서 나와 자기 집 대문으로 돌아가는 과정에서 사사로운 일을 하지 않았습니다. 아첨하며 결탁하지 않고, 사사롭게 파당을 만들지 않으면서 초연한 태도로 밝고도 공정하게 일을 처리하지 않음이 없었으니 이는 옛날의 사대부와 같았습니다. 조정을 살펴보니 분위기가 조용함에도 온갖 일을 듣고 결정함에 빠진 것이 없었으며, 그 고요한 모습이 마치 다스리는 사람이 없는 듯했는데 이는 옛날의 조정과 같았습니다. 이 때문에 4세 동안 뛰어난 치적을 이룬 건 요행이 아니라 좋은 방책 때문이었습니다. 이것이 제가 본 것입니다. 그러므로 '편안하면서도 잘 다스려지고, 절제가 있으면서도 세밀하고, 번거롭게 하지 않으면서도 많은 공적을 이루는 것이 치세의 지극함이다'라고 하는데 지금 진나라가 이와 유사합니다. 비록 그렇더라도 두려워해야 할 것이 있습니다. …… 그것은 아마도 유학자가 없는 것입니다.

(入境, 觀其風俗, 其百姓樸, 其聲樂不流汙, 其服不挑, 甚畏有司而順, 古之民也. 及都邑官府, 其百吏肅然, 莫不恭儉敦敬, 忠信而不楛, 古之吏也. 入其國, 觀其士大夫, 出於其門, 入於公門, 出於公門, 歸於其家, 無有私事也. 不比周, 不朋黨, 倜然莫不明通而公也, 古之士大夫也. 觀其朝廷, 其朝閒, 聽決百事不留, 恬然如無治者, 古之朝也. 故四世有勝, 非幸也, 數也. 是所見也. 故曰, 佚而治, 約而詳, 不煩而功, 治之至也, 秦類之矣. 雖然, 則有其諰也. …… 則其殆無儒邪.)[92]

유가는 고대를 이상으로 삼는다. 순자는 진나라의 행정이 고대의 가장 훌륭한 통치와 유사하지만, 여전히 육국이 힘을 합칠까봐 두려워하므로 왕도정치에는 훨씬 미치지 못한다고 인식했다. 그 이유는 진나라에 유학자가 부족하기 때문이라고 했다. 제나라와 노나라에는 유학자가 매우 많았지만 애석하게도 순자는 이 두 나라의 정치적 업적과 진나라의 경우를 비교하지 않았다. 진나라가 멸망한 이후까지도 노(魯) 지역 군사는 초나라와 한나라가 다툴 때 성벽 아래 이르러서 악기를 타고 노래하는 일을 그치지 않았다.[93] 노나라는 유가의 기풍으로 교화하는 일은 극성했지만 어째서 민심을 얻어 진나라와 대결하지는 못했을까?

순자는 진나라가 4세 동안 계속 뛰어난 치적을 이룬 것이 행운이 아니라 간명한 통치술 때문이라고 생각했다. 그가 목격한 것은 공공 법규를 준수하는 진나라 사회였다. 진나라 사람의 공손하고, 검소하고, 충실하고, 신용 있는 행동은 도덕적 실천이 아닌 것이 없었으므로 당시 진나라에 부족한 것은 도덕이 아니라 유가의 허례허식과 경직된 윤리일 뿐이었음을 알 수 있다.

유가의 경직된 윤리는 사람들로 하여금 나이 많은 사람과 지위가 높은 사람에게 절대적인 복종을 요구한다. 따라서 유학자는 법가의 정책이 젊은 사람과 비천한 사람의 버팀목으로 작용하는 것을 용인하지 않았다. 법률적 평등 외에도 진나라는 분가(分家) 및 토지 분배를 장려했다. 경제적 독립이 젊은이의 자존심을 높여주기 때문이다. 아들은 농기구를 아버지에게 빌려줄 때 득의만만한 모습을 보였고, 며느리도 때때로 시어머니의 의견을 반박하기도 했다. 한나라 유학자들은 이런 행위를 금수 같은 풍속으로 간주하며 이것을 진나라 망국 원인의 하나로 꼽았다.[94]

그러나 사실은 진나라도 효도와 순종을 버린 적이 없다. 후베이성 (湖北省) 수이후디(睡虎地)에서 출토된 죽간의 실증적 증언에 따르면 진나라는 법률로 노인과 환자를 잘 보살폈고, 또 부권을 존중하여 아버지에 대한 아들의 고소는 접수하지 않았다.[95] 증거에 입각해 연구하는 학자는 진나라를 폄훼하는 전통 선전판을 일찌감치 뒤집어엎었다.[96] 진시황 각석에서 수이후디 죽간 「위리지도(爲吏之道)」와 「어서(語書)」에 이르기까지 진나라는 일관되게 전통 윤리와 풍속 개량을 제창했고, 관리에게도 도덕 교육을 실시했다.[97] 장자산(張家山)에서 출토된 「주언서(奏讞書)」의 실례를 보면 진나라는 정확하고 분명하게 옥사를 판단한 것 외에도 청렴결백하고 온유돈후하며 공평무사하고 엄격단정한 사람을 법관으로 승진시켜 다른 관리의 모범으로 삼았다.[98]

드넓은 안목으로 진나라에 날카로운 비판도 아끼지 않은 『여씨춘추』는 함양시 성문 위에 공표되었다.[99] 『사기』「예서(禮書)」에는 진나라가 "육국의 예의를 모두 모아 그중에서 좋은 것을 채택했다(悉采六國 禮儀, 采擇其善)"라고 기록되어 있다. 진시황은 박사관(博士官)을 설치하여 정책을 채택하지 않을 때도 먼저 이들의 의견을 들었다. 나중에 그는 봉건제 폐지에 반대하는 복고파의 태도가 너무 강경하여 정치체제의 안정을 위협하면서 이 위기가 사회의 평화에까지 미친다고 인식했기 때문에 분서(焚書)의 명령을 내렸다. 그러나 이 때문에 박사관을 폐지하지는 않았다. 거짓 정보로 진 2세에 아첨하던 숙손통은 유생 제자가 100명을 넘었는데, 나중에 반란을 일으켜 여러 영웅을 두루 섬기다가 마침내 한나라 조정에서 예의를 제정했다.[100]

사마천은 유생 박사들이 한을 품고 있다가 진나라가 망하자마자 거짓말과 악담을 퍼뜨렸음에 주의했다. "학자들은 소문에만 이끌려 진나라 황제가 재위한 날이 일천했다는 사실만 보고, 진나라 정책의 전체 과정은 살피지 않았다. 따라서 모두들 진나라를 비웃으며 감히 도(道)를 칭할 수 없다고 했다. 이것은 귀로 밥을 먹는 것과 다르지 않다(學者牽於所聞, 見秦在帝位日淺, 不察其終始. 因擧而笑之, 不敢道, 此與以耳食無異)."[101] 객관적인 연구를 중시하는 서구 학자는 한나라 문장을 가볍게 믿어서는 안 된다고 경고하면서 "그 문장들에는 늘 뚜렷한 반진(反秦) 편견이 포함되어 있기 때문에 독자들은 반드시 주의 깊게 탐구하여 저울질해봐야 한다"라고 했다.[102] 진나라를 모함하는 것이 한나라에 유리했기에 야기된 현상이었다. 한나라는 폭력으로 진나라를 계승했다. 이에 자신의 반역 행위는 변호해야 했지만 다른 사람이 그 반역 행위를 배우는 건 저지해야 했다. 진나라를 반대하는 건 이치에 맞다고 선전하면서 한나라를 반대하는 건 이치에 맞지 않다고 주장하기 위해서는 진나라를 통박하는 것보다 더 좋은 사례가 없다. 『한서』에는 한나라 유학자가 정책을 토론할 때 "진나라를 비유로 들어" 갖가지 악행을 마음대로 진나라의 머리 위에 덧씌우고 진나라가 이 때문에 멸망했다고 서술한 기록이 많다.[103]

과장이 상식으로 굳어지면 증거를 말하기 어렵게 된다. 어떤 정객은 서로 모순된 이야기를 이용하여 두 가지 상이한 정책을 선전하기도 했다.[104] 동일한 원한으로 적개심을 품은 사람들이 서로 끌어주며 같은 논리를 반복하자 가짜도 진짜가 될 수밖에 없었다. 이에 '포악한 진나라(暴秦)'라는 말은 지극한 악의 대명사가 되었고, '요·순과 삼대(堯舜三代)'는 지극한 선의 대명사가 되었다. 사실 이 두 가지 속에는 진위가 마구 뒤섞여 있다. 이것은 허구적인 교조일 뿐 역사로 볼 수 없다. 서구 학자는 이렇게 결론을 내렸다. "고고학적 발굴과 역사 문헌의 증거에 따라 포악한 진나라라고 비판한 많은 논조가 사실은 사리사욕을 도모한 한나라의 선전일 뿐 진나라의 정책이나 과실과는 아무 관계가 없다는 사실이 드러나고 있다."[105]

진나라의 세금에 대한 이야기도 유언비어 속에서 날이 갈수록 더욱 과중하게 변했다. 전국시대 육국의 세금은 본래 가볍지 않았다. 제나라에서는 한결같이 "백성은 그 힘을 셋으로 나눠 둘은 공실에 바치고 나머지 하나로 의식을 해결했다(民參其力, 二入于公, 衣食其一)"라고 했다.[106] 맹자가 감세를 주장한 유일한 사람은 결코 아니었다. 진나라 통일 후 백성의 세금 부담이 증가했을까? 사마천은 진나라의 정책을 열거하면서 세금이 늘었다는 이야기는 전혀 하지 않았다. 진나라 말기의 의병도 진나라의 세금이 과중했다는 원망은 거의 하지 않았으므로 감세를 구호로 내세워 민심을 얻은 사람은 없다. 직접 진나라 시대를 겪은 육가(陸賈, 전 240?~전 170)도 진나라 멸망 원인을 논할 때 세금 정책을 질책하지 않았고, 가의도 진나라의 과실을 열거하는 긴 문장 끝에야 세금에 관한 내용을 끼워 넣었다.

그럼 진나라의 세금이 과중했다는 설은 어디서 유래했을까? 한 무제 때 회남왕(淮南王) 유안(劉安, 전 179~전 122)이 모반을 했다. 유안의 모사 오피(伍被, ?~전 122)는 대략 다음과 같은 내용의 간언을 올렸다.

한 고조(유방)는 진나라의 상황이 갈수록 나빠지는 것을 보고도 아직은 반역을 도모할 때가 아니라고 여러 번 말하면서 진나라가 완전히 망가진 이후에야 군사를 일으켜서 성공했다. 현재 한나라는 나쁜 상황이라 할 수 없으므로 지금 거사하는 건 매우 위험한 일이라는 것이다. 오피의 간언은 내용과 수식이 모두 훌륭했지만 명백한 허구로 가득 차 있다. 『사기』에서는 그의 간언을 「회남왕전(淮南王傳)」에 실어서 유안의 반란 음모 전말을 기록하고 있다. 반고는 방증 자료를 들지 않고 오피의 말만 몇 마디 베껴서 『한서』 「식화지(食貨志)」에 싣고 재정 관련 역사 자료로 삼고 있다. 이 글 가운데에 진나라가 "절반도 넘는 세금을 받았다(收泰半之賦)"는 기록이 있고, 주석가가 그것을 '3분의 2(三分取其二)'라고 해석했다.[107] 이로써 「식화지」는 진나라의 과중한 세금을 증명하는 가장 권위 있는 자료가 되었고, 전통 학자들도 이를 답습하며 의심하지 않았다. 심지어 어떤 사람은 그것이 『사기』의 '기록'에 근거했다고 말하기도 했다.

서구 학자들은 역사적 증거, 사회적 상황 등 각 부문의 연구에 근거하여 이렇게 인식했다. 절반이 넘는 세금을 받았다는 것은 황당무계한 학설이다. 또 그것은 진나라 백성이 "더러 부호의 땅을 경작하며 절반을 세금으로 냈다"라고 한 동중서의 말에도 저촉된다. 만약 지주가 소작농에게 수확량의 절반을 세금으로 받고, 다시 그 절반을 정부에 바쳐야 한다면 누가 지주 노릇을 하려 하겠는가?[108] 이것은 하나의 사례에 불과하다. 「식화지」에서는 진나라의 가혹한 세금 때문에 "남자는 힘써 밭을 갈아도 식량이 부족했고, 여자는 열심히 실을 짜도 옷이 부족했다(男子力耕不足糧餉, 女子紡績不足衣服)"라고 했다. 사람의 감정을 자극하면서도 너무나 모호한 지적이 후세 진나라 역사에 흔히 등장한다. 이런 황당무계한 학설의 연원을 거슬러 올라가보면 대부분 자신의 견해를 유세하는 한나라 정객의 말에서 시작되었음을 발견할 수 있다.

한나라 초기의 토지세는 15분의 1이었다.[109] 세율이 어떻게 이처럼 낮았는지 한나라 역사가들은 잘 알고 있었다. 사마천은 한 고조가 세금을 낮췄다고 언급하지 않았다. 반고는 「식화지」에서 절반도 넘는 세금을 받았다"라는 문장 바로 아래에서 한 고조가 "토지세를 경감하여 15분의 1을 받았다(輕田租, 十五而稅一)"라고 말했다. 『사기』부터 시작해서 정사 속에 기록된 군국대사(軍國大事) 가운데 가장 중요한 것은 제왕(帝王)의 사적을 기록한 본기(本紀)다. 본기는 정부의 편년 기록에 근거할 뿐 아니라 항상 관방의 문헌을 모아서 기록하기 때문이다. 반고는 『한서』 「고제기(高帝紀)」에 긴 편폭을 할애하여 한 고조 유방의 각종 세무 조치를 상세하게 기록했다. 소수의 사람에게 몇 년간 세금을 면제해준 사실도 모두 빠뜨리지 않았다.

또 『한서』에는 고조가 베푼 은혜도 상세하게 기록되어 있다. 그러나 대폭 감세 정책을 시행한 기록은 한 글자도 기록하지 않았다. 그것이 가장 널리 민심을 얻을 수 있고, 가장 쉽게 허풍을 칠 수 있는 위대한 인정(仁政)인데도 말이다. 이것은 아주 분명한 누락이다. 특히 문제(文帝, 전 203~전 157)와 경제(景帝, 전 188~전 141)가 천하에 조세의 절반을 경감해줬고, 토지세를 30분의 1로 내려줬다는 사실을 자세하게 기록한 것과 비교해볼 때 더욱 그렇다. 만약 「식화지」의 말이 사실이라면, 한 고조가 진나라의 과중한 세금을 경감해준 어진 정책의 증거를 반고가 「고제기」에서 삭제한 것이므로 이는 정말 자신이 받은 한나라의 은혜를 배반했다고 할 수 있다.

고금의 사학자와 고고학자는 한나라가 진나라 제도를 계승한 사실에 동의한다.[110] 동중서는 더 나아가 한나라 초기의 세금 제도도 진나라를 따랐다고 지적했다.[111] 가장 유력한 증거는 새로 출토된 진·한 시대의 간독(簡牘)이다. 진·한의 토지세 수납 형식은 모두 곡식, 꼴, 쑥이었다. 이중 꼴과 쑥은 가축을 먹이는 사료다. 기원전 217년, 즉 진나라 통일 4년 후에 부과된 토지세율에 따르면 "1경(頃: 100무)에 꼴 세 섬(石: 10斗), 쑥 두 섬(頃入芻三石, 藁二石)"을 세금으로 받았다. 기원전 187년, 즉 한나라 건국 15년 후에 공포된 토지세율에 따르면 "1경에 꼴 세 섬, 상군(上郡)은 땅이 나쁘므로 1경에 꼴 두 섬, 쑥은 모두 두 섬(頃入芻三石, 上郡地惡, 頃入二石, 藁皆二石)"을 세금으로 받았다.[112] 만약 세금으로 받는 곡식도 세율이 바뀌지 않았다면 한나라 초기 15분의 1 세율은 진나라 옛 제도를 계승했을 가능성이 있다. 비교해보면 공자 시대에 노나라 세율은 10분의 1이었고, 맹자의 정전제는 9분의 1을 이상적인 세율로 생각했다.[113]

세금 외에도 부역이 백성의 가장 큰 부담이었다. 진·한의 법규에 따르면 매년 1개월간 공공 부역에 종사해야 했다. 전국시대에는 군용 공사에 동원되었던 인력이 통일 후에는 민간 건설로 이동했다. 부역이 증가했는지 여부는 증거가 없으므로 함부로 말할 수 없다. 후난성

(湖南省) 리예(里耶)에서 출토된 진나라 간독에 따르면 통일 후 다음 해에 동정군수(洞庭郡守)가 각 현에 명령을 내려 화물을 운송할 때는 먼저 각종 죄수와 채무범(債務犯)을 동원하라고 했다. 미룰 수 없는 급한 일이 있어야만 백성을 부역에 동원했다. 특히 농사철에는 보통 백성을 부역에 동원하려 하지 않았다.[114] 이 문건은 『사기』의 기록과 마찬가지로 진나라가 가능한 한 죄수와 사회의 '천민'을 이용하려 했음을 잘 보여준다. 예를 들어 영남(嶺南) 3군을 지키러 보낸 사람은 장사치나 노예나 호적에서 도피한 자들이었다.[115] 진시황이 네 차례나 호구 수만을 옮긴 것과 같이 양민을 다른 곳으로 이주시키면 모두 세금을 면제해주거나 작위를 한 등급 올려주어 그들을 위로했다.[116] 대형 건축공사에는 대부분 죄수를 이용했다. 따라서 공사를 감독하는 사공(司空)을 흔히 '죄수를 주관하는 관리(主刑徒之官)'라고 불렀다. 진시황 사후 능묘를 건설한 사람도 부역에 복무한 백성이 아니라 원래 아방궁 건축에 동원되었던 죄수였다.[117] 진나라는 물론 '천민'을 핍박하는 제도를 시행했지만 이는 보통 농민들에게 유리한 제도였고, 한나라도 이를 답습했다. 명문화된 법률로 살펴보면 진나라는 부역에 사람을 동원할 때 매우 세밀한 규정이 있었다.[118] 물론 정책 시행 과정에서 권력 남용을 면하기 어려웠지만 그것이 전국시대 육국에 비해 큰 차이가 있었을까? 만약 제나라와 위나라가 부역 인원을 동원할 때 습관적으로 농사철을 어기지 않았다면 맹자가 어째서 그렇게 해서는 안 된다고 극력 권고했을까?

병력을 비교하는 것은 매우 쉽다. 전국시대 후기에 큰 전쟁이 일어나자 각국은 걸핏하면 수십만을 동원했다. 전국칠웅이 통일된 후에는 몽염이 흉노를 친 것이 가장 큰 전쟁이었는데, 당시에 군사 30만 명을 징발했다.[119] 모든 숫자는 과장되었을 가능성이 크지만 통일을 이룬 대제국의 국력으로 살펴보면 이 같은 단기 병력은 지나치게 과장되지 않았을 것으로 보인다. 로마제국의 상비군도 30만 명이었다. 진나라 징병제는 군사적 필요에 따라 장정을 징발하고 일이 끝나면 바로 귀환시켜 군비를 절감한다. 수이후디 진간(秦簡)의 사례에 따르면 희(喜)라는 이름의 남자는 세 차례나 정벌군에 입대했다. 첫 번째는 8개월을 복무했고, 두 번째는 11개월 복무했다.[120] 법정 복무기한은 최장 2년이었기 때문에 장기적으로 대군을 유지하기 위해서는 정부가 끊임없이 신병을 징집하여 보충해야 했다.

몽염이 흉노를 축출한 전쟁은 2년이 걸렸다. 승리 후 개척한 강토를 공고하게 유지하기 위해 군과 민을 함께 동원하는 정책을 시행했다. 민간에서 변방으로 양민을 이주시켜 오르도스 일대를 나중에 '신진중(新秦中)'으로 불리는 부자 농촌으로 발전시켰다.[121] 군사적으로 평화 시기에 변방을 지키는 병력은 매우 적었다. 이는 한나라의 경험에서 가장 쉽게 살펴볼 수 있다.[122] 대택향에서 봉기한 수졸은 900명에 불과했고, 그 군대를 이끈 진승과 오광도 같은 현 사람이 아니었고, 다른 수졸이 호응해올지도 알 수 없었다. 그런데 기원전 215년 진시황의 명령으로 몽염이 징집한 30만 명의 대군은 얼마나 오래 병력을 유지했을까? 이것은 수수께끼다. 몽염은 장성과 직도 건설을 책임지고 있었는데 왜 기원전 209년 조정에서 급히 군대를 동원해 반란을 평정해야 할 때 장성 축조 병력을 돌아오게 하자고 언급한 사람이 없었을까? 이사는 진 2세에게 민심을 무마하기 위해 별 의미가 없는 장성 축조를 중지하도록 건의하지 않고, 2세가 애착을 갖고 있던 아방궁 건설을 중지하자고 했을까?[123] 장성이 거의 준공되어 대부분의 병사가 이미 흩어져버렸던 것일까? 아마 그럴 가능성이 있다. 진나라 판축(版築: 판자를 양쪽에 대어 사이의 흙을 다지는 공법) 장성의 규모는 우리가 잘 알고 있는 명나라 벽돌 장성에 훨씬 미치지 못한다. 건축 공사도 그렇게 크지 않았으므로 동원된 대군은 1년 전후로 일을 끝내고 고향으로 돌아갔을 것이다[부록3 참조]. 특히 진나라의 무력 남용을 폄훼하는 사람들은 다음과 같은 한 가지 사실을 망각하고 있다. 즉, 나라의 운명이 경각에 달린 매우 중대한 시기에 진나라 군사는 어디에 있었을까?

위에서 서술한 내용을 종합하고자 한다. 선전을 제거하고 진면목을 봐야 한다. 일반 백성에 대한 진나라의 억압은 동주열국에 비해 심하지 않았으므로, 왜 진나라가 2세 만에 멸망했는지 설명해주지 못한다. 그러나 여론을 조종하는 특권층의 상황은 달랐다. 장성 구축은 전국시대와 진·한시대의 일상사였다. 예를 들어 "제 선왕은 산 고개 위에 올라 장성을 쌓았는데, 동쪽으로는 바다에 이르렀고 서쪽으로는 제주(濟州)에까지 이르러 그 길이가 1,000여 리였다. 이것으로 초나라 침입에 대비했다(齊宣王乘山嶺之上築長城, 東至海, 西至濟州千餘里, 以備楚)"라고 했다.[124] 이와 같은 공사는 연·조·제·초·한에서도 태연하게 진행되었다. 그런데도 진나라에서만 사람들이 손가락질하는 이야기가 발생했는데 여기에는 까닭이 없지 않다. 진시황은 보통 백성을 징발했을 뿐

용과 독수리의 제국

아니라 옥사가 정직하지 못하다고 판결받은 관리들을 장성 건축에 파견했다. 이것이 권력자와 귀족을 분노케 했다.[125] 국가와 권력계층의 알력이 진나라의 최대 우환이었다.

봉건귀족과 집권군주 세력은 어느 한편이 강해지면 어느 한편은 약해지는 관계이지만 두 집단 사이의 권력투쟁은 전국시대가 끝나고도 느슨해지지 않았다. 전국시대를 통일한 진나라에서도 양후(穰侯) 등 귀족집단이 오랫동안 정권을 오로지하며 서로서로 봉읍을 강탈했고 집안에는 진귀한 보물을 국가의 창고보다 더 많이 쌓아놓았다. 범저가 진 소양왕(소왕)을 도와 다시 귀족 가문의 횡포를 제압하던 시기는 상앙이 변법을 시행한 후 벌써 90년이나 지난 시점이었다.[126] 진나라 외에도 육국 귀족의 횡포는 더욱 심했다. 전국시대 말기 위나라 신릉군, 초나라 춘신군(春申君, ?~전 238) 등 공자들은 화려한 생활을 하며 수천 명에 달하는 문객을 길렀다. 귀족 세력이 조금 물러나기는 했지만 여전히 반격의 기회를 엿보고 있었음을 알 수 있다.

통일 중국은 어떤 정치체제를 채택해야 했을까? 이 중대한 문제를 둘러싸고 군주와 귀족의 권력투쟁이 정점으로 치달았다. 조정의 변론 과정에서 신료들은 승상 왕관(王綰)의 의견을 옹호했다. 왕관은 다시 봉건제도를 시행하여 황제의 여러 아들을 제후왕으로 봉하고 육국의 옛 땅을 나누어 통치해야 한다고 했다. 이사는 그의 의견을 극력 배척했다. 그는 주나라 천자가 분봉한 제후는 대부분 천자의 자제와 동성 귀족이었는데도 나중에 결국 원수처럼 갈라져서 서로 정벌을 일삼느라 백성까지 도탄에 빠뜨렸다고 했다. 그리고 지금은 천하가 통일되었으므로 다시 제후를 분봉해서는 안 되고 군과 현을 설치하여 전국을 다스려야 한다고 주장했다. 황제의 자제와 공신은 국가의 세금으로 후한 상을 내리면 충분하다는 것이다. 진시황은 이사의 의견에 동의했다. "천하가 끊임없는 전투에 함께 고통을 받은 것은 제후왕 때문이다. 이제 종묘의 힘에 의지하여 바야흐로 천하가 안정을 되찾았는데 다시 또 제후국을 세우는 건 병란을 야기하는 일이다(天下共苦戰鬪不休, 以有侯王. 賴宗廟, 天下初定, 又復立國, 是樹兵也)."[127]

"선왕지도를 폐지했다(廢先王之道)"는 것이 바로 가의·동중서·반고 등이 이구동성으로 질책한 진나라의 잘못이다.[128] 그러나 유생들이 말한 것처럼 진시황이 역사를 무시했던 것은 결코 아니고, 법가의 역사관을 채택했다. 맹자는 "선왕의 법도를 따르다가 과오를 범하는 자는 아직까지 없었다(遵先王之法而過者, 未之有也)"라고 하며 역사는 고요히 머물며 변하지 않는다고 인식했다. 그러나 이사는 "시대는 변한다(時變異也)"고 하면서 역사의 움직임을 중시했다. 그는 주나라 임금의 법도를 고집하다가는 전국시대의 전철을 다시 밟을 것이라고 주장했다.[129] 진시황의 결정은 한나라 유학자들이 질책한 바와 같이 '사사로운 권력을 세우려는 것(立私權)'이 결코 아니었다. 그는 천하의 평화를 위해 객관적인 이유를 제시했고, 역사는 그것이 정확했다고 증명했다. 그 후 항우의 초나라와 유방의 한나라는 봉건제도를 회복하여 진시황이 예상한 바의 전란을 야기했다. 가의와 반고는 이런 결과를 잘 알고 있었지만 봉건제도를 폐지한 진나라의 고충은 이해하지 못한 채, 종친 자제와 공신들에게 한 치의 땅도 나눠주지 않았다고 원망했

용과 독수리의 제국

다. "왕실 자제들은 필부가 되었으므로 안으로는 뿌리를 보호해주는 골육지친이 사라졌고, 밖으로는 울타리처럼 호위해주는 한 치의 땅도 없어졌다(子弟爲匹夫, 內亡骨肉本根之輔, 外亡尺土藩翼之衛)."[130] 그들의 심리적 모순은 교조적인 도덕과 사사로운 권익이라는 이중의 연원을 갖고 있다. 이 두 가지는 모두 진나라 멸망의 동력으로 작용했다.

기원전 213년, 즉 봉건제도가 폐지된 지 8년이 되는 시점에 제(齊) 땅 출신 박사 순우통(淳于通)이 선왕지도를 회복하자고 제창했다. "지금 폐하께서는 천하를 소유하고 계시는데 자제들은 필부가 되었습니다. …… 옛것을 스승으로 삼지 않고 오래가는 경우를 저는 듣지 못했습니다(今陛下有海內, 而子弟爲匹夫. …… 事不師古而能長久者, 非所聞也)." 진시황은 이 안건을 조정에서 논의하라고 명령을 내렸다. 이사는 이를 반박했다. 그 요지는 다음과 같다. 시대가 달라졌는데 어째서 반드시 삼대의 낡은 길을 따라 걸으려 하는가? 유생들은 옛 법도만 따르느라 현재를 해치면서 헛된 말로 진실을 어지럽히고 미혹된 생각으로 백성을 혼란에 빠뜨린다. 이들이 파당을 만들어 비방을 일삼고, 나라의 안정을 위태롭게 하는 걸 제지하기 위해서 그는 유가의 서적을 불태워야 한다(분서)고 건의했다. 진시황은 그의 의견을 채택했다.[131] 그들의 주요 목적은 정치적 통일을 유지하고 국가의 체제와 사회의 안정을 보호하려는 것이었다. 이 때문에 박사관에 소장된 서적과 의약·점술·농시 등 실용서적만 남겨두고 많은 책을 불태웠다. 분서의 주요 대상은 육국의 역사 및 민간인이 소장한 『시경』 『서경』 등의 서적이었다. 이것들은 제후 분봉과 복고 정치의 근거가 될 수 있기 때문이다. 제자백가 서적은 분서 명단에 들어갔지만 중점 대상은 아니었기에 실제로 분서 집행에 포함되는 경우는 드물어서 큰 손실은 입지 않았다. 사상은 계속 활발했다. 예를 들어 『대학』과 『중용』처럼 선진제자(諸子)의 이름에 기탁한 글도 기실은 진·한 연간에 씌어진 것이다. 한나라 때에 이르러 유학이 독점적인 지위를 누리고 나서야 전국시대에 펼쳐졌던 자유사상의 활력이 생기를 잃었다.[132]

분서 사건이 있고 나서 다음 해에 유생을 생매장한(갱유) 사건이 발생했다. 원래 진시황은 중국 동쪽 문화의 영향을 받아 태평성대를 만들기를 염원하며 박사관을 설치한 외에도 유생과 방사(方士: 신선술을 닦는 사람)를 많이 모집했다. 방사들은 황제의 심리적 약점을 틀어쥐고 신선가의 불로장생술을 들여와서 크게 재산을 늘렸다. 그중에서 후생(侯生)과 노생(盧生) 두 사람은 황제를 부추겨 어리석은 짓을 적지 않게 저지르다가, 선약(仙藥)을 바칠 수 없게 되자 징벌을 받을까 두려워서 도성에서 도주한 후 진시황이 권력을 탐하는 폭군이어서 불로장생의 자격이 없다고 매도했다. 진시황은 대로하여 요망한 언론으로 백성을 어지럽힌 자들을 끝까지 조사하라고 명령했다. 그러자 서생들은 서로 연루자를 끌어들이며 많은 사람을 고발했다. 진시황은 금법을 위반한 사람 460명을 함양에서 생매장해 죽였다.

그는 부소의 간언, 즉 "유생들은 공자의 말을 암송하며 법도로 삼고 있는데 지금 황상께서 모두 엄중한 법으로 그들을 잡아들이시면 신은 천하가 불안해질까 두렵습니다(諸生皆誦法孔子, 今上皆重法繩之, 臣恐天下不安)"[133]라고 한 간언을 고려하지 않았다. 부소는 정치적 안목을 갖

용과 독수리의 제국

추고 있었던 셈이다. 3년 후 노(魯) 땅의 유생들은 공자의 예기(禮器)를 들고 진승에게 귀의했고, 공자의 8세손 공갑(孔甲)은 진승의 박사가 되었으며, 유생 진여(陳餘, ?~전 204)는 진승에게 육국의 후예를 다시 세우라고 권했다.[134] 왕충은 진시황이 함양에서 지식인 460명을 생매장한 사건을 한나라 유생들이 이미 과장하여 천하의 유생을 모두 죽인 것처럼 매도하고 있음에 주의했다. 현대 연구자들은 이런 과장이 전혀 근거가 없음을 발견했다. 유생들은 진·한 연간에 아주 활발하게 활동했고, 성명을 고찰할 수 있는 사람도 적지 않다.[135]

분서의 의도는 봉건 복고파의 반동을 제지하기 위한 것이었고, 갱유는 방사의 사기극에서 연유했다. 그러나 이 두 사건은 '분서갱유'라는 말로 모호하게 일체화되어 진나라의 최대 범죄를 증명하는 말로 쓰여 왔다. 여기에는 물론 일리가 없지 않다. 군주와 귀족들은 권력투쟁을 벌인 외에도 유가와 법가를 둘러싼 논쟁을 진행했다.[136] 겉으로 그것은 유생과 법관 사이의 권력투쟁으로 드러났고, 거기에 후생과 노생과 같은 방사들이 진시황을 매도하며 "오로지 옥리만 임명하자 이로써 옥리들이 총애를 받았다. 박사는 70명이었지만 임용되지 못하는 준비 인원일 뿐이었다(專任獄吏, 獄吏得親幸. 博士雖七十人, 特備員弗用)"라고 했다. 한층 더 깊어진 사상 충돌이 더욱 장기적인 영향을 끼쳤다. 가의의 「과진론」은 『사기』와 『한서』에 인용되어 진나라 멸망에 대한 사대부의 일반적인 관점을 드러냈다. 청나라 유학자가 그 의미를 대략 다음과 같이 개괄했다. "진나라가 법률을 숭상하고 인의를 베풀지 않아서, 범부(凡夫) 한 사람이 난리를 일으키자 천하가 흙덩이처럼

붕괴되었다(謂秦尚法律, 不施仁義, 以至一夫作難, 天下土崩).**137**

　법률 준수를 도덕으로 삼는 서구인들은 이 오묘한 이치를 이해하기 어려울 것이다. 왜 법률과 인의를 확연하게 대립시키는가? 객관적인 분석을 통해 '법률'과 '인의'의 내용을 탐구해야 한다. 진을 망친 것이 무슨 법률인가? 진에 부족한 것이 무슨 인의인가? 이에 관한 단서를 탐색하기 위해서는 한나라 초기에 유가와 법가의 주지(主旨)를 언급한 사마천의 기록 및 그 정치적 영향을 검토하는 것이 가장 좋다.**138**

　유가는 육예**139**를 법도로 삼는다. 육예의 경전은 천, 만을 헤아리므로 여러 세대를 배워도 그 학문에 통달할 수 없고, 한평생을 다 바쳐도 그 예절을 다 탐구할 수 없다. 이 때문에 "광대하지만 요점은 드물고, 노력을 해도 얻을 수 있는 공적은 드물다"고 한다. 그러나 임금과 신하, 아버지와 자식 사이의 예절을 세우고, 남편과 아내, 어른과 아이의 구별을 서열화한 점은 수많은 학파라도 바꿀 수 없다.

(儒者以六藝爲法. 六藝經傳以千萬數, 累世不能通其學, 當年不能究其禮. 故曰, "博而寡要, 勞而少功." 若夫列君臣父子之禮, 序夫婦長幼之別, 雖百家弗能易也)

　법가는 가깝고 먼 사이를 구별하지 않고 고귀한 신분과 미천한 신분을 다르게 생각하지 않는다. 한결같이 법에 의해 단죄하므로 친척과 친하고 존귀한 사람을 존경하는 마음이 단절된다. 한때의 계책으로 시행할 수 있지만 오래 사용할 수는 없다. 이 때문에 "엄격하여 은정이 적다"고 한다. 임금을 높이고 신하를 낮추며 맡은 일을 분명히 하여 서로 월권

행위를 할 수 없게 한 점은 수많은 학파라도 바꿀 수 없다.

(法家不別親疏, 不殊貴賤. 一斷於法, 則親親尊尊之恩絶矣. 可以行一時之計, 而不可長用也. 故曰, "嚴而少恩." 若尊主卑臣, 明分職不得相逾越, 雖百家弗能 改也.)

법가는 가와 국을 나눴는데, 우리는 오늘날 그것이 정치적인 측면에서 당연한 일이라고 생각한다. 그러나 전통적인 유가의 군신과 부자에 관한 사상에서는 그것이 오히려 은혜를 적대시하고 어진 마음을 해치는 행위라고 인식했다. '가정생활이 바로 정치생활이고, 가정의 이상이 바로 정치의 이상'이라는 2,000년 동안 이어진 사대부의 이데올로기는 가와 국이 분화되지 않은 시기에 탄생했다.[140] 종친과 친하게 지내는 것(親親)은 본래 종법 봉건시대의 끈끈한 유대 관계인데, 유가는 그것에 인의라는 성스러운 빛을 덧씌워 천하에 두루 통용되는 유일한 표준으로 받들었다. 공자는 정치를 논하면서 이렇게 말했다. "인(仁, 어짊)이란 인(人, 인간다움)입니다. 종친과 친하는 것이 가장 큰일입니다(仁者, 人也. 親親爲大)." 그는 종친과 친하는 것을 치국의 아홉 가지 원칙 중 하나로 열거했다. "그 지위를 높여주고, 그 녹봉을 많이 주고, 호오의 감정을 함께하는 것이 종친과 친하게 지내는 일을 권면하는 방법입니다(尊其位, 重其祿, 同其好惡, 所以勸親親也)."[141]

맹자는 이 뜻을 더욱 확장하여 "종친과 친하게 지내는 것이 바로 인이다(親親, 仁也)"라고 하며 순 임금을 예로 들었다. 순 임금은 어진 사람이라서 불인하고 불의한 상(象)을 제후로 봉했는데, 상이 단지 그의 아우였기 때문이라는 것이다. "자신은 천자이면서 아우는 필부라면 친하게 사랑한다고 할 수 있겠는가?(身爲天子, 弟爲匹夫, 可謂親愛之乎?)"[142] 순우통이 봉건제도를 회복하자는 논조는 심지어 그 자구까지도 이런 공자·맹자의 언급과 동일한 모습을 보여준다. 유가의 인치 관념은 군주의 모범을 강구한다. 진시황 자신은 황제가 되었으면서, 그 자제들은 필부로 살도록 내버려두었으므로 불인(不仁)의 모범이 된다는 것이다. 따라서 유가에서 그를 "어진 마음과 은혜로운 마음을 제거했다(去仁恩)"라고 입이 닳도록 질책하는 것도 이상한 일이 아닌 셈이다.[143]

유가에서는 '인의'라는 구호로 군자가 추구하는 권력과 이익을 분식한다. 진나라 때 어떤 사람은 운석(隕石)에다 "진시황이 죽으면 땅이 나뉜다(始皇帝死而地分)"라는 글자를 새겼다. 땅을 분배받고 제후로 봉해지는 건 권력 계층의 보편적인 갈망이었다.[144] 진나라에 반란을 일으킨 영수들도 왕과 제후를 칭하지 않은 사람이 없었고, 그들을 수행한 장량 같은 사람도 "밤낮으로 한 치의 땅이라도 갖기를 소망했다(日夜望咫尺之地)"라고 말했다.

한 고조는 진나라가 봉토를 빨리 나눠주지 않아서 공신들이 불만을 품은 전철을 거울삼아 재빠른 행동으로 은혜를 크게 베풀었다. "공을 세운 사람이 위로는 왕이 되었고, 그다음으로는 제후가 되었고, 그 아래로는 식읍을 받았다. …… 나는 천하의 현명한 선비와 공신에 대해서 그 여망을 저버리지 않았다고 할 수 있다(其有功者上致之王, 次爲列侯, 下乃食邑. …… 吾於天下賢士功臣, 可謂亡負矣)."[145]

용과 독수리의 제국

진나라가 육국을 멸하자 옛 귀족 대부들은 원한을 품었다. 진나라가 봉건제도를 폐지하자 천하의 사인(士人)들은 자신의 이익에 손해가 났다고 실망했다. 전국시대 귀족 사이에는 빈객을 양성하는 기풍이 성행했다. 그런데 봉건 귀족제도가 폐지되자 빈객의 출세 통로가 크게 감소했고, 벼슬살이의 성격도 바뀌었다. 귀족의 인치 관념 아래에서 사대부는 공리공담으로 곁눈질하며 자신이 고위 관직에 임명되어 도덕을 고양하기만 하면 나라가 크게 다스려질 것이므로 꼭 정치적 업적을 세워 책임을 질 필요가 없다고 여겼다.

그러나 관료조직에서 일하는 사람은 국가의 공무원이다. 따라서 그가 군주를 위하거나 백성을 위하거나 모두 봉사자이므로 반드시 일에 책임을 지고 성적을 내야 한다. 신분은 낮아졌지만 업무 요구는 강화되었으니 기꺼워할 사람이 없다. 이에 정부는 끊임없이 많은 관료를 필요로 한다. 책임감 있고 행정 능력을 갖춘 인재를 양성하기란 결코 쉬운 일이 아니다. 인의(仁義) 교육에 치우친 유가는 아는 사람을 밀어주고 끌어주는 일에 발이 묶이는 경우가 대부분이다. '인의'를 친척과 친하고 연장자를 존경하는 등의 개인 관계로 국한해서 이해하기 때문이다. 공중도덕을 배양하고 공평하고 공정한 사상을 발전시키는 건 오늘날에도 여전히 큰 문제로 남아 있다. 진나라는 법률로 행정 조치를 관리하며 관료의 책임을 감독하다가 치자(治者)로 자처하는 사람들의 반감과 반란을 야기하고 말았다.

가의(賈誼) 이전에도 유생 육가는 진나라의 망국 원인을 이미 형법에 치국을 맡겼기 때문이라고 했다. 동중서도 진나라가 "신불해와 상앙의 법을 스승으로 삼고 한비의 학설을 시행하여" 천하를 크게 해쳤다고 질책했는데[146] 이와 유사하게 법가가 진나라를 멸망시켰다는 논조가 역대로 계속 이어졌고, 21세기에 이르러서도 그런 경향이 사라지지 않고 있다.[147] 유생들의 논조는 대부분 '법률은 형벌과 같다(法等于刑)'는 사상에 기반하고 있다. 이들은 법률의 범주가 형벌에 그치지 않는다는 사실은 알지 못하고 있다(제6장 9절 참조). 우리는 이것을 나눠서 논의하고자 한다.

진나라 형벌이 가혹했던 건 확실하다. 피비린내 나는 서술은 사람들의 감정을 가장 쉽게 흥분시킨다. 그러나 그런 형벌들이 진나라의 독자적인 발명품이어서 육국의 유민들이 참을 수 없었던가? 진나라 혹형 중 상당수는 서주시대에 이미 실시되었고, 춘추전국시대에도 그것을 답습했다.[148] 대죄에 연좌된 노예는 자손까지 죽였는데 그 사례가 『상서』에 자주 보이고 출토된 간독을 봐도 제나라에 그런 형벌이 성행했음을 알 수 있다.[149] 진나라 법률에 따르면 절도죄는 보통 몇 년 징역형에 처하고, 죄의 경중은 절도 양에 따라 정하게 되어 있다. 진나라 죄수는 홍갈색 죄수복을 입었다. 반고가 묘사한 '붉은 옷이 길을 꽉 메웠다(赭衣塞路)'라는 상황은 안영이 말한 '신발은 저렴했으나 의족은 비싸다(履賤踊貴)'라는 상황과 비교할 만하다. 춘추시대 제나라는 형벌을 받아 발이 잘린 사람이 많아서 신발 값보다 의족 값이 더 비쌌다는 의미다.[150]

수이후디 출토 진간에 따르면 진시황의 통일 전쟁이 한창일 때 부역에 나가는 사람이 제때에 도착하지 못하면 "사흘에서 닷새까지는

용과 독수리의 제국

질책을 당했고, 엿새에서 열흘까지는 방패 하나로 대속했고, 열흘을 넘으면 갑옷 하나로 대속했다(失期三日到五日, 誶. 六日到旬, 貲一盾. 過旬, 貲一甲)"고 한다.[151] 진 2세가 방패와 갑옷 등의 벌금형을 사형(死刑)으로까지 높였을까? 아니면 진나라에 대항하여 봉기한 진승 등이 그것을 과장했을까? 군법은 비교적 엄격하여 출정이나 전투 등에 시간을 맞추지 못하면 참수형에 처했다. 그러나 참수당하는 사람이 장수일까 아니면 모두 사병일까? 진승은 수졸들을 선동하며 이렇게 말했다. "기한에 도착하지 못하면 참형을 당할 것이고, 설령 참형을 면한다 해도 변방을 지키다가 죽는 자가 열에 예닐곱은 될 것이다(失期當斬, 藉弟令毋斬, 而戍死者固十六七)."[152] 정말로 기한을 어긴 모든 사람을 죽인다면 변방의 흉악한 조건으로 위협할 필요는 없었을 것이다.

진나라 실정은 자료가 부족하다. 『상서』에 나오는 주나라 기록은 모호하지 않다. 후세에 성인으로 추앙받는 주공 단(旦)의 아우가 출병할 때 노나라 사람들에게 알리기를 무릇 건량(乾糧)을 가지고 시일에 맞춰 도착하지 않았거나, 보루 축조용 도구를 준비하지 않았거나, 군마에게 사료를 충분히 먹이지 않은 사람은 모두 사형에 처하겠다고 했다.[153] 주공은 왕의 명령을 선포하면서 주나라 사람 중에 단체로 술을 마신 자는 모두 도성으로 압송하여 죽이겠다고 했다. 그리고 유언비어를 날조하여 대중을 미혹한 자, 군왕을 해쳐서 명예를 얻은 자는 용서 없이 가장 신속하게 죽이겠다고 했다.[154] 어떤 현대 학자는 "주나라 초기의 과감한 살육은 정말 경악할 만하다"라고 결론을 내렸다.[155] 그런 살기(殺氣)는 주나라 초기에 그치지 않았다. 『예기』 「왕제(王制)」

에는 다음과 같은 기록이 있다.

교묘한 언설로 법률을 파괴하고, 명분을 어지럽히며 제도를 함부로 고
치고, 사악한 이치에 집착하여 정치를 문란케 하는 자는 죽인다. 음란
한 의복과 이상한 의복, 기괴한 기술과 기괴한 기물을 만들어 대중을
미혹케 하는 자는 죽인다. 거짓을 행하면서도 그 태도가 완강하고, 거
짓을 말하면서도 궤변을 늘어놓고, 나쁜 것을 배우면서도 지식이 넓고,
나쁜 것에 순응하며 그것을 널리 퍼뜨려 대중을 미혹케 하는 자는 죽
인다. 귀신, 일진, 복서(卜筮)에 가탁하여 대중을 미혹케 하는 자는 죽
인다. 이 네 가지 주살에 해당하는 자는 심문을 하지 않고 바로 죽인다.
무릇 금법을 집행하여 대중을 다스릴 때는 잘못을 용서하지 않는다.
(析言破律, 亂名改作, 執左道以亂政, 殺. 作淫聲異服, 奇技奇器以疑衆, 殺. 行
僞而堅, 言僞而辯, 學非而博, 順非而澤以疑衆, 殺. 假於鬼神時日卜筮以疑衆,
殺. 此四誅者, 不以聽. 凡執禁以齊衆, 不赦過.)

심문을 듣지도 않고 용서 없이 죽이는 것은 그것이 진실로 주나라
왕제이거나 유가의 이상이거나 막론하고, 맹자가 홍수와 맹수로 비유
한 '사악한 학설(邪說)'과 '음란한 말(淫辭)'에[156] 비교해볼 때 그 가혹함
이 진시황의 분서갱유 아래에 있지 않다. 이러한 유가 이상은 한나라
때 "경전의 뜻에 맞춰 옥사를 판단하는" 과정에서 시행되어 한 가지
사건으로 주살당한 자가 1만 명을 헤아리게 되었다(제6장 9절 참조).
엄중한 형벌 시행은 주나라와 진나라가 비슷했는데, 그것은 일반

백성의 경우에 그러했을 뿐이다. 권세가에게는 하늘과 땅만큼의 차이가 있었다. 한나라 유학자들이 주나라를 높이고 진나라를 낮춘 것이 모두 허위는 아니다. 이들의 중점은 형벌에 놓여있지 않고 그 형벌의 바탕인 법에 놓여있었다. 주나라 예법은 권세가를 우대했다. "예는 서민에게까지 내려서 시행하지 않고, 형벌은 대부에게까지 올려서 시행하지 않는다(禮不下庶人, 刑不上大夫)"라는 원칙이 그것이다. 진나라는 법 앞에 만민이 평등하다는 원칙을 견지했다. 즉, "잘못에 형벌을 시행할 때는 대신에게도 피하지 않았고, 선한 일에 상을 줄 때는 필부도 빠뜨리지 않았다(刑過不避大臣, 賞善不遺匹夫)".[157] 가의는 이 두 가지를 저울질해보고 주례(周禮)가 진법(秦法)보다 훨씬 낫다고 인식했다.

이 두 가지 사례를 구별하는 일이 주나라의 긴 국운과 진나라의 짧은 국운을 해석하는 관건이다. 군주·신료·서민 등 귀천의 등급이 매우 엄격한 상황에서 장기적인 안정을 위해 가장 중요한 것은 힘 있는 대신을 우대하는 것이다. 이들이 군주를 둘러싸고 함께 권력을 행사하기 때문이다. "속담에 '쥐 잡으려다 그릇 깰라'라는 말이 있다. 이것은 훌륭한 비유다. 쥐가 그릇에 가까이 다가갈 때 잡기를 꺼리는 것은 그릇이 깨질까 두렵기 때문인데, 하물며 존귀한 신하가 임금 가까이 있는 경우임에랴?(里諺曰, '欲投鼠而忌器', 此善諭也. 鼠近於器, 尙憚不投, 恐傷其器, 況於貴臣之近主乎?)" 한마디로 말해서 "나라를 안정시키려면 권력자를 귀하게 여기고 거스르지 않는다(安定者, 貴順權)"라는 것이다. 진나라 왕은 법령에 의지하여 쥐를 잡을 때 그릇이 깨지는 것도 꺼리지 않았다. 존귀한 신하라도 법을 어기면 서민과 똑같이 처리했다. 급기야 "그들의 원한이 세상에 가득 찼고, 아래 백성도 그를 원수처럼 증오해서 참화가 거의 자신의 몸에 미칠 뻔했고, 자손은 주살당하여 후예가 끊겼다(怨毒盈於世, 下憎惡之如仇讎, 禍幾及身, 子孫誅絶)".**158**

　감독하고 처벌하는 관리는 법을 깨끗하게 집행하여 백성을 보호했다. 탐관오리를 처벌하여 장성 쌓는 곳으로 보내자 권력자 엘리트는 이빨을 갈며 불인한 짓이라고 고함을 쳤다. 유생들은 진나라 법률이 너무 복잡하고 치밀하다고 원망했다. 그러나 주나라 예법을 담은『주례(周禮)』『의례(儀禮)』『예기』의 교조적인 법도는 가을날 독초처럼 복잡하지 않은가? 치밀하고 교조적인 예법으로 서민은 버려두고 엘리트의 특권만 보호하니 엘리트들이 사탕처럼 달콤하게 여긴 것이다.

　출토된 진나라 간독에 근거해보면 진나라 법률은 대부분 관리들의 행정 서비스 규례와 직권 남용에 대한 징벌 조항이다. 당시 권력 엘리트는 자신의 이익을 위해 그것을 마치 독약처럼 간주하며 입으로 성토하고 힘으로 대항했다. 가의는 당시 신료들의 불신이 진나라 정부 상하에 두루 스며들어 있음에 주의했다.**159** 진승은 징벌이 두려워 군사를 일으켰다. 유방은 정장(亭長)이 되어 죄수를 압송하는 도중 어떤 사람이 도주하는 사태를 맞이하게 되었다. 그는 자신이 처벌당할 것을 알고 아예 모든 죄수를 석방하고 이들과 함께 산으로 들어가 도적이 되었다. 패현 현령과 회계 군수도 기회가 되자 바로 모반했다. 지방관도 충성을 다하는 자는 드물었고, 관직을 버리는 자가 많았다.

　맹자는 이렇게 가르쳤다. "정치를 하는 건 어렵지 않다. 큰 가문에 죄를 짓지 않으면 된다(爲政不難, 不得罪於巨室)." "임금이 신하를 흙이나

　　　　　　　　　　　　　　　　　　　　용과 독수리의 제국

지푸라기처럼 보면 신하는 임금을 원수처럼 봅니다(君之視臣如土芥, 則臣視君如寇讐)."[160] 진나라는 이런 충고를 듣지 않고 신료들의 법률 위반을 방임하지 않았고, 봉토로 큰 가문을 매수하려 하지도 않았다. 이렇게 통치계층에 죄를 짓고도 정치를 오래 유지하려 했으니 이는 실로 어려운 일이었다. 임금을 원수로 보는 관료는 각각 사리사욕을 도모하며 정부가 작은 재난에도 효과적으로 대응할 수 없게 했다. 이 때문에 마침내 대참사가 일어나 백성은 도탄에 빠지게 되었다.

진나라가 사슴을 놓쳐버리자 천하 사람들이 모두 그것을 뒤쫓았다. 사슴을 뒤쫓는 사람들의 사회적 배경은 매우 복잡했다. 그중 고용농 출신 진승이 가장 미천한 신분이었지만 그래도 글자를 알았고 새로운 지식도 부족하지 않았다. 유방은 진나라 채용 시험에 응시하여 지금의 지방 지서장과 같은 말단 관리인 정장에 임명되었다. 대대로 지위가 높았던 집안으로는 초나라 장수 항(項)씨 가문이 있었다. 이들과 비슷한 옛 귀족 대부가 진나라 말기 군웅(群雄)의 주체였다. 육국 왕실의 후예도 모두 혼란을 틈타 다시 일어섰다.[161]

항우는 본래 군웅 중에서 최강자였다. 진나라 멸망 후 그는 대중의 여망을 저버리지 않고 주나라 제도를 회복하여 서초패왕(西楚霸王)으로 자립했다. 나머지 18명의 왕도 그가 각지에 분봉했다. "다시 각지에 제후국을 세우면 전란이 야기될 것이다(又復立國, 륜樹兵也)"라고 한 진시황의 예언이 적중한 셈이다. 각지에 제후왕이 할거하자 전국이 신속하게 군벌의 혼전 속으로 빠져들었다. 당시 한중에 분봉 받은 한왕(漢王) 유방은 항우가 등을 돌리자마자 바로 관중을 탈취했다. 유방은 진나라 땅에 정치 경제적 기반을 건설하여 5년에 걸친 초·한 전쟁의 튼튼한 바탕으로 삼았다.

항우와 유방의 전쟁은 안토니우스와 옥타비아누스의 전쟁과 좀 유사하다. 항우는 안토니우스처럼 장수로서의 재능이 뛰어났고, 귀족 가문으로서의 연원도 깊었으며, 부유한 동쪽 땅의 패자로서 적수를 죽일 기회가 있었음에도 차마 결단을 내리지 못했다. 유방은 옥타비아누스처럼 벼락출세자로 낡은 귀족풍의 침체된 모습이 비교적 적었기에 평민사회의 활력과 새로운 사고의 샘물을 마음껏 길어 올릴 수 있었다. 옥타비아누스는 이탈리아를 통제했고, 유방은 진나라 옛 땅을 점령했는데 두 곳 모두 군사와 정치의 뛰어난 기지였다. 유방은 처음에 계속 패배하다가 마침내 전면 대전을 피하고 습격 위주로 전투를 벌여 군량미를 약탈한 후 점차 항우의 세력을 약화시켰다. 그는 또 제후왕에 봉해주겠다는 약속을 미끼로 각 지방의 대군을 모아 항우를 포위했다.

해하에서 항우를 포위하여 곤경으로 빠뜨린 한나라 군대는 초나라 노래를 배워서 불렀다(四面楚歌). 이미 양식이 떨어진 초나라 군사는 노래를 듣고 집 생각이 나서 사방으로 흩어졌다. 항우는 노래 부르는 군사들이 초나라 사람이라 여기고 장수들과 군막 속에서 술상을 마련하여 스스로 노래를 지어 불렀다. "힘은 산을 뽑고 기운은 세상을 덮는데, 때가 불리하니 명마 추(騅)도 나아가지 않네. 추도 나아가지 않으니 어찌하면 좋은가? 우(虞)여 우여 너를 또 어찌할까?(力拔山兮氣蓋世, 時不利兮騅不逝. 騅不逝兮可奈何, 虞兮虞兮奈若何?)" 그러자 우희(虞姬: 우미인)도 답가를 지어 불렀다. "한나라 군사가 땅을 이미 휩쓸어, 사방에서 초나라 노래 들립니다. 대왕의 의기가 다했으니, 천첩이 어찌 살 수 있겠습니까?(漢兵已略地, 四方楚歌聲. 大王意氣盡, 賤妾何聊生?)"[162]

항우는 자신을 따라 전쟁터에서 5년간 생사고락을 함께한 준마 추(오추마)에 올라 800명의 기마병을 거느리고 포위망을 돌파했다. 그러나 오강(烏江) 변에 도착했을 때는 생존자가 몇 명 남지 않았다. 오강의 정장이 배를 마련해두고 그에게 강동(江東)은 아직 적의 수중에 떨어지지 않아서 편안하다고 아뢰었다. 항우는 자신의 준마 추를 잘 보살펴달라며 그에게 주고, 자신은 강을 건너려 하지 않고 말했다. "강동의 8,000 자제를 거느리고 출정하여 지금 한 사람도 살아오지 못했다. 나는 실로 강동의 부형들을 뵐 낯이 없다." 그리고 그는 다시 걸어서 전투에 나서서 한나라 군사를 무수히 죽였고, 결국 자신도 중상을 입었다. 최후에 그는 적군 속에서 옛날 친구를 만났다. 그리고 말했다. "한나라가 내 목에 천금의 상과 만호의 봉토를 내걸었다니 내 몸을 네게 주겠다." 그리고 스스로 칼로 목을 찔러 죽었다.

제6절
단절과 연속

30년의 풍운이 지나간 후 유라시아대륙 동서 양 끝에 위치한 두 정치 집단은 각각 완전히 새로운 모습을 보였다. 카이사르의 삼두 정치에서 아우구스투스의 제국 건립에 이르는 역사를 다룬『로마 혁명사(*The Roman Revolution*)』가 아마도 현대 저술 중에서 가장 영향력 있는 작품인 듯하다.[163] 한 서구 사학자는 중국 진나라 역사에 이런 비평을 남겼다. "진나라가 중국을 변화시킨 내용을 살펴보면 질과 양을 막론하고 모두 비견할 만한 대상이 없다. 실로 '혁명'이라 불러도 부끄럽지 않다."[164]

로마와 중국의 혁명은 모두 군주제를 확립하여 공화제와 봉건제를 대체했다. 이로써 드넓은 강역은 속주와 군현으로 나뉘었다. 통치 권력은 황제의 손에 집중되었다. 혁명의 패배자는 옛 제도의 통치계층, 즉 로마공화정의 원로 귀족과 주나라 종법 봉건제도의 제후 및 세습 경대부였다. 이들의 반항은 격렬했다. 날 때부터 국왕을 통한(痛恨)으로 여기는 로마 귀족은 더욱 심했다. 중국 천자는 줄곧 세습했지만 정치 엘리트들은 진나라가 봉건 귀족제도를 폐지하자 분노했다. 카이사르는 자객의 칼을 맞고 죽었다. 진시황은 형가의 칼, 장량의 철퇴, 고점리(高漸離)의 축(筑: 가야금과 비슷한 현악기)으로 세 차례 습격을 받았다. 따라서 그가 자신의 행차에 비밀을 유지한 건 이상한 일이 아니었다.[165] 카이사르는 일찍이 브루투스를 용서했고 진시황은 고점리를 석방했지만, 이런 일은 예외일 뿐이었고, 반대파를 무정하게 진압하는 것이 상식이었다. 카이사르는 모든 정치단체를 금지했고, 그의 계승자가 작성한 블랙리스트에는 대략 130명의 원로와 2,000명의 기사가 포함되어 있었다.[166] 진시황은 책을 불태웠고 아울러 약 460명의 방사와 유생을 생매장해서 죽였다.[167] 이런 학살은 빌립보 전장의 학살이나 진나라 말기 군웅의 혼전에서 벌어진 학살에 비하면 아무것도 아니었다.

로마 귀족은 자유를 부르짖었고, 진나라 유생들은 도(道)를 보위하자고 호소했다. 교조적인 구호로 사람들을 마취시켜, 이들로 하여금 자신의 이기심·비현실성·무능함을 보지 못하게 했다. 카이사르의 자객은 로마 해방을 위해서라고 말했지만 결과적으로 로마를 대혼란 속에 빠뜨렸다. 로마인은 이후 자신들이 어떻게 행동해야 할지 전혀 계획이 없었기 때문이다. 유생들은 학문을 과시했지만 현실에서 시행할 만한 어떤 대안도 제시하지 못했다. 특히 이들은 진시황이 질문한 봉선의식의 전례나 한나라 재상 조참(曹參, ? ~전 190)이 질문한 치국 원칙에도 제대로 대답하지 못했다.[168]

비록 열세에 놓여있었지만 정치 엘리트는 마지막 패를 쥐고 있었다. 황제가 통치를 순조롭게 풀어나가려면 반드시 이들의 보좌를 받아야 했다. 로마제국과 양한 황조에 비가 개고 하늘이 맑은 뒤 평화가 다시 찾아오자 이들의 사상이 부분적으로 회복되었고, 새로운 정치체제 안에서 옛 전통이 계속 이어지게 되었다. 원로들이 말한 자유와 유생들이 말한 인의의 최대 기능은 권세가의 이익을 옹호하는 것이기 때문에 마침내 정치 엘리트는 이들 이념을 채택했다. 카이사르와 진시황은 권력 엘리트를 구슬릴 수 없어서 실패했지만 이들의 계승자는 마침내 성공했다. 로마 원로들은 집체 통치의 이상을 포기하고 재벌 통치에 참여하여 자유롭게 민중을 착취할 수 있게 되었다. 유가 사내부들은 관료 시스템 내에 취직하여 종친과 친하게 지내는 등의 사사로운 인정으로 공평한 법치제도를 부패시킬 수 있게 되었다. 재기한 정치 엘리트는 혁명의 열매를 잠식했다.

귀족과 권력투쟁을 벌이던 군주는 비교적 드넓은 사회 계층을 향해 개방적인 조치를 취할 수 있게 되었다. 카이사르는 수많은 이탈리아인과 비(非)귀족 인원을 정부에 받아들였고, 진시황의 공신은 대부분 보잘것없는 외국인들이었다. 이들의 계승자는 한 걸음 더 진보했다. 옥타비아누스와 유방은 모두 벼락출세자였고, 옥타비아누스의 장수는 대부분 '상류사회의 적'이었으며, 유방의 수하는 대부분 '망명 무뢰배'였다.[169] 이런 묘사는 전면적이지는 않지만 주목할 만한 특징을 지적하고 있다. 두 사람의 정치적 입지가 한 걸음씩 높아지자 자연스럽게 혁혁한 가문 출신의 모사들이 모여들었다. 옥타비아누스는 에트루리아 출신 거부 마이케나스(Gaius Maecenas, 전 70?~전 8?)를 얻었고, 유방은 5세 동안 한(韓)나라 재상을 역임한 가문의 후예 장량을 얻었다.

하지만 가장 생기발랄한 그룹은 두 사람의 초기 멤버들이었다. 그들은 초야의 하층민 출신으로 충성스럽고 능력이 출중했으며 전통적인 관습에도 얽매임이 없어서 사상이 매우 활발했다. 플리니우스는 옥타비아누스의 비슷한 연배 동료 아그리파를 "거칠고 교양이 부족하지만 전통적인 로마 농민 전사의 우수한 품성을 갖고 있다"라고 평가했다. 에스파냐 대첩 후 그는 귀족들이 할 수 없는 일을 했다. 즉, 그는 개선 행진의 영광을 포기함으로써 옥타비아누스가 패배한 치욕을 감춰줬다.[170] 한나라 수석 재상 소하(蕭何, 전 257~전 193)는 원래 진나라 패현의 말단관리였다. 유방이 함양으로 진입한 후 장수들이 금은보화와 저택 쟁탈에 몰두하는 동안 소하는 오직 진나라 율령에 관한 도서

를 수습했다. 그는 또 영웅을 잘 알아보고, 가난한 데다 뛰어난 행적이 없어서 관리가 될 수 없었던 한신을 유방에게 추천하여 대장이 되게 했다.[171] 민간의 무수한 웅크린 범과 숨은 용(臥虎藏龍)은 기회가 없으면 등용되지 못한다. 미래의 집권을 꿈꾸는 군주는 인재를 등용하는 넓은 흉금과 안목이 있어야 그 혜택을 크게 누릴 수 있다.

원로 귀족의 원한과 의관을 차려입은 유생의 불만이 있었지만 당시 중국과 서구의 혁명은 정부의 대문을 두 갈래 길을 향해 활짝 열었다. 중국의 개방이 비교적 큰 편이었다. 한편으로 제국이 밖을 향한 발전에 나섰다. 정복자가 피정복자에게 손을 내밀면서 중앙정부가 외부에 대한 차별적 시각을 점점 제거해나갔다. 다른 한편으로는 정부가 아래를 향해 발전을 추구했다. 즉, 귀족계층의 한계를 돌파하고 한층 더 낮은 계층의 인재를 끌어올려 통치 엘리트의 사회적 성분을 풍부하게 하면서 사회의 신분 상승 동력을 강화했다.

로마의 혁명은 옛 통치계층을 파괴했다. 이탈리아인과 정치에 뜻이 없는 사람들이 로마인과 정치에 열중하는 귀족들에게 승리했다.[172] 진·한 교체기에는 더욱더 '천지가 교체되는 대변동'이 있었다. 평민 천자의 통치 아래 1,000년 동안 지속된 세습 귀족 세상이 한나라 초기에 포의(布衣)가 장수와 재상으로 활약하는 형국으로 바뀌었다.[173] 수놓은 비단옷을 입지 않은 포의가 단지 사회적 출신만을 가리키는 것은 아니다. 한나라 초기 장수와 재상의 사상은 매우 현실적이어서 경험 지식을 중시했다. 이에 따라 질박함이 화려함보다 더 돋보였다. 이는 유가가 독점적인 지위를 얻은 후 화려한 수식을 좋아하며 고대 귀족의 경전에 몰두한 경향과는 다른 모습이다.

이러한 역사의 변화 국면에서 여성의 재능도 다소 인정을 받게 되었다. 파촉에서 단(丹)을 생산하던 가족 중에서 한 과부는 절개를 지키고 깨끗하게 생업에 종사하면서 어떤 침범도 받지 않았다. 진시황은 그녀를 위해 여회청대(女懷淸臺)를 쌓아주고 그 정절을 장려했다. 유방이 정장이 되었을 때 혼인한 아내 여씨(呂氏: 여태후, 전 241~전 180)는 남편을 도와 천하를 평정하고 공신들을 죽였다. 그리고 다시 태후의 신분으로 아들 혜제(惠帝, 전 211~전 188)를 지배하다가 혜제 사후 스스로 조정에서 천자로 군림했다.[174] 옥타비아누스는 삼두 정치를 하며 권모술수를 부릴 때, 자신의 외동딸을 낳은 아내와 이혼하고 리비아(Livia Drusilla, 전 58~후 29)를 아내로 맞았다. 리비아는 명문가 출신이었고, 그녀의 전 남편 클라우디우스(Claudius)도 전통적인 명문 귀족이었다. 옥타비아누스는 리비아 덕분에 적지 않은 귀족의 지지를 받았고, 리비아도 점차 정치에 간섭하게 되었다.[175] 여태후와 리비아는 가장 두각을 나타낸 황실 여성이었다.

카이사르는 로마공화정과 서로 치고받다가 결국 패배했다. 진시황은 봉건귀족의 권토중래를 진압하려 했으나 병사하는 바람에 끝내 실패했다. 아우구스투스와 한나라는 두 사람의 사업을 계승하여 안정된 군주 집권체제를 성공적으로 건립했다. 나폴레옹 시대를 겪은 독일 철학자 한 사람은 카이사르 부자를 이렇게 회고했다. "통시적으로 세계사를 바라보면 정치혁명은 반복되면서 민심의 인정을 받는 듯하다. …… 처음 혁신적인 움직임이 일어나면 사람들은 뜻밖의 우연으로 여긴다. 그러다가 다시 한 번 그런 일이 반복되면 사실을 목도한 사람들이 당연하다고 생각하며 흔쾌히 변화를 받아들인다."[176] 반복된 역사는 경험한 교훈에서 이익을 얻어 앞 사람이 범한 착오를 피할 수 있게 해준다. 게다가 일처리를 성숙하게 하여 선구자들의 조급함을 완화시켜주기도 한다. 아우구스투스와 한 고조는 앞서간 수레의 자취를 볼 수 있어서 비교적 긍정적으로 구세력과의 타협이 가능했다. 아우구스투스는 구두로 공화를 하겠다고 적당하게 얼버무렸으며, 고조는 대대적으로 제후왕을 봉해줬다.

만약 공화정을 전복하거나 육국을 멸한 것이 죄과라면 그 죄과의 짐은 카이사르와 진시황이 져야 한다. 아우구스투스는 자신이 합법적 계승자임을 태연하게 선언했고, 한나라도 진나라를 비방하며 자신들의 반란이 정당하다고 선전했다. 이들도 폭력과 시대의 세탁에서 혜택을 보았다. 내전은 강고한 세력이 적을 살육하고 생존자를 굴복시켰으며, 또 사회 전체를 파괴하여 사람들이 평화를 갈망하게 했다. 카이사르를 좌절시킨 공화파는 대부분 빌립보에서 전사했고, 생존자도 안토니우스를 따르다가 다시 세력이 꺾였다.

진나라 멸망 후 육국 종실은 분분히 광복을 선언했으나 모두 민간에서 일어난 신흥세력을 당할 수 없었다. 군벌 할거 마지막 장면에서 제나리 왕 전횡(田橫, ?~전 202)과 그 수하 500명 장사는 한나라의 신하가 되려 하지 않고 모두 자살했다.[177] 사람은 한번 죽으면 부활할 수 없고, 시대는 결국 그들에 관한 기억을 지운다. 전쟁의 불길이 꺼지면 새로운 세대는 공화정이나 진나라 옛일을 점차 망각한다. 목전의 집권 제국과 황조가 합리적이고 자연스러운 모습을 드러낸다.

잔혹한 혼란을 겪은 뒤 사람들은 어떤 정부라도 질서를 잡아주기만 하면 무정부 내란의 공포보다는 더 낫다고 깨닫는다. 로마 군벌은 술라가 정적에게 가한 수단, 즉 전쟁·방화·도살 행위를 그대로 따라 했다. 내전의 주요 전장은 마케도니아에 있었지만 그것이 이탈리아에 끼친 손해가 한니발의 침입 때보다 더 심했다. 카이사르는 부하들이 함부로 약탈에 가담하지 못하도록 그들의 행동을 억제하는 데 주의를 기울였다. 하지만 적들이 도주 병사를 고가로 고용하자 오히려 엄정한 군법이 도주의 위험을 드러내게 되었다. 이는 도학가들이 그런 군법을 각박하고 불인하다고 매도하는 일에 그치지 않았다. 카이사르의 군대는 그가 직접 지휘하지 않는 한 단속하기가 어려웠다.[178]

대택향 봉기에서 해하 전투에 이르기까지 8년간의 군벌 할거로 중국 사회는 진나라 통일 전쟁 시기보다 더욱 잔혹하게 파괴되었다. 오합지졸 같은 반란군은 국가의 정식 군대처럼 엄격한 규율을 갖추지 못했고, 군량미를 제공받을 수 있는 경제적 기반도 늘 부족했기에 대부분 현지에서 바로 먹을 것을 구해야 했다. 여러 영웅의 대군이 왕래하는 곳의 백성은 메뚜기 떼를 만난 것처럼 막심한 피해를 입었다. 한나라 초기에는 천자도 자기 수레의 말 네 필을 같은 색깔로 맞출 수 없을 정도였다. 진시황 사후 10년이 지난 기원전 200년 한 고조는 곡역(曲逆)을 지나다가 그곳의 장엄한 주택들을 보았다. 그곳 지방관이 말했다. "진나라가 시작될 무렵에는 3만여 호에 달했는데, 그 사이에 자주 병란이 일어나 주민들 대부분이 도망가서 지금은 5,000호만 남아 있습니다(始秦時三萬餘戶, 間者兵數起, 多亡匿, 今見五千戶)."[179] 곡역은 그래도 가장 상황이 나쁜 곳이라 할 수 없다. 이곳은 북방에 위치해 있어서 중원의 가장 참혹한 전화를 피할 수 있었기 때문이다. 당시 중국인은 전란 소식만 듣고도 놀란 가슴을 진정시킬 수 없었지만 이것이 결코 그들 혼자만의 생각은 결코 아니었다. 타키투스는 아우구스투스의 승리 요인을 이렇게 해석했다. "그가 가져온 가장 인기 있는 선물은 바로 평화였다. 이 때문에 모든 사람의 호감을 얻었다."[180]

로마의 공민은 수 세기 동안 매년 영수를 투표로 선출했다. 그러나 현실적인 사정에 따라 어떤 때는 민주적 보통선거가 가장 좋은 정치제도가 결코 아니라는 사실을 알고 있었다. 그것이 사회의 혼란을 야기할 수도 있기 때문이다. 이에 로마 공민은 주권을 포기하고 군주 집권을 받아들였다. 심지어 제국이 금지한 의정권과 의회 내 언론자유는 1,000여 명에 달하는 정치 모리배의 특권에 불과했다. 이런 권력자의 이상을 위해 수많은 백성이 피를 흘렸다. 정객들은 자유의 존엄을 고취했지만 백성은 편안하고 안전한 생활을 갈망했다.[181] 키케로는 "그들은 한마음으로 자신들의 땅, 주택, 재산만 돌볼 뿐이었다"라고 비웃었다.[182] 그는 이 단순한 욕망의 역량을 과소평가했다. 고귀한 정객은 정치적 야심이 없는 사람을 업신여겼지만 옥타비아누스는 그런 사람의 대열 속에 최초의 기반을 마련했다. 아우구스투스와 이후 황세가 가상 신임한 대상도 바로 이들이었다. 이들은 정치적 구호를 외치지 않고 오직 황제나 정부를 위해 직무를 수행했다.[183]

하늘은 백성을 위해 임금을 세운다. 정부가 존재하는 이유는 장기적이고 효과적으로 사회의 요구를 보살피기 위함이다. 현실의 욕망은 무궁하므로 완전하게 만족시킬 수 없다. 모든 사회는 특유의 경제 문화에 따라 스스로 취사선택을 해야 한다. 인생에는 건강·자존·가족애·재산·정의·정치참여 등과 같은 다양한 지향점이 있다. 이런 모든 범주에는 욕망의 높고 낮음이 있지만 범주와 범주 간의 가치는 저울질하기 어렵다. 모든 범주에는 값을 매길 수 없는 가치가 포함되어 있기 때문이다.

황제가 천하통일 후 오랑캐를 소탕할 때는 사람들이 서로 불균등한 가치를 쉽게 용인하며 조화를 추구한다. 예를 들면 현대 민주사회가 적당한 안정을 유지하기 위해 공민의 자유를 좀 제한하는 것과 같다. 환절기를 거쳐 계절이 바뀌는 것처럼 선택에는 고통이 따르기 마련이다. 어려움은 정파(正派)와 사파(邪派)가 양립할 수 없다는 데 놓여 있지 않고, 정파인 하나의 범주와 또 다른 정파인 또 하나의 범주가 함께할 수 없다는 데 놓여 있다. 정(正) 대 정의 충돌을 깊이 있게 탐구하면 취사선택의 어려움이 태산처럼 막중하다는 사실이 드러나는데 이것이 바로 서구문학에서 으뜸으로 치는 비극의 카타르시스다.[184]

로마인은 마침내 공화정의 민주적 가치가 고귀하지만 치안을 확립하는 것이 더욱 가치가 높다고 생각하게 되었다. 『로마 혁명사』의 저자는 이렇게 결론을 내렸다. "인생에는 정치적 자유보다 더욱 중요한 것이 있다. 정치적 권리는 수단일 뿐 결코 최종목표가 아니다. 그 목표는 생명과 재산이었으므로 로마공화정을 안전하게 지켜주는 제도는 더 이상 보장받을 방법이 없게 되었다. 내전의 혼란 속에서 끝도 없는 고통에 신음하던 로마인들은 결국 참화에 얽힌 자유를 버리고 엄격한 통치에 복종했다."[185]

로마공화정은 역사에 찬란한 모범을 남겨서 이후 정치사상에 깊은 영향을 끼쳤다. 예를 들면 미국 헌법과 프랑스대혁명이 그것이다.[186] 정기적인 보통선거와 같은 일부 원칙은 하층민의 권리와 자유를 보장하고 정부의 권력 남용을 방지하는 권력 제어 장치로 기능한다. 이는 현대인의 안목으로 봐도 천리(天理)임이 확실하다. 그러나 이런 원칙을 뒤집어엎은 인물이 고도로 찬양을 받기도 한다. 독일 황제를 높여 부르는 카이저(Kaiser)와 러시아 황제를 높여 부르는 차르(Czar)는 모두 카이사르(Caesar)에서 나왔다. 미국인도 자신의 대통령을 카이사르에 비유하기를 좋아한다. 미국의 국부로 불리는 사람은 이렇게 말했다. "유사 이래 가장 위대한 인물은 율리우스 카이사르였다."[187]

통일 중국을 달성한 사람과 로마공화정을 전복한 사람은 확연히 상반된 평가를 받고 있다. 진시황이 기반을 닦은 정치체제는 계속 국가를 위해 존재했지만 그 자신은 악마로 격하되었다. 사대부는 판에 박힌 듯한 교조적 평가에 기대서 '포악한 진나라(暴秦)'라는 말을 사악함의 동의어로 만들었다.[188]

선전과 분식은 과도기의 어려움을 완화해준다. 아우구스투스는 공화정을 보위하겠다고 공언했지만 암암리에 자신의 전제적 권한으로 공화제도를 대신했다. 한나라는 큰소리로 진나라를 폄하하고 배척했지만 그 집권제도는 몰래 답습했다. 이런 사실 왜곡이 과연 역사적 대가를 치렀던가?

제2부 　 진·한황조와 로마제국

제5장
사해안정四海安定, 팍스 로마나Pax Romana

제1절
창칼을 녹여 보습을

　　　　　"행복하게 살았더래요." 이 말은 전쟁 이야기 마지막에 등장하는 상투어지만 이것이 동화(童話)에만 국한된 것은 결코 아니다. 20세기 말 소련의 해체로 냉전이 끝난 후 승리주의자는 세계가 이미 '역사의 종점'에까지 발전했다고 선언했다.[1] 이러한 흥분이 헛된 망령은 아니었다 해도 오래 지속되기는 어려웠다. 혼란한 역사에서 벗어난 모습은 거친 계곡을 뚫고 평야로 흘러나온 강물과 같다. 사람들은 그 고요하고 평화로운 강물을 보고 흡족하게 느낀 나머지 수면 아래에 잠복한 사나운 암류나 강굽이를 돌아 나온 후의 격렬한 물살을 망각하곤 한다.

　　양한 황조와 로마제국에는 각각 웅대한 재능과 담략을 가진 황제가 있었다. 아우구스투스의 재위 기간은 41년이었다. 그러나 여기에 옥타비아누스의 이름으로 독재를 휘두른 세월은 포함되어 있지 않다. 한 무제의 통치 기간은 더욱 길어서 장장 54년에 달했다. 이 두 사람은 영토를 확장하며 온 세상에 무공을 떨쳤지만 역사에 끼친 가장 큰 영향은 오히려 정치제도 분야에 남아 있다.

아우구스투스는 카이사르의 무적 군사 시스템을 계승했고, 또 부유한 원로귀족과의 타협에 성공하여 이들을 제어하면서 공동으로 제국을 통치했다. 한 무제는 법가의 제도, 즉 진시황이 전국에 시행한 관료 시스템을 계승했지만 제자백가를 퇴출하고 유가로 하여금 이 시스템 속의 지위를 독점하게 했다. 이는 세계 역사상 가장 성공적인 비종교적 통제기구의 시작이었다. 진시황과 한 무제는 늘 황조 중국의 창조자로 병칭된다. 그것은 마치 카이사르와 아우구스투스가 로마제국의 창조자로 병칭되는 것과 같다. 이들 이후에 용과 독수리의 성격이 점차 틀을 갖추게 된다.

양한 황조와 로마제국은 위대한 융성기를 거치면서 다양한 칭송을 들었다. 그러나 태양이 중천에 떠 있을 때도 어디엔가 그늘이 드리우는 걸 막지 못하는 법이다. 두 제국은 통치 엘리트와 함께 화려한 전성기를 누리기 위해 각각 시대의 병폐와 맞서 싸우는 창조적이고 진취적인 정신을 포기했다. 폐습이 다시 생기고 퇴폐와 부패의 씨앗이 뿌려지면서 거기에서 파생된 폐단이 이후 고난의 세월 동안 만연하게 되었다.

로마 공민의 정치권력과 자유는 공화파가 전복됨으로써 크게 약화되었고 결국 로마제국에 이르러 모두 사라졌다. 부자와 빈민의 경계는 점차 공민과 피정복 신민의 경계로 대체되었다. 제국 건국 후 200여 년 동안 황제는 로마 공민의 호적을 제국의 모든 자유민에게 하사했지만 그들의 애국 열정을 전혀 격발시키지 못했다. 당시에 공민의 호적은 일찌감치 유명무실해졌기 때문이다. 빈궁한 공민은 아마 노예와 같은 대우를 받았을 것이고, 이는 중국의 신민에 비해서도 정부의 보장을 더 적게 받는 형편이었을 것이다. 이런 정책이 시행되자 공민은 정부를 냉담하게 대했고, 제국 말기에 이르러서는 그 악영향이 남김없이 드러나게 되었다. 로마시 안에 거주하는 주민은 황제가 제공하는 식량과 향락을 오랫동안 누렸으면서도 끝내 국가 보위를 포기한 채 싸우지도 않고 야만인에게 투항했다.

중국의 법가는 임금과 신하가 함께 법을 지킨다는 원칙과 법 앞에 만민이 평등하다는 개념을 제창했다. 이는 법치 정신의 맹아로 혁명적인 사상 범주를 개척했다. 그러나 이런 흐름은 은혜가 부족하여 진나라 멸망을 초래했다고 배척되면서 임신부의 뱃속에서 유산되고 말았다. 이후 유가(儒家)가 독점적 지위를 누리면서 인치주의가 힘을 얻어 모든 것을 통치계층 군주와 군자의 개인 품성으로 귀결시켰다. 공덕(公德)이란 개념은 사회의 이익만을 추구한다고 하여 부정확한 사상의 공격을 받았다. 복고의 목소리가 울려 퍼지면서 정치사상도 다시 짓눌리게 되었으며, 행정도 이로부터 인간관계의 테두리 안으로 제한되었다. 유가를 내세운 신하는 경학에 빠져서 경전을 끌어들여 모든 일을 판단했다. 그러나 이들의 '도덕'은 항상 로마제국 후기의

'공민'의 그것과 마찬가지로 공허했다. 이들 도덕의 허약성은 서한 말기와 동한 말기에 남김없이 폭로되었다. 입만 열면 도를 밝히고 세상을 구제해야 한다고 말한 사대부는 두 차례나 세상을 어지럽히고 백성에게 재앙을 안기는 군벌로 변했다.

이처럼 위기가 만연하게 된 원인은 전성기에 이미 단서를 드러냈다. 그러나 양한 황조와 로마제국을 뒤엎은 불치병은 오랜 시간을 거치며 천천히 자라났다. 과오가 없는 사람이 누가 있겠는가? 제2부의 첫째 장에서는 황조와 제국의 말기를 다루고자 한다. 이는 물론 편안할 때 위기를 생각하려는 것일 뿐, 용과 독수리의 위대한 점은 은폐하지 않을 것이다.

이 책 제2부는 진·한황조와 로마제국의 흥망성쇠를 서술한다. 두 제국은 500년씩이나 지속되었다. 그중에서 감히 평화시대라고 일컬을 수 있는 기간은 비록 중간에 조금씩 끊어지긴 했어도 여전히 300년에 이른다. 이 두 제국의 영토는 각각 모든 문명세계를 뒤덮을 정도로 광대했다. 이와 같은 대제국을 유지하며 그처럼 오랫동안 안정을 이룬 것은 확실히 세상에 드문 위대한 공적이라 할 만하다.

절정기에 로마제국은 지중해 연안과 유럽 전역을 포괄했다. 서쪽으로는 대서양, 북쪽으로는 라인강과 다뉴브(도나우)강에 이르렀고, 동쪽으로는 유프라테스강과 티그리스강 상류에 도달했으며, 남쪽으로는 사하라사막까지 닿았다. 영국에서 이집트까지의 거리는 약 4,000킬로미터다[지도 11]. 한나라는 오늘날 한반도 북부에서 베트남 북부에까지 이르렀고 중국의 광활한 땅을 모두 포괄했다. 동쪽과 동남쪽으로는 바다에 닿았고, 서남쪽으로는 험준한 산맥에 이르렀으며 북쪽으로는 초원과 사막에 도달했다. 중간에 큰 바다로 가로막히지 않아서 거리가 비교적 짧다. 옥문관(玉門關)에서 교지(交趾: 베트남)까지가 약 3,000킬로미터다. 또 서쪽으로 옥문관을 나서서 서역도호부까지는 다시 1,000킬로미터 거리로 이어진다[지도 12].

강역의 규모가 제국 통치에 야기하는 어려움은 단지 거리만을 이야기해서는 분명하게 설명하기 어렵다. 고대의 통신과 수송 기술은 매우 단순하고 초라했다. 소식을 전하는 가장 빠른 방법은 연기를 이용한 시스템이었다. 그리스 비극에도 봉화가 묘사되어 있지만[2] 한나라의 진보적 시스템에 훨씬 미치지 못한다. 한나라 봉화의 전달 속도는 역마의 속도보다 11배나 빨랐다. 내몽골 내부의 거연(居延) 요새에서 간쑤 장액(張掖)까지는 거리가 547킬로미터인데 봉화는 불과 13시간 만에 도착할 수 있다. 거연의 경보가 장안까지 도달하는 데 겨우 35시간에 불과하다.[3] 다만 봉화를 이용한 통신은 비용이 비싸고 전달할 수 있는 정보가 비교적 단순하여 군사적 급무에 응용할 수 있을 뿐이다.

진·한과 로마는 모두 도로 건설에 힘을 쏟았다. 학자들이 계산한 공공도로망의 길이는 로마제국이 7만 8,000킬로미터에 달하고, 동한(서역은 계산하지 않음)은 3만 5,000킬로미터에 달한다. 그중에서 약 10분의 1이 간선도로에 속한다.[4] 정부의 관리가 공무로 출장 갈 때 증서를 발행하여 연도의 인력, 수레, 말을 이용할 수 있게 한 것은 두 곳이 모두 같다. 정부에서 운영하는 우역(郵驛) 시스템은 진나라 때 이미 건립되었다. 그러나 로마는 3세기에 이르러서야 설치되었다. 속도가 빠른 말로 격문을 전하면서 역참에서 말을 교체하면 밤낮으로 200여 킬로미터를 치달릴 수 있다. 변방의 급한 소식이 수일 만에 도성에 도달할 수 있다. 그러나 비용이 비싸서 쉽게 이용하기가 불편했다. 바다의 선박을 이용하면 속도가 빠를 수 있지만 이 또한 날씨 변화를 봐야 했다. 일반적으로 시리아에서 보낸 서신은 두 주일, 심지어 두 달을 지나서야 로마에 도착할 수 있었다. 중앙집권을 탁상 위에서 어떻게 토론하든지 상관없이 이와 같은 지리적 한계로 지방 정부가 수많은 조치와 그 결정을 담당해야 했다.[5]

정치적 통일에 장애가 되는 요소로는 느린 통신 기술을 제외하고도 운수의 어려움이 야기한 경제적 단절도 있다. 중앙정부의 소재지인 장안과 로마시는 인구가 밀집하여 먼 곳에서 생산된 식량에 의지하지 않으면 생존할 수 없다. 도성으로 식량을 운송하는 일은 정부의 주요 업무였다. 그다음은 군수품 수송이었다. 3세기 말의 로마 황제 가이우스 디오클레티아누스(Gaius Diocletianus, 244~312)는 통화팽창을 억제하기 위해 각종 운수방식의 가격을 정했다. 어떤 현대 학자는 그것을 18세기 영국의 운수자료와 비교했다. 그 결과는 다음과 같다.[6]

가격 비교

	해운(海運)	:	하운(河運)	:	육운(陸運)
디오클레티아누스의 가격 규정	1	:	6	:	55
로마제국의 자료	1	:	5	:	28
18세기 영국의 사료	1	:	5	:	23

중국의 고대 운수는 한결같이 풍력, 수력, 근력(筋力)에 의지했다. 이 때문에 우리는 위의 가격 비율을 중국에도 똑같이 적용할 수 있다. 육운은 가축의 사료가 필요하고, 지형에 따라 가격이 달라지므로 하운에 비해 5~9배 정도 비싼 셈이다. 로마제국의 병단이 대부분 큰 강 가에 주둔한 것도 조운의 편리함을 이용하기 위한 것이다. 중국에서도 강물을 연결하는 운하 개통에 노력했지만 남북으로 흐르는 강물이 거의 없어서 북쪽 땅으로 물건을 운송할 때는 많은 부담을 느껴야 했다. 해운은 하운에 비해 다섯 배나 싸다. 지중해는 로마제국 내의 거리를 증가시켰지만 해운이 가능했기 때문에 그에 대한 충분한 보상을 받을 수 있었다. 나중에 중국 남방이 부유해지면서 북방으로 조운을 할 때도 차라리 운하를 이용하려 했지 해운을 발전시키려 하지 않았다. 여기에서도 중국의 보수적인 사상의 타성을 엿볼 수 있다.

로마시는 제국이 벌어들인 이윤의 최대 소비자였고, 그 인구는 100만을 넘었다. 다른 대도시는 로마보다 작은 규모다. 알렉산드리아 항과 재건한 카르타고는 각각 50만을 넘었다.[7] 로마시의 규모는 7세기에 이르러서야 장안성에 의해 깨졌다. 당시 장안은 당나라의 도성으로 인구가 거의 200만에 가까웠다. 장안이 서한의 수도였을 때 백성의 호구는 8만이었고 인구는 24만이었다. 그러나 여기에는 조정 귀족과 거기에 딸린 다수의 인구가 포함되어 있지 않다.[8] 고고학자들은 당시 거주지 유적에 근거하여 장안의 인구가 80만에 가까웠을 것으로 추정한다. 이 밖에도 도성 부근 황제의 능묘 주위로 일반 백성을 대거 이주시켰다. 한 고조의 장릉(長陵) 주위로는 18만, 무제의 무릉(茂

陵) 주위로는 27만 명을 옮겼는데 그중에는 부호도 적지 않게 포함되어 있었다.[9]

로마와 장안에는 변방에서 힘을 길러 세계를 정복하는 정신이 계속 이어져서 나라의 기풍이 당당하고 호탕했다. 또 각각 영토 동부에 위치한 선진 지역의 자원을 옮겨와서 비교적 낙후된 지역에 투자했으며 아울러 넓은 서북 지역을 개발하려고 노력했다. 전략상 로마는 북유럽을 굽어보는 전선이었고, 장안은 서역과 통하는 요충지였다. 진취적인 정신이 쇠퇴할 때는 제국과 황조의 중심이 점차 동쪽으로 이동했다. 황제가 항상 다른 곳에 머물렀기 때문에 로마시의 정치적 영향력은 나날이 쇠락했다.

330년에 건설된 콘스탄티노플(Constantinople: 이스탄불)은 다뉴브강과 페르시아 전방의 요충지에 위치해 있어서 전략적으로 필요한 도시였을 뿐 아니라 경제와 문화가 발전한 동방의 중진 정치세력을 상징하는 도시이기도 했다. 제국의 동쪽 도성으로서 콘스탄티노플의 인구는 약 50만이었는데, 이는 동한 제국의 수도 낙양과 막상막하였다.[10] 기원 25년에 한나라는 도읍을 장안에서 중원 낙양으로 옮겼다. 이는 소극적으로 보면 전략적 후퇴이지만 적극적으로 보면 창장 삼각주의 경제적 잠재력을 중시한 조치였다. 도성 소재지의 이동은 가장 눈에 띄는 변화라 할 만했다. 이런 층위에서도 제국과 황조의 끊임없는 발전을 엿볼 수 있다.

기원전 202년 항우가 죽자 중국에 비로소 군사 행위가 멈췄다. 기원전 30년 안토니우스가 죽자 로마의 내전이 종식되었다. 두 곳의 승리자는 모두 장수로서의 재능은 평범했지만 연기가 뛰어나서 스스로 황제라고 일컫는 활극을 연출했다. 유방은 두세 번 사양한 끝에 마침내 제후왕 일곱 명의 간청을 받아들여 황제 지위에 오르기로 하고[11] "천하의 백성을 이롭게 하겠다(便於天下之民)"고 했다. 그런 후 황급하게 전장 부근 범수(汜水) 북쪽 연안에서 허둥지둥 즉위식을 거행했다. 해하 전투가 끝나고 겨우 두 달 되는 시점이었다. 옥타비아누스는 악티움 해전 후 3년을 기다리고 나서야 천천히 로마 원로원으로 가서 명의상 권력을 내려놓고 공화정을 회복했다. 그러나 실제로는 딴마음을 먹고 내놓은 권력을 다시 탈취했을 뿐 아니라 '아우구스투스(존엄한 자)'라는 존호(尊號)를 포함한 더욱 많은 것을 찬탈했다. 옥타비아누스가 아우구스투스라는 존호를 칭할 때 나이가 겨우 35세였다. 이는 유방이 한 고조로 변신할 때보다 무려 스무 살이나 젊은 나이였다. 그러나 연령은 그가 그처럼 여유롭게 행동할 수 있는 원인이 아니었다. 그가 시간을 끈 것은 그에게 유방처럼 신속하게 행동할 수 있는 자신감이 부족했거나 유방에 비해 승산이 부족했기 때문이 결코 아니었다. 사실은 이와 정반대였다.

한왕(漢王)이 된 유방이 믿고 의지한 것은 다른 제후왕보다 비교적 강한 군사력뿐이었다. 그는 항우에게 승리한 위세와 제후왕의 인정에 의지하여 즉시 천하의 최고 지위를 탈취했다. 그러나 새로운 황제는 도성조차 아직 정하지 못한 상태였다. 그의 핵심 집단은 낙양을 좋아했다. 그러나 수레를 모는 병졸 누경(婁敬)이 유방을 찾아와 전략상 낙양이 진나라 도성 함양, 즉 뒷날 개명한 장안보다 훨씬 못하다고 설파

용과 독수리의 제국

했다. 도성을 선택하는 국가대사에서도 이처럼 주저한 것을 보면 유방 집단의 정치적 경험이 매우 부족했음을 알 수 있다.

진시황은 천하를 태평하게 할 수 있다는 자신감으로 성곽 방어 공사를 모두 중지했다. 하지만 한 고조는 국가가 혼란에 빠질까 염려하여 천하의 현읍(縣邑)에 성곽을 높이라고 명령했다. 그는 황제를 칭한 후에도 여전히 군사행동을 중지하지 않고 허약한 새 왕조를 공고히 하기 위해 동분서주했다. 그러나 쇠뿔도 단김에 뽑으라는 말처럼 신속하게 황제의 지위를 탈취한 이후에는 건국에 공을 세운 제후왕을 모두 제거했다. 이는 병탄이 아니라 '반역'을 평정한다는 명분 아래 자행된 권력 회수였다.[12]

옥타비아누스가 삼두 정치 담당자의 한 사람으로 독재 권력을 장악한 기간은 10년에 그치지 않는다. 그는 원로를 죽이고 이탈리아 페루시아(Perusia: 페루자)를 불태운 젊은 테러리스트의 이미지를 아주 노련하게 벗어던졌다. 악티움 전투 전에 이탈리아는 이미 정비와 복원 작업을 시작했다. 내전에서 승리하자 안토니우스의 동방 부용국도 분분히 투항했다. 옥타비아누스는 전반적으로 대세를 장악했다. 많은 경험으로 배양된 수완과 인내심에 의지하여 그는 자신만만하게 "안정적이고 여유 있는 모습으로 급한 업무를 처리했다".[13]

제2절

공화제의 탈을 쓴 전제정

　　　　　기원전 29년, 악티움 전투 2년 후 옥타비아누스는 로마시로 돌아와서 사흘 동안 성대한 개선 행진을 거행했다. 기쁨에 들뜬 사람의 물결 속에서는 말할 줄 아는 까마귀의 환호성도 들렸다. "승리한 최고 사령관 카이사르 만세!" 옥타비아누스는 이 '충성스런 새들'을 마음에 들어 하며 까마귀를 기르는 사람에게 막대한 상금을 하사했다. 그들 동료 중에서 상금을 받지 못한 사람은 자신에게 또다른 까마귀가 있다고 토로했다. 그 까마귀를 내놓으라고 하자 그 까마귀는 충성스럽지만 엉뚱하게 소리를 질렀다. "승리한 최고 사령관 안토니우스 만세!"[14]

이러한 중립적 입장은 내전 중에 결코 평민에게만 한정되지 않았지만 그리 보편적인 것은 아니었다. 수백 명의 원로는 안토니우스에게 투신했다. 두 적수의 관점과 정책은 완전히 달랐다. 안토니우스는 세계를 포용한 카이사르의 대범한 풍모를 계승했다. 만약 그가 승리했다면 라틴어와 그리스어로 양분된 제국이 로마 정부에서 비교적 대등한 지위를 차지하고 합작 정치를 통해 강역을 통합할 수 있었을 것이다. 그와 대립한 옥타비아누스는 "세계를 주재하는 건 로마인이다"라는 구호를 제창했다.[15] 그가 승리함에 따라 라틴어 세력이 지배적 지위를 차지했다. 그리스의 여러 지방은 문화와 경제가 모두 우월했지만 몇백 년 후에야 정치적 균형을 맞출 수 있었다.[16]

카이사르의 양자는 물론 권모술수의 맹인이 아니었다. 아우구스투스는 절대로 병권을 놓치지 않았다. 그는 방대한 상비군을 유지하며 장졸들에게 충성 서약을 요구했다. 로마로 돌아온 후 오래지 않아 그는 처음으로 원로원 숙청 작업을 시작하여 이질분자를 제거하고 자신의 심복을 배치했다. 또 원로원의 재산 자격을 크게 높인 후 만약 큰 부자가 아니면 원로원에 들어올 생각을 말라고 했다. 기원전 27년 모든 조치가 끝났다. 그는 원로회를 소집하여 코미디처럼 "공화정으로 환원한다"고 발표했다.[17] 그는 또 자신의 권력을 원로원과 로마 시민에게 돌려준다고 선언했다. 현존하는 가장 상세한 아우구스투스 시대의 역사는 디오(Cassius Dio, 150?~235?)에게서 나왔다. 그러나 그의 기록은 아우구스투스가 선언한 내용과 완전히 상반된다. "이러한 상황에서 시민과 원로원의 권력은 전부 아우구스투스 수중으로 옮겨졌다. 엄격하게 말해서 군주집권제도가 그때 정립되었다."[18]

아우구스투스는 집정관의 지위를 맡지 않았지만 종신토록 최고 권력을 장악했고, 로마시에서 지고무상(至高無上)의 권위를 누렸으며, 또 어떤 지방의 장관보다 높은 명예를 누렸다. 그리고 그는 호민관의 직위에 임명되지 않았지만 국정 거부권을 포함한 권력의 핵심을 장악했다. 군단이 주둔한 지역은 모두 그가 조종했고, 원로원은 겨우 병권이 없는 그 지역 장관을 임면할 수 있을 뿐이었다. 타키투스는 이렇게 해석했다. "그는 권력을 탈취한 후 곧바로 원로원, 집정관 심지어 법률 기능까지 완선히 통제했다."[19]

권력 탈취의 결과는 "공화제의 외투를 걸친 지고무상의 군주제도였다".[20] 그럼 아우구스투스는 도대체 무엇이었나? 사람들은 실제 권력 기능에 비추어 그가 바로 로마의 첫 번째 황제라고 인식한다. 그러나 이 황제는 명칭은 없고 실질만 있었다. 황제 직함은 너무 위험했기 때문이다. 아우구스투스는 개인 명의로 'Imperator'란 호칭을 썼다. 승리한 통수권자라는 의미의 'imperator'는 본래 군대에서 부여하는 가장 명예로운 존칭이다. 그리고 100년 이후에야 '황제(emperor)'라는 정식 칭호가 성립되었다. 아우구스투스는 스스로 'princeps'라는 호칭을 사용하기도 했는데 이는 '수석 공민'이란 뜻이다. 이것은 직함이 아니라 명예 칭호였다. 또한 이 칭호는 혼자만 향유하는 것이 아니라 공화정 내에서 덕망이 높은 요인들이 함께 사용했다. 이런 명칭은 아우구스투스 통치의 독특한 면모, 즉 권력만 있고 지위는 없는[21] 특징을 잘 드러내주고 있다.

기원전 22년 로마 시민은 아우구스투스에게 독재관의 직위를 맡아달라고 요구했다. 그는 연극을 하듯 자신의 옷을 찢으며 단호하게 거부했다. 디오는 다음과 같이 해석했다. "그는 자기 수중의 권력이 기왕의 어떤 독재관보다 막강하다는 사실을 알고, 직위가 야기할 수 있는 질투와 적의를 지혜롭게 방어했다."[22] 카이사르는 종신 독재관의 직위에 올랐다가 자객의 암살을 유발했지만 그의 양자는 그의 전철을 밟지 않았다. 헌법 형식을 전문적으로 연구하는 어떤 학자는 매우 정확하게 언급했다. 이론적으로 아우구스투스 정부는 결코 군주제가 아니다. 왜냐하면 이 정부에는 군주의 직위가 없고 그것을 보장하는 명확한 제도도 없기 때문이다. 그러나 전국의 권력은 모두 아우구스투스 한 사람의 수중에 장악되어 있었다. 그는 법률적으로 직위가 없는 공민 한 사람에 불과했지만 실제적으로는 정치를 독재하고, 군대를 통솔했으며, 명예로도 국부로 존중되었다. 원로, 장수 및 전국의 백성이 모두 그 개인 및 그의 가족에게 충성을 맹세했다.[23] 그와 동시대의 로마 시인 오비디우스(Publius Ovidius Naso, 전 43~전 17)는 날카로운 필치로 이렇게 읊었다. "카이사르 아우구스투스가 바로 국가다."[24]

명의상으로는 원로원이 황제에게 권력을 부여하게 되어 있었지만 실제로는 황제가 원로를 선택했고, 원로 중에서 관리를 파견했다. 이들은 관례적인 사무를 처리하면서도 중요한 정책을 집행할 때는 거리낌 없이 황제의 뜻을 거슬렀다. 관리는 형식적으로 자주권을 행사했지만 실제로는 예스맨의 역할만 했기 때문에 원로의 불만을 샀다. 이들은 일시적으로 감히 모반 음모에 가담할 수 없어도 마음속으로는 불만을 품고 있어서 황제의 근심과 공포의 대상이었다.[25] 아우구스투스는 다수의 야만인의 호위를 받으면서 늘 위협을 느끼고 있었다. 이에 근위대를 창설하여 이탈리아 장정에게 자신의 보위를 맡기고 로마시나 그 주위에 주둔하게 했다. 이는 원로 귀족에게 위협을 가하고 자신의 안전을 위한 조치였다. 근위대는 황제의 친위부대였으며 신하를 통제하는 날카로운 검이었다. 하지만 검에는 양쪽에 칼날이 있는 법이어서 결국 미래의 어느 날 그들은 황제 계승에 간여할 정도로 큰 힘을 갖게 된다.[26]

공화정이란 외피 아래에는 독재 권력을 장악하고도 불안에 떠는 황제, 권력을 뺏기고 원한을 품은 원로원, 날이 갈수록 자신의 강대한 힘을 인식해가는 직업군인이 존재했다. 귀족의 혼인은 정치적 요소가 많이 개입되었고 대부분 명문세가와 서로 연결되어 있었다. 궁정 갈등과 왕실 내외 권력투쟁은 예측할 수 없을 정도로 변화무쌍했다.

기원전 23년 병이 깊었던 아우구스투스가 세상을 떠나면 다시 내전이 발생할 가능성이 있었다. 하지만 하늘이 로마를 가련하게 여겨 그는 기적적으로 병이 나았고 백 살까지 장수했다. 그는 이후 공화정 체제를 겪어보지 않고 1인 통치만 알고 있는 새로운 세대가 성장할 때까지 생존했다. 그렇지만 그도 나이가 들면서 반대파에 대한 압제를 강화하지 않을 수 없었다. 사상이 불순한 서적과 전단지는 늘 소각되었고, 그를 비방하는 사람은 모반과 반역에 가담한 대역죄로 체포되었다.[27]

권력 세습은 허울뿐인 공화제에서도 허용되지 않았지만 기실 그것은 군주제의 실질적인 요체였다. 아우구스투스는 카이사르의 율리우스 가문을 계승한 후 카이사르와 클레오파트라의 아들을 신속하게 살해했다. 그에게는 두 명의 혈친밖에 없었다. 누나 옥타비아(Octavia, 전 70?~전 11)와 딸 율리아(전 39~14)가 그들이었다. 그는 두 혈친을 이리저리 여러 사람에게 시집보내고 매정하게 그 후손들을 조종하여 일심으로 자신과 피를 나눈 계승자로 만들려고 했으나 결국 명분과 실질이 어긋나는 대가를 치러야 했다. 하지만 로마 황제라 해도 하늘의 뜻을 어길 수는 없었다. 그의 생질과 두 외손은 모두 요절했다. 아우구스투스는 극단적인 실망감을 표시하며 어쩔 수 없이 자신의 새 아내 리비아 드루실라가 데려온 의붓아들 티베리우스(Tiberius Caesar Augustus, 전 42~37)를 후계자로 지명할 수밖에 없었지만 뒷날 반드시 옥타비아누스의 손자 게르마니쿠스(Germanicus Julius Caesar, 전 15~19)에게 황위를 전해야 한다고 지정했다. 티베리우스의 본래 성은 클라우디우스였다. 이 때문에 아우구스투스의 후대를 율리우스·클라우디우스 왕조라 칭한다. 이 왕조의 피비린내 나는 참극은 기실 아우구스투스가 만들어놓은 혼란한 족보에서 발단이 되었다고 봐야 한다.[28]

기원 14년 55세의 티베리우스가 즉위했다. 그는 명문세가 귀족 출신으로 공화제에 대해서도 동정심을 품고 있었다. 그는 또 황제 노릇하는 것이 어려운 일일 뿐 아니라 자신은 그 직무를 감당할 수 없다고 생각했다. 따라서 그는 즉위 후 원로원과 권력을 나누자고 제의했다. 타키투스는 티베리우스의 행적을 기록하며 그를 권모술수에 뛰어난 거짓 군자로 간주했다. 하지만 현대 학자들은 오히려 티베리우스의 진실한 의도를 믿고 있다. "만약 실제 행동이 말보다 더 중요하다면 티베리우스가 즉위 후 내린 조치는 아우구스투스가 공화제를 회복하겠다고 거짓으로 선언한 것보다 훨씬 진실한 점이 많다."[29]

그러나 티베리우스는 실패했다. 그는 제국을 타당하게 관리하며 전례(典禮) 행사를 검소하게 치렀지만 황제의 호화로운 은전(恩典)에 습관이 된 로마 시민은 그에게 실망감을 표시했다. 그는 아우구스투스가 원로들을 다독거린 방법을 본받았고, 즉위 초기에는 그런 방법이 그런대로 먹혀들었다.

기원 19년에 불행하게도 게르마니쿠스가 젊은 나이에 세상을 떠났고, 티베리우스의 친아들도 이어서 사망했다. 황위 계승자가 사라지자 사람들은 호시탐탐 그 자리를 노렸고, 야심가도 벌 떼처럼 파당을 지어 음모를 꾸미기 시작했다. 티베리우스는 견딜 수 없어서 기원 26년에 카프리(Capri)섬으로 물러난 후 편지로 로마를 통치했다. 그가 로마에 남겨둔 그의 대리인 근위대 사령관 세이아누스(Lucius Aelius Sejanus, 전 20~31)는 반역을 두려워하는 황제의 심리를 이용하여 진짜 음모와 가짜 음모를 가리지 않고 모두 진압하며 황실 귀족을 살해했다. 티베리우스는 그를 죽였지만 역모와 관련된 옥사를 중지시킬 수 없었다. 티베리우스가 기원 39년에 세상을 떠나자 원로원의 귀족들은 그를 통한의 폭군이라고 규정했다.[30]

게르마니쿠스는 율리아의 딸을 아내로 맞았기 때문에 두 사람의 아들은 양쪽 모두 아우구스투스의 혈통을 잇고 있었다. 이 아이는 어릴 때부터 군복을 입고 부대원들의 사랑을 받았다. 그의 애칭은 칼리굴라(Caligula, 12~41)였는데 '작은 장화'라는 의미였다. 티베리우스가 세상을 떠날 때 칼리굴라는 25세였다. 그가 보위에 오르자 로마는 큰 가뭄 끝에 단비를 만난 듯 온 시민이 환호작약했다. 원로원은 티베리우스가 선대 두 황제의 동료들에게 내린 유언을 상관하지 않고 모든 권력을 칼리굴라에게 넘겼다.[31] 하지만 이런 권력 이양 방식은 인치의 위험성을 배제할 수 없다. 선대 두 황제의 근면 성실한 풍모와는 반대로 칼리굴라는 세밀한 행정 업무를 하찮게 여기며 자존망대하기만 좋아했다. 그는 티베리우스가 오랫동안 축적한 국고를 모두 탕진한 후 마음대로 세금을 걷고, 살육을 자행하고, 시민의 재산을 몰수했다. 결국 그는 자객의 칼을 맞고 4년 동안의 공포정치를 끝냈다.[32]

황제의 사망 소식이 갑자기 전해지자 두 정파가 모습을 드러냈다.

용과 독수리의 제국

한쪽은 공화제 자유에 환호하는 원로였고, 다른 한쪽은 근위대 장수였다. 그들은 궁정을 수색하여 황제의 혈족을 찾았다. 마침내 커튼 뒤에 숨어서 벌벌 떨고 있던 칼리굴라의 숙부 클라우디우스를 찾아 즉석에서 황제로 옹립했다. 그들은 막대한 상을 받았다. 이로부터 그들은 매번 황제가 즉위할 때마다 상을 받아야 한다고 생각했다. 이렇게하여 클라우디우스는 자줏빛 황제 의상을 몸에 걸칠 수 있었다. 당시에 그는 나이가 50세였지만 어려서부터 지적 장애를 앓아서 줄곧 정치권 밖으로 소외되어야 했다.

하룻강아지 범 무서운 줄 모른다는 말처럼 그는 사람을 그다지 경계하지 않았다. 이 때문에 황제와 원로의 관계는 비교적 원만한 편이었다. 클라우디우스는 원로원을 개방하여 지방 인사도 받아들일 수 있게 했다. 또 그가 파견한 장군이 브리타니아(Britannia: 지금의 영국)를 정복하여 그의 위세를 높여줬다. 그가 황실을 관리하기 위해 해방시킨 노예는 점차 발전하여 재무와 다른 기능을 전문적으로 관리하는 부서로 귀속되었고 이 부서는 나중에 정부 기구로 성장했다. 하지만 그도 다른 황제처럼 역모를 걱정해야 했다. 그도 부하에 의해 기만을 당할 우려가 있기 때문이었다. 그는 재위 13년 만에 질녀이며 아내인 아그리피나(Julia Agrippina, 15~59)에게 독살되었다. 율리우스·클라우디우스 왕조의 황제 중에서 아우구스투스를 제외하고는 오직 그만이 신으로 추대되어 후손의 제사를 받았다.[33]

후임 황제 네로는 나이가 어려서 황태후 아그리피나가 조정의 모든 일을 관장했다. 대시인 세네카(Lucius Annaeus Seneca, 전 4?~후 65)가 황

제의 스승으로 임명되어 근위대장 부루스(Sextus Afranius Burrus, 1~62)
와 손을 잡고 태후를 제어했다. 로마가 안정을 찾은 뒤 5년 만에 소년
황제가 뜻을 얻게 되었다. 기원 59년 네로는 모후를 살해한 후 세네카
와 부루스를 물리치고 그들 대신 탐욕의 전문가가 되었다. 그는 반역
죄명을 씌워 황실 옛 귀족의 주요 인물을 모조리 죽였다. 당시 율리우
스·클라우디우스 왕조가 겪은 수난은 진나라 2세 황제 때 귀족들이
겪은 사례와 유사하다. 기원 64년 로마시에 큰 화재가 발생했다. 황제
는 즉시 불타버린 주민의 집터 위에 새로운 궁궐을 건축했다. 백성의
분노는 막대한 구제금으로 진정될 성질이 아니었다. 네로는 예술가적
기질을 갖고 있어서 음악과 연극을 열렬히 사랑했다.[34] 그는 그리스를
순행하며 각종 문화 경연에 참가하여 1,808항목의 상품을 탔다.

　제국 곳곳에서 분란이 일어났다. 브리타니아에서 반란이 일어났고,
유대에서도 반란이 증가했고, 아르메니아에서는 거의 통제권을 상
실할 지경이었다. 더욱 좋지 않은 상황은 제국 방위군이 소란을 피우
기 시작했다는 것이었다. 부분적인 원인은 공로가 높고 명망이 뛰어
난 장군들이 무고하게 살해되었기 때문이다. 기원 68년 모든 사람이
황제를 버렸고, 해방 노예 몇 명만 황제가 자결하는 걸 도왔다. 네로
가 자결할 때 나이는 31세였다. 옥타비아누스가 악티움 해전에서 승
리할 때의 나이도 31세였다. 그것은 99년 전의 일이었다. 로마제국의
최장수 왕조인 율리우스·클라우디우스 왕조는 여기에 이르러 막을
내렸다.[35]

제3절

세상을 안정시킨 군국주의

당시 직업 군대는 맹수와 같았는데, 맹수를 기르는 사람은 늘 맹수에게 물릴 위험을 감수해야 했다. 중국에서는 문치 기구가 일찍부터 성숙되어 대부분의 경우 군대를 통제할 수 있었다. 그러나 로마는 너무나 문제가 많았다. 아우구스투스는 강대한 황제 직속 상비군을 창설하여 영토 확장을 위해 끊임없이 출정했다. 이를 통해 병사들의 근육과 골격을 단련하고 장교에게 망상을 할 틈을 주지 않기 위함이었다. 티베리우스의 시대에 들어와 정복 전쟁을 완화하기 시작했지만 군단을 계속해서 이탈리아 본토에서 멀리 떨어진 라인강, 다뉴브강 그리고 동방의 변방에 주둔시켰다. 황제는 단호하게 병권을 장악하고 자신이 직접 모든 포상을 내렸고, 모든 영광을 자신이 차지했다. 그러면서 점차 군사 결정권을 전부 중앙으로 귀속시켰다. 이러한 조치 때문에 군대는 200년을 기다린 이후에야 대규모로 정치에 간여할 수 있게 되었다.[36]

변란의 조짐은 끊임없이 발생했지만 진짜 변란은 69년에 처음 발생했다. 네로 황제의 자극으로 황군이 변란을 일으켰다. 내전은 짧았지만 매우 맹렬하여 1년 사이에 황제 네 명이 바뀌었다. 가장 먼저 갈리아 주둔 군대가 갈바(Servius Sulpicius Galba, 전 3?~69)를 황제로 옹립하자 원로원에서 즉시 인준했다. 그러나 갈바는 "부하를 선택할 때 그들을 매수하지는 않겠다"는 태도를 유지하며 당시 시의에 따르지 않았고, 이에 오래지 않아 피살되었다.[37] 그 후 오토(Marcus Salvius Otho,

32~69)가 근위대와 다뉴브 군단의 지지 아래 황제를 칭했다. 그러자 라인 군단이 이에 불복하고 비텔리우스(Aulus Vitellius, 15~69)를 황제로 옹립한 후 이탈리아로 남하하여 오토를 격파했다. 다뉴브 군단은 방향을 바꿔 동방의 군단과 손을 잡고 막 유대 반란을 진압한 베스파시아누스(Titus Flavius Vespasianus, 9~79)를 황제로 추대했다. 베스파시아누스는 부하에게 자신의 둘째아들 도미티아누스(Titus Flavius Domitianus, 51~96)를 도와 로마에서 비텔리우스에 대응하게 하고 자신은 알렉산드리아에 남아 군량미를 재촉했다. 그는 15개월 후에야 로마로 입성했다.[38]

타키투스는 명쾌하게 묘사했다. "원로원은 모든 권력을 베스파시아누스에게 부여했다." 원로원은 동일한 권력을 1년 사이에 황제 네 명에게 부여했다. 한 명이 죽으면 즉시 그다음 사람에게 부여했는데 그 절차를 당일에 바로 처리할 수 있었다. 요즘의 자동 프린터 인쇄보다 빨랐다. 베스파시아누스가 황제의 지위를 획득한 과정을 거슬러 올라가보면 그가 군대의 옹립을 받은 날이 합법적으로 황제 권력을 잡은 날보다 6개월이나 빠르다. 따라서 원로원의 인준 형식조차도 모두 군더더기 조치일 뿐이었다고 할 수 있다.[39]

네 명의 황제가 군림하는 동안 두 가지 경향이 드러났다. 첫째는 황제 근위대가 원로원을 대신하여 황제의 행정 정책을 결정하게 되었다는 점이다. 둘째는 권력이 로마와 이탈리아에서 외지로 유출되었다는 점이다. 변화는 빠르지 않았지만 3세기 이후에는 이런 경향이 매우 뚜렷해졌다. 이는 말할 것도 없이 제국의 후기에 군부독재가 진행

용과 독수리의 제국

되면서 권력의 중심이 콘스탄티노플로 이동한 것이다.[40]

타키투스는 갈바의 즉위가 암시하는 제국의 비밀을 설파했다. 즉, 그것은 로마 황제가 꼭 로마시에서만 나오지 않는다는 사실이다.[41] 베스파시아누스는 이탈리아 시골 마을 출신이다. 그의 치세가 끝난 후에도 황제는 에스파냐, 갈리아, 아프리카, 시리아, 발칸에서 왔다. 이들 로마 황제는 모두 전통적인 이탈리아의 정신가치를 계승하는 데 열중했지만 속주의 요구도 비교적 자세히 보살피면서 중앙정부를 개방하는 입장을 견지할 수 있었다. 2세기 말에 이탈리아인은 원로원에서 이미 소수로 전락했다. 군단 내의 이탈리아인 비율은 더욱 빠르게 감소했다. 베스파시아누스 시절에 이미 소수였고, 100년 후에는 거의 이탈리아인을 찾아볼 수 없을 정도였다.[42]

235년 이전에는 모든 황제가 원로원 출신이었고 베스파시아누스도 예외는 아니었다. 군대의 옹립을 받는다 해도 반드시 원로원과 협력을 해야 효과적인 통치를 할 수 있었다. 이 때문에 베스파시아누스는 겉으로는 겸손한 모습을 보였지만 원로원과 거리를 유지하며 불필요한 마찰을 줄였다. 그에게는 아우구스투수의 피가 흐르지 않았고 가문도 명문이 아니었다. 반란을 일으켜 보위를 찬탈했으므로 물론 적지 않은 사람의 적개심과 마주해야 했다. 그러나 그는 비교적 태연하게 처신할 수 있었다. 그는 대부분의 로마 황제가 부러워한 자본, 즉 능력 있는 성년 아들을 둘씩이나 갖고 있었기 때문이다. 그는 맏아들 티투스(Titus Flavius Vespasianus, 39~81, 아버지와 이름이 같음)를 황제의 동료 겸 황태자로 임명하여 앞으로 이어질 플라비우스 왕조를 창립했다. 왕조 내 권력의 이동이 현실화되면 정적의 야심은 공염불로 돌아가고 음모를 꾸미던 자도 자신감을 잃게 된다. 베스파시아누스와 티투스 부자는 모두 12년간 재위하면서 내전의 상처를 치유했다. 이들이 시작한 정치 개혁은 10년 후에 성숙되어 로마제국 황금시대의 기초를 놓았다. 이들이 건축한 콜로세움(Colosseum)과 기타 공공건축물은 로마제국의 자부심과 자신감을 드러내고 있다.[43]

81년에 즉위한 도미티아누스는 플라비우스 왕조의 마지막 황제다. 그는 아버지와 형의 정책을 계승하여 관리의 깨끗한 다스림에 주안점을 두며 탐욕과 부패와 불법을 엄하게 징벌했다. 어떤 현대 학자는 "제국 각지의 백성은 그의 혜택을 많이 받았지만 원로원은 그를 두려워하며 미워했다"고 평가했다.[44] 중국의 사대부처럼 원로 귀족은 국가가 법에 따라 이들의 행위를 감독하는 걸 증오하며 포악하다고 고함을 질렀다. 이들은 도미티아누스가 원로원을 정리하고, 우매하고 무능한 구성원을 쫓아내고, 비(非)원로 인사를 관리로 기용하는 조치에 반대했다. 89년에 일어난 무력 반란은 완전히 진압되었지만 이로 인해 도미티아누스는 경악했다. 그는 밀고를 장려하고 반역과 연루된 옥사를 일으켰다.

한편에서는 반역을 도모하고, 한편에서는 단호하게 진압하면서 수단과 방법을 가리지 않았다. 두려움과 공포가 서로를 붕괴시키면서 그 정도가 더욱 심해지고 있었다. 3년 동안 폭정이 계속되자 귀족들은 파당을 만들어 사익을 도모하며 서로 모함하기에 바빴다. 황제의 분노는 하늘 높이 솟구쳤다. 살육은 도미티아누스를 죽이는 데 그치

용과 독수리의 제국

지 않고 귀족끼리 서로서로 복수를 감행하는 방향으로 나아갔다.[45]

흡족한 원로들은 도미티아누스를 저주하며 그의 조상(彫像)을 파괴하고, 아들이 없는 귀족 늙은이 네르바(Marcus Cocceius Nerva, 30~98)를 황제로 추대했다. 네르바는 도미티아누스 살해에 연루되었다는 혐의를 받고 있었으므로 근위대와 황군의 분노를 잠재우기 위해 신속하게 라인 군단의 총사령관 트라야누스(Marcus Ulpius Trajanus, 53~117)를 후계자로 지명했다. 이 선택은 그가 재위 15개월 동안 이룬 최고의 성취라 할 만하다.[46]

트라야누스는 아우구스투스 다음가는 현명한 군주로 칭송받고 있다. 다신교를 신봉한 로마 황제 중에서 오직 그만이 기독교의 지옥에서 벗어날 수 있었다. 그러나 현대 학자들은 깊이 있는 연구를 통해 트라야누스의 권력과 정책이 모두 도미티아누스의 것을 분명하게 계승했다는 사실을 발견했다. 그것은 마치 한나라가 진나라를 계승한 것과 마찬가지다. "원로들이 증오한 도미티아누스와 비교해볼 때 트라야누스의 전제정치는 완화된 형태가 아닐 뿐 아니라 오히려 가중된 측면도 존재한다. 트라야누스가 힘을 다해 추진하고 오랜 시간이 걸려 효과를 본 정책과 조치는 도미티아누스가 제정한 것들과 큰 차이가 없다."[47]

도미티아누스는 개혁 반대 세력을 폭력으로 제거했고, 트라야누스는 그의 공로를 앉아서 향유했다. 트라야누스는 탐관오리도 너그럽게 대했고 원로로 예우하면서 자신의 현명함과 명예를 키워갔다. 여론을 움직이는 것은 바로 황제의 은혜를 받고 이익을 챙기는 귀족이었다.

군주집권제가 100여 년 시행되고 나서 마침내 베일을 벗어던졌다. 타키투스와 소(小) 플리니우스(Gaius Plinius Caecilius Secundus, 61?~113?)는 당시 원로 중에서도 매우 뛰어난 인물이었다. 황제를 찬양한 그들의 송가에는 군주제에 심복한 귀족의 모습이 잘 드러나 있다. 아우구스투스와 티베리우스는 다른 사람들이 그들을 '주군(dominus)'이라고 부르는 걸 심하게 질책했다. 그러나 플리니우스는 자신이 쓴 서신에서 트라야누스를 일관되게 주군이라고 부르고 있다. 공개적으로 이 호칭을 쓰면 상대가 폭군에 해당되겠지만 말이다.[48]

트라야누스는 98~117년 사이 재위하며 로마제국의 '황금시대'를 열기 시작했다. 그는 후사 없이 세상을 떠났다. 그의 먼 친척 하드리아누스(Publius Aelius Traianus Hadrianus, 76~138)가 보위를 이었는데, 그는 즉위하자마자 4명의 수석 원로를 죽이고 울분을 풀었다. 138년 세상을 떠날 때 하드리아누스는 아들이 없었다. 그는 죽음이 박두하자 자신의 뒤를 이을 2대 계승자를 지명했다. 그는 먼저 당시 55세이며 아들이 없던 안토니누스(Antoninus Pius, 86~161)를 계승자로 받아들였다. 조건은 자신이 점 찍어둔 후계자 마르쿠스 아우렐리우스(Marcus Aurelius Antoninus Augustus, 121~180)를 그의 양자로 삼게 하는 것이었다. 아우렐리우스는 당시에 17세여서 아직 성인이 되지 못한 상태였다. 아우렐리우스는 161~180년 사이 재위했고, 자신의 친아들 코모두스(Lucius Aurelius Commodus Antoninus, 161~192)에게 보위를 물려줬고, 이에 로마는 '쇠와 녹의 시대(Age of Iron and Rust)'로 전환했다.[49] 트라야누스에서 아우렐리우스까지 4대 동안 로마제국은 찬란한 전성기에 도달하여 "위엄이 끝도 없이 펼쳐진 로마의 평화"를 구가했다. 유일한 결점이라면 하드리아누스가 132년에서 135년까지 유대인의 봉기를 가혹하게 진압하면서 유대인 58만 명을 학살한 일을 들 수 있다. 이 때문에 당시 노예시장이 만원을 이뤘고, 유대 지역은 폐허로 변했다.[50]

로마인은 신에게서 천명을 받았다고 인식하고 세계 민족에게 평화를 강제하곤 했다. 로마의 명령에 복종하는 민족에게는 인자하고 관대하게 대했지만 반항하는 민족에게는 압제를 가하여 멸망시켰다. 이 때문에 로마인이 쓰는 '평화(pax)'란 어휘에는 항상 정복이란 뜻이 빠지지 않는다. 혹은 적어도 다른 사람을 강제한다는 뜻이 포함되어 있다.[51]

트라야누스는 영토를 확장한 아우구스투스의 웅대한 기풍을 다시 떨치며 다키아(Dacia: 지금의 루마니아 일대)와 파르티아(페르시아) 양대 지역을 정복했다. 그는 친히 정복을 나가 스스로 명예를 드높이며 로마의 영향력을 더욱 멀리까지 떨쳤다. 황제의 장기 원정은 제국의 권력이 결코 수도에만 머물러 있지 않고, 로마시도 그렇게 중요하지 않다는 사실을 사방에 널리 알렸다. 그가 이러한 모범을 세우자 황제의 친정(親征)은 후대 황제의 책임이 되었다. 이 때문에 정치의 중심도 군영으로 옮겨갔다. 로마제국의 변방은 길고 길어서 일단 여러 곳에서 전쟁이 발생하면 황제는 분신술을 쓰지 않는 한 모든 곳에 직접 원정을 갈 수 없다. 야심가들도 그런 기회를 노려 찬탈 음모를 꾸몄다. 3세기 이래로 이런 상황은 항상 내란을 야기했다.[52]

다뉴브강 북쪽 다키아에는 금광과 은광이 많았다. 트라야누스는 다키아를 약탈하여 재물을 풍부하게 늘렸다. 이는 트라야누스 광장(Foro di Traiano)의 웅장한 건축물 비용으로 지불하기에 충분했다. 백성과 함께 즐기려는 그의 과시욕은 아우구스투스도 미치지 못할 정도였다. 제2차 개선을 경축하기 위한 행사만 해도 무려 148일 동안 경기를 계속했고 이 기간에 무려 1만 1,483명의 검투사와 무수한 야수가 죽었다. "모든 황제 중에서 트라야누스가 로마 시민의 심리를 가장 능숙하게 사로잡았다. 그는 자신의 권력을 아무 분란 없이 유지하려면 엄숙한 군국 정책이 아니라 빵과 공연이 가장 효과적인 방법이고, 그중에서도 특히 오락이 매우 중요하다는 사실을 잘 알고 있었다." 이것은 아우렐리우스의 젊은 시절 스승인 프론토(Marcus Claudius Fronto, ?~170)가 내린 평가다.[53] 아우렐리우스가 무엇을 배웠든 상관없이 그는 그렇게 많은 돈을 쓰지 않고 이런 방법을 모방했을 것이다. 트라야누스는 파르티아 전투 때 제국의 자원을 과도하게 소비했다. 나중에 아우렐리우스는 야만인의 소란에 직면하자, 반드시 군비를 마련하여 트라야누스가 정복한 다키아를 방어하려고 했다. 그는 당시에 이를 위해 트라야누스 광장에서 황가의 보물을 경매에 부쳤다.[54]

로마 군대는 한결같이 혈연이 이어진 황제 계승자에게 충성을 바쳤다. 아우렐리우스의 친아들 코모두스는 18세에 독재를 했는데 그는 마치 네로의 아류와 같은 모습을 보였다. 아마도 그의 누나가 포함된 귀족의 비밀 모의에 의한 황제 암살 시도가 실패로 돌아가자 오히려 반격의 공포가 엄습하기 시작했다. 코모두스는 자신과 친한 소인배에게 국정 관리를 맡겼다. 자신은 네로처럼 당당한 황제로서 누대에 올라 오락을 즐기며 귀족의 미움을 부채질했다. 하지만 네로는 그리스

용과 독수리의 제국

연극을 공연하게 했으므로 그래도 우아하다고 할 만하다. 그런데 코모두스는 무공을 편애하여 경기장으로 내려가 검투사와 겨루기도 했다. 이 때문에 그는 더욱더 사람들에게 멸시를 당했다. 결국 근위대 사령관이 그의 노예와 내통하여 그를 죽였다.[55]

193년에는 69년에 일어난 역사가 거듭되었다고 할 수 있다. 하지만 이번 내전은 훨씬 오래 지속되었고 더욱 격렬했다. 근위대가 로마에서 공개적으로 황제의 지위를 경매에 부쳤다. 원로 두 명이 가격을 흥정했고, 3대 군구(軍區)에서 별도로 자신의 황제를 옹립했다. 다뉴브 군단이 로마에서 가장 가까웠다. 군단이 로마시 아래에 이르자 원로원은 황급히 자신의 선택을 포기하고 자줏빛 황제 의상을 셉티미우스 세베루스(Lucius Septimius Severus, 146~211)에게 입혔다. 193년에서 235년까지 지속된 세베루스 왕조는 첫 4년 동안 정복 전쟁에 전전하며 브리타니아와 동방에서 활동했다.[56]

이탈리아 정치권력의 쇠락이 처음에는 천천히 진행되다가 세베루스 왕조 동안 가속화되었다. 지난날의 로마 황제는 지방에서 출생한 사람이라 해도 모두 라틴족이었다. 그런데 셉티미우스 세베루스는 첫 번째 비 라틴족 황제였다. 그는 페니키아족으로 아프리카 출신이었다. 그의 조상은 카르타고 시대의 귀족에게까지 거슬러 올라간다. 그의 시대가 도래했을 때 황군 병사의 거의 대부분은 지방 출신이었고 근위대민 이달리아인이 담당하고 있었다. 그가 즉위하여 첫 번째로 한 일은 바로 옛날 근위대를 해산한 후 자신의 군단에서 정예병을 뽑아 근위대를 다시 조직하고 확대하는 것이었다. 이후로 이탈리아 청년들은 병역의 고통에서 해방되어 황제가 하사하는 빵과 공연과 심지어 산림에서 노니는 자유를 향유했다. 하지만 이와 동시에 이들은 군대가 가져다주는 권력을 상실했다. 형식적인 면에서 이들의 우월감은 212년에 막을 내렸다. 셉티미우스의 아들 카라칼라(Caracalla, 188~217)는 조서를 내려 로마 공민 호적을 제국의 모든 자유민에게 하사한다고 선포했다.[57]

제4절
로마의 내란을 다시 평정하다

로마의 전쟁 중에서 내전이 가장 잔혹했다. 베스파시아누스 때의 추산에 따르면 네로 사후 69년 한 해 내전의 손실이 400억 세스테르티우스에 달했는데, 이는 대체로 로마 정부의 50년 세금 수입과 같았다. 이 추산은 과장되었을 가능성이 있지만 당시 파괴가 얼마나 심했는지를 잘 보여준다.[58] 코모두스가 193년에 죽은 후 장장 4년간 지속된 내란이 발생하여 제국 각지로 퍼져나갔다. 세베루스 및 그의 양대 적수는 도처에서 백성의 지지를 쟁취하거나 강요하며 정적에게 보복했다. 당시에 수많은 도시가 이에 연루되었다.[59]

아우구스투스가 방대한 황군을 건립한 취지는 본래 황제 권력을 보호하기 위한 것이었다. 국방의 필요성도 점차 중시되고 있었지만 어느 날 내전이 폭발하면 그것을 진압하는 것이 군대의 급선무가 되었다. 외적이 침입해와도 먼저 국내를 안정시켜야 한다는 구호 아래 창끝을 내부의 정적으로 돌리면서 변방을 텅 비게 만들었다. 이 틈을 타고 외적이 준동했다. 이러한 위기는 69년과 193~197년 내전 기간에 이미 그 단서를 드러냈다.[60] 하지만 3세기의 대내외 전쟁 상황과 비교해보면 너무나 사소해서 언급할 가치조차 없다. 235년 세베루스 알렉산데르(Severus Alexander, 208~235)가 칼에 찔려 살해당했다. 그 후임으로 군대에서는 막시미누스(Maximinus, ?~238)를 옹립했다. 그는 첫 번째 군대 출신 비 귀족 황제였다. 원로원과 또 다른 두 황제는 협력하여 그가 불법 황제라고 선포했다. 그리하여 내전이 폭발했고 디오클레티아누스(Gaius Aurelius Valerius Diocletianus Augustus, 244~312)가 즉위하면서 내전이 그쳤다. 장장 49년 동안 24명의 황제가 보위에 올랐고, 또 밖에서 몇십 명의 참주(僭主)가 옹립되었다. 참주가 황제와 다른 점은 로마시를 통제할 수 없었다는 점뿐이다. 국내가 혼란에 빠지자 라인강, 다뉴브강, 유프라테스강 건너편의 외족이 기회를 틈타 침입했다. 황제는 동시에 여러 곳으로 직접 정복을 나갈 수 없었으므로 더욱 혼란이 가중되었다. 260년에서 274년 사이에 로마제국은 셋으로 분열되었다.[61] 당시에 중국도 삼국으로 갈라져 있었다.

페르시아인은 동쪽으로 침입했고, 게르만인은 북쪽으로 침투했다. 그들에게 저항하고 특히 호시탐탐 황제의 자리를 노리는 로마인에 대적하려면 병력을 증강하지 않을 수 없었다. 군비를 모으기 위해 로마 정부에서는 세금을 올리는 한편 화폐의 은 함량을 낮췄다. 그 결과 은본위제는 붕괴되고 통화가 팽창하여 경제가 몰락했으며 원로원의 형편도 갈수록 나빠졌다. 260년부터 원로 귀족이 군대에서 퇴출되면서 더 이상 장교로 임명되지 못했다. 군대 출신 인사가 끊임없이 황제의 지위에 올랐다. 로마시는 형식적, 심리적으로 수도의 자리를 유지하고 있었지만 정치적으로는 공허한 이름만 남아 있을 뿐이었다. 왜냐하면 권력은 황제에게 있었고, 그 황제는 외지에 거주하는 것이 이미 관례가 되었기 때문이다.

역사학자들은 235~284년을 '3세기의 위기'라고 부른다. 그러나 로마인은 줄곧 끈질긴 생명력을 발휘했다. 부패한 원로 귀족이 퇴출되자 발랄한 신인이 두각을 나타낼 기회를 얻었다. 이들은 고난의 세월 동안 재능을 펼쳐 보이며 쇠잔한 정국을 새로운 방향으로 전환시켰다. 268년 갈리에누스(Publius Licinius Egnatius Gallienus, 218~268)가 군대를 새롭게 조직하여 야만인을 격퇴했다. 그의 계승자 클라우디우스 2세(Claudius II)는 다뉴브강 변방을 평정했다. 274년 '손에서 칼을 놓지 않는 사람'이라는 별명을 가진 아우렐리아누스(Lucius Domitius Aurelianus Augustus, 214?~275)는 비록 다키아를 잃었지만 그래도 제국을 통일했다. 이들 군인 황제는 기력이 왕성했지만 재위는 2~3년에 불과했다. 따라서 전반적인 계획을 구상할 겨를도 없이 임기응변으로 눈앞의 급선무를 처리할 수밖에 없었다. 그러나 이들이 시행한 착실한 조치는 조금씩 효과를 발휘하여 이후 체계적인 개혁 정책에 기초를 놓았다. 또 디오클레티아누스와 콘스탄티누스(Gaius Flavius Valerius Constantinus, 272~337)가 후기 로마제국을 정초하는 데 많은 도움을 줬다.[62]

출신이 미천한 디오클레티아누스는 284년에 즉위했다. 그의 안목과 포부는 광대했다. 그는 대제국의 업무가 복잡하여 최고 통수권자한 사람이 독단적으로는 처리할 수 없다는 사실을 간파하고, 법도 없고 하늘도 없이 권력투쟁에 집착하기보다는 안정적인 제도를 마련하여 권력을 나누는 것이 더 낫다고 생각했다. 그는 아우구스투스(正帝)로 불리는 황제로서 카이사르(副帝)로 불리는 동료 겸 계승자를 지명하는 제도를 마련했다. 나중에는 이 제도를 다시 두 쌍으로 나눠 사두(四頭) 정치체제를 완성했다. 한 쌍의 아우구스투스(정제)-카이사르(부제)는 제국의 동부를 통치하고 다른 한 쌍은 서부를 통치하면서 각각 자신의 정부와 군대를 보유했다. 관료 기구는 늘어났지만 황제들은 자신의 지역을 긴밀하게 관리하며 외적을 막고 분쟁을 해소했다. 이처럼 어렵사리 20년을 경영한 끝에 제국은 부흥했다. 305년, 디오클레티아누스는 자신의 동료 정제 막시미아누스(Marcus Aurelius Valerius Maximianus, 240?~310)와 함께 로마 역사상 유이하게 스스로 퇴위하고 평화적으로 정권을 이양했다. 이들은 자신들의 행동이 역사의 모범이 되길 희망했으나 후인들은 그것이 권력욕에 불과했다고 폄하했다.

콘스탄티누스는 서부 아우구스투스(정제)의 아들이었으나 결코 카이사르(부제)에 머물지 않았다. 그는 법률제도를 무시하고 부친의 군대를 끌어들여 스스로 황제를 칭했다. 군대를 동원한 6년간의 권모술수와 권력투쟁은 로마시 외곽의 밀비우스(Milvius) 다리 전투에서 막을 내렸다. 312년에 벌어진 그 격전에서 콘스탄티누스는 기독교의 깃발을 내걸고 테베레강을 피로 물들였다. 그는 다시 12년간 온갖 궁리 끝에 바다와 육지에서 마침내 동부 황제를 궤멸시켰다. 이로부터 콘스탄티누스가 사망한 337년까지 로마제국은 다시 황제 1인 전제주의 체제를 유지했다.

콘스탄티누스는 디오클레티아누스의 개혁 정치를 계속 추진했다. 속주를 분할하여 장관과 장수의 병권을 약화시키고 이들의 보위 찬탈 기회를 낮췄다. 새로 발행한 금화는 화폐와 물가를 안정시켰다. 군대는 강대했고 문치 조직도 동시에 강화되었다. 세금은 증가했고 사회 등급도 고착화되었다.[63] 자세한 내용은 뒤에서 중국과 비교를 통해 알아보겠다.

동방의 문물로 서방을 압도한 것이 콘스탄티누스의 위대한 성취 중 하나다. 로마제국의 중심은 동쪽으로 이동했고, 옛 도시 비잔티움(Byzantium)은 신속하게 새로운 로마, 즉 로마제국의 웅대한 동쪽 수도 콘스탄티노플로 변했다. 콘스탄티누스는 동방 전제주의 폭군의 화려한 공연장을 그대로 이어서 썼다. 더욱 중요한 승리는 동방의 신앙인 기독교를 로마의 국교로 인정했다는 것이다. 줄곧 박해를 받아온 기독교는 세력을 얻은 후 오히려 이교도 박해에 진력했다. 황제가 후원하는 교회가 우수죽순처럼 생겨나 특권을 획득한 후 황제를 제외한 최대 지주로 성장했다.[64]

콘스탄티누스의 피비린내 나는 정권 탈취는 후대에 본보기로 작용했다. 그가 숨을 거두자 바로 그의 아들 콘스탄티우스 2세(Constantius II, 317~361)는 가족 중 성년 남자를 모두 살해하고 친동생 두 명만 남겼다. 이후 삼형제는 서로 살상을 계속했다. 참주(僭主)가 벌 떼처럼 일어나고 내전이 사방에서 발생했는데, 353년에 이르러서는 콘스탄티우스 2세만 겨우 생존했다. 그가 사망한 후 황제의 자리는 나이가

용과 독수리의 제국

어려서 참살을 면한 그의 먼 친척 율리아누스(Flavius Claudius Julianus, 331~363)에 의해 계승되었다. 율리아누스는 소설 주인공 같은 인물이 었다. 학식이 풍부했고, 장수의 자질도 갖췄고, 통치술에도 뛰어났다. 그리스 문화에 대한 깊은 소양을 바탕으로 다신교를 다시 부흥하려 했다. 애석하게도 그의 재위 기간은 2년에도 미치지 못했다. 그는 페 르시아로 출정했다가 신원미상의 창에 찔려 죽었다. 이로써 기독교는 다시 안정을 되찾았다.[65]

363년 율리아누스가 사망하자 콘스탄티누스 가문은 문을 닫았고, 로마제국의 일원(一元)통치도 막을 내렸다. 이후 476년 서로마제국이 멸망할 때까지 몇 개월을 제외하고는 로마제국의 동·서 황제가 각각 정부와 군대를 거느리고 자신의 지역을 동시에 통치했다. 제1세대는 동로마 황제 발렌스(Flavius Iulius Valens, 328~378)와 서로마 황제 발렌 티니아누스 1세(Valentinianus Ⅰ, 321~375)다. 두 군인 황제는 심신을 다 바쳐서 야만인의 진로를 막았다. 발렌티니아누스 1세는 오만한 콰디 족(Quadi) 사신의 말에 격분하여 중풍으로 사망했다. 3년 후, 즉 378년 로마 군대는 하드리아노플(Hadrianople)에서 서고트족에게 전멸당했 고 발렌스도 진중에서 죽었다. 로마제국과 야만인 사이의 힘의 균형 은 서로 성쇠를 거듭하며 분쟁의 발단을 드러내곤 했다.[66]

내정에도 병폐가 만연했다. 발렌티니아누스 1세가 사망했을 때 그 의 아들 그라티아누스(Flavius Gratianus Augustus, 359~383)는 겨우 16세 였다. 어린 나이에 황제에 즉위하는 혼군(昏君: 아둔한 군주) 시대가 이 때부터 시작되었다. 문약하고 부패한 재벌과 귀족이 끊임없이 출현하여 문민 기구를 독점했다. 하드리아노플 전투 후 황제는 더 이상 친정에 나서지 않았고, 동시에 군대를 직접 통제할 수도 없었다. 권력은 점차 황제에서 장군이나 귀족에게 옮겨갔다. 이들은 막후에서 권력과 이권을 다투느라 제국의 종말이 다가오는 것도 알지 못했다.

제5절
한나라 초기의 봉건제 회귀

해하 전투 10개월 전에 한신은 유방에게 편지를 보내 그가 이미 제나라 땅을 평정했다고 보고한 후 자신을 '가왕(假王)'으로 봉하여 그곳을 지키게 해달라고 요구했다. 유방은 한바탕 욕을 퍼부으려 하다가 장량과 진평(陳平, ? ~전 178)이 슬쩍 그의 발을 밟으며 고정하라는 신호를 보내자 즉시 말을 바꿨다. "대장부는 제후를 정할 때 바로 진짜 왕(眞王)으로 봉하지 어찌 가짜 왕으로 봉한단 말이냐?(大丈夫定諸侯, 卽爲眞王耳, 何以假爲?)" 한신은 장수로서 재능이 탁월하여 유방을 위해 관중을 수복했고, 연 땅과 조 땅을 공략했다. 제왕이 된 후에도 항우를 공격하기 위해 더욱 노력했다. 그러나 권모술수에서는 유방이 그보다 고수였다. 해하 전투가 끝나자 유방은 바로 한신의 진영으로 쳐들어가서 그의 병권을 박탈했다.[67]

한신은 유방을 황제로 옹립한 7명의 제후왕 중 한 사람이다. 그는 본래 한왕 유방의 수하였지만 다른 제후왕은 대부분 독립적인 역량을 갖춘 군벌이었다. 이들은 한나라에 붙을 수도 있었고 초나라에 붙을 수도 있었다. 유방은 제후왕이란 지위와 봉토를 나눠주겠다는 약속으로 이들을 끌어들여 함께 항우를 정벌하고 천하를 나눠가졌다. 그러나 그는 황제 자리에 오르자마자 바로 손을 써서 이용가치가 사라진 이들 공신을 주살하고 자신의 정권을 공고히 했다. 6~7년 사이에 제후왕 7명이 모두 제거되었다. 공적이 가장 높았던 한신은 첫 번째로 모반을 획책했다는 모함을 받고 삼족이 멸문지화(滅門之禍)를 당했다. 그의 탄식(토사구팽)은 중국의 고사성어가 되었다. "교활한 토끼가 죽으면 훌륭한 사냥개는 삶아먹는다. 높이 나는 새를 잡고 나면 좋은 활은 감춰둔다(狡兔死, 良狗烹. 高鳥盡, 良弓藏)."[68]

진시황은 공신을 한 명도 억울하게 죽이지 않았지만 "어진 은혜가 부족하다(寡仁恩)"라는 명예를 쓰고 있다. 한 고조는 공신을 대거 주살했지만 이런 명예를 쓰고 있지 않다. 그는 선왕의 도를 회복하고 종친과 친하자는 인(仁)을 장려하면서 자제들을 필부로 내버려두지 않고 제후왕으로 봉하여 제거된 타성 공신을 대체했다. 10명의 동성 제후왕이 각각 한 지방을 다스리게 하여 봉토를 늘려주자 이들의 봉토가 전국의 3분의 2를 덮었다. 그 봉토의 대부분은 인구가 조밀한 동방의 옛 육국 땅이었다. 이들의 지방 왕국은 각각 고도로 발달한 군정, 인사, 경제적 실권을 갖고 있었지만 반드시 중앙정부에 조공을 바치고 조정의 명령에 따라야 했다. 또 한나라 중앙정부에서는 군현을 설치하여 진나라 옛 땅을 직접 다스렸다. 언뜻 보면 정국이 전국시대 말기와 거의 비슷한 것 같지만 제후왕이 황제에게 신하로 복종하며 유씨의 천하를 함께 장악하고 있다는 점에서 차이가 난다.[69]

동성 제후왕은 각자 자기 지역의 백성을 구휼하고 지역 특성을 발휘하면서 전란의 상처를 치유했다. 여후가 죽고 난 후 이들도 황실의 보위를 바로잡는 데 도움을 줬다. 그러나 이런 상황이 봉건제의 우월성을 증명해주는 건 결코 아니다. 그저 마약을 천천히 끊어서 금단의 고통을 줄여주는 것과 같다고 할 수 있다. 경제가 회복됨에 따라 왕국은 강대해졌다. 제후왕은 비로소 교만과 방종에 젖어 계속 반란을 도모하며 정치체제의 안정을 위협했다. 문제 때 흉노가 침략하자 제북왕(濟北王: 劉興居)이 이 기회를 틈타 반란을 일으켰고, 이 때문에 중앙 조정은 외침에 전력으로 대응할 수 없었다. 진시황이 우려한 전국시대가 다시 재연될 조짐이 점점 더 분명해졌다.

다행히 한나라 초기 포의에서 장군과 재상의 지위에 오른 이들은 낡아빠진 폐습을 고수하지 않았다. 이들은 실제를 중시했고, 식견이 넓었고, 안목도 뛰어나 선수를 쳐서 제후왕을 제압하며 큰 환란을 모면했다. 조조(晁錯, 전 200~전 154)는 제후왕이 조만간 반란을 일으킬 것이므로 날개가 자라기 전에 이들을 약화시키는 것이 더 낫다고 지적했다. 그리고 이들이 이를 빌미로 반란을 일으키면 평정하기도 훨씬 쉽다고 말했다. 경제는 그의 말을 듣고 기원전 154년에 제후국 영토를 줄이겠다고 명령을 내렸다. 이에 제후왕 7명이 군대를 동원해 반란을 일으켰다. 경제는 조조를 죽여서 이들을 안무하려 했지만 반란은 전혀 가라앉지 않았다. 결국 조정에서 군사를 동원해 3개월 만에 반란을 평정하고 광대한 봉토를 회수했다.

중앙정부는 자신감이 생기자 계속해서 봉토를 깎으며 직할 토지를

용과 독수리의 제국

확대했다. 제후왕은 반항했지만 아무 소용이 없었다. 기원전 122년 회남왕 유안 등이 모반을 꾀했으나 거병을 하기도 전에 붕괴되었다. 기원전 221년 진나라가 중국을 처음으로 통일하고 나서 100년 만에 중국은 다시 중앙정부가 전국을 직할 통치하는 통일을 이뤘다. 이에 봉건제도를 폐지하고 군현제도를 시행하는 것이 마침내 중국의 정통이 되었다.[70]

한나라 초기에는 7년간 내란이 이어져 백성의 호구 가운데 70~80퍼센트가 떠돌며 걸식했다. 정부는 백성과 휴식하기 위해 무위자연(無爲自然)을 따르는 도가(道家) 정책과 명분에 따라 책임을 지는 법가 정책을 혼합하여 무위 정책을 실시했다. 정부는 법을 간명하게 세운 후에(약법삼장) 백성에게 간섭하지 않고 스스로 법을 지키며 교화되게 했다. 한나라 초대 재상 소하는 법률을 제정할 때 거의 대부분 진나라 법률을 계승했다. 근래 출토된 진나라와 한나라 간독이 이를 증명한다.[71] 후임인 조참도 적극적으로 법령 바꾸는 걸 거부했다. 당시 백성은 민요를 지어 이들을 칭송했다. "소하는 법을 만들며 간단하고 가지런함을 강구했네. 조참은 그의 뒤를 이어받아 그 법을 지키며 빠뜨리지 않았네. 맑고 고요하게 시행하니 백성이 편안하게 살아가네(蕭何爲法, 講若畵一. 曹參代之, 守而勿失. 載其淸靖, 民以寧壹)."[72] 문제와 경제는 농경을 장려하고 토지, 산택(山澤), 상업에 대한 제한 조치를 풀어주었다. 또 점차 혹형을 폐지했다. 그리고 조조의 제안을 근거로 지출에 따라 세금을 징수했다. 토지세도 한나라 초기 15분의 1에서 30분의 1로 줄여줬다.[73]

60년 동안 정치를 맑고 공평하게 시행하고, 백성을 쉬게 하며 출산을 장려하자, 호구가 급증하고 국고가 가득 찼다. 홍수와 가뭄이 들 때를 제외하고는 백성의 삶은 매우 풍족했다.[74] 정부에서는 점차 정책으로 대처하지 못하는 문제에 적극적으로 손을 대기 시작했다. 경제는 호시탐탐 준동을 도모하려는 제후왕을 처리하기 시작했다. 내정이 안정되자 그의 후계자들은 외환에 대처할 능력까지 갖추게 되었다. 북방의 흉노족은 계속 강대함을 유지했고, 한나라 조정에서는 매년 갈수록 더 많은 돈과 비단을 바쳐야 했다. 그러나 그것은 그들의 침략을 잠시 줄일 수 있을 뿐이었다. 북쪽 변방의 백성도 오랫동안 정부의 보호를 기대하고 있었다.

한 무제는 16세에 즉위하여 기원전 140년에서 기원전 87년까지 재위했다. 만약 서양이었다면 그는 '대제(大帝)'로 칭송받았을 것임에 틀림없다. 하지만 그에 대한 중국인의 평가는 불명확한 점이 많다. 그는 흉노에 반격을 가해 영토를 넓혀서 한나라의 세력이 서쪽 파미르고원을 넘어가게 했다. 외교적으로는 더욱 먼 땅인 파르티아에까지 닿았다. 인재를 흡수하기 위해 그는 한나라 초기의 특별 인재 선발제도를 고정적으로 두고, 발전시켜 벼슬길을 넓게 열었다. 이로써 전국 각지의 평민들은 모두 중앙정부의 관직에 진입할 기회가 생겼다.

그는 예악을 좋아하고 옛것을 잘 연구하여 유학만을 높이고 제자백가를 퇴출했다(罷黜百家, 獨尊儒術). 또 인력과 물자를 동원하여 수많은 지출에 대응하기 위해 정부기구를 확충했다. 아울러 승상이 주관하는 '외정(外廷)' 이외에 황제 본인이 주관하는 '내조(內朝)'를 두었다. 무제

용과 독수리의 제국

의 문치와 무공은 앞으로 각편에서 분석하고 로마의 사례와 비교할 것이다. 종합해보면 한 무제는 자신이 계승한 소박한 정부를 전제정치가 더욱 강화된 확장 정부로 변모시켰다.

각종 군정, 문화, 궁정의 씀씀이는 그 비용이 막대하다. 따라서 재정 효율을 높인다 해도 경제 긴축과 사회 위기를 야기할 수밖에 없다. 한나라 황실 내부의 권력투쟁이 치열하게 전개되면서 여태자(戾太子, 전 128~전 91)가 모함을 받고 억울하게 죽었으며,[75] 이광리(李廣利, ?~전 89)의 가족도 연루되어 주살당했다. 서역에서 군사를 거느리고 있던 이광리는 급하게 공을 세워 속죄하려다가 전군을 잃고 흉노로 투항했다. 노령으로 기세가 꺾인 한 무제는 조서를 내려 변방 개척을 중지하고 농업에 힘쓰라고 명령했다.

무제는 사망하기 이틀 전에 당시에 겨우 8세였던 소제(昭帝, 전 94~전 74)를 태자로 세우고 4명의 보정대신(輔政大臣)을 지명했다.[76] 거기에는 곽광(霍光, ?~전 68)과 상홍양(桑弘羊, ?~전 80)도 포함되어 있었지만 결국 곽광이 홀로 대권을 잡았다. 기원전 74년 소제가 후사 없이 사망했다. 곽광은 후계로 추대된 창읍왕(昌邑王, 전 93?~전 59)이 음란하자 의연히 그를 폐위하고 선제(宣帝, 전 91~전 49)를 옹립했다. 선제는 여태자의 손자로 감옥에서 태어나 몰래 궁궐 밖으로 옮겨져서 민간에서 자랐다. 이에 그는 민생의 어려움을 알고 공평한 공무 집행을 가장 중시했다. 소제와 선제는 문제와 경제의 "부역과 조세를 줄이고 백성과 휴식하는" 정책을 다시 일으켜 농업과 양잠을 장려하고 빈민을 구제했다. 아울러 그는 식량 종자를 빌려주며 떠돌이 백성을 안무했다.

이들 황제는 무제가 개척한 강역을 공고하게 지키며 외교적으로는 회유책을 폈지만 군사적 방비도 소홀히 하지 않았다. 이들의 노력으로 북방 변방 지대에는 몇 대 동안 봉화가 오르지 않고 백성이 편안한 생활을 영위했다. 이 시기를 '소선중흥(昭宣中興)'이라고 일컫는데, 그야말로 한나라의 극성기에 해당한다.[77]

제6절

독존유술(獨尊柔術)

지식은 끝이 없다. 제자백가는 지식인이 아닌 사람이 없지만 유가는 봉건귀족의 경전 가치를 계승하고 그것을 특별히 귀하게 여기며 다른 모든 학파는 백안시한다. 이 때문에 귀족의 부양을 가장 많이 받는다. 맹자는 직책이 없었지만 도처에서 황금을 받았고, 그의 뒤를 따르는 수레는 수십 대, 시종은 수백 명에 달했으며 제후국을 전전하면서 숙식을 해결했다. 분서갱유라는 재난이 지나간 이후 진·한 교체기에도 유생의 숫자는 여전히 100명을 상회했고, 유학의 영향으로 의관을 중시하는 사람도 매우 많았다.

유가의 기세가 법가와 도가를 능가하자 평민 출신이었던 유방은 반감을 표시했다.[78] 한 문제의 황후인 두태후(竇太后)가 『노자』를 배우자, 원고생(轅固生)은 태후의 면전에서 "보통 서민들의 말일 뿐입니다(家人言耳)"[79]라고 비난했다. 태후가 이 정도 대접을 받았으므로 기타 학자들에 대한 멸시가 어떠했을지는 상상할 만하다. 하지만 세월이 다사

다난할 때는 새로움을 창조하고 실질에 힘쓰는 것이 중요한 법이다. 유생은 낡아빠진 고서나 끌어안은 채 항상 말만 많이 하고 세운 공적은 적기 때문에 "군자는 놀고먹는 사람이다(君子素餐)"라는 조롱을 당했다. 한나라 초기에는 민생에 실질적인 혜택을 주는 방향으로 정책을 펼쳤기에, 조정에서 예의를 강구할 때를 제외하고 정무에서는 유생을 임용한 경우가 드물었다.[80] 『사기』와 『한서』에는 모두 한 문제가 형벌에 관한 학문을 좋아한 사실이 기록되어 있다. 그는 "번잡한 예절로 모습을 꾸미는 건 다스림에 아무 이익이 없다(繁禮節貌, 無益於治)"라고 말했다. 경제도 유생을 임용하지 않았다.[81] 문제와 경제의 치세 때는 부역과 세금을 줄여주고 형벌을 감해주면서 백성을 보살폈기 때문에 유학이 필요 없었다.

평화로운 세월이 길게 이어지면서 각고면려(刻苦勉勵)의 정신이 퇴조하게 되었다. 법리 등 실용적인 지식에는 문학적 수식이 부족한 편이라 존귀한 학문을 다루는 유생이 점차 각광받게 되었다. 처음에는 경전 학술로 관리의 일을 윤색하거나 품위 있는 언어로 법률을 수식했다.[82] 힘을 다해 복고를 제창하고 교화의 내용을 바꿈에 따라 모든 일에 성현과 고대를 표준으로 삼고 그것이 당시 현실에 적합한지, 현실에서 실행할 수 있는지는 따지지 않았다.[83] 동중서 등 유학자들은 맹렬하게 법가를 공격하며 그것이 진나라를 멸망시킨 데 그치지 않고 남은 독을 계속 퍼뜨려 국정을 혼란에 빠뜨리고 있다고 주장했다. 또 이들은 이렇게 고취했다. "육예의 과목과 공자의 학술에 들어가지 않는 것은 모두 그 도를 끊고 함께 나아가지 못하게 해야 합니다. 사악하고 편벽된 학설을 없앤 연후에야 나라의 기강이 통일될 수 있을 것입니다(諸不在六藝之科·孔子之術者, 皆絶其道, 勿使並進. 邪辟之說滅息, 然後統紀可一)."[84]

유생은 성군을 칭송하고 태평성대를 동경한다. 이런 경향은 위대한 공적을 좋아하는 무제의 마음에 딱 맞아떨어졌다. 무제는 오경박사를 설치하고 유학을 전문적으로 연구하기 위해 태학(太學)을 설립했다. 그는 또 법가와 종횡가 등에 속한 학자들을 내치고 이들이 벼슬길로 들어오는 것을 금지했다.[85] 무제가 유가 이외의 제자백가를 퇴출한 일에 대해 어떤 사람은 천고에 전해질 어진 정치라 하고, 어떤 사람은 진시황의 분서 정책과 다름없는 폭정이라고 한다. 이 정책의 잘잘못은 내버려두고서라도 후세에 가장 심원한 영향을 끼친 정책임에는 틀림없다. 이 정책은 춘추 이래 온갖 학파가 경쟁하고 수많은 사상이 등장한 시대를 마감하고, 역대 황조의 통치계층, 즉 유가 사대부를 형성하게 했다.[86]

한 무제는 수많은 사업을 일으켰으므로 각종 인재가 필요했다. 비록 스스로 제자백가를 퇴출하는 정책을 시행했지만 인재를 쓸 때는 포용성을 발휘하며 전혀 편견을 보이지 않았다. 이 때문에 꼴 베는 목동과 온갖 장사꾼, 그리고 구속 없이 행동하는 인사까지 모두 떨쳐 일어나 여러 번 뛰어난 공적을 세웠다. 반고는 "한나라의 인재 등용은 여기에 이르러 극성했다(漢之得人, 于玆爲盛)"라고 칭찬했다.[87] 장건과 소무(蘇武, 전 140~전 60) 등은 늠름한 절개를 보여, 중국인이 온통 시를 지어 찬양할 필요도 없이 천지를 떠받칠 만한 기개를 증명했다. 안목

용과 독수리의 제국

이 넓은 실무형 인재도 즐비했다. 문서에 의지하고 학문에 근본을 두는 유생은 정책적 우대는 받았지만 자신과 다른 의견은 배제하려 했기 때문에 시간과 힘을 허비할 수밖에 없었다.

소제와 선제 시기의 중흥은 문제와 경제 시기의 치세를 본받았다. 선제는 민간에서 성장했기에 간신의 사리사욕과 부정부패가 백성을 극도로 해친다는 사실을 깊이 알고 있었다. 따라서 그는 관리를 엄격하게 감독하고 질책했다. 반고는 그가 "상과 벌을 믿을 만하게 시행했고, 명분과 실질에 맞게 인재를 평가했다(信賞必罰, 綜核名實)"고 서술했다. 여기에서도 법치의 관념이 아직 시행되고 있었음을 알 수 있다. 당시에 태자는 부드럽고 어진 마음으로 이렇게 간언을 올렸다. "폐하께서는 형벌을 너무 심하게 시행하시므로 유생을 등용해야 마땅합니다(陛下持刑太深, 宜用儒生)." 선제는 정색을 하고 대답했다. "우리 한나라 황실에는 나름대로 제도가 있어서 본래 패도와 왕도를 섞어 썼다. 어찌 덕치 교화에만 맡기고 주나라 정치만을 쓸 수 있겠느냐?(漢家自有制度, 本以霸王道雜之. 奈何純任德教, 用周政乎?)"[88] 이 태자가 보위를 이어 원제(元帝, 전 74~전 33)가 되었고, 그때 비로소 유학이 실제로 독존의 지위를 차지하게 되었다.[89]

우리는 제2장 9절에서 제자백가의 이상이 모두 국가를 잘 다스리고 백성을 잘 보호하는 정부를 세우는 것인데, 그 관점과 방법이 다르다는 사실을 알게 되었다. 유가는 주관적으로 백성을 사랑하는 동기를 말하고, 수신·제가·치국·평천하를 강구하면서 개인도덕을 정치원칙으로 삼고, 가정윤리를 국가기강으로 삼는다.[90] 법가는 객관적으로 백성을 이롭게 하는 효과를 도모하면서, 국가의 정치가 종친과 친하게 지내는 온정주의에 그쳐서는 안 되므로, 공개적이고 공평한 법치제도와 백성에게 실익을 주는 건설이 더욱 필요하다고 인식했다.

원제 때부터 유가 사대부는 왕조의 통치계층과 고위 정계를 가득 채웠다. 이들은 공리를 배척하고, 제도를 멸시하고, 윗사람은 높이고 아랫사람은 낮추며, 충효와 절의의 교조적 가르침을 주입했다. 이런 교화로 황실과 사대부의 공동 권익을 공고히 하며, 역대 왕조 통치계층의 주류 이데올로기와 법치제도를 질식시키는 개념과 사상을 형성했다. 그러나 이른바 유가 독존은 적어도 두 곳으로부터 제지를 받았다.

첫째, 정부의 관료들은 유가의 경학 대가들과 달랐다. 이들은 국사를 처리해야 하므로 청담(淸談)이나 공론(空論)에만 빠져 있을 수 없었다. 책임감 있는 유신(儒臣)은 경제·사회 지식과 법률·행정 기능을 함께 배웠다. "군자는 한 가지 용도로만 쓰이는 그릇이 아니다"라는 공자의 가르침을 준수하는 유학자도 능력 있는 부하의 일처리에 의지해야 했다. 공리를 추구한 실무형 인재는 정부의 중심에서 물러나 크게 제약을 받았지만 역사에 기록된 공적을 자세히 살펴보면 이들의 수완이 매우 뛰어났음을 알 수 있다.[91] 이 밖에도 '아직 순수한 유학자라고 할 수 없는' 지식인, 예를 들면 한나라 말기의 왕부(王符, 85?~163?), 최식(崔寔, 103?~170?), 서간(徐幹, 170~217) 등의 사상에는 아직도 법가의 기풍이 스며들어 있다. 그러나 유학의 제한을 받아 이들은 주변으로 밀려날 수밖에 없었다. 이후 이들은 현실에 주의하며 시대적 병폐를 구하려고 개념상으로만 다소 새로운 견해를 내놓았을 뿐이다.[92]

용과 독수리의 제국

둘째, 법가를 견제하는 것이 더욱 중요했다. 유생은 고대의 종법제도와 봉건제도를 그리워하며 인치를 숭상하고 법치를 폄하한다. 그러나 목전의 현실에서 살아가야 하므로 법가가 건설한 제도를 받아들이지 않을 수 없다. 전국시대에 변법이 시행된 이후 200여 년 동안 고통스러운 시행 과정을 거치면서 중앙집권 정치체제와 관료 행정기구는 진나라 말기 내란과 초·한 분봉제도를 버텨내면서 정부제도의 골간이 되었다. 유학자 신하도 이 제도를 전복시킬 수 없었다. 하지만 이들은 정부의 관직에 뙈리를 틀고 앉아 제도의 작동 기풍을 바꾸면서 봉건적으로 혈친을 우대하는 인사 정책이 이성적인 행정 관료제도를 압도하게 만들었다.

이들은 또 가와 국을 분리하지 않은 시대의 경전을 천하의 지극한 도리로 받들고, 법률제도 등과 같은 절실한 정치개념을 궤멸시키고 부패하게 만들었다. 이로써 사람들은 이지적으로 사고하거나, 제도를 분석하거나, 개량과 변혁을 추구하는 일에 매진하기 어렵게 되었다. 따라서 유가 사대부는 2,000년 동안 통치 엘리트로 살아오면서 여러 차례 국가의 변란을 겪었지만 그때마다 봉건제도를 회복한 일 이외에는 군주제도를 뛰어넘을 생각은 전혀 없었고, 오직 임금은 임금다워야 하고 신하는 신하다워야 한다는 교조적 이념으로 황제를 보좌하며 날이 갈수록 더 심한 전횡을 자행했다.

이 책에서 나는 법가의 세도와 유가의 기풍이 중국 황조의 이원적 특징이라고 인식했다. 골간은 법가이면서 기풍은 유가인 논조가 전통 시대의 법문이었다. 2,000년 동안 유가는 학술을 좌우하고 여론을 지배하며, 법가를 '사악하고 편벽한 학설'로 배척했다.[93] 현대의 일부 학자는 중국의 황조정치를 가리켜 "앞으로는 유가이고 뒤로는 법가(陽儒陰法)", "겉은 유가이고 속은 법가(儒表法裏)"라고 분석했다.[94] 자세한 내용이 어떤지는 여러 학설이 분분하다. 많은 사람이 중국 황조정치의 공적은 유가로 귀속시키고, 과오는 법가로 미룬다. 나는 서구 학자의 분석에 동의하는 편이다.

유가는 이데올로기를 독점했다. 그러나 이들이 성현의 가르침을 소리 높여 외치기는 했지만, 현실에서 효과적인 조치를 탐구하는 측면을 조사해보면 오히려 법가가 묵묵히 많은 공적을 쌓아왔음을 발견할수 있다. "여러 가지 경제 정책, 예를 들어 상평창(常平倉), 균전제(均田制) 및 염전, 철 그리고 기타 생산품을 관에서 운영하는 제도 등은 모두 법가 이론에서 기원한 것이다."[95] 혹은 과거제도에도 골간은 법가이고 기풍은 유가인 특징이 축약되어 있다고 할 수 있다. 법가는 공평한 제도를 통하여 공개적으로 우수한 인재를 등용하는 과거제도를 주장했다. 유가는 과거시험의 내용을 제공하여 '우수함'의 표준을 사서오경으로 제한했다. 이것은 뒷날의 이야기다. 우리는 여기에서 이러한 제도의 근원을 살펴보고자 한다.

의(義)와 이(利)

맹자가 춘추오패 중에서 제 환공과 진 문공에 대한 담론을 부끄럽게 여기지 않은 이후, 왕도와 패도에 관한 변론, 더 보편적으로는 대의와 이익에 관한 변론이 유가 도통(道統)의 큰 가르침이 되었다. 맹자

용과 독수리의 제국

에서 송·명 이학(理學)에 이르기까지 유학자는 모두 "대의와 이익은 명확하게 갈라지므로 절대로 양립할 수 없으며", 인의로 공리를 채찍질하여 바른 길로 인도해야 한다고 강조했다.[96] 한 선제는 "패도와 왕도를 섞어서 쓴다"고 했으므로 그는 분명히 유가의 도통에 동의하지 않고 법가 사상에 따르면서 인의와 부강이 근본적으로 충돌하지 않으며, 공리와 법률적 평등도 고귀한 도덕적 가치라고 인식했다. 한나라 조정에서 정치를 논할 때는 흔히 유가와 법가의 입장이 충돌을 일으켰다.

동중서는 맹자를 따라 춘추오패를 폄하하고 공리에 반대하며, "대의를 바르게 따라야지 이익을 도모해서는 안 되고, 도를 밝혀야지 공적만 따져서는 안 된다(正其誼, 不謀其利, 明其道, 不計其功)"라고 강조했다.[97] 이 말은 한 무제의 진취적인 정책과 부합하지 않는다. 무제는 국가를 보위하고, 흉노에 반격을 가하고, 예악을 진작시키고, 봉선례를 거행하느라 경비가 부족하여 더 많은 수입이 필요했다. 그는 상업을 경시하는 전통과는 반대로 상홍양 등 상인을 고위 관리에 임명했다. 그들은 상업과 재무에 관한 지식이 풍부했으므로 국가의 재정 효율을 대대적으로 높여줬다.

통일된 화폐는 금융을 안정시키고 통상을 편리하게 했다. 평준법 (平準法)은[98] 가격을 안정시키고 투기를 억제했다. 균수법(均輸法)은[99] 지방의 조공과 중앙의 수요를 순화롭게 처리했다. 정부 물자 구입의 절차를 간소화하자 운수 비용이 절감되었다. 소금, 철, 술 사업을 국영으로 관리하면서 본래 소금과 쇠를 만들어 팔던 상인을 염철관(鹽鐵

官)으로 임용했다. 또 단기 상업 재산세를 대상인들에게 매겨서 국가의 수요를 부담하게 했다. 무제는 이러한 창의적 방안을 이용하여 흉노와 40년간 벌인 전쟁의 막대한 군사비를 충당했다. 따라서 당시 백성들에게는 세금을 올릴 필요가 없었다.

현대 경제학적 관점으로 살펴봐도 상홍양 등이 시행한 조치는 상당히 일리가 있다. 이 때문에 어떤 서구 학자는 이들의 정책을 '현대식(modernist)'이라고 부른다.[100] 그러나 한나라 때 상홍양 등은 '이익만 추구하는 신하(興利之臣)'[101]로 조롱을 당했다. 현대인은 아마도 오해하기 쉬울 것이다. 한나라 유학자가 쓴 '이익 추구(興利)'라는 말이 폄하의 의미임을 모르기 때문이다. 즉, 이 말에는 "소인은 이익에 밝다(小人喩於利)"는 뜻이 포함되어 있다. 동중서 이전에도 군자는 이미 정부가 '백성과 이익을 다툼(與民爭利)'을 질책했다.[102]

세금을 거둬서 국가사업과 공공이익을 추구하는 건 고금, 중외, 군주, 민주 할 것 없이 모든 정부의 피할 수 없는 책임이다. 문제는 정부의 어떤 지출을 백성이 부담할 만한 가치가 있느냐, 또 그 부담을 어떻게 각각의 백성에게 지울 수 있느냐에 놓여 있다. 제6장 8절의 재정분석에서 알 수 있겠지만 한나라의 주요 조세는 상당히 가벼운 편이었다. 토지세는 30분의 1인데, 맹자가 이상적으로 내세운 9분의 1보다도 훨씬 적었다. 하지만 세율은 모든 사람이 같았기 때문에 가난한 사람의 조세 부담이 상대적으로 무거웠다. 『사기』와 『한서』에는 모두 당시 상황을 다음과 같이 기록했다. "거상과 부호가 천하를 횡행했고(大商富賈周流天下)" "한 해에 10분의 2 이득을 남기면 세금을 내지 않

용과 독수리의 제국

았으며(歲有十二之利, 而不出賦稅)""쇠를 주조하고 소금을 팔아 재산을 수만금이나 모은 사람도 더러 있었지만, 급한 공무를 돕지 않아 백성의 고통이 가중되었다(冶鑄鬻鹽, 財或累萬金, 而不佐公家之急, 黎民重困)."[103]

가난한 사람은 세금을 납부하는데 부자는 세금을 내지 않고도 국가의 치안 혜택을 누리는 건 국가가 가난한 사람을 약탈하여 부자를 구제하는 것과 같다. 게다가 사사롭게 토지를 매매하여 빈부격차를 야기하는 건 공인된 사회문제였다. 해결 방법은 무엇일까? 유생은 옛날로 돌아가야 한다고 했다. 그것은 제2장 9절에서 지적한 바와 같다. 그러나 정전제는 강제성이 가장 강하고, 민의도 가장 심하게 위반하며, 경제도 가장 강하게 위축시킨다. 정부가 빈부격차를 해소하거나 국방 건설을 하려면 세금이 필요하고, 세무 재정을 잘 이용해야 더욱 좋은 효과를 볼 수 있다. 예를 들어 현대의 영업세나 수입 증가에 따라 세율을 높이는 누진 소득세는 모두 부자들에게 상대적으로 무거운 세금을 내게 한다. 이들의 재산은 국가의 세금을 통해 복지 기금으로 전환되어 가난한 사람들에게 전해진다. 이러한 재정 조치는 장기적인 실천 경험이 누적되어 나타난 결과물이다.

이는 선진 시대 법가가 이론을 제기했고,[104] 한나라 실무자들이 새로운 실험을 다양하게 시도했다. 상홍양 등은 행정조직을 개혁하여 낭비를 줄이고 정부로 하여금 더욱 강력한 물자 동원 능력을 갖추게 하여 사회를 조정하고 외환에 대응해야 한다고 주장했다. 그것은 『한서』에도 "백성에게 세금을 더 부과하지 않고도 천하가 그 넉넉함을 활용할 수 있다(民不益賦而天下用饒)"[105]고 기록된 바와 같다. 유가의 교조적 가르침에 구애받지 않는 현대인의 시각으로 바라보면 이들이야 말로 '이익을 추구하는 신하'라는 찬사를 받아도 부끄러움이 없는 사람이다.

무릇 현실 정책은 완전하기가 어렵고 찬반 논쟁에서 벗어날 수도 없다. 이는 현대 민주정치 논쟁 과정에서 가장 뚜렷하게 드러난다. 한 무제의 문민 통치와 무력 정벌에는 많은 비용이 필요했지만 농민의 세금 부담을 늘리지 않는 방향으로 정책을 결정했고, 새로운 조치에 필요한 부담금은 부호와 거상이 책임지도록 했다. 철강과 소금 사업, 그리고 투기로 벌어들이는 폭리는 본래 거부의 주머니로 들어갔지만 이제는 국가가 그 일부를 가져와서 흉노 격파 비용으로 충당했다. 부귀한 사람은 반대했지만 이는 정책 담당자가 예상한 일이었다. 게다가 이 조치에는 확실히 결점이 많았고, 생경한 집행 과정에서도 폐단이 발생했으므로 시정해야 할 점 또한 적지 않았다.

기원전 81년 소제는 회의를 소집하여 민간의 고통에 대해 질문하고 소금, 철, 술 담당관을 파면할 것인지 토론하게 했다. 승상 주재하에 상홍양 등 이익 추구 대부들이 그해 전국 각지에서 뽑은 엘리트인 '현량문학(賢良文學)' 60여 명과 얼굴을 마주하고 논쟁을 벌였다. 이후 원제 때 유신 환관(桓寬)이 이 회의의 기록을 편찬하고 논란을 부연 설명하여 수만 자에 달하는 책을 저술한 후 제목을 『염철론(鹽鐵論)』이라고 했다.[106] 이 회의에서는 재정 분야 이외에도 정치, 군사, 사회 등 광범위한 문제를 토론했다. 그러나 총체적으로 살펴보면 이런 것들은 곁가지일 뿐이었다. 환관과 반고는 모두 『염철론』의 대전제가 이념상의 사상 투쟁이라는 데 동의했다. "어떤 사람은 인의를 최상으로 치고, 어떤 사람은 권리에 힘씁니다(或上仁義, 或務權利)." 이 회의에서 현량문학에 속하는 인사들은 먼저 다음과 같이 발언했다. "지금 전국 군(郡)과 제후국에서는 소금, 철, 술을 전매하고, 균수법을 시행하며 백성과 이익을 다투고 있습니다. 이는 순후하고 소박한 민심을 해치고 탐욕스럽고 비루한 교화를 이루는 일입니다(今郡國有鹽鐵酒榷均輸, 與民爭利. 散敦厚之樸, 成貪鄙之化)."[107]

'백성과 이익을 다툰다'는 누명은 염철론 회의에서 상홍양의 날카로운 반박을 받았다. 그러나 원제 때부터 그 누명의 파괴력이 크게 증가했고, 상평창이 하나의 희생품이 되었다. 선제는 유신의 반대를 무시하고 재무 지식이 있는 경수창(耿壽昌)의 제의를 받아들였다. 그 방법은 대략 이렇다. 풍년이 들어 곡식 가격이 떨어졌을 때는 정부에서 시가보다 비싸게 곡식을 사들여 농민을 이롭게 하고, 그 곡식은 당지의 상평창에 저장해둔다. 그러다가 홍수가 나거나 가뭄이 들어 곡식값이 올랐을 때 상평창에 저장해둔 곡식을 시가보다 싸게 팔아서 백성을 이롭게 한다. 상평창은 곡식 가격의 등락을 완화하고 정부의 구제 식량 비용을 경감시키는 방향에서 큰 성공을 거두어 후세에도 자주 운용했다. 하지만 애석하게도 한나라에서는 겨우 11년 시행에 그쳤다. 원제가 유신의 말을 들었기 때문이다. "상평창을 없애서 백성과 이익을 다투지 말아야 합니다(常平倉可罷, 毋與民爭利)."[108] 언뜻 들어보면 이 또한 인의에 입각한 민본주의처럼 보인다.

우리는 또 민(民)이 무엇인지 질문해야 한다. 식량 가격의 등락은 일반 백성이 느끼는 가장 큰 공포. 식량 가격이 떨어졌을 때 농민이 느끼는 상실감과, 식량 가격이 올랐을 때 굶주리는 백성이 느끼는 참혹감은 유생의 문장에도 눈물이 배어날 정도로 간곡하게 묘사되어 있다. 그러나 유생은 실제 정책을 펼칠 때 정부의 식량 가격 안정 대책을 저지했다. 이 때문에 이들은 결과적으로 농민과 빈민을 해치며 투기 상인과 독점 지주의 이익만을 보장해줬다. 예리한 비평가는 이들의 언행이 거짓이고 '백성'을 이용하여 사리사욕을 도모한 것이라고 비난했다. 또한 서생이 머리도 쓰지 않고 책임도 지지 않으며 '도를 밝히고 세상을 구제한다(明道救世)'는 자아도취적 구호만 공허하게 내세웠다고 질책했다. 이에 따라 이들은 그 구호가 야기하는 온갖 모순에도 상관하지 않았고, 더더욱 그 구호의 실천에 따른 후과도 전혀 고려하지 않았다.[109]

경전주석심리

염철관은 본래 국방을 위한 군대 경비를 마련하기 위해 설립되었다. 이 때문에 염철회의에서 외적에 관한 토론이 빠질 수 없었다. 한나라는 건국 때부터 줄곧 흉노의 침략을 가장 큰 문제로 인식했다. 역대 군신은 대책을 논의하면서 대부분 현실적인 태도를 보였다. 화친을 주장하든 공격을 주장하든 모두들 승부, 비용, 변방 거주민의 안위, 중원 번영을 고려했다. 사람들은 또 "전쟁은 흉기다(兵者, 凶器也)"라고 말하면서도 변방의 군사를 절대로 줄여서는 안 된다고 했다.

염철회의에서 현량문학에 속한 인사는 유가의 입장에 서서 '인자무적(仁者無敵)'이라는 4자 진언으로 모든 힐난을 차단했다.

"순 임금이 방패와 도끼를 들고 춤을 추자 묘족이 항복했습니다(舜舞干戚而有苗服)."

"공자께선 말했습니다. 먼 곳에 사는 사람이 항복하지 않을 때 문덕을 닦으면 항복해온다(孔子曰, 遠人不服, 則修文德而來之)."

"무를 버리고 문을 행하고, 힘을 없애고 덕을 숭상하고, 관문과 교량을 없애고 장벽과 요새를 제거한 후 인의로써 인도하면, 북쪽 변방에는 오랑캐의 우환이 없어질 것이고 중원에는 무기를 들 일이 없어질 것입니다(去武行文, 廢力尙德, 罷關梁, 除障塞, 以仁義尊之, 則北垂無寇虜之憂, 中國無干戈之事矣)."

"『춘추』에서는 '어진 사람에겐 적이 없다'라고 했습니다(『春秋』, '仁者無敵')."

"임금 된 사람이 어진 정치를 행하면 천하에 적이 없어질 터인데 어찌 군비를 쓰려고 합니까?(王者行仁政, 無敵於天下, 惡用費哉?)"[110]

회의에 참석한 유생 수십 명만이 특별히 비현실적인 건 아니었다. 흉노가 투항해오자 변방의 방어 요새를 제거해야 한다는 목소리가 사방에서 울려 퍼졌다. 압력을 받은 원제는 "변방 요새 없애는 일을 더 이상 논의하지 말라"고 조서를 내렸다.

동한 시대에 이르러 문을 숭상하고 무를 폐지하자는 기풍이 성행하자 이 틈을 타고 도적이 횡행했다. 동한 말기에 응소(應劭, 153?~196)가 "관에서 경비를 하지 않는 것은 실로 도적의 마음을 열어주는 것이다(官無警備, 實啓寇心)"[111]라고 형용한 바와 같다. 당시 백성이 어떤 재앙을 당했는지는 제7장 3절에서 상세하게 토론하겠다.

현량문학 인사는 흉노가 화친조약을 체결하고서도 침입한 사실을 보려 하지 않았다. 이들의 의식은 주관적인 구호에 편중되어 여의치 못한 객관적 사실을 은폐하는 데 습관이 되어 있기 때문이다. 인자무적이란 구호를 어떻게 군사 행위에 사용할 수 있겠는가? 요·순이 보위에 오르자 천하가 크게 다스려졌다는 말을 어찌 법률에 적용할 수 있겠는가? 문치의 기운이 만연하면 듣는 사람은 가슴이 뜨거워져서 질문도 망각한다. "정말인가? 가능한 일인가? 목전의 세계에서 실현 가능한 아름다운 이상을 어떻게 증명할 수 있는가? 게다가 전혀 힘들이지 않고 그것을 실현할 수 있단 말인가?" 유세하는 유학자는 이렇게 대답한다. "우리의 말을 들으면 천하를 태평하게 할 수 있다." 한비자는 그것을 어린아이 장난에 비유했고, 또 무속을 빙자한 사기꾼이 사람의 목숨을 천세 만세 연장할 방법이 있다고 떠벌리는 것에 비유했다. 왜냐하면 그것은 전혀 증명할 방법이 없기 때문이다.[112]

유가에서는 입만 열면 요·순시대를 들먹이며 역사에 확실히 아름다운 세계가 있었음을 증명하려 한다. 그러나 그런 전설은 역사적 사실이 아니다. 요·순은 5,000년 전 사람이고 그때는 문자가 없었다. 한비는 모두 요·순 이야기를 하지만 사람마다 모두 내용이 다르다고 지적하면서 어느 것이 진짜고 어느 것이 가짜이며 증거는 어디에 있느냐고 비판했다. 또 증거도 없이 사물을 확정하는 건 바보나 하는 짓이고, 확정할 수 없는 사물을 이론 근거로 삼는 것은 사기라고 비판했다.[113]

『시경』과 『상서』는 현존하는 고대 경전 중에서 가장 믿을 만한 문

용과 독수리의 제국

헌이지만 여기에서 묘사하는 고대 세계는 유가에서 판에 박은 듯이 내세우는 삼대와 큰 차이를 보인다.[114] 맹자는 누차 상나라 탕왕(湯王)이 "천하에 적이 없어, 동쪽으로 원정가면 서쪽 오랑캐가 원망했고, 남쪽으로 원정가면 북쪽 오랑캐가 원망하면서 '어찌하여 우리의 고통은 뒤로 미루시는가?' 하였다.(無敵於天下, 東面而征, 西夷怨, 南面而征, 北狄怨, 曰, 奚爲後我?)"[115]라고 말했지만 그 일이 진짜인지 가짜인지는 알 수 없다. 오히려 『상서』「무성(武成)」에는 주나라 무왕이 상나라 주왕을 정벌할 때 그 전투가 매우 참혹했다고 기록되어 있다. 맹자는 이에 대해 이렇게 합리화했다. "『상서』를 모두 믿을 거라면 『상서』가 없는 것이 더 낫다. 나는 「무성」편에서 두세 대목만 취할 뿐이다. 어진 사람은 천하에 적이 없고, 지극히 어진 사람이 지극히 불인한 사람을 정벌했는데, 어찌하여 피가 방패를 띄울 정도로 흘렀겠는가?(盡信『書』, 則不如無『書』. 吾於「武成」取二三策而已矣. 仁人無敵於天下, 以至仁伐至不仁, 而何其血之流杵也?)"[116] 어떤 사람은 단장취의하여 첫 번째 구절을 근거로 맹자의 태도가 개방적이라고 찬양한다.

그러나 여기에는 두 가지 태도가 뒤섞여 있다. 텍스트에서 말하는 것이 반드시 진실은 아니고 기록된 사실도 검증하여 확정하기가 어렵다. 이 때문에 독립적으로 사고하는 사람은 반드시 그런 사실을 분석하고 비교해본다. 진리를 추구하는 사람은 자신의 생각이 틀릴 수도 있음을 알기에 모든 증거로 교차 검증하고 반복해서 살펴보며 자신의 결점을 정정한다. 완고하고 독단적인 사람은 자신의 교조적 신념이 절대적으로 옳다고 확신한다. 이에 교조적 신념에 합치되는 사례만 뽑아서 이야기를 왜곡하고 날조하고, 자신의 신념에 부합하지 않는 증거는 전부 가짜라고 여기며 폐기해야 마땅하다고 단언한다.

맹자는 역사의 허실을 경솔하게 판단했고, 순자는 이미 그의 그런 경향에 주의했다. 현대 학자들은 이에 대해 더욱 심도 깊은 연구를 했다.[117] 이런 기풍은 절대 드물지 않다. 공자의 미언대의(微言大義)를 밝혀냈다는 『공양전(公羊傳)』에서는 이렇게 지적했다. "『춘추』는 높은 사람을 위해 기록을 꺼렸고, 친한 사람을 위해 기록을 꺼렸으며, 어진 사람을 위해 기록을 꺼렸다(『春秋』爲尊者諱, 爲親者諱, 爲賢者諱)."[118]

예교를 옹호하기 위해 사실을 숨기고 왜곡한 사례는 『춘추』에만 그치지 않고 『논어』와 『맹자』에 더 많이 보인다.[119] 송나라 도학가는 발꿈치를 잘라 신발에 맞추는 일에 더욱 뛰어났다. 이들은 사실의 진상은 무시하고 도덕적 교조만 강조했다.[120] 현대 학자들은 전통 속 역사 평론을 연구하여 거기에 좋고 나쁜 감정만 있지, 진실과 거짓에 대한 분석은 없다는 걸 발견했다.[121] 진실을 존중하는 마음이 부족한 것, 이것이 바로 유가의 도통 사상과 서구 사상의 큰 차이점이다.

진실을 돌아보지 않고 검증은 무시하며, 이치를 강구하지 않고 스스로 모순에 빠져드는 심리 상태는 광신도가 종교 경전을 주석하는 특징이다. 주석 대상이 『성서』든 『쿠란』이든 아니면 『논어』든 『마오주석어록(毛主席語錄)』이든 광신도의 입장에서는 그 경전을 우주 속의 유일무이한 규범으로 간주한다. 또 무릇 진실하고 선하고 정신을 계발해주는 것은 모두 그 속에 있고, 거짓이고 악하고 가치 없는 것은 지난날에 이미 걸러졌다고 생각한다. 이에 모든 문제에 경전을 인용하여 대답한다. 경전은 100퍼센트 선하며, 경전에 의문을 품고 이견을 제시하는 사람은 사악하므로 반드시 청산해야 한다고 주장한다.[122]

경서의 내용은 매우 복잡하다. 단장취의하여 자신의 마음에 맞지 않는 경문을 생략하면 어떤 정파의 의견도 지지할 수 있다. 따라서 경전 주석가는 늘 여러 분파로 갈라져서 심한 알력을 빚는다. 하지만 각 분파는 모두 자신만이 절대적인 진리와 절대적인 선을 신봉한다고 여긴다. 어떤 사회과학자는 이렇게 지적했다. "절대적인 도덕가의 주요 특징은 후과를 돌아보지 않는다는 것이다. …… 만약 이들의 선의가 나쁜 결과를 야기하면 스스로 반성하지도 않고 잘못이 자신에게 있지 않고 외부 세계에 있다고 단정한다. 또 그것은 다른 사람의 우둔함과 사악함 때문이거나 하느님의 뜻에 의해 초래된 재앙이라고 단정한다." "이들에게는 자기 행위의 결과에 책임을 지겠다는 생각이 전혀 없다."[123]

광신도는 경전에 대해 종교적 또는 도덕적으로 열광하면서 자신은 그것을 신봉하기 때문에 다른 사람보다 인격이 더 높다고 생각하며 안하무인으로 행동한다. 도덕적 명성을 추구하는 것 외에도 경전의 난삽한 언어를 암송하면 외부인을 배척하고 퇴출할 수 있다고 여긴다. 공자도 『시경』을 배우지 않으면 더불어 말을 할 수 없다고 했다. 따라서 '요·순' 등과 같은 용어에 밝지 않으면 유생과의 논쟁에 끼어들 수 없게 된다. 『한서』 「유림전(儒林傳)」 첫머리에 그 의미가 분명하게 밝혀져 있다. "육예(육경)란 성군의 교화를 담은 전적인데, 선성(先聖) 공자께서 천도를 밝히고 인륜을 바로잡기 위해 지극한 다스림의 법전으로 드리운 것이다(六藝者, 王敎之典籍, 先聖所以明天道, 正人倫, 致至治之成法也)." 한나라 유학자의 '영원히 변하지 않는 도(永永不易之道)'에서 청나라 유학자의 '만세의 교과서(萬世敎科書)'에 이르기까지, 사서오경을 경배하는 논조는 끊임없이 지속되었다.[124]

　20세기 중엽에 들어서도 유가를 존중하는 대학자들이 육경(六經)으로 "중국의 모든 학술을 통섭할 수 있을 뿐 아니라 서양의 모든 학술도 통섭할 수 있다"라고 했다.[125] 경전 주석가로서의 심리는 교조주의를 숭상하고 이지적 사고는 억압하기 때문에 필요할 때는 언제나 구호를 바꿔 새로운 경전에 적용할 수 있다. 21세기에 들어서서도 유학에 의해 독단적으로 배양된 '경전주석심리(經典註釋心理)'는 강고하게 뿌리를 내린 채 마치 옛날 전족을 단단히 동여맨 헝겊처럼 중국사상을 옥죄며 전진을 방해하고 있다.

　'경전주석심리'는 교조주의를 가다듬어 이성적 사고를 가로막는다. 군주주의든 민주주의든 정책이나 행동을 결정해야 할 때는 반드시 숙고와 상의를 거쳐야 한다. 정책 논쟁이 각 단체의 요구까지 다루고 담판을 통해 취사선택을 하려면 비할 수 없이 번잡하고 어려운 과정을 거쳐야 한다. 협상에 성공하기 위해서는 모든 사람의 통달한 이치에 의지해야 한다. 현실을 존중하고 자원과 능력이 유한하다는 사실을 알아야 하며, 완벽한 아름다움은 바랄 수 없고 충분히 좋으면 그것으로 충분하기 때문에 서로서로 양보하며 타협에 도달해야 한다.

　이성적인 절충은 '경전주석심리'가 허용하지 않는 행위다. 경전 문장은 전적으로 선하기에 양보는 악마에게 머리를 굽히는 행동과 똑같이 취급되기 때문이다. 사상의 양극화는 광적인 도덕 투쟁으로 이어져 이성은 매몰되고 만다. 염철회의에서 현량문학 인사가 보여준 태도가 바로 여기에 가깝다. 그들은 어떤 합리적이고 실천 가능한 개량이라도 성인의 수준에 미치지 못하면 한결같이 멸시했고, 현실 속 모든 정치와 사회를 대약진시켜 전반적인 성인화(聖人化)를 달성하려고 의도했다.[126]

『염철론』에는 상홍양이 논쟁을 하다 묵묵히 응답하지 않는 것으로 끝나는 대목이 많다. 나는 상홍양이 환관이 암시한 것처럼 패배를 인정하지 않았고, 오히려 현량문학의 편집증을 이치로 깨우칠 수 없다는 사실에 탄식했다고 생각한다. 당시의 정책에 결함이 많아서 크게 개선할 필요가 있었음은 의심할 바 없다. 조야 인사를 모아 대회를 개최하고 정치 사회의 문제를 토론한 것은 전도유망한 실험이었지만 안타깝게도 성과가 너무 적었다. 강물처럼 도도한 논리를 펼친 몇십 명의 현량문학 인사는 바로 대부의 지위를 얻었지만 이후 아무도 뚜렷한 정치적 업적을 내지 못했다.[127] 이들은 당시의 선발제도를 통해서 바로 정부로 진입했지만 염철회의 이후로는 아무런 영향력도 발휘하지 못했다. 이후 개최된 석거각(石渠閣) 회의[128]와 백호관(白虎觀) 회의[129]에는 천자가 친림했다. 그러나 백성의 문제에 대해 묻지 않고 경전 문장만 물었다.

무책임한 이상주의

사대부는 관직으로 출세한 후 곧바로 땅을 사거나 점유하여 집안 재산을 늘렸다. 아울러 강력한 가문과 결탁하여 사회적 지위를 높이고 점차 강성한 사족(士族)으로 성장했다.[130] 세계의 통치계층 대부분은 관료 세력, 법률 혜택, 재산과 명망을 갖추고 있다. 중국 왕조의 통치계층도 마찬가지였다. 또한 경학을 이용하여 이 모든 요건을 응축했다. 유생은 공자를 '소왕(素王)'으로 받들었다. 이들이 지향하는 '군자'는 고대 귀족의 화신이었다. 현대 학자들은 왕조시대 사대부를 '문화귀족' 또는 '정신귀족'이라고 부른다. 또 "그들의 내면에는 자존적이고 탈속적인 직관이 존재하고 있었다. 그들은 서생 귀족이었다."[131]

한 원제는 즉위 후 순수하게 왕도정치를 행했다. 그때부터 거의 모든 재상은 대유학자가 맡았다. 명실상부한 문사가 아니면 고위관직에 임명되기 어려웠다.[132] 유학은 마침내 실제로 독존의 지위에 올랐다. 성인의 문도들이 황제의 지위와 정계를 독점했다. 충신과 효자의 행적이 널리 알려졌고, 덕치를 바탕으로 한 교화가 조야(朝野)에 성행했다. 그러나 이상적인 태평성대는 전혀 도래하지 않았다.

유가의 아름다운 예언과는 반대로 정치와 사회는 모두 쇠락의 기미가 뚜렷했다. 『한서』에서는 선제가 왕도와 패도를 병용할 때 "직무에 맞는 관리가 임명되어 백성이 자신의 생업에 편안히 종사할 수 있었다(吏稱其職, 民安其業)"라고 했고, 원제 시대에는 국가가 쇠락하여 관리의 통치 기술이나 공인의 기물 제작 솜씨가 모두 전대에 미치지 못했기 때문에 "선제의 유업이 쇠퇴했다(孝宣之業衰焉)"고 탄식했다.[133] 원제

용과 독수리의 제국

는 너그러운 성품으로 아랫사람을 어질게 대했지만 귀족은 마음 놓고 권력을 남용했고, 관리는 아무 잘못도 없이 관직을 잃었고, 문화귀족만 이득을 얻었으며, 백성과 국가는 많은 손상을 입었다. 인치를 바탕으로 한 교화의 공으로는 관직 사회의 기강 해이를 보충할 수 없었다. 원제 스스로도 "재위 기간 직무를 제대로 처리하지 못한 경우가 많았다(在位多不任職)"라고 인정했다. 반고는 선왕의 말을 전한 대유학자 재상 열 명을 열거하고 "그러나 모두 녹봉이나 받아먹고 자리 보전이나 하다가 아첨꾼이라는 비난을 받았다(然皆持祿保位, 被阿諛之譏)"라고 했다. 주운직(朱雲直)은 성제(成帝, 전 51~전 7)에게 이들을 질책했다. "위로는 임금을 바로잡을 수 없고, 아래로는 백성을 이롭게 하지 못하니 모두 헛되이 자리나 지키고 공밥을 먹는 자들입니다(上不能匡主, 下亡以益民, 皆尸位素餐)."[134]

"한나라는 원제와 성제 때 쇠락하여 애제(哀帝, 전 25~전 1)와 평제 때 거의 망했다(漢世衰於元成, 壞於哀平)"는 것이 『한서』의 결론이다.[135] 현대 사학자는 이렇게 해석했다.

유가의 반(反)공리 사상으로 인해 한나라는 진취적인 정책을 제정할 수 없어서 국력을 떨칠 방법이 없었다. 유생이 정치를 담당하면서 더욱 직접적으로 진취적인 인재의 발전을 가로막았다. 현실파의 실패는 진취직 인재 전체의 쇠락을 상징하고 동시에 전체 서한 왕조의 몰락을 상징한다.[136]

이것은 징조로 그치지 않고 왕조 몰락의 일대 원인으로 작용했다.

직무에 익숙하지 않은 유생은 걸핏하면 경전을 인용하여 "도가 일 보다 우월하다(道勝於事)"라고 하면서 직무에 뛰어난 동료를 배척했다.[137] 예를 들어 서언(徐偃)은 외직에서 일을 하면서 조정에 보고하지도 않고 교동(膠東)의 노(魯) 땅에서 소금과 철을 생산할 수 있게 했다. 제도를 어겼다고 탄핵당하자 그는 생산을 장려하여 사직과 백성을 이롭게 하려 했다고 답변했다. 그러자 유신(儒臣) 종군(終軍, 전 133~전 112)이 어사대부 장탕(張湯, ?~전 116)을 도와 『춘추』와 『맹자』를 인용하여 서언을 질책했다. "함부로 자존망대하며 백성의 여망을 좇아 명예를 추구하고 있으니, 이는 밝으신 성군께서 반드시 주살해야 할 자입니다(矯作威福, 以從民望, 干名采譽, 此明聖所必加誅也)." 그리고 그에게 죄를 씌워서 죽였다.[138] 자발적이고 능력 있는 인사의 운명을 이 사건을 통해서 짐작할 수 있다.

사대부에게 능동적, 객관적, 이성적 협상 능력이 부족하여 정책 결정 과정이 결국 관리들의 인사 갈등, 당파 대결, 권력 투쟁으로 전락했다. 유생은 법가의 관리와 분쟁했을 뿐 아니라 자신끼리도 각각 파벌을 나눠 서로 알력을 빚었다. 이들의 장기라고 할 수 있는 예의에 관한 논의에서도 협의를 달성하기가 어려웠다.[139] 원제 때 유씨 종묘에 모두 1만 2,147명의 축재(祝宰: 제사와 예의 담당 관리)와 악인(樂人: 음악 담당 관리)과 4만 5,129명의 위사(衛士: 호위병)를 임용했으며 외부에도 희생하는 병졸을 무수하게 두었다. 유신들은 제도를 고쳐 고대의 예법에 맞추는 데 열중했지만 의견이 분분하여 결정하지 못했다. 이쪽에서 권력을 잡았을 때는 이렇게 설치했다가, 다른 쪽에서 권력을 잡으면 철폐했으며, 또 제삼의 세력이 득세해서는 다시 설치했다. 이리저리 바꾸다가 결국 다량의 재물만 낭비하기 일쑤였다.[140]

경전을 주석하는 일 외에 한나라 유학자는 천도를 끌어들여 허울로 삼고, 음양오행, 참위학(讖緯學)을 인용하여 자연계의 기이한 현상이 길흉을 예언하고 시사 문제를 알려준다고 지적했다. 이들은 봉황이 날아와 의례에 참여했다는 등등의 상서로운 조짐을 이용하여 국가와 황제의 공덕을 찬양했다. 또 홍수, 가뭄, 병충해 등 재난으로는 정치의 폐단을 폭로하고 임금의 실덕(失德)을 견책하면서 기회를 빌려 간언을 올렸다. 이처럼 유생은 하늘을 대신하여 발언한다고 자처하며 임금의 마음을 바로잡으려 했다.[141]

원제 이후로 재난이 자주 발생하자 이런 학설을 신봉하는 신도가 증가했고 현실에서도 병폐가 만연했다. 토지 겸병과 극심한 빈부격차로 가난한 사람은 몸을 팔아 노예로 전락했고, 갖가지 사회문제도 심각해졌다. 로마 치하의 이탈리아와 비교해볼 때 한나라의 노예 숫자는 언급할 수 없을 정도로 미미했지만 중국인은 여전히 그것을 큰 병폐로 간주했다. 원제·성제·애제·평제 4세(전 58~전 5) 동안 재상이 우둔하여 조정의 대권이 모두 외척의 수중으로 떨어졌다. 온정주의 도덕 아래에서는 외척이 권력을 잡아도 크게 비난하지 않았다. 설령 종친과 친해야 한다는 인성이 외척에게까지는 미치지 못한다 해도, 효도에 근거하여 황태후의 대권을 확보할 수 있었다.

그러나 '경전주석심리'에는 논리적 측면이 크게 작용하지 못했다.

사대부는 외척이 자신들과 권력투쟁에 참여하는 걸 통한으로 여기며 그들이 국사를 망친다고 질책했다. 한나라의 운명이 쇠퇴하여 천명이 이동한다는 사상이 만연했고, 현인에게 보위를 선양해야 한다는 논리가 무르익고 있었다. 상서로운 조짐을 내세운 참위설이 점차 귀족 유생 왕망을 가리키고 있었다.

외척이 번갈아가며 권력 투쟁을 벌이는 과정에서도 원제의 황후 왕씨는 권력을 잃지 않았다. 왕망은 현명하고 효성스러우며 학문을 좋아했고, 하층 선비를 공손하고 검소하게 대해서 명망이 천하에 가득 찼다. 기원전 1년, 아홉 살에 불과한 평제가 즉위했다. 왕망은 대사마(大司馬)와 대장군의 직함을 가지고 정권을 잡았다. 그는 교화를 베풀고 빈자를 구제하며 태학을 확대하여 유생으로 가득 채웠다. 또 장안에 상만창(常滿倉)을 설치하여 저잣거리 백성에게 양식을 보급했다. 그를 추대한 사람은 사대부에 그치지 않는다. 기원 5년 48만 7,572명의 관리와 백성이 상소문을 올려 왕망에게 상을 더해주기를 청했다. 4년 후 왕망은 한나라를 찬탈하여 신(新)나라의 유일한 황제가 되었다.[142]

현대 사학자는 이렇게 지적했다. "한나라 유학자의 이상주의는 왕망의 신나라에서 정점에 도달했다." "왕망은 일찍부터 유가사상을 대표하는 인물로 인식되었다. 즉, 한나라 왕실의 덕이 쇠퇴하여 왕망이 그것을 대신하는 것은 유가에서 말하는 '천하위공(天下爲公)'의 이상을 실현하는 일이라는 것이었다."[143] 유씨 종실의 반항은 신속하게 소멸되었고, 거의 모든 신하와 사족이 모두 신나라를 받아들였다. 천명이 바뀌었다는 것이다.

그러나 바뀐 천명은 짧은 기간에 불과했다. 왕망은 천명을 받들고 맹자 이래 수많은 유생이 끊임없이 고취한 어진 정치를 시행했다. 그는 '정전법 시행 조서(井田詔)'를 내려 노비 매매를 금지했다. 또 부호가 토지를 무단 점유하여 30분의 1의 세금만 정부에 납부한 후 자신은 오히려 농민에게 10분의 5를 소작료로 갈취하는 걸 통렬하게 질책했다. 그리고 명령을 내려 각 호구가 점유할 수 있는 토지를 제한하고, 부호로 하여금 규정 이외의 나머지 땅을 곤궁한 친족이나 이웃에게 분배하도록 했다.[144]

한나라 유학자는 자신들의 노력으로 마침내 이상에 열중하는 황제를 모셨지만 점차 좋지 않은 결과가 야기되는 걸 발견했다. 그것은 의외라고 할 수 없는 일이었다. 현실을 조금이라도 중시하는 사람은 모두 많은 사족이 토지를 무단 점유하고 노비를 사서 부자가 된 사실을 알고 있었다. 문화귀족이 바로 사회문제를 초래하는 주요 요소 중 하나였다. 이들의 숭고한 이상을 관철하는 것은 기실 이들 개인적인 이익을 해치는 일이었다.[145] 진정한 도덕이 시험대에 오른 것이다.

이들의 선택은 분명했다. 본래 무력 억제를 주장한 문인이 경쟁적으로 무장한 사병을 두었고, 본래 백성을 혼란에 빠뜨리는 일에 반대한 사족이 천하 대란을 야기했다. 현대 사학자들은 사족의 연원을 상세하게 추적하고 반란자의 신분을 분석한 후 다음과 같은 결론을 내렸다. "고대 역사의 기록을 관찰해보면 적어도 한 가지를 간과할 수 있다. 그것은 당시에 진정으로 왕망의 새로운 정치에 반대하여 거병한 사람은 주로 사족 명문대가라는 점이다. 더욱 흥미로운 점은 정전제 회복과 노비 금지 정책을 정식으로 시행하기 이전에는 명문대가가 오히려 새로운 왕실을 옹호했고, 반란을 일으키는 자가 거의 드물었다는 사실이다. 이후 천하의 명문대가는 마침내 분분히 거병하여 반란에 가담했다." 무슨 이유인가? "한편으로 왕망은 사대부와 결탁했지만 다른 한편으로는 백성의 이익을 침탈하는 부호 세력을 공격했기 때문이다. 이것은 다수의 명문대가의 이익과 상충되는 점이다."146

사대부는 이익 추구를 부끄러워했지만 이제는 인의를 내세우던 이들의 주장을 바꿨다. 이들은 본래 한나라의 심한 빈부격차를 질책했지만 이제 태도를 바꿔 왕망의 찬탈과 불충을 질책했다. 민심이 갑자기 한나라를 그리워한다고 하면서 이에 천명도 유씨에게 귀착되었다고 주장했다. 또 다른 현대 사학자 두 명은 이렇게 관찰했다. "중국의 문화는 양한 사이에 크게 바뀌었다. 한나라 이전에는 치국을 이야기하는 사람들이 대부분 사회 정치를 공격하는 데 진력했다. 동한 이후에는 이러한 의견이 다시 나타나지 않았다." "이후로는 제왕의 만세일가(萬歲一家) 사상이 다시 부활했고, 현인에게 나라를 선양해야 한다는 논조는 다시 생겨나지 않았다. 정치를 하면서 이익을 이야기하는 걸 엄금하는 것처럼 보였지만 사회의 빈부격차는 심해졌고, 부호의 토지 겸병도 악습으로 굳어졌다."147

왕망이 추진한 일련의 복고적 개혁 조치는 강렬한 반대에 부딪쳐 모두 실패했다. 하늘도 정말 큰 재난을 내렸다. 기원 11년 황허의 물길이 크게 바뀌며 화베이 대평원 남부 지역이 모두 수몰되었다. 형주(荊州)에서는 또 메뚜기 떼로 인한 재앙이 발생했다. 조정이 재난 구조

용과 독수리의 제국

에 능력을 발휘하지 못하자 난민이 모여 반란을 일으켰다. 각지의 사족이 거병했고 군웅이 다투어 일어났다. 신나라는 겨우 14년을 이어가다가 기원 23년에 멸망했다.

동한 초기에 반고는 왕망의 신나라를 포악한 진나라에 비유했다. 왕망은 망령되고 사악하고 허위를 일삼은 정치가라는 전통적인 평가가 반고에 의해서 처음 내려졌다.[148] 현대 학자들은 왕망의 정책과 유생의 언론을 진지하게 비교하여, 허위를 일삼은 사람은 왕망이 아니라는 사실을 발견했다. "왕망의 변법은 적어도 그 주관적인 취지가 유가 경전에 나오는 '왕도' 사상을 근거로 한 것이었다." "왕망의 조정에서 시행한 모든 새 정책은 당시 학풍이 지향하는 바가 아닌 것이 없었다." "왕망이 시행한 정책은 대개 진나라 이후 인인지사(仁人志士)들의 공론이었으므로 그 성패의 책임은 모두 이들 견해를 품은 사람들이 함께 져야 하는 것이지 왕망 한 사람이 그 모든 죄를 질 수는 없다."[149] 기실 반고도 이런 사실을 알고 있었기 때문에 유생에 대한 역대 평가, 즉 "걸핏하면 옛것을 흠모한다고 하면서 시의는 헤아리지 않았다(動欲慕古, 不度時宜)"라는 평가를 왕망에게 덧씌웠다.[150] 왕망의 실패는 한편으로 그가 문화귀족의 근거 없는 허풍에 물들었기 때문이지만 다른 한편으로는 그의 동지들이 그들의 공동 이상을 실현할 수 있도록 그를 돕지 않았을 뿐만 아니라 오히려 자신들의 사리사욕을 위해 창을 거꾸로 잡고 왕망을 공격했기 때문이다. 사후에는 진상을 은폐하고 왕망을 추악하게 묘사하며 모든 죄를 그에게 덮어씌웠다. 일이 끝나고 책임을 전가하는 왕조 정치 엘리트의 폐습이 분명하게 드러나고 있다.

정확한 증거로 문제를 분석하지 않고 자신과 남을 속였기 때문에 결국 난관에 부딪칠 수밖에 없었다. 산림에 은거한 유생 중 목이 잘린 사람이 가장 많았고, 고관대작 사대부도 연루된 사람이 부지기수였다. 현실에 맞지 않은 정책의 후과로 온 사방에 이재민이 가득 차게 되었다. 유가의 인의를 내세운 집정자의 정책이 결코 사상자의 비통함을 줄일 수 없었다. 어떤 사람은 한나라 유학자가 "천하의 일을 자신의 임무로 삼았다(以天下爲己任)"[151]라고 극찬했지만 기실 이 구호의 의미는 애매모호한 것이었다.

인치 사상에서는 성현이 임용되기만 하면 모든 재난이 저절로 해결된다고 한다. 이에 스스로를 현인으로 여기며 천하 구제를 자신의 임무로 설정하곤 했다. 그러나 세상사는 자신의 얼굴에 금칠을 하는 것처럼 쉽지 않다. 직위에는 책임이 따르므로 정책 실행에는 실제 효과가 수반되기 마련이다. 고위직을 차지하고 앉아 거짓말을 남발하며 아무 걱정하지 말라고 외치는 건 맹목적인 낙관이 아니라 책임 회피일 뿐이다.

여러 해 전에 선제는 어진 심정으로 유생을 좋아하는 자신의 태자가 천하를 혼란에 빠뜨릴까봐 근심에 젖었다. "속된 유생은 시의에 미숙하고, 옛것을 옳다 하고 지금 것을 비난하기 좋아하며, 명분과 실질을 혼란케 하고, 지켜야 할 것을 알지 못하기(俗儒不達時宜, 好是古非今, 使人眩於名實, 不知所守)"[152] 때문이었다. 비현실적인 왕도정치에 대한 비평은 선진시대에 이미 차고 넘쳤지만 2,000년을 거치면서도 그것에 대한 동경이 식지 않았다.

하지만 그런 경향을 개선할 수가 없었으며, 오히려 이를 비평하는 사람들을 자극하며 패도주의라고 불렀다.[153]

송·명 시대 도학자들은 형이상학으로 도피해 들어가 현실에서 더욱 멀어졌고, 배타성을 더욱 강화했고, 자화자찬의 경향을 더욱 높였으며 책임감은 더욱 약화시켰다.[154] 뜬구름 잡는 식의 황당한 이론으로 현실을 무시했다. 이른바 소수의 존귀한 학문을 떠받들며 광활한 지식을 배척했다. 경전 해석과 교조적 훈계만 암송하며 분석적 사고는 소홀히 했다. 경험을 무시하면서 잘못을 저지르고도 자신을 점검하지 않았다. 고위직에 임용되고서도 한 가지 일도 이루지 못한 채 자신이 중용되지 않았다고 스스로 슬퍼했다. 나라를 망치고 백성에 재앙을 끼치면서도 사실을 왜곡하여 다른 사람을 헐뜯었다. 이러한 타성은 왕조시대 정치 엘리트의 악습이었다.

'도를 밝히고 세상을 구제한다'는 부류의 구호는 사람의 두뇌를 뜨겁게 하여 그들로 하여금 홀연히 영웅으로 자처하게 했다. 그러나 시세를 모르는 사람이 비현실적인 헛된 논리를 추동하여 천하대란을 야기했다. 신나라 흥망 과정에서 무수한 사망자와 고난이 발생했다. 이 점에 대해 무책임한 이상주의자는 자신의 과오를 부정하기 어려울 것이다. 안타깝게도 문화귀족의 폐습은 신나라의 멸망과 함께 소멸되지 않았다. '왕도정치'의 함의는 공허하다. 그것은 시끄러운 구호 속에서 '마르크스레닌주의' 또는 '민주주의'로 대체되어 자신만 옳다고 여기는 맹목성을 바꾸지 못하고 있다. 판에 박은 듯한 교조주의의 내용은

상이하지만 몽상가의 세상 구제 허영은 전혀 개선되지 않고 있다.[155]

제7절
동한의 문덕(文德)

왕망을 격파하고 한나라를 회복하여 동한을 건국한 광무제(光武帝) 유수(劉秀, 전 6~57)는 서한 경제(景帝)의 후손이다. 왕실 후손이 누리는 권익은 6세를 거치며 완전히 사라져서 유수는 이미 평민 거족과 다를 바가 없었다. 그는 일찍이 태학에 들어가서 『상서』를 배운 후 대략 대의를 알게 되었다. 그가 거느린 집단의 핵심은 권문세가였고, 사대부의 옹호를 많이 받았다. 건국공신 대부분은 유학을 익혀서 전쟁 기간에도 무기를 내려놓고 육예를 강습했다.[156] 그에게 맞선 사람들의 신분과 교양도 대부분 이와 유사했다. 그러나 장수들의 이러한 고급문화도 군웅의 각축이 사회와 백성에게 끼친 막대한 상처를 전혀 완화할 수 없었다. 『후한서』에 근거해보면 동한 초에 "해내 백성 중 헤아릴 수 있는 숫자는 서한에 비해 열에 한 두 사람뿐이었다(海內人民可得而數, 裁十二三)". 또한 동한 전체를 통틀어보더라도 호적 숫자는 서한 수준을 회복하지 못했다.[157]

광무제는 변방에서 멀리 떨어진 낙양으로 천도했는데, 자신의 고향 남양(南陽)과 가까운 곳이었다. 그는 근면하고 검소하게 왕망의 복고적 조치를 적지 않게 폐지했지만 참위설에 근거한 정치적 성향은 더욱 강화했다. 그는 여섯 차례나 조서를 내려 수많은 노비를 해방시켰다. 전쟁을 거치면서 골육지친이 흩어지고 전원은 황폐해졌다. 국가에서는 주인 없이 버려진 황폐한 땅을 회수하여 빈민에게 주기도 하고 소작을 부치기도 했다. 정부가 지주를 겸한 셈이다. 전후 재건 사업은 본래 빈부격차를 완화하기에 적합했지만 효과는 크지 않았다. 벼슬아치 지주가 동한 통치계층의 중추가 되자, 왕망의 빈부격차 해소를 저지하려던 세력은 줄지 않고 오히려 증가했다. 공평하게 토지세를 징수하려면 정부에서 호적과 토지 현황(면적, 비옥도)을 정확하게 파악해야 부호가 속임수로 세무 부담을 소농에게 전가하는 일을 방지할 수 있다.

동한 초기에는 이런 자료가 누락되거나 문란해서 광무제는 토지 현황을 정확하게 파악하라고 명령을 내린 후 부호와 결탁하여 토지 현황을 속여 온 간신을 엄벌에 처했다. 사족 부호는 거리낌 없이 반란을 일으켜 조정의 이런 조치가 제대로 시행되지 못하게 했고, 이로써 거대 가문의 세금 탈루는 일상적인 폐습으로 굳어졌다.[158] 왕망은 정전제를 회복하고 인정(仁政)을 펼쳤지만 "거대 가문에 죄를 지어서는 안 된다(不得罪巨室)"는 맹자의 경고를 망각하고 결국 목숨과 명예를 모두 잃었다. 광무제는 정말 영악했다고 할 만하다.

원대한 안목은 광무제의 장점이 아니었다. 그는 나라의 근본이 가문에 있다는 사실을 굳게 믿고 유씨 가문 황위를 공고하게 하기 위해 승상 중심의 외정(外廷)은 약화시키고 권력을 황제 중심의 내조(內朝)로 옮겨왔다. 그러나 이 조치는 전적으로 황제 자신에게 내조를 통제할 능력이 있어야 함을 알지 못했다. 이후 그의 자손은 능력이 부족하여 외척과 환관의 전횡을 초래했다.

　그는 또 목전의 지출을 줄이기 위해 민병 훈련 제도를 폐지했지만 이로써 지방 정부에 무장력이 부족하여 사회질서를 유지할 힘이 없어진다는 사실은 알지 못했다. 이후 군수와 주목(州牧)이 동란을 평정하기 위해 각 고을의 군사를 모집하면서 그것이 군벌 할거로 발전했다. 어떤 현대 사학자는 광무제가 국가 재건에 힘을 쓰지 않고 눈앞의 안정만 추구하며 온갖 악의 씨앗을 뿌려놓았기 때문에 동한 전체에 해악을 끼쳤을 뿐 아니라 결국 중국 북방 함락이라는 나쁜 결과를 초래했다고 인식하고 있다.[159]

　그러나 광무제는 건국 군주가 된 이후 비교적 착실한 정책을 폈는데, 이는 한 가지 작은 사건을 통해 그 특징을 엿볼 수 있다. 당시 광무제의 누나 호양공주(湖陽公主)가 백주에 살인을 한 자신의 노복을 비호했다. 낙양령(洛陽令) 동선(董宣)은 황실로 들어갈 권한이 없어서 살인범이 공주의 수레를 몰고 밖으로 나오길 기다렸다가 체포하여 자백을 받은 후 바로 엄격하게 법 집행을 하려 했다. 공주가 황제에게 호소하자 광무제는 대로하여 곤장으로 동선을 때려죽이려 했다. 동선은 죽을지언정 잘못을 인정하지 않고 황제에게 반문했다. "방종한 노복이 양민을 죽였는데 장차 어떻게 천하를 다스리려 하십니까?(縱奴殺良人, 將何以理天下乎?)" 그리고 자신의 머리를 기둥에 부딪쳐 자살하려 했다. 한바탕 우여곡절을 겪은 후 광무제는 그를 풀어주고 상까지 내렸다. 실망한 공주가 물었다. "문숙(文叔: 광무제)은 평민이었을 때 도망자와 사형범을 숨겨주며 관리가 감히 대문에도 가까이 오지 못하게 했소. 지금은 천자가 되었는데 그 위엄으로 명령 하나도 내릴 수 없단 말이오?(文叔爲白衣時, 臧亡匿死, 吏不敢至門. 今爲天子, 威不能行一令乎?)" 황제는 웃으며 대답했다. "천자는 평민과 다릅니다(天子不與白衣同)."¹⁶⁰

호양공주는 이전에 광무제 유수의 태도가 자신과 마찬가지로 법률을 무시하는 권문세가의 입장에 있었음을 토로했다. 그러나 광무제는 황제가 된 이후 새로운 책임을 느끼게 되어 서한의 선제(宣帝)가 왕도와 패도를 겸용했듯이 혈친을 우대하는 것보다 법률을 윗자리에 놓았다. 동선은 권세가를 전율하게 했지만 사망 시에 그의 집안은 사방에 벽만 남아 있을 정도로 검소했다. 황제의 하사품은 모두 하인에게 나눠줬다. 그런데도 『후한서』에서는 그를 '가혹한 관리(酷吏)'로 폄하했으니 한나라 유학자의 가치관을 알 만하다. 이후 장제(章帝, 57~88)는 순수하게 덕정(德政)을 펼치며 문화귀족을 관대하게 대했다. 이에 서한 원제 때의 역사가 재연되었다.

동한 황제는 여력을 남기지 않고 문덕을 닦으며 문사를 자기편으로 끌어들였다. 광무제는 가는 곳마다 말에서 내릴 틈도 없이 먼저 유학자를 방문했다. 명제(明帝, 204~239)는 직접 경전을 강의했는데 청중이 수천 수만에 달했다. 장제는 백호관에 대유학자를 소집하여 오경을 토론했다. 황실과 문화귀족은 서로 간의 수요를 인정하고 함께 밀월의 세월을 보냈다. 원제 이후로는 하나의 경전에 능통하기만 해도 조세와 부역을 면제받을 수 있었다. 동한 시기에는 더 많은 황금을 이용하여 반고가 말한 이른바 "녹봉의 이익을 얻을 수 있는 길(祿利之路)"을 깔아줬다.¹⁶¹ 낙양의 태학생은 3만을 넘었는데 이들은 대부분 직업을 구하는 학생으로 조정의 신하와 서로 기풍이 통했다. 이 밖에도 경학 대가는 사사롭게 제자를 길렀고 이들 숫자도 각각 수백 수천을 헤아렸다.[162]

인의의 동기를 살피고 수신을 숭상하며 공리에 반대하는 인치 사상은 인격이 비교적 고상하고 정직한 관리를 배양하는 데 뛰어나다. 사대부도 우리가 탄복할 만한 점을 적지 않게 갖고 있다는 건 많은 사람이 이미 자세히 서술한 바 있다.[163] 하지만 인치의 폐단도 적지 않다. 정계는 난관이 많은 곳이고, 정객의 심리도 복잡하다. 동기의 순수함과 사상의 정확함을 추구하다 보면 이질 분자를 청산하려는 원통한 옥사를 야기하기 쉽다. 대신이 탄핵을 주저하면 황제는 골치가 아파진다. 유학자 소망지(蕭望之, 전 114?~전 47)와 한연수(韓延壽, ?~전 57)가 서로 비방을 일삼은 건 이들의 명성과 관직이 높았기 때문이다. 그러나 그 결과는 비참하게 끝났다.[164] 예를 들어 한 무제가 동중서의 무리를 시켜 『춘추』에 의지하여 회남왕의 모반을 단죄한 것은 심증으로만 죄를 논했는데, 이 하나의 사건으로 수만 명이 죽었다.[165]

뛰어난 직무 능력과 행정 공적을 살펴서 관리를 임용하는 건 객관적인 표준이다. 이런 공리에 반대하는 사람은 능력 있고 재주 있는 사람을 시기하고 질투하며 현인을 임용해야 한다고 떠벌린다. 하지만 '현인'의 기준이 무엇인가? 장자는 예민하게 관찰했다. 미와 추, 현명함과 불초함은 관찰자에 따라 달라진다. 사람은 스스로 현명하다고 생각하며 스스로를 귀하게 여기고 서로가 서로를 비천하게 여긴다.[166] 현인이 되면 꺼리는 것이 많아서 모호한 교조적 입장을 더욱 내세우

용과 독수리의 제국

며 붉은 모자와 검은 모자를 가른 연후에 각각 자신의 모자 색깔에 근거하여 형상을 날조하여 선전한다. 합리적으로 고려할 만한 표준도 없이 주관에 의지하여 인의의 높낮이를 저울질한다. 이렇게 되면 '현량(賢良)'은 명예와 명성 추구로만 빠져들기 쉽다. 그리하여 교제를 강구하고 관계를 맺고 명성을 추구하는 것이 동한 정계의 유행 풍조가 되었다.[167] "인재를 천거하고 초빙할 때는 반드시 명성을 살폈다. 이 때문에 명성을 얻을 수 있으면 반드시 전력을 다해 그곳으로 달려갔다(薦擧征辟, 必采名譽. 故凡可以得名者, 必全力赴之)."[168] 그렇게 임용된 사람은 "국사는 돌보지 않고, 빈객 접대에만 힘썼다(王事不恤, 賓客爲務)". 관직을 기다리는 사람은 "명성을 휘날리며 서로서로 품평했다. 공경대부를 논평했고 집정자를 재단했다(激揚名聲, 互相題拂. 品核公卿, 裁量執政)".[169] 인재를 선택하는 표준도 능력에 있지 않고 헛된 명성에 있었다. 결과적으로 동한의 행정 수준은 보편적으로 하락했다.

한나라 유학자는 스스로 도를 밝히는 사람으로 자처했다. 그러나 그것은 무슨 '도'인가? 장자의 예민한 관찰에 따르면 "도적질에도 도가 있다(盜亦有道)"고 한다.[170] 문화귀족이 말하는 '도'의 함의를 탐구하려면 이들이 표방한 뛰어난 절개(名節)를 살펴보는 것보다 더 좋은 방법이 없다. 광무제는 왕망에게 빌붙지 않은 선비를 초빙하고 이들의 뛰어난 절개를 포상하여 선비들이 한 가문과 한 성씨에 충성을 다하는 절개를 양성하고자 했다.[171]

현대 학자들은 동한 시대 인물의 전기를 분석하여 명사들의 명예와 도의를 대개 몇 가지로 분류할 수 있음을 발견했다. 첫째, 부모의 장례를 오래 치르며(久喪), 벼슬과 재산을 자신의 친척에게 양보한 일이다. 둘째, 은혜에 대한 보답으로(報恩) 특히 벼슬길에 나선 제자나 친구가 스승이나 천거해준 사람에게 은혜를 갚은 일이다. 셋째는 복수인데 특히 친구와의 사귐을 빌려 복수한 일이다. 넷째, 청렴이다.[172] 청렴을 제외하고 다른 덕행은 모두 개인 관계에 속하고 사회와 민생에는 아무 이익이 없음을 알 수 있다. 복수는 법률을 위반하는 일이고 사사로운 은혜는 국사를 능멸하며 사직에 손해를 끼칠 수 있다. 제8장 4절에서 이러한 도덕이 실제로 탐욕을 조장하여 지방 세력의 할거를 조장했음을 살펴볼 것이다.

군수가 직무에 태만하며 힘 있는 호족에게는 관용을 베풀고 약한 서민을 기만했다는 질책은 역사에 끊이지 않고 등장한다.[173] 동한 중기에 강족(羌族)이 반란을 일으켰다. 안제(安帝, 94~125)는 널리 대책을 구했다. 백성의 세금을 주어 100년 동안 양성한 문화귀족이 잇달아 내놓은 대책을 보고 안제는 실망했다. "대책이란 게 모두 헛된 말만 숭상했고 탁월한 식견은 없었다(所對皆循尙浮言, 無卓爾異聞)." 책임 회피에 급급한 사대부는 양주(涼州)를 버리자고 주장했고, 더욱 비현실적인 자는 『효경(孝經)』을 많이 보내 집집마다 학습하게 하여 교화로써 난리를 평정하자고 했다.[174] 직무에 적합하지 않은 관리가 작은 난리를 과장하여 60년 동안 이어지게 했다. 이 기간 죽거나 상처를 입은 백성이 부지기수였으며 국고도 거의 소진되었다. 그러나 도성의 대신과 학자는 이 일에 대한 언급을 꺼리면서 교유를 통해 명성을 추구하기 바빴다.[175]

용과 독수리의 제국

선비가 파당을 지어 다른 사람을 공격한 것은 원제 때부터 시작되었고, 동한 중기에 더욱 심해졌다. 파당을 지어 명성을 추구하면 정치에 대한 논평을 일삼기 마련이다. 정치에 대한 논평은 붕당 참여 인사를 선동하여 서로의 논쟁을 치열하게 만든다. 당시 사람 왕부는 이렇게 형용했다. "지금 많은 사람이 교유에 힘쓰고 당파를 만들어 세상의 명성을 도둑질하며 구제받으려 한다(今多務交遊, 以結黨助, 偸世竊名, 以取濟渡)." 또 최식은 이렇게 말했다. "아래에서 파당을 결성하니 위에서 임금이 고립되었다(黨成於下, 君孤於上)."[176] 먼저 명사와 관료가 수많은 알력 소집단으로 분열되었고, 나중에 외척과 환관 세력을 얻어 마침내 서로 손을 잡고 그들과 권력을 다퉜다.[177] 황제에 근접한 지위로 권력을 얻은 환관은 동서양에 모두 존재했지만 세력을 부리는 형식은 상이했다. 동로마제국의 고위 환관들은 각자가 정치 행위를 했지만 동한의 환관들은 파당을 지어 권력을 행사했다. 159년 환관들은 환제(桓帝, 132~167)를 도와 외척으로부터 정권을 탈취했고, 이로부터 자신들이 발호하기 시작했다.

환관은 출신이 미천하여 사회 경험이 풍부한데, 이는 책에서만 배운 지식을 보충하여 조정의 안목을 넓혀줄 수 있다. 하지만 사대부는 자존심만 강해서 '거세당한 내시'를 금수로 멸시했다. 이들은 환관이 정부의 관직에 진출하여 자신의 권익을 침범하는 걸 더더욱 용납할 수 없었다. 사대부는 환관과 투쟁했고 쌍방이 각각 법을 어기며 상대를 공격했는데 그 수단이 참으로 잔혹했다. 처음에는 사대부가 법으로 환관을 체포했고 황제도 수긍했다. 나중에 이들이 불법으로 살상을 남발하자 환관들이 반격에 나서서 두 차례 '당고의 화(黨錮之禍)'를 야기했다. 환제는 200여 명을 무더기 구금(당고)했다가 다음 해에 풀어주고 지방으로 쫓아냈다.

영제(靈帝, 157~189) 때 상서(尚書) 진번(陳蕃, ?~168)이 외척 두무(竇武, ?~168)와 모의하여 환관을 모두 주살하려다 일이 발각되어 죽임을 당했다. 환관은 오히려 사인(士人)이 파당을 지어 비방을 일삼는다고 고발했고, 이때 살해당한 사대부가 100명을 넘었으며, 도망친 사람을 엄호하다가 멸문지화를 당한 사람도 적지 않았다. 이 밖에도 600~700명이 유배되었다가 황건적 난리 때에 이르러서야 환관 여강(呂强, ?~184)이 간언을 올려 사면되었다. 당고의 화는 기실 참화로 여겨지지 않았다. 사인들은 파당에 연루되어 참혹한 일을 심하게 당할수록 명성은 더욱 높아졌기 때문에 모두 자신의 이름이 당적에 열거되는 걸 영광으로 여겼다. 더더욱 황보규(皇甫規, 104~174)와 같은 사람은 직접 상소문을 올려 자신이 사인의 당적에 이름을 올린 죄인이라고 자백했다.[178] 소제 때 이들 파당은 기회를 잡아 복수했다. 모든 환관 및 일부 불운한 사람이 연루되어 모두 2,000명 넘게 학살되었다.[179]

대부분의 역사가는 환관을 배척하며, '암흑 세력'을 동원하여 동한의 쇠망을 초래한 범인들이라고 비판했다. 반대로 유학자 당파에 대해서는 천하를 맑게 하려고 세상 구제의 열정을 품은 사람들이라고 추앙했다.[180] 이러한 판단은 편벽된 견해에 불과하다. 설령 환관 집단 대부분이 부패했다 하더라도 그중에는 충후하고 정직하며 사회 발전에 공헌한 사람도 적지 않다. 예를 들면 여강이나, 섬유·제지 기술을

용과 독수리의 제국

발명한 채륜(蔡倫, ?~121) 등이 그러하다.[181]

사인의 당파가 '천하를 맑게 한다(淸天下)'는 구호는 천하에 울려 퍼졌다. 하지만 사학자들은 그들의 실제 행위를 분석하면서 다음과 같은 사실을 발견했다. "그들의 모습이 형형색색이어서 일률적으로 논할 수 없다. 지나친 의기에 촉발되어 그 행위가 과격함을 면치 못했으므로, 그에게 관직을 맡겨도 백성을 잘 다스릴 수 없었다. 또 서로 모범을 표방했지만 근본은 악습에 물들어 있었다. 당시 선비가 떼를 지어 몰려다닌 것은 첫째, 명성을 얻기 위함이었고, 둘째, 관직에 추천을 받기 위함이었다. 한나라 때 인재 추천은 화려한 명성만 숭상했으므로 한데 모여 파당을 짓는 것이 등용의 지름길이었던 셈이다.

"실제 효과는 무시하고 대가는 따지지 않으면서 조급하고 방탕하게 행동하는 인사들의 열정을 과연 믿을 수 있겠는가?"[182] 개별 유생은 청렴하고 강직했지만 이들의 전체 행동이 '부패 반대'였다고 찬양하는 건 '환관 반대'와 혼동될 염려가 있다. 부패 반대는 부패에 단호하게 맞서는 행위이지만, 환관 반대는 주로 당파 싸움이기 때문이다. 물론 환관들이 부패하기는 했지만 부패는 전체 동한 정부에 깊이 스며든 부정행위였다. 명사나 대유(大儒)들도 마찬가지여서 이들의 부패도 환관들과 오십보백보일 뿐이었다. 그것은 유도(劉陶, ?~185)가 상소문에서 지적한 바와 같다. "지금 지방관과 향리가 상하가 서로 경쟁하며 큰 돼지나 긴 뱀처럼 천하를 잠식하고 있습니다(今牧守長吏, 上下交競, 封豕長蛇, 蠶食天下)."[183]

사대부는 교화를 강구하며 모범이 되는 행동을 중시했다. 만약 이들이 관리 사회를 정화할 마음을 품었다면 당연히 자신이 법도에 맞는 행동을 하고 먼저 자신의 집단을 깨끗하게 만들어야 하지만 그들은 그렇게 행동하지 않았다. 예를 들어 현령 사유(謝遊)는 공금 수십만 전을 뇌물로 받고도 스스로 대유로 여기며 상급자를 무시했다. 그러다가 다시 감찰을 받자 인수를 내놓고 떠나는 것으로 그쳤다. 경학 대가 구양흡(歐陽歙)이 약 1,000만 전에 달하는 뇌물 사건에 연루되어 하옥되자 1,000여 명에 이르는 유생이 황궁 앞에서 그를 위해 애절하게 석방을 호소했다.[184]

이와 반대로 군수에 임명된 순욱(荀昱)과 순담(荀曇)은 "환관 제거에 뜻을 두고 환관의 파당이나 빈객이 두 사람의 관할 군에 있으면 그들이 작은 죄를 지어도 하나하나 감찰하여 반드시 주살했다(志除閹宦, 其支黨賓客有在二郡者, 纖罪必誅)". 이처럼 사람 죽이는 일을 남발했는데도 유학자는 그들을 '순씨팔룡(荀氏八龍)'[185]이라고 찬양했다.[186]

명문세가의 명사인 원소(袁紹, ? ~202)는 저들 사인 당파의 친밀한 벗이었다. 당고의 화 때 그는 그들을 엄호하다가 환관들의 의심을 샀다. 189년 소제(少帝, 176~190)가 즉위하자 외척 하진(何進, ? ~189)은 보정대신이 되어 구속된 당인들을 두루 석방하고 원소와 모의하여 환관들을 주살했다.[187] 원소는 변방 장수가 군사를 이끌고 도성으로 들어오는 위험을 무시하고 하진을 종용하여 동탁(董卓, ? ~192)을 불러들여 황제의 측근을 숙청하게 했다. 환관이 주살되자 명사들은 마침내 천하를 맑게 하려던 큰 뜻을 이루었다. 그러나 가련하게도 천하의 백성은 책임지지 않는 이상주의 때문에 한바탕 대재난을 겪어야 했다. 황제의 부름에 응한 동탁은 오히려 황제를 폐위했고, 이에 원소는 각지의 지방 수령과 연합하여 동탁에게 대항했다. 동탁이 낙양을 불태우자 200리 안에 살아남은 사람이 아무도 없었다. 반동탁 연합군이 방향을 바꿔 자신들끼리 서로 공격하고 살상을 일삼으면서 동한이란 나라는 이름만 남고 실질은 사라졌다. 서로 할거하여 전쟁을 벌이고 국가와 백성에 재앙을 끼친 동한 말기의 군벌은 본래 환관이 아니라 대부분 명사들이었다.[188]

제8절

역사학이라는 색안경

시국이 안정되어 대동란이나 대변혁이 없으면 역사기록은 일련의 황제 전기로 변하기 쉽다. 중국과 로마의 역사가는 모두 뚜렷하게 드러난 인간의 행위를 기록하는 데 중점을 뒀고, 광활하고 추상적인 정치체제와 사회상황에는 비교적 관심이 적었다. 아울러 역사가는 모두 도덕적 관점으로 사건을 비평하기 좋아했다. 이들은 흔히 사악함을 근거로 진나라와 한나라, 그리고 로마공화정과 로마제국의 쇠망을 해석했다.

역사가는 또 습관적으로 정책 결정자의 성격을 들어서 정책의 내용을 해석했다. 예를 들어 황제 개인의 탐욕이나 근검으로 세율의 고하를 해석하면서도 당시 국방비 등 지출 수요와 정부의 행정 효율은 거의 고려하지 않았다.[189] 왕망의 신나라가 패퇴한 원인도 반고는 그가 쓴 허위의 가면에 있다고 간주하고 그것을 벗기는 데 주력했다. 로마의 티베리우스 정부가 실패한 원인에 대해서도 타키투스는 이와 유사한 분석을 내놓았다.

또 사회 경제적 요인은 논하지 않았다. 설령 정치사를 다룬다 해도 오로지 황제에만 중점을 두는 협소한 시각으로는 수많은 관련 요소를 소홀히 하기 쉽다. 황제가 대제국을 통치하려면 반드시 통치계층에 의지해야 하지만 고위 엘리트들의 흑심을 짐작하기란 쉽지 않은 일이다. 왕망은 강퍅하게 자신의 주장만 내세웠고, 티베리우스는 각박하게 많은 사람을 의심했다. 그러나 이런 경향은 권력자에게서 흔히 발견되는 성격이다. 종국에 이르러 그들이 보여준 혼란한 성격이 전부 권력 부패에서 기인한 것만은 아니다. 부패한 환경의 영향도 똑같이 중요하다. 한 무리의 신하와 귀족이 자신만 옳다고 교만을 부리며 파당을 만들어 사리사욕을 추구하고, 심지어 비밀 모의를 하여 암살을 자행하거나 반란을 일으키기도 했다. 이 때문에 황제는 위협을 느끼고 자연히 심복을 임용하여 자위에 나설 수밖에 없었다. 한나라 유학자는 황제가 법률로 사대부를 감찰하는 것에 반발하여 이를 잔혹하고 불인하다고 지적했다.

로마제국 초기에 황제가 가장 우려한 것은 바로 원로 귀족이었다. 어떤 현대 학자는 이렇게 비평했다. "황제가 즉위 초에 어떤 태도를 보였든 무슨 정책을 시행했든 상관없이, 조정은 얼마 지나지 않아 재앙에 직면하곤 했다. 이것이 누구의 잘못인지 판정하기가 어렵다."[190] 통치권 내의 음모와 공포는 함께 발생한다. 저것이 한 자 높아지면 이

용과 독수리의 제국

것은 한 길 높아진다. 다른 마음을 먹고 반역을 도모하려고 하면 그것을 방지하려고 노력하는 한편 진압을 위해 무력을 동원한다. 보복 과정에서 관련자를 연루시키다 보면 군신 사이에 적개심이 상승하여 끝내 대란이 발생한다. 모든 과오를 폭군에게 덮어씌우기는 쉬운 일이다. 특히 그가 사망한 경우에는 더욱 그렇다. 우리가 더욱 관심을 기울여야 할 것은 통치 엘리트의 폐습이다. 그것은 후세에 길이길이 악영향을 끼치기 때문이다.

전통 역사학에서는 왕망이 찬탈하기 이전의 네 황제, 즉 원제·성제·애제·평제가 어리석고 방탕하여 외척에게 권력을 넘겼다고 질책한다. 그럼 각지 군현의 실제 사회상황은 어떠했을까? 복고적 제도 개혁에 열중했던 사대부는 당시 사회의 모든 것을 부정했다. 현대의 마르크스레닌주의 학자들은 그들의 비판을 수집하여 이렇게 결론을 내렸다. "광대한 무산자가 온갖 착취를 당하며 기아와 죽음에서 벗어나려고 몸부림치느라 역사는 암흑시대로 진입했다."[191] 그러나 반고는 평제 시대의 호적을 선택하여 『한서』 「식화지」의 모범으로 삼고 다음과 같은 의견을 달았다. "백성의 재산은 문제와 경제 때에 미치지 못했지만 천하의 호구는 가장 많았다(百姓貲富雖不及文景, 然天下戶口最盛矣)."[192] 물론 통계자료에는 숫자화할 수 없는 민생의 고난과 관리의 부패는 생략되어 있다. 당시의 경제가 침체된 것은 확실하다.

그러나 사회 안정이란 측면에서 말해보면 호적은 상당히 민감한 지표라 힐 수 있다. 사족이 군벌로 변하고 전란과 기황(飢荒)이 이어지면서 백성이 뿔뿔이 흩어지면 더욱 어두운 시대가 도래하는 법이다. 동한의 호구는 서한의 65퍼센트 정도로 감소했다. 객관적으로 보면 사회가 대재난에 처했음을 분명하게 보여준다.[193]

그러나 몸소 군벌 혼전 시대를 겪은 반표(班彪, 3~54)는 서한 말기에 조정은 부패했지만 사회는 대란을 피할 수 있었다고 해석했다. "위기가 상위계층에서 일어났으나 그 상처는 하위계층에까지 미치지 않았다(危自上起, 傷不及下)."[194]

유사한 현상을 로마의 티베리우스와 도미티아누스 시대에서도 찾아볼 수 있다. 이들이 원로 귀족을 살해하자 전통 사학자는 그것이 공포정치라고 질책했다. 그러나 현대 학자는 로마제국의 각 속주의 시각에서 보면 상황이 다르다고 분석했다. "두 황제는 모두 정성을 다해 제국을 다스린 것으로 유명하다. 이들은 지방 장관을 잘 뽑아서 권력 남용을 제한하며 백성을 보호했다."[195] 티베리우스 치하에서 속주는 나날이 번영했다. 도미티아누스의 정책은 트라야누스의 것을 이어 쓴 것이 많고 이를 바탕으로 제국의 황금시대를 열었다. 도미티아누스가 죽은 후 원로들은 그를 광적으로 깎아내렸지만 각지의 냉담한 반응에 직면했을 뿐이다.[196]

또 관리의 권력 남용에 대한 제재가 폭정인지는 논하지 않더라도 티베리우스와 도미티아누스의 폭정에 상해를 입은 것은 황실과 황실에 가까운 통치계층이었을 뿐이다. 이들의 폭정은 일반 대중에게는 미치지 않았다. 도미티아누스의 통치를 직접 겪은 타키투스는 "폭군이 핍박한 것은 폭군에게 의지하고 있는 사람이었다"라고 썼다.[197] 그러나 사람들은 여전히 그 테두리 안으로 들어가려고 다퉜다. 그곳이 바로 제국의 권익이 존재하는 곳이었기 때문이다. 이 밖에도 그곳은 또한 고대 역사가의 은신처이기도 했다. 타키투스와 반고가 그런 사례다. 그곳이 역사가에게 색안경을 씌웠을까?

우리는 나쁜 황제를 변호하려는 것이 아니라 그들의 나쁜 점이 무엇이고, 국가와 백성에게 어떤 피해를 끼쳤는지 탐구하려는 것이다. 권력투쟁 이야기는 자극적이고 긴박해서 사람들로 하여금 쉽게 권모술수를 정책으로, 조정을 국가로, 인품을 제도로 여기게 만든다. 정객의 권모술수와 국가의 정책은 관련이 있지만 결정적인 인과 관계는 아니다. 만약 정치제도가 건전하면 설령 조정이 잠시 혼란에 빠진다 해도 노련한 지방 관리는 여전히 관례대로 기존 법률을 집행할 수 있다. 이에 정부는 마치 비행기의 '자동 항법장치'처럼 제대로 방향을 잡아 나갈 수 있다. 운이 좋으면 이런 시스템만으로도 급류를 헤쳐 나갈 수 있어서 백성에게 큰 해악을 끼치지 않을 수 있다. 예를 들어 서한이나 로마가 초기의 궁정 변란에도 안정을 유지한 것이 그것이다. 만약 정치체제가 낡아빠진 데다 관리들까지 무능하다면 이런 좋은 운수를 기대하기 어렵다. 고위층 영도자들에게 능력이 없으면 정부는 천재지변이나 외적 침입 등의 타격에 제대로 대응하기 어렵다. 동한 황조나 로마제국 말기에 바로 이런 상황이 전개되었다.

만약 통치계층의 권력투쟁이 반드시 국가의 정책에 재앙을 야기하지 않고, 그래서 소성의 임금과 신하가 사이좋게 지냈다면 백성의 생활이 꼭 편안했다고 단정할 수 있을까? 몇몇 황제가 역사에서 찬사를 듣는 것이 정치 엘리트를 농락한 그들의 수단이 고단수일 때문일 뿐,

사회나 민생과 아무 관계가 없다고 말할 수는 없을까? 동한 초기의 '현명한 군주'가 통치할 때 백성의 생활이 정말 서한 말기의 '멍청한 군주' 때보다 더 나아졌다고 할 수 있을까? 실제로 변화한 것은 사대부의 기풍일 뿐, 사회의 빈부격차를 비판하던 태도가 황제의 유학 장려 정책을 칭송하는 태도로 변모했을 가능성은 없을까?

트라야누스에서 아우렐리우스의 황금시대까지 로마제국을 칭찬하는 송가는 역사 기록보다 많이 지어졌다. 권력자와 귀족 찬양을 생업으로 삼은 연설가도 인기를 끌었다. 이와 반대로 타키투스와 수에토니우스는 그런 송가에 찬사를 보내기는 했지만 자신들의 역사책에 기록하지는 않았다. 플루타르코스도 자기 시대의 사람을 위해 전기를 쓰지 않았다. 제국의 재부(財富)는 늘어났지만 문학의 독창성은 완전히 하락했다. 그들이 지은 가장 아름다운 송가에서도 아무런 생기를 찾아볼 수 없다.[198] 사료로 인정받지 못하는 송가에서 우리는 전성기의 행복한 형상을 얼마나 많이 찾아볼 수 있을까?

가장 유명한 평가는 대체로 18세기 저명한 영국 역사학자에게서 나왔다. "만약 사람들에게 세계 역사에서 인간이 가장 행복하고 번영했던 시대를 뽑으라면 조금도 주저하지 않고 도미티아누스 서거에서 코모두스 즉위 때까지의 시대를 선택할 것이다." 같은 학자는 또 로마제국의 노예 숫자가 자유민 숫자보다 많았다고 추정했다.[199] 대부분의 인간이 노예로 전락한 시대를 가장 행복한 시대로 인정한다면 인간의 진정한 인성을 어디에서 찾아야 할까?

2세기의 의사 갈레노스(Claudius Galenos, 130~200)는 인체에 미치는 식물의 영향을 연구하여 초근목피를 먹다가 생기는 위장병을 묘사했다. 그는 역사학자가 아니었기에 로마제국의 시골 사람들에게 초여름에 두루 생기는 이런 병이 도시 주민의 식량 약탈이 그 원인인지 여부는 탐구하지 못했다. 그들은 약탈당하고 남은 양식으로는 곡식이 익을 때까지 목숨을 지탱할 수 없었기에 초근목피를 캐먹지 않을 수 없었다.[200] 로마의 황금시대를 연구해온 현대 사학자는 다음과 같이 평가했다. "도시 주민과는 상반되게 시골 주민의 생활은 대부분 궁핍했다. 그중에는 심지어 장기적인 극빈 상태에서 굶주리는 사람도 있었다. …… 이런 일에 대해서 우리는 그동안 들은 것이 너무 적다. 이건 참 이상한 일이다." "사회 하층민들은 정치에서 목소리를 낼 수 없고, 역사에도 낄 자리가 없었다."[201] 고대 중국의 하층민은 정부에서 아무 권력도 갖지 못했지만 역사서에서는 한자리를 차지했다. 전통적인 엘리트는 아마도 허위에 굴종하느라 빈민 생활을 실제로 개량하는 방법 탐색에 게을렀지만 하층민은 이에 대해 큰소리로 항의하곤 했다(민중봉기).

역사서에는 많든 적든 역사가 본인의 배경이 반영되어 있다. 로마제국의 유명한 전기 역사서는 타키투스의 『연대기』와 『역사』다. 전자는 티베리우스 그라쿠스에서 네로까지 서술했고, 후자는 계속해서 도미티아누스까지 서술했다. 디오가 『로마사(Storia romana)』에서 서술한 범위는 더욱 길어서 아우구스투스 왕조 전체를 포괄하고 있다. 플리니우스의 편지와 송가는 황금시대 초기의 상황을 알려주는 자료로 적지 않은 분량을 자랑한다. 이 세 사람은 모두 집정관급의 원로다. 로마제국 전기(前期) 열두 황제의 전기를 쓴 수에토니우스는 기사의 신분으로 하드리아누스 재위 시에 황제의 서신을 관장했다. 이들 상층 계급 구성원의 시각으로 볼 때 황제의 최대 장점은 아마도 원로 귀족에 대한 존경과 우대였을 것이다.[202]

중국의 역사가도 정치 엘리트에 속했지만 지위는 비교적 낮았다. 선진시대 제후국에서는 대부분 태사(太史)라는 관직을 설치하여 군주의 언행을 기록하고 예절을 지키도록 독촉했다. 그런데 찬탈, 시해, 반역 등의 사건을 만나면 이들의 직위는 위험에 빠질 수 있었다. 기원전 548년 제나라 대부 최저가 자신의 아내와 군주 장공이 사통한 일에 앙심을 품고 장공을 죽였다. 태사는 "최저가 자신의 임금을 시해했다(崔杼弑其君)"라고 직서했다. 그는 최저에게 피살되었고 그의 두 동생이 태사직을 이어받았으나 형의 기록을 고치지 않았다. 그러자 최저가 두 동생을 모두 죽였다. 그러나 막내 동생도 형들과 마찬가지로 강경한 태도를 바꾸지 않았다. 결국 최저는 그 기록을 내버려둘 수밖에 없었다. 사관을 계속 죽여도 자신의 뜻을 이룰 수 없음을 알았기 때문이다. 남사씨(南史氏)도 소식을 듣고 이미 죽간을 들고 태사관을 향해 다가오고 있었다.[203]

"제나라에서 태사는 죽간을 잡았고, 진(晉)나라에서 동호(董狐)는 붓을 잡았네(在齊太史簡, 在晉董狐筆)"라고 한 늠름한 정기가 황조시대에는 쇠퇴했지만 완전히 사라지지는 않았다. 태사령(太史令)이라는 직위는 여전히 존재했지만 녹봉 600석(石)에 불과한 조정의 최하급 관리에 불과했다. 사마천은 부친 사마담의 태사직과 통사 저술 의지를 계승했다. 10년 후 그는 흉노에 투항한 이릉(李陵, 전 134~전 74)을 변호하다가 옥에 갇혀 궁형(宮刑: 거세형)을 당했다. 이 사건 이후 더욱 발분하여 『사기』를 완성했다. 황제(黃帝) 시대부터 그가 생존했던 한 무제 시대까지를 다뤘다.

동한 초기 반고도 부친 반표의 유지를 계승하여 한나라 역사를 편찬하다가 "사사롭게 국사를 고쳤다(私改作國史)"라는 혐의로 피소되어 옥에 갇혔다. 그러자 그의 아우 반초(班超, 32~102)가 도성으로 말을 치달려 상소문을 올렸다. 명제는 반고를 사면함과 아울러 그에게 녹봉 100석의 교서비서(校書祕書)라는 말단 관직을 맡겼다. 반씨 집안은 넉넉지 못해 상경 후에 반초는 글을 베껴주는 일을 하여 모친을 부양했고, 그 일을 군대에 들어갈 때까지 계속했다. 20년 후 반고는 또 어떤 일에 연루되어 옥에 갇혔다가 92년에 죽었다. 그래서 5년 뒤 반초가 서역도호(西域都護)가 되어 서쪽으로 대진(大秦: 로마제국)을 찾아 나선 일을 보지 못했다. 반고가 평생토록 심혈을 기울여 쓴 『한서』는 마지막 두 장(章)을 완성하지 못했는데, 이 부분을 당시 문명(文名)을 떨치던 반고의 여동생 반소(班昭, 45?~117?)가 완성했다.[204] 『후한서』의 저자 범엽은 명문대가의 자제다. 정사 『삼국지』를 지은 진수(陳壽, 233~297)와 마찬가지로 그도 관방의 자료와 기타 역사가의 자료를 이용했지만 정식 사관의 직위는 역임하지 않았다. 이 4부의 역사서가 숭국 정사의 '전4사(前四史)'에 속한다.[205]

로마의 위대한 역사가는 대부분 귀족이어서 한가할 때 사사롭게 역사서를 썼다. 황조 중국의 초기 위대한 역사가는 대부분 정부의 일을 돕던 말단 관리였지만 결코 관방을 위한 글은 쓰지 않았다. 전제정권 아래에서도 양자 모두 사회와 정치에 대해 날카로운 비판을 할 수 있었다. 게다가 비판 대상은 관방에서 인정한 폭군에 그치지 않았다(예를 들면 진시황이나 티베리우스 같은 황제). 당시 정치와 관방에서 인정한 현군에 대해서(예를 들어 한나라의 여러 황제나 로마의 아우구스투스) 그들 중에서 누가 시시비비를 평가하거나 공평하게 독립된 비평을 발표할 수 있었을까? 이것은 흥미로운 비교 연구 제목이다.

제6장
정치체제

제1절
제국의 특징

한나라 초기 신료들은 술을 마시고 공적을 다투다가 취한 후에는 고함을 지르며 칼을 뽑아 기둥을 쳤다. 유생 숙손통은 한 고조가 이런 상황을 좋아하지 않는다는 사실을 알고 그에게 예의를 제정할 것을 건의했다. 기원전 200년 장락궁(長樂宮)이 완공되자 문무백관이 축하 인사를 올렸고, 이 자리에서 아무도 소란을 피우며 예절을 잃지 않았다. 고조가 말했다. "내가 오늘에야 황제 지위가 고귀함을 알았다(吾乃今日知爲皇帝之貴也)."[1]

아우구스투스는 항상 토가 아래에 흉갑(胸甲)을 받쳐 입었다. 원로원에 가서 회의를 할 때도 예외는 아니었다. 그래도 그는 늘 위험을 느꼈다. 기원전 18년 원로원을 숙청한 뒤 그는 표범 모양 강철 보호구를 입고 그 위에 스스로 칼을 찼다. 그리고 원로들의 몸을 철저하게 수색하고 한 사람씩 단독으로 앞으로 나와 자신을 알현하게 했다.[2]

한나라 초기 평민에서 발탁된 장군과 재상은 소박했고, 로마의 원로 귀족들은 교만했다. 그러나 양쪽 모두 똑같이 새로운 군주에게 복종했다. 200년 후 내전으로 또 다시 새 군주가 탄생했다. 이들의 품성을 통해 황조와 제국의 통치계층 변화가 얼마나 컸는지 알 수 있다.

동한 광무제 유수 및 장수들은 대부분 유학자의 기풍이 있었다. 기원 25년 동한을 건국한 후 광무제는 공신들을 파면하고 문신을 기용했다. 퇴조 후에는 스스로 공경대부와 낭장(郎將)들을 불러들여 경전을 강습했다. 태자가 일찍이 전투에 관한 일을 묻자 유수는 공자가 말한 "군대의 일은 아직 배우지 못했습니다(軍旅之事, 未之學也)"라는 전고를 인용하여 이렇게 대답했다. "이것은 네가 미칠 수 있는 바가 아니다(此非爾所及)."[3]

139년 군부에 의해 옹립된 로마 황제 셉티미우스 세베루스는 원로원에 갈 때마다 무장 호위대의 경호를 받았다. 그는 두 아들에게 모두 자신의 보위를 잇게 하고 임종에 이르러 당부했다. "너희 둘은 화목해야 한다. 아울러 군사를 잘 대해주고 부자가 되게 해줘야 한다. 다른 사람은 전부 신경 쓸 필요가 없다."[4]

용과 독수리의 대조적인 성격이 분명하게 드러나고 있다. 양쪽 황제의 권세는 모두 한낮의 태양처럼 대단했다. 그러나 한쪽은 문을, 다른 한쪽은 무를 중시하고 있다. 이후 다시 200년간의 역사를 살펴보면 양쪽 모두 곤경에 처했음을 알 수 있다.

220년 한 헌제(獻帝, 181~234)는 위(魏) 조비(曹조: 魏文帝, 187~226)에게 보위를 선양했다. 476년 로물루스 아우구스툴루스(Romulus Augustulus, ? ~ ?)가 폐위되었다. 동한과 서로마제국 붕괴라는 대동란 속에서 말대 황제가 정식으로 하야하는 건 사소한 일에 불과하다. 이들은 전쟁의 불길 속에서 도성과 함께 불타 죽지 않았고, 또 황실 종친이나 나라의 인척과 함께 포로가 되거나 살육되지 않았다. 이와는 반대로 이들은 퇴위 후에 여전히 우대받으며 귀족생활을 향유했다. 이와 같은 생활을 할 수 있었던 이유는 이들이 일찌감치 꼭두각시가 되어 새로운 정권에 아무런 위협이 되지 않았기 때문이다. 진정으로 새옹지마와 같은 신세였다고 할 만하다.[5]

어떤 시간이라 해도 정치 사회는 모두 복잡하기 이를 데 없다. 이 장에서는 각각의 상황을 공시적으로 분석하여 비교의 자료로 삼고자 한다. 깊이 있고 세밀한 연구를 하려면 잠시 역사의 동태를 내려놓지 않을 수 없다. 이 책에서 제시한 그림 몇 장을 통해 독자들을 일깨울 수 있기를 희망한다. 정부의 체제와 통치계층의 성격은 기실 끊임없이 진화하고 있다.

진시황조와 로마제국은 거의 동시대에 존재했고, 인구와 강역도 거의 막상막하였다. 양쪽 모두 지고무상의 군주 집권제도를 유지했다. 중앙정부는 광활한 강역을 군국(郡國)이나 속주로 나누고 군사나 장관을 파견하여 지역을 다스렸다. 양쪽 상황이 대동소이했다고 말할 수는 있지만 상대적으로 말해서 '소(小)'가 결코 언급할 필요가 없을 정도로 미미하지는 않다.

로마와 양한의 차이를 가장 잘 드러내는 부문은 바로 군사조직이다.[6] 양측의 차이는 내전 후 평화롭게 군대를 재편하는 과정에서 시작되고 있다. 안토니우스를 격파한 후 아우구스투스는 쌍방의 군대를 합병하고 절반은 해산했다. 그는 충성스러운 퇴역 군인을 우대하며 이들에게 땅을 나눠주고 특혜를 주어 식민지에 배치했다. 그는 남은 병졸을 각각 28개 군단으로 편입시키고, 거기에 비슷한 숫자의 비(非)공민 부속 부대를 더하여 30만에 달하는 황실 직속 대군을 편성했다. 이 부대가 얼마나 강한지는 당시 전후 상황을 비교해보면 알 수 있다.

로마공화정 시절에는 대규모로 땅을 공략한다 해도 보통 10개 군단에서 14개 군단을 동원하는 데 그쳤다. 카이사르가 갈리아를 정복할 때도 처음에는 6개 군단을 거느렸을 뿐이다. 알레시아(Alesia)를 결정적으로 포위할 때도 3만에서 4만 명의 사병만 동원했고, 그 밖에는 모두 부속부대였다.[7] 아우구스투스의 제국은 외적의 위협을 전혀 받지 않았지만 황제를 뒤에서 지켜줄 군대를 보유하려고 했다. 로마공화정의 징병제 전통과는 달리 황제 직속부대는 모병제 직업군이었다. 이들은 16년 이상 복무해야 하고 황제와 황실 가족에게 충성을 다하겠다고 선서해야 했다. 공격식 편제로 이루어진 평화시대 상비군은 로마제국의 가장 큰 특색이었다. 황군의 외연이 확장되자 군인들이 점차 내정에 간섭하면서 직접 황제를 폐위하는 지경에까지 이르렀다.[8]

한나라도 상비군 체제였다. 그러나 한 무제가 흉노를 칠 때 숙련된 기병이 필요했던 것과 같은 특수한 상황을 제외하고는 보통 1,000여 명 정도의 병력을 유지했다. 한 고조는 황제를 칭한 후 4개월 동안 대

용과 독수리의 제국

부분의 군대를 귀환시켰다. 갑옷을 벗고 고향으로 돌아가는 사람에게 는 6년간 부역을 면제해줬고, 관동(關東) 출신으로 관중에 남아 거주 하는 사람은 12년간 부역을 면제해줬다.[9] 한나라는 진나라 제도를 따 랐기에 전체 장정을 모두 병적부에 기록하여 후방 예비군으로 삼고 일찍부터 이들에게 농토를 분배했다. 군대의 주력군은 1년간 복역하 게 되어 있는 윤번제 징병 부대였다.[10] 상비군인 직업군인과는 달리 후방 예비군은 필요할 때 징집되어 대오를 편성했고, 평상시에는 각 각 본업을 지키며 생산 활동에 종사했다. 완전히 상이한 한나라와 로 마제국의 군사조직에 양측의 서로 다른 기본 정책이 반영되어 있다. 이 점에 대해서는 다음 장에서 토론할 것이다.

정규군 이외에도 로마제국과 양한 황조에서는 궁정과 황제를 보호 하기 위한 군대를 두었다. 아우구스투스가 창립한 근위대는 정규군보 다 먼저 황제 보호 방법을 배웠다. 한나라에도 몇 가지 중앙 호위 부대 가 있었다. 한나라 초기에 도성을 보위하던 군대는 남군과 북군 두 부 대였다. 북군은 여후 사후 발생한 궁정반란을 평정하는 데 공을 세웠 지만 문제는 즉위하자마자 바로 이 부대를 해산했다.[11] 로마제국에서 는 보통 무장부대가 황제 계승에 간여하는 걸 용인했지만 한나라는 이 와 달리 황제 계승에 문제가 생기면 태후의 내정 영향력이 매우 컸다.

정부의 체제는 건국과정에서 제기되는 가장 중요한 정책의 하나다. 로마인은 두 가지 정치모델에 익숙했다. 첫째, 귀족 집단 통치체제인 공화정이다. 이는 당시에 쇠락하고 있었지만 원로 귀족은 여전히 이 체제에 미련을 갖고 있었다. 둘째, 알렉산드로스의 제국 체제다. 하지만 로마의 전통에서는 1인 독재를 깊이 증오했다. 따라서 카이사르 같은 천재도 군사력에 의지하여 한 시기만 독재를 할 수 있었다. 아우구스투스는 카이사르의 경험을 흡수하여 군대를 단단히 장악하는 한편 공화정의 외피만 유지하며 귀족으로 하여금 그의 독재를 받아들일 수 있게 했다. 나머지 귀족이 반항했지만 그를 계승한 황제 몇 명에 의해 완전히 진압되었다. 로마제국 전성기 때는 군주 집권체제가 이미 합리적인 정통성을 확보하고 있었다.

한나라에도 두 가지 정치 모델이 존재했다. 그것은 바로 주나라의 종법 봉건제도와 진나라의 군주 집권체제(관료주의 체제)였다. 진나라 멸망을 거울삼아 한 고조는 선왕의 법도를 회복하여 각지에 제후왕을 분봉했다. 그러나 종친과 친해야 한다는 명분은 제후왕의 반란을 피할 수 없었다. 다행히 신속하게 평정하여 큰 혼란에 이르지는 않았다. 한 무제 때는 전국을 다시 군주 직할의 군현제도로 통일했다. 우여곡절을 거친 끝에 법가가 창건한 집권체제가 튼튼하게 뿌리 내리면서 사대부의 옹호를 받아 황조 중국의 장기적인 국가 뼈대로 자리잡았다.

법가에서 운영 관리한 관료행정 시스템도 이에 편승하여 오래 생존할 수 있게 되었다. 로마제국도 점차 이와 유사한 행정기구를 발전시켰지만 그 효율은 진·한에 미치지 못했다. 한나라와 로마는 국력이 정점에 도달했을 때 각각 230~240명의 고급 관리를 임명하거나 파견했다. 그 직위는 중앙정부의 재상이나 근위대 장수에서 지방의 군수나 장관에까지 미쳤다. 관직 시스템은 중국이 대부분 직위와 기능에 따라 운영한 것과는 달리 로마는 귀족의 신분에 따라 운영했다. 로마 귀족은 일반적으로 사회·경제·교육에는 관여하지 않았으므로 그 임무가 한나라 관리에 비해 가벼웠다. 하지만 녹봉은 한나라 관리보다 열 배나 많이 받았다. 고관의 녹봉과 30만 상비군의 군사 경비에 비춰보아 로마의 세금이 한나라보다 많았던 이유를 짐작할 수 있다.

수많은 군주 국가에서 국왕을 보좌하며 정책을 결정하는 통치 엘리트는 장기적으로 몇몇 명문세가에서 담당하는 경우가 대부분이다. 그런데 서로 비교해보면 진·한과 로마의 엘리트는 신분이 상당히 유동적이었다. 진나라에서는 세경(世卿: 경을 세습하는 제도)이 폐지되자 사대부는 더 이상 고위 관직을 세습할 수 없었다. 로마제국의 원로는 법률에 의해 3대를 세습할 수 있도록 허용되어 있었지만 실제로 그렇게 오래 세습할 수 있는 가문은 드물었다.

신인이 끊임없이 보충되어 여러 인재가 정부로 유입되면서 백성의 조직적인 반항 능력이 약화되었다. 사회 속에서 엘리트를 발탁하는 뛰어난 수단은 중국과 로마가 동일했고, 그것이 이 두 제국의 성공 비결 중 하나였다. 다른 점은 두 제국이 인재를 초빙하는 원칙이었다. 한나라는 제자백가를 퇴출한 후 유가의 가르침을 원칙으로 삼았고, 로마는 일관되게 재산을 기준으로 삼았다. 통치 엘리트의 상이한 사회 배경과 이데올로기로 인해 용과 독수리는 각각 자기 나름의 특색을 갖게 되었다.

제2절

군주와 백성

중국에는 민주라는 개념이 없었다. 군주 체제에서 귀족의 권세는 더러 높기도 하고 낮기도 했지만 백성들 입장에서는 왕에서 황제에 이르기까지 그 의미가 대동소이했다. 그리스 로마에서는 많거나 적거나 줄곧 민주제도를 시행했다. 나중에는 이 제도를 위반하기도 했지만 군주제도도 여전히 민주 개념의 영향을 받았다. 아우구스투스는 카이사르의 전철을 밟을까 두려워하며 자신의 군주제를 가리고 분식하기에 전념했다. 그는 황제 직함도 쓰지 않고 전통적 예칭(譽稱)인 'princeps' 즉 수석 공민이란 호칭을 사용했다. '황제'로 번역되는 'emperor'의 라틴어 'imperator'는 기원전 209년부터 사용되었다. 스키피오가 카르타고에 승리한 후 부대 병사들이 그를 왕(rex)으로 환호하는 걸 감당하지 못하고 이 예칭을 발명했다. 대개 의미는 가장 우수한 사령관이란 뜻인데 부하에게 이 호칭으로 외치게 했다. 로마는 군공을 가장 영예롭게 생각했기에 군대에서 'imperator'란 호칭으로 불리는 건 어디에도 비할 수 없는 영광이었다. 아우구스투스는 그것을 자신의 이름으로 사용하기도 했다. 나중에 'imperator'는 황제를 나타내는 공식 직함이 되었다. 그리스인은 이 말에 포함된 권력 기능을 통찰하고 이 'imperator'란 말을 'autocrator'로 번역했다. 지고무상의 군주라는 의미다.[12]

로마제국은 무공을 숭상했고, 중국의 황조는 문치를 중시했다. 그러나 전국의 권력은 모두 최고통치자인 황제에 집중되어 있었다. 황조나 제국의 체제는 모두 절대군주제(absolute monarchy)였다.

절대군주제는 결코 전제주의(despotism)와 같지 않다. 전자는 권력 배치에 따른 정치제도를 객관적으로 형용하는 말이지만, 후자는 폄하의 의미로 사용되면서 주로 이 제도가 야기할 수 있는 폭정을 가리킨다. 세계 역사에서 절대군주제가 흔한 건 결코 우연이 아니다. 사회 속의 관념과 이해관계는 복잡한데, 서로 다투려 하지 않다가 상황이 경직되거나 또는 권력 투쟁이 전란으로 발전하기도 한다. 이에 사람들이 한 사람에게 최종 결정을 내리게 하자고 동의하면 비교적 일치된 행동을 할 수 있다. 절대군주제는 결함도 있지만 행정 조치에 따른 호불호의 경험을 흡수할 수 있으면 사람으로 하여금 법제를 존중하고 이성적으로 협상을 진행하게 할 수 있다. 혹은 점차 제도를 개량하여 법으로 군주를 제약하거나 심지어 정치체제를 바꿀 수도 있다. 예를 들면 근대 유럽이 봉건제도에서 절대군주 체제를 거쳐 다시 민주제도로 진입한 것과 같다. 하지만 이 과정은 매우 어렵기 때문에 모든 국민이 성실하게 노력해야 한다. 이것은 절대로 공허한 구호로만 이루어지는 것이 아니다.

어떤 서구 학자는 이렇게 묘사했다. "서양의 황제 통치는 절대적이긴 하지만 황제가 모든 걸 마음대로 하지는 못한다. 그것은 인정과 권한 부여에서 연원하는데 그 기반은 법률이다. 그러나 그것은 동양의 전제제도와 확연히 다르다. 로마인은 그런 저급한 단계로 떨어지지는 않았다."[13] 동양에 대한 서양인의 선입견이나 제도를 분석하지도 않고 걸핏하면 자신의 정부를 '전제주의'라고 부르는 동양인의 태도를 제쳐둔다면 두 지역의 황권은 기본적으로 어떤 차이를 갖고 있을까?

법률 존중은 결코 로마에 한정된 이야기가 아니다. 중국의 법가도 로마와 마찬가지로 법률을 존중했지만 애석하게도 이 사상은 유가 독존 사회에서 법률은 곧 형벌이라고 폄하되고 말았다. 법을 받들고 이치를 따르는 건 확실히 로마인의 우수한 품성이다. 그렇더라도 로마 제국이 '법률에 기반한' 사회라고 말하면서 그것이 유생들이 주장하는 '백성이 가장 귀하다'라는 사상과 같다고 하는 것은 너무나 공허한 이론이다. 우리는 이렇게 물어야 한다. "그 백성은 무슨 백성인가? 그들은 얼마나 법을 귀하게 여겼는가?" 우리는 또 이렇게 물어야 한다. "그것은 무슨 법률인가? 그 법률은 정권을 어떻게 제한했는가?"

구체적인 법률은 공법·사법·헌법 세 부류로 나뉜다. 공법은 또 형법과 행정법으로 나뉜다. 형법은 모든 국민에게 두루 적용된다. 정부는 살인과 약탈 등이 불법임을 규정하고, 독자적인 강제권으로 그런 불법을 방지하고 처벌해야 한다. 행정법은 오로지 관리에게만 적용된다. 정부에서는 관리가 일을 할 때 지켜야 할 규정과 규칙 및 권한 남용과 직무 태만에 관한 처벌을 제정한다. 사법은 민법이라고도 부른다. 정부는 혼인, 계약, 재산 매매, 손해배상 등 개인 관계를 위한 법률을 만들어 개인 교류에서 서로 지켜야 할 권리와 의무를 심판한다. 헌법은 국가의 원칙과 권력 분배, 예를 들어 입법·사법·행정 삼권분립 등 정부구조를 제정한 기본 법률이다.

'법치'의 의미는 경우에 따라 달라진다. 일상생활 속에서 '법치'는 대부분 법대로 다스리는 일 또는 법치 질서(law and order)를 가리킨다.

즉, 공법과 사법의 효과적인 시행, 관리의 청렴함, 민사소송 해결, 범죄율 저하, 사회 안정이 그것이다.

정치원칙과 정부구조를 논의할 때 '법치'에는 두 가지 의미가 있다.

첫째, 헌법에 따라 다스리는 법치(rule of law as constitutionalism)를 가리킨다. 즉, 국가는 국민이 보편적으로 생각하는 법률 준수 의식의 지지 아래 정부의 권력을 제한하는 헌법을 갖게 되고 아울러 헌법 시행과 권력 남용을 제재하는 독립적인 사법기구도 갖는다. 헌법에 따라 다스리는 제한된 정부는 세계 역사에서 아주 늦은 시기에 출현했고, 지금도 세계 모든 나라에서 보편적으로 통용되지 못하고 있다. 그러나 무한한 권력을 가진 군주라 해도 모든 일을 제 마음대로 처리할 수 있는 것이 아니고 기존 법률을 자동으로 준수해야 할 경우가 적지 않다.

'법치'의 두 번째 뜻은 헌법이 없는 경우를 가리킨다. 그러나 임금과 백성과 관리가 모두 법률 준수 의식을 갖고 있기 때문에 공법과 사법에 따라 다스릴 수 있다. '법에 따른 통치(rule by law 또는 rule according to law)'인데[14] 법가에서도 "군신, 상하, 귀천이 모두 법을 따르면 이것을 일러 대치(大治)라고 한다(君臣上下貴賤皆從法, 此謂爲大治)"라고 했다.[15]

진·한황조와 로마제국은 모두 공법을 갖추고 있었다. 쌍방의 형법을 오늘날의 시각으로 보면 매우 잔혹하지만 고대의 살육 장면에 비춰 보면 그리 특별한 것도 아니다. 법 앞에 만민이 평등하다는 관념도 두 곳 모두에서 존재했지만 날이 갈수록 점점 쇠퇴하고 말았다. 중국에서는 유가 윤리의 삼엄한 등급을 법률에 삽입하여, 법률의 혜택을 받는 테두리를 황실 친척과 인척으로부터 확대하여 모든 사인(士人)과 지주계급까지 포괄하도록 했다.[16] 일찍이 로마공화정 시절에는 가난한 사람이 사형 선고를 받으면 바로 처형했지만 부자들은 한결같이 외국으로 도망쳤다. 로마제국의 법률은 모든 사람의 지위와 등급에 따라 판정했다. 따라서 혹형과 고문은 하위계층 사람들에게만 시행했다.[17]

민법은 로마의 법률 체계 중에서 가장 뛰어난 부문이지만 중국에서는 그다지 발달하지 못했다. 중국인은 소송을 좋아하지 않아서 차라리 중재에 맡기려는 경향이 강하다. 민법 외에도 중국과 서양이 가장 큰 차이를 보이는 것은 법률 준수 의식이다. 우리는 이 주제를 제9절에서 자세히 다룰 것이다. 그러나 이 차이는 우리가 지금 논의하고 있는 정치 문제와는 무관하다. 국가체제의 기반은 헌법이지만, 로마제국이나 진·한황조는 모두 헌법을 갖지 못했다.[18]

로마제국에는 황제의 권한을 제한하는 법률이 없었다. 학자들은 "황제는 어떤 행동도 할 수 있는 권한을 가졌는데, 전체 시대를 통틀어 봐도 이 권한은 한 번도 시련에 처하거나 도전을 받은 적이 없다"는 사실을 발견했다. 만약 황제가 좋아하면 어떤 사건을 원로원으로 가져가서 논의에 부칠 수도 있다. 마치 진시황이 순우통의 봉건제도 회복 제의를 조정 토론에 부치듯이 말이다. 그러나 "이것이 황제의 조칙이나 행동을 반드시 원로원에서 비준받아야 합법이 되는 걸 의미하지는 않는다".[19]

"황제가 마음을 먹으면 바로 법률적인 힘을 가진다." 이것은 로마의 법률가 울피아누스(Domitius Ulpianus, 170?~228)의 의견이지만 황조중국에도 똑같이 적용할 수 있다. 한나라 정위(廷尉: 법률 담당 관리) 두주

(杜周, ? ~전 95)도 "선대 군주가 옳다고 여긴 것은 법률로 분명하게 제정되어 있고, 후대 군주가 옳다고 여긴 것은 조령(條令)으로 잘 정리되어 있습니다(前主所是著爲律, 後主所是疏爲令)"라고 토로했다.[20] 이 밖에도 로마공화정의 공개 변론 제도도 역사의 낡은 흔적이 되었다. 로마 황제가 어떻게 정책 결정을 하는지는 장막 뒤에 가려 있었고 이는 중국도 다르지 않았다. 디오는 국사에 대중이 알 수 없는 비밀이 너무 많아서 역사가를 어렵게 한다고 원망을 털어놓았다.[21]

로마 황제와 중국의 군주는 모두 무한의 권력을 가졌지만 양자 모두 그 권력을 마음대로 행사할 수 있는 건 아니었다. 전통 도덕, 종교 관습, 정부 기구가 최종적인 권한을 가지지는 못했지만 황제의 힘을 전혀 제한할 수 없는 건 아니었다. 행정기구의 관성과 통치권의 당쟁도 황제의 권력을 막아서는 힘이었는데, 비록 부족하긴 해도 나쁜 결정을 연기시킬 수 있었다.

로마제국과 진나라 및 서한 조정은 모두 헌법에 따라 나라를 다스릴 수 없었지만 모두 형법과 민법에 따라 다스리려고 노력했다. 플리니우스는 로마제국 제13대 황제 트라야누스를 다음과 같이 칭송했다. "그대는 몸소 법률을 준수했습니다. …… 나는 처음으로 듣고, 처음으로 배웠습니다. 황제가 법률 위에 있는 것이 아니라 법률이 황제 위에 있다는 것을."[22] 플리니우스의 칭송은 법가에서 내세우는 논리와 같다. 상앙은 이렇게 말했다. "법이란 임금과 신하가 함께 지켜야 하는 것이다. 신의란 임금과 신하가 함께 세워야 하는 것이다(法者, 君臣之所共操也. 信者, 君臣之所共立也)."[23] 이러한 사상은 한나라 초기까지도 존속했다.

　한번은 한 문제가 수레를 타고 다리를 건너고 있었다. 그때 어떤 사람이 다리 밑에서 뛰어나와 임금의 수레를 끄는 말이 깜짝 놀랐다. 정위 장석지(張釋之)는 이 사람이 모르고 실수했다는 사실을 밝혀내고 관대하게 처리하려고 했다. 그런데 자칫하면 수레에서 떨어져 상처를 입을 뻔했던 황제는 대로하여 정위의 처벌이 너무 가볍다고 나무랐다. 그러자 정위가 대답했다. "법이란 천자께서 천하와 더불어 지켜야 하는 공공 정신입니다. 지금 법이 이와 같은데 더 무겁게 다스리면 이런 법은 백성에게 믿음을 주지 못합니다(法者, 天子所與天下公共也. 今法如是, 更重之, 是法不信於民也)." 문제는 오랫동안 아무 말 없이 있다가 마침내 그의 의견에 동의했다.[24]

　애석하게도 이러한 법치 정신은 전적으로 황제의 개인 기질에 의지해야 했다. 심지어 법률을 존중한 트라야누스도 원로원의 의견을 신경도 쓰지 않고 단번에 7개 지역을 국가의 토지에서 황실 사유재산으로 바꿨다.[25] 여후가 고조의 유훈을 어기고 여씨 자제를 제후왕으로 봉하려 하자 우승상이 반대했다. 그러나 여후는 그를 강등시키고 자신의 뜻을 달성했다.[26] 황조와 제국의 신민은 모두 인내를 배워야 했다. 타키투스는 원로의 심경을 이렇게 토로했다. "나는 좋은 황제를 모시기를 기도합니다. 그러나 어떤 사람이 보위에 오르더라도 나는 견뎌야 합니다."[27]

　황제의 권력 장악을 로마에서는 신민의 인가를 받아야 했지만 중국에서는 그렇지 않았단 말인가? 백성이 어떻게 통치를 인가할 수 있을

　　　　　　　　　　　　　　　용과 독수리의 제국

까? 이것은 민주주의 이론에서도 난제에 속한다. 일반적으로 인가는 암묵적인 허락과 명시적인 허락으로 나뉜다. 진나라 말기에 영웅들이 유방을 황제로 옹립하고, 안토니우스의 부하들이 옥타비아누스에게 투항하여 한나라와 로마제국이 평화를 찾아 동란이 줄어든 것은 모두 신민이 암묵적으로 통치를 허락했다고 할 수 있다. 이 밖에도 두 곳 백성은 모두 정기적으로 시행되는 공평한 투표를 통해 자신의 의향을 명확하게 표출할 수 없었다.

하지만 로마인은 확실히 자신만의 표현 방식이 있었다. 아우구스투스 시대부터 로마제국의 모든 거주민은 황제가 즉위할 때 충성 서약을 했고 매년 즉위 기념식이 돌아오면 충성 서약을 반복했다. 아직 아첨하는 말이 들어가지 않은 초기의 맹세는 대체로 이렇다. "나는 유피테르(주피터)·땅·태양·모든 남신과 여신의 이름으로, 그리고 아우구스투스 본인의 이름으로 맹세합니다. 나는 영원히 카이사르 아우구스투스 및 그의 아들과 후손들에게 충성을 다할 것을 맹세합니다. 언어, 행동, 사상을 막론하고 나의 모든 생명을 걸고 그들의 친구를 친구로 삼고, 그들의 적을 적으로 삼겠습니다……."[28]

현대 중국인도 이를 배워 집단적으로 그들의 영수를 향해 충성 서약을 했다. 그러나 서구에는 이 맹세에 대한 상이한 해석도 있다. 즉, 로마인의 맹세는 백성이 황제를 인가하는 행위로 볼 수 있다는 것이다. 그렇지만 중국의 맹세는 '폭군'이 백성을 통제하는 행위였다.

어떤 학자는 로마인이 그들의 공민 호적 때문에 다소나마 권력을 누렸고, 이 때문에 그들은 중국의 신민보다 훨씬 우월한 위상을 가졌다고 말했다.[29] '공민'은 일반적으로 모종의 정치적 권리를 갖거나 심지어 적극적으로 정치에 참여한다는 의미를 갖는다. 로마공화정의 공민은 확실히 이런 권리를 갖고 있었지만 시대가 지나면서 상황은 바뀌었다. 로마제국의 공민은 선거와 입법에 관여할 수 있는 모든 정치적 권리를 상실했다.[30] 로마 공민 호적은 정복자의 표지일 뿐이었고, 그것으로 피정복 신민을 능멸했다. 중국에서는 승리자와 패배자의 차이가 신속하게 사라졌다. 진나라는 육국을 멸망시킨 후 전국 백성을 모두 똑같은 호적에 편입하여 신민으로 삼았다(編戶齊民). 이들의 지위는 동일했고 의무와 권리도 똑같았다. 정부에 들어가 관리가 되는 것도 이들의 중요한 정치적 권리였다. 로마제국은 이런 권리를 공민에게만 부여했다. 진·한황조는 정부를 개방하고 능력만 있으면 모두 관리로 임명했고 심지어 고위관직으로 승진시키기도 했다. 이 밖에도 한나라에서는 백성에게 칼을 팔아 소를 사도록 장려했지만 백성이 칼을 차는 건 금지하지 않았다.[31] 이와는 달리 로마제국에서는 군대를 제외하고 모든 백성은 공민이든 아니든 자위를 위해 무장할 권리를 갖지 못했다.[32]

로마제국 전반기 200년 동안 공민은 전국 인구의 10분의 1 내외에 불과했다. 처음에 이들은 다소 사회적 권리를 갖고 있었지만 그 권리가 점차 공민에서 부자에게 옮겨갔다. 그것은 예루살렘의 어떤 말단 관리가 "이 공민 호적은 내가 돈을 많이 들여 사온 것이다"라고[33] 허풍을 떤 것과 같은 상황이었다. 로마제국 황금기에 이르러 비천한 신분으로 전락한 빈궁한 공민은 모든 권리를 상실했고, 이에 노예와 같은

용과 독수리의 제국

대우에서 벗어날 수 없었다.[34] 212년 카라칼라는 공민 호적을 전국의 모든 자유민에게 하사했다. 이 황제는 개명한 군주로 이름난 것이 아니라 탐욕으로 이름이 났다. 공민에게 상속세를 거뒀기 때문이다.

자유롭게 지주를 떠날 수 없었던 소작농이나 법적으로 부친의 업무를 계승한 장인(匠人)들에게 있어서 이 '공민' 호적은 헛된 명칭일 뿐이었다. 현대 학자는 로마의 공민 호적을 치켜세우며 동양의 전제주의를 폄하하는데, 당시 사람은 이에 대해 아무런 관념도 없었다. 일관되게 선전도구로 활용하던 은화에조차도 전국 공민화의 혜택을 새겨 넣지 않았을 정도다. 이유는 간단하다. "상위 계층 사람은 공민의 권리 소재를 일찍부터 잘 알고 있었기 때문이다. 즉, 하위 계층 사람에게는 자신이 공민이든 아니든 그리 큰 차이가 없었기 때문이다."[35]

콘스탄티누스는 동방의 전제주의를 모방했다. 모방은 최고의 표준이었다. 현재 보통 전제적 폭군이란 의미를 포함하고 있는 'despotes'가 로마인이 황제를 부르는 존칭이 되었고, 공민은 자신을 '당신의 노예'라고 불렀다. 서구 학자는 이렇게 변명했다. "그러나 이 동방주의는 표면상의 예의에 불과했다. 지고무상의 로마 군주는 거의 대부분 자신의 신민이 자유민임을 잊지 않았다."[36] 우리는 제2장 11절에서 그리스 로마 세계의 노예 숫자 비율이 동방세계를 훨씬 초과했음을 살펴본 바 있다.

사회과학지는 실세 생활 속 페르시아인의 행동이 그리스인보다 훨씬 자유로웠음을 발견했다. 왜냐하면 페르시아 정부의 통제 능력이 비교적 약했기 때문이다.[37] 그리스 로마인이 비천하게 여긴 동방의 노예성은 주로 임금에게 꿇어 엎드려 공경을 표시하는 예절에서 온 것이다. 그러나 이 예절은 이들 자신이 모방해서 이용했다. 하지만 이런 변화는 아마도 표면적인 듯하다. 이들은 육체적으로 꿇어 엎드리기 훨씬 전에 이미 정신적으로 무릎을 꿇고 있었다. 그리스인은 가장 먼저 살아 있는 황제를 신으로 숭배했고, 로마인도 나중에 그 전철을 그대로 따랐다.[38] 당시 중국인은 아직 그렇게 비굴한 지경으로까지는 떨어지지 않았다. 로마제국 전성기에 원로 플리니우스는 황제 트라야누스에게 이렇게 아뢰었다. "폐하께서 명령을 내려 우리를 자유롭게 하시면 우리는 그 명령을 받아 자유롭게 됩니다."[39] 이것이 바로 자유민이 지고무상의 군주 통치 아래에서 갈고 닦던 최고의 수양이었다.

제3절
황제와 황위(皇位)

이긴 자가 왕이 된다. 내전이 끝났을 때는 까마귀도 "승리한 영도자여!"라고 소리칠 줄 안다. 평화 시기에는 누가 황제의 보위를 계승해야 할까? 권력 이양에는 무슨 원칙이 있어야 할까? 일부 현대 학자는 개명한 '양자주의(養子主義)'라는 말을 로마제국에 붙여줬다. "황제는 저들 동양의 경우와는 다른 방법을 썼다. …… 즉, 권력을 오직 혈연관계에 있는 아들에게만 물려주지 않은 것이다. 황제는 귀족 중에서 가장 우수한 자를 선택하여 그를 양자로 삼고 보위

용과 독수리의 제국

를 물려줬다."[40] 자세히 연구해보면 우리는 확실히 비혈연 후계자의 명백한 증거를 발견할 수 있다. 그러나 그것은 로마가 아니라 중국 고대 전설에 있었다.

이 말을 듣고 좀 의외라고 생각하는 사람이 있을 듯하다. 다윈의 진화론에 입각해서 상위계층을 바라보면 중국이 로마보다 훨씬 낫기 때문이다. 한 고조와 두 형제는 200년 동안 10만 명의 후손을 낳았다.[41] 이와는 반대로 로마 귀족은 줄곧 혈연이 귀했다. 출생률이 사망률보다 낮았다. 어쩌면 타키투스가 말한 것처럼 출산과 양육이 너무 힘들어서 차라리 향락을 즐겼는지도 모른다. 아니면 어떤 후인이 추측한 것처럼 뜨거운 욕탕에 너무 오래 몸을 담가서 정자가 손상되었던 것일까? 사실 정부에서 자식 생산을 얼마나 장려하고 독신 생활을 얼마나 질책했든지 간에 수많은 귀족은 여전히 후손이 없었다.[42]

네르바에서 안토니누스에 이르기까지 양자에게 황위를 전한 네 명의 황제는 친아들이 없었다. 양아들을 세운 것은 부득이한 상황이었지 황제의 개명(開明)함과는 아무 관계가 없다. 인류의 행위 원칙은 사물의 규율과는 다르다. 원칙은 선택 여지가 있을 때 비로소 분명하게 드러난다. 로마의 보위 계승은 선택에 의한 것이었지만 결과는 같았다. 베스파시아누스는 이렇게 선언했다. "내 아들 외에는 보위를 이을 사람이 없다." 가족 통치냐 아니면 보위 계승 내란이냐 양자택일을 해야 할 상황에서 원로원은 즉각 결정을 해야 할 필요가 없었다.[43]

귀족은 황실 세습이 다소 불가피한 측면이 있음을 인정해야 했고, 병사와 광대한 민중도 황실 후계자를 진지하게 옹호했다. 근위대가 아우구스투스의 혈통인 클라우디우스를 옹립할 때는 그가 다소 정신 박약 상태임에도 개의치 않았다. 로마 시민도 전력을 다해 근위대를 지지했고, 외부 수비 군단의 병졸도 장군의 모반을 가로막았다. 엘라 가발루스(Elagabalus, 204?~222)는 생긴 모습이 카라칼라를 닮았기 때문에 로마 군단에 의해 황제로 옹립되었다. 사생아도 혈연이 없는 것보다는 나았다. 당시에 "황제에게 살아 있는 친아들이 없었지만, 평화적으로 다른 사람이 황제의 보위를 계승했다."[44]

실천은 논하지 않고 이론만으로 살펴봐도 로마 황실의 이른바 양자계승 원칙의 증거를 찾을 수 없다. 로마에서 성행한 스토아철학도 좋은 황제를 요구했지만 보위 계승 문제는 언급하지 않았다. 아우렐리우스는 철학적인 소양도 깊었지만 전혀 주저하지 않고 보위를 친아들에게 넘겼다. 이에 대다수 학자들은 이른바 로마제국의 양자계승 원칙이 전혀 없었던 것으로 믿고 있다.[45]

사물의 존재를 증명하는 것은 존재하지 않는 것을 증명하는 것보다 훨씬 쉽다. 어떤 학생이라도 중국의 문헌에서 선양설(禪讓說)의 증거를 찾을 수 있다. 전국시대 묵가(墨家)는 현인을 숭상하자(尚賢)고 주장했다. 유가에서도 한편으로 세습 경대부를 옹호하면서 다른 한편으로는 주나라 무왕의 상나라 주왕 정벌을 찬미했다. 따라서 현인에게 보위를 선양해야 한다는 주장에 대해서도 반은 부정하고 반은 긍정하는 모습을 보였다. 요 임금이 순 임금에게 보위를 선양했다는 이야기는 대개 선사 부족시대에 추장을 뽑던 전설에 근거하여 날조한 것이라고 봐야 한다.[46] 이상적으로는 한 문제가 말한 것처럼 황제는 "천하의 현인과 성인을 널리 구하여 천하를 양보해야 한다(博求天下賢聖有德之人而嬗天下)."[47]

한나라 유학자는 또 음양오행설에 입각한 재난설로 선양설을 윤색했다. 소제 때 큰 돌이 저절로 서고 죽은 나무가 다시 살아나자 규홍(眭弘, ?~전 78)은 『춘추』를 인용하여 황제가 반드시 요와 순이 선양한 방법을 본받아야 한다고 해설했다. 18년 후에도 개관요(蓋寬饒, 전 105~전 60)가 선제에게 상소문을 올렸다. "오제는 천하의 관리가 되었으며, 삼왕은 천하를 집으로 삼았습니다. 집은 아들에게 전하고, 관직은 현인에게 전해야 합니다(五帝官天下, 三王家天下. 家以傳子, 官以傳賢)."[48]

선양설의 이상은 드높지만 애매모호한 유가의 병폐를 벗어던지지 못하고 있다. 무엇이 '현(賢)'이고 현인은 얼마나 많고 현명함의 수준을 어떻게 판별할 수 있는가? 왜 다른 사람이 기존 황실 혈통은 돌아보지 않고 이른바 선택된 현인을 받아들이자고 할까? 그들이 받아들이지 않으면 어떻게 해야 할까? 현인에게 선양하는 일과 기존의 충성 대상 사이에 드러나는 윤리 원칙의 모순은 어떻게 해결해야 하나? 문화귀족은 구호만을 외치며 결과는 고려하지 않고 마침내 왕망의 대란을 야기했다. 본래의 간판이 망가지자 '선양'은 마침내 찬탈을 뜻하는 거짓말로 전락했다. 동한 이래 유가 사대부의 절개는 제왕의 만세일가에 충성을 바치는 것이었다.[49]

통치자를 선한 목자의 형상으로 비유한 것은 중국과 서양이 약속이나 한 듯 똑같다.[50] 진시황의 각석과 아우구스투스의 『공훈록』은 모두 덕망을 권력 위에 놓고 있다. 아우구스투스는 이렇게 썼다. "비록 나의 권력(potestas)은 나와 같은 직책의 동료보다 결코 높지 않지만, 나의 위엄(auctoritas)은 어떤 사람보다 높다."[51] 진시황의 각석 6개 중에서 '위(威)'라는 글자는 네 번밖에 나오지 않으며 그것도 전부 육국을 복종시키고 멸망시키는 과정에 사용했다. 통일 후의 정치를 묘사할 때는 '덕(德)'이란 글자가 열한 번 나온다. 예컨대 "황제의 덕이 사방을 안정시켰다(皇帝之德, 存定四極)"라든가 "종묘를 밝게 빛내고, 도를 체화하여 덕을 행했다(昭明宗廟, 體道行德)"[52]와 같은 경우가 그것이다. 아우구스투스와 진시황은 모두 자신의 지고무상한 위엄을 선전했다. 엄격했지만 잔학하지 않은 가운데 적지 않은 특징을 드러냈다. 스토아학파와 유가도 이들을 찬양하고 인정했다. 황제에게는 권력이 있지만 권력의 길은 교만의 입구가 아니라 무거운 짐을 지고 가는 고난의 노정이다. 진시황이 말한 바와 같다. "황제가 공적을 이루려면 부지런히 국사에 근본을 둬야 한다(皇帝之功, 勤勞本事)." "백성을 긍휼히 여기며 아침부터 저녁까지 게으르지 않아야 한다(優恤黔首, 朝夕不懈)."[53]

전국의 최고 정책과 최종 정책은 황제에 의해 결정된다. 황제가 독단적으로 직무를 수행할 때 그 열정은 각자가 다른 모습을 보인다. 카이사르, 아우렐리우스, 진시황은 부지런히 정사에 힘쓰며 밤이나 낮이나 열심히 일을 했다. 다른 황제들은 부하를 파견해서 일을 처리했고, 더 게으른 황제는 편지로 대신했다. 티베리우스는 만년에 작은 섬에 은거하여 근위대 사령관을 시켜 로마에서 권력을 행사하게 했다. 한 원제는 음악에 심취하여 상서(尚書: 장관급)에게 국사를 맡겼다.[54] 그래도 이들이 최악은 아니었다. 네로나 진 2세 같은 폭군을 만나면 신민은 폭압에 신음하거나 폭력에 의지하여 반란을 일으킬 수밖에 없다. 이것이 바로 지고무상의 군주제다.

널리 은혜를 베푸는 것은 황제가 민심을 얻기 위한 수단이다. 원로 선발은 로마 황제가 베풀 수 있는 가장 큰 은혜였다. 그것은 한나라 초기에 공신을 제후왕으로 봉하는 일과 같았다. 금전과 물질로 베푸는 은혜도 보편적으로 행해졌다. 로마 황제는 대관식 때 거액의 금전을 근위대와 황군에 하사했는데, 이는 거의 공식적인 관례에 속했다. 보통 백성도 때때로 황제의 은혜를 입을 수 있었다. 하지만 로마시 주민이 누리는 무료 식량과 경기 오락은 전국으로 보급되기 어려웠다.[55] 진시황도 백성과 함께 즐기는 정책을 강구했다. 나라에 큰 경사가 있을 때는 백성에게 관리의 품계를 하사했다. 이것이 이른바 민작(民爵)인데 기실 다른 사람에게 양도할 수 있는 물질적 이익이었다. 이 밖에도 100가구마다 쇠고기와 술을 하사받아서 황실에서 베푼 향연을 함께 즐겼다.[56]

한 나라 원수로서 황제의 행적에는 그 사회의 가치가 많이 반영된다. 로마 황제의 가장 찬란한 전례 행사는 개선 행진이었다. 문제 때부터 한나라 황제들은 농사를 장려하기 위해 봄에 백관을 거느리고 친경(親耕) 행사를 벌였다. 이러한 의식을 통해 황제는 독수리와 용의 주도적 가치를 선양했다. 그 가치가 로마에서는 전공이었고, 중국에서는 농업이었다.[57]

중국 황제 중에서 진시황처럼 각지를 순수하며 백성의 풍속과 나라의 형편을 이해하려고 한 사람은 거의 없다. 황제들은 대부분 궁궐 생활에 연연하며 구중궁궐 속에 깊이 숨어 있었다. 대다수 백성은 황제의 얼굴을 볼 기회가 없었으며 초상화도 없었다. 황제의 이름은 반드시 피휘(避諱: 임금의 이름자를 다른 글자로 바꿔 쓰는 일)해야 했고, 시호도 사후에 정했기 때문에 백성은 목전의 군주를 단지 '금상(今上)' 또는 '황제'라고만 불렀다. 신비감에 기대 신분의 차이를 옹호했다. 이와 반대로 로마 황제는 항상 행진 대열, 사냥터 등 공공장소에 나타나서 백성의 환호성을 들었다. 황제가 직접 가지 못하는 지방에는 동상이나 석상을 세웠다. 또 설령 가장 외진 시골에 사는 백성도 은화에 새겨진 황제의 얼굴을 보고 세금을 내야 한다는 사실을 깨달았다. 마치 예수가 "카이사르의 것은 카이사르에게"[58]라고 깨우쳐준 것처럼 말이다.

한 고조가 평성(平城)에서 흉노에 포위되어 곤경을 당한 이후 한나라 황제는 더 이상 직접 군사를 거느리고 밖으로 나가지 않았다. 한나라 황제는 전략 계획에만 참여한 후 장수를 파견하여 대신 정벌을 감행하게 했다. 로마인은 군사적 영예를 가장 중요하게 생각했고, 황제도 원정 장수가 높은 전공을 세워서 황제를 위협할 수 있다는 사실을 잘 알고 있었다. 아우구스투스의 권위에는 맞설 사람이 없었다. 이 때문에 장수를 파견하여 전쟁을 치르고 그들의 전공과 영예를 모두 황제에게 돌리게 했다.

다음 부류의 황제는 가능한 한 군대의 지휘권을 혼자서 농단했다. 트라야누스 이래로 황제는 반드시 친히 수레를 타고 정벌에 나서야 군단을 장악할 수 있었다.[59] 호호탕탕한 대군을 통솔하는 건 위풍당당하게 보이기는 했지만 군통수권을 감히 정벌 장수에게 맡기지 못한

용과 독수리의 제국

것은 국가의 원수가 정치적으로 나약한 상태임을 증명하는 일이었다. 이후 트라야누스는 점점 군대의 조종을 받게 되었다.

한번은 트라야누스가 군사를 거느리고 출정하는 도중 어떤 부인이 나타나 그에게 억울함을 호소했다. 그는 하소연을 들을 시간이 없다고 대답했다. 그러자 부인이 고함을 질렀다. "그럼 황제 노릇 하지 마세요!" 트라야누스는 그 말을 듣고 바로 말머리를 돌려 행진을 멈춘 채 그녀의 남편을 살해한 범인을 찾아 죽였다. 하드리아누스와 몇몇 그리스식 황제에게도 같은 종류의 이야기가 있다. 이런 전설에는 그리스 로마인이 좋은 황제에게 거는 보편적인 기대감이 반영되어 있다. 그것은 플루타르코스가 "공의를 신장시키는 것보다 임금의 신분에 더 적합한 일은 없다"[60]라고 말한 바와 같다. 법가 사상에서도 공도(公道) 유지를 군주의 주요 임무로 삼았다. 선제는 민간에서 태어났기에 "서민이 자신의 고을에서 편안한 생활을 하며 탄식을 하거나 원한을 품지 않게 하는 방법은 송사를 공평하게 처리하는 것임(庶民所以安其田里而亡歎息愁恨之心者, 政平訟理也)"을 알았다.[61]

대제국에는 송사가 빈번하다. 중국과 서양을 막론하고 재판은 보통 지방 관리의 직무였고, 황제는 상소를 심사하여 결단을 내릴 뿐이었다. 하지만 양쪽의 풍속은 달랐다. 로마 황제는 일반적으로 상당한 시간을 들여 송사를 듣고 판결을 내렸다. 로마제국에서는 그리스 로마 도시국가의 습관을 이어 가능한 한 사건을 정부의 최고위층에 상고하려 했다. 황제가 전국을 돌보려 하면 일반 송사에서는 자신의 이해관계가 거의 개입되지 않기 때문에 쉽게 공정성을 유지할 수 있지만 늘 지방의 사소한 일에 얽매여 고통을 당하게 된다. 한 차례 회의에서 트라야누스는 위조 유언장 사건, 하위 군관 아내의 부정 사건 및 그리스 도시국가 갑부의 민심 유혹 사건을 판결했다.[62] 입법·행정·사법이라는 삼권분립에 익숙한 현대인은 이상하게 느낄 것이다. 황제 한 사람의 능력은 한계가 있는데, 친히 정벌을 나가는 것 이외에 또 소송 사건까지 처리해야 했으니 어떻게 국가대사를 처리하고 정책을 개량할 시간이 있겠는가? 시간이 없었으므로 하지 않은 것이다.

심도 깊은 연구에 따르면 아우구스투스가 창립한 정부는 매우 둔하고 피동적인 것으로 드러났다. 거의 300년 동안 중앙정부에서 적극적으로 정책을 추진한 경우는 매우 드물고 단지 하위 계층에서 발생한 압력에 대처하려 했을 뿐이다. 이러한 태도를 통해서도 왜 황제가 장구한 세월동안 정벌 전쟁을 위해 출국했는지 해석할 수 있다. 정벌에는 갖고 갈 수 있는 물품이 제한적이어서 충분한 자료를 휴대하기 어려웠으며 전문가와 상의하여 사회 경제와 관련된 복잡한 조치를 시행하기도 어려웠다. 그러나 정부에 대한 백성의 주요 요구에 대응하기는 어렵지 않았다. 즉, 개별 청원은 경청하면서 어려움을 해결해주고 분규를 없앴다.[63]

중국 황제도 때때로 자질구레한 일에 마음을 썼다. 이런 사례를 로마 역사가는 아주 흔하게 보았지만 중국 역사가에겐 매우 드문 사례여서 의아하게 생각할 정도였다.[64] 진시황은 일상적으로 매일 아침에 백성의 상소를 들었고 탐관오리도 엄벌했는데, 이는 예외적인 경우였다. 게다가 이 일 때문에 오명을 뒤집어쓰기도 했다. 직무 능력에 따라 직위를 정하는 관료체제는 진·한이 로마에 비해 선진적이었다. 이 제도는 행정 효율이 비교적 높기 때문에 황제가 관례적인 업무를 각 부서에 나눠주고 자신은 중대한 정책 결정에 집중할 수 있다.

한나라 황제는 일반적으로 법률 사건을 정위에게 넘겨주고, 가부를 결정할 수 없는 사례만 다시 아뢰게 했다.[65] 한 경제는 백성의 사정을 듣는 과정에서 탐욕을 징벌하는 법률이 불공평하다 여기고 정위와 승상에게 조서를 내려 해당 법률을 고치게 했다. 그들은 물건을 싸게 사서 비싸게 파는 관리들의 행위를 금지하는 법안을 마련하여 탐관오리가 빠져나갈 구멍을 막고 그것을 경제에게 아뢰어 비준을 받아 시행했다.[66] 입법 대권은 황제에게 있었지만 신하도 권한을 위임받아 법률의 세부 항목을 협의하여 결정했다.

제4절
정부와 엘리트

전권을 가졌다고 전지전능한 건 결코 아니다. 황제는 지고무상의 권력을 장악하지만 한 사람이 절대로 그것을 모두 행사할 수는 없다. 수중의 권력을 실효성 있는 권력으로 바꾸기 위해서는 다른 사람에게 권한을 부여하여 이들이 구체적인 업무를 처리하도록 해야 한다. 따라서 황제는 사신을 보좌할 수 있는 신하가 필요하다. 이들에게 요구되는 가장 중요한 덕목은 충성심이고, 능력은 부차적인 것이다. 황실 친척과 노복도 적지 않은 도움을 주지만 그것으로는 충분하지 않다. 더 중요한 것은 정부 기구에 임용된 공경대부와 관료다. 이들이 정치 엘리트로서 통치계층을 구성하기 때문이다.

일반적으로 엘리트는 출신·재산·교육·명망 또는 기타 백성이 탄복할 만한 특징을 지니고 있어서 이를 따르는 사회적 세력이 있게 마련이다. 이들의 사회배경과 이해관계는 복잡한데, 대체로 지방의 원로나 악질 토호인 경우가 많다. 일부는 정치적 야심이 전혀 없는 경우도 있고 또 일부는 자발적으로 통치계층으로 뛰어들기도 하는데 이는 자신의 포부를 펼쳐보기 위한 행동이거나 명예와 이익 그리고 권익을 추구하기 위한 행동이기도 하다. 다른 한편 황제도 정치 엘리트를 초청하여 자신을 위해 복무하게 하려고 열정을 바쳤다. 이는 이들이 딴마음을 먹고 통제할 수 없는 지방 영수로 성장하는 걸 방지하기 위한 조치였다. 로마제국의 재벌 통치와 중국 황조의 유가 통치는 모두 황제와 엘리트의 이익이 맞아떨어져서 황제가 성공적으로 사회의 인재를 등용할 수 있는 방법이었다. 이에 천하의 영웅이 모두 황제의 통제 영역으로 진입했다.

통치계층의 사회적 구성과 세계관은 정부가 능히 대중을 위해 복지를 도모할 수 있는지 여부와 크게 관련이 있다. 정치 엘리트는 정책 결정과 행정 업무에 참여한다. 이들이 전부 사회 경제를 지배할 수 있는 부유층 출신이라면 정부의 행동도 대부분 부유층의 이익에만 신경 쓰게 되리란 걸 쉽게 예상할 수 있다.[67] 만약 부유층이 단결할 수 있으면 정치권력과 경제세력이 서로 결합하여 국력을 증강할 수 있다. 그러나 부유층의 단결은 결코 쉽게 달성할 수 있는 일이 아니다. 제국의 영역이 광활하고 지주가 경제를 좌우하게 되면 단결은 더더욱 어렵다. 토지 재산은 지역성이 매우 강하다. 따라서 거기에서 발생하는 원심력 때문에 제국의 중앙정부는 가장 골치 아픈 상황에 직면한다. 중국과 로마 모두 이런 상황을 피할 수 없었다.

정권과 부자의 결합은 로마가 진·한보다 더욱 심했다. 로마인은 이에 대해 줄곧 분명한 뜻을 갖고 있었고, 공화정 시절 키케로도 이렇게 공언했다. "사유재산 보호는 정부와 도시국가 체제를 건설하는 주요 동기다."[68] 로마제국 아래에서도 부자와 귀족의 연합은 계속 강화되었다. 원로원은 본래 귀족 지주의 조직이다. 아우구스투스는 이 조직의 정치적 실권을 박탈했는데, 이는 독사의 이빨을 뽑아버린 것에 그치지 않는 중요한 조치였다. 그러나 그는 원로 귀족이라는 이 계급을 유지했을 뿐 아니라 그 재산 자격도 100만 세스테르티우스에서 120만 세스테르티우스로 높였다. 기사 계급의 자격은 40만 세스테르티우스에 머물게 했다. 그들의 아래에는 재산이 적어도 10만 세스테르티우스에 달하는 도시 원로원 의원들이 자리 잡고 있었다. 이처럼 아우구스투스는 법률로 삼엄한 계급 시스템을 확정하고 로마제국의 사회구조를 재조직했다. 새로운 질서에서 가장 뚜렷하게 드러난 부분은 재벌 통치였다.[69]

아우구스투스가 정한 원로원 정원은 600명이었고 로마제국 기사 규모는 1,000명에 달했다. 모든 도시에서 평균 100명의 최상위 부자가 도시 원로원으로 진입할 수 있었다. 이 세 부류의 구성원이 모두 대지주 사회 엘리트 계급으로 정치를 농단했다. 로마제국은 도시 원로를 우대하고 토호 거부를 장악하여 제국 각지를 통치하고 지방 백성에게 압제를 가했다.[70] 중앙정부의 관리는 원로나 기사가 아니면 임명될 수 없었다. 제국의 전기 200여 년 동안에는 모든 고급 관리와 군단 사령관이 원로원 출신이었다. 정치 엘리트는 제국의 양대 지주인 재력과 군력(軍力)을 더욱 공고하게 만들었다.[71]

돈이 있어도 황제의 은혜를 받아야 원로로 승격할 수 있었다. 쉽게 은혜를 베풀지 않아도 원로의 권익은 3대를 세습할 수 있었다. 원로는 정계에서 막강한 세력을 점하고 있었지만 대부분의 가족은 그것을 오래 유지할 수 없었다. 황제를 섬기는 일은 어려운 법이어서 황제의 독수(毒手)에 희생된 원로도 적지 않았다. 이들은 자녀 출산율은 낮고 경제적 파산율은 높아서 중도에 망하는 가문이 많았다.

더욱이 원로의 권익을 계승한 자녀는 원로의 의무를 지지 않으려 하다가 자동으로 퇴출되기도 했다. 이에 황제는 은혜를 베풀 더 많은 기회를 잡을 수 있었다. 지방의 부호는 원로원의 궐석을 차지하기 위해 경쟁했다. 비 이탈리아 출신 인사들은 아우구스투스 당시에 원로원의 2퍼센트만 차지하고 있었지만, 셉티미우스 세베루스 시기에는 이미 과반수를 넘었다.[72] 원로원의 구성원은 유동적이었지만 구성원의 범위와 자격은 변하지 않았다. 이탈리아인으로만 구성되었던 원로원은 전 제국의 집단으로 변했다. 그러나 원로원은 시종일관 재벌 집단이었다. 다른 두 부류(군인, 지주)의 정치 엘리트 계급도 마찬가지였다.[73]

황군 내부에서도 재산을 중요하게 고려했다. 재산이 없는 기사가 힘을 가진 장교가 되는 경우는 거의 드물었다. 하지만 전공은 쉽게 드러나는 법이어서 전시의 군대는 신분 상승을 위한 가장 좋은 기회였다. 트라야누스는 그에게 우호적인 장교 집단 내부에서 고관을 선택했다. 3세기 위기에 대응할 때 군인은 대오 속에서 황제의 자리에까지 올라갈 수 있었다. 나날이 문약해진 원로는 군대에서 퇴출되어 더 이상 군단을 지휘할 수 없었다. 원로를 대신해서 장교가 된 기사는 지주계급이었는데 이들도 재벌 관념을 갖고 있었다. 그러나 군대의 기율을 준수하던 용감한 군인들과 한가하게 어슬렁거리던 원로는 서로 성격이 맞지 않아서 통치 엘리트 사이에서 분파가 생겼다. 그 간극은 갈수록 벌어지면서 서로마제국 말기에 이르러 치명적인 대결로 치달았다.[74]

부유한 정치 엘리트는 자신의 권익을 늘리는 데 진력했다. 로마제국의 황금기인 트라야누스와 하드리아누스 시대에 이르러 정부는 존귀한 사람과 비천한 사람 사이에 법률로 큰 장벽을 설치했다. 부유한 사람은 각종 정치적 법률적 혜택을 누렸지만 가난한 사람은 로마 공민이든 아니든 상관없이 정부의 보호를 받지 못하고 노예와 같은 대우에 직면해야 했다. 로마의 훌륭한 민법은 주로 재산권 보호와 부자들의 분쟁을 해결하기 위해 존재했다. 이러한 제도 아래서 당시 로마의 토지는 반동적인 소수파의 수중으로 흘러들어갔다. 로마제국 재벌통치의 특징이 전체 사회 속으로 깊이 스며들고 있었다.[75]

중국에서 진나라가 봉건 세습 귀족제도를 폐지한 것은 정부의 대문을 개방한 것이나 마찬가지였다. 한나라 초기에는 고위 관리나 공신의 후예 혹은 농부 출신이 모두 정계로 진출했다.[76] 문제는 두 차례나 군(郡)과 제후국에 조서를 내려 "곧은 말로 직간(直諫)할 수 있는 현인을 천거하라"고 했다. 무제는 그것을 하나의 제도로 발전시켰다. 모든 군에서 매년 두 사람의 인재를 천거하게 했고, 군수는 반드시 자신이 천거한 사람의 자질에 책임을 져야 했다.

동한 시대에는 제도를 조금 개선했다. 천거 인원을 행정 단위에 근거하지 않고 인구수에 근거하여 일정한 인구가 되면 한 사람을 천거하게 했다. 이에 인구가 적은 변방의 군은 세력을 잃었다. 조정에서 자기 군을 대변하는 목소리가 줄어들었기 때문이다. 이렇게 배정된 인원은 인재의 지역 분포를 바꿨다. 그러나 여전히 매년 대략 200명의 인재를 천거했다. 이렇게 천거된 인재가 한나라 관리 선발제도의 핵심이 되었다. 비교적 공평하게 벼슬길을 열고 전국 각지에서 인재를 등용하자 벼슬에 뜻을 둔 각지 사람은 중앙정부에 희망을 품게 되었으며 이로써 광활한 제국의 역량이 하나로 모이게 되었다.[77]

동한의 이러한 관리 선발제도를 찰거제(察擧制)라고 한다. 제도가 순조롭게 시행되려면 적합한 인재와 인재 심사를 위한 준칙이 필요했다. 동한에서는 장기적인 치세를 위해 안정된 인재 자원이 필요했고, 이들에게 믿을 만한 근무 환경을 제공할 수 있었다. 다만 이들이 황권을 위협할 정도로 강대해지는 건 바라지 않았다. 법가에서는 법 앞에 만인이 평등하다는 생각을 갖고 황제와 관리에게 모두 법을 지킬 것을 요구했다. 법가는 황제에게 호감을 사려 하지 않았고 귀족 엘리트의 특권도 돌보지 않았다. 유가는 "법가가 진나라를 멸망시켰다"는 논조로 후대 황제에게 경고를 보내면서 절대로 그 전철을 밟아서는 안

된다고 역설했다. 이에 황제는 반드시 정치 엘리트를 끌어들여 이들에게 특혜를 줘야 했다.[78]

유가의 인치사상은 황조의 요구와 아주 잘 맞아떨어졌다. 유가의 윤리에서는 임금은 임금다워야 하고 신하는 신하다워야 한다는 계층의식을 강조하고 상하와 존비의 신분제도를 엄수하기 때문에 그 사상이 전체 통치계층에 유리했다. 그리고 백성은 안분지족해야지 감히 윗사람에게 대들며 혼란을 조성해서는 안 되었다. 이러한 제도 아래에서 황제는 안정을 얻었다. 일인지하 만인지상의 엘리트가 군주에게 충성하며 은총을 입고 또 자신의 부귀와 영화를 보장받았다. '왕도정치의 인정(仁政)'은 내용은 공허하지만 말은 아름다워서 인간의 사상을 마비시키며 제도 개선과 법률 개혁에 대한 생각을 말살했다. 이로써 지고무상의 황제제도와 유가 독존의 길을 길이길이 보장받을 수 있게 되었다.

한나라 초기에는 실무에 힘써서 대부분 현임 관리를 인재로 추천하고 이들이 능력과 경력을 발휘하게 하여 업적에 따라 승진시켰다. 유가 이외의 제자백가를 퇴출한 이후에는 현인을 우대하던 기준이 바뀌었다. 유생 공손홍(公孫弘, 전 200~전 121)이 앞에서 길을 열자 수년 이후 그의 발언이 승상에게까지 전해졌고, 독서에 전념하던 존귀한 지식인이 눈에 불을 켜고 벼슬길로 나서기 시작했다. 원제 이후로는 경학에 밝은 인사가 고위 관직에 똬리를 틀고 앉아 서로 잘난 체하며 이질적인 사람을 배척했다. 이들은 유학을 배우지 않으면 '현명하다'고 여기지 않았다. 본래 널리 인재를 구하는 데 뜻을 두었던 '찰거제'도

오로지 유가의 학설만 선전하는 제도로 전락했다.[79]

　서한 초기 사마담은 유가를 가리켜 "광대하지만 요점은 드물고, 노력을 해도 공적은 드물다(博而寡要, 勞而少功)"라고 했는데, 갈수록 이런 경향이 더욱 심해졌다. 동한 초기 반고는 경전 다섯 글자에 주석이 2만~3만 글자가 달린 상황을 목격했다. 동한 조정의 대대적인 도움으로 다음과 같은 상황이 전개되었다. "유가의 학업을 전승하는 사람이 점점 많아졌고, 그 분파도 번성해서 하나의 경전에 관한 해설이 약 100여만 자에 이르렀다(傳業者寖盛, 支葉蕃滋, 一經說至百餘萬言)." "이 때문에 어린 시절부터 하나의 경전을 잡고 연구해도 백발이 되고 나서야 발언을 할 수 있을 정도였다(故幼童而守一藝, 白首而後能言)."[80] 방대한 전적이 유생의 보루가 되었으며 이에 유생은 벼슬길을 독점한 채 외부인의 지탄을 막았다. 당시 속담에 이르기를 "자식에게 황금 한 바구니를 물려주는 것보다 경전 한 권을 가르치는 것이 더 낫다(遺子黃金滿籯, 不如一經)"라고 했다.[81]

　벼슬길로 나가 승진하려는 소망은 교육을 중시하는 기풍을 양성하여 "모든 것이 하품(下品)이고 오직 독서만이 고상하다(萬般皆下品, 唯有讀書高)"라는 관념을 형성했다. 애석하게도 이런 교육은 너무 비현실적이고 편협하게 경전 주석과 암송을 위주로 진행되었으므로, 분석적인 사유의 발전이 억제되었다. 옛 법도를 따르는 걸 우수하게 생각하며 진취적이고 창조적인 사람들과 알력을 빚었다. 비현실적인 사고를 높게 치며 경험을 초월한 형이상학(玄學) 속으로 도피했다. 이로부터 중국인의 사상 정력은 백발이 되도록 경전을 연구하는 데 바쳐졌다. 자연과학, 정치경제, 경험지식은 모두 버려져서 다시 떨쳐 일어서지 못했다. 현대에는 한때 새로운 명사 지식인(intellectual)을 왕조시대의 사대부에게 붙여주는 게 유행했지만 실제로 그들은 지식과 지성(intellect)을 얕잡아보고 있었다.

한나라 관리 중에는 빈곤계층 출신이 적지 않았지만, 극빈계층은 독서할 여가도 찾기 어려웠으므로 무슨 인간관계나 명성을 추구하는 건 입에 담을 수조차 없었다. 일반적으로 부유함은 벼슬길로 나아가는 데 큰 도움을 주고, 벼슬은 더 많은 재산을 가져다준다. 이처럼 서로 이익을 얻으면서 한 걸음씩 더 높은 벼슬로 승진했다. 독서를 하여 고위 관직에 오르고 많은 녹봉을 받아 재산을 늘리는 경향은 원제 때 이미 유행했다. 가장 이른 시기의 유가 재상 중에서는 광형(匡衡)이 땅을 마음대로 처리하며 400경(頃)의 토지세를 독점했다. 장우(張禹, ? ~ 전 5)는 매우 기름진 경지 400경을 사들였다.[82] 이들의 부유함이 어느 정도인지 알아보려면 유생들이 이빨을 갈며 증오한 동한의 환관들과 비교해보는 것이 가장 좋다. 『후한서』 「환자열전(宦者列傳)」에 기록된 환관 중에서 가장 탐욕이 심한 사람은 후람(侯覽, ? ~172)이었다. 그는 개인 주택 381곳과 토지 118경을 탈취했다.[83] 환관과 외척의 심한 사치는 지탄의 대상이었다. 그러나 이들은 숫자가 적어서 통치계층 중에서도 5퍼센트 정도만 차지하고 있었고 이들의 거처는 도성 부근에 집중되어 있었다.[84] 방대한 정부 기구를 조종하는 사대부 관료는 전체 인원에서 그들을 10배 이상 초과했다. 게다가 가문도 번성했고 제자도 많아서 전국에 두루 분포해 있었다. 사회구조를 연구한 어떤 학자는 "당시 지식인 계층이 직접 토지와 재산을 장악한 사회 구성원이었음은 의심할 바 없다"는 결론을 내렸다.[85]

사족 대성(大姓)이 왕망의 정전제 부활 시도를 전복하고, 또 광무제의 새로운 세금 정책에도 저항한 일은 이미 제5장 6절, 7절에서 토론한 바 있다. 동한 시대에 이들의 세력은 나날이 강대해져서 많은 사족과 광범위하게 유대관계를 맺고 항상 한 씨족이 집단을 이뤄 거주하며 지방의 패자로 군림했다. 이들의 자제는 경전 공부와 찰거제를 통해 중앙 관직에 초빙되었다. 권문세가는 서로 청탁을 일삼고 '찰거제'를 도용하여 벼슬길을 농단했다. 이에 재덕(才德)과 가세(家世: 집안)가 점차 하나로 통합되었다. 동한의 명사는 문화귀족일 뿐이어서 종법 귀족과 같은 세습 작위와 녹봉은 갖지 못했다. 그러나 경학이 관직 임용의 조건이 되었으므로, 여러 대 동안 경전을 읽어온 사족 가문에서 공경대부가 배출되었고, 이들의 제자들도 천하에 두루 퍼져 일종의 세습 세력을 형성했다.[86] 이는 로마공화정의 원로 귀족과 유사했다. 권력도 있고 재산도 있으면서 경전을 읽은 문벌이 각자 사리사욕을 추구했다. 이들은 한나라가 멸망한 이후 권세로 황제를 내리누르는 문벌 귀족으로 성장했다.[87]

황제와 정치 엘리트는 서로의 필요에 의해 상호 이익을 주고받았다. 재벌 통치는 로마제국 형성과 운영에 큰 공헌을 했고 지주계급도 마음 놓고 토지를 겸병했다. 유가 독존의 형세 아래에서 사대부 계층은 황조의 전제제도를 더욱 튼튼하게 만들어줬고, 자신도 황실에 의지하여 지위를 더욱 높였다. 로마는 부자가 사람을 다스리고, 빈자는

용과 독수리의 제국

다스림을 받는 사회였다. 중국은 마음을 쓰는 자가 사람을 다스리고, 힘을 쓰는 자는 다스림을 받는 사회였다. 양쪽 사회에는 서로 통하는 점이 있다. 부귀한 자는 교육을 많이 받고, 사람을 다스리는 자는 재물이 저절로 풍성해진다.

그러나 통치 엘리트로서 부자와 사족은 근본적으로 구별된다. 비교해보면 재산에 기반을 둔 로마 엘리트는 유가의 가르침에 기반을 둔 중국 엘리트에 비해 비교적 독립적이다. 돈이 있으면 저절로 세력이 형성된다. 한나라 사람은 거부를 '소봉(素封)'[88]이라 불렀다. 이들은 황제가 부여한 사회적 지위에 의지하지 않는다. 유생은 공자를 '소왕(素王)'[89]이라 받들었지만 소왕은 황금빛 곤룡포를 입어도 중앙 조정을 우러러봐야 한다. 한나라 초기 유생의 경험에서도 분명하게 알 수 있듯이, 유학 대가도 벼슬길을 보장받지 못하거나 귀족의 부양을 받지 못하면 제자를 잡아두기가 어렵다.[90]

유학자는 의존성이 강하기 때문에 로마 원로보다 황제에 대해 더욱 유순한 태도를 유지한다. 다른 한편으로 살펴보면 유순한 태도가 강한 태도보다 더욱 오래 지속될 수 있다. 또 토지의 지역성이 대제국의 지주계급을 분열시켜 각각 자신의 이익을 추구하게 했다. 이들은 공허한 도덕적 교조주의에 근거하여 사상을 옥죄고, 경쟁력 있는 이단 학설을 질식시킨 후 이름을 바꿔서 새로운 주인을 섬겼다. 망국 후에 이민족 주인을 섬기는 일도 마찬가지였다. 로마제국과 동한황조가 멸망하자 원로와 사족은 자신의 영예를 위해 흔쾌히 다른 주인을 섬겼다. 그러나 장기적으로 살펴보면 로마의 원로는 결국 몰락했지만 중국의 사대부는 역대 중국 왕조와 함께 생존했다.

황조와 제국의 정치 엘리트는 백성 위에 군림하면서 막대한 권익을 향유했다. 그러나 이들의 권력은 여전히 주나라 봉건귀족이나 로마공화정 원로 귀족보다는 약했다. 이들은 옛 제도를 그리워했고 황제는 이들이 불측한 마음을 먹을까 두려워하며 압제를 가했다. 정치는 이윤이 많이 남는 장사지만 위험도 크다. 정치 엘리트는 '반역'이란 죄명을 가장 두려워했다. '반역'이 가리키는 내용은 매우 모호하지만 징벌은 매우 무거워서 심하면 멸문지화를 당할 수도 있기 때문이다. 한나라 때 황제를 저주하고 조정을 비방하는 건 대역죄였다. 황제의 용품을 땅바닥에 내려놓아도 불경죄로 처벌받을 수 있었다. 아우구스투스는 황제비방죄를 만든 후, 누군가 별자리를 조사하여 황제의 죽음을 계산한다든가 심지어 황제의 초상이 새겨진 은화를 매음굴로 가져가기만 해도 모두 반역죄로 처벌했다.[91]

반고의 『한서』나 타키투스의 『연대기』에서 어느 쪽에 대신이 상해를 당한 기록이 많은지는 사실 비교하기가 어렵다. 그러나 그 과오는 전적으로 황제에게만 있지 않고 엘리트 스스로 재앙을 자초한 측면도 있다. 일부 관료는 공법을 남용하여 사사로운 원한을 갚기도 했고, 또 다른 일부는 타인을 참소하여 사리사욕을 추구하기도 했다. 파당을 지어 권력투쟁을 할 때는 한나라의 사대부와 로마의 원로 모두 남을 모함하는 일에 장기를 발휘했다. 여러 차례 황제가 이런 파당을 청산했는데, 이후 엘리트의 음모와 알력으로 인한 상호 고발 사건이 일어나지 않더라도 엘리트에 대한 압제는 더욱 확대되었다.[92]

길고 긴 역사에서 황제 권력과 엘리트 권익은 공동으로 진화하며 서로 도움을 주기도 하고 서로 견제하기도 했다. 18세기 유럽이 경험한 바에 따르면 관료 시스템은 효과적으로 황제 권력을 제한할 수 있다. 황제는 관료에 의지하지 않으면 힘을 발휘할 수 없기 때문이다. 관료 시스템이 정책 결정에 적극적으로 참여하지 않고 소극적으로 그 집행에 협조하지 않는 것만 가지고서도 황권을 무력화하는 것이 가능하다. 직무를 맡은 엘리트도 황권을 견제할 능력을 갖고 있었고, 아울러 정치체제와 법률기구를 점차 개량하여 견제를 강화했다. 어리석고 무능한 관료도 황실에 해를 끼칠 수 있었지만 전제주의의 힘을 더 키워주는 데 도움을 주기 쉬웠다.

서구 학자가 로마 공민의 자유와 권리를 과장하기 좋아하는 것처럼 중국 학자는 흔히 중국인이 전통적으로 권리를 강구하기보다 의무를 강구했다고 말하곤 한다. 그러나 기실 세상의 권리와 의무는 상대적이다. 한 사람이 어떤 권리를 가졌다는 건 통치자를 포함한 다른 사람이 그것을 존중할 의무를 갖고 있음을 의미한다. 로마공화정 공민은 공도(公道)를 추구할 권리를 가졌고, 원로 귀족은 법정에서 그것을 유지해줄 의무를 졌다. 다른 한편으로 우리는 어떤 사람에게 의무를 지우는데 그것은 바로 그의 권리를 존중하는 것이다. 전통적인 도학에서는 자식과 신하의 효도와 충성을 절대적 의무로 간주했다. 그러나 그것은 아버지와 임금을 수호하는 절대적 권리였다. 임금은 어질고 어버이는 자애로워야 한다는 이상은 로마제국 황제가 입으로만 공민의 자유를 말하는 것처럼 공허하고 무력한 구호였다.

장식을 걷어내고 실질을 보면 중국과 서양 제국의 통치계층이 모두 자신의 권리를 공고하게 하는 일에 주안점을 두었지만 권리와 의무가 상호의존적이란 사실은 망각했음을 알 수 있다. 고관에 임명되어 중대한 직무를 맡는 건 권리이고, 그 직무에 최선을 다하는 것은 의무다. 그러나 일에 책임을 지지 않는 이상주의자는 이 두 가지를 혼동하여 전자만 요구하고 후자는 무시하면서 "천하의 일을 자신의 임무로 삼아야 한다(天下爲己任)"고 공허한 구호만 외친다. 중국 황조와 로마 제국의 정치 엘리트는 장기적으로 존경과 우대를 받으면서도 날이 갈수록 직무에 진력하지 않았다. 봉록과 이익을 구하려는 충동 아래에서 중국인은 다투어 경전을 읽었고, 이에 유생 과잉 현상을 초래하여 사회 문제를 야기했다.[93] 동한 선비의 기풍은 양송(兩宋: 북송과 남송)에 비견할 만하다. 왜냐하면 동한과 송나라 황제는 모두 특별히 사대부를 우대하며 자신의 지위를 공고히 했기 때문이다. 송나라 유학자 주희의 묘사는 역대 황조 문화귀족의 모습에 부합한다.

상앙(商鞅)은 사람에 대해 논하면서 많이 배웠다고 해서 선비라고 할 수 없고, 농사와 전쟁을 모두 폐지해야 한다고 했다. 이것은 무도한 말이다. 그러나 지금 살펴보면 선비가 천 명 만 명이 있다 해도, 아무것도 이해할 줄 모르면 정말 건달이라고 해야 한다. 다만 이런 사람일 뿐이라면 어느 날 고위 관직에 올라 많은 녹봉을 받더라도 조정에 해악만 끼칠 뿐이니 어찌 일을 구제하길 바랄 수 있겠는가?

(商鞅論人, 不可多學爲士人, 廢了農戰. 此無道之言. 然以今觀之, 士人千人萬人, 不知理會甚麼, 眞所謂遊手. 祇是恁的人, 一旦得高官厚祿, 只是爲害朝廷, 何望其濟事?)[94]

로마제국의 티베리우스는 즉위할 때 제국 전체를 통치할 책임을 지고 싶지 않아서 일부 권한을 원로원에 나눠주려고 했다. 그러자 원로들도 "어느 부분이냐?"고 물으면서 자유 회복만 공허하게 외치고 실제 책임은 지려 하지 않았다. 심지어 이들은 실제로 판단할 권력을 갖는 걸 매우 귀찮아했다. 이들은 황제에게 전제정치를 하라고 했고, 이에 티베리우스는 화가 나서 "정말 노예들!"이라고 욕을 퍼부었다.[95]

제5절
내조(內朝)와 외정(外廷)

진·한과 로마의 문민 정부는 모두 왕실 관리 시스템에서 발전한 것이다. 하지만 발전한 시기와 경로는 상이하다. 주나라의 봉건 제후국은 가족 및 가문과 일체를 이뤘다. 유가에서 주장하는 덕목, 즉 종친과 친하고, 지위가 높은 사람을 존경하고, 가문을 근본으로 삼는다는 이상은 이런 배경에서 탄생했다.[96] 전국시대에는 인구, 경제, 국가의 규모가 크게 늘어나서 대가족을 바탕으로 한 정치 모델은 유효성을 상실했다. 각국에서는 법을 바꾸고 제도를 개량하여 사회 환경에 적응하려 했다. 상앙 등은 왕과 친척과 귀족의 권익을 줄이고, 기능에 따라 관직을 설치하고, 효율에 따라 직무를 조직하고, 재능과 품행과 공적에 따라 관리를 임면하면서 규모의 확대에 따라 야기된 복잡한 문제를 이성적으로 해결하려는 실험을 했다. 100년에 걸친 법가의 경험이 누적되면서 효과적인 행정기구가 왕실로부터 분리되어 나왔다. 비록 여전히 가문을 관리하던 흔적이 남아 있긴 하지만 독립적인 지위와 존엄은 부족하지 않았다. 진·한황조에 이르자 중앙정부는 상호보완적인 이원적 기구로 발전했다. 즉, 황제를 수장으로 하는 황실 조직과, 그 곁에 승상을 영도자로 하는 관료 시스템을 설치했다.[97]

로마제국도 이와 유사한 황실과 외부 기구의 이원체로 구성되었다. 하지만 이 이원체는 무원칙하게 혼인 관계가 끼어들어 시작 때부터 격렬한 분쟁이 야기되었다. 이 정식기구가 바로 원로원이었다. 로마 공화정의 통치체제는 로마제국에 이르러 실권을 상실했지만 아직 존엄을 잃지는 않았다. 원로원 위에서 황제는 무력에 의지하여 통치권을 강화했다. 그러나 도시국가를 다스린 경험밖에 없었기 때문에 이제 방대한 제국을 통치해야 하는 난제에 직면했다. 원로를 지도하는 일 이외에도 황제는 황실의 노예와 해방노예를 대거 임용했고, 그들을 파견하여 속주를 관리했다. 이들 노예들은 황실의 가부장 개인에게만 직무를 보고할 책임을 졌다.[98]

정부의 이원적 특징은 재정에서도 볼 수 있다. 로마제국과 진·한황조는 각각 두 가지 재정기구를 갖고 있었다. 그 하나는 국고 담당으로 로마에서는 아이라리움(aerarium)이라 했고, 한나라에서는 대사농(大司農)이라 불렀다. 다른 하나는 황실의 수입과 지출을 관리하는 기구로 로마에서는 피스쿠스(fiscus)라 불렸고 그 뜻은 돈주머니였으며, 진·한에서는 소부(少府)라 불렸다. 두 재정기구의 수입과 지출을 로마는 원로원과 황실이 관리하는 자산에 의지했고, 한나라는 각종 세금에 의지했다. 어느 재정기구의 수입 규모가 더 컸을까? 황제의 재산이 나라 전체를 감당할 만했다는 건 말할 필요도 없다. 그들은 개인 금고를 열어 국고의 부족분을 보충하기도 했는데, 이러한 황제의 은택이 민심을 가장 효과적으로 휘어잡는 방법이기도 했다. 군주 집권체제가 성숙하고 재정이 통일되면서 두 재정기구 사이의 한계도 나날이 모호해지다가 마침내 소멸되었다. 최후에 로마의 국고는 아이라리움으로 병합되었고, 한나라의 소부도 대사농으로 병합되었다.[99]

정부에는 관직이 있고, 관리가 있다. 어떤 정부 조직은 직위의 기능을 비교적 중시하고, 또 다른 조직은 직원의 신분 자격을 비교적 중시한다. 나는 거칠게나마 전자를 관료형이라 부르고, 후자를 귀족형이라 부르겠다. 한나라는 후기로 갈수록 관료기구가 사대부의 인사 관계로 전락하기는 했지만, 정부기구의 기본 뼈대는 관료형이었다. 로마의 원로는 귀족이었고, 초기에는 오직 이들만이 고위관직에 임명될 자격이 있었다. 200년이 흐른 후에야 로마제국에도 기능을 위주로 하면서 기사(騎士)가 직무를 담당하는 관료형 기구가 나타났다.

원로원은 명의상 존재하기는 했지만 입법과 정책 결정의 실권을 가진 기구로서의 운명은 거의 끝난 거나 마찬가지였다. 트라야누스 시대에 원로원은 황제의 정책 결정에 예스맨 역할이나 하는 기구로 전락했다. 혹은 원로가 개인의 장원에서 시장을 열어도 되는지와 같은 사소한 문제를 가지고 논쟁을 벌이기도 했다. 일상 행정에서 원로원은 계속해서 관례에 따른 행사를 관리했고, 귀족의 분규를 해결하기도 했는데, 그중에서 어떤 것은 민법의 판례가 되기도 했다. 하지만 원로원에서 처리하는 안건은 나날이 사소한 것으로 치우쳤다. 소송에 나선 사람은 모두 사정을 황제에게 호소하기를 좋아했다.[100]

실권을 상실한 원로원은 황제가 귀족을 농락하는 수단으로 변질됐다. 로마의 원로는 로마공화정의 전통을 따랐다. 관리의 승진 원칙에 따르면 반드시 몇 살이 되어야 어떤 관직에 임용될 수 있고, 임용 후에는 또 몇 년을 기다려야 승진할 수 있다는 규정이 있었다. 고급관리, 예를 들면 고급 권력을 장악하는 집정관과 같은 경우는 대부분 특별하고 명확한 기능이 없었다. 집정관의 최대 효용은 귀족이 고급 관료로 진입하는 대문으로 여겨졌다. 집정관이나 대법관을 역임해야 지방 장관이나 군단 사령관의 자격이 주어졌다. 임명권은 물론 황제에게 있었다.[101]

아우구스투스는 근위대 사령관, 로마시장, 소방대장 등 중요 직위를 두었다. 처음에 그는 가노(家奴)를 파견하여 황실 직속 지역을 관리하며 세금을 받아 군단의 경비로 지출했다. 나중에는 점차 가노 대신 신분과 지위가 있는 기사를 속주 지사로 기용했다. 기사는 원로들처럼 고정적인 승진 경로는 없었지만 그들이 맡은 관직에는 기능으로 분류되는 계층식 조직이 있었다. 점차 관료 시스템이 형성되자 마침내 황실에서 독립하여 원로원을 대신하는 행정기구가 되었다.[102] 기사 출신 관료는 정책 집행만 했지만 이들보다 지위가 높은 그룹은 황제의 정책 결정을 보좌하는 측근 시종뿐이었다. 이 비밀 집단에 점차 등급구조가 생기면서 2세기에 이르러 황제고문회로 발전했다. 이 회의의 구성원은 황실 총부를 지휘하는 근위대 장교였고, 이 밖에도 적지 않은 고급 원로와 심지어 기사들도 참여했다. 로마제국 후기에 이 고문회는 정식으로 제국회의로 전환하고, 고정 회원을 두어 항상 군국대사를 토론하면서 황제에게 자신의 의견을 제시했다.[103]

한나라는 진나라의 제도를 따랐다. 중앙 관료기구의 최고 직위는 승상이었고, 그 아래에 부승상인 어사대부(御史大夫)와 군사 일을 관장하는 태위(太尉)가 있었다. 동한시대에는 권력이 대등한 삼공(三公: 司徒, 司馬, 司空)을 두어 승상의 권력을 약화시키고 황실을 강화했다. 승상은 천자의 정책 결정을 보좌하고 모든 국가대사를 보조한다. 그는 또 백관을 총괄하면서 황제의 임면권을 나눠가지고 백관의 인사 고과도 감독한다. 국가대사가 생기면 승상이 군신회의를 주재하고 백관에게 의견을 제시하게 한 후 그것을 모아 황제에게 바치고 결정을 기다린다. 진시황은 봉건제를 폐지했다. 그리고 봉건제도 재건을 방지하기 위해 분서를 행했는데, 이 모든 것은 신료의 변론을 듣고 나서 내린 결정이었다. 한나라 조정회의의 항목에는 천자 폐위와 옹립, 토지 점유 제한, 양주(涼州) 변군(邊郡) 포기 문제, 역법 수정, 종묘의례 개혁 등 이루 헤아릴 수 없는 의제가 포함되어 있었다.[104]

승상 아래에는 구경(九卿)이 있었다. 황제의 은택을 민생에 미치게 하는 업무 중에서 가장 중요한 것은 공정함을 견지하며 경제를 관리하는 것이었다. 정위(廷尉)는 중요한 사건을 심사하고 고소를 들었으며 군수가 결단할 수 없는 난제를 처리했다. 대사농은 다섯 개 부서를 거느렸다. 세금을 징수하고 국가 수요에 경비를 지출하는 일 이외에도 화폐 발행, 각지 식량 창고 관리, 재난 구제 대비, 현실 구제 참여 등의 일을 했고, 나중에는 또 소금과 철을 전매하고, 균수법으로 물가를 안정시켰다. 소부에서는 황실 경비를 관장했고, 여기에 소속된 상서(尚書)는 본래 황제의 개인비서였으나 나중에는 권한이 삼공을 능가했다.

구경의 수장에 해당하는 태상(太常)은 종묘의례를 관장했고, 그 아래에 태학(太學)과 태사령(太史令)이 있었다. 광록훈(光祿勳)과 위위(衛尉)는 궁정 안팎의 수비를 나눠 맡았다. 대홍려(大鴻臚)는 이민족을 관리하고 외국 사신을 접대했다. 태복(太僕)은 황실의 수레와 말을 관장했고, 종정(宗正)은 황실 친척을 관리했다. 이 두 관직에는 황실 가신의 색채가 가장 짙게 묻어 있다. 당나라에 이르러 구경이 이(吏)·호(戶)·예(禮)·병(兵)·형(刑)·공(工)의 육부(六部)로 바뀌면서 국가기구에 황실 가신의 흔적이 모두 사라졌다.[105]

한나라의 관료 시스템은 점차 권력이 약화되면서 로마제국의 원로원처럼 변해갔지만 그래도 완전히 몰락하지는 않았다. 그 경쟁 상대는 황실에서 기원했다. 한 무제는 흉노 격파 등의 정책을 추진하기 위해 상세한 계획을 짜서 나라의 힘과 백성의 힘을 동원하려 했다. 그는 신료를 채찍질하고 노년에 이르러 신중해진 공경대부의 잔소리를 듣지 않기 위해 널리 인재를 초빙하여 심복 빈객으로 삼고 국가대사를 직접 처리하게 하면서 자신은 친히 정책을 결정했다. 이렇게 하여 '내정(內廷)'이 시작되었다. 각각의 직함이 정해짐에 따라 내정의 세력도 점차 커져서 상서를 수장으로 삼았다. 이 내정 기구는 승상이 영도하는 '외조'와 조정을 나눠 경쟁하는 형국을 조성했다.[106] 한나라의 내정과 유사한 것이 로마 황제가 측근과 기사를 기용한 조직이다. 이런 현상이 오늘날의 미국인을 놀라게 하지는 못할 것이다. 왜냐하면 그들은 미국 대통령의 보좌관과 백악관 참모(장관) 그룹의 권력이 나날이 커지는 것을 목도하고 있기 때문이다.

군주 집권체제에서 황제는 모든 권력의 원천이다. 황제와의 거리 및 친소 관계가 권력의 강약에 영향을 미친다. 그것은 정식 관직이 무엇이든 상관없다. 정부기구는 방대하고 복잡해지는 경향이 있다. 그 결과 스스로를 주체할 수 없을 정도로 몸집이 커져서 황제의 시기를 초래하게 되었다. 그리고 마침내 정부기구는 황제와의 거리도 멀어져서 권력도 잃고 황제 측근의 신진 세력에게 배척당하게 되었다. 로마의 제국회의와 한나라의 내정도 점차 원로원과 외조의 뒤를 따라 이와 유사한 길을 걸었다. 제국회의는 출세한 자들이 황제의 정책 결정에 박수를 치는 장소로 전락했다. 한나라 내정의 상서는 황제 내궁의 측근에 대항할 수 없었다.[107]

황제는 병영에서는 장군들에게 둘러싸였고, 내궁에서는 궁녀와 환관들에게 포위되었다. 태후와 외척의 영향은 강경한 황제만이 통제할 수 있었다. 황제기 이릴 때 권력을 행사하는 건 그들이었지, 제국회의나 상서가 아니었다.[108] 로마제국이 분열된 후 동로마제국은 황후와 환관이 득세했고, 서로마제국은 장군들이 발호했다. 동한의 관료 사대부, 외척, 환관들은 서로 권력투쟁을 하며 살상도 서슴지 않았다. 최후에 이익을 차지한 것은 군벌이었다.[109] 정치체제가 경직되어 쇠락하자 마침내 폭력에 의지하여 왕을 칭하는 자가 나타났다.

제6절
지방 행정

진·한황조와 로마제국의 체제가 완비되었을 때 중앙정부 아래에는 각각 세 단계의 지방 정부가 설치되어 있었다. 한나라의 주(州)·군(郡)·현(縣)과 로마의 관구(diocese)·속주(provincia)·자치도시(municipium)가 그것이었다.

탐관오리가 백성을 해치는 도적임은 의심할 바 없다. 황조와 제국에서는 모두 제도를 마련하여 백성을 학대하거나 모반을 조장하여 황위를 위협하는 관리를 방지하고 징벌했다. 한 무제는 전국의 군을 13개 주가 관할하게 하고 각 주마다 자사(刺史) 한 명을 두어 순행과 감찰을 하게 했다. 자사는 군의 정무에는 간여할 수 없었지만 원통한 옥사를 판단했고 아울러 황제의 조칙을 받들어 여섯 가지 불법 행위를 문책했다. 그중 다섯 가지는 군수의 비위에 관한 것이었다. 첫째, 가렴주구로 간적(奸賊)이 되어 백성을 학대한 행위. 둘째, 의심스런 옥사를 구휼하지 않고 임의로 형벌과 포상을 시행한 행위. 셋째, 불공평하게 관리를 선발하면서 자신이 좋아하는 사람은 잘 봐주고 현인은 가로막는 행위. 넷째, 자제가 권세에 의지하여 감독관에게 청탁하는 행위. 다섯째, 권력자에게 아부하며 뇌물을 주는 행위.

자사는 녹봉이 600석이어서 그 지위는 녹봉 2천 석의 군수보다 훨씬 낮았지만 권세에 의지하여 사람을 기만하거나 임의로 비방하지 않았다. 그러나 조서를 받들고 법을 시행할 때는 두려움 없이 자세한 내막을 밝혀내고 사실에 근거하여 관리를 탄핵했으므로 법치제도의 좋은 방안이라고 할 만했다. 동한 시대에 자사를 위해 고정 치소(治所)를 설치했다. 한나라 말기에는 자사를 주목(州牧)으로 고쳐서 그 품계를 구경과 같게 하고 군사의 전권을 부여했다. 이로써 자사는 지방에 할거한 군벌로 변했다.[110]

로마인은 일반적으로 사법 소송으로 문제를 해결하길 좋아했다. 만약 속주의 지사가 백성을 착취했다면 피해를 당한 사람은 그가 퇴임한 후 로마시로 가서 법에 따라 고발할 수 있었다. 그러나 법관과 배심원이 모두 원로여서 속주 지사와 같은 패거리였다. 기소한 속주에서는 대부분 보상만 원하고 지나친 징벌은 원치 않았다. 내란 시에는 속주에서 반역이 많이 일어났다. 거듭된 내란을 피하기 위해 로마제국 후기에는 상층 지방 행정기구를 증설해서 각 속주를 12개 관구로 귀속시키고 감독을 강화했다.[111]

한나라의 군과 로마의 속주는 모두 군대의 관할 지역에서 유래했지만 평화가 정착된 이후에는 문치 기구로 변했다. 진나라 전성기에는 46개 군이 있었다. 한나라는 영토를 확장하고 군을 분할하고, 또 일부 제후국을 남겨서 모두 103개 군국(郡國)을 두었다.[112] 로마제국은 전성기에 모두 46개 속주를 설치했다. 나중에 지나치게 강력해진 속주 지사의 반란을 방지하기 위해 디오클레티아누스와 콘스탄티누스는 로마의 강역을 분할했고, 이에 속주도 마침내 116개로 증가했다.[113]

군과 속주는 황조와 제국의 통치기구였다. 오랫동안 군수와 속주 지사는 중앙정부 이외의 최고위 행정과 사법 관리로 생사여탈권을 갖고 있었다. 로마의 속주 지사는 관할 도시를 순행하며 법정을 열고 판결을 내리고 도시 간의 분규를 조정하는 데 대부분의 시간을 보냈다. 로마제국 중기 이후에야 이들도 비로소 도시의 내정에 깊숙이 간여하기 시작했다.[114] 비교적 중요한 사건은 일관되게 황제가 주관하도록 했다. 그것은 그리스의 찬양 전문가 아리스티데스(Aelius Aristides, 117~181)가 말한 내용과 같다. "형사사건, 민사소송 또는 각종 청원을 막론하고 한 가닥 의혹이라도 있으면 바로 황제에게 상소하여 지시를 요청했다. 그런 후 회신이 오기를 기다렸는데 이는 마치 악대가 지휘자의 지시를 기다리는 것과 같았다."[115]

한나라 군수의 행정 직책은 로마의 속주 지사보다 무거웠고, 주체성도 비교적 강했다. 그들도 매년 관할 현을 순찰했지만 원통한 옥사를 듣는 일에 그치지 않았다. 사법적 판단 외에도 이들은 군(郡)의 재정과 군무(軍務)를 주관하며 지방의 정책을 결정했다. 또 여러 현을 지도했고, 부하 혹은 현령까지 임면했다. 그리고 지방의 정치적 업적을 조사하여 중앙정부에 보고함과 아울러 인재를 추천하기도 했다. 이밖에도 이들은 농사도 장려해야 했고, 군 전체의 경제와 교육도 발전시켜야 했다. 이러한 항목에서 이들은 창조적인 활동을 할 수 있는 기회를 다양하게 부여받았다. 군수는 중요한 직책이었으며, 풍부한 경험을 쌓을 수 있었고, 또 비교적 자세하게 지방 사정을 알 수 있었으므로 한나라에서는 군수를 재상으로 기용하는 경우가 많았다.[116]

황조와 제국의 인구는 가장 많았을 때 적어도 각각 5,000만 명에 도달했을 것으로 짐작한다. 모든 군과 속주의 주민도 평균 50만 이하는 아니었을 것이다. 이렇게 많은 사람을 다스리려면 당연히 사무가 복잡했다. 징집과 훈련, 사법 분규해결, 치안유지, 호구조사, 공공건물 건축, 도로·교량 및 기타 공공시설 수리, 중앙 관리의 공무 출장 때 수레·말·숙소 준비, 또 가장 중요한 것으로 호구별 부과해야 할 세금 계산, 세금 항목 조사, 소득세 교부 등 이루 헤아릴 수 없이 많았다. 군수와 속주 지사의 직속 인원은 많지 않아서 각종 업무를 계획하여 지휘하고 상관의 행동에 협조할 수 있을 뿐이었다. 따라서 실제 시행 업무는 당지의 정부 기관, 즉 중국의 현과 로마의 시에 맡겨야 했다. 현과 시는 국가의 힘이 기층 사회에 스며들고 민생에 영향을 끼치는 기본 바탕이었다. 이 지점에서 중국 관료 정치의 특색과 로마 재벌 정치의 특색이 중앙, 군, 속주보다 훨씬 뚜렷하게 드러난다.

그리스 로마 시대의 고대 도시와 중세 이후의 서구 도시는 상당히 다르다. 후대의 도시는 공업과 상업 활동이 벌어지는 생산과 무역의 중심무대다. 고대 도시는 시골의 농업을 기반으로 한 소비의 중심무대다. 그리스 로마의 도시는 대부분 시골 냄새가 짙었다. 더러 장인이 만든 물품도 매매되었지만 숫자는 많지 않았고 현지의 소비품으로 제공되었다. 도시는 사방의 시골 마을을 관할했고, 그중 가장 돈이 많은 지주가 도시의 원로, 즉 통치계층으로 신분상승을 이뤘다. 이들은 도시에 살기를 좋아하면서 자신이 시골에서 거둔 소작료를 마구 뿌리며 힘을 과시했다. 그들에게 교제와 향락을 제공하는 이외에도 도시는 행정 관리라는 가장 중요한 업무를 수행했다.[117]

고대 도시국가는 보통 안으로는 민주체제였지만, 밖으로는 전쟁을 좋아했다. 이들 도시국가는 로마에게 정복당하여 종속 도시로 변한 후 안팎으로 관습을 바꾸지 않을 수 없었다. 먼저 로마는 그들의 군사 활동을 엄금했다. 전통적인 도시 사이에는 경쟁심이 식지 않았지만 다른 출구를 찾아서 배설해야 했다. 이들 사이에 분쟁과 소송이 그치지 않아서 속주 지사들은 명령 수행에 심신이 지칠 지경이었다. 이 밖에도 각 도시는 웅대한 건축물을 지어 서로 위용을 자랑하기에 바빴다. 적지 않은 도시가 이 때문에 재정이 고갈되어 후세 사람들이 우러러보는 수많은 고적을 내버려둘 수밖에 없었다.

도시국가의 민주제도는 로마가 그들 도시로 입성하기 전에 이미 쇠락하기 시작했다. 아테네 같은 도시도 형식적으로는 민주제도를 유지했지만 실권은 점점 소수 권력자의 손으로 넘어가고 있었다. 이들의 통치방식은 아예 부유한 사람에게 권력을 맡기는 것이었다. 이탈리아 공민이 로마 군대에 항거하는 세월은 더 이상 돌아오지 않았다. 로마 제국은 토지개혁에 대한 공민의 희망을 철저하게 파괴했다.[118] 아리스티데스는「로마 송가(To Rome, 일명 The Roman Oration)」에서 이렇게 노래했다. "당신은 제국의 백성을 둘로 나눴습니다." "모든 도시에서 지위가 가장 높고 세력이 가장 강한 사람이 모두 당신을 위해 그들의 집을 관리합니다."[119] 많은 학자들의 인식에 따르면 로마의 태평 시대는 지

용과 독수리의 제국

방 토호와의 공동 통치에 적지 않게 의지하고 있었다. "아마도 권세를 가진 사람은 모두 만족했을 것이다. 불만을 가진 이는 권력이 없거나 힘을 쓸 수 없는 사람들이었다."[120]

　로마제국은 모든 도시에서 납부해야 할 세금액을 정해 놓고 도시 원로에게 징수 책임을 맡겼다. 세금 징수가 정액을 채우지 못하면 원로가 자기 주머니돈으로 보충해야 했다. 그러나 이들이 손해보는 경우는 드물었다. 왜냐하면 로마는 이들에게 규정 이하로 세금을 내면서 항의하는 자는 누구든 채찍질을 하고 감금할 수 있도록 권한을 부여했기 때문이다. 세금 징수를 위한 높은 비용도 이들은 납세자로부터 긁어냈는데 이는 국고에 납부하는 액수보다 많았다. 도시 원로는 일관되게 가장 낮은 토지세를 내며 공전(公田)을 점거했다. 이 밖에도 이들 중 적지 않은 사람이 황제가 하사하는 수많은 혜택을 받으며 제국의 중앙정부로 진출했다. 결국 로마제국 전기에는 도시 정부에서 일을 하는 것이 아주 유리했다. 의외의 수입이 많았고 명망도 얻을 수 있었기 때문이다. 로마제국 말기에는 세액이 너무나 높아져서 도시에서 일을 해도 별 이득이 없었다. 이에 많은 원로가 이 일을 기피하게 되었다. 로마는 원로에게 직위를 세습하도록 강제했다. 이들의 조상이 무궁한 혜택을 누렸기 때문이다. 다른 한편으로 속주 지사도 도시 재정에 간여하는 일을 강화했다.[121]

　많은 도시 원로가 진심으로 도시를 위해 일했다. 이는 이들이 얻은 명성에도 부끄럽지 않은 일이고 시민도 이에 대해 감사의 마음을 표시했다. 그러나 권력 남용도 적지 않았다. 어떤 사학자는 이렇게 말했다. "빈곤한 민생과 사회의 불안이 각지의 도시에 상당히 보편적으로 퍼져 있었다. 그러나 우리는 로마 당국에게 직접 부자들의 죄과에 책임을 져야 한다고 요구할 수는 없다. 사실 로마는 현지 토호들의 행태에 거의 간여하지 않았다."[122] 로마의 불간섭 정책은 일반적으로 도시의 자치와 자유를 허용하는 개명한 정책으로 칭송받았다. 이런 단순한 평가로 인해 사회의 복잡성이 소홀하게 취급된다.

예수를 예로 들어보자. 권력을 가진 유대 집권자가 그에게 억지로 죄를 뒤집어씌우고 죽이려 했다. 로마 총독 빌라도는 여러 차례 심문 끝에 그가 무죄임을 알게 되었지만 지방 세력에 억압되어서 무고한 예수에게 사형을 선고했다. 그는 손을 씻고 무고한 피를 묻히지 않은 것처럼 행동했다.[123] 사법이 정의를 배반한 탓에 피해를 당한 사람이 몇 명이었던가? 정부의 행정도 수많은 사람에게 영향을 끼칠 수 있다. 자신의 관할에 있는 토호가 널리 백성을 기만하고 수탈하는데도 불간섭 정책을 고수한 로마 정부는 자신의 손에 묻은 수많은 백성의 선혈을 쉽게 씻을 수 있겠는가?

고대 도시는 그리스 로마 세계의 특색이었지만 고대를 따라 역사 속으로 사라졌다. 이와 반대로 중국의 현은 진나라 통일때부터 지금까지 이어지며 중국에서 가장 안정적이고 오래된 지방 행정기구로 기능하고 있다. 현령은 백성들에게 가장 익숙한 지방 관리로 흔히 '부모와 같은 관리(父母官)'란 별명으로 불리기도 했다. 그는 백성과 관련된 직접적인 사무를 모두 처리했다. 치안과 방범, 옥사와 소송, 권선징악과 난민 구휼, 조세 징수와 상납 등이 그것이다. 현령은 중앙이나 군수가 파견한 외지인으로 자주 교체되었다.

현령이 일을 순조롭게 하려면 반드시 현지 실정을 잘 살펴서 그곳 토호 세력과 좋은 관계를 유지해야 했다. 이 때문에 그가 주로 기댄 것은 아전인데 이들의 90퍼센트는 현지인이었다. 현지에 오래 거주한 아전은 지위나 녹봉은 낮았지만 실제 책임과 권력은 자주 자리를 옮기는 현령보다 더 많았다. 이들은 풍부한 공무 경험을 갖고 있었고, 향토의 인정에 익숙했으며, 공적·사적 이익을 추구하는 온갖 비법에 정통했다. 훌륭한 영도자 아래에서는 이들도 뛰어난 공적을 세울 수 있었지만 잠시라도 감독을 소홀히 하면 쉽게 불법을 저질렀다. 스스로 청렴·고결하다고 자처하는 현령도 자신은 무능한데도 아전을 얕보다가 지방 정부의 부패를 부채질하며 백성에게 위해를 가하곤 했다.[124]

로마가 토호와 한통속이 된 것과는 다르게, 진나라와 서한 정부는 토호 대성(大姓)에 깊은 우려를 표시했다. 봉건귀족은 1,000년이 넘는 역사를 갖고 있었다. 정치권력을 황실에 빼앗기기는 했지만 사회 경제적 세력 기반은 여전히 튼튼하게 유지하고 있었다. 진·한 정부는 지방의 부호를 대거 도성 부근으로 옮겨 살게 하면서 감시 대상으로 삼았다. 그러나 지방의 명문거족의 역량은 거의 억제할 수 없었다. 한 고조는 지방 관리가 조정의 조칙을 누차 무시하고 토지를 점유한 채 그것을 공신이나 퇴역 군인에게 공급하지 않는 태도를 질책했다. 여기에서도 이들의 오만불손함을 알 수 있다.[125]

진·한 시대에 중국은 마침내 청동기시대를 벗어나면서 우수한 철기를 갖게 되었다. 새로운 공업은 새로운 부자를 탄생시켰는데 이들은 교만하고 방탕했다. 각지에서 새로운 가문과 옛날 가문이 서로 패거리를 지어 고을을 횡행하며 백성을 폭행했다. 군수는 로마 총독 빌라도처럼 이들의 만행을 금지할 수 없었다.[126] 조정에서도 진압할 방법이 없었다. 자사의 첫 번째 임무도 바로 토호들이 힘으로 약자를 능멸하는 행위를 조사하고 감찰하는 것이었다. 이 밖에도 황제는 '가혹한 관리(酷吏)'를 기용하기도 했다. 이들은 강한 권력을 두려워하지 않고 뇌물도 받지 않았다. 그리고 이들을 징벌할 때 무고한 사람까지 연루시켜 남녀노소를 가리지 않고 모두 죽였지만 효과는 크지 않았다.[127] 사족이 흥기한 후 토호는 더욱 강력한 지원을 받았다. 상평창과 염철관 등 토호의 투기를 억제하는 정책은 유가 사대부의 맹렬한 반대에 부딪쳤다.[128]

광무제는 세금을 공평하게 매기기 위해 토지를 조사하다가 부호의 강경한 반항에 직면하여 포기해야 했다. 따라서 동한 시대에 남방의 토지가 대거 개발되었지만 세금을 받을 수 있는 토지는 서한에 미치지 못했다. 사대부는 대지주가 되어 조정의 묵인 아래 세금을 탈루했다. 이에 부자는 더욱더 부자가 되었다.[129] 이처럼 동한의 정책은 점점 로마와 가까워졌다.

제7절
정부의 규모

서양 학자들은 로마제국 정부의 단순함을 찬양

하면서 한나라 관료기구의 비대함을 비웃곤 한다. 어떤 학자는 한나라 관리의 숫자가 로마제국 관리의 25배나 된다고 말한다.[130] 이러한 언급은 사람을 쉽게 헷갈리게 한다. 어떤 대상을 '관리'로 봐야 하는지 설명하고 있지 않기 때문이다. 만약 우리가 어떤 회사의 과장들 숫자만 헤아리는 경우와 다른 회사의 계장을 모두 헤아리는 경우를 비교한다면 틀림없이 후자의 고용 숫자가 훨씬 많다고 오해하게 될 것이다.

진·한황조와 로마제국의 경우 도대체 어느 쪽 관료 수와 행정 경비가 더 많았을까? 극성기에서 쇠퇴기로 접어드는 시기, 즉 서한 말기와 아우렐리우스 시대를 비교해보도록 하겠다.

로마의 고위관리는 원로와 기사였다. 원로는 공화정의 전통을 계승해서 무보수로 일했지만 넉넉한 비용을 지원받았다. 청렴한 관리로 유명한 키케로는 실레시아(Silesia) 속주 지사를 1년 동안 하면서 행정 경비를 합법적으로 220만 세스테르티우스 절약하여 자신이 차지했다. 로마제국 때 원로로서 속주 지사에 임명된 사람은 1년에 100만 세스테르티우스를 끌어모았다.[131] 기사는 녹봉을 받으며 관직 생활을 했다. 그들의 관직 품계는 연봉 30만, 20만, 10만, 6만 세스테르티우스의 고급 장관이었다.[132] 관직 품계의 다른 한끝은 서기나 파발꾼과 같은 말단 관리였고, 이들의 연봉은 일정치 않아서 1,200에서 300세스테르티우스 정도였다. 그러나 비공식적인 부당 이득을 얻을 수 있었기 때문에 사람들은 줄을 서서 공석이 된 말단 관리 자리라도 돈으로 사려고 했다. 자료를 비교해보면 당시 날품팔이의 일당은 3세스테르티우스였다. 군단의 병졸은 연봉이 1,200세스테르티우스였고, 그중 400세스테르티우스는 밥값으로 공제했고 옷값도 여기에 별도로 추가되었다.[133] 계산해보면 20만 세스테르티우스를 받는 장관의 소득은 병졸 167명의 봉급 또는 병졸 500명의 밥값과 같다.

대략 20명의 원로 출신 관리가 중앙에서 행정과 사법, 국고 운영, 로마시 관리, 각종 공공사업이나 건축 계약을 전담했다. 더 많은 원로는 속주 지사나 군단 사령관으로 나갔다. 모두 95명의 원로가 관직을 담당했다. 황제의 가노를 대신한 고급 기사 장관의 숫자는 제국 초기부터 천천히 증가하여 아우렐리우스 시대에는 대략 20만 세스테르티우스급 36명, 10만 세스테르티우스급 48명, 6만 세스테르티우스급 51명이 임명되었다.[134] 원로와 기사를 보태면 대략 230명의 고위관리가 제국을 통치했다.

속주 지사도 물론 혼자서 부임하지 않았다. 그는 아마도 심모원려(深謀遠慮)를 가진 원로를 조수나 참모로 삼았을 것이다. 통상적으로 그는 재무관 1명과 자신의 대리인으로서 원로 1명, 그리고 말단 장교 10명과 병졸 50여 명을 대동했다. 만약 그 속주에 주둔하는 군단이 있으면 수행 부대가 더욱 대규모였다. 이 밖에도 그의 행차에는 각종 문관, 전령, 파발꾼 및 여러 조짐을 해석하는 제사관도 포함되었다. 로마제국은 방대하여 속주 지사의 스케일도 작은 나라의 국왕과 같았다. 통계에 따르면 트라야누스 시대에 46개의 속주가 있었고, 그곳 지사들이 모두 약 1만여 명의 관리를 임명했다.[135]

로마의 관직 품계 중 '20만 세스테르티우스'는 그의 봉급이 20만 세스테르티우스임을 직접 가리킨다. 한나라의 관직 품계는 이와 비슷하지만 다른 점이 있다. 즉, '이천석(二千石)' 혹은 '육백석(六百石)'이라고 할 때, 석이 표시하는 것은 품계의 고저이지 녹봉이 얼마인지를 가리키는 것이 아니다. 녹봉은 곡식을 기본으로 삼았고, 또 곡(斛: 19.7리터)을 단위로 삼았다. 한나라에서는 관료기구가 비교적 발달했다. 『한서』와 『후한서』에서는 각각 「표(表)」와 「지(志)」를 마련하여 문무백관의 직무·품계·녹봉·소속 부하 및 관직의 역사를 상세하게 기록했다. 서한의 관직 품계는 18등급이었고 대체로 장리(長吏)와 소리(少吏)로 구분했다.

장리 중 고관으로 칠 수 있는 것은 4등급이다. 즉, '일만석' 월급 350곡, '중이천석(中二千石)' 180곡, '진이천석(眞二千石)' 120곡, '비이천석(比二千石)' 100곡이 그것이다. 그 나머지 장리는 11등급이 있었다. 즉, '일천석' 월급 80곡, '육백석' 70곡, '이백석' 30곡 등이 포함되었다. 소리는 3등급이 있었다. 여기에는 '일백석' 월급 11곡, '좌사(佐使)' 8곡 등이 포함되었다.[136] 출토 문건이 증명하는 바에 따르면 소리는 공적과 품행에 따라 장리로 승진할 수 있었다. 비록 쉽지는 않았지만 후대의 왕조에서 관리가 과거 출신 여부에 따라 하늘과 땅 차이로 신분이 갈라지는 것과는 같지 않았다.[137] 자료로써 비교해보면 병졸 1명의 월급은 2.6곡이었다.[138] 계산해보면 '이천석' 고위 관리의 소득은 병졸 46명의 식량과 같았다.

삼공 및 황제태부(太傅) 등 몇 사람만 '일만석'의 지위에 오를 수 있었다. 절대다수 고위 관리는 3등 '이천석'까지 분포되어 있었기 때문에 '이천석'은 고위관리에 대한 범칭으로 쓰이기도 했다. 구경과 도성 수비를 맡은 집금오(執金吾)는 '중이천석'이었다. 이 밖에도 '비이천석' 27명이 구경 아래에 소속되어 있었다. 대략 199명의 '이천석'이 주목·군수·도위(都尉: 군의 징병을 담당하는 관리)로 부임했다. 통계에 따르면 대략 241명의 고위 관리가 황조를 통치했다.[139]

실제로 활동하는 관리 이외에 한나라에서는 고정 직무가 없는 수십 명의 대부를 두었다. 필요할 때 황제는 이들을 국내에 파견하여 임무를 집행하게 하거나 국외로 보내 사신 역할을 수행하게 했다. 일이 없을 때는 황제의 자문에 응했다. 이는 관직에 임명되어 활동하지 않고 자문에만 응하는 로마제국의 원로와 유사하다. 이들은 정부의 예비 인재들이었다.

대략 100명의 장리가 중앙에서 일을 했다. 지방 관리에 대해서는 다행히 한묘(漢墓)에서 발굴된 서한 성제 때의 동해군(東海郡) 연례 회계 문건 부본을 볼 수 있게 되었다. 지금의 장쑤성(江蘇省)에 위치한 동해는 큰 군으로 인구가 100만을 넘었다. 이곳 군수 치소에만 39명의 관리가 있었다. 즉, 군수, 태위, 장리 2명, 소리 35명이 그들이다.[140] 나는 동해군의 자료를 평균 수치로 삼아 군과 제후국의 차이를 고려하여 전국 103개 군국 치소에 모두 186명의 고위 관리, 186명의 장리, 3,405명의 소리가 있었고, 이들을 모두 합해서 3,777명의 관리가 재직했다는 걸 계산해냈다. 고위 관리는 중앙정부에서 임면권을 가졌지만 장리는 더러 상사가 선발해서 썼다. 소리는 정부에서 봉급을 지급했지만 바로 위의 상사가 고용했다.[141]

양쪽을 비교해서 우리는 서한과 로마제국 중기의 정부가 중앙에서 군과 속주 급까지 대체로 비슷한 숫자의 관리를 임용했음을 알 수 있다. 또 양쪽 모두 중앙정부에 수십 명의 고관을 임용했고, 200여 명의 고관을 파견하여 군국과 속주를 다스렸다. 이들을 보좌한 관리는 100여 명의 장리와 1,000여 명의 소리였다. 인원수는 비슷하지만 로마에서 지출한 경비가 훨씬 많았다. 로마의 고관 봉급이 한나라 관리들보다 훨씬 고액이었기 때문이다. 총계를 내보면 230명의 로마 고관 봉급으로는 병졸 27만 5,150명의 식량을 지급할 수 있지만, 241명의 서한 고관 봉급으로는 병졸 1만 965명의 식량만 충당할 수 있을 뿐이다.

이상은 모두 한나라와 로마제국 중기를 비교한 것이다. 당시 한나라 정부는 무제의 대대적인 확장 정책으로 규모가 거의 정점에 도달해 있었다. 그런데 많은 관직이 광무제에 의해 폐지되었다.[142] 이와 반대로 로마 정부는 줄곧 완만하게 확장의 길을 걷다가 디오클레티아누스 연간에 이르러 가속화되었다. 한나라와 로마제국 말기에 이르면 한나라의 고관은 좀 줄었지만 로마의 고관은 6,000명 내외로 훌쩍 늘어났다.

이와 같은 대폭적인 증가는 고관의 정의가 바뀐 것에 원인을 돌릴 수 있다. 로마제국 후기에는 대부분 황제 두 명이 병립해 있어서 중앙정부에 이중의 관리가 필요했다. 그리고 인원이 가장 많이 증가한 곳은 당시에 관리를 가장 많이 임용한 속주와 군대였다. 동한의 군국 숫자는 변하지 않았지만 군마다 오히려 도위를 삭감했다. 로마의 속주 숫자와 군대 편제는 모두 두 배로 늘었기에 다시 장관을 증파하여 나날이 해이해지는 도시 원로를 관리해야 했다. 이런 모든 상황이 더 많은 고관을 필요로 했다.[143] 모든 상황을 종합해보면 '비대한 정부'라는 상을 받아야 할 곳은 한나라가 아니라 로마제국인 셈이다.

군과 속주 이하의 정부를 비교하는 것은 좀 어려운 일이다. 현지 정부의 구조가 상이했기 때문이다. 한나라의 모든 군은 대략 10개 현을 거느렸고 현 밑에는 향(鄕)이 있었다. 현은 관할 호구의 크기에 따라 구분해서 일천석에서 이백석의 장리를 2명에서 4명까지 두었고, 조수는 모두 현지에서 임명한 소리로 충당했다. 출토 한간(漢簡)에 근거해보면 동해군 휘하의 38개 현에는 모두 120명의 장리와 2,044명의 소리가 재직하고 있었다.[144] 이를 토대로 추산해보면 전국 통계 숫자가 대략 『한서』의 「관방직위표(官方職位表)」와 부합한다. "관리는 좌사에서 승상까지 12만 285명이다(吏員自佐史至丞相, 十二萬二百八十五人)."[145] 이상의 비율로 계산해보면 그중에서 300명에 못 미치는 인원이 고관이었고, 7,000여 명은 장리였으며, 그 외 모든 관리는 소리였다.

서한 말기의 호적에 편입된 백성은 약 5,000만 명이었다. 각급 정부의 인원을 계산해보면 백성 416명당 1명이 관리였다. 자료로써 비교해볼 때 2002년 미국에서는 연방정부에만 17만 명의 문관이 재직해 있었다. 이는 국민 176명당 1명이 관리인 셈이다.[146] 이 숫자에는 50개 주정부 및 그 이하 행정기구는 포함되지도 않았다.

로마의 도시 대부분은 자치였지만 자치가 무정부를 의미하는 건 아니었다. 도시의 관리는 외부에서 파견되어 오지 않았다. 그러나 가장

용과 독수리의 제국

중요한 건 이들이 로마 황제의 대리인이라는 사실이다. 이들은 황제를 위해 세금을 걷는 동시에 황제에 의지하여 자신의 토착세력에 버팀목이 되어 주었다. 도시의 크기는 일정하지 않았다. 모든 도시에는 평균 6명의 행정관이 있었고, 이들은 모두 현지 원로 출신이었다. 이들은 무보수로 근무했지만 시정부에서 각종 조수와 소리의 봉급과 비용을 지급했다.[147] 상세한 자료는 찾을 수 없지만 우리는 로마시 행정 관료와 한나라 현의 관료 숫자가 크게 차이가 나지 않으리라고 추정할 수 있다.

제8절
경제와 세금

통일제국은 통상에 편리하고, 번영은 소비를 촉진하며, 사치는 공예를 자극한다. 사마천은 부유한 거상(巨商)이 천하를 주유한다고 묘사하는 동시에, 공업과 상업에 종사하는 것이 가난에서 벗어나 부를 축적하기 쉽다고 지적했다. 그러나 오랫동안 재산을 지키려면 땅을 장만하여 농사에 힘써야 했다. 이 때문에 농사를 근본으로 삼고 다른 사업은 말단으로 여겼다. 따라서 "말단으로 재산을 모으고, 근본으로 그것을 지킨다(以末致財, 用本守之)"라고 했다.[148] 로마 제국에도 유사한 현상이 있었나. 부호 귀족은 지주였고, 공업과 상업 등은 별 가치가 없다고 여겼다. 따라서 이윤을 내야 할 때는 가노를 파견하여 운영했다.[149] 현대에는 모든 사람들이 주목하는 공업기술과 상업무역을 고대에는 사회적으로 존경하는 사람들이 거의 없어서 중국과 로마 경제의 아주 작은 부분을 차지하고 있었을 뿐이다. 경제의 기초는 농업이었다.

절대다수의 백성은 자신이 생산한 물품에 의지하여 생활했다. 그러나 당시 한나라와 로마제국은 보통의 자급자족 경제와는 달리 자신들만의 안정된 화폐를 갖고 있었고 유통량도 상당히 많았다. 로마제국은 로마공화정의 화폐 시스템을 이어받아 은화를 기본 화폐로 삼았고, 그것을 200여 년간 유지했다. 3세기 위기 때 통화가 팽창하자 은화를 폐지하고 정부는 곡물로 세금을 받고 관리들과 군인들의 봉급을 지급했다. 그러다가 콘스탄티누스가 금화를 발행하여 새롭게 화폐를 안정시켰다.[150]

진나라가 화폐를 통일한 후 중국 역대 왕조에서는 모양이 둥글고 가운데 네모꼴 구멍이 있는 동전을 사용했다. 중량은 각기 달랐고 더러 금과 은을 보조수단으로 삼았다. 그러나 서양처럼 금화와 은화를 발행하지는 않았다. 한나라 초기에는 재정 경험이 부족하여 화폐제도에 혼란이 야기되었다. 한 무제는 개인의 동전 주조를 금지하고, 정부에서 우수한 품질의 오수전(五銖錢)을 발행했다. 이로써 화폐가 정상궤도로 올라서서 경제활동을 촉진했다.[151] 그러나 이 일은 다른 재정 조치와 마찬가지로 많은 공격을 받았다. 유학자 재상 공우(貢禹, 전 127~전 44)는 상소문을 올려 정부가 동전 주조 정책을 펼치는 건 백성의 힘을 낭비하는 것이므로 응당 옛 제도를 따라 실물 교환 경제를 회복해야 한다고 주장했다.[152]

한나라와 로마제국의 기본 조세는 토지세를 위주로 했고 인두세는 보조수단이었다. 로마제국의 토지세는 지역에 따라 달랐다. 10분의 1, 7분의 1, 5분의 1 등 서로 다른 기록이 남아 있다. 학자들은 평균 15퍼센트 정도였을 것으로 추정하고 있다. 로마제국 후기에는 막대한 군사비용을 지불해야 했기 때문에 세금을 올렸다.[153] 한나라 초기의 토지세는 15분의 1이지만 황제가 항상 천하의 토지세를 절반만 받으라고 은혜를 베풀곤 했다. 경제가 즉위하고 나서는 토지세를 30분의 1로 낮췄다. 이 세율은 동한 말기까지 유지되었다. 양한 내전 기간에는 줄곧 10분의 1을 토지세로 받았다.[154]

세율은 작물 수확의 몇 퍼센트를 받느냐를 말하는데 실제로 시행할 때는 중국과 로마 모두 농가의 경작지에 따라 평균 생산량을 추정하여 고정 세액을 매겼다. 이렇게 하면 세금을 받기는 편리하지만 납세자는 흉년의 위험을 감수해야 한다.[155] 세금을 공평하게 매기려면 경작지의 면적과 비옥도를 공평하게 측정해야 한다. 그러나 여기에는 어려움이 많았다. 광무제가 명문대가의 반항에 겁을 먹고 탁전(度田) 제도를 포기[156]한 데서도 그 어려움을 짐작할 수 있다. 로마제국에서도 세액 결정 과정에서 마찬가지의 폐단이 성행했다. 권력 있고 돈 있는 자는 탈세를 일삼아서 로마제국은 후기에 이르러 극심한 빈부격차가 야기되었다.[157]

로마인은 12~14세부터 65세까지 매년 인두세를 내야 했다. 일부 지역에서는 남자만 냈지만 어떤 지역에서는 남녀가 모두 내야 했고 세율도 각기 달랐다. 상세한 상황은 알려져 있지 않다.[158] 한나라는

15세에서 56세까지의 남녀에게 매년 1인당 120전(錢)을 받았고, 어린 아이에게는 20전을 받았다. 전의 가치는 물가에 따라 다르다. 무제가 화폐를 안정시킨 후에는 백성이 1개월 부역 대신 2,000전을 납부했다. 여기에 근거하여 계산해보면 120전은 1.8일의 부역 대가로 봐야 한다.[159]

무상의 병역과 부역은 백성의 또 다른 부담이었다. 로마제국의 군단은 직업성이 강했다. 사병은 16년에서 25년까지 복무하는 동안 봉급, 퇴직금 및 황제의 상금까지 받았다. 공민이 아닌 부속병은 많은 차별을 받았다. 제대할 때 공민 호적을 받을 수는 있었지만 많은 사람은 여전히 병역을 로마 최대의 압박이라고 인식했다. 병사 대부분은 모병으로 구성되었지만 로마제국은 징병제도를 포기한 적이 한 번도 없었다.

후기에는 모병이 더욱 어려워지면서 다시 징병제를 강력하게 시행했다. 퇴역 군인의 아들은 반드시 군 복무를 해야 한다고 법으로 규정했으며, 기타 병졸은 토지세 비율에 따라 시 정부에서 징발했다. 징발된 일부는 스스로 엄지손가락을 자르기도 했다. 테오도시우스(Flavius Theodosius, 347~395)는 도시에 명령을 내려 건강한 사병 한 명꼴로 두 명의 자해자를 징발하라고 요구했다. 비록 징병의 원천이 고갈되기는 했지만 로마 군대는 일관되게 주방장이나 여관 주인 등과 같이 천한 직업에 종사하는 사람은 군대에 받아들이지 않았다. 전사의 존엄한 명예는 절대로 훼손할 수 없는 것이었다.[160]

흉노 공격에는 반드시 기병이 필요했고, 말을 타고 화살을 쏘는 기술은 오랜 훈련이 필요했다. 한 무제는 변방 여섯 군의 양가 자제와 전사한 병사의 고아를 모집하여 특별히 군대를 만들었다. 하지만 한 나라 상비군은 여전히 로마 군단보다 규모가 훨씬 작았다. 서한의 주력군은 징병으로 충당했다. 남자는 일생 동안 23세에서 56세 사이에 2년 동안 복무할 의무가 있었고, 그중 1년은 본고장에서 훈련을 받았다. 그런데 실제 징발 기회는 불공평했다. 유생은 흉노 정벌을 반대하는 이유의 하나로 2년간 꼬박 병역에 복무해야 한다는 사실을 들었다.[161] 특별 징발은 대부분 미천한 직업에 종사하는 사람을 대상으로 했고, 죄수 및 형벌 경감자를 더욱 선호했다.[162]

국가는 교량·도로·강물·제방 등 공공시설을 관리해야 했기에 많은 인력이 필요했다. 국가사업에 참가한 사람으로는 사병·죄수·노예·고용 인부 등도 있었지만 대부분의 노동력은 무보수였다. 로마의 군대나 관리가 공무로 출장을 가게 되면 임시로 평민에게 명령을 내려 일을 시킬 권한이 있었다. 정규 징발은 각 도시에서 스스로 처리했고, 시민은 차례대로 징발에 응해야 했다.[163] 한나라 제도에 따르면 23세에서 56세까지의 남자는 매년 1개월을 노역에 복무해야 했다. 현지에 일이 생기면 아마도 15세부터 징발 대상이었던 듯하다. 귀족 엘리트와 하나의 경전에라도 능통한 유생은 노역에서 면제되었다.[164]

세법은 국가에 대한 백성의 의무를 규정한 법률이면서 또 어떻게 백성에게 조세를 분담시킬 것인가를 규정한 법률이다. 장기적인 보급 및 추진으로 인해 세법 설계는 정부가 사회에 영향을 끼칠 수 있는 날카로운 수단이다. 학자의 지적에 따르면 로마제국의 세법은 누감식

(累減式)이라고 한다. 이 방법은 수입 중 세금의 비율이 부자일수록 더 적어지기 때문에 가난한 사람이 부자보다 세금 부담을 더 무겁게 지게 된다.[165] 한나라의 기본 세법도 이와 같았다. 거지와 부자는 동일한 인두세를 내야 했고, 여기에 거지는 수입의 절반을 세금으로 내는 경우도 있지만 부자는 구우일모(九牛一毛)처럼 미미한 세율에 그치는 경우가 대부분이었다. 토지세는 비교적 괜찮은 편이었지만 소농과 대지주의 세율이 동등했으므로 소농의 부담이 상대적으로 무거웠다.

이와는 반대로 현대 민주국가에서는 대부분 누진세법을 채택하고 있다. 수입의 증가에 따라 세율을 높여 사회적 혜택을 비교적 많이 누리는 부자에게 더 무거운 세금 부담을 지워서 사회의 형평성을 유지하려는 방법이다. 이 비법은 중국의 법가가 아주 이른 시기에 고안해 냈다. 즉, 관자는 부유한 사람에게 무거운 세금을 매기고 가난한 사람에게 가벼운 세금을 매기자고 주장했으며, 한비는 "세금을 잘 따져서 빈부를 고르게 하자(論其稅賦以均貧富)"라고 주장했다.[166] 우리는 제5장 6절에서 한 무제가 흉노를 정벌할 군사비용이 필요했지만 기본 세금을 올리려 하지 않고, 새로운 제도로 부호에게 더 많은 납세 부담을 지웠음을 살펴봤다. 이것이 바로 누진세 실험이다. 예를 들어 산민(算緡)[167] 세법을 제정하여, 부자 상인이 '매년 10분의 2의 이익을 내면 세금을 내지 않던' 제도의 허점을 보완하고 상업 소득을 직접 겨냥한 방법도 이에 해당한다. 이는 주로 선박과 수레 그리고 도매 상품에 부과한 세금으로 총세율은 6퍼센트 정도였다.[168] 사마천의 관찰에 따르면 당시 평균 이익 10분의 2 이하는 사람들이 매우 하찮게 여겼다고 한다.[169] 이 이익에 대해 6퍼센트의 자본세를 매기는 것은 30퍼센트의 '자본 영리세'와 같은 효과를 발휘한다. 하지만 이 세법은 부자 유신(儒臣)의 연합 공격에 부딪쳐 불과 10년밖에 시행하지 못했다.

토지세는 지주가 국가에 내는 것이고, 소작료는 소작농이 지주에게 내는 것이다. 한나라와 로마제국의 소작료는 수확의 절반 내외를 내는 것이 일반적이었다.[170] 어떤 학자는 로마의 소작료가 토지세에 비해 훨씬 높았던 건 정부가 지주를 보호하며 이들로 하여금 사회의 생산 가치를 거의 모두 착취하고 횡령하도록 보호한 것이라고 분석했다.[171] 로마가 재벌 통치를 고수한 건 이상한 일이 아니었던 셈이다. 그러나 진·한의 소작료와 토지세 분야는 로마에 비해 더욱 방대했다.

진나라와 한나라 초기의 사회 경제는 주로 소농이 자신의 땅을 직접 경작하는 형태여서 토지세를 낮추는 것이 광대한 백성의 복리를 높이는 일이었다. 나중에 토지 겸병이 만연하면서 낮은 토지세에서 발생한 복리가 강력한 대가문으로 이동했다. 왕망은 대지주가 가벼운 세금을 내면서 소작농을 가혹하게 착취하는 현상을 질책했다. 그는 법을 바꿔서 폐단을 제거하려다가 결국 온갖 반항에 직면해야 했다. 토지 겸병은 갈수록 심해졌고, 동한 말에 이르러 순열(荀悅, 148~209)은 이렇게 말했다. "지금 한나라 백성은 더러 100분의 1세를 내는데 이는 매우 드문 경우라 할 수 있다. 그러나 부강한 사람들은 더욱 많은 토지를 점유하고 있으므로 그 절반을 세금으로 낼 수 있지만, 관에서 100분의 1세를 징수한다 해도 백성은 수입의 절반을 세금으로 내야 한다. …… 이것은 위에서 베푼 혜택이 아래까지 통하지 않고 그 위엄과 복락이 부강한 사람들에게서 분단되는 것이다(今漢民或百一而稅, 可爲謂鮮矣. 然豪强富人, 占田愈侈, 輸其賦大半. 官收百一之稅, 民輪大半之賦. ······ 是上惠不通, 威福分於豪强也).[172] 부강한 사람 중에서도 사족의 세력이 나날이 강력해지고 있었다.

한비자는 재정을 논하면서 세수는 시대의 수요에 따라 변해야 한다고 말했다. 부역을 줄이고 세금을 경감하는 것만 교조적 신념으로 삼은 채, 시의를 살피지 않고 자세한 상황을 고려하지 않으면서, 세금만 보이면 횡포한 가렴주구로 매도하여 정부가 이성적으로 손익을 따져볼 방법이 없게 하면 전체 사회에 백해무익한 악영향만 끼치게 된다.[173] 동한은 저세(低稅) 정책을 견지했다. 이익을 얻은 대지주 엘리트들은 황제의 어진 덕을 칭송했다. 이들은 그 정책이 빈부격차를 조장하고 대다수 백성에게는 불리하다는 사실을 언급도 하지 않았다. 이에 어떤 사람들은 세금이 과중하다고 불만을 품고 세금을 포탈하려고 했다. 세수가 부족하면 정부는 빈민과 이재민을 구제할 힘을 갖지 못하고, 치안을 유지할 수 없으며, 외적의 침략에 대항할 수 없다. 그러므로 공공시설 건축은 엄두도 내지 못한다.

한나라 말기에 중장통(仲長統, 179~220)은 다음과 같이 관찰했다. "가벼운 세금만 내도록 법규를 정하고, 한쪽의 긴급 상황과 한편의 재난에만 대처하면 3년도 못 돼서 계산이 부족하게 되어, 전사들의 거친 음식을 앉아서 구경만 하게 되고 굶어 죽은 시체로 가득 찬 거리를 서서 바라보게만 될 것이다(規爲輕稅, 及至一方有警, 一面被災, 未逮三年, 校計騫短, 坐視戰士之蔬食, 立望餓殍之滿道).[174] 온건한 제도를 마련하여 이성적

용과 독수리의 제국

으로 세무를 조정하지 못하면 긴급한 상황을 만났을 때 수수방관하거나 함부로 백성을 착취하게 된다. 마치 동한이 강족의 난리에 대처하느라 백성에게 엄청난 피해를 끼친 것처럼 말이다.

정부가 백성을 착취하는 가장 큰 수단은 아마도 정상적인 세금이 아니라 간접적인 착취, 즉 정부의 묵인된 탐욕일 것이다. 관리가 사리사욕을 추구하며 함부로 부정을 저지르는 일은 아주 이른 시기부터 존재했다. 하지만 진·한황조와 로마제국의 말년 가까이에 이르러 그런 기풍이 만연하면서 온 정부가 부패로 물들었다. 그 결과는 제8장에서 살펴볼 것이다.

제9절
법률 질서

아리스토텔레스는 이렇게 말했다. "좋은 정치라는 말에는 두 가지 의미가 포함되어 있다. 첫째, 공민이 기존 법률을 준수하는 것이다. 둘째, 이런 법률이 타당한 입법 절차에 의해 제정되었다는 것이다."[175] 이 절에서는 첫 번째 의미를 토론하려고 한다. 즉, 입법제도와 정부구조는 논외로 하고 오로지 일상적인 사법규율과 법률질서에 주안점을 둘 것이다. 그것이 바로 법가에서 말하는 '법에 따리 다스린나'는 것, 즉 간단하게 말해서 '법치'를 가리킨다.

일부 엘리트는 이런 법치를 대수롭지 않게 여긴다. 그것이 헌법 절차에 따른 다스림에는 미치지 못하기 때문이다. 현실에서 벗어난 이

상만 추구하고 걷기도 전에 뛰려고 하면서, 이들은 아마도 죽은 원칙에 구애된 채 법은 곧 형벌이고 준법은 곧 맹종이라고 여긴 듯하다. 사실 공공질서를 받드는 준법정신은 이성적 사유의 바탕이며 공중도덕과 헌법 통치의 필수 기반이다. 만약 국민에게 이런 정신이 부족하거나 문화귀족이 도덕적 우월성으로 법률제도를 무시할 수 있다고 여긴다면 휘황찬란한 헌법을 제정했더라도 한갓 공염불에 불과할 것이다.

우리가 논의하려고 하는 것은 법률 내용이 아니라 법률 개념이다. 법률 내용을 논의하려면 어떤 구체적인 법률이 정리(情理)에 부합하는지, 사회에 유리한지, 너무 엄격하지 않은지, 이미 시기가 지난 것은 아닌지 등을 물어야 한다. 법률 개념을 토론하려면 법률의 보편성이 무엇인지, 그것에 어떤 사회적 기능이 있는지, 도덕이나 정의와는 무슨 관계가 있는지, 왜 사람들이 법을 지켜야 하는지 등을 물어야 한다.[176] 예를 들어 노예 매매를 보호하는 것과 같은 법률 조항은 의심할 것도 없이 잔학하고 사악한 것이다. 그러나 법률의 내용에 결함이 있다고 해서 법률 개념 자체를 비천시해서는 안 된다. 동일한 법률 개념 아래에서도 구체적인 법률 내용을 개정할 수 있기 때문이다.

그것은 마치 법률 기구나 제도는 바뀌지 않았지만 입법 기관에서 수시로 새로운 법조문을 반포하면서 낡은 법조문을 바꾸거나 폐지할 수 있는 것과 같다. 법률 개념을 비천시하게 되면 법률 내용이 불완전하다고 해서 법치 자체를 취소하자고 몰아붙일 수도 있다. 이와 반대로 법률 개념을 존중하면 점차 법률 내용을 개량하여 그것을 더욱 정리에 맞고 더욱 건전한 사회질서 유지에 필요하도록 발전을 촉진할 수 있다.

서로 상이한 법률 개념이 독수리와 용의 큰 차이점이다. 일반적으로 말해서 로마인은 법률을 존중한다. 그들의 송가는 대부분 자신들의 법치질서를 영광으로 여긴다. 중국의 법가도 법률과 법치를 숭상했지만, 법가의 개념은 한 무제가 유가 이외의 제자백가를 퇴출하고 난 후 압제를 받았다. 유가는 인치를 숭상하며 법률은 형벌밖에 있지 않으며 전쟁과 같다고 간주했다. 즉, 그것은 세상에서 어쩔 수 없이 시행하는 '볼썽사나운 도구(不祥之器)'와 같다는 것이다.『한서』와『진서(晉書)』에서는 형벌과 전쟁을 모두 동일한「형법지(刑法志)」속에 포함시켰다.

두 곳의 법률 개념이 상이함은 양측의 첫 번째 성문법 제정 과정에서도 알 수 있다. 세계의 다양한 문명과 마찬가지로 양측의 성문법은 우선 변동하는 시국에 당시 사회의 수요에 맞춰 명확한 규범으로 안정적인 질서를 이룩하기 위해 출현했다. 그러나 양측의 성문법은 서로 다른 대우를 받았다. 로마에서는 갈채를 보냈지만 중국에서는 저주를 보냈다.

기원전 451년 신분투쟁이 격렬한 기간에 로마 공민은 '12표법' 반포를 두루두루 경축하며 그것을 국가의 위대한 창조로 간주했다. 고대 역사가는 그것을 평민의 승리라고 칭송했고, 현대 사학자는 귀족이 면녕한 지혜로 스스로를 제어할 줄 알았으므로 그들의 공이 적지 않다고 인식했다.[177] 법률에는 강제성이 있지만 어떤 상황 아래에서 어떤 상벌을 시행하는지 약정함으로써 사람에게 자기 행동의 결과에 책임을 져야 함을 알게 한다.

총체적으로 말하자면 로마인은 법률 공포가 명확한 규례로 행위를 인도함으로써 공민으로 하여금 이성적으로 행위의 득실을 저울질하게 하고, 자신의 행동을 선택하게 하고, 장래를 계획하게 하고, 충돌을 줄이게 하고, 질서를 튼튼하게 세우게 하여 공화정을 공고하게 하는 일이라고 인식했다. 이로써 국가의 모든 구성원과 사회의 상하 계층이 모두 이익을 얻을 수 있게 되었다. 이것이 법률에 대해 서구인이 일관되게 견지해온 개념이다.[178]

기원전 536년 춘추시대 말기에 정(鄭)나라에서 성문법을 공포했다. 진(晉)나라의 현명한 상경(上卿) 숙향(叔向, ? ~전 528?)은 장문의 편지 한 통을 보내서 정나라 집정관 자산(子産)을 질책했다.

백성이 법률이 있다는 걸 알면 윗사람을 거리낌 없이 대하며 경쟁심을 갖고 법률 문서에만 근거한 증거로써 요행수를 찾아 자신의 뜻을 이루려 할 것이오. …… 백성이 분쟁할 수 있는 단서를 알게 되면 장차 예를 버리고 법률 문서에서만 근거를 찾게 될 것이오. 그럼 송곳 끝만 한 작은 분쟁도 끝까지 다투려 할 것이니 어지러운 옥사가 나날이 늘어나고 뇌물도 병행할 것이오. 그대의 생애가 끝나는 동안 정나라도 멸망할 것이오!

(民知有辟, 則不忌於上, 並有爭心, 以徵於書, 以徼倖以成之. …… 民知爭端矣, 將棄禮而徵於書. 錐刀之末, 將盡爭之, 亂獄滋豐, 賄賂並行. 終子之世, 鄭其敗乎!)

용과 독수리의 제국

23년 후에는 진나라에서 오히려 정나라의 이른바 나쁜 행위를 모방하여 형법을 솥에다 주조했다. 그러자 공자(孔子)가 숙향과 똑같은 입장으로 이렇게 말했다.

진나라는 망할 것이다. 그 한도를 잃었다. …… 귀천의 질서에도 허물이 없게 되었다. 이것이 이른바 한도인데…… 지금 그 한도를 폐기하고 형법을 새긴 솥을 만들었으니 백성은 그 솥에서만 행동의 근거를 찾을 것이다. 무엇으로 신분이 귀한 사람을 존중하고, 신분이 귀한 사람은 무엇으로 가업을 지킬 수 있겠는가? 귀천에 질서가 없으니 무엇으로 나라를 다스릴 것인가?

(晉其亡乎, 失其度矣. …… 貴賤不愆, 所謂度也. …… 今棄是度也, 而爲刑鼎, 民在鼎矣. 何以尊貴? 貴何業之守? 貴賤無序, 何以爲國?)[179]

숙향과 공자는 모두 법조문의 가혹함을 질책하지 않았음에 주의하자. 숙향은 심지어 선왕들이 백성을 다스릴 때 "형벌을 엄격하게 시행하여 방자한 행동에 위엄을 보인(嚴斷刑罰, 以威其淫)" 조치를 분명하게 찬양했다. 혹형은 이른 시기부터 통용되었고, 멸문의 형벌도 춘추시대 귀족에게 관용적으로 시행했다.[180] 주나라 때는 매년 정월에 형구를 매달아놓고 만백성을 위협했다.[181] 분쟁은 일상사였고, 재판도 마찬가지였다.

진나라가 형법을 솥에 주조해 넣기 15년 전에 형후(邢侯)와 옹자(雍子, ?~전 528)가 땅을 두고 분쟁을 벌였다. 대리집정관 숙어(叔魚, 전

580~전 531)는 옹자의 딸을 아내로 맞았으므로 옹자의 편을 들었다. 형후가 분노하여 숙어와 옹자를 죽였다. 숙향은 사건을 처리하면서 살인·뇌물·횡령 세 가지 죄는 모두 사형에 처해야 한다고 했다. 이에 이미 죽은 사람의 시신을 베었다. 공자가 그를 찬양했다. "숙향은 옛 유풍을 지킨 정직한 사람이다(叔向, 古之遺直也)."[182] 뇌물·횡령을 극형에 처한 것은 진시황이 탐관오리를 만리장성 공사에 보낸 것보다 훨씬 가혹한 형벌이지만 공자는 거북하게 생각하지 않았다. 마찬가지로 맹자가 활동하던 시절에 제(齊) 위왕(威王, 전 378~전 320)은 치적은 형편없지만 명성만 높은 아성(阿城) 대부의 부정 사건을 처리하면서 그와 그를 칭찬한 좌우 신하까지 깡그리 삶아 죽였다. 그럼에도 아무런 비난 여론이 일지 않았다.[183]

형벌의 경중은 법률 내용에 관한 문제다. 숙향과 공자가 반대한 것은 법률 내용이 아니라 법률 개념이고, 또 형벌을 반대한 것이 아니라 규약으로 형벌을 사용하는 법률 특성에 반대했다. 법률의 사전 공개성, 안정된 일관성, 명확한 객관성, 반드시 시행하는 신뢰성, 평등 보편성 등은 법가에서 극력 제창한 '명법(明法)'과 '일법(壹法)'의 내용이다. 만백성이 사전에 알 수 있게 하는 공공성으로 인해 형법은 형벌과 다른 특성을 갖게 되었다. 유가는 이런 특성을 받아들이기 어려웠다. 왜냐하면 그것이 선왕의 도와 귀족 전제정치라는 인치 사상에 위배되기 때문이다.

현대 연구자들은 다음 사실을 발견했다. "고대인은 나라를 다스릴 때 '예'와 '형벌'만 알고 있었을 뿐이고…… 이른바 '법'이 있다는 건

몰랐던 듯하다. 이 때문에 『시경』과 『상서』에는 '법'이란 글자가 지극히 드물다." "단체에 묶인 사람들은 전부 인정과 습관에 의지했고, 하나하나 법률 조항에 구속되려 하지 않았다. 법으로 나라를 다스린다는 관념은 고대에는 없었고, 전국시대에 이르러 처음 성립되었다. 고대에 이른바 법은 아마도 형벌과 동일한 뜻이었던 듯하다."[184] 선왕들의 인치란 보편적인 법률을 공개적으로 반포하지 않고 사건이 있을 때마다 귀족들이 개별적으로 처리했다. 숙어, 숙향, 제 위왕과 같은 귀족의 심판은 모두 개인의 주관적인 감정에 따라 임기응변으로 판결이 내려졌다. 그것은 숙향이 편지에서 "옛날에 선왕은 일을 논의하여 제재를 가했다(昔先王議事以制)"라는 상황과 같다.

그러나 이러한 귀족의 판단도 습속과 예교에 따라야 했기 때문에 그 판결이 완전히 혼란스럽지는 않았고 합리적인 요소도 적지 않았다. 귀족은 덕으로써 예를 지킨다고 과장했으므로 인치는 '덕을 위주로 하고 형벌을 보조수단으로 삼는다(德主刑輔)'라고 자부했다. 그러나 이 '덕'의 함의는 모호하고 공허했으며 각자의 품덕도 일정하지 않았다. 따라서 사건 판결에 임의성이 크게 개입되어 늘 경중을 잘 따지지 못하고 결정이 수시로 바뀌는 일이 발생한다. 숙향 자신도 일찍이 숙어의 횡령을 도와준 적이 있다.[185]

권력자는 자신들의 도덕이 뛰어나서 백성과는 논쟁할 수 없다고 스스로 칭송했다. 맹자노 이렇게 말했다. "군자가 행하는 일은 대중들이 본래 모르는 것이오(君子之所爲, 衆人不識也)."[186] 인치가 지향하는 주지(主旨)는 이성에 입각한 판단을 은폐하는지는 잠시 내버려둔 채, 민중으로 하여금 "그 내막을 예측하지 못하게 하고 항상 위세와 죗값을 두려워하게 하는 것이다." 사실상 내용이 불명확한 덕은 힘없는 백성을 확실하게 위협하여 형벌을 관장하는 권력자의 권위에 감히 도전하지 못하게 한다. 이 때문에 귀족은 나라의 권위를 마음대로 독점한다.[187]

법을 준수하는 통치는 충돌이 발생할 때 법률을 최고의 해결 준칙으로 삼는다. 법조항을 명확하고 상세하게 정하고 어떤 행위에 어떤 결과가 따르는지 미리 선포하여 객관적이고 보편적인 행위 준칙으로 삼게 해야 사람이 법률에 기댈 수 있다. 법률의 한계를 명확히 하면 백성은 적지 않은 '위험 지대'가 합법이며 그 안전을 정부가 보장한다는 사실을 알고 법에 의지하여 논쟁을 벌일 수 있다. 즉, 수시로 권력자의 안색을 살필 필요가 없는 것이다. 권력이 법으로 이동하면 제도가 귀족 대부분의 임의 처결권을 대신하게 된다. 로마인은 그것을 공민의 자유라고 칭송했다.

그러나 중국의 봉건귀족은 그것이 도덕을 해친다고 질책했다. 즉, 법률의 공평함 때문에 친한 관계와 소원한 관계를 분별하지 못하게 되고, 종친과 친해야 하는 어진 마음을 손상시키게 된다는 것이다. 또 숙향이 말한 바와 같이 "백성에게 다투는 마음을 심어주어(民有爭心)" 존귀한 사람을 존귀하게 대해야 하는 뜻을 위반하게 한다는 것이다.

법률이 권력자를 제약하는 건 확실하지만, 거시적인 시각으로 바라보면 법률이 귀족에게 전혀 불리한 제도가 아니다. 명문화된 법률은 수많은 현실의 예교를 고정화시킨 후 개혁이 필요할 때는 명확한 절차를 거치게 한다. 이 때문에 권력자의 기존 이익은 국가의 보장 아래 변화막측한 위협에서 벗어날 수 있다. 법률은 사람에게 행위의 결과를 비교적 쉽게 예측할 수 있게 하고 자신이 어떤 선택을 해야 하는지 명확하게 알게 하여 나쁜 결과를 미연에 방지할 수 있게 한다. 이로써 인간의 행동 범위는 크게 넓어지게 된다.

로마의 귀족과 평민은 신분투쟁 과정에서 협의를 달성하여 함께 '12표법'을 만들었다. 이는 모든 사람의 이성적 사고가 밖으로 잘 표현된 것이다.[188] 유학은 독존적 지위에 오른 뒤에도 상하 존비 사상과 사대부의 권익을 보호해온 많은 예교 내용이 법전의 내용으로 편입됨에 따라,[189] 법률에 대한 적의도 약화되었다. 그러나 완전히 사라지지는 않았다.

어떤 서구 학자는 이렇게 말했다. "숙향의 서신에 내포된 중요한 의의는 법률 반포가 도덕과 정치를 해칠 수 있다는 입장을 견지한 점이다. 이 독특한 관점은 아마도 다른 문명에서는 출현한 적이 없을 것이다."[190] 더욱 독특한 것은 비록 사회는 격변을 겪었지만 이 관점은 여전히 얼굴만 바꾸며 오래도록 생존했다는 점이다. "법가가 진나라를 망쳤다"는 논조가 바로 이 관점의 변주다(제4장 5절 참조).

유가가 독존적 지위에 오른 뒤, 사대부는 고대 귀족이 누린 임의 처결권을 탈환하려고 노력했다. 그것이 바로 법은 형벌이라는 개념의 부흥이다. 이로써 법치사상에는 '잔혹하고 은혜가 부족하다'는 낙인이 찍혔고, 법률도 늘 배척 대상이 되곤 했다. 어떤 현대 학자는 중국 황조 엘리트의 관념을 다음과 같이 총괄했다. "사법을 맡은 관리는 율령에 구애될 필요가 없었다. 법률은 소도(小道)이고 말단 관리의 영업

수단에 불과하다고 여겨졌기 때문이다. 법관은 배워서 우수한 자 중에서 반드시 현명하고 능력 있는 자를 선발하여 수신·제가·치국·평천하를 강구하게 해야 유학자의 법률 의도를 달성할 수 있다고 여겨졌다.”[191] 이러한 인치 관념이 지금까지 이어져서 법치주의 추진에 걸림돌이 되고 있다.[192]

법치와 인치

명문화된 법률은 세상에 공포된 후 다시 뒤로 돌아갈 수 없다. 하지만 사람이 법을 만들고 사람이 법을 집행하기 때문에 이 사이에 각종 태도가 개입될 수 있다. 아무리 상세한 법조항을 만들더라도 복잡한 사건의 모든 세부 항목에 대처하기 어려우므로 재량으로 처리할 여지가 남게 마련이다. 이 때문에 법치에는 인치와 마찬가지로 객관적인 준칙과 주관적인 판단이 섞여들게 된다.

그러나 양자의 경중과 비율은 크게 차이가 난다. 청렴과 정직 등 기본적인 도덕에 입각한 인격은 법치와 인치의 공통 요구다. 이 밖에도 법치를 숭상하는 군신과 백성이 법률을 윗자리에 두어야 함을 공인해야 한다. 또 사법을 담당하는 사람은 법률의 공복이므로 판결을 내릴 때 반드시 법을 준수해야 하고 법조항을 해설할 때도 가능한 한 법률 정신에 의지해야 한다. 따라서 법관은 반드시 법률 지식을 갖춰야 하는데, 그렇지 않으면 공평무사하게 사건을 판단할 수 없다. 로마의 법관은 법에 따라 다스리는 걸 이상으로 삼았다. 이와는 반대로 인치는 덕을 위주로 하고 형벌을 보조수단으로 삼는다. 법관은 스스로 품성

용과 독수리의 제국

과 덕망이 높고 깊어서 개인의 주관에 의지해서도 형벌을 운용할 수 있다고 자부한다. 이 때문에 법률 조항은 있어도 되고 없어도 된다. 있다 해도 반드시 알 필요도 없다.

중국의 인치사상은 복고를 지향하며 법치를 압도한다. 그 첫 번째 원칙은 경전의 뜻으로 사건을 판단하는 것이다. 한 무제 때 동중서와 공손홍 등은 정무를 논의할 때 걸핏하면 경전으로 대답했다. 동중서는 법가를 질타하며 『춘추결옥(春秋決獄)』이란 책을 지었다. 정위(廷尉) 장탕은 큰 옥사를 판결할 때 옛날의 뜻에 부합하려고 『상서』와 『춘추』를 연구하는 박사 제자를 초빙하여 조수로 삼은 후 의문점이 있으면 직접 동중서에게 가르침을 구했다. 이들은 양한의 독특한 기풍을 열고 옥사를 판결할 때 직접 유가 경전을 인용하여 법조문을 해석하거나 법률을 대신하기도 했다.[193] 유가에서는 몸을 수양하고 마음을 바로잡는 걸 강구하기 때문에 한결같이 주관적인 견해를 중시한다. 『염철론』에서 유생들이 형용한 이상과 『춘추번로(春秋繁露)』에서 동중서가 해석한 정의는 아주 비슷하다. "『춘추』의 옥사는 마음을 논하여 죄를 정했다. 뜻이 선하면 법률에 어긋나도 죄를 면할 수 있었고, 뜻이 악하면 법률에 합치되어도 주살을 당했다."[194]

죄를 확정할 때 동기를 따지는 것, 즉 고의 살인과 과실 치사를 구별하는 것과 같은 법조문은 진나라 법률에 이미 갖춰져 있었다.[195] 그러나 복잡한 동기를 나눌 때는 법률 조항이 너무 부족하기에 적지 않은 난제가 남기 마련이고, 이에 대해서는 법관이 정상을 참작하여 판결을 내려야 한다. 이러한 상황이 펼쳐지면 『춘추』에 기록된 역사 경험이 참고 자료로 쓰일 수 있다. 춘추에 나오는 옥사 판결은 합리적인 사례가 적지 않고 법률적인 내용도 풍부하다.[196] 그러나 『춘추』는 법률 개념을 무시하고 한 학파의 경전을 만백성이 받드는 법전 위에 자리 잡게 했다. 그리고 법관의 주관적인 감정을 부추겨 객관적인 증거를 은폐하고, 법률제도를 파괴하고, 인간에 대한 법률의 제약을 포기했으나, 기실 공으로 과를 상쇄할 수는 없는 일이다.

인간의 심리는 미묘하다. 피고의 뜻이 선하든 악하든, 사상이 정확하든 부정확하든 증거를 대기는 어렵기 때문에 법관의 주관적인 판단이 개입되지 않을 수 없다. 법치주의 아래에서는 객관적인 증거가 가장 중요하다. 따라서 법관은 가능한 한 자신의 주관적인 억측을 배제하려고 한다. 예컨대 한나라 초기에 어떤 사람이 한 고조 사당의 옥고리(玉環)를 훔친 사건이 있었다. 장석지는 법에 따라 그에게 종묘의 물건을 훔친 죄를 적용했다. 그가 반역을 도모한 증거가 없었기 때문에 장석지는 중대한 죄로 다스려야 한다고 주장한 한 문제의 요구에 따르려 하지 않았다.[197]

인치주의 아래에서는 통치 엘리트의 주관이 가장 중요한 역할을 한다. 경전 주석 습관을 바탕으로 자기 주관에 부합하는 경전 부스러기를 찾고 자기 견해에 부합하지 않는 사실은 완전히 무시한다. 예를 들면 한 무제가 흰 사슴 가죽으로 화폐를 만들려고 하자 대사농 안이(顔異, ? ~전 117)가 이의를 제기하여 황제를 불쾌하게 만들었다. 나중에 안이의 빈객이 법령에 포함된 불편한 점을 논급하자 안이는 대답은 하지 않았지만 입술을 조금 움직였다. 이에 장탕이 그가 "말은 하지

않았지만 속으로는 다른 마음을 품고 있다(不入言而腹非)"고 아뢰며 사형을 선고했다.[198]

법률 규정을 포기하고 경솔하게 동기를 날조하면 형벌을 줄이고 죄를 용서할 수도 있지만 마찬가지로 원통한 옥사를 야기할 수도 있다. 『한서』의 기록을 보자.

공손홍이 『춘추』 대의로 신하를 제약하여 한나라 승상이 되고, 또 장탕이 가혹한 법조문으로 옥사를 판결하여 정위가 된 이후로, 타인의 범죄를 알고도 신고하지 않으면 범인과 같은 죄로 처벌한다는 법이 생겨났으며, 조서는 버려두고 비방으로 끝까지 옥사를 끌고 가려는 시도도 생겨났다. 그다음 해 회남왕, 형산왕(衡山王), 강도왕(江都王)의 모반 행적이 발각되자 공경대부는 그 단서를 찾아 사건을 처리하며 마침내 그들의 파당을 잡았는데 연좌되어 죽은 사람이 수만 명에 달했다.
(自公孫弘以『春秋』之義繩臣下取漢相, 張湯以峻文決理爲廷尉, 於是見知之法生, 而廢格沮誹窮治之獄用矣. 其明年, 淮南·衡山·江都王謀反跡見, 而公卿尋端治之, 竟其黨與, 坐而死者數萬人.)[199]

공경대부들이 조서는 버려두고 사람의 마음속을 추궁하여 단서를 찾아 죄를 주는 방법은 『춘추』에 나오는 "신하는 반역을 해서는 안 되고, 반역을 하면 빈드시 주살한다(臣毋將, 將而誅)"는 구절을 인용해서 쓴 것이다. 이것은 사람의 마음속에 부정한 뜻이 싹트고 있음을 가리킨다. 한 무제는 동중서의 제자 여보서(呂步舒)에게 회남왕 반역 사건을 다스리게 하면서 『춘추』 대의에 따라 조정에 보고하지 말고 밖에서 마음대로 처단하라고 했다.[200] 회남왕 반란 사건에 연루되어 피살된 사람은 수만 명에 달했으며, 제후, 이천석 고관, 호걸만 계산해도 수천 명이 사형당했다.[201]

　무제 때는 보편적으로 형벌을 남용했다.[202] 법치를 비방하는 선전은 실제 상황을 알아보지도 않았고 가혹한 관리를 보면 모두 법가로 잘못을 돌렸다. 기실 법가에서 더러 준엄한 법률과 형벌을 선포하자고 주장한 적은 있지만 법률 위반과 혼란한 판결은 일관되게 금지했다. 양한 시대 역사서에 실린 「혹리전(酷吏傳)」을 자세히 조사해보면 혹리에 두 부류가 있었다. 동선처럼 인정사정없이 법을 집행하고 인정에 따라 권력자에게 관용을 베풀지 않는 관리는 법가의 혹리다. 이 밖에 법과 형벌을 남용한 혹리도 있었다. 두 번째 부류 가운데 법가사상을 위반한 관리가 포함되어 있고, 또 '뜻이 악하면 법률에 합치되어도 주살을 하는' 춘추시대식 판결자와 천하를 맑게 한다고 큰소리를 치며 환관과 그 친족들을 함부로 살해한 동한의 유림 당파도 들어 있다. 이런 혹리의 주요 사상은 법치가 아니라, 덕을 말하면서 형벌을 남용한 인치주의 사상이다.[203]

　구체적인 법률 조항의 상세하고 절실한 내용과는 상반되게 도덕과 예교의 교조적 사상은 애매모호하고 공허하다. '비례(非禮)'나 '불의'와 같은 죄명은 권력자가 임의로 행하는 형벌을 비호할 수 있다. 예를 들어 동한 말 동탁은 명사를 초청하며 이렇게 말했다.

관리와 백성 중에서 자식으로서 효도하지 않고, 신하로서 충성하지 않고, 관리로서 청렴하지 않고, 아우로서 순종하지 않는 자와 여기에 호응하는 자는 모두 죽이고 그들의 재물은 관에서 몰수하라고 했다. 이에 좋아하는 자와 증오하는 자가 서로 들끓으며 백성 중에 억울하게 피살된 사람이 많았다.

(籍吏民有爲子不孝, 爲臣不忠, 爲吏不淸, 爲弟不順, 有應此者, 皆身誅, 財物沒官. 於是愛憎互起, 民多冤死.)[204]

동한 말기 응소는 춘추시대 옥사를 잘 알고 있었고, 또 양한 시대의 경험을 거울삼아 잘못된 법률의 실례를 인용하며 이렇게 경고했다. "대소 안건을 상황에 따라 처리하고 그 본래 마음을 따져서 죄를 확정했다면…… 법률을 파괴하고 정치를 혼란에 빠뜨리고 나서 후회한다고 미칠 수 있겠는가?(若乃小大以情, 原心定罪, …… 敗法亂政, 悔其可追?)"[205] 어떤 현대 학자는 이렇게 결론을 내렸다.

한나라 초기에는 법치가 엄혹했지만 그래도 믿고 의지할 만한 법은 있었다. 동중서로부터 시작하여 사람의 마음을 밝히고 질책하며 본심에 따라 죄를 논하면서 경전의 뜻을 인용하여 옥사를 판결했다. …… 이에 법률을 마음대로 해석할 수 있게 되어, 법률을 남용해도 따로 의지할 법률이 없었다. … 한나라 유학자는 경전을 인용하여 옥사를 판결하며 유가 경전의 뜻을 국가 성문법 위에다 놓았다. 이에 법가사상에서 막 제정한 '사건을 법에 의해 판결한다(事決於法)'는 법제 이념이 파괴되었다.

법률을 무시한 이러한 파괴 행위는 중화 법체계의 법제 이념에 심각한 악영향을 끼쳤다. 중화 법체계가 시종일관 법률지상(至上)의 법제 이념을 형성하지 못한 것은 유가사상과 매우 밀접한 관계를 맺고 있다.[206]

유가사상이 독점적 지위를 얻은 후 중국 역대 왕조의 엘리트는 보편적으로 인치주의를 숭상하며 자신에게 덕이 있어서 법률 위에 군림할 수 있다고 인식했다. 따라서 2,000년 동안 전제제도가 갈수록 극성을 부리며, 엘리트의 영수인 황제가 법도 없고 하늘도 없는 무한권력자로 변신한 것도 이상한 일이 아닌 것이다.

도덕과 법률

2,000여 년 동안 유생은 입만 열면 공자의 가르침을 이야기했다. "예란 장차 그런 일이 일어나기 전에 금지하는 것이지만 법이란 이미 그런 일이 일어난 이후에 금지하는 것이다(禮者禁於將然之前, 而法者禁於已然之後)." "정치로 인도하고 형벌로 다스리면 백성이 형벌은 면하지만 부끄러움을 모르고, 덕으로써 인도하고 예로써 다스리면 부끄러움도 알고 올바르게 된다(道之以政, 齊之以刑, 民免而無恥. 道之以德, 齊之以禮, 有恥且格)."[207] 여기에는 두 가지 유가 개념이 드러나 있다. 첫째, 예와 법이 대립할 때 예를 높이고 법을 낮춘다. 둘째, 법을 형벌과 같은 것으로 생각한다. 오로지 형벌이 사후에 시행하는 것이기 때문이다.

이 두 개념은 모두 편협하고 잘못된 것이다. 법은 형벌과 결코 같지 않다. 법률을 공포하는 취지는 바로 사람들에게 법을 알려 그것을 범하지 못하게 하고 장차 일어날 불법행위를 사전에 방지하려는 것이다. 법률·예교·도덕은 모두 옳고 그름을 판별하려는 사람들의 마음에 호소하면서 행위의 준칙과 규율을 제공한다. 세부 항목에서 서로 충돌이 일어날 수 있지만 기본적으로 함께 시행해도 결코 서로 어긋나지 않는다.

동서고금의 구체적 법률 내용은 당시 현지의 풍속과 습관, 도덕과 예교에서 발원했기 때문에 법가에서는 법률 제정이 반드시 인정과 이치에 맞아야 한다고 강조했다.[208] 규범을 실행하는 수단에서 법률과 예교는 일반적으로 강제 규제에 의지한다. 하지만 전자는 정치적 압력을 행사하면서도 분명하고 공평한 입장을 견지한다. 후자는 항상 사회적 압력을 행사하면서 미사여구로 그것을 장식한다.

공자는 통치자를 가르치며 "그대가 올바름으로 이끌면 누가 감히 부정을 저지르겠소?(子帥以正, 孰敢不正?)"라고 했다. 맹자는 정전제 아래의 백성이 "공전(公田)의 일이 끝난 연후에야 감히 자기 밭의 일을 할 것이다(公事畢, 然後敢治私事)"라고 했다.[209] 이 '감(敢)' 글자에 인정(仁政)과 교화의 내막이 드러나 있다. 법률과 예교는 어느 쪽이 더 잔혹할까? 단정해서 말하기가 어렵다. 굶어 죽게 만드는 것이 목을 자르는 것보다 더 인자하다고 할 수 없으며, 전족도 다른 육체적 형벌과 마찬가지로 인체에 심각한 해악을 끼칠 수 있다. 수많은 로마 전사들은 병이 났을 때 차라리 죽을지언정 나중에 다른 사람에게 놀림감으로 전락하지 않으려 했다. 이런 모습에서도 사회적 제재의 무서운 면모를 엿볼 수 있다.[210] 그러나 법과 예의 강제성은 대부분 사람들을 선으로 나아가게 하는 데 뜻을 두고 있다. 이른바 고진감래(苦盡甘來)의 결과를 지향한다. 이 두 가지가 잘 융화되면 사회질서 유지라는 공통의 목표를 실현할 수 있다. 이 두 가지가 대립하면 오히려 사회에 해악을 끼칠 수 있다.

인간 세상에 만병통치약은 없다. 춘추시대 말기에 예악이 붕괴되자 예악의 교화 능력 증명에도 한계가 생기기 시작했다. 마찬가지로 사회적 기반으로 삼을 만한 미풍양속이 없었기 때문에 법률의 치안 기능도 큰 역할을 할 수 없었다. 상앙은 "나라마다 모두 법이 있지만 그 법을 반드시 시행하게 할 수 있는 법은 없다(國皆有法, 而無使法必行之法)"라고 했다. 이런 사실을 중국의 법가, 로마의 법률가, 현대의 법철학자는 모두 분명하게 알고 있다.[211]

그러나 이들은 이 때문에 결코 법률을 내버리지 않았다. 이들은 건전한 사회에 도덕 교육이 없어서는 안 되고, 명문화된 법은 도덕 교육의 중요한 부분임을 알고 있었다. 이 때문에 로마에서는 어린 학생들에게 '12표법'을 암송하게 했다.[212] 그리스 철학자 피타고라스(Pythagoras, 전 580?~전 500?)는 아들을 가르치는 가장 좋은 방법은 훌륭한 법률을 갖춘 도시국가에서 공민으로 성장하게 하는 것이라고 말했다.[213] 아리스토텔레스는 공민이 어떻게 법을 알고 선을 지향하는지에 관해 해석했다. 사람들이 법률에 따라 일을 처리하는 데 익숙해져서 그것을 일상사로 삼으면, 법령을 받아들이는 것이 마치 예절이나 습속을 잘 아는 것처럼 익숙하게 된다.

여기에 그치지 않고 법률은 공개적이고, 명확하고, 구체적인 데다 많은 법조문에 입법 이유를 붙여서, 왜 이런 행위에 규율이 필요한지를 해설하고 있다. 이 때문에 사람들은 공공 법률을 지키는 과정에서 좋은 습관뿐만 아니라 이해력까지 배양할 수 있고, 수치심뿐만 아니라 악행을 미워하고 옳고 그름을 판별하는 이성적 사고까지 기를 수 있다.[214] 마찬가지로 상앙이 말한 제도로는 풍속을 변화시킬 수 있고, 민심을 기쁘게 복종시킬 수 있다. 남자와 여자는 분별이 있어야 한다든가 대의에 맞지 않으면 굶더라도 구차한 음식은 먹지 않는다는 등의 도덕적 행위가 바로 "법률의 일상적 형태다(乃有法之常也)".[215]

예컨대 진나라에서는 땅에 재를 버리는 걸 법으로 금지했는데, 이는 현대에 공중위생을 위해 땅에 침을 마구 뱉거나 쓰레기를 함부로 버리는 행위를 금지하는 것과 유사하다. 이런 법률을 처음 시행할 때는 처벌을 무서워할 뿐이지만 정결한 공공장소의 혜택을 누리게 되면 왜 침을 뱉지 말아야 하는지 왜 쓰레기를 쓰레기통에 버려야 하는지 알게 된다. 따라서 지금은 많은 지역에서 그런 법률을 좀 느슨하게 시행하는데도 법을 어기는 사람이 드물다.

이러한 교화가 바로 법가에서 말하는 "법을 세워 풍속을 바꾸고(立法化俗)" "형벌로써 형벌을 제거하면(以刑去刑)" "작은 잘못도 저지르지 않고, 큰 죄에는 아예 가까이 다가가지도 않는(小過不生, 大罪不至)" 효과다.[216] 좋은 습관이 조금씩 쌓이면서 점차 공중도덕이 배양되고 그런 후 풍속이 바뀌어 "형벌이 있어도 시행하지 않는(刑設而不行)" 경지에 이르게 된다.[217] 그것은 아리스토텔레스가 "법률 무시 경향을 예방하는 것이 지극히 중요하고 특히 일상의 사소한 일에서 범법 행위를 미연에 방지하는 것도 중요하다"라고 말한 바와 같다.[218] 유생은 "형벌로 형벌을 제거하는" 방법을 "함부로 위세를 부리는(橫施淫威)" 폭력이라고 배척했지만, 형법에는 기실 불법을 근본에서 방지하는 교화 효과가 있다.

법률은 정치에 속하고 가정, 학교, 종교 활동에 제공할 사회적 공간을 만들어준다. 진나라 간독 「어서(語書)」와 「위리지도(爲吏之道)」 등에는 정치와 교화를 잘 배합하여 백성의 도덕성을 고양하려는 실험이 분명하게 드러나 있다.[219] 『한서』 「순리전(循吏傳)」에 실린 관리들의 정치 업적도 대부분 한편으로 "법을 받들며 이치를 따르면서(奉法循理)", 다른 한편으로는 효도와 공손함을 권면하는 내용이다. 또한 그 업적은 대부분 왕도와 패도를 함께 중시하던 한 선제 시대에 이루어진 것이다. 법치와 교육이 서로 보완해주는 실례는 오늘날 세계에 눈을 돌려도 곳곳에서 찾을 수 있으므로 더 많은 말을 할 필요는 없다.

그러나 법률 정치와 학교 교육의 분업과 협력은 유가의 정교합일(政教合一) 사상과 충돌을 일으킨다. 유가의 '수신·제가·치국·평천하' 사상과 "안으로 성인의 덕망을 갖춰 밖으로 왕도정치를 편다(內聖外王)"는 사상은 관리가 되어 벼슬길로 나아가는 소망과 불가분의 관련을 맺고 있다. 이른바 '교화'는 일반적인 교육에 그치지 않는다. 가장 중요한 것은 경서를 통독한 유학자가 고관대작에 임명되어 제왕의 스승 노릇을 하며 백성의 모범이 되는 것이다. '교화'라는 명분이 법치의 실제와 충돌을 일으킨 상황을 자세히 살펴보면 거기엔 기실 정치적인 권력투쟁의 요소가 적지 않게 들어 있음을 발견할 수 있다.

용과 독수리의 제국

권력투쟁은 내버려두고서라도 우리는 법치가 유가의 도덕적 약점을 보충할 수 있다는 사실을 간파할 수 있다. 유가는 감정, 개인의 덕망, 인간관계에 편중되어 있으므로 법치로 이지적 능력, 공중도덕, 사회적 결합력 양성에 도움을 줄 수 있다. 유가 도덕으로 효도하는 자식과 충성하는 신하와 순종하는 백성을 훈련할 수 있고, 법률을 존중함으로써 더욱 완전한 인품을 배양하여 국가의 공민을 육성할 수 있다.

공의(公義)와 인정(人情)

예교와 법률의 대립은 대의와 이익, 왕도와 패도의 대립과 마찬가지로 유가 사상의 편협성을 잘 드러내준다. 기하학으로 비유해보자. 만약 모든 사물이 단일 직선 위에만 한정되어 존재한다면 이쪽은 길고 저쪽은 짧을 때 서로 용납할 수 없는 다툼이 발생한다. 그러나 만약 단일 직선으로 한정되지 않고 평면이나 심지어 입체로 확장되면 사물을 받아들일 공간이 크게 넓어져서 동시에 길이를 늘리고 넓이를 확대하면서도 서로 맞부딪치지 않을 수 있다. 개념은 사상의 틀이다.

상이한 범주를 가진 개념은 마치 길이와 폭 등 상이한 차원처럼 생각의 갈래를 크게 증가시켜 인간의 사상을 더욱 복잡하게 만든다. 어떤 학자는 다음과 같이 지적했다. 유가는 "사유가 흔히 직선의 성질을 갖고 있어서 평면에 도달하지 못하므로, 직선 밖에 점도 있고 또 다른 선도 있다는 사실을 전혀 고려하지 않는다". 따라서 같은 패끼리 파당을 지어 이질 분자를 공격하는 배타성이 특히 강하다.[220] 법치 개념은 유가 삼강오륜의 단선적 사유를 초월하여 새로운 공공 범주를 열고 예교와 법률, 대의와 공리, 왕도와 패도를 충분히 수용할 만했지만 오랜 역사를 거치는 동안 갖은 배척을 당해야 했다.

제 선왕은 제물로 끌려가는 소가 두려워 떠는 모양을 보고 소를 풀어주는 대신 양을 잡으라고 명령을 내렸다. 맹자는 제 선왕이 베푼 은혜가 어진 시책(仁術)이라고 칭찬했다. "그 소리를 듣고서 그 고기를 차마 먹지 못합니다. 이런 까닭에 군자는 푸줏간을 멀리합니다(聞其聲, 不忍食其肉. 是以君子遠庖廚也)."[221] 이러한 어진 은혜에 인치의 사사로운 정이 잘 표현되어 있다. 그러나 법치의 관점에서 보면 소 대신 무고한 양을 죽이는 것은 공의를 위배한 것이란 혐의를 받을 수 있다.

유가의 군신과 부자 관계는 [그림 2a]가 보여주는 것처럼 개인과 개인의 관계에 중점을 두고 있다. 게다가 제 선왕이 직접 그 소를 보고 측은한 마음을 일으킨 것처럼 특수 관계에 있는 사람을 강조한다. 감정에 바탕을 둔 이런 개인적 덕망은 시야가 넓지 않다. 맹자가 군자는 푸줏간을 멀리해야 한다고 말한 것은 인간 심리의 한계에 대한 통찰이다. 그는 비록 늘 '천하'를 말했지만 실제로는 은혜 베풂이 그리 멀리까지 미치지 못한다는 사실을 알고 있었다. 그는 이전에 제나라 왕에게 창고를 열어 백성을 구제해야 한다고 권한 적이 있다. 두 번째로 기근이 심하게 들자 백성이 맹자에게 다시 어진 마음을 내서 왕이 창고를 열도록 설득해달라고 간청했다. 그러나 맹자는 그렇게 하려 하지 않으면서 그것은 풍부(馮婦)처럼 선비들에게 비웃음을 당하는 일이라고 말했다.[222] 그는 만약 같은 집안 친척이 서로 창을 들고 싸운다면 의관을 바로잡을 틈도 없이 바로 말려야 하지만, 같은 고을의 이웃

이 서로 싸운다면 문을 닫고 상관하지 말아야 한다고 가르쳤다.[223]

　유가 윤리의 절실한 내용은 대부분 가정이라는 종교에 한정되어 있다. 따라서 그 조직과 기구는 국가의 조정, 학문의 문파, 강호의 회합을 막론하고 모두 가족 모델에 기반하고 있다. 이에 맹자는 "요·순 임금의 도는 효도와 공손일 뿐이다(堯舜之道, 孝弟而已矣)"라고 말했다. 식견이 있는 사람은 이 모델이 불충분하다고 보고 '천하위공(天下爲公)' 등의 구호를 제기했지만 그런 구호도 시종일관 사상과 내용이 부족했다. 『예기』「예운」에서는 대동(大同)사회를 말했는데, 그 글자 수가 107자에 불과하다. 그 뒤의 긴 편장들도 모두 "각기 자기 친척과 친하고, 자기 자식을 사랑하자(各親其親, 各子其子)"는 개인의 도덕을 다루고 있다. 공허한 '지공무사(至公無私)'의 구호를 상세한 개인 윤리의 대척점에 놓고 있으므로 오늘날의 학자들이 유가가 공적이냐 사적이냐를 토론하면서 마치 물과 불처럼 상이한 결론에 도달하는 것도 이상한 일이 아니다.[224]

　사적 도덕은 특수한 개인관계를 조절하고, 공적 도덕은 보편적인 사회관계를 조절한다. 아버지를 죽인 원수에게 원한을 갚는 건 사적 도덕이고, 그 원한을 참고 법률로 원수를 징벌하는 건 공적 도덕이다. 법정에서 증거를 조사하고 공평하게 살인자를 재판하는 건 보응의 공의를 유지하는 것이다. 세계 각지에서는 모두 사적 도덕을 중시한다. 유가의 특색은 사적 도덕으로 정치를 주재하게 한다는 점이다. 예를 들어 순 임금이 천자가 되고 나서 그의 부친 고수(瞽瞍)가 사람을 죽였다면 그는 어떻게 했을까? 맹자가 대답했다. "순 임금은 천하를 버리는 것을 짚신짝 버리는 것과 같게 보았을 것이다. 부친을 업고 도망가 바닷가를 떠돌면서 죽을 때까지 흔연히 즐거움에 젖어 천하를 잊었을 것이다(舜視棄天下, 猶棄敝蹝也. 竊負而逃, 遵海濱而處, 終生訢然, 樂而忘天下)." 주희는 이 말을 '천리의 극치(天理之極)'라고 찬양했다.[225] 만약 순 임금이 보통 사람이었다면 아마도 "아들이 아버지를 위해 숨겨준다(子爲父隱)"는 공자의 말[226]이 이해되지만, 순 임금은 평민이 아니라 천자다. 천자가 권력자나 부호의 한 사람으로만 행동한다면 순 임금이 보위를 버리는 것은 사사로운 정을 위해 공공성을 희생하는 것으로 볼 수밖에 없다.

그러나 진시황조차 천자는 천하 백성의 안위를 책임져야 한다는 사실을 알고 있다. 유가의 인치사상은 통치자의 모범적인 행동에 의지하므로 순 임금은 스스로 모범이 되어야 한다. 그의 행동은 전체 사회에 거대한 영향을 끼친다. 맹자와 주희의 생각에는 모범을 보여야 할 성군이 사사로운 정에만 매달려 기꺼이 공무를 무시하고, 피살당한 가족의 정당한 요구는 상관하지 않고, 천자가 갑자기 도망쳐서 천하가 대란에 빠질 가능성은 돌아보지 않고, 천자를 믿는 천하 백성을 마치 짚신짝처럼 내팽개치려는 무책임이 드러나 있다.

이러한 '천리'는 전통 통치 엘리트의 공적 도덕성과 책임감이 얼마나 박약한지를 잘 보여준다. 이런 경향은 개인적인 경솔함이 아니다. 맹자는 순 임금이 자기 아우가 자기를 죽이려 한 악당임을 분명히 알면서도, 그를 파견하여 백성을 다스리게 했다고 말했다. 이는 순 임금이 자기 아우가 백성을 학대할 가능성을 무시한 것이다. 위(衛)나라 유공(庾公)은 개인적인 인정 때문에 국가를 침략한 정(鄭)나라 적을 놓아줬다.[227] 공덕과 공의를 무시한 실례는 유가 경전 곳곳에 널려 있다. 이런 사례에는 모두 공사를 함께 돌아보지 않는 유가의 단선적 사유가 드러나 있다.

유가의 이상은 끝도 없이 확대된 사적 도덕이다. 맹자는 "사람들이 모두 자기 어버이(친척)와 친하고, 자기 어른을 어른답게 대접하면 천하가 태평해진다(人人親其親, 長其長, 而天下平)"라고 말했다.[228] 그러나 현실을 조금이라도 돌아보면 이 같은 무심한 답변이 통하지 않는다는 사실을 발견할 수 있다. 고수가 죽인 사람에게도 가족이 있을 것이고 그들도 자기 어버이와 친할 것이다. 피살된 사람의 아들과 과부에게 순 임금은 전혀 측은지심을 보이지 않았다. 만약 사람들이 성군의 행동을 따라 배워서 자신의 사사로운 감정과 이해관계를 위해 모든 것을 돌아보지 않는다면, 천하가 어떻게 태평을 이룰 수 있겠는가?

『예기』에도 공자의 가르침이 기록되어 있다. 즉, 부모의 원수는 같은 하늘 아래에서 함께 살 수 없으므로 거리에서 원수를 만나면 바로 결투를 해야 한다는 것이다.[229] 그러나 사사로운 복수를 위한 결투는 공공 대중의 안전을 해칠 수 있다. 공공의 이익을 받들어야 하기 때문에 사사로운 복수를 엄금하는 것이다. 피해를 입은 사람이 관가에 고소하면, 정부가 책임지고 범인을 체포하여 법으로 정한 징벌을 가해야 한다.[230] 이처럼 국가의 법제는 개인의 복수심을 공의로 승화시켜 사사로운 인정과 공공의 정의를 함께 돌아보게 한다. 한나라는 진나라의 법제를 따랐다. 그러나 사사로운 결투의 풍속이 계속해서 예교의 지지를 받았다. 동중서로부터 백화관에서 경전을 토론한 대 유학자에 이르기까지 『춘추』의 복수의 대의를 거듭 거론하지 않은 사람이 없었다. 그 결과 동한 시대에 다음과 같은 현상이 만연했다.

사람들이 서로 살상을 일삼았는데 비록 이미 법의 심판을 받았더라도 사사로이 맺은 원수를 자손들이 보복했다. 이에 뒤 세대의 분노가 앞 세대보다 심하게 되어 집안을 멸하고 생업을 없애는 지경에까지 이르렀다. 이들을 속칭 호건(豪健)이라고 불렀다.

(人相殺傷, 雖已伏法, 而私結怨讎, 子孫相報. 後忿深前, 至於滅戶殄業, 而俗稱豪健.)[231]

사인(士人)이 친구를 위해 복수하면, 관리는 복수 때문에 법을 어긴 자를 사사롭게 풀어줬다. 이러한 범법행위가 사회질서를 해쳤지만 한나라 유학자는 공리공담을 일삼으며 그들에게 고상한 명성을 부여했다.[232] 법률을 무시하고 사사로움으로 공공성을 가로막는 엘리트의 태도가 오래 지속되었다. 량치차오(梁啓超, 1873~1929)는 한나라 말기의 중국 전통교육에 대해 이렇게 탄식했다. "중국 도덕의 발달은 이르지 않다고 말할 수 없다. 비록 그렇지만 개인 도덕에 편중되어 공공 도덕은 거의 누락되었다. 『논어』와 『맹자』 같은 책을 살펴봐도 우리 국민의 목탁(木鐸: 행위 표준)은 도덕에서 말미암고 있다. 그런데 그 가운데 포함되어 있는 것은 개인 도덕이 90퍼센트이고, 공공 도덕은 10퍼센트도 되지 않는다."[233]

용과 독수리의 제국

법치의 기능 중 하나는 이성에 호소하고, 새로운 개념을 창조하고, 공공 도덕의 상세한 내용을 충실하게 채운다는 점이다. 법률은 합리적인 개인관계를 허용할 뿐 아니라 한 걸음 더 나아가 보편적인 규율을 제기한다. 예를 들어 무고한 사람은 모두 상처를 받지 말아야 한다는 원칙은 온 백성에게 적용되어야지 어떤 사람이 통치자와 특수한 관계가 있다고 해서 예외가 되어서는 안 된다. 법률을 만드는 취지는 복잡한 인간 사회에서 발생할 수 있는 온갖 마찰을 피하거나 화해시키고 불편부당함을 힘써 추구하여, 모든 사람이 법률에 심복하도록 만드는 것이다. 보편적인 규율은 공허한 구호와는 달리 반드시 현실에서 응용할 수 있는 세밀한 규칙을 갖추고 있다. 이 규칙들이 다루는 범위는 매우 넓어서 개별 사건에서 발생할 수 있는 모든 충돌에 적용될 수 있다. 이 때문에 모순을 해결하고 훌륭한 보편 규칙을 세우는 일은 결코 쉽지 않다.

무엇이 '무고'인가? 무엇이 '강탈'인가? 이에 관한 무수한 해석이 '공의'의 절실한 내용을 이룬다. 입법자는 민의를 자세히 살펴서 공공대중에게 적합한 보편 규율을 찾은 후 분명하게 해석하고 모든 사람이 명확하게 알게 하여 그것을 제도로 만든다. 공공대중에게는 함께 준수하는 공통적인 행위 준칙이 있다. 이 때문에 이를 둘러싸고 공감대를 형성하여 단체를 이룬다. 공공제도는 개인 관계를 초월하여 공평과 공정과 같은 새로운 개념을 이끌어내고 사회를 위해 [그림 2c]와 같은 새로운 왕래 범주를 개척한다. 이러한 공적 범주는 그리스와 로마에서 왕성하게 발전했으며 중국 전국시대에도 법가에 의해 창도되었다. 그러나 애석하게도 유가의 '경전주석심리'에 배척을 받아 전통 중국에서는 발육이 매우 불량했다.

법률은 공공 세계를 지탱하고 객관적인 환경을 만들어 공공 대중으로 하여금 새로운 사상을 창조하여 새로운 활동에 종사할 수 있게 한다. 이런 기능은 민법에 가장 뚜렷하게 드러난다. 법률에 대한 중국과 로마의 상이한 태도도 민법에 가장 뚜렷하게 드러난다. 민법은 강제성이 비교적 약하고 입법 취지도 인간의 접촉을 편리하게 하기 위한 것이다. 정부는 사회의 각종 경험을 두루 살펴 인간들의 어떤 접촉에서 무슨 문제가 발행할 수 있는지 짐작하고 미리 다툼을 피할 수 있게 한다. 법가에서 이른바 '명분을 정해' 백성의 사교활동 범위를 확대하고자 한 것이 그것이다.

민법은 솔직하게 이해관계를 나열하여 먼저 소인의 마음으로 범죄 예방 체계를 세운 뒤에 사람들로 하여금 법률이 정한 범위 내에서 군자와 교류할 수 있게 한다. 마치 장기의 규칙처럼 대국자가 대패한 이후에도 그 패배를 받아들일 수 있게 한다. 땅을 사고 싶은데 나중에 분쟁이 생길까 두려운가? 그렇다면 매매증서를 만들어 자신이 정부에서 인정한 재산권을 갖고 있음을 증명할 수 있다. 민법은 이런 상세한 사정을 모두 고려하여 복잡하지만 이성적인 계약을 할 수 있게 하고 또 갖가지 사회관계를 맺을 수 있도록 도와준다. 만약 분쟁이 생기면 공개적이고 분명한 준칙에 의거하여 합리적으로 해결할 수 있으므로 경제와 상업 발전에 특히 많은 도움을 줄 수 있다.[234]

로마 귀족은 소송을 통한 분쟁 해결에 익숙했다. 로마의 법률 체계

용과 독수리의 제국

가운데서 민법의 성취가 가장 높았다. 534년 유스티니아누스(Flavius Petrus Sabbatius Justinianus, 483~565) 대제는 역대 민법에 관한 법률을 종합 정리하여 대법전을 편찬 반포했다. 그것이 11세기에 다시 부흥하여 이후 서구의 법률과 법학 발전에 하나의 디딤돌이 되었다.[235] 유가의 군자는 동중서가 법가의 발전적인 재산권을 비판한 것처럼 민법에서 인간의 이해관계를 분명하게 나열하는 걸 혐오했다.[236] 설령 민법이 존재했어도 그들은 법을 경시하고 스스로를 귀하게 여겼을 것이다. 적지 않은 군수와 현령이 민사소송을 처리할 때 법관처럼 행동하지 않고 중개인처럼 행동했다. 법관은 법률에 의지하여 공정하게 판결해야 할 책임이 있다. 중개인은 개인의 지위와 명망에 의지하지 법률에 기대지 않는다. 이것은 숙향이 말한 '일을 논의하여 제재한다'는 태도에 가깝다.

어떤 유학자는 공자의 "반드시 소송을 없게 할 것이다(必也使無訟)"라는 교훈을 계승하여 소송이 벌어지면 자신의 교화가 미치지 못했다고 자책하며 문을 닫고 과오를 반성하곤 했다. 그러나 뒤로는 종족 사회의 제재력을 발동하여 소송을 제기한 사람에게 생각을 바꾸도록 핍박을 가했다.[237] 이렇게 하면 간혹 일을 무마할 수는 있겠지만 소송 당사자가 안정을 찾을 수 있는지는 말하기 어렵다. 그러나 억울하게 당하는 대다수는 빈궁한 사람과 약한 사람임을 짐작할 수 있다. 통치 엘리트의 경멸 때문에 중국의 전통 민법은 로마에 비해 단순하고 고루했다. 지주와 소작농의 관계는 농업사회에서 지극히 중요하다. 하지만 학자들은 한나라 말기까지 "토지세와 토지 임대료에 관한 법률이

놀랄 만큼 모호했다"는 사실을 발견했다.[238] 이런 엉성한 민법이 아마도 지주에게는 관대하고 소작농에게는 가혹한 근거가 되었을 것이며 사회 경제 발전에도 장애로 작용했을 것이다.

지성과 도그마

유가 윤리는 정의(情誼)에 중점을 두면서 이성적 사고는 비교적 소홀히 취급한다. '리(理)' 글자는 대부분의 유가 경전에 보이지 않는다. 나중에 출현한 것도 대부분 경험을 초월하는 '천리(天理)' 따위의 어휘다. 지식론에서 다루는 이성과 지성은 묵가와 법가가 발전시켰고, 순자도 여기에 공헌했다. 그러나 유가의 '경전주석심리'와는 전혀 맞지 않아서, 유가가 독점적 지위를 얻은 후에는 암담하게 빛을 잃었다.[239]

지성은 천하 인류의 천부적 능력인데 그 발육 정도는 각지의 문화에 따라 다르다. 지성은 결코 만능은 아니지만 이것이 없으면 좀 복잡한 문제를 해결할 방법이 없게 된다. 다양한 실제 문제를 처리하는 이성도 무슨 고급 학문이 아니라 상식과 판단력이다. 진상, 경험, 세부사항을 존중하고, 토론 과정에서 사물을 분석할 때 원인에 근거하여 이치를 따르면서 점차 생각을 넓혀나가 모순을 해결한다. 이렇게 하여 각 단계마다 의문점을 제거하고 생각을 분명하게 하면서 서로 타협하여 논리를 하나로 관통시킨다. 현실적인 이해를 위한 이런 공부는 죽은 책을 읽으며 교조적 해석에 집착하는 태도에 비해 훨씬 신경을 많이 써야 한다.

이성에 대한 중국과 서양의 상이한 태도는 후세에 큰 영향을 끼쳐서 윤리와 정치도 그 영향에서 벗어나지 못했다. 어떤 학자는 아리스토텔레스의 윤리학과 유가의 윤리학을 비교하여 이들의 사고방식이 상이함을 발견했다. 전자는 분석과 이해에 익숙하고, 후자는 비유와 유추에 익숙하다는 것이다.

아리스토텔레스는 인간 행위의 취사선택을 고려하여 가능한 목표를 각각 내포된 요소로 나눴고, 또 목표에 도달하는 과정도 작은 단계로 나눠서 인과 관계가 분명하게 밝혀지도록 했다. 유가의 비유와 유추는 아버지를 섬기는 것처럼 임금을 섬겨라, 집안을 다스리는 것처럼 나라를 다스려라 등과 같이 사물을 전체적으로 두루뭉술하게 바라보게 한다. 이 때문에 세부 맥락 파악에 게으른데도 한걸음에 하늘로 오르겠다고 호언장담한다.[240]

분석적 사고는 지성적 파악에 진력하면서 세밀한 논거를 나열하므로 법률 재판에 적합하다. 두루뭉술한 비유는 직관적 느낌에 힘을 쏟으면서 기분과 감정을 부추기므로 선전과 설교에 적합하다. 이치로는 공개토론을 진행할 수 있지만 감정은 개인의 주관적 느낌일 뿐이다. 이치를 중시하느냐 감정을 중시하느냐의 상이한 사유 경향이 법률에 대한 서양과 중국의 상이한 태도를 이끌었다.

아리스토텔레스는 말했다. "법률에 따라 통치해야 한다고 제의하는 사람은 기실 신들과 이성에 따라 통치해야 한다고 제의하는 것이다. …… 법률은 욕망을 제거한 이성이다." 키케로는 "이성이 발전하여 정점에 이르면 법률로 변한다"라고 했다.[241] 서구문화는 법률에 이성이 포함되어 있음을 강조한다. 시민은 자신의 사유를 운용할 능력을 갖고 있어서 이치를 분명하게 이해하고, 왜 법률로 모종의 행위를 요구하거나 금지하는지 안다. 이 때문에 법률은 시민을 교육하여 공공 법률을 준수하는 자존심을 높일 수 있다. 공공이익은 수많은 사람의 복잡한 갈망과 가치 취향을 반드시 두루 고려해야 한다. 이 때문에 공공 도덕은 충동적인 감정보다 냉정한 사고에 호소해야 한다. 유생이 그것을 "각박하고 은혜가 부족하다"고 공격했지만 이는 이치를 잘 모르는 억지에 불과하다.

공정을 예로 들어보자. 원칙적으로 로마인과 중국인은 모두 동일한 사건을 동일하게 판결하는 것에 찬성한다. 법가는 법을 만들면 반드시 시행해야 하고 상과 벌을 믿을 수 있게 시행해야 한다고 강조했다. 이것이 바로 공정한 사법에 대한 요청이다. 공정의 원칙은 법조문의 보편성에서 그 특징이 두드러지게 드러난다. 어떤 구체적인 법조문으로 어떤 행위를 규제하는 것, 예를 들면 '살인을 모의한 자는 죽인다'라는 조문이 있으면 같은 부류의 무수한 개별 사례도 똑같이 처리하게 된다. 그러나 보편성 있는 법조문도 개별 사건의 세부항목까지는 돌아보기 어렵다. 부족한 이 부분을 보충하기 위해 사법 기관에서는 늘 옛 사건의 판결 기록을 인용하는데 이는 동양과 서양이 똑같다. 진·한 법률 가운데 '비(比)'가 바로 그런 판례다.[242] 판례를 원용하는 것은 비유와 유추가 특징인 유가의 사상방식과 부합한다.

그러나 이런 방식은 자세하게 분석하지 않으면 『춘추』의 옥사 판결을 끌어오는 것처럼 견강부회로 빠져들기 쉽다. 인류의 업무는 천변만화하므로 두 가지 사건이 100퍼센트 같은 경우는 지극히 드물다.

용과 독수리의 제국

여러 복잡한 안건을 살펴보면 한쪽은 비슷하지만 다른 쪽은 완전히 반대일 수도 있다. 옛 판례가 틀렸을 수도 있고 또 관련 법조문에 저촉될 수도 있다. 법을 집행하는 사람은 반드시 증거와 사실을 세밀하게 살펴서 사건과 관련된 각종 요소를 이성적으로 분석해야 한다. 또 어떤 측면이 어떤 법조문에 제한되고, 어떤 측면이 어떤 판례와 유사한지를 살펴서 종합적으로 사건을 탐구하여 판결을 내려야 하는데 이는 심신의 힘이 엄청나게 소모되는 일이다. 로마는 법에 따라 통치했고, 유가는 덕을 위주로 하고 형벌을 보조수단으로 삼았다. 이런 상이한 개념 아래에서 쌍방의 법률 실천은 서로 다른 길로 달려갈 수밖에 없었다.

로마제국에서 직업적인 법률가는 법률 책을 써서 제자를 가르쳤지만, 일반적으로 소송에 참여하지는 않고 자신의 불편부당한 입장만 견지했다. 집정관이나 사법관이 사건을 심리할 때 의문점이 생기면 그들을 찾아가서 자문을 받았다. 그들은 사건을 분석하여 어려운 매듭을 찾고, 관련 판례를 밝혀내어 만약 모순이 있으면 그것을 조정하고 화해시켰다. 그들의 헤아림은 장기적인 법률 실천으로 얻은 경험적 직관에서 터득한 바가 매우 컸다. 그들은 판결문에서 사리를 분석하고 판결의 이유를 해석하면서 생각의 혼란을 씻어내기도 하고, 옛 판례의 착오를 반박하기도 하고, 새로운 규범을 창조하기도 했다. 그리하여 자신의 사상을 명확하게 표현히여 개인의 경험을 후세에 전수할 수 있는 지식으로 변화시켰다. 그들의 판단은 법률 사례가 되었고, 그들이 제공한 판결 이유는 새로운 사유의 길을 개척하여 후인들이 그 길을 따라 더 높은 단계로 올라갈 수 있게 했다. 이처럼 한 걸음 한 걸음 수백 년을 거치면서 로마의 법률가들은 투철하게 이해하고 정밀하게 통합된 법전을 만들었다. 이에 사건의 온갖 단서가 모두 순조롭게 통하게 되어 마치 비단과 같이 촘촘한 논리가 형성되었다. 사람들이 모두 분명하게 알 수 있기 때문에 그 명확한 사리에는 객관적인 역량이 깃들게 되어 비록 황제의 권력이 막대하다 해도 마음대로 바꿀 수 없었다. "로마의 법률 역사를 살펴보면 상식적인 판결을 조직적이고 체계적으로 일련의 사회문제에 응용하여 독단적인 권위자도 손을 쓸 수 없게 만들었다고 할 수 있다."[243] 폭군을 제약할 수 있는 법률은 하늘에서 떨어진 것이 아니라 대대로 인간이 사유하고 노력하여 축적한 성과물로 완성되었다.

한편에서는 이해를 견실하게 하고 사건을 분석하면서 이성에 의지하여 판단을 내렸다. 다른 한편에서는 도덕을 제창하면서 주관적인 감정에 의지하여 사건을 판단하고 형벌을 적용했다. 송사를 듣고 사건 판결을 내리는 건 현령과 군수의 주요 직책이었지만 그런 일은 매우 천시되었다. 동한 때 이미 어떤 사람이 다음과 같이 지적했다. "벼슬자리를 얻은 유학자는 율령의 요령에 정통하지 못했다(縉紳之儒不通律令之要)." "자사와 그 고을의 상(相)은 대부분 게을러서 법률을 위반하고 조령(詔令)을 폐기했다. …… 백성은 원망을 품고도 고소할 데가 없었다(刺史守相率多怠慢, 違背法律, 廢忽詔令. …… 細民冤結, 無所控告)." "군과 현에 억울한 일이 거듭 쌓여도 주목(州牧)이 다스릴 수 없었다(郡縣既加冤枉, 州司不治)."[244] 사마씨의 진(晉)나라에 이르러서도 이와 유사한 상황이 반복됐다. "관직에 있는 사람들은 지위의 고하를 막론하고 모두 법령을 몰랐다(在職之人, 官無大小, 悉不知法令)." "임시로 사건을 논의할 때도…… 모두 법률 밖에 있었다(臨時議處…… 皆在法外)."[245] 맑고 명확하게 옥사를 판결하는 법관도 물론 있었지만, '맑은 하늘 같은 대인(青天大人)'을 만나고 싶어 하는 백성의 소망에서 우리는 그런 법관이 사실 많지 않았음을 알 수 있다. 게다가 그들의 개인적인 총명함은 그들의 사망과 함께 사라져버렸다. 이는 로마의 판결이 이해와 통합을 거쳐 법전 속에 축적되었고 그것이 사회의 공유 지식이 된 것에 훨씬 미치지 못한 결과였다.

한나라에도 법전은 있었지만 엉성하게 긁어모은 것이어서 매우 혼란스러웠다. 예를 들어 『진서』「형법지」에는 이런 묘사가 있다. "한 장(章) 가운데도 사안이 수십 가지가 넘는 것도 있다. 사안의 부류는 같지만 죄의 경중은 서로 달랐다. 법조문이 연결되면서도 위와 아래가 서로 맥락이 닿지 않았다(一章之中或事過數十, 事類雖同, 輕重乖異. 而通條連句, 上下相蒙)." 더러 같은 종류의 사건에 판이한 판결이 내려졌고 재판의 이유도 서로 모순되는 경우가 많았다.

법전 구절 해석이 약 700만 자에 이르러 편폭이 길어지자 아무 조리도 없이 혼잡해졌고 입증할 만한 논리도 없어져서 끝까지 읽을 수가 없었다.[246] 온갖 단서가 실타래처럼 어지럽게 엉기게 되자 유학자들은 이를 핑계로 법률에 구애되지 않았다. "현의 관리가 사건을 판단할 때 마음대로 심의하고 마음대로 판결했다(縣官斷案, 擅審擅判)." 이것은 백성으로 하여금 소송을 하지 못하게 하는 좋은 방법이었을 것

으로 생각된다.[247]

　동한 황제들은 자신의 어진 덕을 과시하느라 걸핏하면 천하에 대사면령을 내렸다. 이 때문에 흉악범들이 사면될 것을 미리 알고 살인을 하기도 했다.[248] 정말 법은 믿을 수 없었고, 상벌도 제대로 시행되지 않았으며 오직 '인(仁)'만이 공허하게 울리는 세상이었다. 법률 집행의 공평한 원칙이 강물에 흘러가듯 사라지고 말았으니 『춘추』에 근거한 판결로 억울하게 죽은 사람 숫자가 진나라의 분서갱유 때의 인원을 훨씬 초과했다. 법률에서 공평하고 정의로운 성질이 박탈되어버리자 남은 것은 형벌뿐이었고 또 스스로 어진 덕을 갖고 있다는 통치자의 졸개들만 횡행했다. 법치가 붕괴되자 공적인 공간도 위축되었으며, 정치도 삼강오륜의 테두리로 회귀했다.

　법치에서 인치로 개념이 바뀐 상황은 법관을 부르는 명칭에서도 찾아볼 수 있다.

　'법(法)'이란 글자는 '물 수(水)' 부수다. 그 한 가지 의미는 물처럼 공평하라는 것이다. 장석지는 천칭 저울로 법치를 상징했는데, 이는 서양의 법치 상징과 약속이나 한 듯이 똑같은 모습이다.[249] 진·한의 최고 법관 명칭은 '정위(廷尉)'였다. 『한서』에서는 이에 대해 다음과 같은 각주를 달았다. "정(廷)은 공평함이다. 옥사 판결은 공평함을 귀하게 여기므로 이런 명칭을 붙였다(廷, 平也. 治獄貴平, 故以爲號)." "옥사를 처리할 때는 반드시 조정에 질의하여 여러 사람과 함께 의논했다(聽獄必質諸朝廷, 與衆共之)."[250] 남북조시대에서 청나라 말기까지는 최고 사법관을 '형부(刑部)'라고 칭했다. '형(刑)'자는 '칼 도(刀)' 부수를 따르

므로 '정위'가 내포하고 있던 공정과 공공이라는 의미가 모두 사라져
버렸다.

제7장
외교 책략

제1절
기원후 유라시아대륙의 형세

　　　　　　"훈족이 알란족(Alans)을 공격하자, 알란족은 고 트족(Goths)과 타이팔리족(Taifali)을 공격했고, 고트족과 타이팔리족은 로마를 공격했으며, 이런 상황은 끝나지 않고 계속되었다."[1] 암브로시 우스(Ambrosius, 340~397) 주교는 로마제국의 마지막 장을 여는 이 도 미노 현상에 주목했다. 훈족의 배후에 그들을 서쪽으로 이주하게 한 어떤 압력이 존재할까?

　　세상만사는 서로 연관되어 있다. 어떤 국가가 자신의 안전을 보장 받기 위해서는 자체적인 국력도 튼튼하게 갖춰야 하고 또 이웃 나라 의 실력과 태도도 잘 살펴야 한다. 이웃 나라는 또 다른 나라와 접경 을 이루면서 그물망처럼 연결되어 있다. 지금 우리가 연구하고 있는 이 기간에 유라시아대륙의 국제관계망은 비정상적으로 보일 정도로 매우 광범위하고 활발하게 움직였다.[2] 동서 양대 제국은 결국 여러 가지 분규 때문에 몰락했다. 당시 세계정세를 명확하게 이해하기 위해 우리는 로마제국의 북쪽 강역에서 시작하여 유라시아대륙 전체를 한 바퀴 돌아 로마제국의 동쪽 강역으로 들어가 보려 한다[지도 13].[3]

유라시아대륙 서북쪽 모서리는 당시에 게르마니아(Germania)로 불렸는데, 주로 라인강 동쪽과 다뉴브강 북쪽 땅을 가리켰다. 오늘날의 독일, 폴란드, 체코, 슬로베니아 지역이 이에 해당한다. 햇빛이 찬란한 지중해 지역과는 달리 그곳은 대부분 삼림으로 뒤덮인 평원으로 북쪽에는 소택지가 많았다. 그러나 지중해 지역 고대인이 묘사한 것처럼 어둡고 무서운 땅은 아니었다. 게르만족은 매우 복잡해서 다양한 부족으로 나뉘어 있었지만 언어와 문화는 매우 비슷했다. 그들은 아직 게르만족이라는 정체성은 갖고 있지 않았고 스스로 고트족 혹은 색슨족(Saxons) 등으로 칭했다. 이러한 부족 명칭도 때에 따라 달라지기도 했지만 말이다. 이들은 때때로 모여 살다가 다시 흩어지기도 했기 때문에, 본래 하나의 작은 부락을 가리키던 이름이 대규모 부락 연맹체 명칭으로 바뀌기도 했다.

로마인은 기원전 120년대에 처음으로 게르만족과 만났다. 두 부족이 남쪽으로 이주하여 두 번이나 로마공화정을 격파했다. 로마공화정은 10여 년간 골머리를 앓다가 마리우스(Gaius Marius, 전 155?~전 86) 시대에 이르러 군단을 개량하고서야 이들을 물리칠 수 있었다.[4] 카이사르가 지금의 프랑스에 위치한 갈리아를 정복할 때 여러 번 게르만족과 접촉하면서 이들이 갈리아보다 훨씬 낙후된 민족이라고 인식했다. 아우구스투스의 로마제국 강군이 대거 게르마니아를 침략했지만 이들의 첫 번째 반격을 받아 라인강 서쪽으로 후퇴했다. 게르마니아는 로마제국 밖에 머물렀고, 역사적으로 두 지역 사이에 설정되었던 경계선이 지금까지도 흔적이 남아 있다. 한쪽 거주민은 게르만어를 썼다. 예를 들면 독일어가 그것이다. 다른 한쪽 거주민은 라틴어에서 발전한 로망스어를 썼다. 예를 들면 프랑스어가 그것이다.[5]

게르만족은 농업을 위주로 생활했고 전투 시에는 보병이 위주였다. 고고학자는 수많은 게르만 유적지에서 수십 년, 심지어 수백 년 동안 동일한 부족이 거주한 증거를 발굴했다. 하지만 이들은 정착생활을 하면서도 때때로 옮겨 살기도 했다. 3세기에 이르러 색슨족과 프랑크족(Franks)은 라인강 상류 근처로 이주했다. 알라만족(Alamanni)은 라이티아(Raetia)를 압박했다. 그곳은 라인강 상류와 다뉴브강 상류 사이에 있는 로마제국 변방 속주였다. 본래 지금의 폴란드 북부에 거주하던 고트족은 천천히 남쪽으로 내려와 다뉴브강 북쪽, 지금의 루마니아와 헝가리 서부로 이주했다. 본래 각각 동서로 나뉘어 살던 부족은 점차 합병을 이루어 비교적 큰 연맹체를 구성했다. 반달족(Vandals)으로 불린 부락 연맹체가 바로 그 일례다.[6]

로마제국은 전기 200년 동안 온갖 게르만족과 접촉하면서도 대체로 평화로운 관계를 유지했다. 변방에서 인적·물적 교류가 이루어지면서 점차 상대 지역 깊숙한 곳까지 전파되었다. 게르마니아는 외진 고장이어서 수출품 대부분은 사람이었다. 노예가 가장 많았고 시종이나 사병 모집에 지원한 사람도 있었다. 로마제국 후기에는 로마 군단에서 게르만족을 대규모로 흡수했다. 어떤 사람은 장군이 되었고, 어떤 사람은 반란을 일으켜 왕을 칭하며 제국을 건설하기도 했다.[7]

게르만족의 최대 약점은 단결력이 부족하다는 것이었다. 이것은 타키투스가 그들을 관찰하고 내린 결론이었다. 그는 어떤 게르만족이 다른 부족에게 깡그리 도살되는 장면을 묘사하면서 이렇게 말했다.

단번에 6만여 명을 죽였다. 흥미로운 점은 로마인이 군사를 수고롭게 할 필요도 없이 이런 전과를 얻었다는 것이다. 나는 이런 상황이 오래 지속될 수 있기를 기도한다. 외국인이 설령 우리를 사랑하지 않더라도 그들 사이에 서로 원한이 가득하기를 바란다. 하늘은 우리 제국을 확장하려 한다. 이때 하늘이 베풀어주는 최대 은혜는 우리의 적들로 하여금 서로 충돌을 일으키게 하는 것이다.[8]

이 점에서 로마제국은 한나라보다 훨씬 운이 좋았다고 할 수 있다.

헝가리와 우크라이나 평원에 이르러 북유럽의 삼림은 점차 힘을 잃는다. 이곳에서 게르만족은 초원의 유목민, 즉 사르마트족(Sarmatians), 알란족 및 동방에서 새로 이주해온 훈족을 만났다. 훈족은 갑자기 출현했고, 그들의 압력으로 고트족이 376년에 대규모로 다뉴브강을 건너 로마제국으로 진입했다. 이것이 로마제국 쇠망의 도화선으로 작용했다. 유목민도 게르만족과 마찬가지로 평소에는 많은 부락으로 나눠 살았다. 그러나 그들은 단결력이 비교적 강했기 때문에 기회가 되면

하나의 조직을 만들어 그 힘을 적극 활용했다. 훈족은 인구가 적었지만 자신들이 격파한 게르만족을 흡수하여 하나의 병합체를 만들고 창끝을 로마제국으로 겨눴다. 이 조직 능력이 아틸라(Attila, 406?~453)를 '신의 채찍(징벌)'으로 만들었다.[9]

하늘은 짙푸르고 들판은 드넓은데 바람이 풀뿌리로 불어가니 소와 양이 보인다. 유라시아 대초원은 서쪽 헝가리에서 시작하여 우크라이나, 러시아 남부, 카자흐스탄, 중국 신장의 톈산산맥 이북, 몽골을 거쳐 동쪽으로 중국의 둥베이(東北) 지역에까지 이르고 있다. 이곳이 유목민의 천하로 그리스에서는 그들을 스키타이족(Scythians)이라고 범칭했고, 중국에서는 호족(胡族)이라고 불렀다. 그들은 여러 차례 제국을 건설했는데 그중에서 가장 뛰어난 제국은 의심할 것도 없이 13세기의 몽골족이 세웠다. 지금 우리가 다루고자 하는 것은 흉노와 훈족이다.

유목민은 소 우리나 마굿간을 만들지 않은 채 물과 풀을 따라다니며 자유롭게 방목생활을 하고 수렵활동도 겸했다. 사마천은 흉노를 이렇게 묘사했다. "아이도 양을 타고 활을 들어 새와 쥐를 쏠 수 있다. 조금 자라면 여우와 토끼를 쏴서 그것을 먹거리로 이용했다(兒能騎羊, 引弓射鳥鼠, 少長則射狐兎, 用爲食)." 4세기 로마 수석사관 암미아누스 마르켈리누스(Ammianus Marcellinus, 325?~398?)는 훈족이 대부분 말 위에서 먹고 마시고 교역을 하며, 심지어 잘 때도 말에서 내려오지 않는다고 말했다.[10] 사람·말·활이 일상생활 속에서 삼위일체를 이루면서 말을 타고 활을 쏘는 탁월한 능력을 배양했고 그것을 전투에 응용했기 때문에, 화기가 발명되기 전까지 그것은 가장 날카로운 무기로 기능했다.

환경이 허락하면 유목민도 농사를 지을 수 있었지만, 그들의 떠도는 삶이 항상 농업 기술 발전에 중대한 장애물로 작용했다. 그들은 농산물과 공산품 얻기를 갈망하면서 늘 수단과 방법을 가리지 않았다.[11] 사마천은 흉노의 습속을 다음과 같이 묘사했다. "평소에 여유 있을 때는 가축을 따라다니며 금수를 사냥하는 것을 생업으로 삼았고, 급할 때는 전투 기술을 익혀 침공을 일삼았다(寬則隨畜, 因射獵禽獸爲生業, 急則人習戰攻以侵伐)." 암미아누스도 이렇게 말했다. "훈족은 군더더기 없이 경무장을 하고 다른 사람의 재산에 대해서 비인간적인 욕심을 갖고 그것을 약탈하거나 사람을 도살하면서 그들의 이웃 사람에게도 포학하게 굴었다."[12] 일부 유목 부락에서는 모든 사람의 편의를 위한다는 명목으로 시골 사람에게 정기적인 보호비를 갈취하기도 했다. 간혹 습격 외에도 유목민과 농부들이 가까스로 평화 공존 상태를 유지하며 피차 생업을 바꾸기도 했다.[13]

방대한 정치조직이 농경민족과 유목민 간의 균형을 변화시켰다. 로마제국은 변방 농민의 생명과 재산을 보호할 책임이 있어 방어와 습격에 나서지 않을 수 없었으며 심지어 공격을 방어수단으로 삼기도 했다. 유목 부락 측에서는 사회등급의 분화가 전쟁 조직력을 높임과 동시에 사치품에 대한 귀족의 욕망을 강화시켰다. 교역이나 약탈로 희귀한 물품을 얻을 수 있었고, 대규모 강탈은 더욱 큰 이득을 가져다줬다. 유목민은 왜 물자를 착취하는 귀찮은 일을 정착민 정부에 맡기고 나서 변방 주민 안전 보장을 빌미로 대규모 보호비를 받지 않았을까? 물론 제국은 시골이나 도시에 비해 상대하기가 쉽지 않았다. 속임수를 쓰려 해도 반드시 제국의 군대를 격파한 후 그들의 황제와 대신들을 깜짝 놀라게 해야 했다.

유목민은 각종 방식으로 연맹을 결성하고 최고 영수를 추대하여 제국과 대치했다. 각 부락 내에서는 추장이 상당한 권력을 행사했지만 연맹의 영수가 파견한 감독관의 감찰을 받아야 했다. 외교적으로 그들은 영수에 복종했다. 그러나 영수가 하사하는 선물과 전리품 수령을 희망했다. 유목 연맹체는 병력을 집중하여 외교적 담판의 우세를 점했다. 연약한 제국은 약탈 위협을 받으며 매년 다량의 재물을 고분고분 유목민에게 바쳐야 했다. 강경한 제국이 반격에 나서면 대규모 전쟁에서 벗어날 수 없었다.[14]

농업문명과 유목문명을 나누는 것은 한 가닥 경계선이 아니라 광활한 중간 생태지역이다. 이 지역의 강우량은 농업과 유목 모두에 그다지 적합하지 않지만 두 가지 모두를 억지로 꾸려나갈 수는 있다. 이 지역은 양측의 완충지대 역할을 하면서 조건이 좋을 때는 변방 세력을 양성할 수도 있다. 통상적으로 이 지역은 양날의 칼과 같아서 어느 한편의 수중에 장악되면 바로 상대방의 중심부로 접근해갈 수 있다. 따라서 양측에서는 모두 이 지역을 통제할 필요성이 있지만 방어하기는 매우 어렵다.

자연환경을 극복할 능력이 없었던 고대 정복자는 불과 몇 세대만 지나면 쇠락하기 마련이었다. 변방의 둔전(屯田)은 모래와 풀에 매몰

용과 독수리의 제국

되었고, 기마 정복자의 후예는 농업민족 속으로 동화되었다. 문제는 좋은 해결 방법이 없다는 점이었다. 한쪽에서 군비 축소를 게을리하면 아무것도 이룰 수 없었다. 이것은 장기적인 문명충돌이라고 할 수 있지만 편협한 농경민족이 자신들의 문화는 높이면서도 다른 사람의 문화는 야만으로 차별한 역사에 불과하다고도 할 수 있다.[15]

유목민은 기마, 활쏘기, 야전으로 동서 제국을 위협했다. 상이한 시기 각 지역의 기록에 따르면 모두들 이구동성으로 이들의 화살이 비오듯 날아왔고 이들의 공격이 번개처럼 신속했다고 증언하고 있다. 이들은 또 짐짓 패배한 척 구름처럼 흩어져 적의 공격을 유도한 연후에 벼락처럼 군사를 돌려 포위 섬멸 작전을 펼치는 데 능했다.[16]

기원전 53년 카레 전투에서 파르티아는 유목민식 경기병 전술로 로마의 중무장 보병의 장기를 피해 가까운 거리에서 접전을 벌이지 않고 안전한 거리를 유지하며 유격전을 벌였다. 로마 군단이 강력하게 진격해오자 이들은 말고삐를 당겨 쥐고 도망쳤다. 질풍같이 도망치면서도 몸을 돌려 말 위에서 화살을 당겨 추격병을 쏘았다. 방비가 없었던 로마군은 큰소리로 "속임수다!"라고 울부짖을 수 있을 뿐이었다. 중국인에게 익숙한 '말 위에서 몸 돌려 화살 쏘기'를 서양인들은 '파르티안 샷(Parthian shot)'이라고 부르며, 헤어질 때 내뱉는 마지막 악담이란 관용어로 사용한다. 이들은 경기병으로 적 후방을 교란시킨 후 로마 군단을 겹겹이 포위하고 날카로운 화살로 그들의 방패와 갑옷을 뚫었다. 낙타부대는 끊임없이 화살을 전장으로 실어 나르며 로마 군단이 바라는 마지막 요행마저 끊어버렸다.[17]

유목민의 전술은 처음 맞닥뜨릴 때는 경악을 금치 못하지만 더욱 혁신적인 훈련을 받은 군사에게는 결코 위협이 되지 못한다. 로마는 카레 전투에서 전군이 완패했지만 자신감은 잃지 않았고 최후의 전투에서 파르티아에게 승리했다. 한나라 초기 조조(晁錯)는 흉노와 한나라 군대의 전술적 우열을 분석하면서 대체로 이렇게 말했다. "흉노의 군사는 어려움을 견디는 데 뛰어나고, 기마와 활쏘기에 정통하며, 이들의 말은 험한 지형에 익숙하다. 그러나 한나라 군대의 장기는 더욱 많다. 평원에서 전투가 벌어지면 한나라 군대는 근엄한 진법을 펼치고 보병과 기병, 긴 무기와 짧은 무기를 잘 배합하는데, 이는 흉노보다 훨씬 뛰어난 점이다. 말에서 내려 보병전을 펼치면 흉노가 한나라를 이길 수 없다. 가죽 갑옷과 나무 방패도 한나라의 철제 갑옷과 예리한 칼날에 미치지 못한다. 기계로 발사하는 한나라 쇠뇌도 정확하고 강력하며 그 발사 거리도 흉노의 활보다 훨씬 멀다. 쇠뇌의 발사속도는 활보다 늦지만 발사에 필요한 기술은 활보다 쉽다. 쇠뇌는 대규모 훈련을 통해 밀집 대형으로 발사할 수 있어서 흉노가 당해내지 못한다."[18]

한나라의 군사적 약점은 전술이 아니라 전략에 있었다. 그들의 난제는 흉노와 진지전을 펼치는 데 있지 않고 바람처럼 출몰하는 적을 포착하는 데 있었다. 초원에서 살아가는 유목민은 흡사 바닷속 물고기와 같았다. 끝도 없는 서식지는 그들이 고속으로 행진하며 기동 전략을 펴고 적의 의표를 찌르는 우회 공격을 감행할 때 가장 유리한 조건으로 작용했다. 예를 들어 훈족은 번개처럼 서고트족의 배후를 포

용과 독수리의 제국

위 공격하여 그들의 간담을 서늘하게 만들었다. 초원의 험난한 행로도 유목민에게 천연의 방어벽이 되어주었다.

기원전 6세기 페르시아 왕 다리우스(Darius I, 전 558~전 486)는 스키타이를 치다가 실패했다. 그리스 역사가 헤로도토스(Herodotos, 전 484?~전 425)는 그 원인을 이렇게 해석했다. "스키타이족은 성읍이 없이 움직이는 천막 수레에서 산다. 이들은 모두 말타기와 활쏘기에 익숙하다. 농작물에 의지하지 않고 소와 양을 먹거리로 삼는다. 이와 같은 민족과는 교류하는 것도 어려운데 정복을 입에 담아서는 안 된다."[19] 진나라 이사도 똑같이 분석했다. "흉노는 거주하는 성곽도 없고 지키는 재산도 없습니다. 새처럼 떠돌아다니므로 제압하기가 어렵습니다. 경기병으로 적진 깊숙이 들어가면 양식이 반드시 떨어질 것이고, 군량미 부대를 뒤따르게 하면 행군이 무거워져 일을 제대로 처리할 수 없을 것입니다(匈奴無城郭之居, 委積之守. 遷徙鳥擧, 難得而制也. 輕兵深入, 糧食必絕. 踵糧以行, 重不及事)."[20]

준비가 덜 된 군대를 초원 깊숙이 침투시키면 적을 만나지도 못한 채 장거리 행군으로 지쳐서 쓰러지게 된다. 농경민족의 말은 대부분 초원의 힘든 조건을 견디지 못한다. 후방 보급의 어려움 때문에 한나라의 흉노 공격은 100일을 넘어 본 적이 한 번도 없다.[21] 로마는 다행히 이런 난제를 피했다. 훈족은 대초원을 떠난 뒤 그들의 전략적 우세를 상실했기 때문이다.

공격도 어렵지만 방어도 어렵다. 국경선이 길고 적의 기동성이 강하여 도처에서 침입하면 수비하는 입장에서 모든 방비를 다했다 해도 부족한 점이 없을 수 없다. 따라서 농경 제국은 유목민과 대결하면서 늘 군사적으로 열세에 처하게 된다. 그러나 정치적 의지만 있다면 경제적·외교적 입장에서 우위를 점할 수 있다. 한나라는 여러 번 흉노를 격파했지만 최후의 승리는 흉노의 재원(財源)을 박탈하고 그들을 외교적으로 고립시키는 것이었다. 현대어로 말하자면 군사적 공방도 물론 소홀히 할 수 없지만 한나라는 전략적으로 외국의 지원과 경제 제재를 중시하면서 국제관계를 조종하는 일에도 힘을 쏟았다. 로마도 비교적 전쟁을 중시하면서 다른 수단도 소홀히 하지 않는 책략을 썼다.

흉노는 진나라가 멸망한 후 중국이 내전 상태에 빠져들자 묵돌선우(冒頓單于, 전 234?~전 209)의 영도하에 아무런 방해도 받지 않고 세력을 키워 중국 북방을 통일했다. 그들에게 패배한 부족의 하나가 월지(月氏)다. 월지는 본래 물과 풀이 풍요롭고, 나중에 한나라 하서주랑이 된 기련산(祁連山) 북쪽 기슭에 거주했다.[22] 흉노에게 쫓겨난 후 월지는 서쪽으로 이주했으며, 서방에서는 이들을 토하리(Tokhari)라고 불렀다. 그리스 로마 학자 스트라보(Strabo, 기원전 64?~기원 24)는 이들이 가장 유명한 유목민에 속했고, 그리스로부터 박트리아(Bactria)를 탈취해 갔다고 했다.[23] 박트리아는 지금의 아프가니스탄 북부에 위치해 있었고 본래 페르시아에 속했다가 기원전 330년 알렉산드로스 대왕 정복 때는 한나라에서 그들을 대하(大夏)로 불렀다. 월지가 대하를 빼앗은 후 세운 쿠샨왕조는 225년까지 존속했다. 그들의 예술은 북으로 로마 제국 북쪽 강역 밖인 흑해 이북에까지 영향을 미쳤고, 그들의 강역은 남쪽으로 인더스강을 넘었다. 지금의 파키스탄과 인도 서북쪽 쿠샨

용과 독수리의 제국

항구에는 홍해와 페르시아만에서 온 로마 상선이 중국 비단을 사기 위해 항상 정박해 있었다.[24]

한 무제는 흉노가 월지 왕을 죽이고 그의 해골로 물그릇을 만들었단 소식을 듣고 월지와 연맹을 맺고 흉노에 대항할 희망을 품었다. 그의 사신 장건은 천신만고 끝에 기원전 128년 월지에 도착했다. 그러나 그는 이들이 대하에서 편안하게 군림하고 있는 것을 발견했다. 이들은 아득히 먼 한나라와 연합하여 흉노에 보복하기를 원치 않았다. 장건이 10년간 사신활동을 한 뒤 가져간 것은 동맹국이 아니라 서역에 관한 지식이었다.[25] 그가 가져온 정보를 근거로 한 무제는 서역에서 누리는 흉노의 패권을 빼앗아 이들의 경제적 자원을 삭감하기로 결정했다. 선물을 지닌 중국 사신이 앞장서서 서쪽으로 갔고, 이후에도 군대, 상인, 이민자가 그 뒤를 이었다.[26]

유목민은 일정하게 정해진 거처가 없었지만 이들의 부락은 넓은 장소를 점거하고 있었다. 이들이 거점을 옮기는 대이동을 시작하면 마치 도미노 같은 현상이 벌어진다. 하나의 도미노 조각이 다른 도미노 조각에 부딪치면 뒤이어 계속 연쇄 반응이 일어난다. 월지는 서쪽으로 이동하여 일리(Ili)강 근처에 머물며 그곳의 변방 원주민을 내쫓았다. 그곳 일부 원주민은 말을 타고 남서쪽으로 가서 이란 북동쪽으로 진입했다. 당시에 그곳은 파르티아에 속해 있었다. 이들 및 중앙아시아의 다른 유목민에 관한 자료는 매우 드물다. 우리는 파르티아 왕이 로마와 교전할 때 여러 번 포위를 풀고 강화를 요청한 것으로만 알고 있다. 그것은 이들이 군사를 돌이켜 동쪽 이웃인 쿠샨왕조나 그 북쪽의 유목민에게 대항해야 했기 때문이다. 적의 적으로서 이들 유목민은 로마에게 이름 없는 친구였다고 할 수 있다.[27]

파르티아를 세운 반(半)유목민은 기원전 3세기 중엽에 북동쪽에서 지금의 이란으로 진입했다. 그들은 알렉산드로스 대왕의 계승자 중 하나인 셀레우코스(Seleucos) 왕국을 잠식하고 기원전 141년에 이르러 메소포타미아 지역을 점거했다. 파르티아 제국의 강역은 동서로 유프라테스강에서 아무다리야(Amu Darya)강에까지 이르렀고, 남북으로 카스피해에서 페르시아만에까지 이르렀다. 지금의 이라크, 이란 및 투르크메니스탄 일부에 웅거한 제국이었다.[28] 한나라에서는 파르티아를 안식국(安息國)이라고 불렀다. 안식왕은 화려한 장소를 마련하여 한 무제의 사신을 맞이했고 기원전 113년 답례 사절을 장안으로 보냈다. 몇 년이 지난 후 처음으로 비단을 가득 실은 수레 대열이 대하를 거쳐 안식국에 도착했다.[29]

기원전 92년 파르티아는 로마공화정과 연맹을 맺자고 제의했다. 술라는 파르티아의 사신들을 욕보이며 신하로서 복종만 허용한다고 했다. 파르티아는 스스로를 지킬 만한 능력을 갖고 있었고 카레에서 로마의 침입을 격파했다. 이들은 또 신용도 지켰다. 아우구스투스와 약조를 맺은 후 이들은 100년간 평화를 유지했다. 트라야누스가 다른 나라 침략을 일삼을 때 파르티아 왕실은 쇠락하여 백성의 불만이 팽배했고, 결국 페르시아에 의해 대체되었다. 페르시아인은 이란 남부에서 왔다. 이들의 선조는 일세를 풍미하며 그리스를 위협한 페르시아제국을 세웠다. 이들의 조직과 문화는 파르티아보다 뛰어났다.[30] 그러나 로마인이 보기에 페르시아와 파르티아는 똑같은 약점을 갖고 있었다. 즉, 그들에게는 상비군이 없어서 매번 전쟁이 발생할 때마다 귀족을 소집하여 특별히 군사를 모집해야 했다. 또 파르티아와 마찬가지로 페르시아의 최대 우환은 서쪽의 로마제국이 아니라 북동쪽의 유목민이었다. 훈족은 먼저 페르시아를 친 후 비로소 로마를 핍박했다.[31]

파르티아는 로마와 거리가 가깝고 한나라와는 멀지만 먼저 한나라와 수교했다. 로마제국은 오랫동안 적이 없었고, 자신의 병력이 도달할 수 있는 범위 밖의 세계에 대해서는 아무런 흥미도 느끼지 않았으며 외교사절을 파견하는 경우도 매우 드물었다. 로마는 무력으로 페르시아에 대항하는 데 익숙했고 오랫동안 피차 적지 않은 국력을 소모하기도 했다. 한나라는 유목민의 군사적 우세를 약화시키기 위해 외교에 힘을 기울였다. 이 때문에 로마에 관한 한나라의 정보는 중국에 대한 로마인의 인식보다 훨씬 많았다. 로마인이 진귀한 비단을 수입하는 일에 열중했지만 말이다[부록1 참조].

제2절

선위사막(宣威沙漠)

"천자는 오랑캐에 대해서 기미(羈縻)[32]로 통제는 하지만 관계는 끊지 않습니다(天子之於夷狄也, 其義羈縻勿絶而已)."[33] 사마상여는 이런 내용으로 한 무제에게 상소문을 올릴 때 아마도 "기미로 통제는 하지만 관계는 끊지 않는다"라는 말이 계속해서 중국 역대 왕조의 외교 책략이 될 줄 상상하지 못했을 것이다. 기미정책은 무력 일변도 정책을 피하기 위한 것이다. 한편으로 무력으로 위력을 과시하면서도 다른 한편으로는 은혜로 포용하는 정책을 펼친다. 강경책과 유화책을 병행하면서 외국을 구슬려 자신의 세력 아래에 머물게 통제한다.[34] 외교적으로는 사신 왕래를 통해 화친을 도모하고, 경제적으로는 서로 무역을 하고 예물을 주고받는데, 이와 같은 정책은 모두 회유 수단이다. 그러나 배후에 강대한 군사적 위협이 없으면 예물을 바치고 우호를 추구하며 안정을 얻는다. 단지 무릎을 꿇고 복종하는 형식을 취하지만 기미 관계가 성립된 건 아니다. 이것이 바로 한나라 초기 흉노와 관련된 상황이었다.

흉노는 전성기에 궁수(弓手)만 30만이었다. 성년 남자는 모두 활을 쏠 줄 알았다. 이런 상황에 근거하여 우리는 이들의 인구가 약 100만이었음을 짐작할 수 있다. 한나라 사람이 '흉노의 인구는 한나라 큰 군(郡) 하나에도 미치지 못한다'고 말한 내용과 부합한다. 이들의 최고 영수는 선우(單于)라고 불렸고, 그 아래에 여섯 쌍의 세습 귀족이 있었으며, 좌우 현왕(賢王)이 귀족의 우두머리가 되어 군사 일을 함께 의논했다. 24명의 장관은 각각 기병 수천에서 1만 정도를 거느렸고, 거기에 약 15만 명의 병역복무 전사와 전체 후방 수비대 절반을 함께 통솔했다.[35]

흉노는 지금의 내몽골과 랴오닝성(遼寧省) 일대에 출몰하며 한나라의 북쪽 강역 전체에 압력을 가했다. 동쪽 전선은 좌현왕이 담당했고 서쪽은 우현왕이 담당했으며, 선우는 그 중앙에서 자신의 왕정을 지

용과 독수리의 제국

금의 산시성(山西省) 북부까지 연장했다. 오르도스(河套)와 인산(陰山) 일대의 삭방(朔方)[36]은 전국시대 조(趙)나라가 장성을 쌓고 진나라 몽염이 관리를 했지만 초·한 분쟁 당시에는 다시 흉노가 점령했다. 이곳의 서남쪽 지금의 닝샤(寧夏)와 간쑤로는 흉노 땅이 하서(河西)에 닿아 있었다. 삭방과 하서에는 좋은 목축지가 있었고 곡식이 생산되어서 흉노가 그곳을 경제 기지로 삼았다. 흉노는 하서에서 남쪽으로 기련산을 넘어 강족과 경계를 맞대고 있었다. 강족 주거지는 지금의 칭짱(青藏)고원까지 뻗어 있었다. 만약 북방 호족(胡族)과 서쪽 강족이 손을 잡으면 삼면에서 서한의 도성이 있는 관중 일대를 위협할 수 있었다[지도 12].[37]

한나라가 성립한 다음 해에 묵돌선우가 침입하여 장성 이남 200킬로미터에 있는 마읍(馬邑)을 공격했다. 한 고조는 직접 군사를 거느리고 반격에 나섰다가 지금의 다퉁(大同) 북동쪽 평성에서 포위되어 7일간 굶다가 다행히 풀려났다. 한 고조는 어쩔 수 없이 묵돌선우와 화친을 맺고 공주를 선우에게 시집보내고 매년 일정량의 조공품을 바치기로 약정했다. 새로운 황제나 새로운 선우가 등극하면 다시 화친을 맺고 한나라에서는 항상 공주를 보내야 했으며, 매년 조공품도 더 늘려야 했다.[38]

기원전 198년부터 서한과 흉노의 화친조약은 거의 65년간 유지되었다. 한나라에서 변방 관문에 시장을 열고 서로 교역을 진행하자 쌍방의 백성은 매우 기뻐했다. 흉노의 침략은 감소했지만 완전히 중지한 적은 없었다. 기원전 166년 흉노는 몇 달 동안 변방 안으로 군대를 대거 진입시켰다. 그 후 8년 동안 봉화가 도성 장안에까지 바로 전해졌다. 문제 때는 흉노가 1만 명을 살해하는 것이 해마다 되풀이되는 일상사였다. 경제 때는 군수가 전사하고 관리와 병졸 2천 명이 전사했는데도 좀도둑에게 당한 손실로 간주되었을 뿐이다. 한나라 군대가 그들을 내쫓았지만 변방 주민의 피해를 보충할 수 없었다. 한나라 군대는 매번 국경에 이르러 진격을 멈추고 추격하지 않았다. 사후에는 여전히 관례대로 매년 공물을 바쳤다.[39]

화친책은 굴욕적으로 안정을 도모하는 자구책으로 전락했다. 재산과 물자를 바치는 건 흉노 귀족을 더욱 강대하게 만들어줄 뿐이었다. 한나라의 군신은 이 같은 상황을 근심했지만 군비 부족 이외에도 국내 정치 상황에 발목이 잡혔다. 한나라 초기 전란으로 인해 민생은 피폐했다. 더욱 좋지 않았던 건 봉건제도의 폐습이 여전히 남아 있었다는 점이다. 제후왕이 호시탐탐 난동을 부리려 해서 중앙정부는 모든 국력을 동원하여 외적의 침입에 맞설 수 없었다. 더구나 이들 황실 종친이 국가의 외환을 틈타 반란을 모의하지나 않을까 근심해야 했다. 기원전 177년 흉노가 침입했을 때 제북왕이 바로 반란을 일으켰다. 이 때문에 문제는 흉노 추격을 포기할 수밖에 없었다.[40] 외적을 물리치려면 먼저 국내를 안정시켜야 했다. 경제는 번속 제후국을 줄이는 데 성공했고, 이로써 그의 계승자들은 마음 놓고 흉노에 대응할 수 있었다.

안목이 원대하고 현실적인 한나라 신하도 결코 나라의 위기를 좌시하지 않았다. 조조(晁錯) 등이 제시한 여러 가지 대책은 현대 군사 용

용과 독수리의 제국

어로 말하면 종심(縱深) 방어라 할 수 있다. 잠시 후 로마의 전략과 비교할 때 상세하게 토론할 것이다. 한나라가 흉노를 효과적으로 방어하기 위해서는 먼저 그들을 국경 밖으로 밀어내고 변방 근처에서 사냥을 하지 못하게 해야 했다. 또 왕회(王恢, ?~전 133)는 "흉노가 침입하여 도적질을 그치지 않는 것은 다른 이유가 있는 게 아니라 우리를 겁내지 않기 때문입니다"라고 지적했다.[41] 흉노에게 반격하지 못하는 상황을 바꾸기 위해서는 먼저 이 선입관을 바꿔야 한다고 인식했고, 그래야 그들에게 위협을 가해, 한나라 국경 안으로 들어와 마음 놓고 도적질하는 걸 막을 수 있다고 했다. 또 지리적·심리적으로 유효한 방어거리를 확보하려면 공격을 통한 무력 과시를 소홀히 해서는 안 된다고 생각했다. 흉노와 전쟁을 하기 위해서는 기병이 부족해서는 안 되기 때문에 문제는 백성에게 말 기르기를 장려했고, 경제는 말 농장을 널리 설치했다. 이와 같이 한나라에서는 흉노를 평화적으로 달래는 한편 안으로는 스스로 부강을 도모했다.[42]

한 무제 즉위 때 한나라는 70년간 백성에게 휴식을 주고 생업을 권장한 결과 경제가 크게 부흥하여 가가호호 살림살이가 넉넉했고 국고도 가득 찼다.[43] 기원전 133년, 22세의 황제는 공경대부에게 물었다. "선우는 짐의 명령을 더욱 업신여기며 침략을 그치지 않고 있소. 변방 백성이 자주 놀라고 있으니 짐은 그들을 매우 가련하게 생각하오. 지금 거병하여 흉노를 치려 하는데 어떻겠소?(單于待命加嫚, 侵盜無已. 邊竟數驚, 朕甚閔之. 今欲擧兵攻之, 何如?)" 격렬한 논쟁을 통해 지난날의 의견이 거듭 진술되었다. 현실의 형세가 바뀌었으므로 수많은 전쟁 반대

이유는 때가 지난 것으로 평가되었다. 그러나 정책 결정자는 여전히 신중한 태도를 유지하며 일찍이 실험했던 방법을 채택했다.[44]

전국시대 후기에 조(趙)나라 이목(李牧, ? ~전 229)은 변방을 지키면서 몰래 기병을 훈련시켰다. 그러나 흉노와의 작은 접전에서 기병을 숨기고 거짓으로 패배한 척 달아났다. 몇 년 후 흉노가 대규모 침략을 감행하자 이목은 이들을 깊숙이 유인하여 정예 기병으로 좌우 날개를 펼쳐 포위 공격에 나섰다. 이 싸움에서 흉노는 대패했고, 이후 10여 년 동안 감히 조나라 국경으로 접근하지 못했다.[45] 그 후 수십 년을 거치면서 흉노인의 마음에는 자만심이 쌓였고, 한나라는 이들을 마읍으로 깊숙이 유인하여 매복 공격에 나섰다. 그러나 흉노가 한나라의 계략을 눈치 채고 바로 군사를 물렀다. 한나라의 계략은 실패했지만 마침내 적과 맞설 수 있다는 정치적 자신감을 갖게 되었다.[46]

100년을 넘는 흉노와의 장기적인 투쟁이 군사·외교·경제 분야에서 전개되었다. 한나라 장졸들은 몽골 초원을 거쳐 서쪽으로 파미르 고원을 넘었다. 한나라 사신의 발자취는 더욱 멀리까지 이어졌고, 그 뒤를 따라 상인도 유라시아대륙을 가로지르며 실크로드를 통한 무역에 나섰다. 전쟁으로 한나라 경제는 긴축 재정으로 몰렸고 흉노 경제는 파산했다. 기원전 36년에 이르러 흉노기 분열하여 선우 한 명은 한나라에 투항하고, 다른 한 명은 피살되었다. 이때에 이르러 한나라는 이제 기미(羈縻)의 수완을 발휘할 수 있게 되었으며, 한나라가 건립한 종심 방어체계가 장기적으로 변방 백성을 안전하게 보호할 수 있게 되었다.

화친조약이 깨어지자 흉노는 즉시 침략 수단을 강화했다. 한나라 새 인물들은 전쟁 준비가 비교적 늦었다. 기원전 129년 한나라는 처음으로 변방을 열고 장수 네 명을 내보냈다. 그러나 이광(李廣, ?~전 119)은 아무 전공도 세우지 못했고, 위청(衛靑, ?~전 106)만 패배하지 않았다. 젊은 위청과 더욱 젊은 곽거병은 모두 황실 외척이었지만 출신이 미천했는데, 이 전공에 힘입어 흉노를 격파한 두 명장으로 이름을 날렸다. 두 사람은 장수로서 천부적 자질도 있었고, 주도면밀한 보급, 군수품 수송에 나선 백성, 인내심을 갖고 양성한 한나라 기병에 의지하여 전공을 세웠다. 두 사람은 원정에 나서 초원을 치달리며 야전을 통해 웅혼한 기풍을 휘날렸다. 이는 말타기와 활쏘기를 생업으로 삼는 유목민에도 뒤지지 않는 모습이었다.[47]

기원전 127년부터 8년 동안 다섯 차례 큰 전투를 치르는 동안 전반적인 형세가 바뀌었다. 길고 긴 변방을 지키는 한나라 군대는 항상 여러 곳에서 동시에 출진했다. 비록 모든 곳에서 승리하지는 못했지만 적을 견제하면서 그들의 전방과 후방이 서로 호응하지 못하게 했고, 그들을 포위한 한나라 주력군에 대응하지 못하게 했다. 한나라 군대의 담력과 식견은 신속하게 흉노를 몰아붙여 제대로 손을 쓸 수 없게 만들었다. 위청은 삭방과 오르도스 이남의 땅을 수복했다. 곽거병은 이곳 황허 서쪽, 즉 양주(涼州)와 간쑤 일대로 진출하여 전승을 거뒀다. 선우는 사막 북쪽으로 후퇴하여 나중에 몽골인의 발상지로 추앙되는 강변, 지금의 울란바토르 근처에 왕정을 세웠다. 그는 한나라 군대가 만약 대담하게 지금의 몽골 남동쪽, 즉 중국 국경이 길게 이어진 고비사막을 건너면 스스로 죽을 곳을 찾아온 것이라고 생각했다.

그러나 그의 생각은 틀렸다. 한 무제는 곡식으로 전마를 살찌웠고, 국가에서는 10만 기병을 징발했으며, 이 밖에도 개인이 각각 14만 기병을 보탰다. 이들은 두 갈래로 길을 나눈 후 사막을 건너 결전에 나섰다. 위청은 사막 폭풍 속에서 선우를 패퇴시켰다. 곽거병은 좌현왕을 격파하고 적에게서 군량을 빼앗아 먹으며 몽골 땅으로 깊숙이 들어갔다. 흉노는 군사 8만~9만을 잃고 서북쪽으로 달아나 숨었다. 이로부터 고비사막 남쪽에는 흉노의 왕정이 사라졌으며 내몽골 동부가 한나라의 세력권에 들어왔다. 전략적 거리가 생기자 변방의 군(郡)에서는 긴급한 경보에 충분히 대처할 시간을 확보하게 되어 종심 방어가 가능하게 되었다. 그러나 흉노는 여전히 강력한 힘을 갖고 복귀를 위해 휴식하며 호시탐탐 기회를 노렸다. 한나라도 군사 수만과 군마 10여만 필을 잃었다. 이로써 군마가 부족해지자 승세를 타고 적을 핍박할 힘이 없어졌다. 기원전 119년 사막 북쪽 전투 이후에 10여 년 동안 북방 전선에서는 전투가 거의 벌어지지 않았다. 그 사이에 위청과 곽거병이 연이어 세상을 떠났다.[48]

한 무제는 보병을 다른 변방으로 보내 서남 지역을 평정했고, 계속해서 영토를 지금의 베트남 북부와 한반도 북부로까지 확대했디. 그러나 그의 주의력은 북쪽 변방을 떠난 적이 없었다. 한나라는 투항한 흉노를 후하게 대접하여 더 많은 사람들이 귀순해오게 했다. 동시에 이를 위한 전문적인 행정기관을 설립하여 그들을 훌륭하게 관리했다. 지금의 허베이성 북부 및 랴오둥(遼東) 일대의 변방 밖에다 흉노를 추방한 후 유목민인 오환(鳥桓)을 옮겨 살게 하고 호오환교위(護烏桓校尉)를 설치하여 흉노에 대항하는 완충지대로 삼았다. 흉노는 화친하려 했으나 한나라는 이들에게 신하로 복속하라고 요구했다. 10여 년 동안 지속된 냉전은 바둑을 두는 것 같아서 피차 돌을 놓으며 상대방의 변화 여지를 없애고, 조만간 닥쳐올 천재지변이나 인재에 대처할 수 없게 하려고 했다.[49]

쌍방은 모두 삭방과 하서가 이후 힘을 겨루는 쟁탈의 초점이 될 것으로 보았다. 흉노는 주력군을 서쪽으로 옮긴 후 기원전 112년 강족과 연합하여 하서를 공격했으나 뜻을 이루지 못했다. 한나라는 황허를 건너 진나라 때 몽염이 쌓은 보루를 다시 수리하고 삭방군을 설치했다. 삭방에서 하서까지 관군 5만~6만을 파견하여 수로를 통하게 하고 농경지를 개간했으며, 봉수대를 설치했다. 그리고 다시 중국 내지에서 백성을 이주시켜 변방의 빈 땅을 채웠다.

또 무위(武威)·장액(張掖)·주천(酒泉)·돈황(敦煌) 네 군을 설치했다. 이 네 곳은 거의 1,000킬로미터에 달하는 하서주랑에 나란히 들어서서 양주에 소속되었다. 하서주랑은 북쪽으로 사막이 보호해주고 남쪽으로는 기련산의 빙설이 황허 강물을 넉넉하게 보충해주고 있어서 천연의 전략적 요충지라 할 만하다. 오늘날에도 여전히 간쑤성의 특이한 형승지로 인정되고 있다. 또 하서주랑은 마치 서쪽으로 내뻗은 팔뚝처럼 호족과 강족의 남북 연결을 차단하고 중국의 동서 교통을 보장해주고 있다. 하서주랑 서쪽 끝은 남과 북으로 각각 옥문관과 양관(陽關)이 우뚝 서서 광활한 서역 땅을 바라보고 있다.[50]

장건은 사신으로 나간 지 10년 만인 기원전 126년 귀국했다. 서역에서 얻은 견문에 의지하여 그는 서역 국가와 연맹을 맺고 흉노의 오른팔을 자르자고 제의했다. 가장 중요한 것은 지금의 톈산산맥 북쪽과 이리강 유역의 유목민 오손(烏孫)이었다. 그곳은 땅이 기름지고 사람이 많아서 이들이 창을 거꾸로 잡기만 하면 흉노는 막대한 자원을 상실하는 것과 마찬가지였다. 한 무제는 장건의 의견에 동의했다. 장건은 사신으로 황금, 비단, 소, 양을 가지고 오손으로 갔다. 또 그는 부사(副使)를 서역 여러 나라에 파견했다. 오손은 흉노를 배반하려 하지 않았지만 장건을 따라 사신을 보내 보답 인사를 했다. 또 오손의 사신은 한나라의 광대한 문물을 보고 수교하기를 원했다. 다른 많은 나라에서도 답례 사신을 보내왔다. 이로부터 중국은 서역 여러 나라와 수교했다. 서역 길에는 각국 사절의 왕래가 빈번했고 상인들도 갈수록 많아졌다.[51]

　'서역(西域)'은 넓은 의미로 서쪽 땅을 두루 가리킨다. 좁은 의미로는 대략 지금의 톈산산맥 이남, 즉 옥문관에서 파미르고원까지를 가리킨다. 이 가운데 30~50곳의 오아시스가 타림분지를 둘러싸고 있으며 이곳에 성곽, 경작지, 가축도 있었다. 몇몇 큰 나라를 제외하고는 인구가 대부분 1,000여 명 정도였다. 흉노는 본래 서역을 통제하고 동복도위(僮僕都尉)를 설치하여 세금을 받았다. 그들은 삭방과 하서를 상실한 후 더욱더 서역의 재원에 의지했다. 그들이 이곳에서 한나라의 활동을 허용하지 않고 때때로 교통로를 차단한 것은 당연한 일이었던 셈이다.[52]

기원전 107년 흉노는 다시 침략을 시작했다. 흉노를 철저하게 격파하기 위해 무제는 몽골을 원정하고 서역을 경략했다. 그러나 그가 서북 전투에서 거둔 성적은 이전의 북방 정벌에 미치지 못했다. 흉노는 이전의 경험에서 얻은 교훈으로 전략적 장점을 발휘했다. 이들은 적이 전진하면 후퇴하고 적이 물러나면 전진하면서 가능한 한 한나라와의 전면전을 피했다. 한나라 군사의 보급선은 크게 늘어났을 뿐 아니라 전군이 건조한 지역에서 고통을 당했다. 연도의 오아시스 국가가 관문을 폐쇄하면 한나라 원정군은 곧바로 식량 부족의 위험에 처할 수도 있었다.

따라서 흉노를 제어하기 위해 협의의 서역으로는 군사를 보내고, 광의의 서역 국가와는 수교를 맺는 것으로 충분했다. 그러나 한나라 대군은 무거운 보급품 수레를 끌고 세계의 지붕인 파미르고원을 넘었다. 비록 대완(大宛: Fergana)의 한혈마(汗血馬)를 얻기는 했지만 중국의 국력을 헛되이 소모했으므로 얻은 것보다는 잃은 것이 많았다.[53] 하지만 잃은 것이 그래도 적었다고 치부할 수도 있었다. 한나라는 사상자가 생기는 걸 감수하고 흉노 세력을 대부분 서역에서 몰아내고 오아시스 여러 나라의 항복을 받았다.

기원전 90년 한나라는 세 갈래 길로 공격에 나섰다. 서쪽 길에서는 서역 여섯 나라의 도움을 받아 투루판분지의 차사국(車師國)에 거점을 마련했다. 이곳은 한나라가 서쪽으로 나가고 흉노가 서역으로 들어가는 길목이었다. 동쪽 길에서는 이광리의 전군이 패배하여 적에게 항복했다.[54] 군사행동이 좌절되고 재정이 고갈되자 사회가 불안에 떨게 되었고, 여기에 한 무제와 태자 사이의 참극이 더해지자 무제는 낙담했다. 다음 해 공경대부가 상소문을 올려 윤대(輪臺)에 둔전을 설치하여 서부 전선의 전과를 공고히 하자고 제의했다. 그러자 무제는 그만 됐다고 하면서 이후 정책의 중점은 백성을 부유하게 하는 방향으로 바꾸겠다고 조서를 내렸다. "지금은 관리의 가혹하고 포악한 행위를 금하고, 마음대로 세금을 받는 일을 중지하고, 백성의 근본인 농업에 힘쓰고, 마복령(馬復令: 민간에서 말을 기르도록 장려한 명령)을 다시 잘 시행하여 변방의 부족함을 보충하는 데 힘쓰되 무장 채비를 빠뜨림이 없게만 하면 된다(當今務在禁苛暴, 止擅賦, 力本農, 修馬復令, 以補缺, 毋乏武備而已)." 2년 후 한 무제는 세상을 떠났다.[55]

한 무제는 윤대의 조서로 경솔하게 출병하는 걸 경계했지만 염철회의에 참가한 유생처럼 군비를 폐지하자든가 앞서 이룩한 공적을 버리자고 하지는 않았다.[56] 그가 20여 년간 흉노의 세력권으로 깊이 들어가 전쟁을 치르는 동안 그에게 가장 큰 타격을 준 것은 흉노의 군대가 아니라 한나라의 경제였다. 흉노는 한나라 군사가 출병했다는 소식만 들으면 가축을 몰고 먼 곳으로 달아나 한나라 군사가 천릿길에 아무 소득 없이 돌아가게 했다. 비록 이와 같았지만 흉노도 노약자와 함께 달아나느라 만삭의 임산부들이 유산을 했으며, 또 삭방, 하서, 서역의 자원을 상실했다. 이 때문에 지극한 고통을 겪으며 경제가 붕괴되었고, 내부에서 온갖 문제가 발생하기도 했다.[57]

소제와 선제는 무제의 행정 효율과 전략 우세를 계승했기 때문에 부역을 줄이고 세금을 경감할 수 있었다. 하지만 적에 대한 압박은 줄

용과 독수리의 제국

이지 않았다. 소제는 건설 효과를 감안하여 윤대에 둔전을 설치했고, 이곳이 나중에는 서역도호부 땅이 되었다. 선제는 무제가 오손에 들인 긴 안목의 투자를 잘 활용했다. 오손은 말(馬)이 많고 전투에 능해서 뛰어난 군사 18만을 보유했다. 무제는 그곳에 공주를 시집보냈지만 군사합작을 통해 흉노를 제압하자는 설득에 성공하지 못하고 있었다. 기원전 72년 선제는 해우공주(解憂公主, ? ~전 49)[58]의 연락에 호응하여 오손과 전략적인 협력을 통해 흉노를 좌우에서 협공했다. 한나라 다섯 장수가 동쪽에서 출병하자 평소처럼 흉노는 먼 곳으로 퇴각했다. 그러나 평소와 달랐던 건 이번에는 먼 곳의 동맹군이 흉노의 전쟁 회피를 가로막았다는 점이다. 오손은 서쪽에서 치고 들어가 흉노군사 4만 명을 참수했고 무수한 소와 말을 포획했다. 선우는 친히 오손을 정벌하여 복수하고자 했으나 큰 눈을 만나 군사 열에 아홉을 잃고 말았다. 이로부터 흉노는 더 이상 일어서지 못했다.[59]

기원전 60년 한나라는 서역도호부를 설치하여 36국을 통솔함과 아울러 오손 등 외국을 감찰했다. 도호부는 여러 번 폐지되었다가 재건을 거듭하면서 100여 년을 유지했다.[60] 이렇게 하여 이때 중국은 처음으로 지금의 신장위구르자치구(新疆維吾爾自治區)에 거점을 마련했다. 이후 이곳에는 이와 같은 일이 두 차례 더 발생했다. 그것은 7세기 당나라 때와 18세기 초 청나라가 서쪽으로 진출한 때였다. 후자는 미국의 서부개척보다 약 100여 년 앞서 발생한 일이었다.

기원전 57년 흉노는 내란으로 분열되었다. 6년 후 호한야선우(呼韓邪單于, ? ~전 31)는 한나라에 항복하고 신하를 칭했으며 선제의 조정에 입조(入朝)했다. 한나라에서는 그에게 의복, 재물, 양식 등 후한 선물을 내리고, 군사를 파견하여 그를 사막 북쪽 왕정(王庭)으로 돌아가게 했다. 그의 형 질지선우(郅支單于, ?~전 36)는 서쪽으로 이주하여 지금의 우즈베키스탄 경내의 키르기스(Kirghiz: 康居)에 투항했다가 그 뒤 서역 도호 감연수(甘延壽)와 교위 진탕(陳湯)이 징발한 여러 나라 군사에게 주살되었다.[61] 여기에서도 한나라의 기미제도가 효과를 본 셈이다. 선제 이후로는 변방이 안정을 찾자 백성도 늘어났고 소와 말도 들판에 가득했으며 몇 세대 동안 전쟁의 불길을 찾아볼 수 없었다.[62]

기원전 33년 호한야선우가 다시 입조하자 원제는 그에게 후궁 중에서 양가 여자 왕소군(王昭君, 전 52?~전 15?)을 하사했다. 한 고조가 화친책을 편 이래 적지 않은 한나라 공주가 흉노와 오손으로 시집갔다. 모두들 고향을 떠난 고통을 이길 수 없었으나 해우공주처럼 외교적인 공적을 높이 세우기도 했다. 그러나 아무도 자원해서 인질로 잡혀간 평민 왕소군에 비견할 수 없다. 그녀는 아름다운 용모와 아름다운 뜻으로 이후 1,000년 동안 시인들의 시에 자주 묘사되었다.[63] 당시를 회고해보면 한나라 여인이 말 위에서 비파(琵琶)를 타며, 한나라 사위가 된 흉노 왕이 그 곁에서 말고삐를 잡고 몽골초원으로 돌아가는 모습은 한나라 전성기의 광경으로 부끄럽지 않다고 할 만하다. 그 흉노의 후예가 지금의 중국인이므로.

제3절

서역 관문을 닫다

왕망의 복고적 제도 개혁은 번속국(藩屬國)의 불만을 야기했다. 양한 사이에 중국은 군웅이 각축을 벌이는 가운데 "변방은 황폐해져 아무도 살지 않게 되었으며, 방어용 요새는 파괴되었고, 봉화도 불이 꺼졌다(邊陲蕭條, 靡有孑遺, 鄣塞破壞, 亭隊絶滅)."[64] 이에 번속국은 기회를 틈타 반란을 일으켰다. 흉노는 선비(鮮卑)·오환(烏桓)을 거느리고 다시 침략에 나서 심지어 변방 안쪽으로 들어와 거주했다. 동한의 통치집단은 대부분 중원의 대지주여서 지역감정이 심했다. 이들은 내지의 안정을 가장 중요하게 생각했기에, 경비를 허비하며 변방 주민을 지원하려 하지 않았다. 더욱이 무를 내려놓고 문을 진흥시키려 했고, 낙양으로 도읍을 옮겨 찰거제를 바꿔서 변방 인재의 선발을 줄였다. 이는 모두 국방 경시 정책으로 드러났다. 이러한 태도는 흉노의 사나움을 조장하는 결과로 귀결되었다.

광무제가 황제를 칭한 지 20년이 넘자 흉노의 침략도 나날이 심각해졌다. 이들은 변방의 수많은 백성을 죽이고 약탈했다. 이에 북쪽 변방은 편안한 날이 없게 되었는데도 광무제는 변방 군(郡)의 경보체계가 미흡하다고만 질책했다.[65] 서역 여러 나라에서는 두 차례나 왕자를 보내 입조했다. 그들은 한나라의 도호부를 회복해달라고 요청했고, 그렇게 해주지 않으면 흉노에 투항하겠다고 했다. 광무제는 관문을 폐쇄하고 그들의 요구를 받아들이지 않은 채 오히려 그들 편한 대로 하라고 했다. 그러자 흉노는 누란(鄯善)과 차사 등의 나라를 우익으

로 삼고, 더욱 사납게 횡포를 부리기 시작했다.[66]

인간의 계산은 하늘의 계산보다 못한 법이다. 초원에 100년에 한 번 있을까 말까 한 가뭄과 충해(蟲害)가 해마다 들이닥쳐 벌거벗은 땅이 천리를 가득 덮었다. 굶주림과 전염병이 겹치는 가운데 흉노는 내란으로 분열되었다. 48년 남흉노가 한나라에 투항했고, 오환과 선비가 그 뒤를 이었다. 모두들 동한의 풍성한 선물과 보상금을 탐했다. 북흉노는 여전히 강성하여 광무제가 방치한 서역 나라들을 인솔하고 하서를 불태우고 약탈했다. 하서 땅에서는 낮에도 관문을 닫고 살 수밖에 없었다.[67]

73년 명제는 두고(寶固, ?~88)와 경병(耿秉, ?~91)을 파견하여 옥문관을 다시 열고 차사를 끌어들여 흉노를 제압했다. 장제는 북흉노의 내란을 틈타 조정 대신의 반대에도 남흉노의 요청에 응하여 두헌(寶憲, ?~92)에게 전쟁준비를 하도록 시켰다. 91년 동한과 남흉노 연합군이 북흉노를 대파했다. 북흉노 잔여 세력은 계속해서 151년까지 서역을 공격했다. 이후 이들은 서쪽으로 이주하여 중국 역사에서 기록이 사라졌다.[68] 이들의 후예가 200년 후 로마제국을 침략한 훈족인지는 지금까지도 역사에서 결론이 나지 않았다.

동한은 무제 이래로 심혈을 기울여 유지해온 기미 전략을 이어받았으나 건성으로 대처하길 좋아하며 자신들의 힘을 줄이는 걸 어진 덕으로 여겼다. 서한 무제가 호한야를 배려하여 흉노와 한나라가 상호 이익을 얻은 것처럼, 남흉노도 초원으로 돌아갈 수 있게 도와달라고 제의했지만 동한 사대부들은 모험을 하려 하지 않았다.[69] 결과적으로

용과 독수리의 제국

동한은 전승의 성과를 낭비하며 선비가 흉노의 옛 땅을 독점하게 함으로써 앉아서 새로운 위협에 직면하게 되었다. 남흉노도 변방 안에 머물면서 장기적으로 거액의 보상금을 받아먹으며 한나라 뱃속의 종기로 자라나고 있었다. 남흉노는 장차 317년 낙양을 불태우고 동진을 멸망시킨 후 중원을 장악한다.[70]

동한은 73년 차사를 점령한 후 다시 서역도호부를 설치했다. 서역도호는 흉노를 제어하고, 변방 주민을 보호하며 동서 교통을 호위했다. 상품교역은 경제를 자극했고 문화교류는 지식을 늘려줬다. 그러나 사대부는 이런 결과에 대해 아무런 흥미가 없었다. 양종(楊終)과 제오륜(第五倫) 등은 중원을 피곤하게 하면서 사방 오랑캐를 섬기는 일이라고 단호하게 반대했다. 76년 흉노가 반격에 나서서 도호를 죽이고 차사를 포위했지만, 이들은 심지어 군사를 보내 곤경에 빠진 장졸을 구하는 일도 반대했다.

장제는 그들의 말을 듣고 서역을 포기하기로 결정했다. 다만 장졸을 구원하는 일에서는 이해관계에 맞는 간언을 채택해야 했다. "만약 위기 상황에서 사람을 버린다면 다음에 흉노가 다시 침범했을 때 폐하께서는 누구를 보내 이들을 막을 수 있겠습니까?" 조정의 공경대부가 인의로 백성을 사랑해야 한다고 떠들 때, 관문 밖의 경공(耿恭) 등과 같은 장졸들은 외로운 성을 사수하며 갑옷과 쇠뇌를 삶아 거기에 포함된 짐승의 힘줄과 껍질을 먹고, 말똥을 짜서 그 즙을 마시고, 땅을 열다섯 길이나 파서 물을 마셨다. 반년 후에 가까스로 구원병이 도착했을 때는 겨우 13명만 살아 있었다. 이들은 말라빠진 나무와 같은

모습으로 옥문관으로 생환했다.[71]

　반고도 양종과 마찬가지로 서역과 관계를 끊은 광무제의 대의를 크게 칭송했다.[72] 그의 아우 반초는 붓을 버리고 군대에 투신하여 행동으로 서생의 폐쇄적인 이상을 내던졌다. 반초는 74년에 수행원 36명을 거느리고 서역으로 사신을 갔다. 서역에는 남북 두 갈래 길이 있고 파미르고원 발치 아래 카슈가르(疏勒)에서 만난다.[73] 그는 남로를 택했고 누란에서 흉노 사신단을 격살했다. 그는 마침내 담력과 기지로 지금의 쿤룬(崑崙)산맥 아래 여러 나라를 위력으로 굴복시킨 후 흉노를 배신하고 한나라에 귀부하게 만들었다. 그는 카슈가르에 도착했을 때 조정의 철수령을 받았다. 그가 새로 맺은 동맹의 벗들은 공황 상태에 빠져들어 흉노가 보복해올까 두려워하며 그에게 그곳을 떠나가지 말라고 애원했다. 조정의 명령을 어기는 건 매우 위험한 일이고, 외직을 수행하는 하급 관리의 적극성도 조정 공경대부가 크게 우려하는 일이다. 서한의 감연수와 진탕이 자발적으로 질지선우를 주살한 후 공적을 크게 자랑했지만 자칫하면 단죄의 대상이 될 뻔한 것이 바로 그 일례다.[74] 그러나 반초는 그곳에 남아 한나라를 위해 맹약을 지키기로 결정했다.[75]

　반초는 파미르고원 동서 각국의 군대 1만 명을 조직하여 시역 북로 서쪽 끝 쿠막(姑墨)을 탈취했다. 그러나 북로 중간에 위치한 대국 쿠차(龜玆)와 카라샤르(焉耆)는 흉노에 의지하고 있었다. 그들에게 대항하기 위해서는 조정의 지지가 없이는 불가능했다. 그는 형세를 분석한 상소문을 올려 군사는 주로 토착민에게 의지하여 이이제이(以夷制

夷)의 방법으로 흉노를 제압할 수 있다고 했다. 중국에서는 소수의 군사만 출병시킬 수 있고 군량미는 보낼 수 없다고 했다. 왜냐하면 카슈가르 일대는 토지가 비옥하여 병졸이 자급자족할 수 있기 때문이라는 것이었다. 몇 년이 지나자 남로의 여러 나라는 한나라가 더 이상 서역을 돌아보지 않는다는 사실을 알고 반란을 일으키기 시작했다. 80년까지 기다려서야 한나라 군사 1,000명이 도착했고, 4년 후에 다시 800명이 증원되었다. 사면받은 죄수와 지원병으로 구성된 군대는 비록 소규모에 불과했지만 당시에 서역 경영을 수긍한 동한의 입장을 상징한다. 그것은 서한 백성이 피땀으로 쟁취한 국가의 위신을 세우고 그곳을 사막에 매몰시키지 않기 위한 조치였다. 반초는 현지의 더 많은 인력과 물자를 동원하고 더 강한 동맹국과 연대하여 더 강대한 적을 제압했다. 거기에는 파미르고원을 넘어온 월지도 포함되어 있었다. 94년 여덟 나라 연합군이 카라샤르를 정벌할 때 1,000명이 넘는 상인과 관리가 자원해서 참전했다. 이 전쟁 뒤로 서역은 평정되어 동서 교통로가 다시 순조롭게 개통되었다. 서쪽에서 온 손님 중에는 안식국 사절과 로마 상인도 있었다.[76]

반초는 서역도호로 일하다가 102년 세상을 떠났다. 그의 후임자가 관할 업무를 제대로 처리하지 못해서 동한에서는 세 차례나 도호를 철폐했다. 이후 북흉노가 권토중래하여 중서 교통로를 끊고 다시 하서와 양주로 침입했다. 조정의 사내부는 대부분 옥문관을 폐쇄하고 서역을 버리는 대책에 찬성했다. 119년 반초의 아들 반용(班勇,?~127)이 극력 간쟁한 끝에 마침내 조정을 설득하여 300명의 군사로 돈황을 지키게 했다. 나중에 반용의 예상대로 상황이 악화되자 다시 500명을 증원하여 옥문관 밖에 군사를 주둔시키고 서역을 통제했다. 반용은 여러 나라 군사를 조직하여 흉노를 축출하고 교통로를 보위했다.

이후 동서 무역이 흥성했지만 동한의 세력은 더 이상 파미르고원까지 도달하기 어려웠다.[77] 서역과의 관계는 세 번 끊어졌다가 세 번 다시 이어졌다. 두 번째와 세 번째 개통은 반씨 부자의 노력이 적지 않았다. 장건과 소무로부터 시작하여 흉노에 사신을 가서 단절된 지역을 경영한 양한의 장사들이 나라와 백성을 위해 모두 큰 공을 세운 결과였다.[78] 유생은 그들이 제후로 분봉 받고 공명을 세우기 위한 행동만 한다고 비난했다. 여기에서 당시에 두 파벌의 심사가 달랐음을 알 수 있다.[79]

반용은 유생과 설전을 벌일 때, 만약 목전의 비용만 절약하려 하면 서역 자원으로 적을 키우는 결과를 빚게 되므로, 나중에 침입한 적을 막는 과정에 어찌 천만 배의 비용이 드는 것에 그치겠느냐고 지적했다.[80] 근시안적인 정책의 나쁜 결과는 107년부터 시작된 강족의 반란으로 가장 분명하게 드러났다. 당시에 왕부는 "백성은 밤낮으로 조정에 구원을 바랐지만 공경대부는 비용이 많이 들기 때문에 불가하다고 여겼다(百姓晝夜望朝廷救己, 而公卿以爲費煩不可)"고 지적했다.[81] 정부의 실책으로 강족의 반란은 세 번 불이 붙었다가 세 번 꺼지면서 거의 60년 동안 계속되었다. 변방 주민은 재난에 얽혀들었고, 국가도 원기를 잃어버리고 다시 회복하지 못했다.

반(半)유목민인 강족은 성씨가 복잡하여 많은 부락으로 나뉘어 살았다. 그러나 사회등급은 분별이 심하지 않았고 정치 조직도 부족했다. 이들은 지금의 칭하이성(青海省) 황수이(湟水) 일대에 흩어져 살았다. 인구가 늘어나자 많은 사람이 양주 변방 안으로 이주했고, 심지어 서한의 도성 일대인 삼보(三輔)[82]에까지 침투했다. 이들 중 일부는 한족과 섞여 살며 군현(郡縣)의 통치를 받았다. 이 밖에도 조정에서는 호강교위(護羌校尉)를 설치하여 여러 부락을 관리했다. 소수민족의 부락은 일반적으로 빈궁하기 때문에 세금은 면제받지만 부역은 면제받지 못했다. 정부에서는 흉노와 다른 유목민의 기병을 징발하는 것처럼 강족의 기병도 징발하곤 했다.[83]

한나라의 입장에서 말하자면 흉노의 환란은 무력 부족으로 그 원인을 돌릴 수 있지만, 강족의 반란은 문치 부족에서 연원했다고 할 수 있다. 유가 이외의 제자백가를 퇴출한 후 200년이 지나자 백성을 위무하는 군수와 현령은 대부분 유생이 맡았다. 인의와 교화를 실천하여 민족 화합을 이룬 후, 관리가 청렴하고 공정하게 분규를 해결하면 천하 대란이 일어나지 않을 수도 있었다.

우후(虞詡, ?~137)나 황보규처럼 착실하게 자신의 책임을 다한 목민관은 변방 주민의 지지를 얻었을 뿐 아니라 심지어 반란군의 존경까지 받았다. 안타깝게도 그런 사람은 소수였고 또 이들의 공적은 고상하게 정치 비평을 일삼던 동료에게 경시되기 일쑤였다. 당시 역사가들의 일치된 인식에 따르면 관리, 부호, 교활한 백성이 강족은 습속이 다르고, 언어가 통하지 않고, 오랫동안 침략을 일삼았다고 업신여기며 이들로 하여금 원한을 품게 했고, 이것이 강족 반란의 주요 원인이

었다고 한다.[84]

폭동이 시작될 때는 소규모였지만 관방의 대응은 저열했다. 왕부는 이렇게 묘사했다.

장수들은 모두 비겁하고 연약해서 감히 토벌에 나서지 못했다. 다만 앉아서 문서만 전송하며 조정을 속였다. 기실 백성 백 명을 죽이고도 한 명만 죽였다고 했고, 오랑캐 한 명을 죽이고도 백 명을 죽였다고 과장했다. …… 편향되게 문장을 교묘하게 날조한 것은 주로 자신의 편리함을 취하려 한 것이지, 국가의 대계를 걱정하거나 백성의 사망을 슬퍼한 때문만이 아니다. 또 돈과 곡식을 함부로 써서 국고를 탕진하고, 다시 백성에게 재물을 빌리거나 강탈했다.

(將帥皆怯劣軟弱, 不敢討擊, 但坐調文書, 以欺朝廷. 實殺民百則言一, 殺虜一則言百. …… 傾側巧文, 要取便身利己, 而非獨憂國之大計, 哀民之死亡也. 又放散錢穀, 殫盡府庫, 乃復從民假貸, 强奪財貨.)[85]

군수와 현령은 대부분 중원 사람이어서 사태가 조금만 확대되면 내직으로 옮겨달라고 요구하며 책임을 회피하려 했다. 조정의 공경대부는 줄곧 중원에서 변방의 경비를 부담하려 하지 않고, 양주를 버리려는 논의에 열중했다. 이들은 먼저 그중에서 네 군의 주민을 옮기라고 명령을 내렸다. 변방 백성은 고향을 떠나려 하지 않았지만, 관리는 그들의 농작물을 베고 그들의 가옥을 불태웠다. 난민들이 뿔뿔이 흩어지자 변방 주민 태반이 줄었다.[86]

용과 독수리의 제국

우후는 반용과 마찬가지로 근시안적 정책으로 초래될 참화를 지적했다. 만약 양주를 잃으면 삼보와 관중 땅은 변방의 전선이 되므로 이곳을 보위하려면 더욱 곤란해진다는 것이다. 게다가 양주의 군사와 백성은 용맹함으로 이름이 났고 대장도 계속 배출된 곳이다. 이들의 견제로 호족과 강족이 감히 삼보 땅을 침범하지 못했다. 그런데 만약 이들이 조정의 배반을 알고 반란을 일으키면 중국은 호족과 강족보다 훨씬 대항하기 어려운 적을 만나게 될 것이다.[87] 나중에 일어난 한수(韓遂, ?~215)와 마등(馬騰, ?~212)의 변란에 비춰볼 때 그의 안목이 정확했음을 알 수 있다.

우후는 착실하고 합리적인 이유에 근거하여 조정이 양주를 포기하려는 결의를 철회하고 그 대신 현지 사정에 익숙한 양주 호걸을 기용하여 신민을 위무해야 한다고 설득했다. 그러므로 문제의 근원은 깊고 멀었다. 도성의 당쟁이 치열하게 전개되면서 정책은 정처 없이 흔들리게 되었다. 동란도 조금 진정되다가 다시 전개되었다. 168년 강족의 난리가 평정되었을 때 동한의 국력은 이미 허약한 상태로 변했다.[88]

동한은 변란에 대처하며 실수를 범했다. 독단적이고 배타적인 이데올로기에 근거해서는 잘못을 저지르기가 쉽다. 유가의 '경전주석심리'도 이지적 판단을 가로막았고, '인자무적(仁者無敵)'과 같은 반(反)공리적 가르침도 현실 업무를 방해하면서 건설적인 제의가 나오면 그것이 "사단을 만들고 백성을 번거롭게 한다(生事擾民)"고 공격했다. 태학생이 3만이나 되었지만 공리공론으로 밥을 먹는 자가 많았다. 경험이 풍부한 국가의 인재는 씨가 말랐고 군대의 기강도 풀어지고 장비도 점점 낡아갔다.

광무제는 문덕을 숭상하고 무사(武事)를 소홀히 했다. 여러 군의 도위를 폐지하고 병사들의 훈련을 생략했다.[89] 원정군은 전투력이 없어서 강족과 맞부딪치기만 하면 바로 패배했다.[90] 서한 시대에는 백성을 이주시켜 변방을 채우면서 농업과 목축이 함께 발전하도록 힘을 썼기에 변방의 삶이 풍요로웠다.[91] 동한 시대에는 국력이 위축되어 북방과 서북 지역 변방 19개 군의 호구가 서한 시대보다 70퍼센트 넘게 감소했다.[92] 중원 사인은 장기적으로 재물에 인색한 태도를 유지하며 국가의 순망치한의 위기를 돌보지 않았다. 이런 근시안적 태도에 대한 응보는 곧바로 닥쳐왔다.

제4절
끝없는 제국 로마

"나는 그들의 제국에 끝없는 강역과 무궁한 시간을 제공하노라." 베르길리우스의 서사시 『아이네이스(Aeneis)』에서 천공의 신 유피테르는 이와 같은 말로 "토가 입은 로마인을 세계의 주인으로" 임명했다.[93] 아우구스투스 시대에 명명된 '끝없는 제국(imperium sine fine)'이라는 말에는 로마의 일관된 관념이 표현되어 있다. 그것은 키케로가 말한 바와 같다. "로마인이 세상의 모든 사람을 통치하는 것은 불멸의 신의 뜻이다. 우리는 절대 신의 뜻을 위반하고 다른 사람에게 제재를 받아서는 안 된다."[94] 로마제국은 로마공화정의 뛰어난 기상을 바꾸지 않았다. 베르길리우스 사후 400년이 지나고 나서 루틸리우스 나마티아누스(Rutlilius Claudius Namatianus)도 로마제국을 찬양했다. "당신의 권력은 태양이 비치는 모든 곳에 도달했네, 세상의 가장 먼 구석까지."[95] 이런 선전만 듣고 있으면, 당시 로마가 이미 서고트족에게 투항했다는 사실을 상상도 하지 못할 것이다.

'끝없는 제국'은 아주 늦게서야 공허한 말로 변했다. 본래 로마제국의 배경에는 바로 강대한 직업 상비군이 있었다. 이들은 훈련이 정밀했고, 군비가 풍족했으며, 공격도 질서정연했다. 아우구스투스가 창군한 이래 200년간 로마 황군의 병력은 30만 명 수준을 유지하다가 점차 규모가 늘어났다.[96] 기원전 27년 아우구스투스는 원로원에 대처한 후 곧바로 영토 확장을 시작했다. 로마제국은 에스파냐와 아프리카를 평정하고 그 강역을 서쪽으로 대서양에, 남쪽으로 사하라사막에 닿게 했다. 동쪽과 북쪽 변방에만 문제가 있었지만 완전하게 해결할 방법은 없었다. 두 곳으로 모두 출정하는 건 너무 어려운 일이었다. 아우구스투스는 동쪽 이웃과는 수교하고 전력을 다해 북쪽 강역을 개척하기로 결정했다.[97]

로마의 동쪽 전선 기지는 파르티아와 마주한 시리아였다. 파르티아는 로마제국의 유일한 이웃 대국으로 로마의 세력이 유프라테스강으로 넘어와 마음대로 행동하지 못하게 했다. 오늘날의 터키 동쪽 아르메니아는 파르티아와 문화가 같아서 항상 파르티아 왕자를 초청하여 자기 나라의 국왕으로 삼았다. 로마는 아르메니아를 부용국으로 만들었고 이 때문에 늘 파르티아와 충돌이 발생했다. 크라수스는 파르티아로 침입했다가 전군이 궤멸되었다. 그의 복수를 하려던 카이사르의 계획은 그가 암살됨으로써 막을 내렸다. 안토니우스는 두 차례 침공했지만 그 자신이 가장 큰 상해를 입었다. 아우구스투스는 한편으로 군사를 일으키고 한편으로는 담판을 진행하면서 많은 효과를 보았다. 기원전 20년 파르티아는 이전에 빼앗았던 로마 군단의 독수리 표지를 돌려줬다. 아우구스투스는 로마의 영광을 회복했다고 대대적으로 선전했다. 그가 가장 흡족해한 기념상은 흉갑을 받쳐 입고 이 일을 주제로 한 것이었다. 다른 로마인은 아마도 그렇게 열심이지 않았던 듯하다. 디오는 이렇게 평가했다. "그는 독수리 표지를 받은 후 정말 파르티아를 패배시킨 것처럼 생각했다."[98]

이후 30년 동안 아우구스투스는 북쪽 강역에 집중했다. 로마제국의 보급 부대 규모와 조직은 공화정 시절보다 훨씬 발전했다. 카이사르는 갈리아를 정벌할 때 늘 군량 때문에 걱정을 했다. 아우구스투스는 수송 시스템을 발전시켜 다량의 물자가 지중해를 통해 끝없이 북쪽으로 이동할 수 있게 하여 강대한 군대와 무수한 보루에 군수품을 공급했다. 기원전 16년에서 기원전 13년까지 황제가 친히 갈리아에 앉아 전쟁을 지휘하면서 그의 두 의붓아들에게 군대 통솔의 천부적 재능을 발휘하게 했다. 티베리우스는 길리아에서 동쪽으로 정벌에 나섰고, 드루수스(Nero Claudius Drusus, 전 38~전 9)는 알프스산맥에서 북쪽으로 진격했다. 두 부대는 협동 작전을 펼치며 오늘날의 스위스, 오스트리아, 독일 남부를 로마제국의 판도로 편입했다[지도 11].[99]

형제가 탄 두 마리 말은 말굽을 멈추지 않았고, 기원전 12년에 다시 임무를 받았다. 티베리우스는 유고슬라비아 북부인 판노니아(Pannonia)로 전장을 옮겼다. 이곳은 이탈리아에서 동방으로 가는 육로를 이용할 때 반드시 거쳐야 하는 땅이어서 로마제국 동서 양쪽의 중추에 해당하는 곳이라 할 만했다. 티베리우스는 발칸반도에서 승리함으로써 로마제국의 북쪽 경계를 다뉴브강까지 밀어올렸다. 동시에 드루수스는 라인강을 건너 세 갈래 길로 게르마니아로 침입했다. 기원전 9년 로마군은 오늘날 함부르크를 흐르는 엘베(Elbe)강에 도착했지만 더 이상 진격하지 못했다. 이후 오래지 않아 드루수스는 말에서 떨어져 사망했고 티베리우스는 은퇴했다. 아우구스투스는 자신의 마음을 자신과 혈통이 같은 계승자로 옮겼다.[100]

그들은 진시황과 마찬가지로 너무 일찍 마음을 놓고 휴식했다. 기원 6년 판노니아에서 봉기가 일어났고, 그 동란은 일리리쿰(Illyricum) 전역에 번졌는데, 이곳은 유고슬라비아 전역에 해당하는 지역이었다. 아우구스투스는 항의를 무시하고 강경 수단으로 내전 이후 최대의 군사를 징발하여 티베리우스에게 맡겼다. 티베리우스는 20년 전에 이 땅을 정복한 적이 있지만 지금은 3년간 고난의 전투를 거쳐서야 반란을 진압할 수 있었다.[101]

지친 황실은 겨우 닷새만 승리의 기쁨을 누린 후 바로 이어서 게르마니아의 반란에 대처해야 했다. 일관된 정책에 따라 로마는 귀순한 다수의 세르만속을 보조부대로 편입한 후 이들의 추장을 하급 장교로 임명했다. 이 중 한 사람이 25세의 케루스키(Cherusci)의 추장 아르미니우스(Arminius, 전 18~ 후 19)였다(그의 라틴 이름에 주목하라. 1841년 독일 통일에 진력한 민족주의자는 그를 위해 기념상을 세우면서 라틴 이름을 버리고 정통 게르만 이름인 헤르만Hermann을 썼다).[102] 당시에 아우구스투스는 스무 살 된 장교가 게르마니아를 평정했다고 생각하여 이제 문치로 전환할 수 있다 여기고, 총독 바루스(Varus)에게도 정상적으로 세금을 징수하라고 명령을 내렸다.[103] 그의 판단은 착오였다. 바루스는 아르미니우스가 영도하는 게르만 연맹군에게 기습을 당했다. 라인 지역의 전체 병력인 세 군단이 모두 토이토부르크 숲속에서 전멸했다. 아우구스투스는 비통한 나머지 옷을 찢고 머리를 문에 찧으며 여러 번 고함을 질렀다. "바루스! 내 군단을 돌려다오!"[104] 엘베강도 더 이상 구원할 수 없었다. 다행히 티베리우스가 임기응변으로 라인강 일대를 안정시켰다. 이에 아르미니우스는 승리의 기세를 타고 연맹을 확대하며 추격에 나설 수 없었다. 아우구스투스는 다른 곳에서 병력을 조달하여 라인 군단을 다시 세우고 게르마니쿠스를 사령관으로 임명했다. 젊은 게르마니쿠스는 드루수스의 아들로 티베리우스의 뒤를 이어 제3대 황제가 되는 것으로 내정되어 있었다.

기원 14년에 아우구스투스가 세상을 떠났다. 그는 죽음에 임하여 쓴 『공훈록』에서 자신이 게르마니아를 평정하고 엘베강에 도달했다고 공언했다. 하지만 그는 사후에 공개된 유서에서 자신의 후손에게 제국의 현재 판도에 만족하고 더 이상 영토를 확대하지 말라고 당부했다.[105]

다음 해 로마 군단은 다시 토이토부르크로 진격하여 대학살을 자행하며 원수를 갚고 명예를 회복했다. 게르마니쿠스는 로마군이 교전과

용과 독수리의 제국

행군으로 심각한 손실을 입었음에도 다시 1년만 더 버티면 완전한 승리를 거둘 수 있을 것이라고 장담했다. 그러나 티베리우스는 마침내 게르만 전쟁을 끝냈다. 새 황제는 아홉 번이나 직접 그곳을 가본 적이 있어서 현지 실정에 대해 익숙하게 알고 있었다. 마치 초나라의 오기(吳起)처럼 "싸움에서 이기는 건 쉽지만, 승리를 지키는 것이 어렵다(戰勝易, 守勝難)"는 사실을 잘 알고 있었다.[106] 만약 적당한 기구를 두고 점령구를 관할하지 않으면 전쟁에 승리한다 해도 그것은 전력 낭비에 불과하다는 것이다. 게르만족은 가난하고 야만적이어서 많은 힘을 허비하며 신경 쓸 만한 가치가 없었던 셈이다.[107]

티베리우스의 계승자는 비교적 적극적이었다. 칼리굴라는 게르만 전쟁을 지휘했지만 끝내 한바탕 희극으로 막을 내렸다. 클라우디우스는 군사를 보내 브리타니아를 정복하고 제국을 크게 확장했다. 네로는 대규모 동방 원정을 계획했다. 베스파시아누스는 내전 승리의 위엄을 빌려 라이티아를 정리했다. 그는 라인강과 다뉴브강을 연결하는 울타리를 만들어 평탄한 북쪽 전선을 확정했다.[108]

끝없는 제국은 트라야누스 치하에서 극점에 도달했다. 아우구스투스가 세상을 떠날 때 황군의 세력은 저조기로 접어들어 겨우 25개 군단이 있었을 뿐이다. 트라야누스는 그것을 30개 군단으로 늘리고 매 군단에도 장졸을 증강했다. 그는 친히 정벌에 나서서 로마제국을 다뉴브강과 유프라테스강까지 확장했다. 다키아는 지금의 루마니아 다뉴브강 북쪽에 위치하여 로마의 속주와 대치하고 있었다. 트라야누스는 다키아를 두 차례 정벌하여 106년에 완전한 승리를 거두었다. 그는 원주민을 전부 죽이거나 추방한 후 로마제국 각지에서 이주민을 모집했다. 다키아는 금과 은이 많이 생산되는 부유한 지역이었다. 로마인은 그곳을 침략할 때마다 금과 은을 약탈하여 크게 재산을 늘렸다. 새로운 속주는 혹처럼 다뉴브강 건너편으로 돌출했고, 이에 로마제국의 변방 방어선은 크게 늘어났다.[109]

파르티아는 아우구스투스와 조약을 맺은 후 로마와 거의 충돌하지 않았다. 113년 트라야누스는 대군을 일으켜 전심전력으로 그곳을 정복하려 했다. 파르티아는 내분으로 다투다가 로마에게 우세를 내주고 말았다. 전쟁이 3년간 지속되는 동안 트라야누스는 지금의 바그다드 근처에 있는 파르티아의 겨울 수도 크테시폰(Ctesiphon)을 탈취했다. 그는 점령지를 두 곳으로 나눠 로마 속주를 설치한 후 해군의 선박을 타고 유프라테스강을 따라 남하하여 페르시아만에서 칼을 씻었다. 로마 황제 중에서 알렉산드로스 대왕의 무한 정복 발자취를 동경하여 그곳까지 간 사람은 트라야누스가 유일했다. 그러나 금방 조종이 울렸다. 파르티아는 패전의 교훈을 잊지 않고 힘을 모아 로마의 보급선을 습격했다. 막대한 군비는 경제를 어렵게 했고 제국 각지에서 소요가 발생했다. 트라야누스는 철군을 서두르면서 원로원에 편지를 보냈다. "우리의 강역은 끝없이 광활하고, 미칠 수 없을 정도로 멀어서 효과적으로 통치할 방법이 없습니다."[110] 그리고 그는 1년 사이에 세상을 떠났고 사후에 '가장 훌륭한 수석 공민(optimus princeps)'이라는 명성을 얻었다. 하드리아누스는 117년에 그의 보위를 잇고, 며칠 지나지 않아 트라야누스가 정복한 파르티아 땅을 포기하겠다고 선언했다.[111] 디오는 이렇게 분석했다. "그리하여 로마인은 아르메니아와 메소포타미아 지역 대부분과 파르티아를 정복하기 위해 온갖 고초를 겪었지만 그들의 간난신고는 일장춘몽으로 변했다."[112]

그러나 사실은 모든 것이 허사로 돌아간 건 아니었다. 아우구스투스가 라인강을 건넌 것은 도로아미타불이라 할 수 있다. 그러나 트라야누스가 다뉴브강과 유프라테스강을 건넌 일은 이후 수많은 다른 결과를 생산했다. 다키아와 파르티아에서 얻은 재물은 게르마니아에 비해 훨씬 풍성했다. 그러나 이 또한 결코 가장 중요한 수확은 아니었다. 트라야누스의 행적은 로마제국의 중심을 이탈리아와 라인강에서 동방으로 끌어다놓았다. 다뉴브 군단은 제국의 내정과 외교의 중심이되어 가장 우수한 장군 및 능력 있는 황제를 여럿 배출했다. 또 트라야누스는 파르티아의 무적 이미지를 깨뜨렸다. 이후 그는 정벌 전쟁으로 아우구스투스의 외교를 대신하며 그것을 로마제국의 책략으로 삼았기에 제국이 양면에서 적의 공격에 직면할 가능성을 열었다. 동방에 갈수록 많은 병력이 집중되자 북방 방어선이 약화되었다. 콘스탄티노플은 동방에서 번성하며 다뉴브강과 유프라테스강 최전방을 지키는 도시로 기능했다. 라인강 최전방 방어선의 붕괴는 로마시와 서로마제국에 치명상으로 작용했다.

트라야누스 이후 40년 동안 사방 변경에 전쟁이 없었다. 161년 마르쿠스 아우렐리우스가 등극했을 때 파르티아는 원기를 회복했다. 이제 로마는 엄청나게 무거운 징벌을 받게 되었다. 아우렐리우스는 그의 동료 황제 베루스(Lucius Aurelius Verus, 130~169)를 파견하여 정벌에 나섰다. 베루스는 크테시폰을 함락하고, 내친 김에 맞은편 그리스 도시 셀레우키아(Seleucia)를 불태우며 그곳 공민들의 우정 어린 접대를 무시했다. 이번 동쪽 정벌로 예상하지 못한 두 가지 나쁜 결과가 야기되었다. 첫째, 출정한 군사들이 전염병에 걸려 돌아와 그 병을 사방으로 전염시켰으며, 로마제국 백성 중 10퍼센트가 그 전염병으로 죽었다. 둘째 결과도 아마 예상하기 어려웠을 것이다. 대군이 파르티아를 공격하려 이동한 틈에 북방의 게르만족이 준동하기 시작했다.[113]

166년, 약 6,000명에 달하는 야만인이 다뉴브강 연안으로 침투했다가 현지 수비군에게 제압되었다. 4년 후 마르코만니족(Marcomanni)을 필두로 한 야만인은 알프스산맥을 넘었고, 다른 부족은 다뉴브강 하류를 건너 발칸반도로 진입했다. 아우렐리우스는 이들을 격퇴했으나 정세에 변화가 생겼음을 감지했다. 수백 년 동안 게르만족은 서서히 농업생산 기술을 개량했고 이에 따라 인구도 점점 늘어났으며, 로마에 대한 압력도 천천히 높였다. 다뉴브강 북쪽 게르마니아에는 불안감이 높아졌다. 아우렐리우스는 로마의 전통적인 책략에 따라 선제공격으로 미래의 우환을 방어하려 했다.[114]

마르코만니 전쟁은 10년을 끌었고, 20여 게르만 부족이 가담했다. 모든 부족을 개별적으로 정복해야 했으므로 전투가 반복되었다. 아우렐리우스는 이들을 격파하고 가혹한 조약을 맺었다. 조약을 통해 이들의 결집과 왕래를 금지하고 무역을 제한했으며 병력을 먼 곳으로 이동시켰다. 그러나 이런 승리는 드물었을 뿐 아니라 쉽게 얻을 수 있는 일도 아니었다. 패배한 부족은 등 돌려 배반했고 다른 부족과 연대

용과 독수리의 제국

하여 권토중래를 노렸다. 유격전과 같은 전투에는 강인한 인내력이 요구되었다. 베루스는 일찍 죽었다. 아우렐리우스는 조용한 환경을 좋아하는 성격이었으나 로마 황제가 직접 정벌에 나서는 책임을 저야 했다. 다뉴브강 전선의 질척거리는 눈밭과 어두컴컴한 삼림에서 나이가 들어 체력이 떨어진 황제는 후인들을 위해 『명상록』이라는 제목의 일기를 남겼다. 이 일기에서 그는 스토아 철학자의 내재 정신을 일으켜 장기적으로 게르만족과 대결하는 냉혹한 환경을 극복하려 했다. 180년에 그는 오늘날의 빈(비엔나) 부근 병영에서 세상을 떠났다.[155]

제5절
로마의 외화내빈(外華內貧)

로마가 정복해서 얻은 것은 모두 신이 부여한 것으로 여겨졌다. 트라야누스는 메소포타미아를 점령했다가 순식간에 잃었지만 후대 황제에게 로마 영토를 회복해야 한다는 신성한 사명감을 남겨줬다. 셉티미우스 세베루스는 여망을 어기지 않고 195년 파르티아를 크게 격파하고 지금의 이라크 북부에 메소포타미아란 속주를 건설했다. 파르티아는 여전히 이라크 남부를 점령하고 있었지만 영토 상실로 쇠락하여 224년에 나라가 전복되었다. 이들을 대신한 페르시아인은 웅대한 야심을 가지고 잃은 땅을 회복하려 했다. 이 새로운 도전에 대응하기 위해 세베루스 알렉산데르는 라인강과 다뉴브강 지역 군대를 차출하여 동쪽으로 옮기게 했다. 로마는 페르시아에 승리를 거뒀으나 자신들도 가볍지 않은 상처를 입었다.

휴식하려고 할 때 나쁜 소식이 전해졌다. 알라만족이 라이티아를 침략했다는 소식이었다. 자신의 고향에 걱정거리가 생긴 군사들 사이에서 소란이 일어났다. 세베루스 알렉산데르는 군사를 거느리고 유프라테스강을 출발하여 라인강으로 되돌아갔다. 5개월이 걸린 행군이었다. 234년 그는 알라만족을 격파했지만 게르마니아 깊이 추격하려 하지 않고 도리어 야만인과 강화조약을 체결했다. 가족을 잃은 병사들이 복수를 하지 못하자 분노가 폭발했다. 세베루스 알렉산데르는 피살되었고, 로마제국 50년 내란이 시작되었다. 그제야 로마인은 가장 훌륭한 황제의 유산을 다시 음미하기 시작했다. 그것은 바로 머나먼 변방 두 곳을 관리하는 일과 황제가 친히 원정에 나서야 한다는 원칙에 관한 것이었다.[116]

페르시아는 패전 후 그들 역사에서 가장 강력한 황제가 즉위할 때까지 침묵을 지켰다. 샤푸르 1세(Shapur I, 215~272?)는 로마의 내란을 틈타 세 번의 전쟁에서 세 황제를 격파했다. 한 명은 전사했고, 한 명은 포로가 되었으며, 세 번째 황제는 막대한 배상금을 주고 풀려났다. 하지만 페르시아의 승리는 이 세 번으로 그쳤다. 로마는 내전에서 손을 빼고 298년 결정적인 대접을 서뒀다. 잃은 땅을 모두 수복했을 뿐아니라 더 많은 전과를 올렸다.[117]

로마 속주 메소포타미아에는 파르티아의 전통적인 영역을 나눠주어 언어가 같고 문화가 같은 사람들을 관리하게 했다. 로마는 이민족 진압에 정통했지만 이곳 이민족에게는 완고한 대국의 전통이 버팀목처럼 남아 있었다. 페르시아는 로마의 무도함을 증오하며 메소포타미아 지역을 탈환하려 했다. 로마 입장에서 보면 적들이 이런 마음을 먹고 있다는 것만으로도 예방 차원에서 그들을 공격할 이유가 충분했다. 학자들은 로마와 페르시아의 전쟁을 통시적으로 관찰하는 과정에서 일반적으로 로마가 자발적으로 전쟁을 시작했다는 사실을 발견했다.[118]

6세기 이전에 페르시아인은 오직 두 차례만 시리아를 침략했다. 그것은 바로 샤푸르 1세가 주도한 253년과 260년 전쟁이었다. 로마 군대는 크테시폰에 매우 빈번하게 출현했다. 일찍이 셉티미우스 세베루스 휘하에서 속주 지사를 지낸 적이 있는 디오는 로마 속주 메소포타미아가 일련의 전쟁을 야기하고 모든 힘을 끝도 없이 쏟아붓겠지만 아무 이익도 얻지 못할 것이라고 예상했다. 왜냐하면 로마는 점령자의 신분이고, 기실 메소포타미아는 로마를 위해 전쟁을 하기 때문이라는 것이다.[119] 역사는 그의 안목이 독보적이었음을 증명했다. 콘스탄티누스, 콘스탄티우스, 율리아누스는 세 차례 페르시아로 진군했으나 아무 전공도 세우지 못했다. 376년 서고트가 국경 안으로 들어온 것은 로마제국에게 유리했지만 결국 하드리아노플의 대참화로 귀결되었다. 이는 부분적으로 발렌스 황제가 페르시아와 교착 상태에 빠져 있어서 북방 수비군이 대규모 이민에 대처할 역량이 부족했기 때문이다. 아우구스투스의 경고가 들어맞은 셈이다. "영토 확장을 과두하게 하여 자신의 능력을 벗어난 자는 기존의 영토마저 상실할 위험에 처할 수 있다."[120]

100여 년 전 타키투스는 게르만족이 흔히 모래처럼 흩어져 있기는 하지만 파르티아 왕보다 훨씬 위험하다고 인식했다. 만약 현재 게르만족의 강한 단결력을 본다면 타키투스는 로마제국을 위해 불안감을 느꼈을 테지만 공황 상태에까지 이르지는 않았을 것이다. 알라만, 프랑크, 고트라는 민족 이름은 '모든 사람', '자유인' 또는 '인류'를 의미한다. 이런 이름은 하나의 민족이 아니라 이리저리 흩어져 있는 부족연맹을 가리킨다.[121] 3세기에 게르만족의 행동은 소규모 부대로 도적질을 하며 상대의 물품을 약탈하는 경향에서 벗어나지 못했다. 이들의 규모와 흉포함은 가장 심한 경우라 해도 서한 시기 상호 화친조약 아래에서 침입한 흉노의 그것과 비교할 수 있을 뿐이다. 271년 아우렐리아누스는 고트족이 걸어온 결정적 전투를 방어했는데, 당시 고트족 전사자는 불과 5,000명이었다. 다른 대다수 야만인 대오는 이보다 훨씬 소규모였다. 이들은 조직, 훈련, 무기, 보급 체계에서 수준 차이가 많이 났다. 로마 군대는 내부 분쟁을 할 때도 여유 있게 야만인에게 대처했다. 고트족은 패배 후 로마와 조약을 맺은 후 그들의 보조금을 받고 병력을 제공했다.[122]

소규모 약탈은 로마제국의 존망에 아무 영향도 끼치지 못했지만 변방 주민을 유린하는 일은 정책 결정자 입장에서 난제로 인식되었다. 로마 황군의 최고 목적은 황제를 보위하고 반역을 일으킨 참주를 막거나 제거하는 일이다. 황제를 보위하는 일과 변방 주민을 보호하는 일은 각각 상이한 군대 편제와 전략을 필요로 한다. 병력이 넉넉할 때는 두 가지를 모두 돌볼 수 있지만 아름다운 봄날은 오래가지 않는 법이다. 로마제국은 세금을 올려서 로마 황군 전체 64만 5,000명의 경비를 부담하도록 했지만 여전히 재정 곤란에 직면해야 했다. 황제 입장에서는 재정을 우선 배정해야 할 곳을 선택해야 했다.[123]

디오클레티아누스는 다른 사람과 권력을 나누어 내정을 안정시키기로 결정했다. 그리하여 내전에서 벗어난 군대를 변방으로 보내 병력을 강화했다. 그들은 수리 공사를 하고, 도로를 건설하고, 군수 시스템을 보충하면서 50년 내전으로 찢어진 제국을 하나의 보루로 회복시켜 종심이 깊은 방어선에 의해 보호받게 했다. 당시는 소박하고 힘든 시대였지만 어떤 현대 군사학자는 이렇게 분석했다. "디오클레티아누스의 엄격한 통치는 로마제국 및 그 문명을 구원해준 밝은 별이었다. 콘스탄티누스의 통치는 겉으로 번성했지만 결국 재앙으로 끝날 조짐을 보였다."[124]

콘스탄티누스는 내전으로 힘을 키워 1인 황제 지위를 탈취했다. 그는 친위군을 창립했다. 친위군은 지위와 특혜에서 모두 보통 군단보다 높았고, 그 정예부대는 보통 황제 주위에 머물렀다. 친위군은 후방 기동대로서 보위 찬탈이나 대규모 외적 대응에 적합했다. 그러나 실제 외환은 대부분 길고 긴 변방에서 소규모 약탈로 분산되어 발생했다. 이들에 대항하기 위해 중앙돌격대를 파견하는 건 마치 투석기로 파리를 잡으려는 시도와 같았다.[125] 이 밖에 강대한 기동부대를 친위군으로 차출함으로써 변방 수비대가 약화되었다. 수비대의 지위 하락으로 이들은 군내 포상도 받지 못했을 뿐 아니라 심지어 때때로 보급품도 충분하게 지급받지 못했다. 콘스탄티누스는 변방 방어 체계도 정비했다. 그러나 그 열성은 콘스탄티노플 건설에 훨씬 미치지 못했다. 4세기 라인강 전방의 정세는 매우 위험했고 시급히 방어 시설을 증강할 필요가 있었다. 그러나 끝내 체계적인 시설 공사가 이루어지지 못했다.[126]

369년, 로마 황제 발렌스와 고트족 수령 아타나리크(Athanaric)는 강화조약을 체결했고, 쌍방 모두 만족했다. 7년 후 쌍방의 균형은 예상 밖의 돌출 요인에 의해 깨졌다. 훈족이 들이닥쳤던 것이다. 대규모 서고트족이 다뉴브강 북안에 나타나 로마제국 경내로 들여보내달라고 간청했다. 이들은 공포의 유목민을 피하려 했다. 10만의 남녀노소가 허락을 받고 강을 건너 로마 국경 안으로 진입했다.

탐관오리들은 난민을 무장해제시키란 명령을 무시하고 서고트 전사가 무기를 지닌 채 진입하도록 내버려뒀다. 또 난민 관리도 무능하여 굶주림과 추위에 이중으로 압박받는 이들이 반란을 일으키게 했다. 현지의 수비대는 대처할 수 없었다. 발렌스는 급박하게 페르시아와 강화를 하고 친위군을 빼내어 북쪽 변방으로 달려갔다. 서부 황제 그라티아누스가 보내주겠다고 약속한 지원군도 시간을 끌며 도착하지 않았다. 378년 발렌스는 하드리아노플에서 서고트족과 싸워 자신도 전사하고 군사도 3분의 2를 잃었다.[127]

대략 2만 명의 로마 군사가 하드리아노플에서 목숨을 잃었다. 암미아누스는 그것이 로마가 칸나에 전투 이후에 겪은 최대의 재난이라고 말했다. 칸나에 전투에서는 로마 군사를 거의 7만이나 잃었다. 당시에 로마공화정은 이탈리아의 자원만으로 반격하여 최후의 승리자가 되었다. 그런데 378년 무렵 로마제국은 인구가 7,000만 명에 달했지만,

서고트족은 카르타고에 비해 언급할 가치조차 없을 정도로 역량이 미약했다. 하드리아노플 전투는 역사의 전환점이었다. 그것은 로마의 손실이 막대했기 때문이 아니라, 로마의 복원력이 사라졌기 때문이었다. 로마의 저명한 지구력에 균열이 발생하고 있었다.[128]

　테오도시우스는 발렌스를 계승하여 동부 황제가 되었다. 그는 새로운 군사를 모집했으나 서고트족에게 패배했다. 어쩌면 새로운 군사들이 힘을 쓰려 하지 않았을지도 모른다. 로마는 이들 이민 불량배를 추방할 수도 없었고, 모두 죽일 수도 없었다. 382년 강화조약을 맺고 테오도시우스는 로마제국 내에 땅을 갈라 서고트족에게 주고 이들의 군사와 정치조직을 보장해줬다. 이들은 로마 정부의 감독을 받지 않고 제국 내에서 하나의 나라를 이뤘다. 조건은 로마의 소환에 응하여 출병한다는 것이었다. 그러나 그때도 이들의 장군에게 통솔을 받으며 로마 군단과 어깨를 나란히 하며 작전을 펼칠 수 있었다. 로마 외정(外政)의 전통은 원수가 생기면 반드시 복수하여 위엄을 세우는 것이었다. 그런데 서고트족이 로마 황제 한 명과 두 갈래 군대와 무수한 백성을 해쳤는데도 벌이 아니라 상을 받았다. 다른 야만인도 서고트족을 따라 배웠다. 테오도시우스는 성격이 무정하고 각박했다. 그는 테살로니카(Thessalonica) 시장의 피살에 복수를 하며 7,000여 명의 로마 공민을 무분별하게 죽였다. 그러면서도 그는 특별히 서고트족에게는 관용을 베풀었다. 아마도 그에게 다신교도와 기독교내 이단을 청산하는 것과 같은 다른 급무가 있었을지도 모른다.[129]

　테오도시우스는 서부 제국과의 전쟁을 위해 두 차례 서고트 이민을 소환했다. 두 번째 전쟁은 내전 겸 성전이었다. 그의 적수가 다신교의 지지를 받고 있었기 때문이다. 394년 프리기두스(Frigidus)강 전투에서 서고트족은 테오도시우스를 도와 서부 대군을 격파했다. 테오도시우스는 겨우 몇 달 동안 단독 황제로 군림했다. 기독교 역사가 오로시우스(Paulus Orosius, 375~418)는 프리기두스 전투의 승리는 이중의 승리, 즉 이교도에 대한 승리인 동시에 야만인에 대한 승리라고 했다. 서고트 군대가 테오도시우스에 의해 최전선에 배치됨으로써 막대한 사상자가 발생했기 때문이다. 그러나 그는 너무 일찍 웃었다. 최후에 웃은 사람은 오히려 야만인이었다.

서고트족은 로마의 무정함에 분노하여 395년 반란을 일으켰다. 나중에 로마제국을 나눠가진 야만인 중에는 이들도 한 부분을 차지했는데, 이들이 가장 강력한 일파였다. 이 밖에도 깊은 상처를 입은 서부 친위대를 보충하기 위해 전선의 수비대를 거의 모두 차출하여 변방이 텅 빌 지경이었다. 406년 연말, 강추위가 엄습하여 라인강이 얼어붙었다. 반달족·수에비족(Suevi)·알란족, 그리고 기타 게르만 부족이 편안히 강을 건너와 갈리아, 에스파냐, 아프리카 등지에 두루 흩어져 거주했다. 이들은 서고트인의 경험을 그대로 따라했다. 로마 황제는 편안하게 친위군의 호위를 받았지만 사시의 속주를 하나하나 상실했다. 서로마제국은 마침내 구제할 수 없는 지경으로 빠져들었다.[130]

제6절

제국의 책략

국제관계를 비교 분석하려면 먼저 시야를 세계로 돌린 후 점차 분야를 좁혀 각 지역의 세부를 자세히 관찰해야 한다. 로마제국과 진·한황조는 각각 거대한 세계를 갖고 있고 각각의 책략에도 상이한 세계관과 인생관이 드러나 있다. 국가 책략을 시행하고 이웃 나라와 불평등 외교관계를 유지하기 위해 이들의 권모술수에는 심리·외교·경제·군사 등의 수단이 운용되었다. 이 밖에도 제국은 적국의 작은 약탈을 방지하여 변방 주민의 안전을 도모할 책임을 갖고 있었다. 방어적인 변방 전술과 침략적인 정책은 결코 모순된 것이 아니었다.

거시적인 책략은 전쟁과 평화 시기의 각종 세태에 대응하고, 국가의 장기적인 이익을 수호하고 드높이는 데 뜻을 둔다. 이런 책략을 결정하는 권력은 국가의 최고 영도기구에 속한다. 예를 들어 대통령이 주재하고 외교·재정·국방·정보 등 각 부서의 장관 및 국회의장이 참여하는 국가안전위원회 같은 기구가 그것이다.[131] 어떤 미국 학자는 무경칠서(武經七書)에서 '중국의 책략'을 뽑아냈다고 하면서 그 전통이 바로 무력 남용이며 모든 일에 용병술을 적용한다고 했다.[132] 기실 그는 층위를 혼동했다. 『손자병법』 및 기타 병법서에서 토론한 것은 전략이지 책략이 아니다. 전략은 책략의 일부분으로 군사 업무에 속한다. 군부를 방문하면 당연히 군사 이야기를 한다. 그런데 군부의 이야기를 국가 정책으로 삼는다면 자신의 무력 남용 의식을 폭로하는 것이 될 것이다.

고대 조정의 구조는 현대 정부에 비해 단순해서 어쩌면 상세하고 장기적인 계획을 세울 수 없었을지도 모른다. 그러나 그렇다고 해서 기본 방침이 없었던 건 결코 아니다. 여기에서 말하는 거시적인 책략은 하나의 청사진이 아니라 항공기의 방향을 유지해주는 회전의(回轉儀: 자이로스코프)와 같다. 또 그것은 대형 결정 사항이 아니라 무수한 작은 조치에 세밀하게 구현되고 시국의 변화에 안정적으로 대처하는 성향을 가리킨다. 로마가 무력 사용을 게을리하지 않고, 패배를 당하면 다시 반격한 일이나, 서한이 100년 동안 흉노를 정벌한 일에는 국가의 굳건한 의지가 드러나 있다. 물론 회전의도 고장이 생길 수 있고 새롭게 방향을 조정할 수도 있다. 몇 세기 동안의 역사를 경과하다 보면 국가 정책도 바뀌지 않을 수 없다. 이 두 제국은 후기에 이르러 모두 방향이 바뀌어 구차한 정책이 진취적인 정책을 대신했다.

이성적이고 현실적인 국제관계 책략을 세우려면 반드시 국제정세를 고려해야 하지만 그것에 코가 꿰어 끌려갈 필요는 없다. 정책 결정은 일반적으로 두 가지 조건에 제한을 받는다. 그 하나는 시국에 제대로 대처할 수 있는 정보와 지식이 부족하다는 것이고, 다른 하나는 모든 요구를 만족시킬 수 있는 사원이 부족하다는 것이다. 이런 상황에서는 통치계층의 독특한 성격과 가치관이 정책 결정 과정에서 어떻게 국내외 상황을 헤아리고, 피차의 우열을 짐작하고, 가치의 선택을 저울질하고, 유한한 자원을 분배할지 좌우한다.[133] 통치계층의 성분은 결코 단순하지 않다. 국가와 황제, 엘리트와 서민, 문신과 무장, 부족

용과 독수리의 제국

과 안전, 내지와 변방, 현재와 미래 등등 각자의 입장에 따라 각자의 요구사항이 있다. 국책 결정의 최대 난제는 상이한 의견을 모아서 선후 차례를 고려하고 협의하여 일치된 행동에 도달하게 하는 것이다.

정책 결정을 연구하는 역사학자 앞에도 더욱 큰 난제가 가로놓여 있다. 정책 결정자가 마음속에 숨겨둔 의도는 짐작할 수 없다는 것이다. 이들의 말은 늘 선전과 분식으로 장식되어 있기 마련이다. 이 때문에 폴리비오스는 로마의 전쟁을 토론할 때 항상 그 까닭과 평계를 분별했다. 역사의 자료는 많지 않다. 역사학자는 정객의 고담준론도 들어야 할 뿐 아니라 이들의 행동과 선택도 주의 깊게 관찰해야 한다. 그것은 시장 경제학자들이 소비자가 돈을 어디에 쓰는지 연구하여 그들의 기호를 탐색하는 것과 같다. 역사학자는 사태의 관례를 연구하여 책략의 성향을 탐색한다.

파르티아는 아르메니아의 왕위 계승에 간여했다. 네로는 회의를 소집해서 물었다. "우리는 위험한 전쟁을 해야 하는가, 아니면 치욕적인 안정을 구해야 하는가?" 로마의 장수와 재상은 조금도 주저하지 않고 전쟁을 선택했다.[134] 한 고조가 세상을 떠났다. 흉노의 묵돌선우는 고조의 황후인 여후에게 편지를 보내 혼인을 하자고 하면서 말했다. "여러 번 변경까지 와봤지만 이제 중국에서 놀고 싶소(數至邊境, 願遊中國)." 고조의 황후는 치욕을 당한 후 대로하여 공경대부를 불러 흉노를 치자고 했다. 그러나 이들에게 설득되어 선물로 완곡하게 거절하면서 자신은 노쇠했으므로 선우께서 스스로를 더럽히지 말라고 했다.[135]

황제는 역사 문헌의 주인공이다. 역사학자는 문헌에 기록된 황제의 결심과 행동 및 그 시대와 후대의 여론을 분석하여 두 가지 보편적인 모델을 발견했다. 아우구스투스 시대의 사람은 정벌과 영토 확장에 대해 광범위하고 일치된 찬사를 보냈다. 이들뿐만 아니라 각 세대 로마인은 시종일관 좋은 황제의 전형적인 특징이 끝없는 제국을 건설하는 데 있다고 인식했다. 후세 황제는 "아우구스투스처럼 두려움 없고, 트라야누스처럼 현명하기"를 희망했다. 이 두 사람이 바로 로마제국 역사를 찬란하게 장식한 수석 정복자들이다.[136]

한 무제는 외적의 침입을 방어하며 사방으로 중국 영토를 확대했다. 아우구스투스와 트라야누스의 정벌에 비교해볼 때 흉노 격파는 더욱 필요한 자위성 전쟁이었다. 흉노는 항상 변방 주민을 약탈했고, 화친을 통해 부양을 받으며 나날이 강대해지고 있었기 때문이다. 그러나 무력 행사는 한 무제 시대의 오점이기도 했다. 이 때문에 대유학자 하후승(夏侯勝, 전 151~전 61)은 무제에게 세종(世宗)이라는 묘호를 올리는 일에 반대했다. 반고는 『한서』「무제기(武帝紀)」 말미의 찬사(贊詞)에서 무제의 문치만 찬양하고 변방 주민 보호나 영토 확장으로 이룬 공로는 한 글자도 언급하지 않았다.[137]

중국과 서양의 3대 정복자는 모두 최후에 큰 실패를 맛봤다. 한 무제는 서역에서 이광리의 군대가 거의 전멸당하는 일을 겪었고, 아우구스투스는 토이토부르크 숲에서 3개 군단을 잃었으며, 트라야누스는 메소포타미아에서 철군하도록 핍박을 받았다. 앞의 두 황제는 좌절을 겪으며 반성했다. 한 무제는 윤대의 조서를 통해 비통한 마음을 풀어내며 다른 사람이 마지막 일전의 패배를 야기했다고 원망했

용과 독수리의 제국

다. 아울러 공격에서 수비로, 무력에서 농업으로 책략을 바꿔 백성을 쉬게 하라고 명령을 내렸다.[138] 아우구스투스는 사후에 선포된 유언에 자신의 마음속 말을 남겼다. 원문은 이미 소실되었지만 타키투스의 기록에 따르면 그는 후인에게 현재 제국의 강역을 유지하는 것으로 충분하다고 말했다. 디오는 그의 경고에 덧붙여 영토를 더 확장하면 지킬 수 없으므로 제국이 어쩌면 그 때문에 기존 영토까지 상실할지도 모른다고 했다.[139]

한 무제의 조서와 아우구스투스의 경고는 비슷했지만 이와 관련된 반응은 완전히 달랐다. 무제의 조서는 흔히 「윤대에서 자신에게 죄를 준 조서(輪臺罪己詔)」라 불린다. 반고는 무제가 "지난날의 잘못에 대한 후회를 깊이 있게 진술했다(深陳既往之悔)"고 과장해서 말했고,[140] 후인은 논쟁을 할 때 이 말을 인용하여 근거로 삼았다. 적당할 때 그치라는 무제의 충고가 이후 정책 결정자에게 구속 작용을 했음은 의심할 바 없다.

아우구스투스의 유언에 대한 타키투스의 조롱과 비교해보자. "그는 미래의 위험을 두려워한 것이 아니면 후인의 공훈을 시기한 것이다." 게르마니쿠스는 여전히 정벌을 견지하며 아우구스투스의 유언을 귓전으로 흘려들었다. 하드리아누스는 트라야누스가 정복한 지역을 포기했고, 코모두스는 부친이 수행한 전쟁을 중지했다. 두 사람 모두 지탄을 받았지만 아우구스투스의 유언을 인용하여 변명하지 않았다.[141] 아우구스투스 사후 로마제국의 팽창 속도는 느려졌다. 그러나 그의 후임 황제는 어느 누구도 이 때문에 찬사를 받지 못했다. 타키투스는 심지어 티베리우스를 다음과 같이 비난했다. "로마는 절망의 심연으로 빠져들었다. 로마의 통치자는 제국 확장에 아무런 흥미도 없었다."[142]

국가의 안전은 정부의 중요 임무 중 하나다. 이에 대한 책임을 지려면 거시적인 책략을 구상할 때 정치와 군사에 대한 생각을 종합해야 한다. 종합적인 협의 능력이 부족하면 정치적 영도 과정에 박약성이 드러난다. 정책 결정에 참여하는 엘리트들은 각자가 사사로운 이익을 추구하게 마련이다. 어떻게 계획을 짜야 대가가 나오고 수익이 나오는지 또 누가 계산기를 두드리는지 봐야 한다. 황제의 가장 큰 걱정은 자신을 보호하는 것이었다. 클라우디우스는 브리타니아를 침략했다. 자신의 황제 등극 과정이 그다지 영광스럽지 못해서 빛나는 전공으로 황제 지위를 공고하게 할 필요성이 있었기 때문이다. 브리타니아가 로마 제국의 일부가 되자 이후로는 그것이 로마에 얼마나 큰 짐이 되는지 제쳐놓고 어떤 황제도 그것을 상실하는 죄를 지으려 하지 않았다.[143]

광무제는 옥문관을 폐쇄했다. 그는 서역 나라가 흉노와 맹약을 맺고 변방 주민을 살육하는데도 그것을 저지하기 위해 작은 노력도 기울이려 하지 않았다. 그는 반란을 일으켜 황위를 탈취한 후 그를 옹호한 내지의 사족과 부호를 늘 긴장된 마음으로 만족시키려 했다.[144] 클라우디우스와 광무제는 더러 당시의 유행 가치에 호소하면서 로마의 영광과 한나라 문덕을 선전 구호로 삼기도 했다. 거시적 책략을 가장 손상시킨 것은 제국 말년에 빈번하게 발생한 황권 쟁탈 투쟁과 내란이었다.

용과 독수리의 제국

지역주의는 제국의 우환이었다. 제국은 영토가 광활하다. 같은 정책이라도 지역마다 상이한 영향이 발생했고 주민의 반응도 서로 달랐다. 한나라 사대부는 흉노에 반격하려 하지 않고 양주를 포기하기에 바빴다. 그러면서 오랑캐에 맞서 변방을 보호하는 건 중원 백성을 피로하게 하고 재물을 해치는 것이므로 인덕에도 부합하지 않는다고 말했다. 상홍양은 이런 의견을 반박하며 중원과 변방은 사람의 심장과 손발에 해당하고, 중원의 인사는 변방의 수많은 전투에 의해 보호받으며 편안하게 잠을 자고 있는데도, 참혹하게 상처 입은 변방 주민을 위해 세금을 지출하려 하지 않는 것은, 인의라는 헛소리만 되뇌며 사리사욕을 추구하는 행위라고 비판했다. 조조(晁錯)는 흉노가 누차 침입했는데도 조정에서 돌아보지 않으면 변방 주민이 절망하고 적에게 투항할 것이라고 지적했다.[145]

이들의 관점으로 로마제국 말년의 편협한 관념을 비판해도 아주 정확하게 들어맞는다는 사실을 알 수 있다. 4세기에 세 황제를 보필한 총신 테미스티우스(Themistius, 317~388)는 시리아 보위를 반대하며 게르만족에게 파괴된 도시를 재건하는 일에 항의했다. "우리가 그렇게 하여 성공하고 승리했다 하더라도 시리아·트라키아·갈리아 일대에서 벗어나지 못할 것인데 그럼 이익은 오로지 그곳 사람이 가져갈 것입니다. 그러나 정부가 세금을 경감하면 제국 전체 백성이 이익을 얻을 수 있게 됩니다."[146] 이는 우후의 상투적인 말로도 몇몇 어휘를 바꿔 반박할 수 있다. 만약 적이 갈리아를 점령하면 로마시는 부역과 세금 경감 효과를 오래 누리지 못할 것이다. 역사는 비현실적인 단견이

야기한 재앙을 증명하고 있다.

진정으로 미래를 위해 기꺼이 대가를 지불할 사람은 아주 드물다. 그러나 원대한 식견은 재앙을 미연에 방지할 수 있다. 이것이야말로 거시적 책략의 중대한 책임이다. 현재를 살아가는 사람이 어떻게 미래의 이해득실을 저울질할 수 있을까? 눈앞의 이익만 살피면서 장래를 돌아보지 않다가 제국의 수명에 어떤 영향을 끼쳤을까? 게르만과 흉노가 변방의 우환거리가 된 것은 제국의 장기적인 고충이었다. 세상은 변화막측이므로 국력이 강성할 때 문제를 해결해놓지 않으면 장래에 위험이 닥쳤을 때 대처하기가 훨씬 어렵다는 사실을 몇몇 황제는 이미 알고 있었다.

제국의 장기적인 안정을 위해 아우렐리우스는 로마제국을 침략한 마르코만니족을 징벌하기 위해 노령에도 친히 원정을 나서서 군무(軍務)에 몸을 바치려고 결심했다. 한 무제도 태자에게 말했다. "내가 그 힘든 일을 맡고, 네게는 편안함을 물려주는 것도 좋은 일이 아니겠느냐?(吾當其勞, 以逸遺汝, 不亦可乎?)"[147] 이와는 반대로 테오도시우스는 로마의 여러 속주를 짓밟은 서고트족을 관대하게 처리하며 이들이 제공하는 병력 자원에만 만족했다. 광무제는 이렇게 가르쳤다. "가까운 것을 버리고 먼 것만 도모하는 자는 피로하게 일을 하면서도 공을 이루지 못하고, 먼 것을 버리고 가까운 것을 도모하는 자는 편안하게 유종의 미를 거둘 수 있다(舍近謀遠者, 勞而無功. 舍遠謀近者, 逸而有終)."[148] 그들이 눈앞의 힘을 아끼고 재산을 보호한 것을 당시 사람은 칭찬했지만 후세에는 재앙으로 작용했다. 테오도시우스의 구차한 정책 때문에 다

용과 독수리의 제국

음 세대 사람은 그리스와 이탈리아가 폐허로 변하는 참상을 목도해야
했다. 광무제가 구차하게 일시적인 안일을 탐한 정책은 보응이 비교
적 늦게 나타났다. 그러나 현대 사학자는 나중에 화베이지방이 300년
간 분열과 전란에 휩싸인 데는 광무제의 정책에 부분적인 책임이 있
다고 지적하고 있다.[149]

제7절
패권 수완

　　　　　동서양 고대인들은 모두 세계에 대한 관념을
갖고 있었다. 중국어의 천하(天下), 라틴어 orbis terrarum, 그리스어
oikumene가 그것이다. 진시황은 "천하를 평정하고, 해내를 군현으로
만들었으며, 법령을 한 곳에서 나오게 했다(平定天下, 海內爲郡縣, 法令由
一統)".[150] 이후로 정치적 통일은 역대 왕조의 변함없는 이상이 되어 여
러 번 분열된 중국을 다시 결합할 수 있게 해주었다. 서양에서는 아시
리아, 메디아(Media), 페르시아, 마케도니아, 로마 등과 같은 일련의 제
국을 경험했다. 제국이 계속 이어진다는 관념하에서 로마인은 스스로
전 지구를 제패했다고 일컬었다. 이들이 만든 기념상과 은화에는 로
마의 여신이나 아우구스투스 황제가 지구를 밟고 있는 모습이 새겨져
있고, 그것이 나중에는 지구를 손에 들고 있는 모습으로 바뀌었다.[151]
어떤 사람은 현대 용어를 고대 형상에 적용하여 당시 사회를 '로마문
화의 글로벌화'라고 부른다.[152]

각종 '천하'라는 과장된 용어가 유행했지만 사람들은 모두 변경 밖에 또 다른 광대한 영역이 존재하고 있음을 인정했다.[153] 그들은 절대권력(imperium)을 '권력'과 '영토'로 의미를 분별했다(제4장 1절 참조). 로마제국과 진·한황조는 광대한 제국과 끝없는 패권을 지향했다. 제국에는 변경이 있었다. 로마제국은 바다, 사막, 큰 강을 경계로 삼았다. 당시에 양국 원수는 흔히 국경으로 삼는 다리 위나 배 위에서 만났다. 예를 들어 로마제국 황제 발렌스와 서고트 추장 아타나리크는 다뉴브 강 배 위에서 회견했다.[154] 중국 북방에는 자연의 표지가 없어서 중국인은 장성을 쌓았다. 한 문제는 흉노에게 보낸 서찰에서 이렇게 말했다. "장성 이북의 활을 당기는 나라는 선우의 명령을 받들지만, 장성 이내의 관대(冠帶)를 한 여러 왕실은 짐이 또한 통제합니다(長城以北引弓之國受令單于, 長城以內冠帶之室, 朕亦制之)."[155]

제국 통치자는 자신의 변경이 고정적이지도 않으며, 또 자신의 세력과 영향력을 멀리까지 전파하는 데 장애가 되지 않는 것으로 보았다. 주나라 때는 오복(五服)[156] 제도가 있어서, 다섯 겹의 강역이 물결처럼 동심원을 그리며 멀리까지 퍼져나가는 것으로 상상했다. 봉건적인 세부 항목을 제외하면 대체로 세 가지 층위로 구분할 수 있다. 그 중심이 바로 주나라 천자가 직접 통치하는 왕기(王畿)다. 그 바깥으로 주나라 천자가 간접적으로 통치하는 제후국이 있고, 다시 그 바깥으로 주나라 천자가 통치한다고 과장하지만 사실은 통치력이 미치지 못하는 이민족 지역이 있었다.[157]

현대학자는 이 세 가지 동심원을 다음과 같은 도형으로 나타냈다

[그림 5]. 서구 학자는 이와 똑같은 도형을 사용하여 로마제국 권력구조를 표시했다.[158] 한나라 초기에는 다시 봉건제도를 시행했고, 로마제국에서도 각 독립국을 복속시키면서 제국의 내부에 수많은 부용 왕국의 존재를 허용했다. 이 때문에 간접 통치 영역이 매우 넓게 표시되었다. 정권이 공고해짐에 따라 이런 왕국은 점차 동화되거나 소멸되었다. 마지막에는 제국이라는 하나의 시스템만 남아서 중앙정부의 직접 통치를 받았다. 한 무제는 이렇게 공언했다. "사해 내에 군현이 아닌 곳이 없고, 사방팔방의 오랑캐가 모두 조공을 바치러 온다(四海之內 莫不爲郡縣, 四夷八蠻咸來貢職)."[159] 뒤 구절은 새로운 번속국이 제국 변방에 출현했음을 나타낸다. 그러나 간접 통치의 고리는 전혀 소실되지 않았고 다만 범위가 매우 축소되어 제국의 껍질 역할만 하게 되었다 [그림 5].

황조와 제국이 성숙했을 때의 세계질서는 아주 모호한 세 정치지

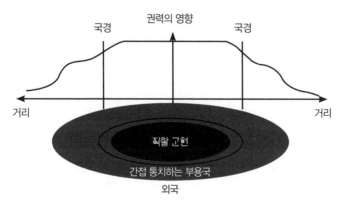

[그림 5] 제국의 정치구조와 권력의 영향

대, 즉 내지·변방·외국으로 구분된다. 내지는 군현이나 속주로 나뉘고 중앙에서 수령이나 지사를 파견한다. 변방은 광활한 지대인데 국경 안팎으로 연장된다. 여기에는 내지의 정치체제와 동일한 변방 군이나 속주가 포함되고, 또 각종 간접 통치를 위한 특설 기관·부속 왕국·복속 부족도 포함된다. 변방 밖의 무궁한 지역은 제국과 교섭이 밀접하지 않지만 더러 영향을 미치려고 여러 가지 시도를 하기도 한다. 제국은 어떻게 외국과 관계를 유지했을까? 또 어떻게 변방 속국에 대한 통제를 강화하여 내지에 동화되게 했을까? 이런 것들이 제국의 패권적 수완이며 권모술수다.

불평등은 제국 국제관계의 특징이다. 문화적 소양이 높고 경제적 실력이 강한 것으로 자부하는 초강대국이 인구가 희박하고 빈궁하고 낙후된 약소국을 압박해오면, 이민족 약소국은 실력의 현격한 차이 때문에 본래 용맹하고 호전적이더라도 제국을 전복할 수 없다. 강대국 입장에서 이들은 혐오스러운 이웃 나라에 그치지 않는다. 이들이 자주 국경 안으로 침입하여 변방 주민을 해치며 불안에 떨게 하기 때문이다. 제국은 이들을 패배시킬 수는 있지만 섬멸할 수도 없고 효과적으로 통치할 수도 없다. 그들은 풍속이 달라서 동화시키기가 어렵기 때문이다. 변방의 우환을 방어하기 위해 제국은 이들과 불평등 관계를 맺고, 군사력을 배경으로 전쟁 이외의 다양한 활동, 즉 정치적 전복, 외교적 농락, 경제적 통제, 심리적 압박 등의 활동을 전개했다.

심리전은 중국 병법에서 상책으로 친다. 손자는 말했다. "백 번 싸워 백 번 이기는 건 상책 중의 상책이 아니다. 싸우지 않고 적의 군사를 굴복시키는 것이 상책 중의 상책이다(百戰百勝, 非善之善者也. 不戰而屈人之兵, 善之善者也)." 세상에 어떻게 싸우지 않고 온전한 승리를 거두고 이익을 모두 쟁취할 수 있을까? 당나라 가림(賈林)은『손자병법』주석에서 그중 한 가지 방법을 제시했다. "군대의 위력을 멀리까지 떨치면 모두가 달려와 항복하는데, 이것이 상책이다(兵威遠振, 全來降伏, 斯爲上也)."[160] 기원전 135년 민월(閩越)이 협약을 위반하고 남월(南越)을 침범했다. 한 무제는 회남왕의 반대에도 불구하고 군대를 보내 위력을 보였다. 성공한 후 그는 사람을 보내 회남왕에게 유시했다. 황제는 "변경으로 두 장수를 보내 병력을 주둔시키고 위엄을 과시하며 그 고을에 고함소리가 진동하게 했다. …… 이 한 가지 조치로 병사 한 명의 예기도 꺾지 않고, 병졸 한 명도 죽이지 않았다. 그러나 민왕(閩王)은 죄를 자복했고, 남월은 황제의 은택을 입었다. 황제의 위엄이 포악한 왕을 떨게 했고, 위태로운 나라에 의리가 존재하게 했다(遣兩將屯於境上, 震威武, 揚聲鄕 …… 此一擧, 不挫一兵之鋒, 不用一卒之死, 而閩王伏辜, 南越被澤, 威震暴王, 義存危國)."[161] 적을 살상하는 능력을 분명하게 갖고 있지만 사용하지 않고 자제하면서 보는 사람으로 하여금 경외심을 품게 하는 것이다. 현대적 전술 용어로는 이것을 위협이라고 부른다. 가장 유명한 사례가 바로 20세기 냉전시기 미국과 소련의 핵 위협 전략이다.

"로마인은 위협의 교묘한 이치를 깊이 알고 있었다." 이 말은 현대 군사학자가 내린 평가다.[162] 한나라에 비해 그들의 수단은 훨씬 강경했다. 어떤 학자는 로마공화정과 로마제국에서 다량의 사례를 제시하며 결론을 내렸다. "공포를 위협 수단으로 삼는 전략은 어떤 집정관이나 황제의 개별 발명품이 아니라 로마의 전통적인 수단이었다."[163] 과감하게 항거하는 사람에 대해서 로마는 꼭 신속하게 보복하지는 않았지만 조만간 보복하기 마련이었다. 보복을 할 때는 잔인무도하여 일말의 사정도 봐주지 않았고, 사후에는 더욱 대대적으로 선전했다. "사람에게 공포심을 심어주려 했다"는 것이 폴리비오스가 로마의 흉악한 학살 이유를 해석하면서 내린 결론이다. 타키투스는 성을 포위한 로마 군대가 적의 투항을 받아주지 않고 모든 시민을 깡그리 학살하면서 "그 근처의 모든 사람에게 겁을 줬다"라고 묘사했다.[164]

공포전술은 북쪽 영토 밖의 게르만족에도 유효하게 적용되었다. 대체로 한 세기에 네 차례 정도 로마 군단은 그 외진 땅으로 침입했다. 순종하지 않는 사람을 모두 죽이고 물자도 남김없이 약탈했다. 암미아누스는 이런 전쟁을 기록하며, 계획적으로 시골로 가서 손에 바늘 하나 들지 않은 백성을 학살하여 모든 평민에게 공포심을 조장한 경우도 적지 않았다고 했다. 공포의 만행이 끝난 후 로마는 야만인 왕을 강제하여 불평등조약에 서명하게 했다. 일반적으로 이들을 굴복시켜 한 세대 동안 고분고분하게 말을 듣도록 할 수 있었다. 이런 방법으로 로마는 적지 않은 부담을 덜 수 있었다.[165]

중국과 로마는 각각 자신의 도덕과 문화가 특히 우월하여, 마치 밝은 등불을 켜놓은 것처럼 이민족이 자동으로 중국화되거나 로마화된다고 믿었다. "덕을 밝혀야지 무력을 자랑해서는 안 된다(耀德不觀兵)"라는 것이 유가의 이상이다. 현실적인 사람들은 덕과 위엄을 함께 거론했다. 예를 들면 장건은 무제에게 "풍속이 다른 민족을 오게 할 수 있어서 위엄과 덕을 사해에 두루 펼칠 수 있게 됩니다(致殊俗, 威德遍于四海)"라고 권유했다. 반용은 "교위를 두는 것은 위엄과 덕을 두루 펼쳐서 중원으로 향하는 서역 각국의 마음을 잡아두고, 호시탐탐 침략을 엿보는 흉노의 마음을 흔들기 위한 것입니다(置校尉者, 宣威布德, 以系諸國內向之心, 以疑匈奴覬覦之情)"라고 했다.[166] 강온 양면책으로 그는 몇백 명의 군사만 거느리고 흉노에 맞서 서역의 안전을 지켜냈다. 중국인은 예악에 근거한 교화를 강구하며 이민족을 변화시킨다. 토착민을 개화시키고 문명을 전파하는 것이 로마제국과 19세기 제국주의가 자임한 사명이었다. 중국인은 천명을 숭상했고, 로마인은 그들의 성곽 위에 성스러운 빛이 덮인다고 생각했다. "로마제국의 정치질서, 법률구조 및 그리스 로마 문화는 전부 하느님의 뜻이다. 하느님이 다신교의 최고신이든 기독교의 창조주든 막론하고 그의 뜻은 일련의 제도와 문화를 이용하여 인류를 최고의 경지에 도달할 수 있게 한다."[167]

도덕과 교화를 선전하는 건 제국의 우월감을 과시하기엔 가장 좋지만 외국인을 훈도하는 효과는 그리 크지 않다. 찬란한 제국이 많은 사람을 유혹한 건 의심할 바 없다. 그러나 아마도 다수인이 흠모한 건 제국이 자랑하는 도덕이나 정치가 아닌 듯하다. 응소의 지적에 따르면 선비족은 신의에 구애되지 않고 오직 변경 관문의 시장에 와서 "중국의 진귀한 물건만 가지려 했지 위엄을 두려워하거나 덕을 흠모한 건 아니었다(苟欲中國珍貨, 非爲畏威懷德)"라고 한다.[168] 타키투스는 로마 문화에 훈도된 브리티니아 토착 세력을 이렇게 묘사했다. "그들은 타락의 수렁으로 떨어지는 빈둥거림, 목욕탕, 성대한 잔치에 유혹되었다. 그들이 문명이라고 부르는 것은 기실 그들의 발에 채운 족쇄의 일부분이었다."[169]

홍성하는 경제와 풍부한 물질이 제국의 흥행 상표였다. 야만인 혹은 유목민은 제국과의 교역을 바라거나 심지어 반드시 필요로 했다. 제국도 가능한 대로 경제적 우세를 이용하여 통상 권익을 정치적 보상으로 삼았다. 로마제국에서는 야만인이 지정된 몇몇 도시에서 장사하는 것만 허용했다. 그러나 특별한 공로가 있는 사람에게는 때때로 제한을 낮춰주며 은혜를 베풀기도 했다.[170] 한나라에서도 변경 백성의 시장 활동을 허용했고, 아울러 지정된 시간과 장소에서 대형 관문 시장을 열어서 각지 상인을 흡수했다.[171] 상품이 먼 곳까지 유통되어 외국 경제에 스며들자 제국에 의존하려는 마음이 커져서 이들을 제국의 세력권으로 끌어들일 수 있게 되었다. 외국의 군사적 편의를 막기 위해 동서 제국은 모두 전략물자, 특히 철과 무기 수출을 제한했다. 그러나 관리의 감시가 소홀해지면 탐관오리의 사리사욕에 편승한 거래를 막기 어려웠다. 그것은 동한의 채옹(蔡邕, 133~192)이 말한 바와 같다. "관문이 삼엄하지 못하자 금지망에 구멍이 많이 생겨서 정련한 금속과 좋은 쇠가 모두 적의 소유가 되었다(關塞不嚴, 禁網多漏, 精金良鐵皆爲賊有)."[172]

물질로써 탐욕을 부추기고 재물로써 경외심을 자극하는 것이 바로 제국 외교의 심리적 수완이었다. 아타나리크는 콘스탄티노플로 와서 눈앞에 펼쳐진 거대한 성벽과 번화한 시장을 보고 깜짝 놀라서 소리쳤다. "로마 황제는 틀림없이 하늘의 신이다! 누구라도 그에게 대항할 생각을 한다면 틀림없이 죽을 것이다."[173] 그는 평생토록 로마와 대적했고 그가 영도한 고트족은 3년 전에 하드리아노플에서 로마군에 대승을 거두고 발렌스 황제를 죽였다. 그러나 그는 이와 같이 방대하고 튼튼한 세력과 대항하여 요행으로 1승을 거뒀다 해도 그건 대세에 아무 영향이 없음을 깨달았다. 10여 일 후 그는 비탄에 잠겨서 죽었다. 부분적으로 외국인에게 이러한 식견을 심어주기 위해 한 무제는 서역으로 사신을 파견할 때 그들의 답방을 요청했다. 이 또한 "그들로 하여금 한나라를 살펴보게 하여 한나라의 광대한 규모를 알게 하려는" 조치였다.[174]

고대의 국가 외교는 대사관 설치가 아니라 사신의 왕래를 통해서만 이뤄졌다. 동서 제국은 모두 사신을 아낌없이 예우했고, 아울러 사신에게 많은 것을 과시하며 외국의 탄복을 이끌어내려 했다. 아우구스투스는 『공훈록』에서 사신을 파견한 외국을 열거했는데, 가장 먼 나라는 인도였다.[175] 한나라에서는 여러 번의 통역을 거쳐서 외국 사절이 오면 영광으로 생각했다. 즉, 변방의 관문에 아주 먼 나라에서 손님이 오면 몇 번의 통역을 거쳐서야 서로 말을 알아들을 수 있다는 것이다. 황제는 외국 사신이 바치는 것을 조공으로 여겼고, 자신이 선물하는 것은 포상으로 생각했다. "기미(羈縻)의 의리는 예의상 답례를 하지 않을 수 없다. 꽤 후한 포상을 하는데 그것은 대략 그들이 바친 공물에 상당하는 것이었다."[176] 대규모 증정품 왕래는 정부를 거쳐서 진행되는 일종의 경제교역이었다.

외교적 예의로 볼 때 서로 왕래하며 국제 지위가 평등하다는 것을 나타내는 것이 관례라면 로마는 한나라에 비해 자존망대하는 경향이 강했다. 로마는 사신을 거의 파견하지 않았기 때문이다. 로마 황제는 직접 정벌에 나서는 것이 관례여서 번속국 국왕과 얼굴을 마주보고 담판을 했지만 그런 기회가 많지는 않았다. 이 밖에 하급군관을 파견하여 질책과 징계를 전하는 일을 제외하고는 이들이 서로 사신을 통해 외교를 진행했다는 증거는 거의 없다.[177] 이와는 반대로 서한은 적극적으로 서역에 사신을 파견하여 동맹을 맺으려 했다. "기미 관계를 맺고 그 관계를 끊지 말라(羈縻勿絶)"는 구절에는 항상 교류와 대화를 유지하라는 의미도 포함되어 있다. 즉, 관계가 어려워졌다고 적대적으로 대하며 관계를 끊어서는 안 된다는 뜻이다. 기원전 119년 사막을 건너 전쟁을 한 후 서한과 흉노는 10여 년간 냉전 상태에 빠져 있었다. 비록 피차 관계가 어려웠지만 사신 왕래를 끊지 않았다.[178] 안타깝게도 이런 개방적인 흉금은 오래 지속되지 못하고, 동한 시대에 이르러 걸핏하면 옥문관을 폐쇄하자는 유생의 쇄국 심리로 대체되었다.

한나라와 로마제국 북방의 유목민 또는 야만인은 종족·문화·부락이 모두 매우 복잡했다. 지위가 흉노의 선우나 게르만의 대왕처럼 높은 사람도 휘하의 수많은 귀족, 전사, 추장을 위무하기 위해 진력해야 했다. 이들에게는 또 기타 유목민이나 야만인과 같은 외적도 있었다. 이 적들에 대해 동서 제국의 고수들은 이들을 이간질하고 분열시켜 격파하려 했다. 제국은 더러 일부 부족과 연합하여 다른 부족을 공격하기도 했고, 더러는 적국 안의 모 당파와 내통하여 적국의 국정을 전복하기도 했으며, 더러는 외국 인사를 모집하여 황군에 편입하기도 했다. 이 세 가지 수단은 모두 금전의 마력과 관련되어 있다.

한나라가 흉노를 복종시킬 수 있었던 건 흉노의 내란과 분열에 힘입은 바 크다. 그들은 이이제이의 방법으로 남흉노·오환·선비를 매수하여 북흉노를 토벌했다.[179] 로마 황제 드루수스는 이익으로 게르만족을 유혹하여 서로 싸우도록 하는 데 뛰어났다. 아우구스투스 시대에 마르코만니는 다뉴브강 북쪽에서 최강국이었다. 이 부족의 국왕은 토이토부르크에서 대패한 로마의 위기를 이용하려 하지 않았지만 이런 우정도 부하의 반란을 선동한 로마의 계략을 막을 수는 없었다. 트라야누스 시대에 이르러 마르코만니 국왕은 이미 로마의 지원금에 의해 살아가는 허수아비로 전락했다.[180]

변경 안팎에서 제국은 각양각색의 왕국과 부족을 받아들이고 그 수령과 귀족을 책봉하여 군신으로서의 복속 관계를 드러낸다. 로마 황제는 부속 국왕에게 왕관을 수여했고, 한나라에서는 인수(印綬)를 수여했다. 이러한 신표는 매우 뚜렷하게 제국이 그들의 배후임을 상징하고 그 신표를 몸에 찬 사람의 권세를 강화해준다. 책봉 받은 속국에는 두 가지 기능이 있었다. 첫째, 제국의 뜻에 따라 본국 백성을 통치하는 것이다. 둘째, 제국을 위해 더욱 먼 곳의 부족을 방어해주는 것이다. 제국은 부분적인 행정과 군사적 책임을 이들에게 부여하고 제국을 돕는 답례로 삼는다. 이는 모든 일을 제국이 직접 처리하는 것보다 훨씬 경제적인 정책이라 할 만하다. 그러나 동서양을 막론하고 제국은 번속국을 불신하고 왕의 친척을 인질로 삼곤 했다. 인질로 잡혀간 젊은 자식은 제국의 문화적·물질적 훈도를 받아 나중에 나이 들어

귀국하여 권력을 잡으면 더욱더 제국에 순종적인 왕이 되기 쉽다.[181]

변방은 빈곤하고 척박하여 물자가 그다지 풍부하지 않다. 제국이 번속국에서 착취하는 것 가운데 가장 중요한 대상은 인력, 특히 병력이다.[182] 게르만족은 개별적으로 일찍부터 로마 보조군에 응모했다. 그것은 마치 호족(胡族)들이 한나라의 모병에 지원한 것과 같다. 호족과 강족에 대한 제국의 통제 강화에 따라서, 그리고 자기 국민은 군대에 가려고 하지 않음에 따라 모병 숫자가 날이 갈수록 더욱 늘어났다. 아우렐리우스는 다뉴브강 북쪽의 사르마트족을 격파한 후 그곳 기병 5,500명을 뽑아 브리타니아로 파견했다.

동한에서는 강족 기병을 징발하여 서역으로 보냈다.[183] 여러 부족 입장에서는 강제로 원정에 동원되는 것이 가장 큰 폭압이었고, 항상이 때문에 반란을 일으키곤 했다.[184]

번속국은 제국의 변방에 위치하여 비교적 안정적인 완충지대 역할을 했다. 제국은 은혜를 베풀며 금전은 지원했지만 그 이유는 상황에 따라 달라지기도 했다. 제국이 강성하고 패권이 튼튼할 때는 경제 원조와 병무 보상, 그리고 각종 지원금을 당당하게 지급했다. 제국의 패권이 위기에 처했을 때는 적에게 뇌물을 먹이고 잠시 숨을 돌리는 의미에서 벗어나지 못했다. 동한이 남흉노와 서비족에게 갈수록 많은 황금, 식량, 비단을 제공한 것이 바로 이와 같은 부류에 속한다. 로마 후기 많은 황제가 게르만 추장에게 예물을 증정했다. 그 후임들이 어느 날 강대해져서 예물을 중지하면 그것을 수치로 생각했다. 더욱 좋지 않은 사례는 서한 초에 흉노와 화친한 일과 로마제국 말기에 훈족에 대응한 일이었다. 허약한 제국은 거액의 보호비를 굴욕적으로 헌납한 대가로 흉노와 훈족의 침략을 모면했을 뿐이다.[185]

번속국은 내정이나 심지어 군사조직에서 상당한 자치권을 유지했다. 특징적인 이런 결과는 지역에 따라 달랐다. 이 때문에 한나라에서는 외신(外臣)과 번신(藩臣)의 구분이 있었다. 전자는 멀리 떨어져 있는 지역인데, 멀리서 미약하게 통제하는 것으로 그쳤다. 후자는 변경이나 변경 바로 안쪽에 있는 지역으로 비교적 엄격한 관리를 받았다. 서한은 처음 흉노를 격파했을 때 투항한 흉노를 다섯 속국으로 나눠 속국도위(屬國都尉)를 설치하여 다스렸다. 또 오환을 흉노 옛 땅으로 이주시키고, 호오환교위(護烏桓校尉)를 설치하여 이들이 흉노와 교류하지 못하도록 감찰했다.

동한도 유사한 특별 행정기구를 설치하여 변경 안에 거주하는 남흉노를 관리했다. 흉노중랑장(匈奴中郎將) 아래에도 관청과 부속 관리를 두었다. 흉노중랑장은 또 2,000 기병과 500 보병을 거느리고 선우를 감시했다.[186] 이상적으로는 변경 안에 거주하는 부족의 중국화가 나날이 심화되면서 점차 군현 통치와 똑같게 되어야 했다. 그러나 실제로는 그 과정이 너무 완만했는데, 그것은 부분적으로 '옛 습속에 의지하고' '그들 속으로 깊이 들어가서 통치를 하지 못하고' '이이제이'의 기미정책을 시행했기 때문이다. 동한 때 남흉노의 용맹한 군사 5만은 변경 내에서 부락과 조직을 유지하며 유목생활을 했다. 비록 통제는 받았지만 300년 후에 그들은 다시 분발하여 독립국을 세웠다.[187]

로마제국에서는 줄곧 소규모 이민만 허용하며 이민자들을 더러는 노예로 팔기도 하고 더러는 로마 군관이 거느리는 군대에 편입하여 조금이라도 규정에서 벗어나면 바로 격살했다. 376년 정책을 바꿔 서고트족을 국경 안으로 들여놓았다. 그러나 그들을 관리할 대책이 없어서 큰 재앙을 키웠다. 단순히 서고트족과 맺은 조약만 살펴보면 382년 테오도시우스가 내세운 내용과 369년 발렌스가 내세운 내용은 큰 차이가 없다. 그러나 지난번 서고트족은 다뉴브강 변경 밖에 있었지만 지금은 이미 강을 건너 변경 안으로 깊이 들어와 있는 상황이었다. 환경이 달라짐으로써 그들에 대한 로마제국의 억지력은 천양지차를 드러내게 되었다.

테오도시우스의 구차한 조치는 모든 선례를 위반했다. 서고트 연맹에서는 2만 전사가 가족을 데리고 자손을 늘릴 수 있었다. 이들은 입경 후에 이미 한 차례 반란을 일으켜 수많은 사람들을 죽인 적이 있다. 로마 정부는 이들의 내정에 자주권을 부여하고 무장을 보장했다. 그리고 이들을 맨손의 로마 백성과 이웃해서 살게 하면서도 감독관조차 두지 않았다. 그러므로 이들이 20년도 지나지 않아 다시 반란을 일으킨 것도 이상한 일이 아니었다.[188]

몇백 년 세월 동안 한나라와 로마제국은 각각 참을성 있게 번속국을 양성하고 봉제를 강화하면서 이들을 제국 변방의 일원으로 만들었다. 그러나 오랑캐로 오랑캐를 제압하고 다스리는 건 늘 위험한 일이었다. 번속국도 결코 꼭두각시가 아니었기 때문이다. 이들과 제국은 서로를 이용하며 각자의 나라를 부강하게 만들었다. 호랑이를 키워서 호위를 맡기다간 호랑이에게 물릴 위험에서 벗어나기 어려운 법이다.

제8절
변방 방위

        신병들이 황량한 대지를 전진하다가 목격한 것은 전사의 외로운 무덤이었다. "당신이 땅 끝에 도달했다고 생각하는 순간 당신은 동쪽에서 서쪽으로 시야가 닿는 곳까지 푸른 연기가 줄줄이 피어오르는 광경을 목도할 것이다. 그 아래로 역시 시야가 닿는 곳까지 지형에 따라 높아졌다가 낮아지기도 하고, 숨었다가 드러나기도 하면서 변방의 보루가 길게 이어지고 있다. 아! 장성이다!" 브리타니아(영국)를 가로지르는 하드리아누스 장성이다. 이 인용문은 로마 변방 수비대에 대해서 영국인이 20세기 초에 쓴 소설의 한 단락이다.[189] 8세기 전반기 당나라가 한나라의 웅대한 기풍을 다시 드날릴 때 왕지환(王之渙, 688~742)은 양주를 다음과 같이 읊었다.

黃河遠上白雲間,	황허는 멀리 흰 구름 사이로 오르는데
一片孤城萬仞山.	만 길 산 위에는 한 조각 외로운 성
羌笛何須怨楊柳,	강족 피리로 양류곡 불며 원망할 필요 있으랴
春風不度玉門關.	봄바람은 옥문관을 넘어오지 못하는데.

  황량한 느낌에서 낭만적 느낌까지, 변방은 나그네에게 무궁무진한 감상을 선사한다. 변방 거주 수비대에도 자신만의 생활이 있다. 단조롭기는 해도 격렬한 전쟁 때보다는 지내기가 편하다. 광활한 변방에는 보루·관문·창고·군사도로가 가득하다. 좁다란 방어선은 울퉁

불퉁 이어지고 그중의 초점은 국경으로 집중된다. 중국의 요새(塞)와 로마의 리메스(limes: 국경, 장성)가 그것이다.[190] 이곳은 국가의 정규 행정 구역임이 분명하지만 국가의 세력이 밖으로 뻗어나가는 걸 제한하는 곳은 아니다.

변방은 꼭 전략적으로 수비만 하는 곳은 아니다. 그곳은 전투를 위해 출정하는 군대의 집결처가 될 수도 있다. 침략은 경솔함과는 다르다. 중국인은 로마인과 마찬가지로 조심스럽고 신중하게 불패의 방법을 추구했다. 손자는 "전쟁을 잘하는 사람은 먼저 적이 승리할 수 없게 만들어 놓고 내가 승리할 수 있는 때를 기다린다(善戰者, 先爲不可勝, 以待敵之可勝)"라고 말했다.[191] 이런 사상은 로마의 군영에서도 구현되었다. 로마 군단은 출정해서 매일 장거리 행군에 지친 후에도 세 시간을 들여 참호와 초소가 완비된 군영을 완성했다. 행군 속도에 지장을 줄지언정 적국에서 군사들이 편안하게 잘 수 있도록 보장한 것이다. 군영 공사는 침투 전략 중 방어전술의 일환인데, 그것은 돌격대 전사의 든든한 방패와 같다. 현대 군사가는 로마제국을 거대한 군영으로 간주했고, 고대 역사가는 로마의 국책이 기본적으로 침략성을 띠고 있다고 인식했다. 이 두 가지 관점은 그다지 다른 것이 아니다.[192]

어떤 국책이든지 막론하고 변방에는 적의 소규모 약탈을 방지하고 변방 주민의 안전을 보위할 기본적인 방어 임무가 주어져 있다. 그것은 대규모 전투를 방지하기 위한 것이 아니다. 예를 들어 제2차 세계대전 중 프랑스의 마지노(Maginot) 방어선에서 드러난 것처럼 길고 긴 경계를 조용히 수비만 하는 건 전략적 기능에서도 효과가 크지 않다.

용과 독수리의 제국

나라의 운명을 건 큰 전쟁에서 만약 정치적 외교적 해결이 실패했다면 먼저 기선을 제압하거나 기민하게 반격하는 것이 비교적 효과적이다.

그러나 국토 점령을 목표로 하는 대규모 공격을 피하는 것만으로는 변방 주민의 안전을 결코 보장할 수 없다. 왜냐하면 약탈과 살육에 뜻을 둔 소규모 침략도 있기 때문이다. 흉노의 연맹은 느슨했고, 게르만 부락은 더더욱 긴밀한 조직이 부족했다. 추장 한 명이 거느린 약탈 부대가 빈번히 변경을 기습했다. 몇천 명 군사만으로도 무방비 상태의 변방 마을을 충분히 유린할 수 있었다. 기습을 저지하고 적어도 변방의 손해를 줄이는 것이 제국 변방 수비의 목적 중 하나가 되어야 했다.[193]

변방을 효과적으로 방어하려면 요새 내외에 충분하게 전술적 깊이를 갖춰야 한다. 외적에 대항하는 정책에 황조와 제국은 국력을 쏟아 부었다. 각종 방법으로 조성한 위협으로 인해 가장 경솔한 추장도 세 번을 생각한 후 약탈에 나서야 했다. 침략을 결심한 자는 번속국이 쳐놓은 1차 방어선과 마주해야 했다. 설령 번속국에서 반격에 나서지 않더라도 침략자는 장거리 행군을 거쳐 광활한 완충지대를 건너야 했다. 말의 속도는 봉화의 속도를 따라가지 못하는 법이다. 그들이 변경에 당도했을 때는 방어군이 이미 경보를 듣고 완벽하게 준비를 해놓은 상태이므로 약탈을 자행할 방법이 없고, 또 다음에도 침략에 나설 수 없다.

제국은 변방의 군과 속주를 운영했다. 변방 지역은 발달한 내지와 낙후된 외국 사이에 끼여 있고, 보통 비교적 생활이 궁핍하고 인구도 적어서 내지의 지원이 없으면 단독으로 보루의 수비를 담당하기가 어렵다. 수많은 변방군은 지리와 경제뿐 아니라 정치적으로도 내지와 큰 차이가 있다. 이들은 새로 정복된 주민으로 겨우 안정을 얻은 상태라 적지 않은 사람이 변방 밖 원주민에 대해서 친밀한 감정을 갖고 있기 마련이다. 이 때문에 변방군을 튼튼하게 건설하는 것이 국책 사업의 우선 항목에 속했다. 서한과 로마는 제국 건설 전반기에 이 일 수행에 적극적이었다.

로마제국은 이 임무를 군부에 부여했다. 황실 상비군 30만에서 64만 5,000명은 거의 평생토록 복역하며 평민사회와 떨어져 살았다. 제국의 영역이 넓게 확장되자 군대도 마침내 기지를 공고하게 건설하고 주둔했다. 그중 3분의 2는 라인강과 다뉴브강을 따라 기지를 건설했다. 이들에게 공급하기 위해 다량의 물자가 지중해에서 북유럽으로 체계적으로 수송되었다. 봉급이 넉넉했던 병사는 소비 수준도 높아서 군영 곁으로 이민자가 모여들었다. 로마제국은 초기에 직업군인의 결혼을 금지했으나 병사는 관례대로 여자를 얻어 아이를 낳았다. 퇴역군인은 땅을 받아서 대부분 복무지 근처에 정착했다. 이들의 아들도 모병에 응하여 군인이 되어 대대로 같은 생활을 했다. 황군은 변방을 발전시킨 주요 역량이었고, 군사기지는 유럽 대도시의 시조였다. 런던·쾰른·본·마인츠·빈·부다페스트·베오그라드 등이 모두 군사기지의 후신이다.[194]

로마제국 전반기 두 세기 동안에는 군사적 공격력에도 여유가 있어서 소규모 약탈을 걱정하지 않았으며 오히려 게르만족이 로마의 위협에 공포를 느꼈다. 3세기 이후 공수가 바뀌어서 수비를 위한 장거리 방어선이 제대로 건설되지 않아서 라이티아 속주의 방어벽은 적의 공격을 받고 붕괴되었다. 본래 한 지점을 수비하는 것이 방어선 전체를 수비하는 것보다 효과적이어서 변방 고을에서는 분분히 성벽을 쌓고 보루를 건설했다. 일반적으로는 현지인이 주도해서 상이한 노력과 상이한 설계로 방어 거점을 쌓았다. 다만 갈리아의 성곽과 보루 건축에는 동일한 표준이 적용되어서 통일 제국의 계획을 잘 보여주고 있다.

게르만족은 성을 공격할 줄 몰랐다. 각 보루는 수비의 근거지 겸 운행의 통로여서 자급자족하며 서로 지원하고 의지했다. 수비병은 적은 병력으로 많은 적에 저항할 수 있고 외부 지원군과 연합하여 반격을 할 수도 있으며, 혹은 적이 계속 깊이 들어오면 그 배후를 공격하여 퇴로를 끊을 수도 있다. 그럼 황군 주력군은 전략적으로 강대한 후방 부대가 되어 민첩하게 침략자를 포착하여 섬멸할 수 있다. 이처럼 요새와 보루는 후방의 기동부대와 협력하여 효과적인 종심 방어 전략을 구사할 수 있다.[195]

서한 징병제의 주력군은 복무 기간이 1년인 윤번제 군사였다. 한 무제가 흉노를 칠 때 특별히 훈련시킨 기병은 예외였다. 흉노에게 승리한 후 북쪽 강역은 돈황에서 요동까지 이르렀다. 그런데도 변방을 수비하는 봉화대 관리와 병졸은 수천 명에 불과했다. 호한야가 투항한 후에는 다시 20퍼센트 정도 줄였다. 강역이 변경까지 이어진 장액군은 도위 셋이 겨우 수백 명의 병졸만 거느렸다.[196] 이런 『한서』의 기록은 근래 출토 문건으로 증명이 되었다. 출토 문건을 정리한 학자들의 통계에 따르면 서북 전선 전체 수비군의 숫자는 대략 3,250명 정도였다고 한다.[197] 동한 시대에 군사 훈련을 폐지한 이후에는 병사를 모집해도 싸울 능력이 없어서 대부분 모병 병사와 감형 받은 죄수 출신 병사에 의지해야 했다. 임시로 모집하는 병사 이외에 황조 상비군은 겨우 1만 명 내외였다. 동탁이 낙양으로 끌어들인 변방 군사는 보병과 기병을 합쳐서 모두 3,000명에 불과했다. 그는 원근 사람들을 위협하기 위해 저녁에 몰래 다시 성을 나서서 군사를 늘린 후 수많은 깃발을 크게 휘날리고 북을 치며 입성했다.[198] 이런 소규모 수비병으로도 변방을 보위할 수 있었다. 현지 주민의 적지 않은 도움이 있었기 때문이다. 이들은 로마 변방의 주민보다 훨씬 적극적이었다. 한나라의 변방 방어는 사회조직에 편중되어 있었고, 로마의 변방 방어는 군사력에 편중되어 있었다. 여기에서도 용과 독수리의 상이한 성격이 드러난다.

변방을 충실하게 하기 위해 서한에서는 끊임없이 내지 주민을 변방으로 이주시켰고, 이에 적지 않은 빈민과 이재민이 변방에서 새로운 생활을 찾았다. 한나라 초기 조조(晁錯)의 제의에 따르면 변방 이주를 지원하는 사람은 온 집안이 세금 면제를 받았고, 이 밖에 땅·집·농기구를 배급받았고, 심지어 아내까지 얻을 수 있었다. 아울러 옷과 식량도 공급받아 바로 사급지족으로 안정된 생활을 할 수 있었다. 정부는 이주민을 조직하여 군사훈련을 시키고, 그들 스스로 보위 시설을 건설할 수 있게 했다. 또 소요를 일으킨 흉노 축출에 공을 세운 사람에게는 후한 상을 내렸다.

그리고 요새 사이에 길을 닦아 1,000명 이상이 거주하는 성읍을 건설하고 높은 성벽과 깊은 해자를 팠다. 수비대와 주민은 서로 호응하며 종심으로 방어전선을 구축했다. 이주민은 자신의 가정과 생업을 위해 분투했다. 그러나 흉노가 문 앞에서 유목을 하고 수시로 분란을 일으키면 이들의 자위 능력에도 한계가 발생할 수밖에 없었다. 한 무제가 흉노를 고비사막 북쪽으로 축출한 후에는 변방의 봉화와 감시 체계도 정확하게 작동되어 군대와 백성이 준비를 충분하게 할 수 있었다. 이런 상황에서 흉노는 약탈을 하러 와서 아무것도 얻을 수 없었기 때문에 이후로는 출몰하는 횟수가 많이 줄었다.[199]

이주민으로 변방을 채웠지만 그곳은 여전히 넓은 땅에 인구가 희박했다. 서한 말기에 3대의 평화로운 번성기를 거쳤지만 북쪽 변방과 양주 19개 변방 군의 인구는 여전히 전국 인구의 8퍼센트에 불과했다. 그러나 그곳에서 장수가 많이 배출되었다. 서한은 찰거제를 시행하여 모든 군에서 두 명의 인재를 천거하게 했다. 이 때문에 전체 관리 가운데 변방 사람의 비중이 19퍼센트에 달하여 국방의 형세와 변방 주민의 수요를 적당하게 반영할 수 있었다. 하지만 동한에서는 제도를 바꿨다. 이들은 찰거제를 시행할 때 군을 근거로 하지 않고 인구를 근거로 했다. 이에 조정에서 변방 주민들이 차지하는 숫자와 영향이 현저히 줄어들었다. 내지 서생들은 변방 일에 무지했고, 변방 주민의 사정에도 무정하게 대처했다. 그리고 그들의 근시안적이고 사저인 정책은 **변방**을 더욱 낙후되게 하여 결국 변방 인구를 전국 인구의 3퍼센트로 떨어뜨렸다. 변방 주민은 거의 국가 정책을 결정하는 관료 사회 밖으로 버려졌다.[200]

그러나 조정에 의해 홀대받던 변방 주민은 꿋꿋하게 자강을 도모하며 국가와 가정을 보위했다. "여성도 창을 들고 활을 잡았다(婦女猶戴戟操矛, 挾弓負矢)."[201] 4세기에 다섯 북방 민족(五胡)이 중원을 어지럽힐 때 오히려 양주의 군사와 백성은 장안을 사수하려는 절의를 보였다. 이에 입만 열면 도덕을 들먹이다가 도망치기에 급급했던 사족은 식은 땀을 흘려야 했다. 비록 내지로 철수하기는 했지만 변방 주민이 조직한 걸활군(乞活軍)은 대대로 이어지며 광범위하게 활동했고 계속해서 호족 100년 통치에 저항했다.[202] 이와 같은 조직적인 지구전은 로마 퇴역 군인에게서는 찾아볼 수 없다.

콘스탄티누스는 중앙 친위군을 창건하고 각지의 정예병을 차출하여 변방 수비를 약화시켰다. 자원이 줄어듦에 따라 일부 직업 수비병은 농사를 겸해야 했다. 농민 전사는 경멸을 받았지만 이는 기실 불공평한 일이었다. 로마제국은 본래 이들 농민 전사가 정복해서 얻은 나라였다. 제국 후기의 농민 전사들이 만약 정부의 충분한 지원을 받았다면 야만인의 소규모 약탈을 막아낼 수 있었을 것이다.[203] 전졸(田卒)이라 불린 농민 전사는 서한 변방 수비의 중요한 고리였다. 한 무제가 흉노에 승리한 후 6만여 병사와 관리는 새로 얻은 삭방과 하서 등지에서 관전(官田)을 위한 수로를 열었다.[204] 흉노는 가끔씩 침입했다. 침입해 올 때는 막아낼 병력이 충분해야 하지만 침입이 없을 때는 수비병이 한가한 나날을 보내게 된다. 조직이 엄밀하고 경계가 철저하면 남는 병력을 크게 이용하여 생산에 종사할 수 있다. 이에 북방 변경에 끊임없이 둔전을 개간했고, 서역과 서강(西羌)에서도 여러 차례 공적을 남겼다.

한나라는 원정을 나갈 때 늘 군수품 운송과 보급 곤란으로 오래 지속할 수 없었다. 둔전을 두면 병졸이 식량을 생산할 수 있으므로 군수품 운송 부담을 줄일 수 있고 자체적인 인내력도 높일 수 있다. 때때로 전투가 벌어지기 전에도 둔전은 적에게 심리적 위협을 줄 수 있다. 둔전과 군대에 포위된 적은 한나라 군사가 양식이 떨어져 퇴각하기를 바랄 수 없었기에 비교적 쉽게 타협하고 투항했다. 둔전은 출전하여 전공을 세우는 것보다 화려하지는 못했지만 수비 이론과 공적에서 모두 큰 공헌을 할 수 있었다. 한나라 노장 조충국(趙充國, 전 137~전 52)은 강족 반란 평정 과정에서 둔전 운용이 효과적이었음을 증명했다.[205]

변방에는 많은 인종이 섞여 살았다. 로마인과 야만인, 한족과 소수민족이 국경 안팎에서 복잡하게 얽혀 끊임없이 왕래했다. 트라야누스는 다키아를 침략하여, 적군의 정예병이 로마제국 출신 모병이었고 저들의 공격 무기도 로마 대장장이가 만든 것임을 목도했다. 그는 승리하자마자 바로 다키아 왕에게 모든 로마인을 돌려달라고 요구했다. 로마가 적에게 투항한 제국의 공민 때문에 골머리를 앓은 건 그때가 처음이 아니었고 마지막도 아니었다.[206]

한나라도 똑같은 문제를 안고 있었다. 원제 때 호한야가 한나라 변방 수비를 자청하자 조정의 공경대부는 이 기회에 변방 방어를 폐지하자고 선동했다. 그러자 변방의 사정을 잘 아는 제후가 10대 이유를 들어 반대했다. 그중의 절반이 안전에 관한 상식이었고, 다른 절반은 변방 관문과 요새의 정치적 기능이었다. 즉, 변방 관문은 도적과 범죄자의 도주를 방지하고, 투항한 흉노와 변방 밖 같은 패거리의 연계를 방지하고, 빈곤한 노비가 생활 개선을 위해 변방으로 도망치는 걸 방지하고, 흉노에게 포로가 된 사람이 변방 안 친척을 불러 가서 함께 사는 걸 방지하고, 관리의 압제에 원한을 품은 강족이 반란을 일으키는 걸 방지할 수 있다는 것이다. 종합해보면 외적의 침입을 방지하는 기능 이외에도 변방 관문에는 백성이 마음대로 국경을 넘는 걸 방지하고 변방의 치안을 유지할 책임이 부여되어 있었다.[207]

황조와 제국의 전성기라 해도 전국 백성의 충성을 보장받을 수는 없다. 국력이 쇠퇴하여 사회의 조화가 와해되면 민심은 더욱 뿔뿔이 흩어진다. 유목민 사이에 거주한 한족이나 야만인 사이에 거주한 로마인은 그곳 추장에게 충성을 바쳤다.[208] 한나라 사신은 흉노 왕정에서 한나라 환관 출신 중항열(中行說)을 만났다. 그는 흉노의 간편하고 소박함이 한나라의 허례허식보다 훨씬 낫다고 변론했다. 로마 사신 프리스쿠스(Priscus)는 아틸라의 왕정에서 그리스의 부자 상인을 만나 훈족의 자유가 로마의 부패보다 낫다고 해설하는 그의 말을 들었다.[209] 이 같은 상위계층 반란자의 제국 비판은 개인적인 핑계인 경우가 적지 않지만 이들을 반박하는 진부한 논리는 현실과 동떨어진 경우가 대부분이다.

하층민에게는 나라를 버리고 도주하는 일이 매우 보편적인 현상이었다. 304년 남흉노가 진(晉)나라를 배반하고 독립하여 왕을 칭하자 아직 대대적인 살육이 벌어지기도 전에 이들을 지지하는 한족이 적지 않았다.[210] 406년 야만인이 라인강으로 몰려오자 적지 않은 갈리아 거주 로마인이 이들의 대열에 가담하여 "가난하지만 자유롭게 살겠다" 란 구호를 외쳤다.[211] 그들이 추구한 것은 비교적 좋은 생활을 하는 것 뿐이었다. 황조와 제국은 찬란한 문명으로 오랑캐를 교화하고 그 문명을 두루 전파하자는 구호를 외쳤을 뿐, 그들이 자부한 어진 덕과 밝은 등불이 자기 사회의 하층민도 보살필 수 없다는 사실은 살피지 않았다.

하나의 강대한 세력이 또 다른 문명으로 스며들 때 그 변방은 마치 바다와 육지가 이어지는 개펄처럼 변한다. 매일 밀물과 썰물이 드나들고 건조함과 습함이 교차하는 가운데 독특한 생태 환경이 조성된다. 기나긴 세월 속에서 해안이 침식되기도 하고 하구가 막히기도 하면서 개펄지대는 이동한다. 한나라와 로마제국은 말년에 세력이 쇠락하여 바닷가 해안선처럼 뒤로 물러났다. 점차 메말라가는 옛 개펄에는 황조와 제국의 최대 적인 핍박, 차별, 무대책의 통치가 적나라한 모습을 드러냈다.

제8장
제국의 쇠망

제1절

찬란한 석양

　　"인류 역사의 정점에 도달했다." 이 말은 당시 역사가 에우세비우스(Eusebius, 263~339)가 콘스탄티누스 대제에게 내린 평가다.[1] 로마제국은 반세기의 내전과 동란을 거친 후 국력을 회복했다. 문치 관료 시스템이 성숙하여 하층사회에서 효과적으로 세금을 징수했다. 황군은 확대 개편되어 정예병은 기동 편제로 운영되었으며, 최정예 부대는 황제가 직접 봉솔했다. 정부는 다신교의 교당을 침탈하고 1,000년 동안 신도들이 봉헌한 황금을 수색하여 금화를 발행했다. 이로써 화폐를 기반으로 물가가 안정되었다.

　　기독교가 국교로 공인되자 교회의 권력은 비약적으로 강해졌고 재산도 폭증했다. 콘스탄티노플은 제국의 동쪽 수도로 발전하여 호화로운 궁전과 성당이 순식간에 숲을 이뤘고, 자체적으로 원로원을 개설하여 귀족을 안치했다. 변경 밖의 야만인을 격퇴하고 그들 추장의 시신을 들판에 버려 야수가 뜯어먹게 했다.[2] 당시에 벌써 콘스탄티누스를 찬미하는 글이 지어졌다. "당신은 잔여 부족을 위협하고 그들을 핍박하여 영원히 공포를 잊지 못하게 하고 머리를 조아리며 복종하게 만들었습니다."[3] 페르시아는 강화를 제의하러 왔지만 거절당했다. 콘스탄티누스는 후세 사학자들이 이름붙인 '기독교 십자군전쟁'을 준비했다. 그러나 전쟁을 시작하고 나서 바로 사망했다.[4] 그해가 337년이었다. 하지만 불과 73년 만에 로마시는 서고트족에게 투항했다. 다시 66년이 지나고 나서 서로마제국은 야만인에 의해 와해되었다.

"강하지도 않고 부드럽지도 않은 것을 화(和)라고 한다(不剛不柔曰和)." 이것은 동한 제4대 황제 화제(和帝)의 시법(諡法) 내용이다.[5] 화제가 재위한 16년 동안 홍수, 가뭄, 지진이 빈번하게 발생하여 조정에서는 항상 백성을 구휼하기 위해 세금을 감면해줘야 했다. 어떤 서양 사학자는 당시 외딴 시골 마을이라 해도 정부가 그곳의 천재지변을 구제할 수 있는 능력을 갖고 있었고, 이와 관련된 구제 기록을 봐도 당시 사회가 상당히 번영했음을 잘 알 수 있다고 지적했다.[6] 한나라는 흉노를 철저하게 격파했고, 반초는 다시 서역도호부를 설치했다. 범엽은 당시 상황에 대해 이런 사찬(史贊)을 남겼다. 광무제에서 화제까지 "잘 다스려진 백성이 해마다 늘어났고, 개척한 땅이 대대로 넓어졌다. 소규모 군대만 변방을 나가도 사막 북쪽 땅이 텅 비게 되었고, 서역도호가 서쪽을 가리키자 4만 리 밖의 외국에서도 통역을 거쳐 달려

왔다(齊民歲增, 辟土世廣. 偏師出塞則漠北地空都護西指則通譯四萬)".[7]

　그러나 전통 역사가는 화제 시대에 대해 칭찬보다 비판을 많이 했다. 화제는 열 살에 등극하여 어린 시절에는 외척이 권력을 장악했고, 친정 이후에는 환관을 신임했다. 외척과 환관을 깡그리 비난해온 지식인은 화제의 시대가 한나라 흥쇠의 전환점이었다고 말한다. 단순히 연표만 살펴봐도 이들의 언급은 토론할 만한 여지가 있다. 화제는 105년에 세상을 떠났다. 그 후 불과 85년 만에 군벌들이 동한에 할거했고, 다시 126년을 지나서 화베이지방이 다섯 북방 민족[8]에게 함락되었다.

　한나라의 쇠망을 역사학자는 전혀 이상하게 생각하지 않는다. 사람들은 400년 된 하나의 왕조에 염증을 느끼기 마련이다. 같은 기간에 로마제국은 다섯 왕조를 거치면서 여러 차례 성씨가 다른 계승자가 보위를 이었고, 두 황제가 병립한 기간도 있었으며, 50년간 찬탈과 분열이 계속되기도 했다. 중국에서는 한나라 말기에 삼국이 정립한 기간이 60년이었다. 삼국을 통일한 서진(西晉)은 단명했고, 중원은 오호(五胡)에 점령되었다. 그 과정이 로마제국의 흥망처럼 파란만장하지만 아직 깊은 연구는 이루어지지 않았다. 사학자들은 단지 그 일만 기록하고 그 원인에 대해서는 이전 분석을 그대로 따라갈 뿐이다.[9]

　이와 반대로 '서로마제국 멸망이라는 기이한 사건'은 역사가들에 의해 '역사상 최대 불가사의의 하나'로 일컬어지고 있다. 무수히 추적하고 조사하고 연구했지만 현안은 여전히 해결되지 않고 있다.[10] 어떤 학자는 독일인의 철저한 정신에 근거하여 역대로 논의해온 210항목의 화근을 열거했다. 야만인·기독교·정치 부패·경제 붕괴·무법천지·납으로 식기와 수도관을 만들어 납 중독에 걸린 일 등등이 이에 해당한다.[11] 20세기에는 또 새로운 학파가 유행하여 이런 분석이 길을 잘못 들게 한 원인이라고 지적하면서, 로마제국은 결코 멸망하지 않았고 평화적으로 새로운 정치체제를 탄생시켰다고 주장했다. 이 점이야말로 학자들이 응당 연구해야 할 대상이라는 것이다.[12]

그 일단의 역사가 평화롭지 않았던 건 분명하지만 장렬한 대전(大戰)도 없었다. 줄곧 사나운 위엄을 과시해온 제국이 어이없이 무너졌다. 로마시 함락을 트로이나 카르타고와 비교해봐도 매우 흥미로운 점이 드러난다. 뒤의 두 도시는 용감하게 강적과 맞서 싸우다가 피를 흘리며 옥쇄했다. 포위만 할 수 있을 뿐 성을 공격할 수도 없는 사소한 적을 맞아 로마는 싸우지도 않고 항복했고, 이 과정에서 눈물을 흘리며 구차하게 목숨을 부지했다. 서로마제국을 분할한 게르만족은 중국 북방에 할거한 오호에 비해 더욱 소수였고 더욱 산만했다. 게르만족을 마주한 로마인의 자세도 북방 호족을 마주한 한족의 자세에 비해 더욱 큰 차이를 보이고 있다. 그렇게 용감한 전통이 물로 씻은 듯 사라져버렸다. 그들은 어째서 이런 지경으로 몰락했을까?

진·한황조와 로마제국은 역사가 오랜 국가였지만 그렇다고 국가의 모든 기능이 쇠퇴한 건 아니었다. 어떤 곳은 심지어 노익장을 과시하고 있었다고 할 수 있다. 몇백 년 동안 지속된 중국화와 로마화 작업은 마음과 뜻이 맞는 전국적 엘리트를 양성했다. 기원 200년대에 이르러 상인은 브리타니아에서 시리아까지 여행할 수 있었고, 이 과정에서 건축 설계가 비슷한 도시를 거쳐 갔다. 물증을 제시할 수도 있다. 즉, 우리가 단순히 로마 유적지 사진만 보면, 그것이 유럽이나 아시아에 있는 것인지 아니면 아프리카에 있는 것인지 추측하기가 쉽지 않다.[13] 중국의 목조 건축은 일찌감치 소실되었지만 땅속 무덤 발굴로 이와 유사한 사실을 증명할 수 있다. 즉, 먼 변방에서 출토된 부장품의 양식은 모두 도성의 양식을 본받았다. 이는 왕부의 말이 거짓이 아님을 증명하고 있다. "동쪽으로 낙랑에 이르기까지, 서쪽으로 돈황에 이르기까지, 만 리 사이에서 모두가 서로 다투어 사용했다(東至樂浪, 西至敦煌, 萬里之中, 相競用之)."[14]

황조와 제국의 엘리트는 흥성했을 뿐 아니라 매우 우아했다. 로마제국은 방대하고 복잡했지만 통치귀족의 언어와 문화는 기이하게도 획일적이었다. 로마 소속 아프리카 지주가 그리스 문인 사이에 섞이더라도 서로 잘 어울릴 수 있었으며, 로마령 아시아의 거부(巨富)도 갈리아의 원로들과 융화될 수 있었다. 이들은 모두 동일한 교육을 받았고, 어문을 해석하는 수사학자의 지도를 받았으며, 그렇게 많지 않은 경전과 걸작을 전심전력으로 공부했다.[15] 중국의 유가 사대부는 로마와 유사한 교육을 받으면서 또 다른 경전 시리즈를 공부했다. 태학 이외에도 조정의 제창으로 수백 수천의 위대한 스승이 무수한 문화귀족을 양성했다. 이들은 서로 교유하면서 붕당을 만들어 고담준론으로 명성을 구했다.[16] 로마제국 말년에 이루어진 라틴문학의 성취는 동한의 아름다운 문사 기풍과 마찬가지로 후인의 찬탄을 받고 있다.[17] 이들 문화의 허식적인 아름다움에는 또 다른 현상, 즉 경제가 호황이면

용과 독수리의 제국

엘리트의 한가로운 사치도 능히 감당할 수 있다는 현상이 반영되어 있다.

동서의 화폐는 모두 새롭게 안정을 찾았다. 로마의 은화는 3세기 통화팽창 과정에서 도태되었다. 그러나 새로 발행한 금화가 자리를 잡으면서 정부는 금화로 세금을 걷고 녹봉을 지출했다.[18] 왕망의 복고적 개혁은 화폐제도를 문란시켰다. 동한은 대신의 반대에도 불구하고 오수전을 주조하여 큰 액수 교역에 사용했고, 또 동전으로 일상적인 계산도 했다.[19] 황조와 제국 후반기에는 다양한 경영 수법으로 자급자족하는 대규모 장원이 흥성하여 시장교역의 필요성을 감소시켰다. 그러나 가령 교역과 경제가 그로 인해 쇠퇴했다 해도 그 하강 폭은 그리 크지 않았을 것이다. 가장 중요한 것은 사회 경제의 지주인 농업이 여전히 안정된 상태를 유지하고 있었다는 점이다.

고고학자는 옛 로마제국 유적을 발굴하면서 제국 말년에 다양한 시골 마을이 번성했음을 발견했다. 전쟁으로 가장 심각한 피해를 입은 라인강 연안을 제외하고 다른 곳은 이미 대부분 경제가 회복되고 있었다. 아프리카 여러 속주는 서로마제국의 주요 곡물 생산지였다. 그곳도 시리아와 마찬가지로 번영을 구가했다. 많은 지역의 농업 생산량과 인구밀도가 4세기에 정점에 도달했다. 정부에서 병력 확장과 문치 관료 확대를 위해 세금을 대폭 인상했음에도 농업경제는 그로 인해 침체되지 않았다. 학자들의 해석에 따르면 세금을 내야 할 필요성 때문에 농민은 더 많은 일을 하게 되었고, 그로 인해 생산성이 더 높아졌을 것이라고 한다.[20]

동한 말년의 경제도 마찬가지로 건강한 상태를 유지했다. 정부는 세금을 인상하지 않았고, 소금과 철 전매 등의 재무 정책을 폐지하여 사대부들의 환심을 샀다. 무수하게 출토된 석각 기록에 따르면 각지에 다리를 놓고 길을 닦는 등 건설 사업을 했다. 생산기술 발전에 따라 생산성은 높아졌고, 남방의 비옥한 토지도 점차 개발되었다. 자기(瓷器)가 처음 출현했고, 종이와 풀무를 만드는 기술도 발전했다. 사치품도 시장을 가득 채웠다.[21]

경제에 별 문제가 없었는데 황조와 제국의 병폐는 어디에 잠복해 있었을까? 인구 격감이 하나의 의견으로 제시될 수 있다. 여기에서 우리는 인구 격감에 광범위한 영향을 끼친 중요한 원인을 포착할 수 있다. 급성 전염병이 거의 같은 시기에 유라시아 대륙 동서 양 끝에서 발생해 이른바 '3세기의 위기'를 더욱 부추겼다. 유행병은 문명병이다. 세균은 인구밀도가 높을수록 더욱 효과적으로 번창한다. 이집트와 메소포타미아 지역에서 가장 먼저 전염병이 광범위하게 유행했고, 인도는 알렉산드로스의 은혜로 전염병 권역으로 들어왔다. 중국은 유럽에서 멀리 떨어져 있고, 발전이 느렸기 때문에 줄곧 이 문명의 재앙에서 벗어나 있었다. 그러다가 로마제국의 원정과 장거리 무역이 진행됨에 따라 마침내 세균도 멀리 동방에까지 진해졌다.[22]

어떤 사람은 당시의 전염병을 천연두로 의심하지만 아무도 그 사실을 확정할 수 없다. 아마도 몇 가지 병균이 동시에 전파되었을 것이다. 먼저 모종의 전염병이 쿠샨왕조를 유린했고, 이어서 파르티아까지 휩쓸었다.[23] 167년 파르티아로 출정한 로마 군대가 전염병에 감염

되었고, 귀국 후 그것을 로마제국 곳곳으로 퍼뜨렸다. 15년 사이에 제국의 주민 10분의 1이 전염병에 걸렸다. 3세기 위기가 고조될 때 전염병이 다시 창궐했다. 251년 이집트에서 급격하게 발생하여 전국을 전염시켜 군사가 몰살될 정도였다. 270년 창궐 때는 로마 황제 클라우디우스가 전염병에 걸려 죽었고 그 반대편의 고트족 사이에서도 수많은 사망자가 발생했다.[24]

중국 고대의 대규모 전염병 기록은 대부분 가뭄·홍수·지진·전쟁·병화에 수반되어 나타났거나 아열대 소택지의 독기가 원인인 것으로 드러났다. 전염 지역은 대부분 제한적이지만 극소수는 뜻밖에도 전문적으로 재난을 기록한 「오행지(五行志)」에까지 실려 있다. 낙양에서는 125년과 151년에 전염병이 창궐했다. 그 후 161년, 171년, 173년, 179년, 182년, 185년, 217년에는 지역의 제한 없이 광범위하게 대규모 전염병이 휩쓸었다. 재난 해석에 익숙한 주석가도 『후한서』 「오행지」에 주석을 달 때 아연실색할 지경이었다.

위(魏)·진(晉)의 황제본기에는 224년, 234년, 292년, 311년에 전염병이 크게 유행했다고 기록되어 있다.[25] 217년 대규모 전염병 사태 때 조비(曹丕)는 "친척과 친구들이 전염병에 걸린 사람이 많다(親故多離其災)"라고 했고, 동생 조식(曹植, 192~232)도 "가가호호 뻣뻣한 시신을 둘러싸고 애통해하고 있으며, 집집마다 슬픈 울부짖음으로 가득합니다. 너러는 온 가족이 쓰러졌고, 더러는 모든 친족이 죽었습니다(家家有强屍之痛, 室室有號泣之哀. 或闔門而殪, 或擧族而喪者)"라고 했다. 건안칠자(建安七子) 중에서 공융(孔融, 153~208), 완우(阮瑀, 165~212), 왕찬(王粲,

177~217)이 일찍 죽었고 진림(陳琳, ? ~217), 서간(徐幹, 170~217), 응양
(應瑒, 177~217), 유정(劉楨, 186~217) 네 사람은 모두 같은 질병에 걸려
같은 해에 죽었다.[26] 직접 사람을 죽이는 일 외에도 전염병은 간접적
으로도 역사에 영향을 끼쳤다. 동한 말기 전염병이 크게 창궐하자, 그
초기에 장각(張角, ? ~184)은 부적과 주술로 병을 치료할 수 있다는 태
평교(太平敎)를 전파하기 시작했고, 마침내 184년 황건적의 난을 일으
켰다.[27]

전염병이 황조와 제국을 약화시킨 건 의심할 바 없지만 그 피해는
어느 정도였을까? 과연 치명적이었을까? 로마제국은 아마도 무사하
게 위기를 넘긴 것 같다. 지금 호적 자료는 남아 있지 않다. 로마제국
인구의 정점은 5,000만에서 1억 2,000만 사이였다. 그 정점은 아마도
아우렐리우스나 콘스탄티누스 시대였을 가능성도 있다. 이 두 황제의
재위 기간, 전란과 전염병이 빈번하게 발생했다. 그러나 민간 거주지
유적을 조사해보면 다수 지역의 인구는 재난 후 오히려 증가하는 양
상을 보인다. 그러다가 4세기에 이르러 복원된 후 어떤 지역에서는 새
로운 정점에 도달하기도 했다. 더욱 많은 유적지에서 발굴된 증거에
근거하여 다수의 학자는 야만인이 로마로 침입하기 직전에 로마제국
의 인구는 7,000만 명 이하로 내려가지 않았을 것이라고 믿고 있다.[28]

로마는 상비군을 끊임없이 확대했다. 학자들은 다행히 4세기 말 문
무관직표 한 부를 얻었다. 여기에 근거하여 계산해보면 당시 로마 황
군은 전부 64만 5,000명이었다. 그러나 학자들은 그것이 모든 부대원
의 숫자일 가능성은 지극히 적을 것으로 인식하고 있다. 로마 군대는

갈수록 야만인 숫자가 많아지고 있었기 때문이다.[29]

한나라의 호구 자료는 역사서에 부분적으로 남아 있다. 정확한 호구조사는 매우 어려운 일이기에 설령 오늘날 컴퓨터 기술을 이용한다 해도 착오에서 벗어나기가 어렵다. 고대의 호적은 그리 정확하지 않을 뿐 아니라 최소한의 집계가 대부분이었다. 호적 날조와 탈세는 쌍둥이라 할 수 있다. 따라서 [표 1]에 열거된 바와 같이 가장 중요한 정보는 절대적인 수치가 아니라 상대적인 등락 추세다.

[표 1]에서 드러나는 바와 같이 호구는 서한 평제 이후와 동한 환제 이후에 급감했다. 이 두 차례는 모두 왕조 교체의 전란에 따른 현상이

[표 1] 역대 호적 인구[30]

연도	황제	호수	인구(명)	경지(頃)*
2	서한 평제	12,233,062	59,594,987	8,270,536
57	동한 광무제	4,279,634	21,007,820	
75	동한 명제	5,860,573	34,125,021	
88	동한 장제	7,456,784	43,356,367	
105	동한 화제	9,237,112	53,256,229	7,320,170
125	동한 안제	9,647,838	48,690,789	6,942,892
144	동한 순제(順帝)	9,946,919	49,730,550	6,896,271
156	동한 환제**	16,070,906	50,066,856	
280	진(晋) 무제	2,459,840	16,163,863	
283	진 무제	3,770,000		

* 1頃—100畝≈69.2市畝—4.61헥타르. 1市畝—약 666.7㎡
** 이 대목의 숫자는 좀 착오가 있는 듯하다.

다. 동한 환제에서 진(晉) 무제(武帝: 司馬炎, 236~290) 시대까지는 전염병이 유행했다. 그러나 양한 사이의 사망자 숫자와 비교해보면 병균이 비록 잔혹하다 해도 중원에서 패권을 다툰 군웅들에는 미치지 못했다고 할 수 있다. 호적 숫자의 감소는 전적으로 사망에 의한 것만은 아니다. 군벌들이 혼전을 벌이는 가운데 겨우 목숨을 부지한 사람은 흔히 생업을 잃고 유민이 되기 때문이다. 바뀐 정부도 행정기구의 파괴로 호적을 상실한 경우가 많았다. 280년 진(晉)나라는 오(吳)나라를 멸한 후 전국을 통일하고 유민 정착에 온 힘을 기울였다. 3년 후 호구는 50퍼센트 정도 급증했다. 그것은 출산에 의한 것이 아니라 유민 정착에 의한 것이었다.[31]

호적과 고고학 유물이 제공하는 자료는 서로 다르다. 고고학 유적에서 발굴된 생활 흔적은 실제 인구를 나타낸다. 호적에 기록된 '정치 인구'는 실제 인구와 정부의 통치 능력을 종합하여 국력을 나타낸다. 만약 정부가 백성으로부터 세금을 징수할 능력이 없으면 실제 인구가 아무리 많아도 국력에는 아무 보탬이 안 된다. [표 1]의 경지는 '세금을 받을 수 있는 땅'이다. 광무제는 공정하게 땅의 비옥도를 조사하는 방법을 버리고 대가문의 토지 은닉과 세금 탈루를 눈감아줬다. 토지 겸병은 갈수록 심해졌고, 토지 은닉도 갈수록 많아졌다. 동한 시대에 남방의 토지가 대규모로 개발되었지만 호적에 실린 '경지'는 시종일관 서한 시대에 미치지 못했다. 또 토지를 상실한 소농이나 유민 가운데 일부는 대가문에 빌붙어 살았으므로 호적 중에는 이들의 숫자가 잘 드러나지 않는다.[32] 이러한 사회적 경향을 고려해서 우리는 한나라

용과 독수리의 제국

말기의 인구가 기실 5,000만에 그치지 않았을 것으로 추측할 수 있다. 많은 사람들이 정부의 시야 밖에 있었으므로 정부가 그 실제 인원을 동원하여 사회의 위기를 해결할 방법이 없었던 데 불과했다. 로마제국도 똑같이 호적에 의지했다. 따라서 말년에 이르러 한나라와 유사한 문제에 직면했고, 이에 세금 징수와 군사 모집에 어려움을 겪어야 했다.

진(秦)나라의 호구는 초·한 전쟁을 거치면서 한나라 초기에 이르면 겨우 10분의 2~10분의 3 정도만 남았다.[33] 서한의 호구는 동한 초기에 겨우 3분의 1 정도만 남았다. 가령 우리가 280년 진 무제의 인구조사 때도 전란 후 생존자가 3분의 1이라고 계산해보면 진나라 초기의 실제 인구는 대략 5,400만 정도였음을 알 수 있다. 통일 후 중국은 한 세대 동안 평화를 누렸다.[34] 만약 이와 같은 상황이 계속되었고, 진나라 조정에서 정부기구를 잘 정돈했다면 이후 호족과 강족 문제에 대처할 능력을 갖게 되었을 것이다.

서한에서는 징병제를 실시했다. 동한에서는 모병 위주로 바꿔서 정예 상비군은 직업군인이었다. 이는 로마 군대와 비슷했지만 인원은 많지 않았다. 전쟁이 발발하면 임시로 군사를 모집했고 아울러 감형 받은 죄수와 호족과 강족 기마병을 함께 동원했다. 위·촉·오 삼국은 각각 민호와 별도로 사가(士家: 병사 호구)를 설치해서 훈련받은 병력 지원을 확보했다. 진(晉)나라도 이 제도를 이어서 썼고 병사 가문은 세습했으며 점차 세병제(世兵制)로 발전했다.[35] 이러한 제도는 진나라의 군사 수요를 만족시켰기에 징병을 하는 경우는 드물었다. 이와는 반대로 로마제국 후기에는 징병·모병·세병(世兵)·외인부대 등 모든 제도가 운용되었지만 끊임없이 병력 부족에 시달려야 했다.

위에서 살펴본 바와 같이 황조와 제국 말기의 경제, 인구, 군사 상황은 전성기 때와 차이가 크다. 그러나 장차 대란이 일어날 조짐은 읽어낼 수 없다. 세력이란 말은 적의 힘과 상대적으로 비교해서 써야 한다. 로마 북쪽 야만인이나 한나라 북쪽 호족의 실력이 계속해서 발전하지 않았던가?

제2절
야만인과 오랑캐

동쪽과 북쪽에서 적을 맞아야 하는 것이 로마제국의 전략적 약점이었다. 다행스럽게 페르시아는 결코 적의에 찬 선전처럼 침략을 해오지는 않았다. 사실 페르시아 왕에게는 조약을 지킬 능력도 있었고 부속국을 통제할 능력도 있었다. 이 때문에 4세기 대부분과 5세기에 로마제국은 동쪽 강역을 근심할 필요가 없었다. 물론 동쪽 전선에도 여전히 일부 병력을 배치해야 했다. 그러나 페르시아가 평화조약을 준수했고, 세다가 변방 방어 시설도 완비되어 있었기에 로마제국은 가장 위험한 시기에 힘을 분산시키지 않고 북쪽 게르만족 대응에 집중할 수 있었다. 로마제국은 동서로 분리되어 있었고, 오직 동로마제국만 페르시아와 적대 관계에 있었을 뿐이다. 하지만 멸망한 것은 서로마제국이었고, 동로마제국은 태평 무사했다.[36]

용과 독수리의 제국

북쪽 강역에서 로마제국은 라인강과 다뉴브강 건너편 야만인과 대결해야 했다. 그들 대부분은 오랜 이웃이었다. 가장 큰 예외는 376년 이전에는 소문도 들어보지 못했던 유목민 훈족이었다. 전설에 따르면 훈족은 메뚜기 떼와 같다고 했다. 그러나 당시의 증거를 상세하게 연구한 학자는 이렇게 반박했다. "믿을 만한 결론은 전쟁의 성취가 가장 큰 훈족이 인구는 실로 얼마 되지 않았다는 사실이다." 훈족의 총계는 아마도 1만 5,000명의 기병에 불과했던 것으로 보인다. 이들은 통상적으로 수천 기병으로 나눈 작은 부대가 곳곳을 약탈했다.[37] 이들은 로마 군대를 여러 번 격파했다. 이들은 게르만족을 복종시키고 통일 기병을 거느릴 수 있었기 때문이다. 로마가 궁지로 몰린 건 훈족의 영향이 적지 않다. 하지만 그것은 간접 영향이었다. 이들의 왕국은 서로마제국에 앞서 멸망했다.

서로마제국을 분할해서 차지한 야만인은 대부분 게르만족이었고, 그 밖에 이란 말을 조금 할 수 있는 유목민 알란족도 있었다. 이들은 3기로 나누어 침략해왔다[지도 14]. 376년, 다뉴브강 하류의 서고트족이 강을 건너 로마 경내로 진입하는 걸 허락받았다. 2년 후 이들은 로마제국의 학대를 견디지 못하고 반란을 일으켜 하드리아노플에서 대승을 거뒀다. 405년에서 410년 사이 두 번째 기간은 몇 단락으로 나뉜다. 먼저 라다가이수스(Radagaisus, ? ~406)가 고트족을 이끌고 이탈리아를 침공했다. 그들이 항복한 지 얼마 지나지 않아 라인강 방어선이 야만인에게 돌파당했다. 이후 게르만족은 훈족 제국의 통솔을 받았다. 455년 훈족 제국이 붕괴되자 자유를 회복한 게르만족은 제

3기 침략을 감행했다. 그 가운데는 동로마제국을 괴롭힌 동고트족이 가장 많았다.[38]

　로마제국은 국경 안으로 들어온 서고트 부족의 자치권을 비준했고, 거기에는 2만 전사와 가족이 포함되어 있었다. 라다가이수스는 군사 2만 명을 통솔했다. 그들은 투항한 후 얼마 지나지 않아 반란을 일으켜 서고트 부족 연맹에 가담했다. 406년 라인강을 넘어온 반달족, 수에비족, 알란족 등의 전사는 모두 3만 명을 조금 넘었다. 4년 후 뒤따라온 부르고뉴(Bourgogne)족은 정예병이 불과 1만 5,000명뿐이었다. 훈족은 힘을 잃은 후 약 1만 명의 전사가 로마제국으로 들어왔다. 나중에 서고트족과 균형을 이룰 정도로 강성해진 프랑크족도 가장 많아야 1만 5,000명 정도가 서로마제국 멸망 이전에 전투에 참가했다. 어떤 역사학자는 다음과 같이 산술적인 숫자를 제시했다. "총계를 내보면 대략 11만~12만 명의 무장한 이민족이 많거나 적게 서로마제국을 멸망시킨 전투에 참여했다."[39] 이런 이민족의 최후 부대가 최초의 부대 도달 후 80년 만에 다시 침입한 것이다.

　적군이 계속 공격해오자 로마제국 황군은 오히려 늘 준비된 상태를 유지할 수 있게 되었다. 전체 총 64만 5,000명의 군사는 매우 우수한 훈련을 받았으며, 또 본국의 광대한 공빈이 사상자를 즉시 보충했다. 이런 점은 적국 내에서 곤란에 처한 야만인보다 유리한 점이었다. 그러나 실제로 황군의 병력에는 늘 심각한 결함이 있었을 뿐 아니라 다수의 병졸은 변경을 지켜야 했다. 하지만 계산해보면 상비군 기동부대에는 여전히 대략 15만 명의 군사가 소속되어 있어서 언제나 침입

　　　　　　　　　　　　　　　용과 독수리의 제국

자들보다 강한 전력을 유지했다고 할 수 있다.[40]

침입한 사람이 전사에 불과했다면 몇십 년을 버티지 못했을 것이다. 이들은 자연스럽게 노쇠하고 사망하기 때문이다. 그런데 이들은 가족을 데려와서 스스로 식구를 늘릴 수도 있었다. 429년 약 8만 명의 반달족과 알란족이 에스파냐에서 바다를 건너 아프리카에 도착했다. 그중 1만 5,000에서 2만 명은 전사였으므로 4~5명 가운데 한 사람이 군인이었던 셈이다. 이들 군사와 백성의 비율에 근거하여 계산해보면 대략 60만 명의 야만인이 인구 7,000만 명의 로마제국으로 진입한 것이다. 야만인은 세 무리로 나눠서 왔다. 만약 분포가 평균적이었다면 매번 약 20만 명의 남녀노소가 로마제국으로 들어온 셈이다. 이들은 전부 로마시의 대경기장으로 몰려가서 전차경주를 구경할 수도 있었다.[41]

로마제국 북방의 야만인은 동쪽에서 서쪽까지 전체 전선으로 침입했다. 어찌된 일인지 이들은 전부 서로마제국을 삼키기 위해 달려왔다. 동로마제국이 전체 인구의 6할을 차지하고 있었지만 국방은 전혀 담당하지 않았다. 이와 같기는 했지만 우리는 여전히 60만 명의 야만인 중 12만 명에 불과한 전사가 80년 동안 조금씩 인구 2,800만의 서로마제국으로 진입했음을 관찰할 수 있다. 이것은 밀물처럼 갑자기 몰려든 현상이 아니라 컵으로 큰 물통에 물을 채우는 것처럼 서서히 이루어진 현상이었다. 로마제국의 세부를 깊이 연구한 역사학자들이 로마제국의 멸망 원인에 대해 분분하고 다양한 의견을 제시하는 것도 이상한 일이 아니다.

서로마제국을 멸망시킨 야만인은 새로 나타난 침략자였다. 중국의 서진(西晉)을 뒤엎은 소수민족은 대부분 중원에 오래 거주한 백성이었다. 두 제국이 멸망한 후 서유럽 삼림 혹은 몽골 초원에서 양육된 인구가 끝도 없이 제국 내부로 유입되었다. 하지만 두 제국의 멸망에 대해서 말하자면 이와는 별도의 주제로 논의해야 한다.

진·한황조의 북쪽 강역은 로마제국의 북쪽 강역만큼 엄밀하지 못했다[지도 15]. 첫째는 중국 북방에 큰 강이 없어서 천연의 경계가 없었기 때문이고, 둘째는 중국에 로마처럼 야만인을 깡그리 죽이는 습관이 없어서 투항한 소수민족을 변방 안팎에 안치할 수밖에 없었기 때문이다. 유목민은 자신의 생활방식을 고수했다. 이들의 호적단위 '낙(落)', 즉 장막은 한족의 '호(戶)'와 달랐다. 변방 안쪽에 정착한 소수민족이 앞장서서 반란을 일으키며 독립을 선언했다. 308년에서 431년 사이에 흉노족, 갈족(羯族), 선비족, 강족, 저족(氐族)의 오호가 북방에 할거했고, 이들이 앞서거니 뒤서거니 16개 국가를 세웠다(오호십육국).[42]

91년 남흉노가 한나라에 귀의한 지 40여 년 만에 새로 북흉노가 항복했다. 그 규모는 북흉노 낙 3만 4,000개, 인구 23만 7,300명, 정예병 5만 170명이었다. 평균 낙 하나에 약 7명, 군사는 1~2명 정도였다.[43] 이후 100여 년 동안 이주하며 한족에 동화되었지만 삼국 위(魏)의 조조(曹操)가 이들의 조직을 정리할 때도 여전히 3만 낙 이상을 유지하고 있었다. 진나라 초기 초원에 재난이 발생하여 다시 2만 낙이 변방 안으로 이주했다. 종합해보면 당시 흉노 인구는 거의 40만 명에 가까웠다.[44] 흉노는 오호 중에서 가장 먼저 국가를 건설했으므로 로마의 서고트족과 유사하다. 하지만 서고트에 비해서 인구가 훨씬 많았으며, 정치와 문화의 수준도 비교적 높았다.

선비족은 북흉노 멸망 후에 초원을 제패했다. 이들은 분파가 많았고 간혹 연맹을 맺기도 했으나 일반적으로 각 분파가 독자적으로 정치를 했다. 진나라 초기에 이미 만주 지방으로 진입한 모용부(慕容部)와 우문부(宇文部) 등 부락은 각각 인구가 약 20만이었고, 전사는 5만에 불과했다. 4세기에 이르러 가장 강력한 탁발(拓拔) 선비가 초원을 제패하고 중원으로 들어와 북위(北魏)를 세우고 북방을 통일했다.[45] 서구에서 그들과 비교할 수 있는 민족은 프랑크족과 랑고바르드(Langobard)족이다. 이들은 나중에 우세한 세력을 형성하여 로마제국의 오랜 계승자가 되었다.

어떤 학자의 통계에 따르면 양한 동안에 약 70만 명의 강족이 변방 안으로 이주했지만 동한이 강족의 반란을 진압할 때 참혹한 사상자를 냈다고 한다.[46] 강족과 비슷한 저족은 한족화가 비교적 깊이 진행되었다. 이들은 위나라 때 두 차례 이주한 기록이 있다. 모두 5만 3,000 낙이 이주하여 대부분 지금의 산시성(陝西省) 일대에 거주했다.[47]

흉노가 건립한 한(漢, 前趙)나라는 이중 정부기구를 두어 한족과 호족을 나누어 통치했다. 유총(劉聰, ?~318)은 서진을 멸한 후 한족 43만 호, 호족 20만 낙을 거느렸다.[48] 여기에서도 소수민족의 인구 비중이 그리 적지 않았음을 알 수 있다. 특히 우리가 지금 얻을 수 있는 자료에 근거해볼 때 한족 1호의 평균 인구가 5명이었다면 호족 1낙의 평균 인구는 7명으로 추정할 수 있다. 여기에 비춰보면 유총은 대략 호족 140만 명을 통치했다. 그러나 강족·저족·선비족 다수는 여전히 그의 관할하에 있지 않았다. 따라서 가장 낮게 잡는다 해도 소수민족이 중국 북방의 정권을 탈취할 때 적어도 140만 명이 이미 변방 안으로 들어와 살고 있었던 셈이다.

소수민족이 변경 밖에서 화베이지방으로 진입하자 한족도 대규모로 이주하기 시작했다[지도 16]. 변방에서 거주하던 한족은 중국 내지로 피난했다. 한나라 말기 군벌의 할거로 중원의 수리시설이 파괴되었다. 천재지변과 인재가 겹치면서 백성은 고향을 떠나 타향으로 떠돌았다. 삼국 중에서 오나라와 촉나라는 강남과 쓰촨을 개발하는 데 진력했다. 진나라 때 팔왕(八王)의 난[49]으로 중원에서 남쪽으로 이주하는 사람들이 큰 물결을 이뤘다.[50] 280년에 이르러 화베이의 호적은 전국의 57퍼센트를 차지하는 데 그쳤다. 앞에서 당시 중국 전체 인구를 대략 5,400만 정도로 추정했으므로 화베이 인구는 대략 3,100만 정도였을 것이다.[51]

위의 서술을 종합하여 나는 약 140만 명의 소수민족이 인구 3,100만 명이 사는 화베이를 탈취했고, 약 60만 명의 야만인이 인구 2,800만 명의 로마제국을 정복했다고 짐작한다. 이 숫자에는 회난 지역 2,300만 주민이나 동로마제국의 4,200만 주민은 포함되지도 않았다. 또 316년 화베이가 함락된 이후 이주한 소수민족이나 476년 서로마제국이 멸망한 후에 이주한 야만인도 포함되지 않았다.

인구수 외에 정치조직·군사기능·전략형세 등도 모두 전쟁의 중요

용과 독수리의 제국

한 요소였다. 어느 항목을 막론하고 로마제국 세계의 야만인은 중국 세계의 호족(胡族)에는 미치지 못한 것으로 보인다. 황조와 제국의 적들은 각각 다양한 집단으로 나뉘어 살면서 때로는 서로 공격하기도 하고 때로는 서로 협력하여 황조와 제국에 대항했다. 타키투스는 줄곧 게르만족의 분열이 로마제국에는 다행이라 생각했다. 후일 게르만족은 당시보다 훨씬 발전했지만 여전히 조직은 산만했다. 우리는 지금 서고트족, 반달족이란 말을 들으면 결속된 단체인 것처럼 느끼지만 게르마니아 지역에서 각각 정치체제를 유지한 부락에 불과했다. 로마제국으로 진입한 후 사방에서 적의 포위에 직면하자 비로소 압력을 느끼고 협력을 추구했다. 서로 비교해보면 흉노가 훨씬 더 자존심이 강했다. 흉노는 수많은 부락으로 분리되어 있었지만 전통적인 조직과 고귀한 역사를 공유했다. 이들은 줄곧 강대한 역량을 자랑했고, 한나라에게 조공을 받으며 화친 관계를 유지했다. 웅대한 기풍을 다시 떨치는 것이 이들의 소망이자 호언장담이었다. 역사가 부여한 이런 위엄과 명망은 게르만족 집단에서는 단 하루도 꿈꿀 수 없는 것이었다.

게르만족은 훈족 휘하의 패장(敗將)이었다. 흉노는 말타기와 활쏘기에 뛰어나서 그 전투력이 훈족과 매우 흡사했다. 흉노는 오랫동안 중국 변방 안쪽에서 거주했고, 수령은 항상 중앙 조정에 인질을 들여보내는 등 정치적 경험이 풍부했다. 진(晉)나라에 반란을 일으킨 후에 국호를 한(漢)이라 한 것도 한족을 구슬리기 위한 의도였다. 이들은 중국의 품질 좋은 철제 검을 지니고 있어서 무기도 한족에 못지않았다.[52] 이와는 상반되게 게르만족은 금속이 부족한 약점을 극복할 수 없었다. 타키투스는 그들이 늘 투구도 쓰지 않고 심지어 철제 창도 지니지 못한 상태에 주의했다. 어떤 사학자는 야만인이 로마에 대승을 거둔 두 차례 저명한 전투를 비교하여 하드리아노플 전투에 참여한 전사의 금속무기가 370년 전 토이토부르크 전투에 참여한 전사들의 그것보다 뚜렷하게 증가하지 않았음을 발견했다.[53]

　게르만족은 강족과 비교적 비슷해 보인다. 양자는 모두 대형 정치 조직이 없었다. 반달족을 예로 들어보면 그들은 항상 수많은 부대로 나누고 사방으로 흩어져 약탈 행위를 했다. 유사한 적에 대처하면서 황조와 제국은 약속이나 한 듯이 대학살이 소규모 습격보다 못하고, 정규군의 공격이 특수부대의 효과적인 활동보다 못하다는 사실을 발견했다. 로마제국은 포위하고 봉쇄하기를 좋아했으며 작은 부대를 파견하여 습격하기를 좋아했고, 아울러 동방으로부터 뛰어난 궁수를 이동시켜 야만인을 축출했다. 세바스티아누스(Sebastianus)는 특별히 군사 2,000명을 훈련시켜 광범위한 지역의 침입자를 제거했다.[54] 한나라와 진나라도 강족의 난리를 평정하기 위해서는 경기병으로 습격하는 것이 대군으로 정벌하는 것보다 낫다고 인식했다. 서진의 마륭(馬隆)은 장사 3,500명을 특별히 선발한 후 산악지역으로 깊이 들어가 1,000리에 걸쳐 전투를 벌이면서 양주를 평정했다.[55] 요령 있는 지휘만으로도 몇천 명의 군사에 의지하여 상당한 효과를 볼 수 있었다는 건 야만인과 강족의 실력이 강하지 않았음을 증명해주는 사실이다. 다만 이들에 대한 정부의 조처가 타당하지 못하여 이들의 파괴력을 증가시켰을 뿐이다.

야만인과 강족은 비정규전에 종사했지만 이들의 지리적 상황과 인간적 화합은 천양지차를 보였다. 강족은 고향에서 반란을 일으켰으므로 본거지에서 전쟁을 수행했고 농서(隴西)와 칭하이(青海)의 험준한 산악 지역에 흩어져 살며 생산 활동에 종사하는 친족의 지지를 받고 있었다. 토벌에 나선 조정의 관군이 오히려 군량미 보급 노선을 걱정해야 했다. 이런 어려움은 아우렐리우스가 마르코만니족 근거지로 가서 그들을 공격할 때와 같았다. 5세기 유럽 야만인의 전략 형세는 완전히 이와 달랐다. 그들은 게르마니아 삼림을 떠나 그리스·이탈리아·갈리아 전원(田園)으로 침입했다.

로마인이 이들에 맞서 취한 조치는 중국인의 그것과 다르지 않았다. 일치단결해서 견벽청야(堅壁淸野) 전술을 구사하며 모든 식량과 물자를 감췄다. 야만인은 늘 굶주림 끝에 항복하거나 모험을 감내하며 출전했다. 이들이 동반한 가족은 더더욱 거추장스러운 짐이 되기 일쑤였다. 모든 전사는 반드시 처자식 및 수레를 끄는 소와 말을 먹여야 했다. 약탈에만 의지해야 했으므로 한 지역의 식량은 금방 고갈되기 마련이었다. 이들은 정착하여 농사를 지을 수 없었고 적의 경내에서 끊임없이 먹거리를 찾아 다녀야 했으며, 큰 수레 부대를 끌고 진지 공사를 하여 남녀노소를 보호해야 했다. 이들이 얼마나 많은 첩자의 도움을 받는지 간에 주위 환경이나 지리 정보에 대해서는 현지 통치자인 로마인에 훨씬 미치지 못했다. 우리는 로마제국 경내에서 활동한 야만인을 마치 20세기 베트콩이 베트남을 떠나 미국 캘리포니아주로 가서 유격전을 벌인 것이라고 가정할 수 있다. 그런 상황이었다면 어떻게 아득한 앞길을 예측할 수 있었겠는가?[56]

　소수민족은 중국 변방 안에서 오래 거주하는 동안 대체로 한족과 평화롭게 지냈고, 개별 반란도 모두 진압되었다. 그런데 왜 서진 시대에는 순간적인 봉기가 대규모 반란으로 발전했을까? 또 왜 그 시대에는 그들이 건국에 성공했을까? 유럽의 야만인은 극소수였고, 장비도 차이가 많이 났고, 보급도 부족했으며, 거기에 가족까지 동행하고 있었다. 로마제국은 그들보다 훨씬 강대한 적을 격파한 적도 있다. 당시의 상황에 대해 학자들은 이렇게 분석했다. "야만인이 극복할 수 없는 위협이 된 것은 인구가 많고 힘이 강했기 때문이 아니라, 로마의 저항력이 특히 약해졌기 때문이었다."[57] 그럼 왜 그들은 그렇게 약해졌을까?

제3절
사회 분화

　　　　　　국가의 주요 임무는 각종 자원을 조직하여 광대한 사회문제를 해결하는 것이다. 그 임무를 집행하는 능력은 정치 시스템과 사회 구조에 드러난다. 성부는 한편으로 가 계층 백성에게 세금을 징수하고, 다른 한편으로는 각종 사회적 수요의 경중을 저울질하여 자금을 분배하고 지출한다. 그러나 완벽한 분배는 영원히 실현할 수 없으므로 태평성대에도 각종 마찰에서 벗어날 수 없다.

　돈 있고 권력 있는 사람은 탈세를 하고, 부패한 관리는 횡령에 탐닉하므로 정부 수입은 줄어들고 국력은 쇠퇴하게 된다. 우둔한 신하는 현실을 무시한 채 고집을 부리며 자만심에 젖어 사리사욕을 채운다. 이 때문에 정부는 반신불수 상태가 되어 정책 결정을 할 수 없게 되고, 심지어 군벌 내전이 야기되기도 한다. 국가의 자원은 당쟁으로 소모되고, 졸렬한 관리로 인해 헛되이 사라진다. 치안과 국방 등 공공의 안위와 관련된 주요 업무는 아무도 상관하는 사람이 없어서 날이 갈수록 치명적인 참화로 발전한다. 역대 학자는 수많은 황조와 제국의 쇠망 원인을 제기하면서 이런 점을 비교적 중요하게 보았다.

사회 분화와 정치 부패는 급성 질병이 아니다. 이것은 마치 암처럼 매우 느리게 진행된다. 국가 내의 개인 가정은 인체의 세포와 비슷하다. 신체 내에서 세포의 기능은 분열과 번식을 조절하여 사람을 건강하게 성장하도록 한다. 우연히 어떤 세포 유전자에 돌연변이가 일어나면 그 세포는 생존경쟁 과정에서 우세를 점하게 된다. 이에 그 세포는 비교적 빨리 분열하고 그렇게 분열된 세포는 더욱 많아진다. 게다가 그런 세포는 모두 생존에 유리한 유전자를 계승한다. 만약 그런 후대 세포에, 생존에 유리한 또 다른 돌연변이가 일어나 생존경쟁에서 더욱 유리한 위치를 점하게 되면 그 세포의 후대는 더욱 빠르게 늘어난다. 이렇게 유전자가 이어지면서 유리한 돌연변이가 몇 번 발생하면 이런 특수 세포들은 번창하여 영양을 독점하고 근처의 일반세포를 핍박하며 종양을 형성한다. 만약 다시 돌연변이가 일어나면 신체의 조절 기능에서 이탈하여 아무 속박 없이 왕성한 세포분열을 통해 암으로 확정된다.

암세포는 다윈의 진화 과정에서 가장 우수한 것이지만 자신의 모체에 대해 치명적인 해악을 끼친다. 물론 사람도 죽고 암세포도 생존할 수 없다. 암세포에게는 거시적인 시각이 없다. 사회 속 특권이 뿌리내리는 양상도 암세포의 발전과 유사하다. 특권층은 점차 공고한 세력을 형성하여 타인을 착취하고 공허한 인의의 논리로 천하를 지배한다. 그러나 공공의식은 전혀 없으며 자신의 행동이 사리사욕에 치우쳐 민중과 국가를 해친다는 사실도 알지 못한다. 유전자의 돌연변이는 희귀하기 때문에 암의 성장은 느리고 대부분 노인병인 경우가 많다. 마찬가지로 특권층이 쌓임에 따라 형성된 뿌리 깊은 특권과 사리사욕은 대부분 황조와 제국의 말년에 가장 참혹한 재앙으로 작용한다.

제8장 1절에서 우리는 로마와 동한의 전체 경제를 서술했다. 그 아름다운 그림에는 많은 결함이 포함되어 있다. 어떤 하나의 사회를 상상해보자. 그중 1퍼센트는 부유한 사람이고, 99퍼센트는 가난한 사람이다. 모두 수입이 있지만 부유한 사람의 수입은 가난한 사람의 100배에 달한다. 다시 그렇게 경제성장이 25퍼센트에 이르고, 부자들의 수입은 두 배로 올라, 호화로운 광경이 급증한다고 상상해보자. 사회의 전경(前景)만 바라보면 경제가 매우 활성화된 것처럼 느껴진다. 그러나 이를 경축하는 사람은 빈부격차가 이전보다 4배나 심각해졌음을 망각하고 있다. 가난한 사람의 수입은 절반으로 줄어들어 거의 삶과 죽음의 경계선으로 내몰리고 있다. 빈부격차가 천양지차로 벌어진 상황이야말로 황조와 제국의 암 덩어리였다.

'소수가 더욱 많은 것을 점유했다(Fewer have more).'[58] 현대 학자는 이 몇 개의 단어로 로마 사회 경제의 장기적인 발전을 총괄했다. 그러나 이 말은 한나라에도 똑같이 적용된다. 양자는 정도의 차이만을 보일 뿐이다. 두 제국의 사회 경제는 피라미드식이었다. 하지만 로마의 피라미드는 한나라의 피라미드에 비해 더 가팔랐다. 정보를 관장한 관리의 녹봉에서 그 일부분을 확인할 수 있다. 한나라 최하위 품계의 관직은 좌리(佐吏)였는데, 이들의 한 달 녹봉은 대략 병졸 한 명의 녹봉과 같았고, 군수의 녹봉은 좌리의 15배였다. 모든 로마 군단에는 노련한 지휘관 10명이 있었고, 이들의 봉급은 병졸의 33배였다. 이들의 위에는 두 명의 장군이 있었고 군단 사령관은 속주 지사 아래에 속해 있었다. 로마의 속주 지사는 한나라의 군수와 임무가 유사했으나 봉급은 상대적으로 높은 편이었다.[59]

중국 문헌에는 부자를 질책하는 내용이 가득하다.[60] 광무제의 아들 제남왕(濟南王: 劉康)은 노비가 1,400명, 말은 1,200필, 개인 토지는 800경에 이르러 사치가 극심했다. 황실 귀족은 개인 토지 외에도 식읍을 갖고 있었지만 대부분 현의 크기에 따라 수익은 달라졌고, 또 토지세는 수확물의 3.3퍼센트에 불과했다. 따라서 제남왕은 부의 극점에 도달했다고 할 만하다. 일반적으로 말해서 몇백 경의 재산을 보유한 사족과 토호는 즐비했다. 그러나 1,000경 이상을 가진 사람은 매우 드물었다. 유산을 분배해서 상속받는 습속 때문에 재산이 후대로 갈수록 불어나기는 어려운 일이었다.[61]

로마제국 부자의 재산 규모는 한나라보다 한 등급 높았다. 부호 여섯 명의 토지가 아프리카 속주 절반을 차지했고, 그런 상황이 네로가 그들의 토지를 몰수할 때까지 지속되었다. 로마제국 말기에 귀부인 멜라니아(Melania)가 로마시 부근에 보유한 장원에는 호화 별장에다 62개 마을이 포함되어 있었으며 마을마다 노예 400명이 농사에 종사하고 있었다. 게다가 그녀는 이탈리아·시칠리아·아프리카·에스파냐·갈리아의 농장에서 아프리카 속주 두 곳과 맞먹는 세금을 거뒀고 그 세율은 대략 15퍼센트나 됐다. 만약 그녀가 콘스탄티노플에 거주했다면 첫 번째 부자로 군림했겠지만 로마에서는 중간 정도 부자에 불과했다. 서로마제국 최상위 부자 원로들이 국가에 보고한 수입은 비옥한 토지 수십만 헥타르에서 생산한 것이었다. 이는 19세기에 산업혁명의 혜택을 누린 영국 귀족들조차도 미칠 수 없는 막대한 재산이었다.[62]

"너무 적은 생산자가 너무 많은 노는 입(idle mouths)을 먹여 살려야 했던 것이 로마제국 경제의 최대 약점이었다." 어떤 현대 학자는 로마제국의 말기를 이와 같이 비평했다.[63] 사실 한나라 말기 문헌에는 이와 관련된 더욱 절실한 서술이 실려 있다. "놀고먹는 자와 사기꾼이 도읍에 가득했다. 농사를 짓는 자는 드물고, 공짜 밥을 먹는 자가 많았다(游手僞巧充盈都邑. 治本者少, 浮食者衆)." 조정에는 "궁궐 창고가 텅 비었는데도, 공짜 밥을 먹는 자가 많았다(帑藏空虛, 浮食者衆)".[64] 황실 귀족 대지주를 제외하고도 황조와 제국에는 형형색색으로 놀고먹는 자가 많았다. 기독교 교회의 재산도 나날이 증가했다. 로마 황제의 하사품 외에도, 신도들에게 헌금을 해서 재산을 벌레가 잠식할 수도 없고 도적이 훔칠 수도 없는 천국에 투자하라고 설득했다. 6세기에 성당의

용과 독수리의 제국

주교신부 숫자는 정부의 관리보다 많았고, 보수도 이들보다 많았다.[65] 동한의 유생은 수만에 달했으며 그들이 벼슬길에서 누리는 혜택은 경전 한 가지에만 능통해도 면세를 받는 것에 그치지 않았다. 학생들은 황실 태학에서 비가 와도 발을 적시지 않았고, 날씨가 더워도 햇볕을 쬐지 않으면서 각각 서로가 서로를 게으르다고 간주했다.

이 밖에도 경학 대가는 개인적으로 제자를 받아서 각각의 문하에 1,000여 명에 달하는 유생을 모았다. 장례가 있으면 수만 명이 모여서 이야기를 주고받으며 관계를 넓히고 명성을 구했다. 『후한서』에서는 명사들의 행동을 이렇게 묘사했다. "마음을 닦고 용모를 꾸미면서 도와 예(藝)에 의지하여 명성을 구하는 건 사물의 이치에 능통할 수 있거나 당세의 일을 널리 추진할 수 있는 방법이 아니었다(刻情修容, 依倚道藝, 以就其聲價, 非所能通物方, 弘時務也)."[66] 공짜 밥을 먹는 사람들이 완전히 기생충은 아니었지만 이들은 사회에 공헌한 것보다 무위도식으로 소비한 것이 훨씬 많았다.

공짜 밥을 먹는 자는 대부분 통치 엘리트로, 합법적으로나 불법적으로 탈세를 자행하며 정부의 각종 혜택을 모두 누렸으므로 날이 갈수록 재산이 방대해졌다. 이 때문에 세금으로 이들을 먹여 살려야 했던 농민은 날이 갈수록 세금 부담이 무거워졌다. 황조와 제국 말기에는 토지가 소수 부호 수중에 집중되어 자경 소농은 엄청난 위기에 직면했다 지주이 땅을 경작해야 했던 소작농을 로마에서는 'coloni'라고 불렀고, 많은 지역에서 이들이 주요 노동력을 제공했다. 중국과 서양의 대농장에서 이들은 고용농, 노예 등과 함께 일을 했다. 소작료는 수확의 절반을 넘었다.[67] 착취는 심했지만 적지 않은 소작농이 지주와 주종 사이 의리를 지켰다.

대지주는 대부분 지방 토호이거나 사족이어서 관료와 결탁한 후 자신의 휘하 사람을 비호할 수 있다. 게다가 일부 소작농과 이들이 경작하는 땅을 숨겨서 정부 호구에 넣지 않을 수도 있었다. 이에 대지주는 세금을 속여 이익을 얻는 일 외에도 소작농을 숨겨서 이들이 자신에게 의지하도록 했다. 정부와 백성 사이에서 토호와 사족은 국가가 받아야 할 세금과 충성을 가로채고 국가 권력을 도둑질했다. 한나라의 수많은 소작농은 지주의 친척이어서 대대로 그들에게 의지했다. 그러나 법률상으로 소작농은 자유로운 신분이어서, 경작 계약이 만료되면 마음대로 떠날 수 있었다.[68]

로마의 소작농은 소작 조건이 좋은 곳을 찾아갈 자유가 있었지만 콘스탄티누스 시대에 이르러 그 권리를 정부에게 박탈당했다. 로마제국은 법률로 재벌통치의 정신을 발양하여 소작농과 그 후세가 대대로 토지에 묶여 있도록 강제했다. 즉, 로마 정부는 소작농이 도망치려 할 때, 지주가 이들을 구속하고 징벌할 수 있도록 권리를 부여했다. 테오도시우스는 "소작농은 그 땅에서 태어난 노예다"라고 명확한 조서를 내렸다.[69] 황조와 제국은 많든 적든 부호의 버팀목 역할을 하며 빈민을 착취했다. 양자 사이에 드러나는 정도의 차이가 두 지역 군사 모집의 상이한 경험을 해석하는 데 도움을 줄 수 있다.

동한과 로마제국 후기의 군대는 모두 모병과 징병 군사가 섞이고, 북방 민족 군사와 로마 군사가 혼합된 체제였다. 동한 및 후기의 군

용과 독수리의 제국

벌은 좋은 조건만 내세우면 모병이 상당히 쉬웠다. 동한 말 손책(孫策, 175~200)은 군대에 한 사람이 입대하면 가족 전체에게 세금을 면제해준다는 조건으로 열흘 만에 군사 2만을 모았다.[70] 이건 기이한 일이 아니다. 군대는 빈민을 위해 한 줄기 생계의 길을 열어줬다. 로마 사병의 봉급과 퇴직금은 모두 후한 편이었지만 장기적으로 사병을 충분하게 모집하기가 어려웠다.

후기의 황제들은 징병을 엄격히 독려하고 요구사항을 낮추어가며 군인 자손들이 입대하도록 강제했으나 뜻대로 되지 않았다. 당연히 대다수 사람들은 종신토록 복무하려 하지 않았다. 소작농을 땅에 묶어두고 거취를 자유로이 선택할 수 없게 한 법률도 군사 모집에 장애로 작용했다. 강력한 지주가 장악하고 있는 건장한 생산 도구(장정)를 군대가 뽑아가려는 일은 개별 농민을 유인하는 일보다 훨씬 어려웠다. 최대의 지주인 황제는 일찍부터 소작농을 자신의 독점물로 여겼다. 기타 지주도 모든 수단을 동원해 소작농을 위협하며 가장 허약한 사람을 군대에 보내려 했다. 병력 부족은 결국 제국의 악성 종양이 되었다.[71]

농민은 평소에는 순종하다가 인내가 한계에 이르면 항거의 깃발을 내걸고 봉기했다. 중국과 서양은 모두 고대에 사회불안 분자를 일반적으로 '도적(賊)'으로 통칭했는데, 로마에서는 그것을 'latro'라고 불렀다. 이 어휘의 한 측면은 보통 죄수를 가리키고, 다른 측면은 정상 궤도에서 벗어난 통치자를 가리킨다. 예를 들어 "한나라와 도적은 양립할 수 없다(漢賊不兩立)"라든가 "피르무스(Firmus)는 황제가 아니라

latro일 뿐이다"라는 말이 그것이다.[72] 이 양극단 사이에서 여러 가지 소동이 벌어졌고 특히 사회의 하부에서 동요가 일어났다. 많은 '도적'은 목구멍에 풀칠도 할 수 없는 이재민과 유민이었는데, 이들의 최대 희망은 자신들의 땅을 다시 일구는 것이었다. 이 때문에 이들은 기회만 있으면 양민으로서의 생활을 회복하려고 했다. 규모가 크고 시간이 긴 불법 무장투쟁은 일반적으로 지식인 엘리트를 배경으로 삼거나 지방 토호의 비호를 받았다.[73]

2세기 중엽, 로마의 평화는 동요하기 시작했고, 황군은 부득이 사병을 차출하여 치안과 경비를 맡겼다. 187년 갈리아의 '반역'에도 다시 대군을 움직여야 했다. 4세기 후기에는 도적들이 이탈리아의 도로에 넘쳐 로마시의 장관도 감히 성문을 넘어갈 엄두를 내지 못했다. 상인은 무리를 지어 속주 지사의 정기 순찰 대열 뒤를 따라가면서 지사 호위대의 위세에 의지하여 약탈을 모면하려고 했다. 정부에서는 엄명을 내려 도적과의 내통을 금지했으나 아무 효과가 없었다. 도적과 내통한 자는 바로 지방의 토호와 거부였기 때문이다.[74]

로마제국 최대의 봉기는 갈리아와 에스파냐의 바가우다이(Bagaudae: 켈트어로 투쟁하는 사람) 반란으로, 284년에 시작해서 5세기 초에 최고조에 달했다. 이들은 속주 시사를 축출하고 여러 대의 황제를 핍박하여 진압에 나설 수밖에 없게 했다. 그러나 고대 문헌에는 바가우다이에 대해 어물어물 몇 마디 서술로 그치고 있다. 로마인은 로마제국에 대한 항거 사적, 특히 하층계급의 봉기를 말살하기 좋아했다.[75]

중국 전통 역사서에는 사회동란에 대한 기록이 비교적 상세하다.

용과 독수리의 제국

동한 중엽 이후 80년간 발생한 농민봉기는 서른 차례 이하로 내려가지 않는다. 소규모로 수백 또는 수천에서 시작했지만 저쪽이 잠잠해지면 이쪽에서 일어나는 등 규모가 갈수록 커졌다. 최후에는 전국적으로 황건적의 봉기가 폭발했다. 이에 대해서는 잠시 후에 다시 논의하겠다.[76]

무위도식하는 자와 지역 권력자 가문은 직접적으로 하층민을 착취하거나 정부의 각종 혜택을 빌미로 간접적으로 백성의 고혈을 빨았다. 극심한 빈부격차는 사회의 안정을 파괴했다. 삶을 영위할 수 없었던 빈민은 떨쳐 일어나 모험을 하든가 지역 권력자에게 의지했다. 무장폭동이 빈번하게 일어났지만 때때로 지방 엘리트에게 이용당했다. 지역 권력자는 휘하가 나날이 많아지자 못하는 짓이 없게 되었다. 위로는 관리와 내통하고 세금을 속였으며, 아래로는 시골 백성을 침탈하고 능멸했다.

사회 하층에서 발생한 곳곳의 지방 동란은 마치 무수한 악성 종양처럼 국가를 분열시켰다. 그것들은 원심력으로 작용하며 중앙정부가 자원을 동원하여 전국적인 문제에 대처할 수 없게 했다. 이 밖에도 적지 않은 지역의 권력자들이 혈연귀족인 동시에 문화귀족으로 중앙의 고관으로 임명되었다. 정부 고위층의 권력 부패는 종양을 쉽게 암으로 변화시켰다.

제4절

정치 부패

하늘의 뜻이었는지 인간의 소행이었는지 모르지만 동한과 로마제국은 마지막 100년 동안 동일한 재난에 직면했다. 즉, 그것은 당시 시국이 험난하여 영명한 영도자가 필요할 때 모든 황제가 어린 나이에 등극했고, 자라서도 평범하고 속된 임금이 되었다는 점이다. 호노리우스(Flavius Honorius Augustus, 384~423)는 안전한 라벤나(Ravenna: 이탈리아 북부 도시)에 숨어서, 포위된 로마시를 구원할 군대를 보내지 않았다. 로마가 멸망했다는 소식을 듣고 그는 놀라서 울부짖었다. "그건 방금 내 손에서 모이를 쪼아 먹고 있었다!" 황제가 일심으로 염려한 건 자신이 로마라고 이름 붙인 애완 수탉일 뿐이었다.[77] 호노리우스와 쌍벽을 이룰 만한 중국 황제는 진(晉) 혜제(惠帝, 259~307)였다. 당시 천하에 가뭄이 들어 백성이 굶어 죽자 혜제가 말했다. "어찌하여 고기죽을 먹지 않는가?(何不食肉糜?)"[78] 만약 정부기구가 온전했다면 멍청한 군주를 구원할 수 있었을 것이다. 마치 로마 제국 초기에 정신이 박약한 클라우디우스 시대를 무사히 넘긴 것처럼, 그리고 서한 시대에 연약한 혜제 시대를 무사히 넘긴 것처럼 말이다. 안타깝게도 황조와 제국 밀기의 정부기구는 부패하고 무능했을 뿐이다.

아침 기운이 생생할 때는 위대한 황조와 제국이 흉금을 크게 열고 시야를 넓게 열어 민중을 위해 복무하는 정신을 크게 진작시킬 수 있었다. 그러나 세월의 흐름에 따라 시야는 매우 좁아졌다. 로마 전통의 공공정신은 제국에 의해 대부분 방기되었고, 겨우 남은 것도 기독교의 내세관에 의해 압살되었다. 중국의 법가는 법 앞에 만인이 평등하다는 법치 정신을 제창했지만 유가의 독재 아래서 위축되고 말았다. 군부의 재정권(財政權)을 강구한 로마 정부와 문치의 가르침을 강구한 한나라 정부는 각각 어두운 일면을 드러냈다. 귀족주의와 봉건의식이 극성했다. 정부의 고관은 가정이나 당파에 온 정신을 기울여, 실제로 일을 할 능력이 있는 군대와 관리 기구를 쇠퇴시켰다. 아름다운 선전만이 유행하면서 황제와 통치 엘리트의 사리사욕 추구를 분식하기에 바빴다.

"총이냐 우유냐?" 이 말은 서구 근대 속담이다. 그러나 이 말이 표현하고 있는 것처럼 국방이냐 부유함이냐 사이의 선택은 고금의 모든 나라에서 피하기 어려운 난제로 작용했다. 황조와 제국 말기의 특색은 기름기 번들번들한 엘리트가 지나치게 인색하게 굴며 대중의 안전에 필요한 총 몇 자루도 비치하지 않으려 했다는 점이다. 반용이 병사 300명을 보내 옥문관을 지키자고 간청했을 때, 정부의 보조를 받는 태학생과 조정의 고관대작은 서로 화답하며 대중에게 피해를 주는 지출이라고 비판했다.[79] 로마 장군 스틸리코(Flavius Stilicho, 359?~408)가 황금 4,000로마파운드로 서고트 군사를 고용하여 북방 야만인의 대규모 침입에 대처하자, 원로원 귀족은 "이건 정상 조약이 아니라 노예 협정이다!"라고 소리쳤다. 당시 동서 제국에는 각각 약 2,000명의 원로가 있었고, 가장 부유한 그룹에 속한 사람은 모두 매년 수입이 금 4,000로마파운드와 은 16만 로마파운드에 달했으며, 이 밖에도 30퍼센트 정도의 농작물이 더 보태졌다. 이들은 7개의 경기를 공연하기 위해 금 2,000로마파운드를 쓰는 데 익숙했지만 공공의 안전을 위해 지불해야 할 공공 장치에는 신경 쓰지 않았다.[80]

우리는 역사에서 동한 사대부가 군벌로 변모한 사실과, 로마인이 로마 군대에 소속된 야만인의 가족을 학살한 사실을 찾아볼 수 있다. 이 때문에 덕이니 사랑이니 하는 말을 요란하게 선전하기는 했지만 그것이 군비를 반대한 주요 원인은 아니었다. 문치를 주장한 관료는 또 다른 속셈을 품은 채, 외적이 국가의 안위를 위협할 때 돈주머니를 단단히 틀어쥐고 군대를 곤경에 빠뜨렸다. 장군들은 전투를 피했다. 이들은 전투를 하면 반드시 사상자가 생기고, 사상자가 생기면 보충하기 어렵다는 사실을 잘 알고 있었기 때문이다. 어떤 현대 학자는 서로마제국이 쇠망한 근본 원인을 다음과 같이 해석했다. "정부 내에서 영향력이 가장 큰 두 집단, 즉 원로 귀족과 천주교회가 그들을 호위해주던 로마 군대를 버렸다. 양대 집단은 무의식적으로 군대와 행정기구의 능력을 파괴했다."[81] 문무 관료가 서로 다투자 로마로 침입한 야만인만 이익을 얻었다.

건국에서 전성기까지 로마의 군부 정책과 재정권은 줄곧 협력관계에 있었고, 황제와 문무백관은 모두 원로 귀족에 속해 있었다. 260년 대부터 원로들은 더 이상 군대를 거느리지 않았고, 이에 그들의 정치적 영향력도 하락했다. 이어서 군대 출신 장군이 황제에 등극했다. 디오클레티아누스, 콘스탄티누스, 발렌티니아누스 1세, 발렌스 등의 고향은 우아한 문화로 유명한 곳이 아니라, 용맹한 기풍으로 유명했다.

용과 독수리의 제국

그러나 이 군인 황제들이 머리가 나쁜 건 결코 아니었다. 그들은 현실의 급무와 난제를 해결하기 위해 노력하면서 군부 기구와 나란히 문민 관료 시스템을 온전하게 세웠다.

375년 서고트족이 로마 국경으로 들어온 때와 거의 동시에 발렌티니아누스 1세가 세상을 떠나고, 서로마제국은 새로운 시대로 접어들었다. 황위는 어린아이가 계승했다. 100년 동안 편안하게 부귀영화를 누리며 문화적인 소양을 쌓아온 원로 귀족이 다시 일어나 관료기구를 독점했다.[82] 로마 정부는 마침내 동한 정부와 똑같은 길을 걷기 시작했다. 동한 후기의 고위 관료는 태반이 유학자였고, 사족은 점차 문화귀족으로부터 문벌귀족으로 변했으며 관료기구의 실무적인 관리는 거의 씨가 마를 지경이었다.

제국 말기에 로마의 원로 귀족은 중국의 문화귀족과 마찬가지로 고위관직을 차지하는 일에 열중했다. 그러나 직위에 수반되어야 할 업무 책임이 자신의 덕망을 실추시킨다고 인식했다. 이들은 경전 지식에만 의지하고 존귀한 소일거리에만 탐닉하며 번거로운 공무는 천하게 여겼다. 중국 사대부는 스스로 인품이 고결하다고 여겼고, 로마 귀족도 그런 태도를 여유로움(otium)이라고 불렀다. "그리스인으로부터 배운 귀족적인 여유를 추구하며 근면한 노력은 아무 가치가 없다고 보았고, 시문이나 읊조리며 무능하고 게으른 자신의 행위를 분식했다."[83] 다시 일어난 원로 귀족은 정부 고위직을 독점했다.[84] 어떤 현대 학자는 이들의 행위를 이렇게 묘사했다. "이들은 정부기구를 사생활의 부속물로 간주하고 정책 논의는 의도적으로 회피하면서 행정을 교제의 첩경으로 여겼다." 이들은 친구를 보호하기 위해 청탁 편지를 쓰는 일에 가장 열심이었다. "어휘는 화려하지만 내용은 무미건조한 이 편지들은 중국 왕조시대 고관대작의 명첩(名帖)에 비견할 만하다."[85] "공허한 고담준론에 탐닉하며 비현실적인 언변으로 모든 일을 해결하려 하고" "오로지 명사와의 교유만 숭상하며 실제 사무는 무시하는 걸 고상하게 여긴" 동한 사대부를 이러한 로마 귀족과 함께 거론할 수 있다.[86] 한나라 말기 서간에도 매우 적절한 묘사가 있다.

공경대부, 주목(州牧), 군수부터 시작하여 국사는 돌보지 않고, 빈객 접대에만 힘썼다. 관모를 쓴 자들이 대문을 가득 채웠고, 유생 복장을 한 자들이 길을 가득 메웠다. …… 문서는 아전들에게 맡겼고, 죄수가 감옥을 가득 채웠는데도 돌아볼 겨를이 없었다. 그들의 행위를 자세히 살펴보면 나라를 걱정하고 백성을 구제하려는 것이 아니라 도덕만 이야기했다. 단지 자신의 사리사욕만 채우며 권세를 추구하고 이익을 좇아다닐 뿐이었다.

(自公卿大夫州牧郡守, 王事不恤, 賓客爲務. 冠蓋塡門, 儒服塞道. …… 文書委於官曹, 系囚積於囹圄而不遑省也. 詳察其爲也, 非欲憂國恤民, 謀道講德也. 徒營己治私, 求勢逐利而已.)[07]

벼슬자리만 차지하고 어영부영 녹봉을 받아먹는 이들 로마 귀족과 동한 고관은 보통의 암 덩어리가 아니었다. 이들의 직무는 대해를 항해하는 여객선의 조타수와 같은 것이었다. 승객을 가득 태운 배가 빙산과 충돌할 위험이 있는데도, 조타수가 운항을 제 마음대로 좌우하며 사교를 위한 무도회나 연 꼴이었다. 그 재앙의 참혹함은 황조와 제국이 뇌종양에 걸린 것에 비유할 수 있다.

돈과 권력이 결탁하는 뇌물과 횡령은 옛날부터 존재했다. 이 때문에 법가에서는 관료에 대한 감찰을 강조했고, 로마공화정은 사람들에게 관료를 탄핵하여 면직시킬 수 있게 했다. 그러나 날이 갈수록 관직 사회의 기풍이 타락하면서, 중앙정부는 통치 엘리트를 자기편으로 끌어들이기 위해 이들의 행위에 대한 감찰을 포기했다. 처음에는 작은 잘못을 용서해주다가 마지막에는 서로 한통속이 되어 나쁜 짓을 일삼았다. 이에 정치 부패가 황조와 제국의 치명적인 암으로 발전했다. 이른 시기에는 정부가 작위만 팔았다. 작위만 있고 실권은 없었다. 정부는 이름뿐인 관직을 하사하여 부호의 돈을 거둬들이고, 그 돈을 사회 행정에 썼기 때문에 아직 큰 문제는 일어나지 않았다.

그러나 백성을 다스리는 실제 관직을 팔게 되자 문제는 달라졌다. 관리을 산 자는 녹봉만으로는 본전을 뽑을 수 없다는 사실을 알고 또 다른 재산 축적 자원을 찾아야 했다. 각 지방에는 불법적인 수입이 많기 때문에 중국의 군수와 로마의 지사 직은 매관매직의 단가가 특별히 높았다. 관직을 파는 행위는 정부가 탐관오리의 면허증을 파는 것과 똑같았다. 한나라의 안제와 환제는 긴급한 지출에 대처하기 위해 중허급의 중앙 관직을 팔았다. 영제는 누군가 돈을 내기만 하면 어떤 관직이든 아끼지 않고 팔았는데, 심지어 삼공의 고위직까지도 팔았다. 궁궐을 건축하기 위해 영제는 몇 년 동안 지방 관리가 새로 부임하거나 자리를 옮기거나 승진하면 반드시 먼저 돈을 받았다. 재산이 없으면 관직을 사임하지는 않고 그 비용을 백성에게 전가했다. 청렴한 관리 사마직(司馬直, ? ~185)은 백성을 착취하려 하지 않고 독약을 먹고 자살했다.[88] 두 세기에 걸쳐 로마 정부는 공개적으로 속주 지사직을 팔았다. '관직을 저당 잡혀 돈을 빌리는 일'이 마침내 정당한 생업이 되자, 길게 줄을 선 빚쟁이들이 새 지사의 뒤를 따라 함께 부임했다.[89] 암미아누스는 다음과 같이 평가했다. "콘스탄티누스가 먼저 자기 친구의 식욕을 돋웠고, 이어서 콘스탄티우스가 그들에게 속주의 피를 배불리 먹였다."[90]

도덕적인 질책과 청렴한 법률은 그들의 추악함을 가리는 장식으로 전락했다. 통째로 부패한 정부기구 안에서 작은 횡령은 일상적인 관행이었다. '관례'에 따른 가렴주구가 로마제국 후기에 법률로 공인되기까지 했다.[91] 동한 말기 하남윤(河南尹) 전흠(田歆)은 조정에 여섯 명의 인재를 추천할 수 있었다. 친척과 귀족의 청탁 편지가 빗발치듯 날아와서 인정상 거절할 수 없을 정도였지만 그는 "스스로 진정한 명사를 등용하여 국가에 보답하려고" 결심했다. 전흠이 이름을 남긴 건 사욕에 따라 공무를 무시했기 때문이 아니라 자신의 책임을 방기하지 않았기 때문이다. 찰거제는 온정과 도덕이란 명목 아래 인사의 적폐로 전락했다.[92] 유생의 공론에 따르더라도 청렴은 공무와 관련된 사대부의 유일한 미덕이었다.[93]

청렴은 로마에서도 중국과 마찬가지로 존중을 받았다. 개별 관리가 사악한 탐욕에 물들지 않으면 사회의 칭송을 받았다. 어떤 현대 학자가 로마의 관직 사회에 대해 "단지 성실한 태도만 유지해도 보통 사람과 다른 장점으로 인정받았다"라고 평가한 말은 동한의 경우에도 똑같이 적용된다. 이 평가의 내면에는 "내가 어쩔 수 없는 일은 인정하라. 즉, 탐욕과 부정은 상식이므로 결코 예외는 없다"라는 뜻이 숨어 있다.[94]

탐욕은 백성에게 손해를 끼치고 국가에도 백해무익하다. 5세기 로마 군대는 수수께끼 단체였다. 관방의 자료에 따르면 로마 군단의 전체 규모는 64만 5,000명이었고 전력도 매우 강력했다. 그러나 소규모 야만인은 거의 아무런 방해도 받지 않고 로마제국 내에서 혼란을 조성했다. 이는 우리의 의문을 자아낸다. 로마 군대는 도대체 어디에 있었던가?[95] 대다수 학자는 당시 로마 군대 병력의 절반은 결원이었다는 분석에 동의한다. 어떤 병사는 허락도 받지 않고 4년이나 자리를 벗어나 있었지만 근무표에는 여전히 그의 이름이 남아 있었다. 이런 산만한 군대를 만난 북방 야만인은 행운을 만났다고 할 만했으나, 세금을 낸 사람은 마음을 놓을 수 없었다. "병사들이 살았든 죽었든 아니면 전부 허구의 숫자이든 정부에서는 64만 5,000명의 군량미를 똑같이 지급했다."[96]

관직을 이용하여 불법으로 재물을 갈취하는 탐욕 행위가 가장 큰 질책을 받았다. 관직을 이용하여 불법으로 권력을 탈취하는 행위도 마찬가지로 징지를 부패시켰지만 부분적으로는 유가도덕의 비호를 받았다. 여기에서 우리는 공적 도덕과 사적 도덕의 모순을 볼 수 있다. 유가에서는 사도(師道)를 가장 존중한다. 동한의 경학 대가와 그

제자는 하루라도 사제관계를 맺으면 평생토록 스승을 아버지처럼 섬긴다. 사족도 각각 수천 수백의 문하생을 받아 군신관계, 부자관계와 같은 충효와 인의의 사상을 주입한다. 경전에 통달하는 것은 관리가 되기 위한 첩경이다. 경학 스승을 배출한 사족은 대대로 고관대작에 올라 자신의 문하생을 추천하여 널리 개인의 세력을 심을 수 있었다. 군수 등 지방 장관은 자신이 이끌어들인 선비에 대해서 군신과 같은 명분을 강요한다. 문하생은 이후에 조정에 나아가서도 당시의 도덕관념에 의지하여 여전히 옛 주인이나 옛 스승에 충성을 바쳐야 한다.[97] 은혜를 알고 보답하는 것은 개인의 도의인데, 군신관계와 사제관계의 끈끈한 온정은 종친과 친해야 한다는 이른바 인(仁)의 연장선 위에 있다. 이것이 유가 윤리의 핵심 이론이다.

그러나 이들은 이런 사적 도덕에 가로막혀 공무를 소홀히 했다. 사대부는 공직을 맡은 몸이다. 국가와 백성의 관점에서 보면 "옛 주인에게 충성한다"는 이들의 이런 도의야말로 탐욕과 부패 그 자체라 할 수 있다. 인재 추천은 군수의 직책이고 휘하 관료를 파견하는 건 고관의 직권이다. 사대부는 이것을 기화로 사사로운 혜택을 베풀었고, 심지어 수수료를 요구하기도 했다. 인재를 천거할 때도 "나이가 어리더라도 은혜를 갚을 수 있는 사람을 취했고,[98] 그가 백성과 국사에 어떤 영향을 끼칠지는 돌아보지 않았다. 이런 행위는 공직의 권력을 도둑질하여 개인의 탐욕을 추구하는 만행이다.

유가 정치인은 경전을 해석하여 교화를 펼치는 탓에 『춘추』에 나오는 "나는 가신이므로 감히 국에 대해서는 알지 못한다(我家臣也, 不敢知

용과 독수리의 제국

國)"와 같은 사적인 도의가 통일 중국에서 다시 만연했다.[99] 종법시대 봉건제후와 같은 군신 간의 사사로운 관계가 정부기구에 얽혀든 것이다. 유가 학파의 문하생으로서 관리가 된 사람은 스승의 집에 가서 상례를 주관하고 복수를 하는 등 유생의 담론과 명예에 큰 영향을 받았다.[100] 동한 시대의 아주 큰 문벌이었던 한 명문대가를 살펴보도록 하자. 원(袁)씨는 대대로 『역경(易經)』을 전수하며 4세 동안 5명이 삼공의 버슬에 올랐다. 이에 학술계와 관리 사회에 "4세 동안 은혜를 베풀어서 문하생 관리가 천하에 두루 퍼져 있었다(樹恩四世, 門生故吏遍於天下)". 원소에 이르러서도 선비를 아끼며 명성을 추구하여, 그의 모친 장례에 조문객 3만 명이 운집했다. 동탁의 난리가 끝난 후에는 명사와 호걸이 대부분 그에게 귀의했다. 익주목(翼州牧) 한복(韓馥, ?~191)은 원소의 속관으로 일했던 사람인지라 주목의 군사권과 직위를 마치 개인 재산처럼 원소에게 양보했다.[101]

어떤 현대 학자는 이렇게 해석했다. "중앙 관직에 임명된 사람을 제외하고, 지방 관리의 눈에는 경전에 기록된 도의로 볼 때 오직 지방 정권만 있지 중앙정부에 대해서는 아무런 관념이 없었다."[102] 이런 사적인 도의는 최식이 묘사한 것처럼 지방의 사족이 바로 황제라는 사상을 배양했다. "지금 주와 군을 관장하는 자들은 스스로 황제의 조서를 어기며 마음대로 출입하고 있다. …… 그래서 세간에 이르기를 '주와 군의 문서는 번개처럼 처리하지만, 황제의 조서는 벽에 걸어둘 뿐이다'라고 했다(今典州郡者, 自違詔書, 縱意出入. …… 故俚語曰, '州郡記, 如霹靂, 得詔書, 但掛壁')."[103] 이처럼 사사로운 은혜가 만연하자 공무는 피폐해졌다. 처음에는 관료가 파당을 만들어 권력투쟁을 했고, 나중에는 그것이 군벌 할거로 발전하여 나라와 백성에게 참화를 초래했다.[104]

동한의 사풍(士風)을 숭배하는 역사가조차도 다음 사실을 인정하지 않을 수 없었다. "동한 사람은 개인과 가정의 도덕만 중시했기 때문에 왕실이 전복된 후 함께 다시 중앙정부를 건설하지 못하고 위·진 이후 쇠락하는 운명 속으로 걸어들어갔다."[105] 한 겹 더 깊이 탐구해보면 통치 엘리트가 이처럼 협소한 온정적 도덕을 견지한 것이 바로 국가가 쇠망한 화근의 하나였다. 상이한 구호 아래에서, 이와 유사한 도의가 오늘날의 부패 기풍을 조장하고 있지는 않은가?

제5절
내부 분열

권력투쟁과 이권쟁탈이 보위 찬탈을 위한 내전을 야기할 수 있다. 내란도 황조와 제국 말기의 암이었다. 그로 인해 발생할 수 있는 위협에 대처하느라 이미 국력을 대규모로 소모했으므로, 그런 위협이 발생했을 때는 천하가 뒤집힐 수밖에 없었다. 로마의 방대한 직업 상비군은 보통 사회와 격리되어 생활했으므로 그 자체가 하나의 왕국이 되어 찬탈의 주인공 노릇을 했다. 한나라의 문화귀족과 정치 엘리트는 비교적 느슨한 관계를 유지하면서 군벌 할거 국면을 조성했다. 사회 속 백성 입장에서 어느 것이 가장 참혹한 재앙이었는지 결론을 내리기가 참으로 어렵다.

용과 독수리의 제국

허위는 선전에 도움을 주지만 그 대가는 매우 참혹하다. 아우구스투스는 공화정의 간판을 이용하여 자신의 독재를 분식했다. 이렇게 하여 정적을 무마할 수는 있었지만 황위를 합법화하기는 어려웠고, 황위 계승도 늘 순조롭지 못했다. 이 때문에 로마제국 핵심에 불안정한 근원 하나를 심어 놓았다. 황위를 공고하게 유지하기 위해 그는 직업군인과 근위대를 만들었다. 그러나 나중에 이들 부대가 강대해지면서 복종시키기가 매우 어려워졌다. 69년 군부 집단 스스로 황제를 옹립하여 그 선례를 열었다. 230년부터 50년간 군대에서 변란이 거의 100번이나 일어나서 황제가 마치 주마등처럼 금방금방 교체되었다. 4세기에 정세는 좀 나아졌다. 그러나 100년 중 30여 년이 여전히 내전으로 점철되었다.[106]

야심가는 호시탐탐 황위를 노렸고, 황제도 임기응변으로 대처할 병력을 갖고 있어야 했다. 하지만 안으로 스스로를 보위하려고만 했을 뿐 외적에 대항할 마음은 없었다. 콘스탄티누스는 내전으로 기반을 닦아 황제가 된 후 자신의 경험에 따라 정부를 개조했다. 5세기 그리스 역사가 조시무스(Zosimus)는 콘스탄티누스의 군사 개혁이 변경 방어를 약화시켰다고 말했다.[107] 그의 후대도 똑같은 전철을 밟았다. 암미아누스는 이렇게 평가했다. "콘스탄티우스는 자신이 여러 차례 야만인에게 대패한 사실을 말하지 않았다. 그는 한결같이 내전에서 세운 찬란한 공적을 부풀려 국가 내부의 상처에서 강물처럼 흘러내린 선혈을 자랑했다."[108] 마찬가지로 테오도시우스는 서고트족이 로마에 끼친 손상을 삼키고 그들을 우대했으며, 또 그들을 이용하여 자신의

로마 정적들을 공격했다.[109]

　로마의 고민은 그 방대한 군사기구가 군벌을 길러냈다는 것이었고, 동한의 문제는 오히려 군사기구를 폐지하면서부터 시작되었다. 군사훈련을 폐지한 후 징병제도는 유명무실해졌다. 나중에 빈번한 농민봉기를 진압하기 위해 주목과 군수는 분분히 지방의 관군을 소집했고 심지어 개인의 사병까지 동원했는데, 이것이 점차 군벌로 변하여 한 나라를 전복시켰다.

　이 대목에서 우리는 재미있는 현상 한 가지를 발견할 수 있다. 지역적인 폭동, 도적, 굶주린 백성, 유민, 비밀 사교(邪敎) 등 반항운동이 세계 각지에서 모두 적지 않게 발생했다는 점이다. 그 원인은 대부분 그다지 거창하지 않다.[110] 예를 들어 왕망 시대의 적미(赤眉)는 "처음에 사방에서 모두 굶주림과 추위 때문에 곤궁에 처한 사람이 들고 일어나 도적이 되었다가 점점 집단을 이뤘으며, 늘 자신에게 익숙한 고향으로 돌아갈 생각을 했다".[111] 이들은 생각이 편협하고 조직력이 약했다. 또 이들의 불안은 대부분 지역에 국한되어 있었기 때문에 쉽게 잦아들거나 진압되었다. 로마가 유대인의 봉기를 진압한 것이 바로 이와 비슷한 사례다.

　중국 역사의 특징 중 하나는 지역의 소요가 쉽게 천하대란으로 발전하여 백성을 해치면서 왕조를 약화시키거나 심지어 뒤집어엎기까지 했다는 점이다.[112] 한 점 불꽃이 들판을 태우는 것과 같은 현상이 로마제국에서는 일어나지 않았다. 그러나 중국에서는 이 책에서 논의하는 500년간 세 차례나 천하대란이 발생했다. 이후에도 적어도 다

용과 독수리의 제국

섯 차례 정부를 위기로 몰아넣은 대규모 봉기가 일어났다. 어떤 잠재력이 중국 사회에 대규모 동란이 쉽게 발생하게 했을까? 그런데도 왜 이렇게 자주 일어난 봉기가 왕조 교체에만 그치면서, 군주 집권제도를 대체할 정치제도를 마련하지도 않았고 또 마련할 생각조차 하지 않았던 것일까? 그리고 황권을 제한하지 않았을 뿐 아니라 오히려 황권 전제제도를 더욱 강화했던 것일까?

이 책에서 살펴본 세 차례 대동란은 모두 민중봉기에서 시작되었지만 그것으로 끝나지 않았다. 진(秦)나라에 항거한 진승과 오광의 봉기, 그리고 동한 말기의 황건적 봉기는 모두 진압되었다. 그러나 엘리트 계층이 이에 편승하여 천하 쟁탈에 나섰다. 군웅이 할거하고 군벌이 혼전을 벌이면서 백성이 재난을 만났다. 왕망 시대의 적미와 녹림(綠林)의 역량도 사족 대가문에 이용되었다. "당시 봉기한 자들은 기실 대부분 강대한 가문에 속했고, 패왕을 칭한 군웅도 강대한 가문의 지지를 받지 못하면 힘을 쓸 수 없었다."[113] 간단하게 말해서 엘리트가 기회주의적 태도로 동란을 확대하면서 봉기의 열매를 탈취하여 스스로를 이롭게 했다.

엘리트가 진(秦)나라에 반대한 것은 이상한 일이 아니다. 막 정복당한 백성이 봉기하여 점령자를 축출한 건 역사에서 흔히 볼 수 있는 일이다. 전국시대에서 진나라 통일까지는 그 변화가 갑작스러웠다. 육국이 사라지고 그들의 군대도 해산되었으며 관리도 실업 사태를 맞았다. 유세객도 제후에게서 밥벌이를 하며 종횡가의 특기를 발휘할 수 없게 되었다. 게다가 진시황이 봉건귀족을 모두 없애자, 무력을 쓸 여지가 없어진 영웅은 곳곳에서 준동할 기회를 노리고 있었다. 진승은 "왕후장상에 어찌 씨가 따로 있겠는가?(王侯將相寧有種乎?)"라는 구호를 외쳤다. 유방은 함양에서 부역을 하다가 진시황 행차를 보고 "대장부가 저 정도는 돼야지!(大丈夫當如此也!)"라고 감탄했다. 귀족 출신인 항우는 진시황이 회계로 순행 가는 것을 보고, 더욱 호기를 부리며 "저 자리를 빼앗아 대신해야지(彼可取而代也)"라고 했다. 이런 말은 가의가 진나라 말기의 군벌을 관찰하여 얻은 결론으로도 증명된다. "명분은 진나라를 멸망시키는 것이었으나 실질은 자신을 이롭게 하는 것이었다(名爲亡秦, 其實利之也)."[114] 그들은 이익을 위해 천하를 쟁취하려다 평민 천자를 탄생시켰고, 이는 중국의 야심가들에게 하나의 본보기가 되었다.

왕망 말년에 처음으로 기회가 당도했다. 광무제 유수의 부하는 마음속 생각을 이렇게 토로했다. "천하의 사대부는 친척과 땅을 버리고 화살과 돌멩이가 쏟아지는 전장에서 대왕을 따랐는데, 그들의 계획은 진실로 용의 비늘을 붙잡고 봉황의 날개에 붙어서 자신의 뜻을 이루려는 것일 뿐입니다(天下士大夫捐親戚, 棄土壤, 從大王於矢石之間者, 其計固望其攀龍鱗附鳳翼, 以成其所志耳)."[115] 한나라 말기에 두 번째 기회가 제공되었을 때, 사대부들은 또다시 기회주의적 심정을 남김없이 드러냈다. 동한 헌제 초기에 원술(袁術, ? ~199)이 황제를 참칭하다가 나중에 황제 칭호를 자신의 사촌 형인 원소에게 주면서 말했다.

한나라는 천하를 잃은 지 오래되었습니다. 천자가 다스리고 있지만 정치는 모두 대가문이 좌우하고 있습니다. 강력한 군웅이 각축을 벌이면서 강역을 나누고 있습니다. 이는 주나라 말기 칠국이 세력을 나누던 때와 다를 바가 없으니 마침내 강자가 천하를 겸병할 것입니다. (漢之失天下久矣. 天子提挈, 政在家門, 豪雄角逐, 分裂疆宇. 此與周之末年七國分勢無異. 卒强者兼之耳.)"[116]

한 무제가 유가 이외의 제자백가를 퇴출한 후 황조의 엘리트는 대부분 유학자였다. 제5장 6절에서 살펴본 대로 양한의 군벌도 거의 사족 대가문이었다. 동한 시대에도 유학을 숭상하여 더욱 많은 인재를 배출했다. 어떤 학자는 이렇게 지적했다. "한나라 말기에 할거한 영웅은 실제로 동한 말기의 명사였다. 특히 유명한 사람으로는 원소, 공손찬(公孫瓚, ?~199), 유표(劉表, 144~208) 등이 있다."[117] 모사 중에는 더더욱 유생이 즐비했다. 원씨는 유학의 대가 가문이어서 원소 스스로도 "조두(俎豆: 예법)에 대해서는 꽤 많은 이야기를 들었으나 간과(干戈: 전쟁)는 배우지 못했다(頗聞俎豆, 不習干戈)"라고 말했다. 조두는 공자가 어렸을 때 즐겨 진열하며 갖고 놀던 예기(禮器)다.[118] 유생은 한결같이 문을 중시하고 무는 경시하면서 도의를 튼튼히 해야 한다고 주장하는데, 어찌하여 한순간에 기회주의적인 군벌로 변신할 수 있었을까? 사적인 도덕만 중시하고 진실을 존중하지 않는 습관, 분석에 게으른 겸선수석심리, 절실하게 반성하지 않는 자기 기만적 태도, 자기와 다른 학설을 배제하는 유가의 교조주의적 자세에 모두 책임이 있다고 나는 생각한다.

유가는 군신관계와 상하관계를 엄격히 지키지만 상나라 탕왕이 하나라 걸왕을 추방한 일이나 주나라 무왕이 상나라 주왕을 정벌한 일처럼 신하가 자신의 임금을 시해한 일을 숭배했다. 맹자는 그 일을 다음과 같이 합리화했다.

인을 해치는 자를 적(賊)이라 하고, 의를 해치는 자를 잔(殘)이라 합니다. 잔적을 행하는 자를 일러 한 사람의 필부라고 합니다. 한 사람의 필부인 주(紂)를 죽였다는 말은 들었어도, 임금을 시해했다는 말은 듣지 못했습니다.
(賊仁者謂之賊, 賊義者謂之殘, 殘賊之人謂之一夫. 聞誅一夫紂矣, 未聞弑君也.)[119]

이 구절은 '반항에는 이유가 있다(造反有理)'는 말을 합리화해주는 천고의 명언이다. 그러나 동시에 이상주의에 책임을 지지 않는 표현의 하나다. 무력으로 정권을 전복하고 서로 정권 투쟁에 나서서 내전을 벌이면 백성은 도탄에 빠지고 사회는 파괴되어 일이 중대해진다. 그러나 지식인이 참혹한 역사적 교훈을 돌아보지 않으며, 현실을 자세히 관찰하거나 진정한 가치를 헤아리지 않는다. 그런데도 어떤 폭정이 어떤 상황에서 자행될 때, 반항자가 천하의 대모험을 감행할 만하여, '인의'를 포기한 채 군사를 일으킬 수 있다고 거듭 결론을 내린다면 그 죄과가 경솔함에 그치지 않게 된다. '인의'는 너무나 모호한 개념인데, 어느 누구를 인의의 적이라고 지탄할 수 있겠는가? 고자(告

子)는 심성을 토론할 때 인은 내재적인 것이고 의는 외재적인 것이라고 말하다가 맹자에 의해 '인의를 해치는 견해'로 질책당했다. 송경(宋牼)은 이해관계로 진나라와 초나라의 군사행동을 그만두게 하려다가 맹자에 의해 '인의를 버리는 행위'라고 질책당했다.[120]

주희는 『맹자집주(孟子集註)』에서 '한 사람의 필부를 죽인 것(誅一夫)'이란 구절에 주석을 달며 왕면(王勉)의 말을 인용했다. "이 말은 오직 아랫사람에게 탕왕과 무왕의 인이 있고, 윗사람에게 걸왕과 주왕의 폭정이 있을 때만 가능하다(斯言也, 惟在下者有湯武之仁, 而在上者有桀紂之暴則可)." 이러한 제한은 설득력이 부족하다. "높은 사람을 위해 피하고, 어진 사람을 위해 피한다(爲尊者諱, 爲賢者諱)"는 교조적 가르침하에서 '탕왕과 무왕', '걸왕과 주왕'이란 기준은 '인의'와 '포학'과 마찬가지로 진실을 잃어버린 모호함에 그칠 뿐이었다. 공자의 제자 자공(子貢)도 일찍이 이렇게 지적했다. "주왕의 선하지 못한 행동이 이와 같이 심하지는 않았다. 이런 까닭에 군자는 하류에 거처하기를 싫어한다. 천하의 악이 모두 그곳으로 귀착된다(紂之不善不如是之甚也. 是以君子惡居下流. 天下之惡皆歸焉)." 맹자 스스로도 주왕 시대에 "아름다운 기풍과 좋은 정치가 아직도 남아 있었기(流風善政猶有存者)" 때문에 주 무왕이 정벌에 나서기가 쉽지 않았음을 인정했다.[121] 학자들은 왕망 사건을 깊이 있게 연구한 후 "정전제를 부활하고 노비 매매를 금지한다는 정책이 사속과 명문대가가 왕망에게 반대하는 근본적인 원인의 하나로 작용했음이 확실하다"라고 총괄했다.[122] 정전법은 유가의 이상적인 인정(仁政)이었고, 노비 매매 금지도 도의의 정신에 부합한다. 왕망은 이런 인의의 정책을 실천했음에도 '한 사람의 필부'로 지탄받았다.

당시 유학자가 받든 것은 폭력으로 왕망에 반대하고 보위를 찬탈한 동한의 권력 집단이었다. 결국 이른바 "어진 사람에겐 적이 없다(仁者無敵)"라는 말은 기실 로마인들이 흔히 말한 "승리한 전투가 바로 정의의 전투다"라는 말과 유사하다. 사실을 조사하지 않고, 진상을 살펴보지 않고, 도리와 제도를 이야기하지 않고 오직 도덕적인 구호만 외치면 "승자는 왕이 되고, 패자는 역적이 된다"라는 패권적 논리에 빠지기 쉽다. 즉, 패자는 도적이 되고, 도적의 무리로 만악이 귀착되고, 승자는 왕이 되는데, 이에 왕의 대문으로 인의가 온전히 귀의한다는 것이다. 이것이 바로 기회주의적 투기꾼의 전형적인 심리다.

경전주석심리의 제약 아래에서 유가의 교조적 가르침에는 흔히 모호하고 공허하며 역설적인 의미가 포함된다. '탕왕과 무왕' '걸왕과 주왕' '의(義)' '이(利)' 등의 도덕은 판에 박은 듯이 흑백이 분명하여, 기개를 드높이고 이단을 공격하는 데는 뛰어나지만, 복잡하게 뒤얽힌 회색빛 현실 속에서 어떻게 이지적으로 시비를 분별하고 행위를 선택할 것인가에 대해서는 제대로 가르침을 주지 못한다. 이에 교조적 가르침이 뇌리에 가득 찬 사람은 이것이나 저것을 판에 박은 듯이 받들고 원칙도 없이 마구 입장을 바꾸며 자신만 옳다고 여긴다. 충신이 되라면서 탕왕과 무왕을 본받으라는 건 서로 다른 두 갈래 도덕 노선인데, 기회에 따라 마음대로 투기하라는 것이다. 서한 말기 선비의 기개는 인정(仁政)을 옹호하며 유씨 황실에 달려가 충성을 바치는 것이었는데, 동한 말기에 환관을 주살하고 세상을 구제하려던 명사는 어리

　　　　　　　　　　　　　　　　용과 독수리의 제국

석은 임금을 주살하려는 군벌로 변모했다. 이것이 바로 유가에서 주장한 명교(名敎)의 완성품이다. 대장 황보숭(皇甫嵩, ?~195)은 황건적을 격파한 후 탕왕이나 무왕과 같은 거사를 실행하라고 권유받았다. 그는 동의하지 않았지만 어떤 사람은 어리석은 군주 밑에서 몸을 굽히려고 하지 않았다.[123] 환관에 반발한 적지 않은 당파는 사면을 받은 후 기주자사(冀州刺史)에게 몸을 의탁한 후 영제 폐위를 모의했다. 전 태산태수(太山太守) 장거(張擧)는 오환의 군사를 동원하여 스스로 천자를 칭했다.[124] 여기에서 군벌 할거의 단서가 시작되었다.

각지의 강력한 가문은 넉넉한 재산과 명성을 보유하고 있었으며, 여기에다 유학과 관직으로 자신의 세력을 적지 않게 늘렸고, 또 온정과 의리로 붕당과 우익을 단단히 결집했다. 이들은 향리에서 은혜를 베풀며 지방의 치안을 유지했으므로 진실로 공덕이 크다고 할 만하다. 그러나 폭행과 착취를 일삼으며 한 고을을 무단으로 억압하는 일도 매우 흔한 일이었다. 현대 역사학자는 다음과 같은 사실을 발견했다. "황실 권위의 장막 뒤에서 토호에 봉사하는 가신이 무리를 지어 사익을 위한 싸움을 빈번하게 벌였다. 설령 도적은 아니더라도 법과 기강을 안중에도 두지 않는 기풍이 군과 현 사이에 만연했다."[125]

공경대부가 앞장서서 법률을 무시했고, 사인(士人)도 법을 어기고 복수를 하며 명예를 구했다. 군수와 현령은 분쟁을 해결할 수 있는 민법을 경시하고 소송을 가로막았다. 이보다 수준이 낮은 자는 탐욕으로 불법을 저지르며 토호와 결탁하고 민중을 억압하여 원한이 가득 쌓이게 했다. 당시 관리 사회의 기풍은 실제적이고 공리적인 일을 말하기 꺼려하면서, 공허한 말잔치로 세상을 구제하자고 떠벌리는 걸 고상하다 하고 권력자를 관대하게 용서하는 걸 어질다고 했다. 이 모든 폐단이 날마다 심각해지는 사회적 고질의 치유를 방해했다. 중앙 정부가 마비되자 지방 세력을 길들이기 어렵게 되었고, 백성의 원한은 깊이 쌓여 화산처럼 폭발할 날을 기다리게 되었다.

각종 사회문제는 소동을 야기하며 정부의 쇠약과 무능을 드러냈다. 사족과 토호는 더러 기존의 사익을 보호하기 위해서 권세가에 빌붙어 출세할 기회를 잡으려고, 벌 떼처럼 모여서 군사를 모으고 전마를 사 들였다. 그런 후 온 가문이 군벌을 따르며 자신의 행동이 탕왕과 무왕의 혁명을 본받은 것이라고 미화했다. 군웅은 몇 년 혹은 심지어 몇십 년 동안 서로 각축을 벌이다가 마침내 황제 한 사람과 한 조정의 공신만 남기고 온 천지의 상처 속에서 나라를 세웠다.

천하의 대세는 통합이 오래되면 반드시 분열되고 분열이 오래되면 반드시 통합되는 법이다. 전란은 강력한 토호 세력을 파괴하고, 고난은 속되고 허황한 무리를 도태시키고, 우환은 실무적이고 유능한 인재를 단련시킨다. 살아남은 사람은 고해(苦海)의 교훈을 받아들이고, 사회는 타협의 여지를 얻으며, 전후에 벌어지는 재건 사업은 경제적 동력을 추동한다. 마치 삼림의 대화재가 고사목을 불태우고 빈 땅을 위한 비료가 되어 묘목을 튼튼하게 길러낼 기회를 만들듯이, 천하의 재난은 새 왕조가 평화를 창조할 조건을 제공한다. 이처럼 문화와 도덕을 내세운 황조의 엘리트는 가장 잔혹한 폭력에 의지하여 일부 사회문제를 해결한다.

그럼 누가 권력을 잡고 나라를 통치해야 할까? 통치자가 어리석고 잔혹하면 어떻게 해야 할까? 통시적으로 세계 역사를 살펴보면 이와 같은 정치제도상의 절대적인 문제 해결이 지극히 어려웠다는 사실을 알 수 있다. 실천적으로 방법을 모색하려면 점진적인 개량으로 나아가야 한다. 서구에서도 현대적인 민주와 자유 등과 같은 정치 개념 대부분은 정치적 혼란과 전쟁의 참화에 대한 신중한 반성이 축적되면서 생산된 결과물인데, 이를 경험지식이라고 할 수 있다. 경험지식은 중국 문화귀족의 애호를 받기가 매우 어려웠다. 무책임한 이상주의자는 스스로를 지극히 선한 사람이라 여기고, 자신이 사고를 일으키고도 한결같이 다른 사람을 책망하면서 경험에서 교훈을 얻고 반성하고 개혁하는 걸 저지한다. 이 때문에 그들은 낡은 발자취만 답습하며 자신을 폐쇄된 울타리 속에 가둔다(제5장 6절).

　남송 주희는 다음과 같이 말했다. "요임금, 순임금, 하나라 우왕(禹王), 상나라 탕왕, 주나라 문왕과 무왕, 주공, 공자가 전한 도는 일찍이 하늘과 땅 사이에서 하루라도 행해진 적이 없습니다. 만약 도가 항상 존재하고 있음을 논하자면…… 비록 1,500년 동안 사람들에 의해 파괴되어 왔더라도 그것을 완전히 없애는 건 불가능한 일입니다(堯舜三王周公孔子所傳之道, 未嘗一日得行於天地之間也. 若論道之常存…… 雖千五百年被人作壞, 終殄滅他不得耳)."[126] 경전주석심리는 국난의 참혹한 경험에서 얻은 교훈을 사수 단절시켰으므로, 격물치지(格物致知)를 제창한 이 대유학자도 전혀 반성하지 않고, 나라를 다스리는 올바른 이치를 전혀 시행한 적이 없다. 그렇다면 그 자체에 문제가 있거나 상고시대와 판이한 사회현실에 적응할 수 없었던 것이 아닌가?

인간의 사고는 개념을 필요로 한다. 유가 경전은 가문과 나라가 분리되지 않았던 종법 봉건시대에 완성된 책이어서 공평과 정의, 권리와 의무, 정치체제 등과 같은 정치적 개념이 부족하다(제2장 9절). 유가 경전을 치세의 유일무이한 법문으로 삼은 황조 사대부의 정치 논의는 대부분 공허한 구호나 권모술수에 치우치는 경우가 많았다. 예를 들어 황제에게 요순을 본받아 '현신'을 임명하고 '간신'을 제거하라고 가르치는 경우가 그렇다. 전자는 자신의 계파를 가리키고, 후자는 자신과 다른 파당을 가리킨다.

유가의 인치주의 이상은 통치자의 개인 품성에 희망을 기탁한다. 따라서 황제의 권력을 제약하는 방법은 황제의 스승이 되어 '인의'로써 황제의 마음을 바로잡는 것이 가장 좋으며, 황제가 마음을 바로잡지 않으면 천명의 변화에 희망을 기탁한다. 『역경』 혁(革)괘 단사(象辭)에서도 "탕왕과 무왕의 혁명은 천명에 따르고 민심에 순응한 것이다(湯武革命, 順乎天而應乎人)"라고 했다. 이 '혁명'은 한 가문에서 다른 가문으로 천명이 옮겨가는 것일 뿐이어서 현재 우리가 잘 알고 있는 '혁명(revolution)'과는 완전히 다른 말이다. 중국 고대의 '혁명'이란 말에는 근본적으로 제도 개혁의 의미가 포함되어 있지 않기 때문이다.[127]

법가는 적지 않은 정치 개념을 창조했지만 이들의 이론에는 큰 결함이 있다. 특히 이들은 근본적인 권력 이동 문제를 전혀 이해하지 못했다. 그러나 이들은 제도 마련에 중점을 두고 사고 전환의 도구들을 제공하며 권력의 이해관계를 직시했다. 이를 바탕으로 권력의 공리적

용과 독수리의 제국

효과를 분석하여 정치와 법률의 내용을 비평했다. 임금과 백성이 함께 법을 지켜야 한다는 법치주의 이상은 또 다른 한 줄기 길을 제시했다. 그것은 이성적인 탐색으로 인간의 경험을 종합하여 점차 권력 이동을 포함한 정치체제를 개량하는 길이다. 안타깝게도 유가의 독존적 전횡으로 의와 이(利)가 대립하고, 예와 법이 대립하면서 공리와 법치가 훼손되어 이 새로운 길은 가로막혔고 결국 다양한 사고의 도구도 폐기되고 말았다(제6장 9절). 송나라의 도학은 경험을 초월하는 '천리'의 깃발을 더욱 높이 들고, 제도에 대한 절실한 토론을 공리에 불과하다고 몰아붙였다. 이런 비판이 쌓이면서 법치의 바탕은 거의 파괴되고 말았다. 법치 개념을 폐기하고 사서오경에서 가르치는 가정윤리를 견지함으로써 천하를 태평하게 다스릴 수 있다고 주장한 사람이 유일하게 상상할 수 있는 결과는 군웅의 각축을 통해 황제 한 사람을 바꾸는 것에 불과했다.

제6절
군웅할거

동한 시대에는 광무제·명제·장제 이후 모든 황제가 어린 나이에 즉위했고 그중 영제가 제8대 황제로 등극했다. 그가 168년에 접수한 조정은 안으로 환관이 득세했고, 밖으로 붕당이 활개를 치면서 탐욕과 무능의 검은 안개가 천지를 가득 채우고 있었다. 사대부는 그가 환관을 편애하며 유생의 붕당을 금지하는 명령을 내리자

시국을 통탄했다. 원한과 불만이 중앙에서 각 지역으로 확대되면서 지방의 원심력이 더욱 강해졌다.[128]

관리가 부패하자 백성은 생업을 영위할 수 없었다. 끊임없이 이어진 재난 중에서 가장 심각한 것은 네 번에 걸쳐 전국에 확산된 전염병이었다. 171년에 대규모로 전염병이 퍼져 나간 이후 그 빈도가 더욱 잦아졌다. 전염병이 유행하고 오래지 않아 자칭 '위대한 현인, 어진 스승(大賢良師)' 노릇을 한다는 장각이 출현하여 부적으로 병을 다스렸다. 그는 의술에 의지하여 태평도(太平道)를 전도하며 점차 명망을 얻기 시작했다. 장각은 제자를 전국으로 파견하여 비밀조직을 만들었다. 10여 년을 거치며 교도가 수십만에 이르자 교도를 한곳으로 이주시켜 집단을 만들고 연락망을 현과 군으로 확장했으며, 심지어 조정의 숙위(宿衛)에까지 교도를 침투시켰다.

일찍이 181년 이미 어떤 관리가 태평도의 세력이 너무 커지고 있으므로 해산시켜야 한다고 지적했지만 조정에서는 차일피일 일을 미루며 행동에 나서려 하지 않았다. 184년 초에 장각은 한밤중에 칙령을 시달했다. 열흘 사이에 청주(靑州)·서주(徐州)·유주(幽州)·기주(冀州)·형주(荊州)·양주(揚州)·연주(兗州)·예주(豫州) 등 8개 주에서 동시에 군사 봉기가 일어났다. 이들은 모두 머리에 황색 두건을 매고 있었기 때문에 황건적으로 불렸고, 또 숫자가 나방 떼처럼 많았기 때문이 아적(蛾賊)으로도 불렸다. 이들이 도처에서 성을 공격하고 학살과 약탈을 자행하자 곳곳의 주와 군이 함락되어 붉은 화염이 하늘을 물들였다. 조정에서는 황망하게 대군을 징발하면서 유생의 당고(黨錮)를 풀고

용과 독수리의 제국

그들을 사면했다. 관군은 지방 토호에게서 군사적 지원을 받아 9개월 만에 황건적의 주력군을 격파했다. 그러나 황건적 잔당과 소형 봉기가 전국을 뒤덮었다. 더욱 큰 후유증은 정부의 기구가 전국의 반란을 조직적으로 진압하면서 야기된 변화였다. 이후 동한은 다시 일어서지 못했다.[129]

지방 정부가 중앙의 명령을 위반하는 추세는 토착 유학자 가문의 문하생과 옛 가신이 사적 도의를 추구하면서 더욱 심해졌고, 황건적의 난 이후에는 더 억제할 수 없을 정도로 심해졌다. 군수는 군사를 모집하여 반란을 평정하고서도 병력을 유지하여 이후 다시 준동할 기회를 엿보았다. 여러 군을 관할하는 주에서는 이런 현상이 더욱 만연했다. 주의 자사는 본래 감찰과 탄핵이 고유 업무였다. 188년 동한 조정에서는 유언(劉焉, ?~194)의 말을 듣고 주목을 개편하여 그 지역의 군대·정치·재정 대권을 장악하게 했다. 정화되었다는 이들 중신은 당시에 도의로 명망이 높았지만 중앙에 납부해야 할 세금 수입으로 자신의 군사를 강력하게 양성했다. 늑대가 가자 범이 오는 격으로 군수와 주목은 세력을 키워 군벌로 변모한 후 국가를 분열시키고 백성을 병탄했다.[130]

189년 영제가 세상을 떠났다. 천하를 맑게 하겠다는 사대부의 열망이 들끓어 올랐다. 당고에서 풀려난 유학자는 하진과 원소에게 귀의하여 함께 무의한 후 환관을 제거했다.[131] 원소는 하진에게 사방의 맹장을 도성으로 소환하여 자신을 돕도록 종용했다. 동탁은 전공으로 가문을 일으켜 강족과 호족을 토벌하며 백여 차례나 실전 경험을 쌓왔다. 조정에서는 그의 군사력을 우려하며 두 차례나 그에게 한족·호족·강족 혼합으로 편성된 양주(涼州)의 군대를 조정으로 보내라고 조서를 내린 후 조정의 고관으로 승진시켰으나 그는 핑계를 대며 모두 거절했다. 이 야심만만한 군인에게 환관을 주살한다는 명분은 하늘이 내린 기회였다. 동탁은 정예병을 이끌고 도성으로 들어와서 다른 군대를 병탄하고 조정을 통제하면서 일부 명사들의 보좌를 받았다. 그러나 그는 소제(少帝)를 폐위하고 헌제를 꼭두각시로 세웠고, 이에 또 다른 사대부들은 그의 행동에 격노했다.

원소는 칼을 비껴들고 궁궐을 향해 공손하게 절을 한 후 낙양을 떠나 동부의 주목과 군수에게 호소하여 동탁에게 대항하는 군사를 일으켰다. 동탁은 장안으로 천도하면서 낙양을 불태웠다. 수십만 백성이 조정을 따라 이주하도록 강요받았고, 굶어 죽은 시체가 길을 가득 메웠다. 가까스로 장안에 도착해서도 많은 아사자가 발생했다. 동탁의 포학한 행동은 조야의 공분을 샀다. 192년 그가 칼을 맞아 죽자 온 세상이 다행으로 여겼다. 애석하게도 주모자 사도(司徒) 왕윤(王允, 137~192)에게는 선후대책이 부족했다. 동탁의 부대는 반란을 일으켜 황제를 겁박하고 서로 공격을 일삼으며 도처에서 약탈을 자행했다. 이에 관중에 폐허로 변한 지역이 적지 않았다.[132]

관동의 상황도 그리 좋아지지 못했다. 조비는 이렇게 형용했다. "산동의 주목과 군수는 모두 『춘추』 대의에 근거하여 '위(衛)나라 사람이 복(濮) 땅에서 주우(州吁)를 토벌한 것처럼' 모든 사람이 도적을 토벌할 수 있다고 말했다. 이에 의병을 크게 일으키자 유명 호걸과 협객,

부호와 거족이 구름처럼 운집했고, 만리 길을 달려왔다(山東牧守, 咸以 『春秋』之義, '衛人討州吁於濮', 言人人皆得討賊. 於是大興義兵·名豪大俠·富室强 族飄揚雲會, 萬里相赴)."[133] 묘사는 이렇게 장관이지만 조조와 손견(孫堅, 155~191)을 제외하고는 아무도 동탁과 교전하려 하지 않았다. 세 명의 주목과 여섯 명의 군수가 관군을 이끌면서도 유생의 본색에서 벗어나 지 못하고 고담준론이나 일삼으며 서로 협조할 방법을 찾지 못했다. "군사 수십만이 모두 형양(滎陽)과 하내(河內)에 모였다. 장수들이 일치 된 행동을 하지 못하자 방종한 군사들이 노략질을 일삼아 백성 중 살 해된 사람이 태반이나 되었다(衆數十萬皆集滎陽及河內. 諸將不能相一, 縱兵 鈔掠, 民人死者且半)."[134] 의병 연맹은 식량이 떨어지자 해산했다. 주목과 군수는 각각 자신의 기반을 확장했고, 사족과 토호는 분분히 주인을 선택하여 섬겼다. 군웅이 각축을 벌이자 중원 백성도 형양과 하내 백 성의 전철을 밟게 되었다.[135]

동탁에 의해 억류되었던 장안의 동한 조정은 관중의 군벌 휘하에서 남은 목숨을 이어가다가 196년 초토가 된 낙양으로 도망쳐왔다. 천자 를 받드는 건 형식에 불과했지만 그래도 적지 않은 힘과 자제심이 필 요했고, 이는 스스로 한 지방의 황제 노릇하며 마음대로 사는 일에 비 할 수 없었다. 헌제가 낙양으로 돌아오자 관동의 한나라 신하는 도덕 문제에 직면했다. 황제를 보위해야 할 것인가? 한나라 유학자는 관료 를 청류(淸流)와 탁류(濁流) 두 부류로 나눴다. 청류의 중신들은 군사를 움직이지 않고 그 기회를 부차적인 탁류의 인물들에게 넘겼다.[136]

조조는 환관의 양아들이었지만[137] 어려서부터 명사들과 교류하며 환관을 제거하려는 원소 집단에 참가했다. 그는 군사를 이끌고 낙양에 당도하여 헌제를 자신의 세력범위인 허도(許都)로 맞아들이고 스스로 대장군의 전권을 맡았다. 한나라의 남은 권위에 조조의 재능이 더해지면서 인재들이 그에게 귀의했다. 그는 백성을 모집하여 둔전을 경작하게 하면서 경제적 어려움을 해결했다. 원교근공(遠交近攻) 전략을 구사하며 세력을 조금씩 넓혀갔다. 그는 200년에 소수의 부대로 다수의 적에 맞서 관도(官渡)에서 원소를 크게 격파했다. 이후 군웅을 소탕하고 북방을 통일했다. 208년 창장을 건너자 8군(郡)을 총괄하던 형주가 투항해왔다. 조조는 손권과 유비만을 남기고 모두 정복했다.[138]

도도한 창장은 세계에서 세 번째로 큰 강이다. 수량은 아마존강과 콩고강에 미치지 못하지만 황허에 비해서는 20배나 많다. 이 천연 참호는 북방에서 내려오는 군대를 여러 차례 저지했다. 208년 손권과 유비 연합군은 조조에 맞서 적벽(赤壁)에서 조조 진영을 불태우고 역사의 새로운 흐름을 열었다. 오나라 도독(都督) 주유(周瑜, 175~210)는 배 10척에 어유(魚油) 등 인화물질을 가득 싣고 식량 운반선으로 위장하여 적에게 접근하여 불을 붙인 후 동남풍을 타고 조조의 강물 위 진영으로 돌진하게 했다. 조조는 군사를 이끌고 북으로 귀환했고, 손권은 강남에 웅거했으며, 유비는 촉(蜀: 쓰촨)으로 들어갔다. 이로써 천하가 삼분되었다. 220년 조조가 사망하자 그의 아들 조비가 한나라 황위를 찬탈하여 위(魏) 문제(文帝)가 되었다. 유비와 손권도 연이어 황제를 칭했다. 이것이 역사에 유명한 위, 촉, 오 삼국시대다.[139]

한나라 말기는 시대 상황이 어려웠지만 실무에 밝은 몇몇 신인을 탄생시켜 진부하고 퇴폐적인 기풍을 다소나마 완화시켰다. 조조는 기본 교육을 중시하여 각 현마다 500호를 채우면 교관(校官)을 두어 천하의 지력(智力) 증진을 맡겼다.[140] 그는 검소하게 사람을 거느리고, 청렴한 인사를 등용하며, 헛된 명성에 미혹되지 않았다.[141] "오직 재능만 있으면 천거하라(唯才是擧)"는 구현령(求賢令)을 세 차례나 내렸다. 그는 동한의 관리 선발이 보은과 우정 등 사사로운 마음만 강구한 것에 반대하면서 법리에 밝고 치국과 용병에 뛰어난 인재를 선발하려 했다. 비록 유생의 공격과 비난을 받았지만 실제로는 관리의 수준을 높이는 일이었다.[142] 스스로를 관중(管仲)에 비견한 제갈량(諸葛亮: 孔明, 181~234)은 촉나라 승상이 되어 명실상부하게 법치를 시행하며 백성을 어루만졌다.

법령과 교화는 엄정하면서 밝게 시행했고, 상벌은 공정하게 베풀었다. 악한 행동은 징벌하지 않는 경우가 없었고, 선한 행동은 표창하지 않는 경우가 없었다. 심지어 관리에게 간사한 행동을 용납하지 않자, 사람은 모두 스스로 힘쓸 마음을 먹었다. 길에 떨어진 물건은 자기 것이 아니면 줍지도 않고 강자가 약자를 침범하지 않아서 사회의 기풍이 엄숙하게 변했다.

(科教嚴明, 賞罰必信. 無惡不懲, 無善不顯. 至於吏, 不容奸, 人懷自厲. 道不拾遺, 强不侵弱, 風化肅然也.)[143]

제갈량이 세상을 떠나자 백성은 거리에서 제사를 올렸고, 오랑캐도 들판에서 제사를 지냈다. 서진의 진수가 『삼국지』를 쓸 때도 제갈량을 추모하는 백성의 목소리가 귀에 들려올 정도였다고 한다.[144]

조조는 권력자의 토지 겸병을 제한했고, 제갈량은 "법률은 귀족에게 아부하지 않는다(法不阿貴)"는 정신을 지켰다.[145] 그러나 권력자와 귀족 엘리트의 강력한 세력에 대해서 이들의 노력은 물 한 잔, 땔감 한 수레에 불과했다. 가족을 먼저 보살피고 국가를 뒤로 미루며, 인간관계를 중시하고 법도는 경시하는 정치적 풍조는 이후에도 계속되었다. 명문세가는 끊임없이 토지를 점유하고 매입하여 대가족이 집단을 이뤄 살았다. 그리고 자체 부락의 소작농을 모집하여 "노복으로 군대를 만들고, 문을 닫고 자체 시장을 여는" 자급자족 장원 경제를 이뤘다. 문벌끼리 혼인을 맺고 벼슬길 농단에서 관리사회 농단에까지 이르렀으므로 그 모습이 세습제도와 같았다. 이런 경향은 진(晉)나라 때 사사로운 권력으로 황실을 누르는 문벌 사족으로 발전했다.[146]

이른바 솥발처럼 천하를 삼분했다는 상황은 사실 남북 대치였다. 오·촉 연맹은 비교적 허약하여 촉나라는 263년에 멸망했다. 2년 후 위나라는 진(晉)나라에게 황위를 빼앗겼고, 진나라가 오나라를 멸망시킨 후 중국을 통일했다. 그러나 이번 통일은 매우 짧았다. 316년에 진나라는 강남으로 후퇴했고, 오호가 중국 북빙을 나눠가졌다. 장구한 역사로 바라보면 208년의 적벽대전은 중국이 남북으로 분열되는 단초였다. 이후 300여 년간 남북은 개별적으로 발전하며 589년 수나라의 통일 때까지 이어졌다.

조조가 헌제를 맞아왔을 때, 군벌이 할거하여 한나라는 이름만 남

용과 독수리의 제국

아 있고 실제로는 망한 것과 같았다. 위나라는 북방을 통일하고 그 공로에 의지하여 한나라의 보위를 찬탈했다. 진나라 사마(司馬)씨가 아무 공로가 없는데도 위나라의 보위를 찬탈한 건 완전히 파벌에 의지한 음모 덕분이었다. 249년 사마의(司馬懿, 179~251)는 폭력으로 정변을 일으켜 황실을 약화시키고, 자신의 가문을 강하게 세워 보위 찬탈 모의에 진력했다.[147] 그의 손자 사마염(司馬炎, 236~290)은 길 가는 사람도 모두 아는 일을 실현시켰다. 그는 265년 진 무제(武帝)가 되었다. 사마씨는 동한 중엽 이래로 대대로 유학을 숭상한 가문으로, 자칭 "예가 전승된 지 오래되었다(傳禮來久)"라고 했다. 이에 진나라는 "효로 천하를 다스린다(以孝治天下)"라고 하면서 한나라와 위나라의 짧은 장례제도를 고쳐, 3년 소복에 반찬을 줄이는 새 장례제도를 마련했다.[148] 또 "친척을 제후로 봉하여 주나라를 울타리처럼 방어한다(封建親戚, 以藩屛周)"는 『춘추』 대의에 근거하여 자제들을 제후왕으로 삼고, 전략과 경제의 요지를 점령한 후 군대의 전권을 장악했다.[149]

황조 중국에서 선왕의 도(제후국 분봉)를 회복한 건 항우의 초나라와 유방의 한나라 이후 진나라가 세 번째였다. 세 번 모두 "다시 제후국을 세워주는 건 군사를 심어주는 것이다(又復立國, 是樹兵也)"라는 진시황의 예측이 적중했다. 그러나 이번에는 역사의 전철을 거울삼지 않은 보응이 한나라 초기 분봉 때보다 훨씬 신속하고 심하게 닥쳐왔다. 즉, 진 무세의 계승자인 혜제(惠帝, 259~307) 때 바로 팔왕의 난이 폭발했다. 300년에서 307년까지 황실 종친 일곱 제후왕이 수십만 대군을 거느리고 서로 살육전을 벌였다. 이 혼란은 겨우 살아난 동해왕(東海

王) 사마월(司馬越, ? ~311)이 회제(懷帝, 284~313) 시대에 대권을 독단할 때까지 계속되었다. 백성의 재산 손실이 막대했고, 황실의 정신도 파산했다. 참혹한 골육상잔으로 온정주의 도덕의 가면이 벗겨졌다. 이처럼 서진 스스로 자신의 배를 갈랐고, 소수민족이 최후의 칼을 휘둘렀다.[150]

제7절
흉노의 보복

중국이나 로마를 막론하고 내전이 벌어졌을 때 각 집단에서는 항상 외부 원군이나 이민족 병사를 모집하곤 했다. 이것이 꼭 화근이 된 건 아니었다. 만약 조직의 영도가 효과적이면 고용병이나 이민족 군대도 엄정하게 군기를 잡을 수 있다. 동한의 궁색한 고담준론에 비해서 삼국은 원대한 실무 능력을 바탕으로 민족 관계를 비교적 잘 조절했다. 동한은 변방의 군(郡)을 마치 무거운 짐처럼 여기며 걸핏하면 양주를 포기하려고 했다. 이와는 반대로 삼국은 변방을 자원으로 간주하고 그곳을 쟁취하기 위해 노력했다.

동한시대의 이민은 도직을 피하기 위한 방법이었다. 이와는 다르게 제갈량은 5월에 노수(瀘水)를 건너 남방 불모지로 깊이 들어가 강공책과 유화책을 함께 써서 남중(南中)을 정복했다. 북방의 오환은 원씨와 연대하고 있었다. 조조는 원씨를 대파한 후 오환까지 정복하고 그 백성을 변방 안으로 옮겨 살게 했으며, 이들의 기병도 자신의 군대로 편입시켰다. 그의 이민족 관리에는 법도가 있었다. 이로써 이후 오호십육국 안에 오환은 포함되지 않았다.[151] 병주(幷州: 대략 지금의 山西省) 서북쪽에 거주한 흉노는 인구가 많았다. 조조는 이들을 5부(部)로 만들어 5현(縣)에 나눠 살게 하고, 능력 있고 책임감 있는 병주자사를 임명했다. 위력과 은혜로 회유하여 선우를 순종하게 하자 변방이 조용해졌다.[152] 나중에 진나라 사람은 이 일을 부러워했다. "위나라 이래로 오랑캐가 귀의해왔으므로 사납게 침탈하는 우환은 드물었다(自魏氏以來夷虜內附, 鮮有桀悍侵漁之患)."[153]

진나라 초기 몽골 초원에는 해마다 재해가 발생하여 대규모 유목민이 변방 안으로 이주했다. 당시 화베이 인구는 전란 이후 본래 수준을 회복하지 못했고, 대지주는 염가의 노동력이 필요했다. 진 무제는 이주해온 호족(胡族)을 병주의 여러 군에 분산 배치했는데 이들은 대부분 소작농이 되었다. 진나라에서는 느슨한 통제 정책을 시행하고, 한편으로는 무를 억누르고 문을 중흥한다면서 주와 군의 군대를 모두 없앴다. 그리고 또 다른 한편으로는 통치에 게으름을 부리며 변방 군에 능력 없는 자를 임명했다.[154] 당시에 경험이 풍부한 관리는 병주 중남부에 거주하는 호족의 경기병이 사흘이면 바로 황허 연안에 접근할 수 있다고 지적했다. 따라서 지금은 비록 안전하지만 후환의 위험성이 크다면서 정부가 이들 관리를 강화해야 할 뿐 아니라 일부 호족은 초원으로 돌려보내야 한다고 제의했다.[155] 그러나 조정에서는 이 조치들이 모두 귀찮은 일이라고 힐난했다. 이후 팔왕의 난이 일어남에 따라 호족 문제는 매우 긴급한 과제로 대두되었다.

흉노 왕실은 중국 변방 안으로 귀의한 후, 조상이 이전에 한나라 공주와 결혼했으므로 자신은 한나라의 외손이라고 인정하며 성을 유(劉)씨로 고쳤다. 유연(劉淵, ?~310)은 흉노 선우의 손자로 활쏘기와 말타기에 익숙했으며 어려서부터 유명한 스승을 섬겼으므로 오경에도 정통했다. 그는 진나라 조정의 인질이 되어 높은 지위에 올랐다. 그러나 조정에서는 그의 재능을 시기하여 군사를 거느리지 못하게 했다. 팔왕의 난이 그에게 기회를 부여했다. 당시 성도왕(成都王) 사마영(司馬穎, 279~306)은 승상이었다. 동해왕 사마월은 권력 쟁취에 마음이 있어서 변방 군(郡)을 관리하는 자사를 시켜 요동의 선비족 군사를 불러오게 했다. 유연은 그 틈에 사마영을 설득하여 자신이 귀국한 후 흉노 군사를 발동하여 선비 군사와 대항하겠다고 했다. 그는 304년 자기 나라에 도착하여 즉시 흉노 대선우로 추대되었다. 그는 20일 내에 정예병 5만을 모집하고 곧바로 진나라에 반란을 일으켜 자립했다. 국호도 한(漢)으로 정하고 먼저 스스로 한왕을 칭했으며 308년에 선우란 호칭을 황제로 고쳤다. 그리고 낙양 서북쪽 200킬로미터에 있는 평양(平陽)에 도읍을 정했다.[156]

변방 안으로 들어온 흉노는 19분파로 나뉘었다. 그중에서 콧마루가 높고 수염이 많은 갈족(羯族)도 자립하여 나라를 세웠다. 갈족 석륵(石勒, 274~333)은 글자를 몰랐지만 다른 사람이 역사서 읽어주는 걸 즐겨 들었다. 그는 본래 전쟁 포로였는데 소작농으로 팔려갔다가 도망친 후 곳곳을 전전했으며 나중에 유연의 가장 강력한 부장이 되었다. 석륵은 관동 곳곳을 돌며 전투를 하고 식량을 약탈했다. 그는 오벽(塢壁)

을 함락시키고 그곳 곡식을 거둬들였다. 하지만 흉노 군사가 무적이었던 건 결코 아니었다. 이들은 낙양을 세 차례 포위 공격했으나 수많은 사상자만 내고 아무 전공도 세우지 못했다. 석륵도 자주 진나라 군사에게 패배했지만 진나라 군사도 흉노의 난을 평정할 수 없었다.[157]

진나라 황실은 북방 호족의 난이 심각하다고 해서 내란을 중지하지 않았다. 회제는 사마월의 전횡에 원한을 품었다. 사마월은 회제가 낙양에서 걸리적거리는 것이 싫어서 석륵과 싸우기로 결심하고 모든 명장과 강병을 데리고 갔다. 낙양에는 지키는 군사가 없었고 기아도 나날이 심해졌다. 311년에 사마월이 병사했다. 예교의 가르침에 따라 그의 부장은 무기를 내려놓고 그의 시신을 받들어 동해로 돌아갔다. 이 소식을 들은 석륵은 경기병으로 장례 행렬을 추격하여 그들을 포위하고 화살을 퍼부었다. 진나라 주력군은 장졸 10여만이 한 사람도 살아남지 못하고 전멸했다. 얼마 후 유연의 넷째 아들 유총(劉聰)의 군사가 낙양을 함락시키고 3만 명을 죽였다. 회제도 포로가 되었다가 나중에 목숨을 잃었다.[158]

중원은 대혼란에 빠졌다. 백성과 문벌 사족은 대거 남쪽으로 이주했고, 그중 적지 않은 사람들이 건업(建鄴), 즉 지금의 난징(南京)에 모였다. 석륵은 승세를 타고 건업을 공격했지만 큰비가 내리는 가운데 군량미가 부족했으며 또 강남의 완강한 저항에 부딪혀 성공하지 못했다. 북쪽으로 돌아가는 도중 그는 뜻밖의 일을 당했다. 진나라의 중앙 정부는 멸망했지만 지방 세력은 여전히 조직적으로 자기 방어에 나서고 있었다. 그는 지나가는 곳마다 진나라 잔존 세력의 견벽청야 전술에 휘말려 식량을 얻지 못해 군사는 거의 아사 직전으로 내몰렸다. 이런 좌절을 겪으면서 그는 약탈 경제로는 군대를 오래 지속할 수 없음을 알았다. 그는 마침내 한족을 임명하여 안정된 터전을 건립하고 정부체제를 갖췄다. 오벽 지역도 조례대로 세금만 내면 정부와 서로 편안하게 지낼 수 있었다. 이로부터 석륵은 통치자가 되었다. 319년 그는 유총을 배반하고 독립하여 조(趙)나라를 세웠다.[159]

유총의 군대는 311년 낙양을 불태우고 곧바로 진격하여 장안을 빼앗았다. 관중 지역은 내란과 호란을 거치면서 심한 손상을 입었다. 일찍이 파괴된 상처를 감당할 수 없을 정도였다. 그러나 진나라는 양주 군민의 지원으로 반격에 나서 민제(愍帝, 300~318)를 옹립하고 장안을 4년 동안 사수하면서 흉노 군사를 여러 번 격퇴했다. 316년 민제가 흉노에 투항하고 서진은 멸망했다. 낭야왕(琅琊王) 사마예(司馬睿)가 건강(建康: 313년 건업을 개명한 이름)에서 보위에 오르니 이것이 동진(東晉)의 시작이다.[160] 진시황이 천하를 통일하고 나서 5세기 후 화베이는 다시 전국(戰國)으로 분열되었다. 하지만 이번에 왕을 칭한 건 소수민족이었다[지도 17].

제8절

훈족의 서진(西進)

313년을 전후하여 흉노가 중원을 짓밟을 때 비교적 평화로웠던 서역에서 중앙아시아의 소그드(Sogd) 출신 상인이 집으로 편지를 썼다. 그는 중국과의 무역에서 손해를 보았다고 하면서 그것이 전부 도처에서 학살과 약탈을 자행하는 'Hun' 때문이라고 했다. 소그드어로 쓰인 이 편지는 우송되지 못하고 훗날 옥문관 부근 폐허에서 발굴되었다. 이 편지를 영어로 번역한 사람은 이렇게 말했다.

우리는 이 편지에서 하나의 종족 이름을 읽어낼 수 있는데, 그것은 Huns(훈족)와 다르지 않다. 이것은 유목민을 두루 가리키는 용어가 아니라 하나의 구체적인 민족, 즉 먼 동방의 흉노를 가리킨다. …… 가장 주목할 만한 것은 훈족이 유럽에 출현하기 훨씬 이전에도 이 이름이 사용되고 있었다는 점이다.[161]

훈족을 가장 상세하게 묘사한 로마인은 암미아누스다. 그는 "어떤 민족보다 사나운" 유목민이 실크인(중국인)에게 패배했을 것이라고는 꿈속에서도 상상할 수 없었다. 그는 실크인이 "무력을 전혀 알지 못한다"고 인식했다. 그는 훈족이 멀리 흑해 너머 얼어붙은 해양 근처에서 왔다고만 말했다.[162] 19세기 어떤 독일 학자는 언어학과 문자 파편을 연구하면서 훈족이 흉노의 후예라고 인식했다.[163] 1930년대에 또 다른 독일 학자는 출토 유물과 장식예술을 비교하여 훈족과 흉노가 아무 관계가 없다고 말했다.[164] 이 두 가지 학설은 모두 증거가 부족하다.

기원전 1세기에 흉노는 소그드 근처에서 나라를 세웠다. 이 때문에 소그드인은 그들의 민족 명칭을 잘 알았다. 흉노는 48년에 둘로 분열되었다. 남흉노는 한나라에 항복했는데, 그 후대가 바로 소그드인이 말한 Hun이다. 북흉노는 서쪽으로 이동하여 151년 이후로 중국 기록에서 사라졌다. 그때부터 훈족이 로마인의 눈앞에 나타난 376년까지 유라시아 대초원에는 무수한 비밀이 감춰져 있다. 당시 상황에 대해 학자들은 기껏해야 추측에 의지할 뿐이다. 그러나 대체로 정확한 점도 포함되어 있다. 유목 군체(群體)는 항상 혼합 집단으로 살다가 또 항상 흩어진다. 흉노 또는 훈족도 각각 적지 않은 집단이 섞여 살았다. 어떤 집단은 종족 구성이 들쭉날쭉했고, 어떤 집단은 모여들고 흩어짐이 일정하지 않았다. 만약 일군의 북흉노 세습귀족이 자신들의 지위와 종족명을 유지하고 있었다면 그것은 바로 소그드인이 알고 있던 Hun일 것이다. 그렇다면 200년 동안 초원의 유목민들도 틀림없이 또 다른 집단을 적지 않게 받아들여 그들의 풍습을 흡수했을 것이다. 훈족도 이런 군체일 가능성은 없을까? 독자 여러분 스스로 상상해보길 바란다.

　권력에 대한 연구를 위해 훈족과 흉노가 혈연적으로 연결되어 있는가를 밝히는 일은 별로 중요하지 않다. 중요한 점은 이들 문화의 유사한 특징이다. 초원의 환경은 인간의 생존에 불리하여 밀집 인구를 형성할 수 없다. 유목민은 일반적으로 수많은 소부락이 사방으로 흩어져서 물과 풀을 따라 삶을 이어간다. 부락 내부에서는 대부분 자치를 실시하지만 각 부락 추장들이 모여서 여러 가지 사안을 논의하고 때로는 고급 영수를 추대하기도 한다. 로마제국 면전에 나타난 훈족도 이런 산만한 정치조직을 실행했고, 중국이 처음 통일을 이룬 시기의 흉노도 이와 같았다. 이 두 유목민은 야만인들 가운에서 발군의 역량을 발휘했다. 그들에게는 뛰어난 제왕이 있어서 기회가 닿을 때마다 자신의 집단을 단결시키고 다른 부족과 연합하여 함께 강적을 물리쳤기 때문이다.

훈족의 전사는 불과 1만 5,000명 정도였지만 로마 사람은 이들에게 당하는 괴로움을 끝도 없이 호소했다. 이들은 교묘하게 휘하의 패잔병을 결합하여 '피부색이 다른 제국'을 만들어왔기 때문이다. 이는 흉노가 세운 '온갖 야만인 연합대국(百蠻大國)'과 유사하다. 훈족왕국에 속한 게르만족은 그 숫자가 많아서 게르만어가 전체 왕국의 주요 언어로 기능했다. 훈족은 로마의 빈약한 북방 이웃을 단결시켜 로마의 유력한 대항자로 만들었다. 이에 타키투스는 악몽이 현실이 되었다고 묘사했다.

만약 훈족에게 베르길리우스와 같은 대시인이 있었다면 로마처럼 강자에 맞서 약자를 보호했다고 자화자찬할 수 있었을 것이다.[165]

훈족과 로마제국은 벗인 동시에 적이었는데 그 관계는 세 단계로 나눠볼 수 있다. 처음에 이들의 관계는 간접적이었다. 훈족의 영향으로 압박을 받은 고트족이 376년 로마제국으로 진입했다. 이후 수십 년 동안 훈족은 몸값이 비싸고 다루기 어려운 상대이긴 했지만 오랫동안 로마의 맹방이었다. 마지막 441년에서 452년까지는 유명한 아틸라 시대로, 약탈이 흉포했지만 기간은 짧았다. 훈족왕국은 아틸라를 따라 사라졌다. 권력이 순조롭게 바뀌는 측면에서 로마는 흉노에 훨씬 미치지 못했다.

훈족이 유럽에 반짝 등장할 때 그들은 아직 로마의 시야 밖에 있었다. 일군의 고트족이 흑해 북쪽에 성벽을 쌓고 그들을 방어했다. 초원에서 펼친 훈족의 전략적 특징은 번개 같은 대우회(大迂廻) 작전이었다. 그들은 기병으로 방어벽을 에돌아 배후에서 적을 포위 섬멸했다. 다른 고트족은 소문만 듣고도 간담이 서늘하여 로마제국으로 도망쳤다. 이들이 받은 것은 심리적 압박이었다. 훈족은 결코 그들을 추격하지 않았다. 이후 몇십 년 동안 훈족은 대부분 로마제국 동쪽 1,700킬로미터 거리에 있는 캅카스(Kavkaz: 코카서스) 일대에 머물러 있었다. 그곳에서 이들은 페르시아를 침략했지만 아무 소득도 얻지 못했다.[166] 여기저기 흩어진 부락민은 용병 모집에 기꺼이 응했다. 누구라도 돈을 주면 이들을 고용할 수 있었다. 로마제국이 가장 큰 고용주였다. 409년 서로마 황제 호노리우스는 1만여 명에 달하는 훈족 군사를 모집하여 서고트족에 대항했다. 훈족은 천천히 서쪽으로 이동하는 동시에 조직을 강화했다. 420년대에 이르러 이들은 헝가리평원에 왕국을 건설하여 다뉴브강을 사이에 두고 로마제국과 대치했다.[167]

젊은 로마 귀족 아에티우스(Flavius Aetius, 390?~454)는 409년의 교역 과정에서 훈족에 인질로 파견되었고, 이로 인해 그는 훈족과 인연을 맺었다. 훈족은 그와 먼저 친구가 되었다가 나중에 적이 되는 과정에서 그가 '최후의 진정한 로마인'이 되도록 도와줬다. 그는 433년부터 서로마제국을 주재했다. 437년 아에티우스는 아틸라와 손을 잡고 라인강 연안의 부르군트(Burgund: 부르고뉴)족을 격파하고 매우 유명한 이야기 『니벨룽겐의 노래(Das Nibelungenlied)』의 제재를 제공했다. 그는 오랫동안 훈족의 지원을 받으며 서고트족을 제압하고 갈리아를 되찾

왔다.[168]

441~442년 로마 군대는 카르타고를 점령한 반달족을 치기 위해 원정에 나섰다. 이 틈에 아틸라는 훈족을 이끌고 동로마제국으로 침입했다. 훈족은 로마의 일급 군사 요충지 두 곳을 동시에 공격하여 로마인을 경악시켰다. 로마의 북방 방어 전략의 요체는 야만인이 바라만 보고도 두려움에 젖는 견고한 성곽이었다.[169] 성곽 공격에는 육중한 장비가 필요했고, 더더욱 밀집한 병력을 지휘하고 후방 보급부대를 조직할 수 있는 영도자가 필요했다. 게르만족은 이런 부문에서 아무 능력이 없어서 "성곽과 평화를 유지한다"고 스스로를 비웃었다.

훈족은 게르만족의 야만적인 힘을 이끌어내는 데 뛰어나서 전체 국면을 완전히 바꿨다. 아마도 훈족의 성곽 공격 기술은 로마인에게서 배웠겠지만 게르만족은 같은 학교에서 오랫동안 공부를 하면서도 그것을 배우지 못했다. 콘스탄티노플 조정도 계산 착오를 범해서 결국 성벽 아래에서 기껍지 않은 항복 맹약에 서명을 했다. 아프리카 원정군이 돌아오자 바로 맹약을 배반하고 적극적으로 전쟁 준비에 들어갔다. 선제 공격에 뛰어난 아틸라는 크림반도의 케르소네소스(Chersonesos)에서 로마군을 대파했다. 그 후 훈족은 서고트족을 본받아 발칸반도를 약탈했다. 그리스는 또 다시 재난을 당했다.[170]

동로마제국은 지난번 맹약을 어긴 대가로 훈족에게 손해배상을 하기로 승낙했고 매년 조공품도 너 많이 바쳐야 했다. 이처럼 아틸라는 동쪽 전선의 안전을 보장받은 후 마음 놓고 서로마제국 원정에 나섰다. 그는 451년 황실과의 혼인을 빌미로 훈족, 서고트족, 헝가리평원의 각종 부족을 거느리고 기세등등하게 곧바로 갈리아를 공격했다. 그곳에서 그는 오랜 친구 아에티우스를 만났다. 아에티우스는 반드시 전투가 있을 것으로 예상하고 서고트족, 프랑크족, 로마제국 내에 거주하는 잡다한 부족을 규합하여 로마군을 도와 적을 맞이하도록 했다. 카탈루냐(Cataluña) 평원에서 '세계 민족 대회전'이 벌어졌고, 그 결과 아틸라는 패배하여 큰 수레로 만든 방어벽 뒤에서 자살을 준비했다. 그러나 아에티우스는 급하게 압박하지 않았다. 왜냐하면 반드시 병력을 보존해야 했기 때문이다. 서고트족은 국왕이 전사하자 병력을 뒤로 물리기에 바빴다. 이에 승리한 로마연맹은 해산했고, 아틸라는 완전히 기세가 꺾여 고개를 떨구고 겨우 안전하게 귀가했다.[171]

당시 훈족의 서쪽 원정은 그들의 근거지에서 1,200킬로미터나 떨어져서 그 거리가 발칸 전투 때보다 두 배 이상이나 길었다. 그리고 당시 원정은 초원의 전투가 아니어서, 무기와 군량미를 수송하는 우마에게 먹일 물과 풀이 없었다. 훈족은 게르마니아 삼림을 통과하면서 보급선에 신경을 써야 했다. 그들의 보급부대는 조직이 느슨했고 각지에서 식량을 약탈하느라 행군 속도가 느려져서 적절한 전투 기회를 잃게 만들었다.

다음 해 아틸라는 비교적 가까운 목표인 이탈리아 북부를 선택했다. 그러나 그것은 계산 착오였다. 그곳은 지역이 협소한 데다 성곽이 많고 견고했다. 성을 공격하는 시일이 오래되자 근처의 자원이 신속하게 바닥났다. 훈족 대군은 양식이 부족했고, 전염병도 만연하기 시작했다. 동로마제국의 새로운 황제도 이 틈에 헝가리를 공격하여 훈족의 뒷다리를 잡았다. 이러한 현실적인 요소가 '신의 채찍(징벌)' 아틸라를 제약했다. 교황의 달콤한 유세에 당시의 전공을 돌리기도 하지만 이는 기독교의 선전일 뿐이다. 그해 겨울 아틸라는 세상을 떠났다. 훈족왕국은 내란으로 붕괴되었다.[172]

로마제국의 쇠망에 훈족이 중요한 역할을 했지만 그들이 수괴 역할을 한 건 아니었다. 어떤 현대 학자는 훈족이 기실 게르만족의 로마제국 분열을 지연시켰다고 인식한다.[173] 그들이 게르만족을 통제했기 때문에 411년 후 30년 동안 게르만족의 대규모 침략이 없어서 로마제국이 그럭저럭 남은 숨을 이어갈 수 있었다는 것이다. 이 밖에도 훈족은 로마에 병력을 제공하여 로마 경내에 거주하던 야만인에 대처할 수 있게 했다. 훈족과 로마의 대결은 441년에서 452년까지 집중되었다. 아틸라와 벌인 전쟁이 참혹하기는 했지만 로마에게 치명적이지는 않았다.

훈족왕국은 로마제국 밖에 있는 적이었다. 그것은 마치 흉노가 한나라 밖의 적인 것과 마찬가지였다. 두 유목민은 약탈에 뜻을 두었을 뿐 영토 점령에는 뜻이 없었다. 이들은 큰 전쟁을 일으켰지만 모두 로마제국이나 한나라보다 먼저 멸망했다. 제국이나 황조는 모두 성 밖의 야만인에 대처하는 것이 성안의 야만인에 대처하는 것보다 쉬웠다. 로마제국 경내의 서고트족이나 진(晉)나라 때의 변경 안쪽 남흉노는 영토를 점령하고 백성을 거느리면서 정권에 참여하려고 했으므로 훨씬 더 위협적이었다. 이들 경내 야만인을 뱃속의 우환거리로 만든 것이 제국과 황조 통치 엘리트의 잘못임은 부정할 수 없는 사실이다.

뱃속의 우환거리가 가장 공포스러운 것이다.

훈족왕국과 로마제국의 관계는 카르타고와 로마공화정, 또는 춘추시대 초나라와 진(晉)나라의 관계와 유사하다. 강력한 외적의 위협이 있으면 통치계층은 좀 신중해지기 마련이다. 로마인은 아틸라의 죽음을 경축하면서 새로운 세기의 여명을 찬양했다. 적대적이었던 초강대국은 쓰러졌지만 애석하게도 그 결과는 천하태평과 거리가 멀었다. 수많은 소국과 지방 세력이 분쟁을 일으켜 정세가 복잡해지면서 더욱 위험한 지경으로 빠져들었다.

훈족의 제약을 벗어난 게르만 부족은 서로 적대하는 습관을 회복하고 지칠 대로 지친 로마제국으로 침입했다. 더욱 좋지 않은 상황은 훈족의 압력이 사라지자 로마 귀족의 내분이 가열되어 사리를 따질 수 없는 사태로 치달았다는 점이다. 아에티우스는 아틸라보다 겨우 1년 더 살았다. 20년 동안 그는 서로마제국을 안정시킨 힘이었고 훈족에 대항할 수 있는 유일한 장수였다. 훈족이 붕괴되자 로마를 안정시켜주던 힘도 버려졌다. 454년 아에티우스는 피살되었고 그 후 로마제국의 내란이 폭발했다. 서로마제국은 그 후 겨우 20년간 존속했을 뿐이다.[174]

제9절

로마 최후의 날

375년 그라티아누스가 로마 황제로 등극했다. 그가 재위할 때 로마에서는 유사 이래 유지되어온 군복 전통이 파괴되었다. 이 때문에 사병이 투구와 갑옷을 입지 않아서 전투 때 사상자가 급증했다.[175] 그의 계승자가 투구와 갑옷 착용을 회복했지만 다른 변혁은 더욱 오래 유지되었다. 그라티아누스의 부친 발렌티니아누스 1세는 군부 출신이었다. 그러나 자신의 아들에게는 어려서부터 가장 훌륭한 고전 교육을 시켰다. 그라티아누스는 즉위 후에 즉시 부친의 노련한 부하를 퇴임시키고 그 자리를 귀족 문인으로 바꿨다. 그의 시인 스승은 친위부대 사령관이 되었다. 부호와 명문세가의 원로 귀족이 문민정부의 고위층을 점령했다. 이들은 무를 버리고 문을 숭배하며 마치 동한 유생처럼 우아한 모습으로 거친 군인을 멸시했다. 많은 문인이 행정에 경험이 없었고 흥미도 없었지만 단번에 고관대작을 차지했다.[176]

그라티아누스 조정의 또 다른 대규모 정치집단은 천주교 주교였다. 이들은 원로와 마찬가지로 문덕을 중시하고 군인을 혐오했으며 야만인은 절대로 용인하지 않았다. 야만인이 기독교도이더라도 종파가 다르면 로마 천주교도에게는 이교도와 마찬가지로 간주되었다. 결국 "4세기 이후 천주교도는 야만인에 항거하는 군인을 존중하려 하지 않았을 뿐 아니라 이미 로마 경내로 들어온 야만인도 인정하려 하지 않았다".[177]

문, 무, 종교, 세 분파는 물과 불처럼 대립하며 로마 정부 내에서 분열을 야기했다. 문민기구는 세금과 군사비를 관장했다. 원로들은 세금을 올리면서도 나날이 쇠락하는 군대를 강화하려 하지 않았다. 귀족과 교회는 줄곧 면세 특권을 받다가 441년에서 444년 사이에 황제가 이들도 세금을 내야 한다고 명령을 내렸다.[178] 당시에 로마 정부는 이미 아프리카 함락으로 파산에 직면했기 때문에 노병의 봉급을 지불할 방법이 없었다. 그러므로 신병 모집은 아예 입에 담을 수도 없게 되었다. 이런 지경에 이르렀는데도 새로운 세금 수입의 대부분은 아프리카에서 손실을 입은 귀족의 보상금으로 허비되었다. 결국 군사비 고갈은 서로마제국 군대의 와해를 초래했고, 이에 따라 로마제국은 멸망할 수밖에 없었다.[179]

그라티아누스 조정은 또 하나의 해악을 남겼다. 중국의 관서(關西)지방에서 명장이 배출된 것과 마찬가지로 로마제국의 일리리쿰(Illyricum) 일대에서도 로마의 가장 훌륭한 장수와 전사가 배출되었다. 그곳은 줄곧 서로마제국에 예속되어 있었다. 그라티아누스는 발렌스를 계승할 동로마황제로 테오도시우스를 지명할 때 아무 까닭도 없이 일리리쿰을 동로마제국에 할양했다. 군사에 뛰어난 인재를 양성해온 이 지역을 포기함으로써 정부 내의 경쟁이 줄어들어 문인들은 세력을 얻기가 더욱 쉬워졌다. 그러나 이 일로 인해 로마제국은 뒷날 야만인에 맞서 싸울 군사를 모집하기가 더욱 어려워졌다.[180]

그라티아누스가 열여섯 살에 즉위함으로써 로마의 혼군 시대가 시작되었다. 이것은 결코 하늘에 의해 정해진 운명이 아니었다. 에스파냐의 걸출한 장수 막시무스(Magnus Maximus, 335~388)는 그라티아누스를 죽이고 그의 군대를 대파했다. 그러나 동로마 황제 테오도시우스가 무력으로 개입하여 막시무스를 죽이고 어린아이 발렌티니아누스 2세(Valentinianus II, 371~392)를 에스파냐 황제로 앉혔다. 어린 황제가

용과 독수리의 제국

에스파냐에서 축출되자 테오도시우스는 다시 간여하여 394년 프리기두스강 전투에서 반란을 진압했다. 몇 달 후 테오도시우스는 세상을 떠났다. 죽기 전에 겨우 열 살인 자신의 아들 호노리우스를 서로마 황제로 세우고, 대장군 스틸리코에게 보호를 부탁했다.

두 차례 내전 때마다 테오도시우스는 서고트 이민에게 군사를 보내라고 조서를 내렸다. 대략 1만 명의 서고트 전사가 프리기두스강 전투에서 전사했다. 생존자들은 콘스탄니노플 조정의 각박함에 분노하여 395년 알라리크(Alaric, 370?~410)의 영도하에 반란을 일으켰다. 스틸리코의 반응은 민첩했다. 그는 서로마제국 군대를 제외하고도 테오도시우스가 내전에 동원했던 동로마제국 군대도 거느리고 있었다. 양대 황군은 통일 지휘부 아래에서 얼마 전 큰 상처를 입은 서고트 군에 대처했다. 결정적인 승리를 거두고 나라 안의 큰 우환거리를 제거할 기회가 있었지만 그런 기회를 놓치고 말았다. 콘스탄티노플 조정에서는 스틸리코에게 동로마제국 군대는 돌려보내고 서로마제국 군대는 퇴각시키라고 명령을 내렸다. 스틸리코는 명령에 따랐다.

서고트족은 아무 제한도 받지 않고 마음대로 마케도니아와 그리스를 약탈했다. 그런데도 스파르타 전사 300명은 페르시아 대군을 막기 위해 테르모필레(Thermopylae) 관문을 굳게 사수하고 있었다. 서고트족은 남녀노소를 모두 대동하고 마음대로 그리스 지역으로 거침없이 쳐들어왔다. 그리스 노시는 속속 함락되었다.[181] 콘스탄티노플 조정은 타협에 나서서 알라리크를 지방 수령에 임명하고 서고트족에게는 황실 군대의 창고로 가서 보급품을 가져가게 했다. 원기를 회복하고 장비까지 풍족하게 얻은 알라리크는 다시 반란을 일으켜 서로마제국을 겨눴다. 그는 401년에서 403년까지 이탈리아를 두 차례 침략했다. 스틸리코는 이들을 동로마제국으로 내쫓았다.[182]

서로마제국 군대는 프리기두스강 전투에서 패배한 후 서고트족을 방어하는 과정에서 다시 큰 손상을 입었다. 병력 보충도 이루어지지 않은 상황에서 또 다른 위기가 뒤를 이었다. 405년 연말, 다뉴브강 북쪽에 거주하던 고트족이 대규모로 라다가이수스(Radagaisus, ? ~406)의 영도하에 이탈리아로 남침했다. 406년 마지막 날 반달족, 수에비족, 알란족이 떼를 지어 얼어붙은 라인강을 건너 갈리아로 진입했다. 두 차례 침입 사이에 브리타니아에서는 일련의 찬탈 사건이 발생했다. 세 번째 참주 콘스탄티누스 3세(Constantinus III, ? ~411)는 407년에 브리타니아를 포기하고 도버해협을 건너 갈리아에 도착하여 그곳의 로마 군단을 통제했다. 동시에 알라리크는 이 기회를 틈타 다시 이탈리아로 침입했다. 이 무렵 스틸리코는 군사를 옮겨 철저하게 라다가이수스를 격파했다. 이 승리의 대가는 심각했다. 395년에서 420년까지 서로마제국의 군사는 48퍼센트나 줄었다. 사방에서 적을 맞은 스틸리코는 적의 강약을 저울질하여 알라리크와 담판하기로 결정하고 4,000로마파운드의 황금으로 서고트 군사를 고용했다. 그러나 분노가 폭발한 부호와 원로는 스틸리코를 모함하여 함정에 빠뜨렸다. 408년 스틸리코는 참수되었다.[183]

스틸리코의 부친은 로마 황군에 소속된 게르만 장교였다. 군인 출신 황제 아래에서 적지 않은 게르만족 로마 공민이 전공(戰功)에 의지

용과 독수리의 제국

하여 고위직에 올랐고, 그중 스틸리코는 아주 뛰어난 인물이었다. 이들 이민 2세대는 대개 순수한 로마 교육을 받아서 동포의 이익을 위해 로마제국을 배반하는 사람은 아무도 없었다. 스틸리코는 모함을 받을 때 내전을 일으키려 하지 않고 차라리 존엄하게 형벌을 받아 본토 로마인을 부끄럽게 해야 한다고 생각했다. 그러나 귀족이 부흥하고 기독교가 극성하면서 귀화 공민의 운명은 고난에 처하는 경우가 많았다. 스틸리코 이후로는 최고 사령관에 오른 게르만족이 한 사람도 없었다.

이민족으로서 상위계층에서 배제되는 일은 하위계층의 학살 공포에 비하면 아무것도 아니었다. 콘스탄티노플 조정이 학살에 앞장섰다. 400년간 지속된 당쟁이 한 고트족 장군에게 미쳤고, 그 여파로 로마 군대에 복무한 수천 명의 야만인 사병은 그들이 피난한 성당 안에서 불에 타서 죽었다. 전설에 따르면 이 사건으로 인해 알라리크가 두 번째 반란을 일으켰다고 한다. 진위를 막론하고 로마인의 야만인 배척은 서고트족에게 매우 유리했다. 스틸리코가 통솔한 로마 군대에는 적지 않은 야만인이 편성되어 있었다. 그가 죽은 후 1만여 명의 야만인 전사 가족이 로마인에게 남김없이 살해되었다. 아내와 자식을 잃은 비통한 전사는 봉기하여 알라리크에게 투항했다.[184]

스틸리코를 함정에 빠뜨리고 정부를 장악한 문관은 자신이 알라리크와 체결한 계약을 배신하면서도 서고트족의 반응에 전혀 신경 쓰지 않았다. 알라리크는 헛되이 손해를 볼 수는 없었으므로 투항해온 부하를 잘 다독여야 했다. 물론 로마를 향한 전쟁 준비는 철저하게 했다. 서로마제국 조정에서 이탈리아 동북부에 설치한 라벤나시(市)는 앞에 소택지가 있어서 보호를 받을 수 있었고, 뒤에는 해운이 가능하여 보급품을 쉽게 운송할 수 있었다. 로마시는 그곳처럼 쉽게 지킬 수 있고 공격하기 어려운 곳이 아니었다.

408년 가을 서고트족은 로마시를 포위하기 시작했다. 성안의 노예들은 도주하여 상대에게 투항했고, 서고트족 대오는 갈수록 더 강대해졌다. 성안의 공민은 하늘을 우러러 점괘를 뽑는 것처럼 조정에서 구원병을 보내주기를 기도했다. 공포에 질린 원로는 공손하게 황금 5,000로마파운드를 헌상함과 아울러 알라리크를 위해 황제 호노리우스에게 중재 활동을 하겠다고 응답했다. 호노리우스는 훈족 군사를 모집했다. 서고트족은 소문을 듣고 깜짝 놀라 협상 조건을 완화했다. 로마 역사가조차도 그것을 "아주 합리적"이라고 인정했다. 이들은 로마의 맹우로서 변경에 정착지를 할양해달라고 요구함과 아울러 매년 식량을 보조해달라고 요구했다. 대체로 남흉노가 동한에게 요구한 사항과 유사했다.

그러나 로마 조정은 당쟁을 벌이느라 조직이 마비된 상태여서 담판에 나설 수 없었다. 알라리크는 두 번째로 로마시를 포위하고 원로와 결탁하여 참주를 세웠나. 황제는 이런 상황을 가장 두려워했다. 호노리우스는 타협점을 찾으려 했지만 4,000명의 동로마제국 지원군이 제때에 도착하여 강경파를 강화시켰다. 알라리크는 라벤나에서 아무것도 이루지 못하고 다시 로마로 되돌아갔다. 두 차례의 포위로 로마 성안에는 기아가 심했다. 심지어 어떤 사람은 서커스 공연 도중 "사람고기 얼마예요?"라고 소리치기도 했다. 410년 8월 적들이 다시 몰려오자 로마는 성문을 열고 항복했다. 서고트족은 마음대로 사흘 동안 학살과 약탈을 자행했다. 성직자와 성당만이 피해를 입지 않았다. 로마는 800년 전에 성이 파괴된 후 처음으로 엄청난 재난에 처했다. 기원전 390년 갈리아족이 로마시를 불태울 때는 원로원이 소재한 카피톨리노 언덕만 무사했다. 410년 서고트족이 입성했을 때는 원로원만 불탔다. 이는 두 차례 로마 함락의 정치적 의미가 달랐음을 말해준다. 원로원에 여전히 국가를 상징하는 의미가 좀 남아 있다면 말이다.[185]

약탈 물품을 가득 실은 서고트족은 로마시를 떠나 계속 로마제국 영토를 순행했다. 이탈리아에서 갈리아를 거쳐 다시 에스파냐까지 갔다. 이들 지역에는 로마의 적이 가득 차 있었다. 406년 라인강을 건넌 반달족, 수에비족, 알란족은 갈리아 지역 사방으로 흩어졌고, 3년 후에는 피레네산맥을 넘어 에스파냐로 진입했다. 참주 콘스탄티누스 3세가 거느린 로마 군대는 그들의 행동을 심하게 가로막지 않았다. 역사가들은 이렇게 해석한다. "대체로 참주 콘스탄티누스 3세는 로마를 침입한 야만인에 대해서 한 눈은 뜨고 한 눈은 감아주었다. 왜냐하면 그렇게 해야 역량을 집중하여 갈리아 전체의 군사권과 행정권을 탈취할 수 있었기 때문이다."[186]

서로마제국 황군은 5년 동안 반신불수가 되었다가 411년에야 기능을 회복했다. 어쩌면 조정의 당쟁이 일단락되었기 때문일 수 있고, 혹은 모집한 훈족 전사가 마침내 도착했기 때문일 수도 있다. 대장 콘스탄티우스가 참주 콘스탄티누스 3세를 제거하자, 조정에서 다시 갈리아를 통치하게 되었다. 봉쇄전략으로 양식이 떨어진 서고트족을 핍박하여 투항하게 했으며, 로마를 위해 방향을 바꿔 반달족과 수에비족을 격파했다. 야만인을 이용하여 야만인을 제어하는 전략이 효과를 봤지만 콘스탄티우스는 결코 문제를 철저하게 해결하려 하지 않았다. 그는 418년 군사를 해산하고 서고트족을 갈리아 남부에 배치했다. 그는 자신의 온 정신을 정계의 권모술수에 투입하려 했다.[187]

호노리우스는 아들이 없었다. 콘스탄티우스는 호노리우스의 여동생 플라키디아(Galla Placidia, 389?~450)를 아내로 맞아 공동 황제가 되었다. 그가 421년 사망하자 곧바로 권력투쟁이 격화되었다. 2년 뒤 호노리우스가 세상을 떠나고 나서는 노련한 계승자가 서로마 조정을 주재했다. 동로마제국에서 대군을 파견하여 몇 번의 대전을 거친 후 서로마제국을 격파하고 콘스탄티우스의 여섯 살 난 아들을 옹립했다. 그가 발렌티니아누스 3세(Valentinianus III, 419~455)다. 플라키디아가 섭정을 했으나 복종하지 않는 몇몇 강대한 집단과 대결하는 과정에서 두 차례 내전에 휩싸였다. 정부는 다시 마비 상태에 빠졌고, 433년 아에티우스가 훈족의 도움을 받고서야 정권을 탈환했다. 로마제국은 판노니아(Pannonia: 지금의 헝가리와 옛 유고슬라비아를 포함하는 지역)를 훈족에게 할양했다.[180]

로마인의 동족상잔은 야만인에게 봄바람 같은 희소식이었다. 에스파냐의 알란족과 반달족은 서로 연합한 후 게이세리쿠스(Geisericus, 390?~477)의 영도 아래 429년 아프리카를 침략했다. 지브롤터해협을 왕복하는 데 24시간이 소요되었지만 날씨의 도움도 받았다. 연합 함

용과 독수리의 제국

대는 남녀노소 8만여 명에다 가축, 큰 수레, 온갖 짐까지 싣고 최소한 몇 개월에 걸쳐 이동을 완료했다. 로마 해군이 전과 같지 않았다 해도 여전히 제해권을 장악하고 이들의 도해를 방해할 수 있었다. 나중에 반달족이 카르타고에 정박한 로마 해군을 탈취한 후에야 로마군의 결집을 파괴할 수 있었다. 반달족은 이제 아무런 방해도 받지 않고 해협을 건너면서 로마제국 정부의 무능함을 드러냈다.

험난한 북아프리카에서 야만인은 로마의 간선도로를 따라 동쪽으로 2,000킬로미터를 전진했다. 그들은 히포(Hippo) 근처에서 길을 막는 로마군을 격파했다. 이들이 히포성을 포위했을 때 그곳의 주교 아우구스티누스(Aurelius Augustinus, 354~430)는 병이 위독하여 죽음을 앞두고 있었다. 반달족은 로마제국으로 침입한 후 많은 수확을 얻었지만 도적떼처럼 몰려다니며 약탈을 자행하여 이들의 한계를 드러냈다. 다시 앞으로 나아가기 위해서는 이들에게도 안착할 터전이 필요했다. 또 안정된 자원을 확보하여 후방기지로 삼아야 지속적인 확장이 가능했다. 서고트족이나 오호십육국시대의 석륵도 이와 같은 경험을 했다.

로마제국은 서고트족을 세 차례나 국경 안에 안치했다가 우환에 빠진 교훈을 무시하고, 계속 눈앞의 안일만 추구하며 반달족이 강성하게 성장하는 걸 좌시했다. 로마와 반달족은 435년에 조약을 맺고 아프리카 분할에 동의했다. 반달족은 궁핍한 속주에서 안정을 찾는 데 성공했고, 로마는 카르타고 일대의 부유한 구역을 보전할 수 있었다. 로마제국은 새로 위험 요소로 추가된 나라 안을 방비하지 않고 오히려 군대를 감축하여 군사비를 줄였다. 이로써 439년 반달족은 아무

힘도 들이지 않고 카르타고를 탈취했다.[189]

당시의 기후는 지금보다 습도가 높아서 아프리카는 서로마제국의 중요한 식량 생산지였다. 카르타고는 전략적 요충지에 해당하여 함대가 그곳을 기지로 삼으면 전체 지중해를 위협할 수 있었다. 카르타고를 잃게 되자 전체 아프리카가 반달족에게 함락되었고, 그제야 로마는 꿈에서 깨어났다. 동서 로마제국은 황급히 연합하여 반격에 나섰으나 안타깝게도 때는 이미 지난 후였다. 그들은 406년에 라인강을 건너온 반달족 등을 맞아 30여 년간 대처하면서 훈족을 고용하여 도움을 받기도 했지만 이들을 결국 당쟁과 내전에 이용했을 뿐이다. 이 과정에서 훈족은 맹우에서 적으로 바뀌었다. 아틸라는 441년부터 453년 자신이 죽을 때까지 전쟁을 계속하며 로마제국의 정력을 빨아들였다.

훈족왕국이 붕괴된 지 오래지 않아 아에티우스는 발렌티니아누스 3세에게 피살되었고, 황제 본인도 아에티우스 뒤를 따랐다. 두 차례 음모의 주모자는 페트로니우스 막시무스(Petronius Maximus, ? ~455)였다. 이 노련한 원로 귀족은 정권을 탈취한 후 바로 서고트족의 지지를 받았고, 이에 야만인을 로마 정치의 최고 권역으로 끌어들였다. 그는 3개월 동안 황제 노릇을 했을 뿐이다. 로미가 훈족에 대처하기 급급할 때 카르타고를 점령한 반달족은 해적의 기능을 잘 알고 있었다. 455년 한 무리 함대가 로마시 근교로 상륙했다. 만약 600년 전 스키피오 아이밀리아누스가 카르타고를 위한 복수의 신이 강림할 때의 퇴폐한 로마를 예견할 수 있었다면 그는 더욱 비통함에 젖었을 것이다.

로마시 공민은 성문을 열었다. 이들은 이미 서고트족에게 투항한 적이 있지만 분발하여 자강을 도모하지 않고 차라리 다시 적에게 머리를 숙이고 기꺼이 치욕을 감수하는 길을 택했다.[190]

서고트족이 그리스를 약탈할 때 수많은 도시에서 아무런 저항도 받지 않았다. 조시무스는 이렇게 묘사했다. "그리스 전역이 재난에 휩싸였지만 스파르타조차 싸우지도 않고 항복했다. 로마의 강압이 자강을 추구하는 전사와 자위를 위한 무장을 훼손했기 때문이다."[191] 그리스인은 로마인을 원망했다. 그러나 세계를 정복한 주인 로마는 누구를 원망할 수 있겠는가? 로마제국 전성기에 타키투스는 말했다. "소극적으로 유유자적해서는 위대한 국가를 보전할 수 없다. 세상의 수많은 사물은 반드시 분투를 통해서만 얻을 수 있다."[192] 이전의 위대한 민족의 '자유'는 결코 공짜 빵과 오락을 누리는 데 그치지 않았다.

로마시를 유린한 서고트족은 이전에 이미 스파르타를 유린한 적이 있다. 훈족에게 상해를 입은 발칸반도는 동로마제국에 속해 있었다. 로마와 야만인의 4대 전투 중에서, 동로마제국은 하드리아노플과 케르소네수스에서 대패했고, 서로마제국은 카탈루냐에서 겨우 승리를 거뒀고, 라다가이수스에게는 완전한 승리를 거뒀다. 무슨 영문인지 동로마제국의 전적이 열등한데도 야만인을 제거할 수 있었다. 이는 이들을 게르마니아로 내쫓았기 때문이 아니라 서로마제국으로 내몰았기 때문이나. 서고트족과 동고트족은 모두 로마제국으로 침입했다. 그러나 마지막에 전자는 갈리아에 정착했고 후자는 이탈리아에 정착했다. 동로마제국은 아무 탈이 없었고 서로마제국은 재앙을 만났다.[193]

콘스탄티노플 조정은 로마의 곤경을 완전히 무시하지 않았다. 동로마제국이 서로마제국의 아프리카 수복을 도와주기 위해 두 차례 출병한 것은 전적으로 자신의 영토가 해적에게 약탈되는 것을 막기 위한 조치는 아니었다. 첫 번째 전투는 아틸라의 후퇴로 끝이 났다. 반달족이 로마시에서 창궐하자 로마인은 마지막 노력을 기울였다. 서로마제국에서는 남은 병력을 모았고, 동로마제국에서는 아프리카 상륙을 위해 대함대를 꾸렸다. 반달족은 승세를 타고 함대에 불을 질렀고, 로마 함대의 돛은 화염과 연기에 휩싸였다. 반달족은 468년 본곶(Cape Bon)에서 함대를 불태우며 서로마제국의 한 가닥 숨통마저 끊어버렸다. 이 사건은 208년 오·촉 연합군이 적벽에서 조조의 수군을 불태우며 삼국 정립의 형세를 만든 것과 유사하다.[194]

서고트족은 정세가 완전히 바뀌었다는 소문을 듣고 무력 확장에 중점을 두다가 마침내 에스파냐와 남부 갈리아에 걸쳐 독립 왕국을 세웠다. 로마제국 경내의 야만인도 마구잡이로 이를 따라 했다. 로마는 속주를 상실함으로써 세금 수입도 사라졌다. 정부에서는 군사에게 봉급을 지불할 수 없었다. 이탈리아에 주둔한 군대는 토지 할양을 요구했다. 476년 서로마군 용병대장 오도아케르(Odoacer, 433~493)는 동로마제국 황제의 승낙을 얻어 서로마제국 황제 로물루스 아우구스툴루스(Romulus Augustulus, 463~ ?)를 폐위했다. 이로써 서로마제국은 공식적으로 멸망했다. 13년 후 동로마 황제 제노(Zeno, 450?~491)가 동고트족 수령 테오도리크(Theodoric, 454?~526)에게 동로마제국 안에서 권세를 부리는 것보다 오도아케르를 공격하는 것이 더 낫다고 부추겼다.

용과 독수리의 제국

테오도리크는 이탈리아와 원래 서로마제국 소속이던 다뉴브강 상류 지역을 탈취하여 동고트왕국을 세웠다[지도 18].[195]

제10절
불씨가 전해지다

위대한 진·한황조와 로마제국은 몰락한 후에도 각각 절반의 강산, 강남과 동로마를 보유했지만, 그곳은 본래 그들의 터전이 아니었다. 동진(東晉)과 동로마제국이 이룬 문학과 종교의 성취는 학자들에게 인정을 받고 있다.[196] 그러나 정치적 입장에서 바라보면 잃어버린 장안과 로마시에 존재했던 옛 기지가 가장 중요한 터전이었다. 기원전 221년 진시황이 중국을 통일하고 나서 537년 후 화베이지방은 소수민족에게 분할되었다. 기원전 31년 아우구스투스는 로마제국을 정립했고, 그 후 510년을 지나 지중해 서부가 야만인에게 분할되었다. 두 지역이 받은 타격은 심중했지만 결코 치명적이지는 않았다. 북쪽의 호족과 야만인은 중원과 로마를 파괴하면서도, 생기 발랄한 혈통과 풍습을 심어주기도 했다. 치명적이지 않았기에 당시의 좌절이 사람을 단련시켜 더욱 강력한 면모를 갖게 했다.

야만인과 소수민족은 최후의 승리자였다. 그러나 대제국은 내부의 임이 아니었다면 외부의 찬바람에 훼손되지 않았을 것이다. 실무에 밝은 어떤 진나라 관리는 호족의 숫자가 많아서 공무집행이 어렵다고 일찌감치 지적했다. 만약 301년에서 306년까지 '팔왕의 난'이 일어나지 않았다면 어쩌면 조정에서 민족 간의 마찰을 완화할 수도 있었을 지도 모른다. 흉노는 진나라의 동족상잔을 틈타 304년에 반란을 일으켰고 311년에 진나라 대군을 섬멸했다. 정복은 신속했지만 이들이 무적의 군대는 결코 아니었다. 진나라 주력군은 전멸했으나 낙양에 남은 군사는 열두 번을 싸워 모두 성과 함께 옥쇄했다. 양주(涼州)의 의병도 장안을 구원하려고 4년 동안 항전했다. 외성이 함락되고 내성에 식량이 떨어진 후에도 황제가 투항하지 않았다면 그들도 성을 끝까지 사수했을 것이다.[197]

저항활동은 서진이 멸망한 후에도 사라지지 않았다. 가장 강인한 조직은 줄곧 국가의 종심 방어에 참여한 변방 군(郡)의 관리와 주민이 이끌었다. 이들은 내지로 철수하여 유민이 되었지만 여전히 변방의 비바람이 양육한 씩씩한 기풍을 유지하고 있었다. 그들이 306년에 조직한 걸활군(乞活軍)은 여러 군에 두루 분포되어 있었고, 석륵이 세운 조나라를 멸망시킬 때 전공을 세운 외에도 호족 반대 활동을 100여 년간 견지했다.[198]

북방 야만인에 대항한 로마인의 활동은 비교적 약했다. 로마 속국 서고트는 378년에 처음으로 반란을 일으켰지만 469년에서 476년에 가서야 독립했다. 100년간 그들은 동쪽에서 서쪽으로 로마제국을 횡행하며 곳곳을 약탈했다. 여러 차례 패배하고도 좋은 조건을 획득하여 안정되게 인구를 늘렸다. 이들이 제공한 병력은 대부분 황제를 위해 정적에 대응했다. 전투도 물론 치렀지만 큰 싸움은 극히 드물었고, 결정적인 대전은 거의 없었다고 할 수 있다.[199] 로마제국은 이미

440년에 평민의 무장을 금지하는 명령을 취소했다.

그러나 민간에서 야만인에 항거한 기록은 매우 드문 실정이다. 대부분은 어떤 권력자가 군사를 모아 자신의 땅을 보호하려고 했다.[200] 로마 성벽은 견고했지만 성을 공격할 능력도 없는 야만인에게 두 차례나 성문을 열어줬다. 이런 행동에 대해서 일부 현대 학자들은 로마인과 야만인이 서로를 용인하며 평화로 그들의 공동 세계를 바꿨다고 인식했다.[201] 그러나 더욱 많은 학자들은 "이처럼 공공정신이 명확하게 결핍된 상황이야말로 사람을 가장 낙담하게 만드는 로마제국 말기의 특색"이라고 분석했다.[202]

대규모 전쟁이 벌어지지 않았다고 해서 그것이 각 민족의 평화로운 협력을 의미하는 것은 결코 아니다. 기실 백성은 군대의 보호도 받지 못해서 재난을 더욱 심하게 겪었을 것이다. 로마인은 "갈리아 전체가 불타는 모양이 마치 거대한 화장장의 장작더미 같다"라고 애도했다. 중국인도 "흘러가는 시체가 강을 가득 메웠고, 백골이 들판을 가득 덮었다(流尸滿河, 白骨蔽野)"라고 슬프게 탄식했다.[203] 살육과 약탈, 기황과 전염병이 연이어 들이닥쳐서 백성은 집을 버리고 도주했다. 중원의 유민은 규모가 방대했다. 부분적으로 상당수의 농민은 대형 관개 사업에 의지해야 했기 때문이다. 즉, 어느 날 대형 수로가 전란으로 파괴되면 정부의 조직적인 영도 없이 그것을 재건하기는 어려웠고, 그곳의 농민은 유민이 되었다.

사족 명문대가의 영도 아래 북방인은 남방과 쓰촨으로 밀물처럼 몰려들었다. 그래도 이들은 가장 처참한 처지는 아니었다. 비록 고달프기는 했지만 아직도 100여 년의 전란을 더 견뎌야 할 그들의 옛 터전에서 피할 수 있었기 때문이다. 이 기간 본래 한나라 신민이란 뜻이던 '한인(漢人)'이란 말이 하나의 민족을 가리키는 호칭으로 바뀌었다. 한족(漢族)은 호족(胡族) 통치자가 그들을 멸시하는 칭호에서 연원한 이름이다.[204] 지중해와 유럽 일대에서는 백성의 유동성이 비교적 작았다. 지주는 뿌리 깊은 토지 소유권에 미련을 가졌고 소작농도 법률에 의해 땅에 매여 있었기 때문이다. 상황은 이와 같았어도 고고학 발굴에 따르면 5세기에서 8세기까지 여러 곳의 인구가 대폭 감소했음을 알 수 있다. 물질문명의 후퇴도 제국 멸망 후의 일반적인 광경이었다.[205]

코린토스 지역이 서고트족에게 투항한 후 포로가 된 젊은이가 호메로스의 시구를 베껴 썼다. "죽은 사람이 가장 행복하다. 죽음의 신은 자비롭게도 그의 가족이 노예로 전락하는 걸 보지 않게 했고, 그의 도시국가가 잿더미로 변하는 걸 보지 않게 했다." 현대 학자는 "말할 것도 없이 여성 포로는 전쟁의 일상 규칙을 참고 견뎌야 했다"라고 해석했다.[206] 로마 교황 레오 1세(Leo the Great)는 반달족에게 강간당한 수녀에게 조칙을 내려 야만인에게 능욕을 당하고 정절을 잃은 하느님 시녀의 영혼은 아무 죄가 없지만 육체가 더럽혀졌기 때문에 신분도 하락할 것이라고 했다. 그는 또 이렇게 말했다. "그녀들이 순결한 여인과 비교하려는 망상을 버리고 더러움과 치욕을 참으면 더 칭찬받을 것이다."[207]

동한 말기 동탁 시절에 채염(蔡琰, 178~ ?)이라는 여자는 전란 중에 포로가 되어 흉노의 좌현왕에게 12년 동안 잡혀 살며 아들 둘을 낳았다. 채염의 부친은 동한의 명사 채옹이었고, 채옹의 친구인 조조가 사신을 파견하여 몸값을 지불하고 그녀를 귀국시켰다. 채염은 재주가 뛰어난 여인이었고 음률에 정통했다. 그녀의 「비분시(悲憤詩)」를 통해 우리는 흉노의 몸에 한나라의 황금 갑옷이 반짝이고, 적의 수급을 안장 뒤에 달고 약탈한 여자를 안장 앞에 태운 말 곁에, 만 명을 헤아리는 포로가 욕설과 구타를 참는 광경을 목도할 수 있다. 또 우리는 오랑캐의 피리소리와 변방 말들의 울음소리를 들을 수 있다. 그녀가 허난의 옛집으로 돌아갔을 때는 이리만 울부짖고 인적은 끊겨 있었다. 몸값을 지불하자 그녀의 마음속은 슬픔과 기쁨이 교차했다. 흉노 땅에 남게 된 아들은 그녀의 목을 안고 물었다. "나는 아직 어린데, 어떻게 어머니를 생각하지 않을 수 있겠어요?(我尚未成人, 奈何不顧思?)" 그녀와 함께 잡혀온 동료들도 배웅을 나와서 함께 돌아갈 수 없음을 슬퍼했다. 슬픈 울음소리가 마음을 찢는 가운데 채염은 말을 멈추고 주저했다. 한나라에는 부모가 계시고 흉노에는 아이가 있다. 양쪽을 모두 불러보지만 함께 돌아볼 수 없다. 그녀는 수심 속에서 생을 마쳤다.[208]

채염은 「호가십팔박(胡笳十八拍)」에서 비분을 노래로 승화시켰다. "오랑캐 피리는 본래 오랑캐에게서 나온 것인데, 금(琴) 반주에 맞춰도 같은 음률이 나오네(胡笳本自出胡中, 緣琴翻出音律同)." 금은 중국 전통에서 군자가 연주하는 악기인데 여기에서는 소수민족의 문화를 이끌어내고 있다. 그렇다. 각 민족은 점차 융화되었지만 융화의 길에는 선혈과 원한이 스며들어 있다. 폭력을 말하기 싫어하는 역사나 피비린내를 드러내고 싶지 않은 전투 소식은 기실 도의를 배양하지 않고 자기기만의 냉혹함을 배양했다. 이런 경향은 폭행자에게 희생자의 고통을 무시하고 득의양양하게 행세하도록 부추겼다.

황조와 제국 정부의 와해는 역사 비극의 제1막일뿐이었다. 많은 야만인과 유목민이 몰려들어 통치 권력을 다투었기 때문에 더욱 많은 일반 백성이 이민족에게 학살당해야 했다. 이들은 신민으로서 한때의 고통을 참을 수밖에 없었지만 반드시 절망한 건 아니었다. 이들은 숫자가 많았고 지식이 우월했는데 그것이 통치자의 강대한 병력을 상쇄할 수도 있었다.

중국과 서양의 엘리트 계층은 늘 존재하면서 새로운 주인에게 충성을 바치고 통치를 보좌했다. 부패한 귀족문화를 위해 더 이상 애쓸 필요가 없어지자 이들은 각자의 속성으로 되돌아갔다. 그것은 로마의 군사비와 재정권, 중국의 관리 통치와 친족 간의 정이었다. 찬란한 그리스 로마 문화나 중원 문화는 정복당한 민족을 주인으로 만들거나 그들의 이민족 주인을 흡수 동화시켰을까? 용과 독수리는 다시 위풍당당한 모습을 떨칠 수 있었을까?

중국과 서양의 역사는 1,000년 동안 서로 만나다가, 이 지점에 이르러 서로 다른 길을 걷게 되었다.[209] 전체 로마제국은 아마도 오래 지속될 수 없었을 것이다. 그러나 줄곧 독립된 서로마제국에 존재해온 로마적인 요소와 뿌리는 서로마제국의 옛 땅인 이탈리아, 갈리아, 에스파냐, 아프리카에 전해졌다. 이곳들은 로마화가 가장 깊게 진행되었고 라틴어도 통용되었다. 로마제국의 체제는 대부분 게르만왕국에서 채택되었다. 로마인과 게르만인은 모두 천주교를 믿었고, 성당에서는 로마제국의 전제 조직을 원용했고 정치적 영향력도 컸다. 로마시가 상징하는 로마제국의 이미지는 오래오래 지속되고 있다. 그러나 이런 유리한 조건으로 전란의 상처를 모두 씻을 수 있는 건 아니다. 분열된 서로마제국은 중국 화베이의 오호십육국처럼 다시 통일을 이룰 수 없었다.

예수가 로마제국에서 탄생한 시기를 전후한 서한 평제 때 호적에는 중국의 인구가 6,000만으로 기록되어 있다. 1,000년 후 세태 변화에 감탄하는 역사학자들은 비슷한 국력의 두 제국이 쇠망한 후 왜 유독 로마제국만 그것으로 끝나고 말았는지 이상하게 생각하지 않았을까? 다시 1,000년이 지나고 나서 그들은 또 '새로운 로마'로 비유되는 미제국(美帝國)이 이제 굴기하고 있는 새로운 중국과 마주한 상황을 기이하게 바라보고 있지 않을까?[210]

97년 동한 화제 연간에 서역도호 반초는 감영(甘英)을 대진(大秦) 사신으로 보냈다. 대진은 한나라 사람이 로마제국을 부르는 호칭이었다. 감영은 이전 사람이 가보지 못한 메소포타미아 지역에 도착하여 큰 바다를 앞에 두게 되었다. 그는 파르티아 서쪽 경계의 뱃사람이 바다를 운항하는 것은 너무 위험하다고 하여 마침내 발걸음을 멈추고 돌아왔다.[1]

메소포타미아는 티그리스강과 유프라테스강 유역을 가리킨다. 당시 유프라테스강 동쪽은 안식국(安息國), 즉 파르티아에 속했고 서쪽에서 지중해까지는 로마 영역에 속했다. 따라서 감영은 지중해를 앞에 둘 수 없다. 그랬다면 이미 그는 로마제국 경내로 진입한 것이다. 로마제국 속주는 외국 사신 접대 경험이 매우 풍부한 지역이다. 따라서 그가 당도한 곳은 페르시아만일 가능성이 크다. 그곳에서 로마까지는 해상 교통로가 있었지만 그 여정이 상당히 험난했다.

만약 그가 18년 정도 늦게 도착했다면 친히 파르티아 정벌에 나선 트라야누스 황제를 만날 수도 있었을 것이다. 하지만 당시 동한은 서역에서 세력을 줄이기 시작했다. 로마도 3년 안에 트라야누스가 정복한 메소포타미아 유역을 포기했다. 동서 양대 제국은 각각 국력이 정점에 도달했을 때 서로 교류의 기회를 잃어버려서 아직 수교는 할 수 없었다.

반초가 서역을 평정한 후 전대미문의 먼 나라들이 귀의해왔다. 그중의 하나가 몽기(蒙奇)였다.[2] 혹자는 몽기가 마케도니아라고 인식한다. 그러나 당시 마케도니아는 로마에게 병탄되어 벌써 멸망했기 때문에 사신을 파견하여 조공을 바칠 수 없다. 하지만 서구의 기록에 따르면 하드리아누스(재위 118~138) 때에 마케도니아 출신 상인 마에스 티티아누스(Maes Titianus)가 확실히 시리아에서 동쪽 파미르까지 갔고 거기에서 자신의 시종을 '비단의 나라'로 보냈다고 한다.[3] 이것은 개인적인 상업 활동이기에 국정과는 관계가 없다. 아래의 서술에서도 알 수 있는 바와 같이 이들은 중국과 관련된 자료를 갖고 돌아갔고, 아직 역사학자들의 주의를 끌지 못했다.

아래에서는 한나라와 로마제국의 상호 인상에 관한 주요 자료를 몇 단락 인용하겠다. 학자들은 대부분 로마 문헌에 나오는 세레스(Seres)나 프톨레마이오스(Klaudios Ptolemaeos, 85?~165?)의 『지리학(*Geographike Hyphegesis*)』에 나오는 시나이(Sinae)가 모두 중국을 가리킨다고 인식하고 있다. 아래에서는 이 말을 '비단나라' 또는 '비단나라 사람'으로 번역했디. 1세기 중엽의 책 대(大)플리니우스의 『박물지(*Naturalis Historia*)』에는 다음과 같은 서술이 있다.

우리는 모든 종류의 철을 비교해서 비단나라(Seres) 사람들에게 월계관을 수여했다. 그것은 비단나라 사람들이 그들의 비단이나 모피와 함께 우리에게 수출한 것이다. 파르티아 철이 2등상을 받았다.

최소한의 계산에 비춰 봐도 로마제국은 매년 인도, 비단나라, 아라비아 반도에 1억 세스테르티우스의 돈을 흘려보낸다. 이것이 우리가 사치와 여인들을 위해 지불하는 대가다. 1억 세스테르티우스는 대략 황금 7톤에 해당하고, 이중 절반을 인도 향료 대금으로 지불한다.[4]

플리니우스는 또 여행기 두 단락을 남겼다.

그들의 말에 따르면 그들이 도착했을 때 비단나라 사람은 늘 해변으로 와서 그들을 만났다고 한다. 그들은 황색 머리와 파란 눈에 쉰 목소리를 냈으며 여행객과 교류할 때 언어를 사용하지 않았다고 한다.

가장 먼저 그곳에 거주한 사람은 비단나라 사람들이었다. 그들을 유명하게 한 건 숲속에서 얻은 모직물이었다. 나뭇잎을 물에 담근 후 빗질하여 흰색 융모로 만든다. 이에 우리 여공들이 이중으로 수고를 해야 했다. 즉, 그 모직물을 풀어서 다시 그 실을 짜야 했기 때문이다. 이처럼 복잡한 공력과 먼 수송은 다만 로마 귀부인이 사람 앞에서 투명한 옷을 과시하도록 하기 위함이다. 비단나라 사람의 성격은 온화하지만 야수와 같아서 다른 사람과 교류를 원하지 않고 단지 다른 사람이 그들을

용과 독수리의 제국

찾아와 교역을 하도록 할 뿐이다.[5]

암미아누스는 380년대에 다음과 같이 묘사했다.

비단나라 사람은 평화로운 생활을 즐기며 군대와 정벌은 전혀 알지 못한다. 온유한 사람이 편안한 삶을 좋아하기 때문에 그들은 여태껏 이웃 나라와 어렵게 지내지 않았다. 그들의 기후는 사람을 건강하게 하고 흡족하게 하는데 하늘은 푸르고 바람은 따뜻하다. 그들의 숲에는 빛이 충만하고, 나무 위에 항상 물을 뿌려서 양털과 같은 물질을 생산한다. 그것을 물에 담가서 지극히 가는 실을 뽑아내고 그것을 방적하여 비단을 만든다. 이전에는 귀족들만 비단을 썼지만 지금은 귀천을 따지지 않고 모두 쓸 수 있다. 비단나라 사람들은 매우 검소하고 조용하게 생활하면서 다른 사람과 접촉을 피한다. 낯선 사람들이 강을 건너와서 그들의 비단실이나 기타 생산품을 사려고 하면, 그들은 물건을 진열해놓은 채 말은 사용하지 않고 눈빛으로만 가격을 정한다. 이와 같은 제약 때문에 그들은 교환할 물품을 계산해서 가져가지도 못하고 헛되이 자신의 물품만 건네준다.[6]

로마에 관한 중국 측 자료로 가장 상세한 건 420년에 완성된 『후한서』 「시역열선(西域列傳)」이다. 범엽은 자신이 반용의 기록을 많이 채택했다고 분명하게 말했다.

대진국(大秦國)은 일명 이건(犁鞬)이라고도 하고, 바다 서쪽에 있기 때문에 해서국(海西國)이라고도 한다. 그 땅은 사방 몇천 리에 이르며 400여 도시가 있다. 예속된 작은 나라는 수십 개국이다. 돌로 성곽을 만든다. 우편 취급소를 나란히 설치했는데 모두 하얀 흙으로 칠했다. 소나무와 잣나무 등 온갖 나무와 풀이 자란다. 사람들의 풍속은 농사짓는 데 힘을 쓰고 대부분 양잠을 위해 뽕나무를 심는다. 그들은 모두 두 발을 짧게 깎고 아름다운 무늬를 수놓은 옷을 입는다. 흰색 덮개가 있고 말이 끄는 가벼운 수레를 타고 출입할 때 북을 울리며 각종 깃발을 두루 꽂아둔다. 거주하는 성읍은 사방 100여 리다. 성안에는 궁전 다섯 채가 있고 서로 떨어진 거리는 각각 10리씩이다. 궁실은 모두 수정으로 기둥을 만들고 식기도 그렇게 만든다. 그곳 왕은 하루에 한 궁궐에 거주하면서 국사를 듣는데 5일 후면 다섯 궁궐을 한 바퀴 다 돈다. 왕은 항상 시종 한 사람에게 주머니를 들고 왕의 수레를 따르게 하고 어떤 사람이 국사에 대해서 말하면 바로 써서 주머니 속에 넣어두었다가 궁궐에 도착하여 다시 꺼내 살피며 시비곡직을 다스린다. 또 각 부서마다 문서를 담당하는 관리가 있다. 또 장수 36명을 두어 모두 국사 논의에 참여하게 한다. 그곳의 왕도 정해진 왕실이 있는 게 아니라 모두 현인을 뽑아서 옹립한다. 나라 안에 시절에 맞지 않게 재난이나 풍우가 닥치면 곧바로 왕을 폐위하고 새 왕을 세우는데, 쫓겨난 왕은 자신이 축출된 걸 수긍하고 원망하지 않는다. 그곳 백성은 모두 키와 몸집이 크고 단정하게 생겨서 중원 사람과 같은 부류이므로 대진이라고 부른다. 그 땅에는 금·은, 기이한 보물이 많이 생산된다. 야광벽(夜光璧) 등……

용과 독수리의 제국

외국의 모든 진기한 보물은 여기에서 나온 것이다. 금과 은으로 동전을 만들고, 은전 10개가 금전 하나에 해당한다. 안식(페르시아), 천축(天竺: 인도)과 바다 위에서 상품을 교역하여 10배의 이익을 남긴다. 그곳 사람들은 질박하고 정직하여 시장에 두 가지 가격이 없다. 곡식 값은 늘 저렴하고 국내 용품도 풍부하다. 이웃 나라 사신이 국경 머리에 당도하면 역마를 타고 도성으로 들어가게 한다. 그곳 왕은 늘 한나라에 사신을 보내고 싶어 하지만 안식국이 한나라의 채색 비단으로 그들과 교역하려 하기 때문에 중간에 가로막혀서 한나라에 스스로 도달할 수 없다. 한 환제 연희(延熹) 9년(166년) 대진 국왕 안돈(安敦)이 사신을 파견하여 일남(日南: 베트남 도시) 변경 밖에서 상아, 무소뿔(犀角), 대모(瑇瑁: 거북 등껍질)를 바치면서 처음으로 한번 소통이 이루어졌다. 그들이 바친 공물은 전혀 진기하지 않았는데, 말을 전하는 사람이 과장한 것이 아닌지 의심된다.[7]

위의 인용문에서는 본래 대진에서 나는 생산품 15개 항목은 생략했다. 예를 들어 유리는 로마의 명품이고, 산호와 명월주(明月珠)는 지중해에서 생산되는 보물이고, 호박은 북유럽에서 온 것이고, 누금(鏤金)을 한 장식품과 금실은 시리아와 알렉산드리아 항구의 세공품이고, 각종 향은 시리아와 아라비아의 명품이다. 옥은 로마제국에서 생산되시 않지만 실크로드 경로인 서역의 호탄국(Khotan: 于闐) 일대에서 많이 산출된다.[8]

확실하게 대진에서 생산되지 않는 것은 인용문의 상아, 무소뿔, 대모 등 동남아에서 나는 물건이다. 자칭 대진 국왕 안돈의 사신이란 사람들이 오늘날 베트남 중부 일남에 상륙하여 남양(南洋) 토산품을 공물로 바칠 때 로마 황제 마르쿠스 아우렐리우스 안토니누스는 이미 그의 양부 안토니누스 피우스의 보위를 계승한 지 5년이나 지난 시점이었다.

학자들은 현재 로마 측 자료에서도 비단나라에 사신을 보냈다는 어떤 기록도 발견하지 못하고 있다. 로마인은 외국을 훈계하기 위한 명령을 제외하고는 일반적으로 외교사절 파견을 하찮게 생각했다. 그 당시 일남에 온 자들이 이른바 안식국 운운한 것도 국왕의 정책에는 부합하지 않는 상인의 말투다.[9] 한나라와 안식국은 교류가 있었다. 감영은 안식국을 지났으므로 예의로 볼 때 반드시 그곳 임금의 보살핌을 받았을 것이다. 그러나 전혀 그런 언급이 없는 것은 관방에서 고의로 감췄기 때문일 것이다.

로마 황제는 스스로를 선전하기 좋아하여 그 얼굴과 이름을 은화에 새겨서 모든 사람이 알게 했고, 멀리 해외까지 전해지게 했다. 현대 학자들은 일반적으로 베트남과 지금의 광둥성 일대에 상륙한 외국 손님이 로마제국 사신이 아니라 드넓은 해외에서 황제의 이름을 파는 것도 두려워하지 않은 투기꾼이라고 인식하고 있다.[10] 이들은 한나라 때도 온 적이 있다. "공물을 바친 자들은 모두 천한 장사꾼으로 물건을 시장에서 매매하려고 공물 헌상을 명분으로 삼고 있다."[11]

[부록 2] 실크로드 무역

'실크로드(Silk Road, 독 Seidenstraßen)'는 1877년 독일 지리학자가 만든 명칭이다.[1] 이 명칭이 오늘날 가리키는 것은 어떤 단일한 노선이 아니라 유라시아를 관통하는 무역 네트워크다.[2] 이 네트워크는 한나라와 로마시대에 시작되었다. 당시의 네트워크는 후대의 실크로드와 비교해볼 때 두 가지 점이 다르다. 첫째, 대부분의 상품이 바다와 육지 두 노선을 통해서 교역되었다. 둘째, 흉노 세력이 아직 소멸되기 전이어서 지금의 우루무치(烏魯木齊)를 통과하는 톈산북로(天山北路)나 초원을 직접 통과하는 상업 루트는 아직 개발되지 않았다[지도 2].

장안은 한나라와 당나라 시대의 실크로드 동쪽 끝이라 사방의 인물과 물산이 운집하여 개방적이고 국제적인 분위기가 강했다. 위성(渭城)에서 아침에 비가 내릴 때 패릉(覇陵)에서 작별 인사를 하고, 경수(涇水)를 따라 고원(固原)을 지나거나, 위수(渭水)를 따라 금성(金城: 지금의 蘭州)을 거쳐 구불구불 기련산 아래까지 이를 수 있다. 길이가 약 1,000킬로미터에 달하는 하서주랑에는 무위, 장액, 주천, 돈황 네 군이 나란히 설치되어 있다. 하서주랑의 서쪽 끝 돈황은 인도에서 전래된 불교가 중국으로 유입되던 종교문화의 중심지였다. 서쪽으로 멀지 않은 곳에 두 관문이 웅장하게 버티고 서 있는데, 북쪽은 옥문관이고 남쪽은 양관이다(양관이 한나라 옥문관이다. 당나라 때는 옥문관을 돈황 동쪽으로 옮겨서 톈산북로를 수호하는 기점으로 삼았다). 관문 밖 서역 길은 둘로 나뉜다. 중간 지역인 타림분지의 타클라마칸사막을 피하기 위해서다. 남로는 나박호(羅泊湖)를 돌아 곤륜산(崑崙山) 발치에서 누란, 호탄, 야르칸드(莎車)를 거쳐 카슈가르(疏勒)에 이른다. 북로는 이오(伊吾: 지금의 哈密)를 거쳐 차사(車師: 지금의 투루판)에 이른다. 이 일대는 초원에서 서역으로 진입하는 관문으로 한나라와 흉노가 반드시 쟁취해야 할 땅이었다. 따라서 서로 굳게 사수하려 했고, 반용도 이곳에 군사를 주둔시켰다. 주위에 교하(交河), 고창(古昌) 등의 고적이 즐비하다. 투루판 서쪽에는 톈산이 우뚝 솟아 있고, 이곳에서 실크로드는 톈산 남북로로 나뉜다. 한나라 때는 톈산북로가 아직 개통되지 않았다. 이른바 실크로드 북로는 톈산의 남쪽 기슭을 따라 카라샤르(焉耆), 서역도호부 소재지 윤대(輪臺), 쿠차(龜玆), 아쿠스(姑墨)를 거쳐 총령(葱嶺) 발치의 카슈가르에서 남로와 만난다.[3]

총령은 세계의 지붕이라고 불리는 파미르고원이다. 동서 길이가 200킬로미터에 달하고 산길이 구불구불 이어져 거리가 더 멀다. 카슈가르에서 서북쪽으로 파미르고원을 넘으면 전지(闐池: 지금의 이식쿨호)를 거쳐 페르가나분지(Fergana Valley)에 위치한 대완(大宛)에 도착할 수 있다. 이곳은 한나라 장건, 당나라 현장(玄奘, 602~664)이 서쪽으로 진출하던 노선이다. 장건과 현장은 동쪽으로 돌아올 때 남쪽 길을 잡아 오늘날 아프가니스탄 북부의 박트리아, 즉 대하(大夏)에서 아무다리야 강을 따라 파미르로 진입하여 4,867미터의 고지 험로를 넘은 후 야르칸드에 도착했다.[4]

파미르 서쪽 중앙아시아는 기원전 6세기에 페르시아에 정복되었다. 알렉산드로스는 페르시아를 대파하고 기원전 329년에 대완 서쪽 지금의 우즈베키스탄 소그드에 도착하여 가장 강렬한 저항을 만났고, 그곳에서 자신의 왕후를 얻었다. 한나라 때는 소그드를 강거(康居)라 불렀다. 이곳 사람들은 상업에 뛰어났고, 도성 사마르칸트(Samarkand)는 나중에 실크로드의 대도시 가운데 하나가 되었다. 소그드 남쪽 박트리아는 그리스의 통치를 받다가 기원전 120년대에 대월지가 건국한 쿠샨왕조로 대체되었다.

박트리아나 사마르칸트에서 서쪽으로 출발한 대상(隊商)은 목록성(木鹿城: 지금의 투르크메니스탄 마리Mary)에서 만난다. 이후 실크로드는 이란고원 북쪽을 따라가다가 지금의 테헤란 근처에서 페르시아 어로(御路)를 타고 파르티아의 여름 수도 엑바타나(Ecbatana)에 이른다. 그곳에서 고원을 넘으면 메소포타미아, 즉 지금의 바그다드 근처인 파르티아 겨울 수도 크테시폰에 닿는다. 다시 강을 따라 북상하면 시리아의 여러 도시에 닿는다. 이곳에서 파르티아, 로마의 상인들이 바쁘게 교역 활동을 했다. 지중해의 큰 항구인 안테오(Anteo: 지금의 터키 하타이Hatay)는 실크로드 서쪽 끝의 하나다. 이 전형적인 실크로드는 전부 육지로 이어진 길이다. 한나라와 로마 시대에 실크로드의 서쪽 끝은 대부분 파르티아 경내에 있어서 통행할 수 있었는데 이는 투르크메니스탄 마리에서 출토된 대상의 각석(刻石)으로도 증명된다. 그러나 더욱 많은 사료가 밝혀주는 바에 따르면 당시의 화물이 또 다른 경로를 거쳐서 교류되고 있었음을 알 수 있다.[5]

1세기에 박트리아는 쿠샨왕조에 속해 있었다[지도 1]. 그곳에서 적지 않은 중국 상품이 쿠샨 남부로 운반되어, 지금의 아프가니스탄 카불 북쪽, 즉 본래 알렉산드리아로 명명되었던 베그람(Begram)을 거쳐 파키스탄으로 진입했고, 다시 인더스강을 따라 남쪽으로 내려가서 아라비아해 항구에 도착했으며, 그곳에서 로마 영토에서 온 상선과 만났다. 『후한서』에는 대월지가 대하와 계빈(罽賓: Kophen)을 멸망시키고 천축을 신하로 삼았으며 남씨성(藍氏城: 지금의 아프가니스탄 서북부)에 터전을 잡았다고 기록되어 있다. 천축 땅의 기후는 습하고 더우며 바다와 닿아 있고 코끼리를 타고 전쟁을 했다. 한나라 명제가 일찍이 사신을 보내 불법(佛法)을 물었다. 상업에 관한 가장 중요한 자료로는 천축이 "서쪽으로 대진과 통해서 대진의 진기한 물품이 있다(西與大秦通, 有大秦珍物)"라는 기록이다.[6] 고고학자들이 베그람에서 발견한 보물 창고에서 동서 각국의 물품이 대거 출토된 것으로 보아 위의 기록이 거짓이 아님을 알 수 있다.[7]

아라비아인과 이집트인이 바다를 건너 인도와 상업 활동을 한 것은 역사가 매우 오래되었고, 로마제국 번성기에는 더욱 왕성하게 교역했다. 1세기에 저작된 『에리트라해 안내기(Periplus of the Erythraean Sea)』는 홍해와 아라비아해 가이드북이다. 이 책은 비단을 사고 싶어 하는 상

용과 독수리의 제국

인을 안내하여 아라비아해 북단의 항구에 닿게 했다.

> 북쪽 바다가 끝나는 뒤쪽에는 티나(Thina)라는 내륙 대도시가 있다. 그
> 곳의 생사(生絲), 견사, 비단은 박트리아를 거쳐 바루가자(Barugaza)로
> 운반되고, 또 어떤 것은 갠지스강을 거쳐 리무리케(Limurike)로 운반된
> 다. 이 티나는 가기 아주 어려운 곳이라 그곳에서 오는 사람도 적고, 그
> 곳으로 가는 사람도 적다.[7]

로마 소속 상인 두 무리가 인도 서북부 항구에 도착했다. 홍해에서
온 이집트인은 화물을 싣고 지중해 큰 항구 도시 알렉산드리아로 되
돌아갈 것이다. 페르시아만에서 온 상인은 시리아의 팔미라(Palmyra)
사람 위주로 구성되어 있다. 오아시스 도시 팔미라는 아라비아 사람
들이 건설했고 로마제국에서 우월한 지위를 누리고 있었으며 로마의
동방 무역에서 굴지의 도시로 꼽혔다. 그러나 그들의 무역은 파르티
아가 허가해주지 않으면 불가능했다. 육로는 말할 것도 없고 해상 화
물도 페르시아만에서 육지로 들어올 때 파르티아 국경을 통과해야만
시리아와 안테오로 운송이 가능했다.[8]
실크로드의 서역 간선 외에도 중국과 로마 사이에는 인도를 경유하
는 두 가지 노선이 있었다.[9] 인도 서북 항구에 도착한 중국 화물은 대
개 지금의 쓰촨성, 윈난성(雲南省)에서 출발한 후 미얀마를 거쳐 인도
동북 지역까지 도착했다가 다시 갠지스강을 통해 운반되었다. 이 옛
길은 이미 한나라 때 장건도 알고 있었지만 중국 서남 산악 지역 토착

민의 방해 때문에 무역 통로로 개발될 수 없었다.[10] 107년 중국 서남부의 탄국(撣國)에서 자칭 대진에서 왔고 불을 뿜을 수 있다는 마술사를 바쳤다. 중국은 일찍이 마술사와 유사한 사람을 경험한 적이 있다. 기원전 113년 파르티아가 서한과 처음 교류할 때 타조 알과 이건 출신 마술사를 바쳤다[11](당시 로마는 지중해 동쪽 연안을 정복하지 않은 상황이라 이건이라는 명칭을 아직 대진으로 고쳐 쓰지 않고 있다).

전체 해양 노선에는 또 다른 가능성도 있다. 로마제국 상인은 항상 인도 남단으로 가서 조미료와 향료를 구입했다. 항해가들은 남인도의 항구에서 말라카(Malacca)해협을 돌아 남중국해에 와서 그곳에서 활동하는 중국 상인을 만났다.[12] 한나라의 강역은 지금의 베트남 중부까지 이어졌고 그곳에 항구 일남이 있었다. 천축은 일찍부터 서역을 통해 서한과 교류했다. 왕망 시절에 서역이 반란을 일으키자 동한 초에 옥문관을 폐쇄해서 교류가 끊어졌다. 동한 말기인 159년과 161년에 천축이 일남에서 공물을 바쳤다. 이에 166년 남양의 토산품을 갖고 자칭 대진의 사신이라는 자들이 도착했다.[13] 이후 284년에 이르러 '국사(國使)'와 유사한 세 가지 기록이 역사책에 보인다.[14]

한나라와 로마 사이의 바닷길은 개별 상인들이 이용했을 가능성은 있지만 교역의 주류에 공헌한 짐은 아주 드문 듯하다. 홍해와 지중해 서부에서 생산된 붉은 산호는 로마가 인도에 다량으로 수출한 교역품이었다.[15] 서한도 서역과 교류하고 나서 오래지 않아 산호와 유리를 국보로 여겼다. 진나라 때 석숭(石崇, 249~300) 등 거부들도 산호를 자랑했다. 당시에는 모두들 산호가 대진에서 나는 보배이고 서

용과 독수리의 제국

역에서 구할 수 있다고 말하면서도 남양은 전혀 거론하지 않았다. 남양에서 온 상인이나 사신들로부터 산호를 공물로 받았다는 기록도 없다.[16]

로마가 동방에서 수입한 물품은 아라비아의 훈향(熏香), 인도의 향료, 중국의 비단이 대종을 이뤘다. 이 중에서 비단은 늦게야 교류 품목에 들었다. 서한이 서역을 평정한 후에 대규모 수출이 이뤄졌기 때문이다. 고고학자들은 팔미라에서 비단을 발굴하여 1세기에 중국 상품이 서양에 도달한 사실을 확인했다. 이와는 반대로 한나라 때 로마물품이 중국에서 출토된 사례는 지극히 드물다. 고고학자들은 베트남에서 로마 금화 1매를 찾아냈을 뿐이다. 지금 중국 곳곳에서 출토되는 품질이 조잡한 유리도 로마의 수공업 제품이 전혀 아닌 것으로 감정되었다.

물론 문헌에 기록된 교역품이 완전히 허구는 아니다. 황실에서 소장한 소수의 보배를 언급했을 뿐이다. 교역의 대종을 이루는 물품도 한나라와 로마가 직접 교환하지 않았다. 실크로드에 거주한 쿠샨인, 파르티아인 및 유목민은 이국 화물을 거래했을 뿐 아니라 이들 스스로 생산한 물품도 적극적으로 무역 영역 안으로 끌어들였다. 유목민은 늘 가축과 사냥물을 가지고 한족에게서 곡식과 비단을 교환했다.[17] 어떤 사람은 파르티아가 한나라와 로마의 교류를 방해한다고 탓하기도 했다.[18] 파르티아인은 물론 이익을 바랐지만 위에서 서술한 정치적 입장으로 바라보면 이들이 심한 방해를 하지는 않은 듯하다. 가장 큰 손해를 본 사람은 아마도 옛것에만 매달려 자존망대하면서 외래 물품

을 배척한 우물 안 개구리, 걸핏하면 옥문관을 폐쇄하려 한 사대부일 것이다.[19]

우리는 실크로드에서 다중으로 진행된 물물교환을 근거로 위에서 인용한 플리니우스의 불평을 해석할 수 있다. 즉, 로마인은 수입한 비단을 풀어서 그 실로 다시 반투명의 가벼운 비단을 짜야 했다. 중국인에게도 마찬가지로 선익사(蟬翼紗)라는 가볍고 얇은 비단이 있었다. 후난성 창사시(長沙市) 서한 무덤에서 발굴된 얇은 비단 도포가 그것을 증명한다.[20] 그러나 이처럼 얇은 옷감은 남방의 섬세한 여인에게나 적합하지, 실크로드의 기점인 춥고 거친 서북 땅 사람에게는 적합하지 않다. 지금의 중국 신장과 중앙아시아 각국에서 출토된 두꺼운 모직물은 현지인의 수요에 맞추기 위한 옷감일 것이다. 만약 먼 곳에 사는 로마인의 기호가 이들 지역과 다르다면 그들의 수요는 제때에 공급처에 전달될 수 없을 것이다. 물론 이런 상황이 마침내 개선될 수도 있게 되었다. 즉, 그들은 적어도 생사를 살 수 있게 되었기 때문이다. 아직 염색하지 않은 까슬까슬한 생사는 가볍기 때문에 가격도 비쌌다. 그리고 생사는 표준 중량을 갖고 있어서 서역에서는 줄곧 교역 화폐 역할까지 했다.[21]

현대 제국주의는 부역을 잎세우지만 한나라와 로마제국의 경우는 이와 반대로 상업이 아니라 정치와 외교에 주안점을 뒀다. 두 곳 모두 상인의 지위는 낮았다. 그러나 변방 관문 시장의 무역은 야만인과 유목민을 통제하는 정치 수단이었다.[22] 로마가 이룩한 평화와 로마가 건설한 도로는 상업에 도움을 줬지만 정책에서는 상업과 무역을 경시했다. 이 때문에 로마가 파르티아와 맺은 조약에는 상업 교류 문제에 관한 언급이 전혀 없다. 또 상업이 정치에 간여하는 걸 절대 허용하지 않았다.

로마제국의 관세는 25퍼센트였다. 따라서 동방에서 수입해온 상품은 많은 이익을 남겼다. 팔미라에서는 상업이 흥성했다. 하지만 273년에 그곳에서 반란이 일어나자 로마는 조금도 주저하지 않고 도시 전체를 도륙했다. 정부 입장에서는 재정에 좋지 않은 영향을 끼칠 수 있었지만 거액의 세금 수입에 손해가 나는 일도 아까워하지 않았다. 팔미라의 상업 네트워크가 사라지자 로마의 동방 무역 전체가 붕괴되었다.[23]

한나라가 서역과 수교한 목적은 흉노의 오른팔을 끊기 위함이었다. 개인 무역은 그에 따라 부수적으로 발전했다. 반공리적 입장에 서 있던 사대부는 마지못해 무역을 용인할 수밖에 없었다.[24] 조정의 기미정책도 예의상 답례를 하지 않을 수 없어서 흉노족과 선비족에게 막대한 지원금을 보냈다. 정부에서 주관한 물품 교류도 경제적 의미가 없지 않았지만 부수적인 효과에 불과했다. 수출은 정치적 목적을 위주로 했으므로 조정에서는 선물을 통해 맹우를 얻고 변방의 평화를 유지했다. 대규모 채색 비단이 국가 사이 수교의 매개물로 서역 궁정과 유목민에게 흘러갔고, 이들은 자유롭게 그것을 다른 사람에게 보낼 수 있었다.[25] 로마인은 비단나라 사람이 무료로 물품을 제공한다고 했다. 이것은 비록 우물 안 개구리와 같은 단견에 불과하지만 결코 완전한 거짓말이라고는 할 수 없다.[26]

전국시대에 제(齊)나라가 위(魏)나라와 초나라에 대항하기 위해 가장 먼저 장성을 쌓았다. 다른 나라에서도 이를 모방하여 분분히 국방 공사에 나섰다. 중국 변방의 연나라, 조나라, 진(秦)나라도 더욱 강고한 장성을 쌓아 북방과 서북 지역의 융적과 호족을 방어했다.

기원전 214년 진나라가 천하를 통일하고 나서 7년 뒤에 진시황은 몽염에게 명령을 내려 본래 있던 장성을 수리하고 연장하여 완전한 변방 방어 시스템을 구축하게 했다. 『사기』의 「진시황본기(秦始皇本紀)」 「몽염열전(蒙恬列傳)」 「흉노열전(匈奴列傳)」 세 곳의 언급을 보면 모두 단 한마디로 그 일을 기록했다. 후세의 반진(反秦) 선전 문장을 보면 포악하게 장성 쌓기를 진행했다고 하면서 그것을 진나라 망국 원인의 하나로 거론하고 있다. 서구 학자들은 '역사에서 신화로 옮겨가는' 이 과정을 연구하여 증거가 부족하고 허구가 많다는 사실을 발견했다.[1] 이 글에서는 진나라 장성 공사를 간략하게 탐구하여 잘못된 선전 문장을 반박하고자 한다.

근래에 고고학자는 중국의 역대 장성을 연구하여 굽이굽이 이어진 전체 길이를 통계 낸 결과 진시황의 장성이 모두 7,860킬로미터(약 2만 리)에 달한다는 사실을 알게 되었다. 그중에서 6,650킬로미터는 연나라, 조나라, 진나라 옛 장성을 이어서 쓴 것이고 나머지 1,210킬로미터는 신축한 것이다. 지금 우리가 잘 알고 있는 명대의 만리장성은 총 연장이 5,788킬로미터다.[2] 다른 자료를 가지고 비교해보자면 로마가 건축한 영국의 하드리아누스 장성은 총 연장이 117킬로미터(약 300리)이다.

전국시대, 진나라, 한나라의 장성은 대부분 판축 공법으로 쌓았다. 즉, 나무 판자를 가장자리에 세우고 진흙을 그 속에 넣어 한 층 한 층 다져서 쌓는 방법인데 이는 명나라의 벽돌 장성보다는 조악하다. 진나라 장성은 길지만 명나라 장성에 비해 훨씬 낮고 좁다. 그 규모도 작아서 이것이 군사용도에 적합한지 의심이 들 정도다.[3] 평균 폭을 보면 바닥 부분이 대략 3~4미터이고 꼭대기 부분이 2~3미터 정도다.[4] 성벽의 높이는 성벽의 폭에 제한을 받아서, 일반적인 판축 성벽의 높이는 그 폭과 거의 같다. 너무 높으면 튼튼하게 쌓을 수 없기 때문이다. 그 평균 높이가 3.5미터라면 전체 폭도 3.5미터로 추정할 수 있다. 그럼 진시황이 건축한 1,210킬로미터의 장성은 전체 체적이 1,482만 2,500세제곱미터임을 알 수 있다.

나는 고대 장성 공사를 묘사한 기록을 찾을 수 없었다. 다만 내가 찾은 몇 대목은 도성 공사에 관한 기록이었다. 도성 공사와 장성 공사는 모두 성벽 쌓기가 기본이다. 하지만 도성 공사는 폐쇄형으로 성문이 비교적 많으며 웅장하고 정교하다. 기원전 598년 초나라가 기(沂: 지금의 河南省 許昌市 襄城縣 姜莊鄉 경내) 땅에 쌓은 성벽과 기원전 509년 진(晉)나라가 제후를 규합하여 주나라 천자를 위해 성주(成周: 지금의 뤄 양시 외곽)에 쌓은 성벽이 이와 같은 사례다. 두 차례 모두 대부들이 먼 저 땅을 살피고 측량을 한 후 필요한 재료와 도구, 인력과 식량을 계 산했다. 또 여기에 맞춰 성벽 판축용 흙을 운반하고 공사 감독을 파견 한 연후에 인부를 모집했다. 두 차례 모두 30일 만에 공사가 끝났다. 『좌전』에 기록된 기 땅의 축성은 계획에 어긋나지 않았으며, 성주에 서도 공사를 끝낸 후 각 제후들의 인부를 해산했다.[5]

한 혜제 원년(195)에는 도성의 성벽을 건설하기 시작했다. 혜제 3년 봄과 5년 봄, 각각 남녀 14만 6,000명을 동원하여 장안에 성을 쌓고 30일 만에 끝냈다. 혜제 3년 6월에는 징역을 사는 노예 2만 명을 동 원했으나 해산 기록은 없다. 혜제 5년 9월 장안성이 완공되었다.[6] 나 는 위의 네 차례 대규모 축성 공사 때마다 30일 만에 끝낸 것이 결코 우연이 아니라고 생각한다. 모든 사람이 매년 한 달 부역하는 것은 전 통적인 법규였고 진나라와 한나라가 모두 그것을 답습했기 때문이다. 기획자가 1기를 30일로 잡고 목전의 공사에 노동력이 얼마나 필요한 지 계산하여 농한기에 대규모 인력을 징발하는데, 농사시기를 방해하 지 않고 건축공사를 하는 건 전통적인 절차였던 것으로 생각된다.[7]

노예 2만 명은 계속 축성 공사에 동원된 것으로 간주하고, 거기에 두 차례 부역을 더하면 장안성 축성은 83만 2,000명이 노동을 하여 한 달 만에 완공한 셈이다. 이는 고고학 자료와 『한구의(漢舊儀)』에서

용과 독수리의 제국

말한 내용과 부합하는 사실이다. 장안성은 주위가 모두 25.7킬로미터이고, 성벽 바닥의 폭은 12~16미터, 성벽 높이는 12미터를 넘는다.[8] 그것을 대략 폭 14미터, 높이 12미터로 계산하면 전체 체적은 431만 7,600세제곱미터다.

이상의 계산에 근거해보면 진시황이 쌓은 새로운 장성의 체적은 장안성의 3.43배다. 두 가지 모두 판축 성벽이다. 만약 노동자의 노동효율이 비슷하다면 진나라 장성은 대략 286만 명의 인부가 한 달 동안 공사하여 완공한 것으로 볼 수 있다. 30만 명의 대군이 10개월 동안 일해야 완공할 수 있는 규모다. 이 수치는 아마도 너무 높게 잡은 것으로 보인다. 왜냐하면 장안성의 12개 성문, 성루 공사에도 인력이 필요하지만 장성은 비교적 거칠게 쌓을 수도 있기 때문이다. 북위 시대에 고려(高閭, ? ~502)는 장성을 300명이 한 달에 3리(1.25킬로미터)를 쌓을 수 있다고 계산했다.[9] 만약 이와 같다면 1,210킬로미터의 새로운 성은 30만 대군이 한 달 만에 충분히 완공할 수 있다.

장성은 변방에 높이 솟아 있지만 접근할 수 없는 곳이 아니다. 접근할 수 없다면 그런 방어공사는 불필요했을 것이다. 장성 공사의 재료는 대부분 현지에서 바로 얻을 수 있었고, 축성 도구도 비교적 간단했으며 거푸집으로 쓴 목판도 다시 쓸 수 있었다. 가장 중요한 것은 인부의 식량을 운반해오는 일이었다. 완성된 장성은 산등성이로 이어져 있었으므로 마치 공공도로처럼 앞쪽 공사 지역에 보급품을 보내기 편리했다. 다른 어려움과 옛 장성을 수리하는 공사까지 모두 계산에 넣는다 해도 몽염의 군대는 1년 만에 공사를 끝내고 해산할 수 있었을 것이다. 진나라 말기 나라에 위기가 닥쳐서 난리 평정에 군대를 동원해야 했을 때 아무도 장성 공사에 동원된 군사를 돌아오게 하자고 제의하지 않은 것이 이상한 일이 아닌 것이다.

진나라 장성 공사와 비교될 만한 또 다른 고대 건축 공사가 있다. 전설에 따르면 이집트의 대 피라미드 건축 공사는 10만~40만 명이 동원되어 20~30년이 걸렸다고 한다. 최근 연구자들은 이 전설이 터무니없이 과장된 것임을 증명했다. 고고학자에 의해 발굴된 노동자 묘지에는 4,000~5,000명의 숙련된 석공만 묻혀 있었다. 임시로 고용된 일꾼 숫자는 상황에 따라 숫자가 달랐을 것이다.

이에 관한 두 가지 독립된 연구가 있다. 하나는 고대 이집트 연구 전문가가 이끈 것이고, 다른 하나는 건축기사가 주도한 것이다. 컴퓨터 모델링 기법을 동원하기도 하고, 심지어 고대의 건축 방법으로 소형 피라미드를 건축하여 실험재료로 이용했는데, 결과는 거의 같았다. 이들은 모든 공사가 12년 정도 걸렸다고 가정했다. 그러나 절차는 각각 달랐다. 12년 기간 공사의 피크타임은 2년에 불과했다. 그 이전과 그 이후는 노동량이 매우 적었고 대부분은 숙련된 석공에 의존하는 것으로 나타났다. 피크타임에는 2만 4,000~4만 3,000명의 노동자가 석재 채취·운반, 부두와 비탈길 건설에서 석재 쌓기까지 모든 일을 충분히 담당할 수 있었다. 따라서 실제 공사 인원은 전설의 10분의 1만 동원해도 충분했다.[10] 이와 같은 고대 노동자의 지혜와 역량은 그들의 기적 같은 성취와 마찬가지로 사람들의 경탄을 자아낸다.

『사기(史記)』『한서(漢書)』『후한서(後漢書)』『삼국지(三國志)』『진서(晉書)』는 중화서국(中華書局)판에 맞춰 권과 쪽수를 표시했다. 예를 들어 『사기』 6.235는 『사기』 권6, 235쪽을 가리킨다.

『좌전(左傳)』은 연도 순서에 의거했다. 예를 들어 「희공(僖公)」 3'은 희공 3년을 가리킨다. 서구의 경전적 인 저작을 인용할 때는 그 표준 단락 번호에 의거했다.

모든 현대 서적은 쪽수를 밝혔다.

책 이름을 인용하지 않은 'ㄨ.ㄨ절'은 이 책 '제ㄨ장 ㄨ절'을 가리킨다. 예를 들어 '2.3절'은 이 책 '제2장 3절'을 말한다.

머리말

1) McNeill 1963, 324; Mann 1988, 42~51; Finer 1997, 532~536.

2) Scheidel 2009c; Mutschler and Mittag 2009; 馬克·鄧文寬·呂敏 2009; Lioyd 2005, Ch.35; Burbank and Cooper 2010, Ch.2; Morris 2010, Chs. 4~5; Fukuyama, Chs. 3~5.

3) Scheidel 2009a, 11, 18~22.

4) Abernethy 2000; Maier 2006; Münkler 2007; Burbank and Cooper 2010; Parsons 2010.

5) Ferguson 2004, 14.

6) Scheidel 2009a, 11.

7) 『사기』 6.235, 243, 247; Harris 1979, 129.

8) 량치차오(梁啓超) 1996, 22~23; Brunt 1978, 165.

9) 2.2절 참조.

10) 2.3절 참조.

11) 6.2절, 6.6절 참조.

12) Taliaferro, Lobell, and Ripsman 2009.

13) 2.2절 참조.

14) 2.2, 2.3절 참조.

15) 2.4, 2.6절 참조.

16) Finer 1997, 396; Millar 2002b, 120~134; Sellers 2004.

17) [역주] 정전제(井田制): 중국의 고대 토지제도다. 일정한 지역을 우물 정(井)자 모양으로 9등분하여 중앙을 제외한 여덟 곳을 각각 백성에게 경작하게 하고, 중앙의 토지는 공전(公田)으로 삼아 여덟 가구가 공동 경작하여 조세로 내게 하는 제도다.

18) 2.2, 2.3, 2.7절 참조.

19) 2.8, 2.9, 5.6, 6.9절 참조.

20) 2.8, 2.9, 4.4절 참조.

21) Doyle 1986, 97~99; Burbank and Cooper 2010, 4, 58.

22) 6.2, 6.8, 8.3절 참조.

23) 5.1, 6.1절 참조.

24) 2.4, 2.6, 6.4, 6.9절 참조.

25) 2.10, 6.1, 8.4절 참조.

26) 4.4, 4.5절 참조.

27) 5.6, 5.7, 6.9, 8.4절 참조.

28) [역주] 중국의 관료체제가 현대적 관료체제에 근접했다는 의미다.

29) Fukuyama 2011, 21; Lucian Pye quoted in Jacques 2009, 374.

30) Mann 1986, 2, 22~28.

31) Pye 1985; Ropp 1990; Tu 1996; Wong 1997; Hui 2005; Yan 2011.

32) Nye 2002; James 2006; Maier 2006; Madden 2007; Murphy 2007.

33) 『구당서(舊唐書)』「위징전(魏徵傳)」.

34) Polybius, 1.35.

35) 3.7, 7.7절 참조.

제1장 민족들의 각축장

1) McNeill 1963, 316~318; Beckwith 2009, Ch.3.

2) 『사기』 123.1358.

3) Ptolemy, Geography, Bk. I, Ch.xi. [역주] 로마 황제 하드리아누스 재위 시(118~138)에 마케도니아 출신 상인 마에스 티티아누스(Maes Titianus)의 활동을 말한다. 이 책 [부록 1] 참조.

4) [역주] 97년 동한 화제(和帝) 연간에 서역도호 반초(班超)가 로마로 파견한 사신 감영(甘英)을 가리

킨다. 이 책 [부록 1] 참조.

5) 『후한서』 88. 2919~2920. [부록 1] 참조.

6) Ball 2000, 20.

7) Hansen 2012, 20.

8) 趙汝清 2005; Thorley 1971; Elisseeff 2000; Hansen 2012.

9) [역주] 『후한서』 86. 2851; 『한서』 96상 3890에 기록이 있다.

10) Gills and Frank 1993, 163~169; Teggart 1939.

11) 『한서』 28하 1640.

12) Taagepera 1979, Table 3.

13) 『신약성서』 「누가복음」 2.1.

14) Thorley 1981.

15) Toynbee 1965, Vol. 1, 450.

16) Hopkins 1980, 117~118; Potter 2004, 17; Bury 1958, 62.

17) Taagepera 1979, Table 2.

18) http://en.wikipedia.org/wiki/List_of_countries_by_population

19) Crawford 1991, 16.

20) 何光岳 1996, 33~34; 翁獨健 2001, part I.

21) Livy 1.9; Cornell 1995, 157; Scullard 1980, 94~95. 1973, 10.

22) 『시경(詩經)』 「생민(生民)」; 『사기』 4, 111; 楊寬 2003a, 27~28.

23) 『좌전』 「희공(僖公)」 24.

24) Scullard 1980, 93~94; Cornell 1995, 299~300, 304~308.

25) Aristoteles, *Politics* 1275b.

26) Davies 2004, 25; Whitehead 1989, 140.

27) 梁啓超 1996, 50~52; 楊寬 2003a, 438~439.

28) Plutarch quoted in Edel 1982, 25; Strabo 1.4.9.

29) Walbank 1981, 63~66.

30) 『한서』 68. 2962.

31) Di Cosmo 2002, Ch.3; Cornell 1995, 349.

32) Chua 2006.

33) Huang 1990, 20~24.

34) 許倬雲 1990, 7.

35) Skinner 1977, 8~11; Lewis 2009, 10~7; Scheidel 2009a, 12~13.

36) 許倬雲 1990, 1~9.

37) 翁獨健 2001, 제2~3장; 許倬雲 1990, 제1~2장.

38) 楊寬 2003a, 제2~3장; 許倬雲 1990, 제1~2장.

39) 『좌전』「애공(哀公)」17; 翁獨健 2001, 62~81.

40) Creel 1970, 203.

41) 楊寬 2003a, 92, 498; 許倬雲 1990, 89, 109~110.

42) 楊寬 2003a, 374~382; 錢穆 1940, 38~47.

43) 『사기』5. 193~194; 楊寬 2003a, 844~854; 童書業 2006a, 141~143.

44) 馬長壽 2006a, 6~13.

45) 『사기』40.1692, 1695.

46) 錢穆 1940, 59에 『공양전(公羊傳)』을 인용함; 馬長壽 2006a, 2~9.

47) 童書業 2006a, 157~173; 顧德融 等 2003, 69, 76~85.

48) 『논어』「헌문(憲問)」.

49) Wickersham 1994, 1~23.

50) 錢穆 1940, 59~63; 呂思勉 2005a, 383~384, 582.

51) 童書業 2006a, 제9장~제11장.

52) 顧德融 等 2003, 95~101, 114~123.

53) 『예기(禮記)』「왕제(王制)」; 楊寬 2003a, 383~384, 582.

54) 『사기』33.1524. 32.1480.

55) Rawson 1999, 352~353, 448~449; Falkenhauser 1999, 451~452.

56) 『전국책(戰國策)』「조책(趙策)」2; 翁獨健 2001, 78~79.

57) 馬長壽 2006a, 16~18; di Cosmo 2002, Ch.3.

58) 『국어(國語)』권1; 『좌전』「희공」33.

59) 앞의 인용문 모두 『좌전』「양공(襄公)」14.

60) 童書業 2006b, 27~28; 『상서(尙書)』「순전(舜典)」; 『사기』32, 1477, 31, 1445.

61) Virgil, *Aeneid*.

62) 馬長壽 2006a; 16. 楊寬 2003b, 291~292.

63) 楊寬 2003b, 283~287.

64) Cornell and Matthews 1990, 10~17.

65) Cornell 1995, §§ 3.1~3.2, 4.3~4.4.

66) [역주] 지금의 북아프리카 튀니지 수도 튀니스 북쪽 연안 일대.

67) Forsythe 2005, 31~36; Scullard 1980, 20~25, 139f; Cornell 1995, 86~87.

68) Cornell 1995, 154~155, 293~297; Scullard 1980, 36~41.

69) Whitehead 1989, 143; Davies 1993, 78.

70) Dench 1995, 117~125, 130~133; Davies 1993, Ch.1.

71) David 1997, 22~29; Cornell 1995, 305, 345~346.

72) David 1997, 14~18; Cunliffe 1997, Ch.4.

73) Cornell 1995, 231, 144~145, 224~225.

74) Forsythe 2005, 116~117, 122~123, 186~187; Cornell 1995, 205~207, 283, 299~300.

75) Forsythe 2005, 188~190; Scullard 1980, 94~97.

76) Cornell 1995, 310~313; Forsythe 2005, 246~250.

77) Livy 5.20.

78) Forsythe 2005, 246.

79) Livy 5.36; Cornell 1995, 314~315; Forsythe 2005, 251.

80) Cornell 1995, 204, 331; Crawford 1993, 32~33.

81) Forsythe 2005, 252~253; Cornell 1995, 318~319.

82) Cornell 1995, 305, 345~347.

83) 『전국책』「진책(秦策)」1.

84) Salmon 1982, Ch.2; Cornell 1995, 347~351.

85) Cornell 1995, 359~362; Forsythe 2005, 327~334.

86) Cornell 1995, 380~385; David 1997, 35~36.

87) Salmon 1982, 63~66; Cornell 1995, 301~304, 351~352; Forsythe 2005, 190~191, 308.

88) 키케로의 말은 Crawford 1993, 37f에서 재인용.

89) Scullard 1980, 113, 149.

90) Cornell 1995, 348~350; Forsythe 2005, 290~292; Salmon 1982, 71.

91) David 1997, 64~67; Gabba 1987, 221~223; Brunt 1988, 126, 128.

92) 顧德融 等 2003, 263~267; 譚紅 2006 27~31; 王文光 等 2005, 25~33, 90~91.

93) 『화양국지(華陽國志)』「촉지(蜀志)」.

94) David 1997, 177~181; Gabba 1987, 201~293; Hopkins 1978a, 7, 66.

95) Scullard 1976 68~70; Syme 1939, 82, 284; Maddison 2007, 57.

96) 『후한서』85. 2809; 翁獨健 2001, 70.

97) [역주] 토가(toga): 고대 로마인이 몸에 둘러 입었던 긴 겉옷. 왼쪽 어깨와 팔에 걸치고 길게 늘여 뜨린 채 오른쪽은 자유롭게 사용할 수 있게 했다.

98) 『사기』110 2902; Virgil, *Aeneid* 1. 282.

제2장 건국과 제도

1) Changet et al. 2005, 210~223; Potter 1987, 19~21, 71, 77; 이 내용과 관련된 그림은 다음 사이트를 참고. www.chinaandrome.org/Simplified/culture/housing.htm

2) 趙岡 2006, 43~45; 楊寬 2006b, 35~39.

3) 許倬雲 2006a, 79~85.

4) Cornell 1995, 204~207, 283; Forsythe 2005, 116~117.

5) 許倬雲 2006a, 79~85.

6) Cornell 1995, 380; Scullard 1980, 207.

7) Huntington 1968; Tilly 1975; Downing 1992; Rosenstein 1999, 2009; Hui 2005.

8) Huntington 1968, 123; Tilly 1975, 42.

9) Tilly 1985; Pitts 2005.

10) Aristoteles, *Politics* 1326a, 1276a.

11) Hopkins 1978a, 74~76.

12) Mokyr 1990, 3.

13) Mokyr 1990, 25.

14) Finley 1983, 108~109.

15) Drews 1993, 75; Cornell 1995, 33; Forsythe 2005, 25; Hopkins 1978b; Greene 2000.

16) Cotterll 1980, 14.

17) 楊寬 2004. Read 1934; Barraclough 1984.

18) 楊寬 2003b, 42~57; Barraclough 1984, 29~33; Wagner 1993, Ch.7; Temple 1986, 42~44.

19) 楊寬 2004, 28~36; 許倬雲 2006a 137~138; Wagner 1993, 95, 206~207; Li, X. 1985, 327~328.

20) Cotterll 1981, 27, 67, 90; Portal 2007, 174~175.

21) Wang, Z. 1982, 122~123; Mokyr 1990, 23~24.

22) Pliny 34, 41.

23) Homer, *Iliad*, 18, 541~543; Fine 1983, 38~39.

24) Drews 1993, 106~125; Cotterell 2004, 3, 105~107, 128~131;『좌전』「선공(宣公)」12, 「성공(成公)」3, 「성공」16.

25) Lakoff 1996, 39; Mann 1986, 197~198.

26) Creveld 1999, 26; Crawford 1993, 29f; Cornell 1989.

27) Brunt 1988, 246; Hopkins 1978a, 21; Potter 1987, 106, 113; Kolendo 1993; Cornell 1989.

28) 楊寬 2003b, 160~161, 166, 176~177; Leeming 1980;『예기』「왕제」.

29) Cornell and Matthews 1990, 49; David 1997, 71.

30) Leeming 1980; Lewis 1990, 63, 273.

31) 『한서』 24상 1124~1125.

32) Dionysius, Hopkins 1978a, 4에서 재인용; Livy 3.13, 3.26.

33) Scheidel 2009b, 170~178; Mann 1986, 194~195; Cornell 1995, 288, 394~397.

34) www.chinaandrome.org/Chinese/culture/economy.htm 사이트의 사진 참고.

35) 楊寬 2003b, 131~142; 李劍農 2005, 49~67; Scheidel 2009b, 139~147.

36) 楊寬 2003b, 436~439; Flower 1996, 209~211; Steadman, Palmer, and Tilley 1996, 68.

37) Steadman, Palmer, and Tilley 1996, 68.

38) Hölkeskamp 2004. Arjava 1998.

39) 瞿同祖 2007, 27~31; Eastman 1989, Ch.2; Fairbank 1992, 18.

40) Syme 1939, 314.

41) 馮友蘭 1944, 5~6; Schwartz 1985, 67~75.

42) Crawford 1993, 73; Beard and Crawford 1985, 52~53.

43) Astin 1989, 180; Brennan 2004, 43, 56.

44) Shaughnessy 1999, 318~322, 331~332.

45) Brunt 1988, 43, 322.

46) Cicero, Laws 3.31.

47) 蕭公權 1946, 64~66; Nivison 1999, 749~750; Pines 2002, 125~129.

48) 『상서』 「대우모(大禹謨)」; 『사기』 6. 247.

49) 梁啓超 1996, 95~97; Yan 2011, 28.

50) 梁啓超 1996, 90~91.

51) 錢穆 1989, 55; 劉澤華 2004, 208~218; 黃建躍 2013, 37~59.

52) 『좌전』 「소공(昭公)」 29; 상세한 내용은 7.9절 참조.

53) Livy 2.1.

54) Scullard 1980, Ch.3; Cornell 1995, Chs.10, 13.

55) Cornell 1995, Chs.10, 13.

56) Raaflaub 1986a; Ste. Croix 1981, 332~337; Ungern-Sternberg 1986.

57) Cornell 1995, 268~270, 328~330; Scullard 1980, 81~83.

58) Scullard 1980, 84.

59) Brunt 1988, 309; Nicolet 1933, 20~21; Raaflaub 1986a.

60) 呂靜 2007, 286~289, 295.

61) Cornell 1995, 258~265; Scullard 1980, 84~86.

62) [역주] 12표법: 기원전 451~기원전 450년 무렵 평민들의 신분투쟁 과정에서 제정된 것으로 전
해지는 고대 로마의 성문법이다. 내용은 귀족계급 및 가부장의 특권, 채무 변제, 유언과 계약 등에

관한 것이다. 로마의 학생들은 12표법의 원문을 암기해야 했다. 현재 몇몇 부분만 전해진다.

63) Cornell 1995, 276~278, 339~344; Raaflaub 1986a; Ungern‑Sternberg 1986.

64) Millar 2002a, 98, 168.

65) Sallust, *Jugurthine War*, 41; Scullard 1973, 242; Brunt 1988, 69.

66) Crawford 1993, 75; Astin 1967, 169.

67) Hopkins 1978a, 4, 9, 38, 53~55, 67~68, 102~105; Scheidel 2012a, 90~95.

68) David 1997, 90~95; Rathbone 1981, 11, 19~20.

69) Brunt 1988, 73, 256; Beard and Crawford 1985, 4.

70) Hopkins 1978a, 40, 58~59; Brunt 1988, 73, 256.

71) Hopkins 1978a, 40.

72) Gabba 1976, 5~10; Crawford 1993, 96~98.

73) Astin 1967, 44, 186~225, 306~310; Boren 1968, 46~59, 60~70.

74) Crawford 1993, 116~122; Boren 1968, 124~126.

75) Astin 1967, 216; Riddle 1970.

76) Appian 1, 17.

77) Finer 1997, 412, 416.

78) Sallust, *Juthurthine War*, 41.

79) Gabba 1976, 3~12. Keppie 1984, 61~63.

80) Brunt 1988, 241, 253~255, 273; Gabba 1976, 17~18, 39~42; Crawford 1993, 125~126.

81) Polybius 6.18; Cicero, *Republic* 1.69, 2.54~65.

82) Finer 1997, 396. Lintott 1999, 1~2, 34.

83) Polybius 5.11, 5.12; Lintott 1999, Ch.7, 192~195; Finer 1997, 397~407; Beard and Crawford 1985, 32~59.

84) Nicolet 1993, 18; Lintott 1999, Ch.7, 121~129, 192~195.

85) Polybius 6.13; Lintott 1999, Ch.6, 196~199; Finer 1997, 408, 414~416.

86) Polybius 6.14; Millar 1998, 46~48.

87) Lintott 1999, Ch.5, 100~208.

88) Beard and Crawford 1985, 42~45; Hopkins 1983a, 108~111.

89) Brunt 1988, 24~25, 145; Nicolet 1993, 27.

90) Livy 34.31.

91) Crook et al 1994a, 769; Millar 2002a, 111, 165.

92) Hopkins 1983, 114.

93) Astin 1989; Cornell 1995, 378; Gruen 1974, xi.

94) Finer 1997, 413.

95) Millar 1998, 8~11.

96) Sallust, *Jugurthine War*, 41.

97) Cornell 1995, 348~350; Scullard 1980, 111~114; Forsythe 2005, 290~292.

98) Cornell 1995, 271, 301.

99) Crawford 1991, 29.

100) Cornell 1995, 363.

101) David 1997, 21; Ste. Croix 1981, 519~521; Crawford 1993, 21, 35.

102) Livy 24.2, 23.14.

103) Polybius 27.9; Livy 35.34, 42.30.

104) Derow 1989, 322~323.

105) Beard and Crawford 1985, 42~45; Hopkins 1983a, 108~111.

106) Wells 1992, 214~215, 246; Harris 2011, 19~20.

107) 『좌전』「민공(閔公)」 2.

108) 『좌전』「희공」 18, 「희공」 32.

109) 楊寬 2003a, 395~397, 423~424; 杜正勝 1979a, 29~30.

110) 杜正勝 1979a, 29~30, 64~69, 76~84; 楊寬 2003a, 185~211.

111) 『국어』「제어(齊語)」; 杜正勝 1979a, 33~35; 楊寬 2003a, 396~409, 422~424.

112) 『주례(周禮)』「소사구(小司寇)」; 杜正勝 1979a, 32~35; 楊寬 2003a, 402~403.

113) 杜正勝 1979a, 132~136; 童書業 2006b, 312; 顧德融 等 2003, 354~356.

114) 楊寬 2003a, 426~436, 441~445; 童書業 2006b, 133~136.

115) 『좌전』「희공」 24; 楊寬 2003a 374~384.

116) 『좌전』「희공」 24; 童書業 2006b, 243~245; 楊寬 2003a, 374~384.

117) 杜正勝 1979a, 99~101; 童書業 2006b, 147~148; 蔡鋒 2004, 58~63.

118) 劉澤華 2004, 208~210, 238~239; 黃建躍 2013, 33~59; 顧德融 等 2003, 286~287, 312.

119) 『좌전』「환공(桓公)」 2.

120) 許倬雲 2006a, 2, 63~66; 錢穆 1940, 42~45.

121) 梁啓超 1996, 9.

122) 『좌전』「양공」 25. 「소공」 14; 楊寬 2003a, 449; 黃建躍 2013, 57~59.

123) 『좌전』「소공」 25. 童書業 2006b, 146~148; 杜正勝 2003, 116~117.

124) 梁啓超 1996, 48~49; 余英時 2003, 359~360; Tan 2002, 167~175.

125) 呂思勉 2005a, 194; 許倬雲 2006a, 34~39, 94~105.

126) 『관자』「명법(明法)」; 童書業 2006a, 174~175, 183~194; 顧德融 等 2003, 101~107.

127) 童書業 2006b, 95~97; 顧德融 等 2003, 356~358.

128) 『좌전』 「소공」 32.

129) 許倬雲 2006b, 283~284.

130) 『좌전』 「소공」 6, 「소공」 29.

131) 王夫之 「독통감론(讀通鑑論)」, 楊寬 2003b, 4 재인용.

132) 楊寬 2003b, 154~160; 林甘泉 等 1997, 19~23.

133) 許倬雲 2006a, 139~152; 楊寬 2003b, 42~67, 102~129, 131~144.

134) 劉澤華 2004, 94~95; 許倬雲 2006a, 106~108; 余英時 2003, 7~16.

135) 劉澤華 2004, 19~22; Bodde 1986, 48.

136) Aristotle, *Politics* 1321a.

137) 蔡鋒 2004, 43~47; 劉澤華 2004, 16~22; 余英時 2003, 16~19; Pines 2009, 136, 162~162, 168.

138) 『논어』 「술이(述而)」; 錢穆 2000, 30, 42, 48, 94~96; 馮友蘭 1944, 80~82, 92~96.

139) 錢穆 2000, 70~78, 100~107.

140) 『논어』 「계씨(季氏)」; 何懷宏 2011, 131~140.

141) 錢穆 1940, 93~101. 2000, 48; 馮友蘭 1944, 70~72, 84~89; 蕭公權 1946, 61, 69, 74.

142) 楊寬 2003b, 188~211.

143) 蕭公權 1946, 239~244; 劉澤華 2008, 120~124.

144) [역주] 맹자의 스승은 자사(子思), 자사의 스승은 증자(曾子), 증자의 스승은 공자이므로 맹자는 공자에서 세 번째로 학통이 전해진 제자가 된다.

145) 『맹자』 「고자(告子)」 하.

146) 『맹자』 「공손추(公孫丑)」 하, 「등문공(滕文公)」 상.

147) 『사기』 130. 3288~3289.

148) 劉澤華 2008, 52~56; 張分田 2009.

149) 『맹자』 「진심(盡心)」 하; 『상군서』 「정분(定分)」, 「경법(更法)」; 「관자」 「목민(牧民)」.

150) 『논어』 「계씨」; 「관자」 「국축(國蓄)」.

151) 呂思勉 2005d, 88.

152) 許倬雲 2006a, 109~110; 宋洪兵 2010, 70~73, 136~144; Pines 2009, 188, 198~203.

153) 『맹자』 「양혜왕(梁惠王)」 하, 「등문공」 상, 「이루(離婁)」 상; 杜正勝 2003, 99.

154) 『한비자(韓非子)』 「화씨(和氏)」에 인용된 오기의 말.

155) 蕭公權 1946, 20, 22.

156) 馮友蘭 1944, 383; 蕭公權 1946, 206.

157) Brunt 1988, 148; Wood 1988, 151.

158) 『맹자』 「등문공」 상.

159) 余英時 2003, vi; Perry 1992, 148, 151~156; Bell 2008, 14~18.

160) [역주] 진신선생(搢紳先生): 관리의 허리띠를 매고 홀을 꽂은 사람.

161) 『장자(莊子)』「천하(天下)」;『사기』74, 2343.

162) 錢穆 1940, 107, 101; 蕭公權 1946, 22.

163) 『사기』47. 1911.

164) 『맹자』「양혜왕」상.

165) 『맹자』「양혜왕」하,「공손추」하.

166) 『맹자』「등문공」하.

167) 『맹자』「등문공」하,「진심(盡心)」상;『시경』「벌단(伐檀)」.

168) 『묵자』「비유(非儒)」하;『장자』「도척(盜跖)」; 馮友蘭 1944, 73~75.

169) 『상군서』「간령(墾令)」,「농전(農戰)」;『한비자』「현학(顯學)」.

170) 『맹자』「진심」상.

171) 『논어』「안연(顔淵)」.

172) 『맹자』「양혜왕」상,「진심」하,「이루」상.

173) 『중용』제20장.

174) 梁啓超 1996, 95~97; 蕭公權 1946, 70~71; Pery 1992, 149~151; Schirokauer and Hymes 1993, 27~28, 43~44.

175) 『논어』2.21.

176) 『효경(孝經)』「효치(孝治)」.

177) 『맹자』「진심」상.

178) 『맹자』「양혜왕」상,「고자」하.

179) 『예기』「예운」13.

180) 『맹자』「이루」하.

181) 『맹자』「이루」상.

182) 『한비자』「난세(難勢)」; 梁啓超 1996, 176~180, 258~260.

183) 劉澤華 2004, 208~218, 233~241; 宋洪兵 2010, 379~386; 閻步克 1996, 177~178.

184) 『관자』「임법(任法)」;『상군서』「수권(修權)」.

185) 『관자』「형세해(形勢解)」;『상군서』「일언(壹言)」,「산지(算地)」;『한비자』「정법(定法)」.

186) 『관자』「법법(法法)」.

187) 『상군서』「수권」.

188) 『한비자』「유도(有度)」.

189) Bodde and Morris 1967, 29~30.

190) 『한비자』「난삼(難三)」.

191) 『상군서』 「정분」; 劉海年 2006, 61~63; 鄭秦 1997, 79~81.

192) 『상군서』 「정분」; 『한비자』 「팔설(八說)」.

193) 『좌전』 「소공」 29; 梁啓超 1996, 187~188; 蕭公權 1946, 243.

194) 『사기』 68,2231.

195) 『상군서』 「수권」; 『사기』 68,2231.

196) 馮友蘭 1944, 389~391; 宋洪兵 2010, 156~189.

197) 『상군서』 「일언」; 『한비자』 「공명(功名)」, 「난세」; 薩孟武 1994, 113, 130~132.

198) 『상군서』 「금사(禁使)」, 「개색(開塞)」.

199) 『한비자』 「용인(用人)」.

200) 薩孟武 1994, 129~130.

201) 『상군서』 「수권」, 「금사」; 馮友蘭 1944, 389~391.

202) 『한비자』 「외저설우하(外儲說右下)」, 「정법」, 「이병(二柄)」.

203) 7.6절 참조.

204) 楊寬 2003b, 192~220, 252~269; 許倬雲 2006a, 110~113.

205) 楊寬 2003b, 206, 226~231.

206) Fukuyama 2011, 21.

207) 閻步克 1996, 195에서 재인용. Xu 2011, 161.

208) 『논어』 「위정(爲政)」, 「자로(子路)」.

209) 錢穆 1989, 121~122; 呂思勉 2005a, 272~273.

210) 『논어』 「이인(里仁)」; 『맹자』 「진심」 상; 馮友蘭 1944, 162.

211) 『맹자』 「양혜왕」 상.

212) 王充, 『논형(論衡)』 「자맹(刺孟)」.

213) 『맹자』 「이루」 상.

214) 『맹자』 「등문공」 하.

215) 『맹자』 「양혜왕」 상.

216) 『맹자』 「공손추」 상, 「진심」 상.

217) 『논어』 「헌문(憲問)」.

218) Thucydides 2.63; Wickersham 1994, 4, 20; Münkler 2007, 43~44.

219) 『맹자』 「양혜왕」 상.

220) 『맹자』 「공손추」 상.

221) 『맹자』 「등문공」 하.

222) 『맹자』 「양혜왕」 상, 「공손추」 상.

223) 『맹자』 「진심」 상.

용과 독수리의 제국

224) 『맹자』「고자」하, 「등문공」하.

225) 『상군서』「일언」;『한비자』「팔경(八經)」.

226) Schwartz 1985, 328~330; 許建良 2012, 217~230.

227) 『한비자』「식사(飾邪)」.

228) 『맹자』「이루」하.

229) 『상군서』「개색」.

230) Schwartz 1985, 328~330; Scheffler 1988.

231) 宋洪兵 2010; 王興尙 2011; 許建良 2012; 郭春蓮 2012.

232) 蕭公權 1946, 480; 陳榮捷 1996, 65~67.

233) 沈松勤 1998, 48~88.

234) 『맹자』「이루」상.

235) 『맹자』「진심」하.

236) 『맹자』「양혜왕」상, 하, 「공손추」상, 「등문공」하, 「이루」상, 「진심」하.

237) 『맹자』「양혜왕」상.

238) 朱熹, 錢穆 1971, 24에서 재인용.

239) 『맹자』「이루」상, 「고자」하.

240) 『염철론(鹽鐵論)』「비앙(非鞅)」.

241) 『염철론』「비앙」.

242) 楊寬 2003b, 166, 176~181, 204~205; 王勇 2004, 55~60; 許倬雲 2006a, 132~135.

243) 『한서』24 상, 1137, 1135. 56, 2510.

244) 『예기』「중용」제17장.

245) 『예기』「왕제」32.

246) 『한비자』「외저설좌상」; 余英時 2003, 12.

247) 林甘泉 等 1997, 4~18.

248) 『맹자』「등문공」상.

249) 『공양전』「선공」15 何休 주;『여씨춘추(呂氏春秋)』「심분(審分)」.

250) 『맹자』「양혜왕」상.

251) 『맹자』「이루」하.

252) 『맹자』「등문공」상, 「이루」하.

253) 『사기』68, 2230;『상군서』「긴령」.

254) 『한비자』「오두(五蠹)」, 「현학(顯學)」;『상군서』「설민(說民)」, 「일언」.

255) 『사기』68.2231~2231; 楊寬 2003b, 203~294.

256) 『사기』68.2233.

257) Scheidel 2009, 13~20.

258) Lucas 1985, 16.

259) Aristotle, *Politics* 1279a – b.

260) Max Weber, quoted in Bendix 1977, 429.

261) Fukuyama 2011, Ch.6.

262) Aristotle, Politics 1279a – b, 1294a; Stone 1967, 5 – 6; Mann 1986, 170.

263) 余英時 2003, 18; Hopkins 1978a, 76, 79.

264) Anderson 1974, 419.

265) Wiedemann 1981, 7, 120.

266) Aristotle Ethics, 1161b.

267) Finley 1980, 73~77; Wiedemann 1981, 1~13; Gardner 2011.

268) 楊寬 2003a, 282~286; 白壽彝 1994 권3, 250~252, 289, 315~318.

269) 呂思勉 2005a, 276~278; Pulleyblank 1958, 193.

270) 瞿同祖 2007, 140~164; Hulsewé 1986, 525.

271) Hopkins 1978a, 99~101.

272) Hopkins 1978a, 99~101; Jones 1964, 196~198; Finely 1980, 9, 82; Schiavone 2000, 111~113.
    Scheidel 2012a.

273) Samuel Johnson quoted in Brunt 1988, 289.

274) Finely 1980, 114.

275) Crawford 1993, 40.

276) Finely 1968.

277) Scheidel 2012, 89, 108.

278) Wiedemann 1981, 4~6; Gardner 2011.

279) Patterson 1991, xiv.

280) Brunt 1988, 283.

281) Davies 1993, 89.

282) Patterson 1991, 80.

283) Finley 1983, 115.

284) Euripides, *Iphigenia in Aulis*, 1400~1401.

285) Aristotle, *Politics* 1252b, 1254b, 1256b.

286) Hunt 2011, 41~44; Schiavone 2000, 115.

287) Brunt 1988, 287.

288) Berlin 1969, 123.

용과 독수리의 제국

289) Brunt 1988, ch.6; Crawford 1993, 146; Nicolet 1980, 322~323.

290) Finley 1983, 128.

291) Berlin 1969, xlv.

제3장 정벌과 병탄

1) Parker 1996, 1~3.

2) Starr 1991, 456~457.

3) Hui 2005.

4) Hui 2005, 95; Li, X. 1985, 327f.

5) Luttwak 1976, 2; Yates 1999, 29.

6) Horace quoted in Hopkins 1978a, 76, 79.

7) McNeill 1982, 148; Mann 1986, 161~165.

8) Collins 1978; Mann 1986, 161~165; 呂思勉 2005a, 144.

9) Fuller 1965, 88~89.

10) 『사기』 40.1731; Polybius 5.104.

11) Bodde 1986, 20; 張分田 2003, 686~687.

12) [역주] 하서주랑(河西走廊): 중국 현대어로 '허시쩌우랑' 또는 '간쑤쩌우랑(甘肅走廊)'이라고 한다. 중국 내지에서 서북 지방인 신장(新疆)으로 통하는 중요 통로다. 그 형태가 긴 행랑과 같아서 주랑(走廊)이라고 부르며, 또 황허 서쪽에 있어 하서(河西)란 이름이 붙었다. 실크로드의 주요 통로이기도 하다. 길이는 900킬로미터, 폭은 평균 100킬로미터에 달한다.

13) 唐長孺 2011, 238~239.

14) 『사기』 55.2044, 6.277; 『한서』 43.2120.

15) 마오쩌둥(毛澤東)이 1935년 대장정을 끝내고 옌안을 혁명 근거지로 삼았다.

16) 『사기』 5. 177~179; 祝中熹 2004, 80~87, 132~140, 166~180. 張分田 2003, 12~28.

17) 祝中熹 2004, 158~164; 楊寬 2003b, 356~357, 407.

18) 『사기』 5.185~192, 202; 童書業 2006b, 54~55.

19) 楊寬 2003b, 292~303; 勞榦 2006, 46~49, 60~61.

20) 張分田 2003, 41~53; 楊寬 2003b, 343~344, 347~348.

21) 楊寬 2003b, 354·356, 401~402. 譚紅 2006, 27~31.

22) 楊寬 2003b, 303~340.

23) Li, X. 1985, 327~328.

24) 『사기』 86.2532~2535.

25) 楊寬 2003b, 371~373.

26) Hui 2005, 60~63.

27) 『전국책』「제책(齊策)」1; 『사기』46.1895, 74.2346~2348; 楊寬 2003b, 120, 464~465.

28) Tilly 1975.

29) Hui 2005; Kissinger 1994, 21, 98.

30) 楊寬 2003b, 341~347.

31) 『한비자』「오두」.

32) 『전국책』「진책」1.

33) 『전국책』「연책(燕策)」1; 『사기』34.1557.

34) 『맹자』「양혜왕」하, 「공손추」하.

35) 楊寬 2003b, 381~401.

36) 『전국책』「중산책(中山策)」.

37) 『전국책』「진책」3; 楊寬 2003b, 397, 409~411.

38) 『사기』73.2333~2336; 楊寬 2003b, 412~419.

39) 『관자』「패언(覇言)」.

40) 張分田 2003, 137~179.

41) Whittaker 1978, 85; Bagnall 1990, 37~38.

42) Aristotle, *Politics*, 1272b~1273b, 1265b; Polybius 6.51.

43) Cicero, quoted in Scullard 1980, 164.

44) Polybius 3.26; Toynbee 1965, 522, 542~551; Scullard 1989, 534~535; Forsythe 2005, 311~312.

45) Polybius 1.10~11.

46) Scullard 1980, 167.

47) Bagnall 1990, 104~105, 41~45; Harris 1979, 182~190.

48) Polybius 1.19~20; Bagnall 1990, 49~59.

49) Bagnall 1990, chs. 4 and 5; Scullard 1980, 167~174.

50) Polybius 1.37.

51) Polybius 1.64.

52) Bagnall 1990, chs. 9; Scullard 1980, 177, 183~186.

53) Polybius 3.28, 3.10.

54) Polybius 3.27.

55) Scullard 1980, 199; Harris 1979, 200~205.

56) Bernstein 1994, 65.

57) Polybius 3.21, 1.31.

용과 독수리의 제국

58) Cornell 1995, 268.

59) Lancel 1998, 6; Connolly 1981, 147~171; Bagnall 1990, 155~167.

60) Polybius 2.24.

61) Polybius 7.9.

62) Scullard 1980, 151; Brunt 1988, 126, 128.

63) Polybius 3.77, 3.85, 7.9; Livy, 22.7, 22.58, 22.61; Walbank 1981, 232; Bernstein 1994, 67~68.

64) Polybius 3.112~118; Bagnall 1990, 171~195; Connolly 1981, 166~188.

65) Polybius 3.77, 3.85.

66) Livy 22.58, 61.

67) Cicero, *Obligation* 1.38.

68) Livy 22.58, 61.

69) David 1997, Ch.3.

70) Brunt 1971, 422; Finer 1997, 412f; Scullard 1976, 18; Lazenby 2004, 87~88.

71) Polybius 2.23; Lazenby 2004, 235, 239.

72) Bagnall 1990, Chs.6. 7.

73) Bagnall 1990, 295.

74) Connolly 1981, 203~206; Liddell Hart 1926, 164~190; Bernstein 1994, 83~84.

75) Lazenby 2004, 235.

76) Livy 21.3~4, 26.18~19; Liddell Hart 1926.

77) Livy 33.46.

78) Livy 33.46~47, 36.4; Polybius 15.19; Lancel 1998, 180~182.

79) Polybius 15.18.

80) Plutarch, *Cato the Elder*, 27; Liddell Hart 1926.

81) Polybius 18.35.

82) Polybius 31.21; Livy 42.23~24. 참조.

83) Harris 1989, 149, 153; Plutarch, *Cato the Elder*, 27.

84) Polybius 36.2.

85) Polybius 36.4, 36.6; Harris 1979, 234~240; Astin 1967, 270~281.

86) Plato, *Laws* 704b; Harris 1979, 239.

87) Harris 1989, 156~162; Scullard 1980, 311~317.

88) Polybius 38.21; Astin 1967, 302~303.

89) Livy 30.44.

90) Plutarch, *Cato the Elder,* 27; Harris 1979, 266~267.

91) 『좌전』「성공」16, 「성공」18.

92) Sallust, *Catiline* 10, *Jugurthine War* 41.

93) Gruen 1984, 155.

94) Finer 1997, 372~379.

95) Polybius, 16.34; Errington 1989, 264.

96) Derow 1979, 5; Bernstein, 1994, 64~65 참조.

97) Plutarch, *Caius Marius* 31; Livy, 45.12.

98) Thucydides 1.76, 5.89.

99) Garst 1989.

100) Polybius, 3.4; Scullard 1980, 288. 참조.

101) Walbank 1981, 92~94; Scullard 1980, 288; Gruen 1984, 142.

102) Errington 1989, 270, 266~268; Walbank 1981, 232~233; Gruen 1984, 143~144.

103) Livy 45.18, 34. Polybius 30.15; Derow 1989, 317~319.

104) Rhodes 2007, 37. Gruen 1973; Derow 1989, 316~320.

105) Polybius 24.9, 30.29.

106) Toynbee 1965, 508.

107) Derow 1989, 322~323.

108) Cicero, *On the Command of Cnaeus Pompeius* 22.

109) Kallert‐Marx 1995.

110) Brunt 1978, 178~183; Sherwin‐White 1957; Goldsworthy 2006, 355, 469.

111) Scullard 1976, 138.

112) Tacitus, *Agricola* 20.

113) 『사기』 6.235~236.

114) 『사기』 15.685~686.

115) Virgil, *Aeneid* 6.851~853; Brunt 1978, 175~176; Gruen 1984, 275~278.

116) Garnsey and Whittaker 1978, 1~3; Gruen 1984, 5~7.

117) Bang 2012, 200~203.

118) Madden 2007.

119) 楊寬 2003b, 355~356.

120) 『좌전』「선공」12; 中國軍事史編寫組 2007, 52~53.

121) 『맹자』「진심」하.

122) Aristotle, *Politics* 1333b, 1333a~1334a.

123) Cicero, *Obligation* 1.35, 1.38, 2.26; *Republic* 3.34~36.

124) Holleaux 1930, 239~240.

125) Gruen 1973. Brunt 1978; Harris 1979. North 1981.

126) Gruen 1984, ch.6.

127) Walzer 2006, 74~85.

128) Brunt 1978, 170, 183; Gruen 1973, 274.

129) 『여씨춘추』「맹추(孟秋)」.

130) Harris 1979, 189~190; Brunt 1978, 176.

131) Aristotle, *Politics* 1256b.

132) Aristotle, *Politics* 1252b; Finley 1983, 104~105; Schivone 2000, 115.

133) Thucydides 6.76~80, 6.82; Raaflaub 2004, 172~173, 189~192; Rhodes 2007, 28~29, 35.

134) Patterson 1991, chs.3~6.

135) Walbank 1970; Polybius 5.106 주; Raaflaub 2004, 180.

136) Brunt 1978, 183. 1988, 312, 292~293; Richardson 1991, 4, 8.

137) Cicero in Brunt 1978, 165.

138) Harris 1979, 170, 119~120, 166~175; Brunt 1978, 178, 165. 1988, 58, 293, 302; Beard and Crawford 1985, 31.

139) Collins 2003.

140) 『성경』「신명기」20:16~17; 「사무엘상」15:3(한국천주교주교회의 번역 2009, 제2판 1쇄본)

141) 『성경』「사사기」1, 3장.

142) Goffart 1989, 2.

143) Orend 2006, 12~14.

144) 『시경』「문왕(文王)」; 梁啓超 1996, 23~33.

145) Turner 1993, 304~305; Johnston 1995, 69; Strobe 1998, 175~178.

146) Finley 1978, 5; Garlan 1975, 68~72.

147) Campbell 2002, 12; Garlan 1975, 68~72; Harris 1979, 35; mattern 1999, 162~166.

148) 『노자(老子)』31; 『맹자』「이루」상; 梁啓超 1996, 201~204.

149) 『여씨춘추』「중추(仲秋)」; 『손자병법(孫子兵法)』「모공(謀攻)」; 『상군서』「전법(戰法)」.

150) Loewe 1999, 1020; Fairbank 1974, 7; Strobe 1998, 168~172; Turner 1993, 297~298.

151) 『전국책』「진책」3.

152) Cornell 1995, 367; North 1981, 7; Brunt 1978, 173; Beard and Crawford 1985, 74~75.

153) Crawford 1993, 56, 61~64.

154) 『전국책』「중산책」; 『사기』73. 2336, 29. 1408.

155) Tacitus, *Annals* 4.32.

156) Di Cosmo 2009, 8.

157) 『漢書』 30, 1762.

158) 『사기』 81,2446~2447; 『한비자』 「오두」.

159) Rosenstein 1999, 205; 2009, 34~35; Fuller 1965, 74~75.

160) Josephus quoted in Keppie 1984, 198; Crawford 1993, 46.

161) Hopkins 1978a, 30; Harris 1979, 41~42.

162) Bernstein 1994, 61.

163) 『사기』 86,124.

164) 『순자』 「의병(議兵)」.

165) 『순자』 「의병」; 『한비자』 「초견진(初見秦)」; 『사기』 68,2230~2231.

166) Portal 2007, 144~153, 167~170.

167) 『한서』 24상 1137; 楊寬 2003b, 247~249; Hulsewé 1986, 537~538.

168) 『사기』 73,2334~2336.

169) Harris 1979, 44 - 7; Astin 1967, 169 - 70; Hopkins 1978a, 35; Finley 1978, 4.

170) 『상군서』 「경내(境內)」; 楊寬 2003b, 251.

171) Hopkins 1978a, 26; Sherwin - White 1980, 178.

172) 『상군서』 「경내」, 「상형(賞刑)」.

173) Livy 45,34; Polybius 6,39, 10,15~16; Crawford 1993, 75; Harris 1979, 49~50, 74~75.

174) 『상군서』 「획책(畫策)」, 「경내」.

175) Polybius, 6,35~38; Bernstein 1994, 60~61.

176) 다음 몇 사람의 통계를 근거로 삼았다. 顧德融·朱順龍 2003, 529~564; 楊寬 2003b, 696~722; 葉志衡 2007; Hsu 1965a, 56, 64; Hui 2005, 242~248.

177) Harris 1979, 9~10; Bernstein 1994, 57~60.

178) Thucydides 5,68.

179) Brunt 1971, 422; Osgood 2006, 95.

180) 『사기』 8,364; 『삼국지』 54, 1262; 『한서』 55,2482.

181) 『사기』 65,2164.

182) Polybius 36,9; Walzer 2006, 225~227.

183) Livy 27,46~47.

184) Sawyer 2004, Chs. 3, 8, 10.

185) 『손자병법』 「모공편」.

186) 『전국책』 「진책」 3. 여기에 나오는 장의(張儀)는 소진(蘇秦)과 병칭되는 장의와 다른 사람이다.

187) Lewis 1999, 639~640; 2007, 38.

용과 독수리의 제국

188) 『손자병법』「군쟁편(軍爭篇)」;『상군서』「전법(戰法)」.

189) Parker 2005a, 5.

190) Appian quoted in Bagnall 1990, 319.

191) 楊寬 2003b, 403~404.

192) 『여씨춘추』「맹추」.

193) 『맹자』「양혜왕」하, 「이루」하.

194) Garlan 1975, 71.

195) Thucydides 5.116.

196) Veyne 1993, 354~355; Harris 1979, 51~53.

197) Polybius 10.15; Bernstein 1994, 63~65.

198) Garlan 1975, 68~70.

199) Augstus 3.2.

200) Veyne 1993, 354.

201) Brunt 1971, 694. Bodde 1986, 98.

202) http://en.wikipedia.org/wiki/Casualties_of_the_Iraq_War

203) 楊寬 2003b, 423, 9; 林劍鳴 1992, 534~535; Bodde 1986, 99~100; Lewis 1999, 626~628.

204) Suetonius, *Julius Caesar* 74; Gelzer 1968, 284; Goldsworthy 2006, 353, 355.

205) Tilly 1990, 166.

206) Caesar, *Conquest of Gaul* 2, 33; Harris 1979, 74~75.

207) 『사기』 73.2335, 2337.

제4장 처음 맞는 평화

1) Johnson 2000.

2) Kallet‑Marx 1995, 25~27; Richardson 1991, 1, 6~7.

3) Brunt 1978, 174~175; North 1981, 2~3; Sherwin‑White 1980, 179.

4) Pines 2009b, 82~87.

5) 『맹자』「양혜왕」상.

6) 蕭公權 1946, 100~101.

7) [역주] 일(壹)은 일(一)과 같다.

8) Gelzer 1968, 72~74, 78; Millar 1998, 126~127.

9) Nicolet 1980, 386~387; Millar 2002a, ch.6.

10) Brunt 1988, 54, 306; Millar 1998, 125.

11) Lintott 1999, 173~175; Brunt 1988, 32~33, 61~64, 329~330; Gelzer 1968, 13~14.

12) Syme 1939, 154, 51.

13) Suetonius, *Julius Caesar* 77.

14) Ward 1977, 60~64, 69~70; Seager 2002, 26~37.

15) Millar 2002a, 223; Seager 2002, 44~50, 60~62; Scullard 1976, 107~108.

16) Seager 2002, 76, 79~81; Syme 1939, 30~33.

17) Gelzer 1968, 19~21, 31~32, 69; Goldsworthy 2006, 164~167, 174~181.

18) Livy 2.1.

19) Suetonius, *Julius Caesar* 22, 24.

20) Crawford 1993, 84; Gelzer 1968, 86~87, 95~96, 103, 108.

21) Gelzer 1968, 119~123.

22) Cicero quoted in Crawford 1993, 157.

23) Mattern - Parks 2003, 387; Bivar 1983, 48~56.

24) Boulnois 2005, 2.

25) Gruen 1074, xix, 449~497; Scullard 1976, 124~127.

26) Suetonius, *Julius Caesar* 32, 30.

27) Seager 2002, 162, 165~168; Gelzer 1968, 238, 240.

28) Caesar, *Civil War* 1.4, 1.9.

29) Gelzer 1968, 79; Seager 2002, 169.

30) Suetonius, *Julius Caesar* 77.

31) Gelzer 1968, 243, 287~320.

32) Gelzer 1968, 287~288, 290, 298~299, 310~312, 317, 319~320.

33) Suetonius, *Julius Caesar* 80, 86.

34) Ramsey and Licht 1997, 61~94; Syme 1939, 117.

35) Osgood 2006, 136.

36) Syme 1939, 113, 142~143, 163~167; Rawson 1975, 278~279, 288~289.

37) Southern 1998, ch.2.

38) Syme 1939, 190~192; Osgood 2006, 62~64; Rawson 1975, 296.

39) Syme 1939, 187, 192~196; Osgood 2006, 45, 48~49, 51, 82~83, 88~89; Brunt 1971, 512.

40) Osgood 2006, 95; Huzar 1978, 124~127.

41) Plutarch, Brutus 53; Suetonius, *Augustus* 13.

42) Syme 1939, 205.

43) Tacitus, *Annals* 1.1, 3.27.

44) Nicolet 1980, 322. Crawford 1993, 146; Brunt 1988, 263~265, 308; Raaflaub 2004, 179~180, 192.

45) Tacitus, *Histories* 4.73; Syme 1939, 155.

46) Tacitus, *Histories* 4.74; Appian 1.57.

47) Caesar, *Civil War*, 1.22; Augustus, *Achievements* 1.

48) Nicolet 1980, 322~323; Brunt 1988, 255, 327~330; Wirszubski 1960, 88~91.

49) Wirszubski 1960, 95.

50) Dio Cassius 52.1; Eder 1990, 74.

51) Syme 1939, 216, 220, 226, 263~266; Huzar 1978, 139, 176~183.

52) Syme 1939, 260~261; Huzar 1978, 153~4, 167~168.

53) Southern 1998, 65~77.

54) Osgood 2006, 338~339, 353~356, 368~369; Huzar 1978, 200~201.

55) Huzar 1978, 208, 215~215; Syme 1939, 274.

56) Plutarch, *Antony* 75~77; Huzar 1978, 219~226.

57) Osgood 2006, 355; Huzar 1978, 227~228.

58) Plutarch, *Antony* 85.

59) 『사기』 85.2506~2509; 『전국책』 「진책」 5.

60) 『사기』 6.227; 張分田 2003, 97~103.

61) 『사기』 6. 230. 87.2539~2546.

62) 張分田 2003, 137~179; 楊寬 2003b, 429~433.

63) 『사기』 6, 247, 250.

64) 『사기』 112, 2958; 錢穆 1957, 14.

65) 張分田 2003, 524~529; 錢穆 1957, 15~16.

66) 『사기』 6.239; 錢穆 1957, 12~14.

67) Lewis 2007, 55; 錢穆 1957, 27~29.

68) 『사기』 6, 252~325, 256; 張分田 2003, 179~186; 錢穆 1957, 17.

69) Cotterell 1981, 55~81; Hiromi 2007, 92~93.

70) 『사기』 6.241~263; 錢穆 1957, 16.

71) 『사기』 6.264; 張分田 2003, 667~674.

72) 『사기』 48.1950~1953.

73) 가의(賈誼), 「과진론(過秦論)」, 『사기』 6, 281~282.

74) 『사기』 6.269~273. 48. 1954. 99. 2720~2721.

75) 『사기』 7. 304~310; 錢穆 1957, 30~34.

76) 傅樂成 2002, 103; 張分田 2003, 686~694.

77) Millar 2004, 8~9; 『사기』 6.258.

78) Syme 1939, 207~211.

79) 『순자』 「의병」; 楊寬 2003b, 309~311.

80) 『사기』 6.281; 『한서』 64상 2796.

81) 『사기』 5.202; 『전국책』 「초책(楚策)」 1.

82) www.chinaandrome.org/Simplified/culture/emperors.htm 그림 참조.

83) 『사기』 6.258. 48.1952. 7.300.

84) 『오자병법』 「도국편(圖國篇)」; 『순자』 「의병」.

85) 『사기』 34.557; 『맹자』 「양혜왕」 하, 「공손추」 하.

86) Todd 1992, 265~7.

87) Toynbee 1957, 6.xxv.3.

88) 『사기』 5, 282.

89) 錢穆 1957, 30.

90) 『여씨춘추』 「교자(驕恣)」; 『맹자』 「양혜왕」 하.

91) 『사기』 6.256.

92) 『순자』 「강국(彊國)」.

93) 『사기』 121. 3117.

94) 『사기』 48.2244. 56.2504. 2510.

95) 劉海年 2006, 69, 84~86, 364~377; 王子今 2006, 102~103; 于振波 2012, 10, 268~270.

96) Hulsewé 1975, 182~184; Kern 2000, 183~196.

97) 劉海年 2006, 69, 84~86, 364~377; 王子今 2006, 102~103; 于振波 2012, 10, 268~270.

98) 蔡萬進 2006, 80~83.

99) 『사기』 85.2510.

100) 錢穆 1957, 23~26; 『한서』 43.2124.

101) 『사기』 28.1371. 15.686.

102) Bodde 1986, 59.

103) 『한서』 51.2327, 2338. 36. 1954. 45.2171, 2174. 51.2369. 56.2504. 64상 2783, 2800. 64하 2811. 67.2918.

104) 『사기』 112.2954, 2961.

105) Lewis 2007, 71; Bodde 1986, 85~86, 95~102; Dull 1983, 285~286; 張分田 2003, 708~709.

106) 『좌전』 「소공」 3; 許倬雲 2006a, 135~136.

107) 『사기』 118.3086, 3090; 『한서』 24상 1126, 100상 4207.

108) Dull 1983, 286~294; 『한서』 24상 1137.

109) 『한서』 2.85, 87.

110) 『사기』 23.1159~1160; 『한서』 19상 722, 100a 4207; 錢穆 1957, 41.

111) 『한서』 24상 1137.

112) 曹旅寧 2005, 130; 高恒 2008, 134; 于振波 2012, 70~71.

113) 『논어』 「안연」; 『맹자』 「양혜왕」 하.

114) 李學勤 2004, 71; 于振波 2012, 144.

115) 『사기』 6.253; Hulsewé 1978, 216. 1986, 533~534.

116) 『사기』 6.244, 256, 259. 邢義田 2011, 69.

117) 『사기』 6.253, 268~270; 高恒 2008, 7.

118) 于振波 2012, 144~146; Dull 1983, 289~290; Hulsewé 1978, 216. 1986, 533~534.

119) 『사기』 6.252, 110.2886.

120) 楊寬 2003b, 248~249.

121) 田昌五·安作璋 2008, 57.

122) 『한서』 24상 1137.

123) 『사기』 6.269~271.

124) 『사기』 40.1732, 주석에 인용된 『제기(齊記)』.

125) 『사기』 6.253.

126) 楊寬 2003b, 377~378, 410.

127) 『사기』 6.238~239.

128) 『사기』 6.280, 283; 『한서』 23.1096. 56.2504, 2510. 64상 2796; 張分田 2003, 702~703.

129) 『맹자』 「이루」 상. 『사기』 6.254.

130) 『한서』 14.393; 『사기』 6.284.

131) 『사기』 6.254~255.

132) 錢穆 1957, 20~21, 26~27; 馮友蘭 1944, 38~40.

133) 『사기』 6.258.

134) 『사기』 121.3116. 89, 2573. 『한서』 32.1830. 88.3592.

135) 王充 『논형』 「어증(語增)」; 周芳 2013, 22~31, 47~49.

136) 閻步克 1996, 제5, 6상.

137) 趙翼 『이십이사차기(二十二史劄記)』 권1.

138) 『사기』 130.3290~3291.

139) [역주] 육예(六藝): 여기서는 유가의 여섯 가지 경전 즉, 『시경』 『서경(상서)』 『예기』 『악기(樂記)』 『역경(주역)』 『춘추』를 가리킨다. 다른 맥락에서는 사대부들이 익혀야 할 교양, 즉 예(禮: 예절)·악

(樂: 음악)·사(射: 활쏘기)·어(御: 수레몰기)·서(書: 서예)·수(數 셈하기)를 가리키기도 하므로 주의.

140) 錢穆 1989, 124; 梁啓超 1996, 48~49.

141) 『예기』「중용」.

142) 『맹자』「진심」상;「만장(萬章)」상.

143) 『한서』48.2244. 63.2754. 64상.2796.

144) 『사기』6.259. 雷戈 2006, 42~48.

145) 『한서』40.2030. 1상 61, 78.

146) 『사기』97.2699. 『한서』56.2510, 2504. 徐復觀 1985, 99. 邢義田 2011, 24~25.

147) 『한서』23.1096. 48.2253. 63.2754. 64상 2796. 李玉福 2002, 48. 汪榮海 2010, 117.

148) 『상서』「여형(呂刑)」; 『한서』23.1079, 1091; 徐祥民·胡世凱 2000, 25~26, 37.

149) 『상서』「감서(甘誓)」,「탕서(湯誓)」; 劉海年 2006, 39, 260.

150) 『한서』23.1096; 『좌전』「소공」3.

151) 劉海年 2006, 81; 楊振紅 2009, 12.

152) 『사기』48.1952.

153) 『상서』「비서(費誓)」.

154) 『상서』「주고(酒誥)」,「강고(康誥)」.

155) 梁啓超 1996, 60; 蕭公權 1946, 67.

156) 『맹자』「등문공」하.

157) 『예기』「곡례(曲禮)」; 『한비자』「유도」.

158) 『사기』6.283. 『한서』48.2253~2257.

159) 『사기』6.276.

160) 『맹자』「이루」상, 하.

161) 錢穆 1957, 31.

162) 『사기』7.333~334의 주석에 인용된 『초한춘추(楚漢春秋)』.

163) Syme 1939. [역주] 이 책은 한국학술진흥재단 학술명저번역총서에 편입되어, 2006년 『로마혁명사 1, 2』라 제목으로 허승일·김덕수에 의해 번역되었다.

164) Bodde 1986, 90.

165) 『사기』6.249, 55.2034, 86.2534~2537.

166) Gelzer 1968, 287; Osgood 2006, 63.

167) 『사기』6.255, 258.

168) 『사기』6.242. 28.1356. 54.2029.

169) Syme 1939, 130, 201; 趙翼, 『이십이사차기』권2.

170) Pliny 35.26; Syme 1939, 341, 231.

용과 독수리의 제국

171) 『한서』 39.2005~2007. 34.1861~1863.

172) Syme 1939, 8.

173) 趙翼, 『이십이사차기』 권2. 錢穆 1957, 32~34.

174) 『사기』 129, 3260. 8, 346. 9, 395~396.

175) Syme 1939, 368.

176) Hegel 1965, 313.

177) 『사기』 94.2648~2649.

178) Brunt 1971, 285, 287, 289.

179) 『사기』 56.2058. 30.1418; 錢穆 1957, 39~40.

180) Tacitus, *Annals* 1.2.

181) Wirszubski 1960, 92; Lintott 1999, 40, 199~200; Brunt 1988, 13; Nicolet 1980, 322~323.

182) Cicero quoted in Crawford 1993, 189.

183) Syme 1939, 513; Meier 1990, 67.

184) Bradley 1962.

185) Syme 1939, 513.

186) Sellers 2004; Millar 2002b.

187) Alexander Hamilton quoted in Freeman 2008, 362.

188) Lewis 2007, 70, 72.

제5장 사해안정(四海安定), 팍스 로마나(Pax Romana)

1) Fukuyama 1992.

2) Aeschylus, *Agamemnon* 32~33.

3) 景愛 2002, 360; 田昌五·安作璋 2008, 366; Chang 2007, II. 169~171.

4) Starr 1982, 117; Needham et al 1971, 26~29; Bodde 1986, 61.

5) Hopkins 1978b, 42~47; Wells 1992, 138~139; Millar 2004, 24~25; 呂思勉 2005b, 542~550; 高敏 1998, 196~223; Loewe 2005a, 158~162.

6) Hopkins 1983b, 104; Greene 1986, 40.

7) Wells 1992, 194~195; Hopkins 1978b, 38.

8) 『한서』 28상 1543.

9) Benn 2002, 46; Nishijima 1986, 574~5; 楊寬 2006b, 119~120.

10) Cameron 1993, 42~43, 62~63. Nishijima 1986, 574.

11) [역주] 초왕(楚王) 한신(韓信), 한왕(韓王) 신(信), 양왕(梁王) 팽월(彭越), 형산왕(衡山王) 오예(吳芮), 조

왕(趙王) 장오(張敖), 연왕(燕王) 장도(臧荼)가 연명으로 상소문을 올려 유방에게 황제 보위에 오르라
고 간청했다.

12) 『한서』 1상 58~59. 43.2119~2121.

13) Augustus 34; Syme 1939, 299~301.

14) Millar 2002a, 294.

15) Virgil, *Aeneid* 1, 282.

16) Wells 1992, 30; Rostovtzeff 1960, 162~3; Grant 1978, 202.

17) Syme 1939, 311, 323~324; Millar 2002a, 270.

18) Dio Cassius 53, 17.

19) Tacitus, *Annals* 1.1; Wells 1992, 50~52; Syme 1939, 340, 353, 414; Gruen 2005.

20) Gibbon 1994, 93.

21) Syme 1939, 323, 311~312; Gruen 2005, 33~35.

22) Dio Cassius 54, 1.

23) Lewis and Reinhold 1990, I. 588~590.

24) Ovidius quoted in Gruen 2005, 34.

25) Jones 1964, 6; Wells 1992, 107; Raaflaub and Samons 1990.

26) Gibbon 1994, 128~9; Le Bohec 1989, 20~21; Keppie 1984, 153~154.

27) Wells 1992, 59~60; Rostovtzeff 1960, 194~198; Syme 1939, 426, 486~487. 1959, 427, 432.

28) Wells 1992, 64~67; Syme 1939, 507.

29) Syme 1958, 427.

30) Wells 1992, 98~99. Seager 1972.

31) Suetonius, *Gaius(Caligula)*, 13~14.

32) Scullard 1976, 292~297.

33) Suetonius, *Claudius* 10; Scullard 1976, 298~314. Wells 1992, 110~116.

34) Champlin 2003, 237.

35) Tacitus, *Annals* 15.39; Champlin 2003; Scullard 1976, 315~329.

36) Keppie 1984, 149; Syme 1939, 352~353.

37) Tacitus, *Histories* 1, 5.

38) Mattern 1999, 205~206; Isaac 1992, 2~3, 51, 372~377; Gibbon 1994, Ch.3, 97~98.

39) Lewis and Reinhold 1990, II, 11~13; Wells 1992, 158~159; Wellesley 1975, 216~217.

40) Millar 1981, 3.

41) Tacitus, *Histories* 1, 4.

42) Grant 1994, 156; Starr 1982, 59~60; Lintott 1981, 125.

43) Wells 1992, 157~165.

44) Wells 1992, 167.

45) Suetonius, *Domitian* 8; Jones B.W. 1979, 4~7; Alston 1998, 178~190.

46) Wells 1992, 167~168; Alston 1998, 191~196.

47) Bennett 1997, 208; Longden 1954, 204, 221.

48) Stockton 1991, 157; Alston 1998, 198~200; Wells1992, 173~174.

49) Wells 1992, 202~203, 207~208.

50) Mattern 1999, 100, 120, 191~194.

51) Syme 1939, 304.

52) Millar 1993, 105. 2004, 26, 175~179; Southern 2001, 250~253, 282.

53) Fronto guoted in Bennett 1997, 102~103.

54) Birley 1987, 160.

55) Birley 1987, 116~117, 184~189, 199.

56) Potter 2004, 85~114; Southern 2001, 20~37.

57) Dio Cassius 74, 2, 5; Potter 2004, 99, 102~103, 138; Wells 1992, 258~259, 265~266.

58) Suetonius, *Vespasian* 16; Bennett 1997, 126.

59) Potter 2004, 106, 112~113; Jones 1964, 25.

60) Southern 2001, 36; Mattern 1999, 96~97.

61) Southern 2001, 63~65, 97~102, 115~119.

62) Southern 2001, ch.3

63) Cameron 1993, 32~42.

64) Southern 2001, 177; Mitchell 2007, 62~70.

65) Mitchell 2007, 70~79.

66) Jones 1964, 139~142.

67) 『사기』 92.2621, 2626.

68) 『사기』 92.2627; 田昌五·安作璋 2008, 99~103.

69) 田昌五·安作璋 2008, 104~105.

70) 錢穆 1957, 56~57; 田昌五·安作璋 2008, 159~164, 172~181.

71) 王彦輝 2010, 1~3; 于振波 2012, 268~269.

72) 『한서』 39.2021; 錢穆 1957, 72.

73) 『한서』 24상 134~1135; 田昌五·安作璋 2008, 110~113.

74) 『사기』 30.1418~1420.

75) [역주] 이를 '무고의 화(巫蠱之禍)'라고 부른다. 한 무제 때 태자 유거(劉據)와 사이가 좋지 않았던

강충(江充)이 태자를 무고하여 죽이려 한 사건이다. 이에 태자 유거는 강충을 잡아 죽였다. 무제는 태자가 모반한 것으로 오해하고 태자를 토벌하기 위한 군사를 일으켰다. 태자는 자신의 결백을 밝히기 위해 군사를 동원하여 닷새 동안 무제에 항거했지만 결국 패배하여 도망가다 자살했다. 무제는 태자의 행동이 잘못되었다는 뜻으로 '여(戾)'란 시호를 내렸다.

76) [역주] 대장군 곽광(霍光), 거기장군(車騎將軍) 김일제(金日磾), 좌장군 상관걸(上官桀), 어사대부(御史大夫) 상홍양(桑弘羊)이 그들이다.

77) 田昌五·安作璋 2008, 235~241.

78) 『맹자』「등문공」하; 閻步克 1996, 333~334; 許倬雲 2006b, 360~362.

79) 『사기』 121.3123.

80) 閻步克 1996, 278~279, 440~441.

81) 『사기』 23.1160. 121.3117; 『한서』 88.3592.

82) 『한서』 84.3421. 89.3623.

83) 錢穆 1957, 8608; 于迎春 2000, 157~159, 254~255.

84) 『한서』 6.156. 56.2504, 2523.

85) 『한서』 19상 726; 錢穆 1957, 86~95.

86) 馮友蘭 1944, 40~41; 錢穆 1957, 86~95; 張小鋒 2007, 133~135.

87) 『한서』 58, 2633~2634. 6, 197; 趙翼, 『이십이사차기』 권2.

88) 『한서』 8.275. 9.277. 89.3624.

89) 張小鋒 2007, 136~143; 邢義田 2011, 29~31.

90) 錢穆 1989, 124.

91) 錢穆 1957, 189~194; 傅樂成 1995, 30~36; 閻步克 1996, 371~372.

92) 蕭公權 1946, 331~337. 薩孟武 1969, 248~269.

93) 『한서』 56.2523; 蕭公權 1946, 480.

94) 馮友蘭 1944, 487; 閻步克 1996, 283, 437.

95) Bodde 1981, 183.

96) 陳榮捷 1996, 65; 馮友蘭 1944, 162; 蕭公權 1946, 480.

97) 『한서』 56.2524.

98) [역주] 평준법: 물가가 쌀 때 구매해두었다가 비쌀 때 방출하여 재정 수입을 증대하고 물가를 조절하는 방법.

99) [역주] 균수법: 지방의 조세 수입으로 중앙정부에 필요한 물품을 구매하여 중앙으로 운송하는 방법.

100) Loewe 1986b, 104~106.

101) 『사기』 8.1241; 『한서』 24하 1157.

102) 『한서』 56.2520~2521.

103) 『사기』 129.3261; 『한서』 24하 1162. 72.3075.

104) 『관자』 「산국궤(山國軌)」; 『한비자』 「육반(六反)」.

105) 『한서』 24하 1175; 田昌五·安作璋 2008, 215~226.

106) 『한서』 66.2886, 2903; 趙靖 1998, 260~263.

107) 『염철론』 「잡론(雜論)·본의(本議)」; 趙靖 1998, 270~273.

108) 『한서』 24상 1141~1142.

109) 林劍農 2005, 269~270.

110) 『염철론』 「본의」, 「세무(世務)」, 「요역(繇役)」.

111) 『한서』 94하 3805; 『후한서』 60상 1954, 志28.3622.

112) 『한비자』 「외저설좌상(外儲說右下)」, 「현학(顯學)」.

113) 『한비자』 「현학」.

114) 蕭公權 1946, 67~68; 梁啓超 1996, 60.

115) 『맹자』 「양혜왕」 하, 「등문공」 하, 「진심」 하.

116) 『맹자』 「진심」 하.

117) 『순자』 「비십이자(非十二子)」; 陳榮慶 2012, 47~48, 51~52, 56~58; Nivison 2002, 298~302.

118) 『춘추공양전』 「민공」 1.

119) 楊樹達 2007, 246~275.

120) 劉子健 2012, 32, 139.

121) 顧頡剛 2005, 146.

122) Henderson 1991, 89~129; Norden 2007, 131~133; 侯外廬 1957, 2, 314.

123) Weber 1919, 120~121, 126.

124) 『한서』 88.3589.81.3343; 劉澤華 2008, II. 76~85; 于迎春 2000, 156~158.

125) 馬一浮의 말, 湯一介, 李中華 2011, 「총서(總序)」 36쪽에 인용.

126) 蕭公權 1949, 295; 閻步克 1996, 331.

127) 『염철론』 「격지(擊之)」.

128) [역주] 석거각 회의: 서한 선제 감로(甘露) 3년(51년) 석거각에서 열린 경전 토론 회의다. 주로 『춘추공양전(春秋公羊傳)』과 『춘추곡량전(春秋穀梁傳)』을 놓고 토론이 진행되었다. 엄팽조(嚴彭祖), 윤경시(尹更始), 유향(劉向), 시수(施讐), 임존(林尊), 주감(周堪) 등의 학자가 참여했다. 토론 후 선제는 『춘추곡량전』이 이치에 맞다고 평가했다.

129) [역주] 백호관 회의: 동한 장제(章帝) 건초(建初) 4년(79년), 석거각 회의를 모방하여 백호관에서 개최한 경전 토론 회의다. 경전에 대한 금고문 논쟁, 경서와 위서 문제를 토론하여 경전의 뜻을 통일하려고 했다. 이 회의의 내용을 정리한 책이 『백호통의(白虎通義)』다.

130) 余英時 2003, 195~198; 錢穆 1957, 74~76.

131）閻步克1996, 494; 于迎春 2000, 2; 錢穆 1985, 128.

132）錢穆 1957, 189~194; 傅樂成 1995, 30~36.

133）『한서』 8.275. 9.299.

134）『한서』 71.3043. 81.3366. 67.2915.

135）『한서』 93.3741.

136）傅樂成 1995, 35; 張小鋒 2007, 133, 144~154.

137）王充, 『논형』 「사단(謝短)」 「정재(程材)」; 于迎春 2000, 339~344.

138）『한서』 64하 2817~2818.

139）閻步克 1966, 382, 440; 于迎春 2000, 402~404.

140）『한서』 73.3115~3130.

141）錢穆 1957, 210~214.

142）錢穆 1957, 271~284.

143）Chen 1986, 773. 徐復觀 1985, 권2, 458; 閻步克 1996, 386~388.

144）『한서』 99중 4110~4111.

145）余英時 2003, 198~201.

146）余英時 2003, 202, 204.

147）呂思勉 2005, 174. 錢穆 1957, 294.

148）『한서』 99하 4194.

149）閻步克 1996, 388; 錢穆 2001, 94, 69~70, 118; 呂思勉 2005, 174~175.

150）『한서』 24상 1143.

151）余英時 2003, 6, 257.

152）『한서』 9.277.

153）閻步克 1996, 6, 109~110, 329~310, 494; 于迎春 2000, 342~351; Waldron 1990, 172~174. Schirokauer and Hymes 1993, 27~28, 43~44.

154）劉子健 2012, 59; 劉學斌 2009, 87~88, 180.

155）Pye 1985, 42; Fairbank 1987, 92, 152; Schwartz 1996, 50~51, 134; Dunstan 2004, 329.

156）『後漢書』 32.1125. 1상 21. 趙翼, 『이십이사차기』 권4; 余英時 2003, 224~237.

157）『후한서』 지 23, 3533주, 지 19, 3389주. 이 책 제8장의 [표 1] 참고.

158）『후한서』 1하 66~67. 22.780~781; 田昌五·安作璋 304~310, 327~330.

159）Bielenstein 1986b, 268.

160）『후한서』 77.2489~2490.

161）『한서』 88.3596, 3620. 73.3107. 81.3346, 3349.

162）『후한서』 17.666. 79상 2545~2547; 錢穆 1940, 169~171, 177~178.

163) 錢穆 1989, 119~240; 余英時 2003.

164) 『한서』 76.3214~3216; 于迎春 2000, 252~253, 339~341.

165) 『한서』 6.174. 27상 1333. 44.2152. 6.9절 참조.

166) 『장자』 「제물론(齊物論)」, 「추수(秋水)」.

167) 『후한서』 61.2032, 82상. 2724~2725; 余英時 2003, 272~273.

168) 徐幹, 『중론(中論)』 「견교(譴交)」; 趙翼, 『이십이사차기』 권5.

169) 『후한서』 67.2185; 于迎春 2000, 429~432; 柳春新 2006, 136~137.

170) 『장자』 「거협」.

171) 『후한서』 83.2757.

172) 錢穆 1940, 186~190; 趙翼, 『이십이사차기』 권5.

173) 劉文起 1995, 62.

174) 『후한서』 5.210, 58.1880; 于迎春 2000, 340~341.

175) 王符, 『잠부론(潛夫論)』 「구변(救邊)」; 呂思勉 2005b, 282~288.

176) 王符, 『잠부론(潛夫論)』 「무본(務本)」; 崔寔, 『정론(政論)』. 徐難于 2002, 17~18.

177) 張小鋒 2007, 130~131; 余英時 2003, 253~256.

178) 趙翼, 『이십이사차기』 권5; 于迎春 2000, 498~499.

179) 『후한서』 74상 2373~2375.

180) 田昌五 · 安作璋 2008, 203; 余英時 2003, 257.

181) 『후한서』 78.2513, 2533; 于迎春 2000, 470.

182) 呂思勉 2005, 291. 于迎春 2000, 488.

183) 『후한서』 57.1843; 于迎春 2000, 421~422, 502~503; 徐難于 2002, 19~20; Crespigny 1980, 47~49, 51.

184) 『한서』 83.3389; 『후한서』 79상 2556.

185) [역주] 순씨팔룡(荀氏八龍): 동한 말기의 유학자 순숙(荀淑)의 뛰어난 아들 8명을 가리키는 말이다. 8명은 다음과 같다. 순검(荀儉), 순곤(荀緄), 순정(荀靖), 순도(荀燾), 순왕(荀汪), 순상(荀爽), 순숙(荀肅), 순부(荀旉). 위의 서술에 나오는 순욱과 순담은 여기에 들어가지 않는다. 오히려 순욱 혹은 순담은 당시에 이응(李膺), 왕창(王暢), 두밀(杜密), 유우(劉佑), 위랑(魏朗), 조전(趙典), 주우(朱寓)와 더불어 팔준(八俊)으로 일컬어졌다. 저자의 착각으로 보인다.

186) 『후한서』 62.2050. 67.2212, 2214; 呂思勉 2005, 289~291; 錢穆 1940, 182 ·183. Chen 1975, 23, 27.

187) 『후한서』 67.2217. 69.2248~2251. 74상 2373; 柳春新 2006, 6~7.

188) 錢穆 1940, 215.

189) Bodde 1986, 85~86; Wiedemann 2000, 524~525; Lendon 1997, 16~17; Syme 1958, 254, 421.

190) Syme 1958, 440.

191) 林劍鳴 2003, 571.

192) 『한서』 24상 1143. 28.1640.

193) 『한서』 28하 1640; 『후한서』 지 23, 3533.

194) 『후한서』 40.1323.

195) Syme 1958, 422, 439.

196) Wells 1992, 101~102, 167, 183; Jones B.W. 1979, 4, 87.

197) Tacitus, *Histories* 4.74.

198) Schiavone 2000, 13.

199) Gibbon 1994, 103, 69.

200) Grant 1994, 151; MacMullen 1974, 33~37; Brunt 1961, 221, 223.

201) Grant 1994, 151; Syme 1939, 476.

202) Rutledge 2001, 177~178; Ste. Croix 1981, 381~382.

203) 『한서』 30, 1715; 『좌전』 「양공」 25.

204) 『사기』 130.3295, 3300; 『후한서』 40상 1333~1334. 47.1571. 84.2785.

205) Wilkinson 1998, 490~497.

제6장 정치체제

1)   『한서』 43.2126~2128.

2)   Dio Cassius, 54.12; Suetonius, *Augustus* 35.

3)   『후한서』 1.85, 32.1125; 趙翼, 『이십이사차기』 권4.

4)   Wells 1992, 258, 260; Potter 2004, 124.

5)   Loewe 2006, 179; Jones 1964, 182~187, 341~342.

6)   邢義田 2011, 655~668. www.chinaandrome.org/Simplified/culture/military.htm 참조.

7)   Goldsworthy 2006, 213, 324, 335.

8)   Wells 1992, 123~124; Syme 1939, 304, 352; Southern 1998, 156.

9)   『한서』 1하 54~55.

10) 楊振紅 2009, 126~132; 赫治淸·王曉衛 1997, 52; Loewe 2006, 61~64, 138.

11) 『한서』 3.102; 赫治淸·王曉衛 1997, 55; 李玉福 2002, 298~299.

12) Polybius, 40; Wells 1992, 7; Purcell 1991, 193.

13) Syme 1939, 516, 406.

14) Honoré 1995, 7~8; Lucas 1985, 106~108; Peerenboom 2002, 3, 8~9.

15) 『관자』「임법」; 『상군서』「수권(修權)」.

16) 卜憲群 2002, 245~247; 瞿同祖 2007, 100~102; Bodde and Morris 1967, 29.

17) Kunkel 1973, 68~69, 73.

18) Finer 2007, 536~537; Nicolet 1993, 9; Lawson 1965, 104~105; Hulsewé 1986, 536~541.

19) Millar 1992, 616.

20) Ulpian quoted in Wells 1992, 212, 263; 『한서』 60.2659.

21) Dio Cassius 53.19; Loewe 2006, 171~178.

22) Plinius, *Panegyric*, in Lewis and Reinhold 1990, II. 21.

23) 『상군서』「수권」.

24) 『한서』 50.2310.

25) Bennett 1997, 209.

26) 『한서』 40.2047.

27) Tacitus, *Histories* 4.8.

28) Lewis and Reinhold 1990, I.589, II.7.

29) Loewe 2006, 171; Burbank and Cooper 2010, 4, 58~59.

30) Millar 1981, 13; Jones 1964, 3~4.

31) 『한서』 89.3640; Loewe 1986b, 120.

32) Ward - Perkins 2005, 48.

33) *The Holy Bible*, Acts 22. 28.

34) Bennett 1997, 120; Ste Croix 1981, 455~462; Wells 1992, 214, 246; Garnsey and Saller 1987, 111, 116~118.

35) Wells 1992, 265~266.

36) Bury 1958, 16; Cameron 1993, 42.

37) Mann 1986, 246.

38) Walbank 1981, 215~217; Lewis and Reinhold 1990, 620~623; Millar 2004, 298~301.

39) Plinius, *Panegyric*, in Lewis and Reinhold 1990, II. 22, 21.

40) Rostovtzeff 1957, 116, 121~122.

41) 呂思勉 2005b, 439.

42) Tacitus, *Annals* 3.25; Ward - Perkins 2005, 39.

43) Suetonius, *Vespasian* 25; Dio Cassius 65.12.

44) Millar 1981, 34.

45) Wells 1992, 218; Starr 1982, 110~112; Bennett 1997, 67~70; Millar 1981, 34~35.

46) 童書業 2006b, 13~15; 雷戈 2006, 95~101.

47) 『한서』 4.111.

48) 『한서』 75.3154, 77.3247.

49) 錢穆 1957, 215~219, 284, 294.

50) 『좌전』 「양공」 14; Dio Chrysostom, *The First Discourse on Kingship*, 12.

51) Augustus 34.

52) 『사기』 6.245, 247.

53) 『사기』 6.245.

54) Wells 1992, 104~107; 『한서』 93.3726.

55) Millar 1981, 18~19; Garnsey and Saller 1987, 149~150.

56) 雷戈 2006, 450~461; Loewe 2006, 9, 13.

57) Beard 2009; 雷戈 2006, 477~478.

58) Millar 1992, 209, 211.

59) Campbell 2002, 12~13; Mattern 1999, 12~13, 200~202; Millar 2004, 26, 176~177. 1993, 141.

60) Plutarch quoted in Millar 1992, 3~4; Bennett 1997, iv; Dio Cassius, *Histories*, 69.6.

61) 『한서』 89.3624.

62) Millar 1981, 12; Purcell 1991, 197~198; Syme 1958, 224.

63) Millar 1992, 6, 10, 266~267, 271, 617; 2002, 298; 2004, 21~26.

64) Loewe 2006, 92.

65) 『사기』 6.253, 258; 瞿同祖 2007, 77~78, 100.

66) 『한서』 5.140.

67) Skocpol 1985, 9~12.

68) Cicero, *Obligations* 2.73, 2.83~84.

69) Reinhold 2002, 28; Syme 1939, 351.

70) Finer 1997, 412, 416; Gabba 1987, 210~211.

71) Garnsey and Saller 1987, 112~115; millar 1981, 28~31; Bennett 1997, 6~9.

72) Hopkins 1983a, 120~127, 194~197; Garnsey and Saller 1987, 123~125.

73) Millar 1992, 283~285; Starr 1982, 59.

74) Harris 1979, 13; Syme 1958, 230~231; Southern 2001, 254~256.

75) Brunt 1988, 9, 54, 62; Rostovtzeff 1957, 63; Wells 1992, 214~215, 246; Crook 1967, 282~283.

76) 瞿同祖 2007, 106~110; 錢穆 1957, 50~51, 74~76, 90~93.

77) 田昌五·安作璋 2008, 188~190; 蘇俊良 2001, 87~97; 許倬雲 2006b, 372~373.

78) 『한서』 48, 2252~2253; 4.5절 참조.

79) 趙翼, 『이십이사차기』 권2; 許倬雲 2006b, 337~339, 375~376.

80) 『사기』 130.3289; 『한서』 30.1723. 88.3620.

81) 『한서』 73.3107.

82) 『한서』 81.3346~3347, 3349.

83) 『후한서』 78.2523; 瞿同祖 2007, 178~180.

84) 黎明釗 2013, 102.

85) 許倬雲 2006b, 374; 閻步克 1996, 463; 馬彪 2002, 95~98.

86) 錢穆 1940, 184~186; 馬彪 2002, 91~95; 黎明釗 2013, 53~57.

87) 余英時 2003, 359~360, 264~269; 瞿同祖 2007, 180~184, 199~201.

88) [역주] 소봉(素封): 관작이나 봉읍이 없으면서도 봉건제후처럼 권세를 누리는 사람.

89) [역주] 소왕(素王): 제후에 봉해지지 않았어도 덕망이 왕에 버금가는 인물.

90) 『한서』 43.2125~2126.

91) 瞿同祖 2007, 76~77; Millar 1981, 27~28; Rutledge 2001, 87~89.

92) 『한서』 72.3081~3082, 76.3215~3216;. 于迎春 2000, 251~253, 278, 402~403; Rutledge 2001, 87~89. Millar 1981, 27~28.

93) 王符, 『잠부론』 「무본」; 于於春 2000, 380~381, 402~403.

94) 『주자어류(朱子語類)』, 「논취사(論取士)」, 蕭公權 1946, 540에 인용.

95) Tacitus, *Annals* 1.11, 3.65.

96) 梁啓超 1996, 48~49; 余英時 2003, 359~360.

97) 錢穆 1957, 256~258; Loewe 2006, 17~21.

98) Purcell 1991, 197~203.

99) Wells 1992, 115~116; Millar 2004, 47~88; 蘇俊良 2001, 159~187; Loewe 2006, 29~31.

100) Millar 1981, 21~27; Syme 1958, 224; Starr 1982, 56~59.

101) Millar 1981, 28~31; Bennett 1997, 6~9.

102) Millar 1981, 55~58; Eck 2000b, 241.

103) Millar 1992, 110~122; Starr 1982, 69, 83; Syme 1958, 50; Jones 1964, 333~337.

104) 蘇俊良 2001, 62~65; 李玉福 2002, 114~137; 廖伯源 2003, 183~197.

105) 錢穆 1957, 253~258; 蘇俊良2001, 69~75; 卜憲群 2002, 129~136.

106) 黃留珠 2002, 439~447; 田昌五·安作璋 2008, 190~192.

107) Jones 1964, 338~341; 勞榦 2005, 57, 61. 黃留珠 2002, 445~446.

108) Hopkins 1978a, 173~177; Eck 2000a, 211; 瞿同祖 2007, 103~105, 211~228.

109) Jones 1964, 341~344; 田昌五·安作璋 2008, 468~469.

110) 楊鴻年·歐陽鑫 2005, 281~285; 錢穆1957, 264~267.

111) Garnsey and Saller 1987, 113; Jones 1964, 373~375; Potter 2004, 368~371.

112) 楊鴻年·歐陽鑫 2005, 290; Bielenstein 1986a, 507.

113) Adkins and Adkins 1994, 111~112; Gibbon 1994, I. 614.

114) Millar 1981, 64~66; Lintott 1981, 65~69.

115) Aelius Aristides, *To Rome*.

116) 錢穆 1957, 259~251; 蘇俊良 2001, 208~210; 楊鴻年·歐陽鑫 2005, 281~285.

117) Jones 1964, 714~715. 1940, 268~269; Garnsey and Saller 1987, 28~30; Hopkins 1978b, 67~75.

118) Rostovtzeff 1957, 63; Jones 1940, 170, 166~169.

119) Aristides, *To Rome* 59, 64.

120) Meier 1990, 57; Wells 1992, 214, 238; Starr 1982, 95~96; Lintott 1981, 20~21.

121) Jones 1964, 467~469, 724~734, 1049~1051; Potter 2004, 40~49.

122) Syme 1939, 476.

123) *The Holy Bible*, Matthew 27. 24.

124) 楊鴻年·歐陽鑫 2005, 371~372; 周長山 2006, 50~54.

125) 『한서』 1하 54.

126) 『사기』 30.1420. 122.3132~3133; 周長山 2006, 65~66; Chen, C~Y, 1984, 144~145.

127) 『한서』 19상 742. 90; 『후한서』 77.

128) 馬彪 2002, 38~40; 6.6절 참조.

129) 馬彪 2002, 93~98; 許倬雲 2005b, 59~62, 202.

130) Hopkins 1980, 121; Garnsey and Saller 1987, 20.

131) Potter 2004, 69~72; Jones 1964, 31. Lintott 1981, 48~49.

132) Millar 2004, 132, 156; Eck 2000b, 251.

133) MacMullen 1988, 124; Lewis and Reinhold 1990, II. 469~471.

134) Millar 2004, 132, 156; Eck 2000b, 251; Lewis and Reinhold 1990, II. 470.

135) Millar 1981, 61~62; Lendon 1997, 3~5; Lintott 1981, 50~52; MacMullen 1988, 145.

136) 『한서』 19상 721 주; 『후한서』 24.3558~3559; 蘇俊良 2001, 116~117.

137) 于振波 2012, 191~192.

138) 許倬雲 2005, 65; Loewe 2006, 64~65. 2009, 74.

139) 蘇俊良 2001, 75~78, 119~121.

140) 卜憲群 2002, 286~288, 293, 316; Loewe 2006, 38~39.

141) 『후한서』 24.3558~3559; Hsu 1965b, 368~369.

142) 『후한서』 24.3555.

143) Heather 2005, 28; Kelly 2004, 111; Jones 1964, 1057; Cameron 1993, 39~41.

144) 蘇俊良 2001, 78~80; 廖伯源 2003, 280.

145) 『한서』 19상 743.

146) Light 2003. [역주] 2002년 미국 인구를 3억 명으로 본다 해도 176명당 1명으로는 계산이 맞지 않는다. 170,000×176=29,920,000에 불과하기 때문이다. 아마 1,760명당 1명으로 계산해야 할 듯하다.

147) Jones 1964, 725~726.

148) 『사기』 129.3261, 3274, 3281.

149) Wiedemann 1981, 8; Garnsey and Saller 1987, 43~51; Rostovtzeff 1957, 192, 343, 346.

150) Scheidel 2009b, 170~178; Greene 1986, 48~50, 59~62; Jones 1974, 69, 75~76.

151) Scheidel 2009b, 143~155; 林甘泉 2007, 395~403; 李劍農 2005, 180~186.

152) 『한서』 72.2075~2076.

153) Brunt 1981, 161~162; Potter 2004, 55; Jones 1974, 132~135.

154) 『한서』 24상 1135; 林甘泉 2007, 426~436; 李劍農 2005, 238.

155) Millar 1981, 93; Nishijima 1986, 597.

156) [역주] 탁전(度田): 동한 초기에 광무제가 세수를 늘리기 위해 시행한 세금 정책. 각 주와 군의 실제 토지의 면적, 비옥도, 호구 등을 조사하여 세금을 매겼다. 당시에 막대한 토지를 겸병하고 있던 지방 호족의 극심한 반대에 부딪쳤다.

157) 『후한서』 1하 66~67. 22.780~781; Jones 1974, 86~88, 129.

158) Jones 1974, 164~165; Potter 2004, 56~57.

159) 『한서』 1하 46. 7.230; 林甘泉 2007, 437~443; 錢穆 1957, 166~168.

160) Millar 1981, 99, 120~122; Mattern 1999, 83~86; Jones 1964, 614~619.

161) 『염철론』 「요역」; De Crespigny 2009, 93.

162) 錢穆 1957, 136~145; 林甘泉 2007, 481~491; 赫治淸, 王曉衛 1997, 52~56.

163) Millar 1981, 81, 97~98; Jones 1964, 724.

164) 林甘泉 2007, 463~468; Nishijima 1986, 599.

165) Jones 1974, 172~173; Potter 2004, 59.

166) 『관자』 「산국궤(山國軌)」; 『한비자』 「육반」.

167) [역주] 산민(算緡): 한 무제 때 시행된 상인의 영업자산에 대한 특별과세. 자산 2,000전(錢)에 1산(算), 즉 120전, 수공업자에게는 4,000전에 120전을 매겼다. 또 말 한 필이 끄는 마차(軺車)에 대하여 일반인에게는 1산, 상인에게는 2산의 세규을 부과했고, 길이 5장(약 15미터) 이상의 배에는 1산을 부과했다.

168) 『한서』 72.3075; 錢穆 1957, 152~156.

169) 『사기』 129.3272, 3274.

170) Jones 1974, 116. 1964, 1043; 『한서』 24상 1137.

171) Hopkins 1980, 104~105, 122.

172) 荀悅, 『한기(漢紀)』, 田昌五·安作璋 2008, 247에 인용; Nishijima 1986, 597~598.

173) 『한비자』 「육반」.

174) 『후한서』 49.1656.

175) Aristotle, *Politics* 1294a.

176) Hart 1961, 2~3, 6~11.

177) Cornell 1995, ch. 11; Borkowski 1997, 28~30.

178) Eder 1986; Turner 1993, 314~315. 2009, 62~63.

179) 위의 인용문은 『좌전』 「소공」 6. 아래 인용문은 「소공」 29.

180) 寧全紅 2009, 28~29, 33~34.

181) 『주례』 「대사구(大司寇)」; 錢穆 2001, 378~387; 鄭秦 1997, 40~42; 주나라의 혹형은 4.5절 참조.

182) 『좌전』 「소공」 14.

183) 『사기』 46.1888.

184) 錢穆 2001, 370~373; 梁啓超 1996, 56.

185) 『좌전』 「소공」 13.

186) 『맹자』 「고자」 하.

187) 童書業 2006b, 187~189; 寧全紅 2009, 90~98; 鄭秦 1997, 5~6; 邢義田 2011, 7~11; 林乾 2013, 143~145.

188) Eder 1986.

189) Ch'ü 1965, 278; Turner 1993, 314~315. 2009, 62~63.

190) Bodde and Morris 1967, 17.

191) 鄭秦 1997, 6.

192) 范忠信 等 2011, 4~9.

193) 趙翼, 『이십이사차기』 권2; 徐祥民·胡世凱 2000, 116~118.

194) 『염철론』 「형덕(刑德)」; 『춘추번로』 「정화(精華)」; 李玉福 2002, 26~36.

195) 王彦輝 2010, 176.

196) 鄭秦 1997, 101.

197) 『한서』 50.2311.

198) 『한서』 24하 1168. 44.2152~2153.

199) 『한서』 24하 1160.

200) 『사기』 118.3094, 121.3129; 『한서』 27상 1334.

201) 『한서』 6.174, 44.215; 徐復觀 1985, II. 305.

202) 趙翼, 『이십이사차기』 권3.

203) 于振波 2012, 287~294.

204) 『삼국지』6.179 주에 인용된 『위서(魏書)』; 張燦輝 2008, 161.

205) 『후한서』48.1611.

206) 金春峰 2006, 176; 李王福 2002, 35.

207) 『한서』48.2252; 『예기』「경해(經解)」; 『논어』「위정」; 梁啓超 1996, 97~98.

208) 『상군서』「일언」; 『한비자』「정법」; 2.2절 참조.

209) 『논어』「안연」; 『맹자』「등문공」상.

210) Polybius, 6. 35~38; Bernstein 1994, 60~61.

211) 『상군서』「획책」; Tacitus, *Annals*, 3. 27.

212) Cicero, *Laws* 2. 59.

213) Pythagoras, Hegel 1952, §153 인용문.

214) Aristotle, *Ethics* 1180b; *Politics* 1332b~1333a; Swanson 1992, 144~149.

215) 『상군서』「획책」; 許建良 2012, 210~216, 250~252, 265~266.

216) 『상군서』「상형」, 「획책」, 「일언」; 『한비자』「칙령(飭令)」; 『관자』「군신(君臣)」상.

217) 『한비자』「내저설(內儲說)」상; 『관자』「금장(禁藏)」; 許建良 2012, 203~209.

218) Aristotle, *Politics* 1307b.

219) 劉海年 2006, 84~93.

220) 오행상극의 '금극목(金剋木)'에 비유하기도 한다. 沈松勤 1998, 60 인용.

221) 『맹자』「양혜왕」상.

222) 『맹자』「진심」하. [역주] 풍부(馮婦)는 호랑이를 잘 잡는 진(晉)나라 사람으로, 의기(義氣)는 있
으나 절제할 줄 모르는 사람을 비유한다.

223) 『맹자』「이루」하.

224) 黃建羅 2013, 4~13.

225) 『맹자』「진심」상, 주희 주.

226) 『논어』「자로」.

227) 『맹자』「만장」상, 「이루」하.

228) 『맹자』「이루」상.

229) 『예기』「단궁(檀弓)」, 「곡례」.

230) 『사기』68.2231.

231) 『후한서』28상 958; 呂思勉 2005, 638~640.

232) 于迎春 2000, 335~337; 范忠信 等 2011, 77, 113~116; 趙翼, 『이십이사차기』권5.

233) 梁啓超, 「논공덕(論公德)」.

234) Hart 1961, 28, 77~79.

235) Borkowski 1997, 34~38, 55~62; Finer 2007, 536~537.

236) 『한서』 24상 1137, 1135; 2.8절 참조.

237) 『한서』 76.3213; 『후한서』 76.2472.

238) Huang 1996, 15, 81.

239) 陳榮捷 1976, 57~64; 許建良 2012, 34~71.

240) Yu 2007, 157~158.

241) Aristotle, *Politics* 1287a; Cicero, *Laws* 2. 11. *Politics* 3. 33.

242) 徐祥民·胡世凱 2000, 97~98; Crook1967, 25~26.

243) Lawson 1965, 105~108.

244) 王粲「유리론(儒吏論)」, 于迎春 2000, 351에 인용; 王符『잠부론』「삼식(三式)」, 「애일(愛日)」.

245) 『포박자(抱朴子)』「심거(審擧)」, 閻步克 1997, 478에 인용; 『통전(通典)』, 林乾 2004, 103에 인용.

246) 『진서』 30, 923; 蘇俊良 2001, 224~225.

247) Bodde and Morris 1967, 6; Peerenboom 2002, 39.

248) 『후한서』 67. 2187; 劉文起 1995, 211~212.

249) 『한서』 50. 2310.

250) 『한서』 19상 730; 顏師古 應劭 주석.

제7장 외교 책략

1) Bishop Ambrosius quoted in Heather 2005, 190.

2) Gills and Frank 1993, 163~9; Teggart 1939.

3) www.chinaandrome.org/Simplified/silkroad/land.htm

4) Scullard 1976, 53~56.

5) Southern 2001, 195~198; Todd 1992, 19, 47~52.

6) Todd 1992, 9~10, 17~19; Southern 2001, 207~208.

7) Heather 2005, 46~55; Southern 2001, 195~198, 207~208.

8) Tacitus, *Germania* 33.

9) Thompson 1996, 33, 235~237.

10) 『사기』 110. 2879; Ammianus 31.2.6.

11) Khazanov 1994, 16; Di Cosmo 2002, 24~27, 35; Beckwith 2009, 320~321.

12) 『사기』 110. 2879; Ammianus 31.2.12.

13) Di Cosmo 1994, 1101~1103, 1114~1115; Khazanov 1994, 202~206, 222~223.

14) Barfield 1989, 8; Khazanov 1994, 254.

15) Lattimore 1940, 472~475.; Beckwith 2009, 320~324.

16) 『사기』 50.2879, 2892; Sinor 1981; Thompson 1996, 58~60.

17) Plutarch, *Crassus* 24~25; Dien 1986, 36; Needham, *Science*, Vol. 5(6), 278.

18) 『한서』 49. 2281; Needham, Science, Vol. 5(6), 121~123.

19) Herodotus 4. 46; Thompson 1996, 28.

20) 『사기』 112.2954.

21) Yü 1986, 390~391.

22) 『한서』 94.3756~3757, 96상 3890~3891.

23) Strabo XI. 8. 2. Liu, X. 2001.

24) Narain 1990, 155~161; Millar 1981, 283~284; Beckwith 2009, 84~85.

25) www.chinaandrome.org/Simplified/silkroad/prelude.htm의 지도 참조.

26) 『사기』 63.2157~3172; Millward 2007, 20~21.

27) Bivar 1983a, 191~193; Millward 2007, 13~15; Katouzian 2009, 42~44.

28) Bivar 1983a, 189~191; Katouzian 2009, 41~48.

29) 『사기』 123.3172~3173; 『한서』 96상 3890.

30) Katouzian 2009, 46~48; Millar 1981, ch. 14.

31) Ball 2000, 8~9, 12~18; Heather 2005, 202~203.

32) [역주] 기미(羈縻): '기(羈)'의 뜻은 굴레고, '미(縻)'는 고삐다. '기미'는 제약과 구속을 뜻한다. 한나라 이래 중국의 대외정책의 일환이다. 중국은 중원에서 비교적 멀리 떨어진 나라에 무력과 포용 정책을 동시에 구사하며 외교관계를 끊지 않았다. 기미부주(羈縻府州)에는 현지 이민족 고유의 통치방식과 생활습속을 유지하게 했다. 주민은 '호적에 편입되지 않았으며' 조세나 부역의 부담도 지지 않고 고도의 자치권을 가졌다. 특히 당나라 때는 800여 곳의 기미부주를 설치했다.

33) 『한서』 57하 2583.

34) 彭建英 2004, 2~16; Yang, L~S. 1968, 31~33.

35) 『사기』 110. 2890~2891, 2899; 錢穆 1957, 135.

36) [역주] 삭방(朔方): 지금의 산시성(陝西省) 북쪽 황허가 서쪽에서 동쪽으로 가로지르는 지역이다. 한 무제 때 삭방군을 설치했다.

37) 『사기』 110. 2885~2888, 2891; 陳序經 2007, 174~185; Di Cosmo 2002, 163, 174~179; Barfield 1989, 8, 32~41.

38) 『사기』 110. 2894~2895; 林幹 2007, 44~47.

39) 『사기』 110. 2895, 2901, 2904; 『한서』 5. 150~151; 陳序經 2007, 218~222.

40) 『한서』 4. 119~120; Loewe 2009, 68.

41) 『한서』 52.2399.

42) 陳序經 2007, 211~217; Chang 2007, 146~151.

43) 『사기』 30. 1420.

44) 『한서』 52. 2399~2403; 余英時 2005, 21~22.

45) 『사기』 81. 2450.

46) 『한서』 52. 2403~2405, 94상 3765; 林幹 2007, 47~48.

47) 林幹 2007, 48~49.

48) 『사기』 110. 2906~2911; 戰爭簡史編寫組 2005, 105~112.

49) 陳序經 2007, 281~286.

50) 錢穆 1957, 122~123; 田昌五·安作璋 2008, 200~203.

51) 『사기』 123. 3168~3173; 田昌五·安作璋 2008, 203~206.

52) 『한서』 96상 3871~3872.

53) 『사기』 123. 3175~3179; 田昌五·安作璋 2008, 206~208. [역주] 한혈마는 피와 같은 땀을 흘리
며 하루에 천 리를 달린다는 명마. 장건에 의해 대완에 있는 것으로 보고되었으나 대완이 진상을
거부하자 이광리의 원정을 통해 3,000여 마리를 노획했다.

54) 戰爭簡史編寫組 2005, 114~115

55) 『한서』 96하 3912~3914, 3922.

56) 5. 6절 참조.

57) 『한서』 94상 3781, 3785; 林幹 2007, 53~55.

58) [역주] 해우공주(解憂公主): 한나라 황실 종친인 초왕(楚王) 유무(劉戊)의 손녀. 오손과의 화친을 위
해 공주로 봉해져 오손 국왕 잠추(岑陬)의 우부인으로 출가했다.

59) 『한서』 94상 3785~3787, 96하 3901, 3905, 70. 3003~3004; 陳序經 2007, 286~292.

60) 『한서』 70. 3005~3006. 96상, 3874.

61) 『한서』 94하 3797~3902, 70. 3008~3014.

62) 『한서』 94하 3826, 3832~3833; Yü 1986, 394~398; Loewe 1986b, 211~212.

63) 『한서』 94하 3803, 3806; 陳序經 2007, 315~317.

64) 『후한서』 지 23. 3533 주석에 인용된 應劭의 『한관(漢官)』.

65) 『후한서』 89. 2940; 陳序經 2007, 339~347.

66) 『후한서』 18. 695~696. 88, 2924; Yü 1986, 413~414; De Crespigny 2009, 109; Lewis 2009,
238~239.

67) 『후한서』 89. 2942, 2949.

68) 田昌五·安作璋 2008, 362~369; 陳序經 2007, 354~358.

69) 『후한서』 41.1415~1416. 89, 2955.

70) 林幹 2007, 98~101, 171~178; 陳序經 2007, 380~386.

용과 독수리의 제국

71) 『후한서』 48. 1597~1598, 19. 721~723.

72) 『한서』 96하 3930; 『후한서』 48. 1597.

73) www.chinaandrome.org/Simplified/silkroad/beginning.htm의 지도 참조.

74) 『한서』 70. 3010~3211, 79. 3294, 94하 3801.

75) 『후한서』 47. 1571~1575; 陳序經 2007, 370~375.

76) 『후한서』 47. 1575~1582, 88. 2909~2910.

77) 『후한서』 47. 1586~1590, 88. 2911~2912; 田昌五·安作璋 2008, 369~375.

78) 趙翼, 『이십이사차기』 권2, 3; 錢穆 1957, 142~144.

79) 『후한서』 47. 1594; 錢穆 1940, 198~199.

80) 『후한서』 47. 1587~1589.

81) 『잠부론』 「변의(邊議)」.

82) [역주] 삼보(三輔): 서한 무제 때 도성 장안을 보위하기 위해 설치한 세 곳의 행정구역이다. 경조
(京兆), 좌풍익(左馮翊), 우부풍(右扶風)을 가리킨다.

83) 『후한서』 87. 2869, 2876~2878; 翁獨健 2001, 134~137.

84) 『후한서』 65. 2129, 87. 2878, 2886; 田昌五·安作璋 2008, 422~423.

85) 『잠부론』 「실변(實邊)」.

86) 『후한서』 87. 2886~2888; 張燦輝 2008, 112, 118~123, 131.

87) 『후한서』 58. 1868; 張燦輝 2008, 127~128.

88) 田昌五·安作璋 2008, 423~426.

89) 『후한서』 18. 695, 28. 3621~3622, 60상 1954.

90) 『후한서』 87. 2889~2890.

91) 『한서』 24상 1139, 24하 1172~1173; 林甘泉 2007, 35~37.

92) 錢穆 1940, 196~198; 張燦輝 2008, 126.

93) Virgil, *The Aeneid*, 1. 374~375, 379.

94) Cicero, *Philippic* 6.19; Yang and Mutschler 2009, 110~111.

95) Rutilius Claudius Namatianus quoted in Grant 1990, 184.

96) Keppie 1984, 146, 150~151, 173~174; Mattern 1999, 83~85, 205~206.

97) Dio 54.11; Wells 1992, 69~70, 124~125.

98) Dio 54.8; Isaac 1992, 20~29, 52~53.

99) Fulford 1992, 295~296; Wells 1992, 71~72.

100) Seager 1972, 18~23; Wells 1992, 70~73.

101) Seager 1972, 32~35; Keppie 1984, 160~168.

102) Todd 1992, 265~267; Heather 2005, 46~48, 55.

103) Dyson 1971, 256~257; Isaac 1992, 54, 56~57.

104) Suetonius, *Augustus* 23; Dio Cassius 56. 18~23; Wells 1992, 75~76.

105) Augustus 26. Tacitus, *Annals* 1,11; Gruen 1990, 407~408.

106) 『오자병법』「도국편」.

107) Tacitus, *Annals* 2. 17~18, 20, 25; Seager 1972, 61~74; Heather 2005, 57~58.

108) Mattern 1999, 90~93.

109) Bennett 1997, 85~89, 94~95, 99~101; Mattern 1999, 93; Southern 2001, 120~121.

110) Isaac 1992, 28~30.

111) Rostovtzeff 1957, 355~358; Bennett 1997, 200; Lightfoot 1990.

112) Dio, in Bennett 1997, 204.

113) Birley 1987, 140~141, 149; Millar 1981, 117~118.

114) Birley 1987, 149, 163~166; Todd 1992, 55~56; Heather 2005, 86~88.

115) Birley 1987, 176~179, 208~210.

116) Southern 2001, 33~34, 41~42, 53~54, 59~63.

117) Southern 2001, 227~244; Luttwak 1976, 154.

118) Isaac 1992, 5~6, 15~16, 52; Millar 2004, 193. 1993, 99, 102.

119) Dio Cassius 75. 3, 56. 33.

120) Lightfoot 1990, 124; Mann 1979, 183; Heather 2005, 160~162.

121) Todd 1992, 56~59; Southern 2001, 205~208; Heather 2005, 84~86.

122) Todd 1992, 152; Cameron 1993, 4. Southern 2001, 211, 215.

123) Heather 2005, 63; Luttwak 1976, 188~190.

124) Luttwak 1976, 130.

125) Luttwak 1976, 178~179, 186~188; Shaw 1999, 149.

126) Jones 1964, 97~99; Potter 2004, 451; Whittaker 1994, 208.

127) Todd 1992, 249~283; Heather 2005, 72~73, 145~146, 158~181.

128) Heather 2005, 63, 181~182.

129) Jones 1964, 156~157, 169; Heather 2005, 182~189. Gibbon 1994, II. 57.

130) Heather 2005, 193~195, 198~199, 212~213; Mitchell 2007, 89, 250.

131) Murray and Grimsley 1994, 2~3; Wheeler 1993, 12, 35; Kennedy 1983, ix, 5; Kagen 2006, 348~349.

132) Johnston 1995.

133) Taliaferro, Loebll, and Ripsman 2009, 23~32; Murray and Grimsley 1994, 17.

134) Tacitus, *Annals* 15. 25.

135) 『한서』 94상 3754~3755.

136) Gruen 1990, 395~396, 406~412; Whitakker 1994, 36; Wells 1992, 76~78.

137) 趙翼, 『이십이사차기』 권2; 『한서』 6. 212, 75. 3156.

138) 『한서』 96하 3912~3914, 3922.

139) Tacitus, *Annals* 1.11; Dio Cassius 56.33.

140) 『한서』 96하 3912.

141) Tacitus, *Annals* 1.11; Birley 1997, 78; Bennett 1997, 203.

142) Tacitus, *Annals* 4.32; Ober 1982; Whittaker 1994, 29~30, 35~36.

143) Strabo 2.5.8; Mattern 1999, 158~161.

144) 『후한서』 88. 2924; Yü 1986, 413~414.

145) 『鹽鐵論』「주진(誅秦)」, 「우변(憂邊)」, 「지광(地廣)」; 『한서』 49. 2278, 2285, 51. 1688.

146) Themistius quoted in Goffart 1989, 290.

147) 『자치통감(資治通鑑)』 22. 727.

148) 『후한서』 18. 696.

149) Bielenstein 1986b, 268.

150) 『사기』 6. 236, 246, 243.

151) http://www.chinaandrome.org/Simplified/culture/empires.htm의 그림 참조.

152) Hingley 2005, 2, 9, 44~45; Brunt 1978, 162, 168; Gruen 1984, 274, 281, 329; Harris 1978, 129.

153) Yü 1986, 377~379; Mattern 1999, ch. 2.

154) Mattern 1999, 110.

155) 『한서』 94상 3762.

156) [역주] 오복(五服): 주나라 때 도성 바깥을 500리 간격으로 구획을 나눠 그곳 강역을 부르던 호칭
이다. 도성에서 먼 곳으로 나아가며 각각 전복(甸服)·후복(侯服)·수복(綏服)·요복(要服)·황복(荒服)
이라 불렀다.

157) 彭建英 2004, 7~8; 李大龍 2006, 13~18.

158) 李大龍 2006, 19; Luttwak 1976, 22.

159) 『후한서』 지 7. 3163, 주석에 인용된 『풍속통(風俗通)』.

160) 『손자병법』「모공편」.

161) 『한서』 64상 2787~2788.

162) Luttwak 1976, 3; Wheeler 1993, 36.

163) Mattern 1999, 119, 115~117.

164) Polybius 10.15; Tacitus, *Annals* 12.17.

165) Heather 2005, 457, 81; Shaw 1999, 133.

166) 『국어』「주어(周語)」상; 『사기』 122. 3166; 『후한서』 47. 1589; 李大龍 2006, 28~29.

167) Heather 1997, 73.

168) 『후한서』 48. 1609.

169) Tacitus, *Agricola* 21.

170) Thompson 1982, 15; Southern 2001, 196~198.

171) 余英時 2005, 82~101; 彭建英 2004, 56~59.

172) 『후한서』 90. 2991; 錢穆 1957, 129.

173) In Thompson 1982, 5; Gibbon 1994, ch. 26, 1078.

174) 『사기』 123. 3169.

175) Augustus 26. 31.

176) 『후한서』 89. 2946.

177) Millar 2004, 220~225.

178) 『한서』 94하. 3834; 『후한서』 89, 2946~2948; 彭建英 2004, 17~21; 李大龍 2004, 145~150.

179) 『후한서』 86. 2838; 林幹 2007, 56~62, 90~91.

180) Tacitus, *Annals* 2.60; *Germania* 42; Pitts 1989, 46~53.

181) Braund 1984, 9~17, 23~29; 彭建英 2004, 21~34.

182) Southern 2001, 201~203; 中國軍事史編寫組 2006b, 110, 134.

183) Dio Cassius 72.16; 『후한서』 87. 2886.

184) Mattern 1999, 86~87; 余英時 2005, 73~74.

185) Southern 2001, 192~193; Heather 1997, 69~71; 余英時 2005, 70~72.

186) 彭建英 2004, 46~48; 林幹 2007, 52~53, 90~92.

187) 李大龍 2006, 86~91, 150~152, 209~211; 陳序經 2007, 403~413.

188) Heather 2005, 184~188; Southern 2001, 188~190, 198~200.

189) Ruyard Kipling, *Puck of Pook's Hill*, quoted in Whittaker 1994, 1.

190) 景愛 2002, 193~194; Isaac 1992, 408~409.

191) 『손자병법』「형편(形篇)」.

192) Luttwak 1976, 55~66; Isaac 1992, ch. 9; Whittaker 1994, Ch 1.

193) Luttwak 1976, 69~78.

194) Fulford 1992, 296~299; Millar 1981, 119~125; Wells 1992, 125~128; Keppie 1984, 147~150.

195) Luttwak 1976, 131~137; Southern 2001, 114, 155, 214, 252.

196) 『한서』 69. 2989, 8. 268, 94하 3810.

197) Loewe 2009, 80~81; Di Crespigny 2009, 93.

198) 『후한서』 72. 2323.

199) 『한서』 49. 2285~2289, 94상 3784.

200) 『한서』「지리지(地理志)」와 『후한서』「군국지(郡國志)」의 자료 통계에 근거함; 錢穆 1940, 195~199.

201) 『후한서』 70. 2258.

202) 周一良 1997, 15~26, 「걸활고(乞活考)」 참조.

203) Jones 1964, 649~653; Luttwak 1976, 171~173.

204) 『한서』 94상 3770; 錢穆 1957, 142~143.

205) 『한서』 69, 2984~2992.

206) Dio Cassius 69.14; Whittaker 1994, 188, 228~229; Ste. Croix 1981, 476.

207) 『한서』 94하 3803~3804.

208) 翁獨健 2001, 180; Mitchell 2007, 202.

209) 『한서』 94상 3760; Thompson 1996, 205~207.

210) 『진서(晉書)』 101. 2645~2649.

211) MacMullen 1966, 231~232.

제8장 제국의 쇠망

1) Barnes 1981, 249.

2) Bury 1958, 15~16; Jones 1964, 83, 92, 97, 107~109; Heather 2005, 68.

3) Panegyric quoted in Mitchell 2007, 67.

4) Barnes 1981, 259.

5) 『후한서』 4. 165. [역주] 시법(諡法): 임금, 대신, 공신, 학자, 문인 등이 죽은 후 그들의 공적 및 덕망에 근거하여 시호(諡號)를 추증하는 방법이다. 조정에서 시행하는 것이 일반적이나 제자나 동료가 고인을 추모하여 사시(私諡)를 봉헌하기도 한다. 주나라 주공이 시법을 정한 이래 각종 문헌이 전해진다. 대표적인 것으로 『일주서(逸周書)』「시법해(諡法解)」, 『시법(諡法)』(宋 蘇洵) 등이 있다.

6) Ebrey 1986, 621.

7) 『후한서』 4.195.

8) [역주] 다섯 북방 민족: 오호(五胡)라고 부른다. 중국 남북조시대에 북방에 할거한 흉노·선비·갈(羯)·저(氐)·강(羌)의 다섯 이민족을 가리킨다.

9) Beck 1986, 357~369; Lewis 2009.

10) Heather 2005, xii.

11) Ward-Perkins 2005, 32~33에 인용된 Demandt의 표.

12) Brown 1971; Goffart 1989, Pohl 1997.

13) Millar 1981, 9.

14) Ebrey 1986, 611; 『잠부론』「부치(浮侈)」.

15) Heather 2005, 17; Brown 1971, 14, 118.

16) 錢穆 1940, 169~171, 176~177, 184~185; 田昌五·安作璋 2008, 386~388.

17) Brown 1971, 116~117; 余英時 2003, 252~253.

18) Jones 1964, 444; Cameron 1993, 116~117.

19) 田昌五·安作璋 2008, 355~356; Ebrey 1986, 612~613; Scheidel 2009b, 154, 175~176.

20) Whittaker and Garnsey 1998, 279~284; Heather 2005, 114~115; Jones 1964, 1040.

21) 許倬雲 2005b, 제4장, 제5장; Ebrey 1986, 609, 613~614, 622~624.

22) McNeill 1976, ch. 3.

23) Bivar 1983b, 93~94.

24) Birley 1987, 149~151; Gibbon 1994, I.302.

25) 『후한서』지 17. 3350~3351; 『삼국지』2. 82, 3. 101; 『진서』4.92. 5.124; 王仲犖 2003, 26.

26) 『후한서』지 17. 3351, 주에 인용된 조비·조식의 글; 曹文柱 2008, 86.

27) 『후한서』71. 2299.

28) Heather 2005, 182; Hopkins 1980, 117~118; Bury 1958, 62; Potter 2004, 17.

29) Jones 1964, 684; Heather 2005, 63~64; MacMullen 1988, 41, 174.

30) 『한서』28하 1640. 『후한서』지 23. 3533, 3534 주 인용; 『삼국지』22. 637 주 인용.

31) 『삼국지』22. 637; 王仲犖 2003, 170; Graff 2002, 35~36.

32) 羅丹華 1989.

33) 『한서』16. 527.

34) 『진서』26. 791.

35) 赫治淸·王曉衛 1997, 61~63, 72~75, 86~87; 呂思勉 2005b, 612~614; Graff 2002, 30~39. [역주]
세병제(世兵制): 군인 직업을 대대로 세습하는 제도.

36) Jones 1964, 1031; Goldsworthy 2009, 272; Bury 1958, 3.

37) Thompson 1996, 56; Heather 2005, 328.

38) Thompson 1982, 15~19.

39) Heather 2005, 446; Bury 1958, 104~105.

40) Heather 2005, 63~64; Mitchell 2007, 167.

41) Ward-Perkins 2005, 68; Heather 2005, 198; Goldsworthy 2009, 43.

42) 翁獨健 2001, 180~181, 193~194.

43) 『후한서』89.2953.

44) 『진서』97.2548~2549; 馬長壽 2006a, 88~91; 翁獨健 2001, 169~170.

45) 翁獨健 2001, 178~180, 195~196; 馬長壽 2006b, 160~161, 176~183, 191, 204, 231.

46） 翁獨健 2001, 134~513; 張燦輝 2008, 116.

47） 『진서』 56. 1531~1533; 王仲犖 2003, 186.

48） 『진서』 2. 40. 102. 2665; 翁獨健 2001, 184~185.

49） [역주] 팔왕(八王)의 난: 서진 초기 황위 계승을 둘러싸고 발발한 내란이다. 여남왕(汝南王) 사마량
(司馬亮), 초왕(楚王) 사마위(司馬瑋), 조왕(趙王) 사마륜(司馬倫), 제왕(齊王) 사마경(司馬冏), 장사왕(長
沙王) 사마예(司馬乂), 성도왕(成都王) 사마영(司馬穎), 하간왕(河間王) 사마옹(司馬顒), 동해왕(東海王)
사마월(司馬越)이 반란에 가담했다. 최후에 동해왕 사마월이 조정의 권력을 장악했다.

50） 曹文柱 2008, 36~40; 王仲犖 2003, 205~206.

51） 『진서』 56.1531~1533. 97, 2549; 翁獨健 2001, 180~181.

52） 陳序經 2007, 406~411; 林幹2007, 167~168; 『후한서』 90. 2991. 84. 2801. 48. 1610.

53） Thompson 1958, 3, 6.

54） Goldsworthy 2009, 220~221, 254, 311; Thompson 1958, 18~22.

55） 『한서』 87. 2890; 『진서』 57. 1554~1555.

56） Thompson 1958, 18~19; Heather 2005, 183~184.

57） MacMullen 1988, 191; Grant 1990, 22~23; Goldsworthy 2009, 415.

58） MacMullen 1974, 38.

59） 蘇俊良 2001, 116~117, 183; MacMullen 1974, 94.

60） 林劍鳴 2003, 829~830, 863~864, 925~927.

61） 『후한서』 42. 1431; Ebrey 1986, 624.

62） Wells 1992, 178~179; Brown 1971, 34; Jones 1964, 554~556, 784, 787; Starr 1982, 170~171.
Bastomsky 1990, 41.

63） Jones 1964, 1045.

64） 王符, 『잠부론』 「부치」; 『후한서』 54. 1772.

65） Jones 1964, 1046~1047; Goldsworthy 2009, 361.

66） 『후한서』 72상 2724; 錢穆 1940, 169~171, 176~179, 184~185; 唐長孺 2011, 278; 余英時 2003,
258~259, 278~280.

67） Jones 1974, 116; 1964, 795~796, 1043; 『한서』 24상 1137; 瞿同祖 2007, 113.

68） 許倬雲 2005b, 59~62, 202; Starr 1982, 171; Ebrey 1986, 625~626.

69） Whittaker and Garnsey 1998, 293; Jones 1964, 795~797; Mareoiic 1998, 357.

70） 『삼국지』 46. 1105 주; 呂思勉 2005b, 612~614; 赫治淸 · 王曉衛 1997, 61~63.

71） Jones 1964, 614~617, 619~621, 683~684, 1042; Shaw 1999, 135; MacMullen 1966, 199.

72） 『삼국지』 35. 923; Wardman 1984, 224.

73） Shaw 1984; Escherick 1983; Hobsbawm 1959, ch. 2; Blok 1972.

74) Shaw 1984, 9~16, 37~40; MacMullen 1966, 193~198, 200; Potter 2004, 120~122, 131, 281.

75) Thompson 1952, 11~12; Ste. Croix 1981, 478~479; Ward – Perkins 2005, 45~46, 48.

76) 許倬雲 2005b, 141~142; 田昌五·安作璋 2008, 440~447.

77) Goldsworthy 2009, 301~302.

78) 『진서』 4. 108.

79) 『후한서』 79상 2547; De Crespigny 2009, 103~105, 109.

80) Heather 2005, 221, 312; Jones 1964, 527, 539, 555; Gibbon 1994, II.172.

81) Brown 1971, 119.

82) Jones 1964, 371, 608.

83) Syme 1958, 62.

84) Jones 1964, 1066, 160, 177, 559~561.

85) Brown 1971, 120, 30.

86) 『후한서』 70.2258. 46, 1548; 柳春新 2006, 136~138.

87) 徐幹 『중론』 「견교」, 余英時 2003, 255에 인용; 劉文起 1995, 41~44.

88) 『후한서』 8.342. 52.1731. 78.2535~2536; 徐難于 2002, 121~125, 133~135.

89) Jones 1964, 393~398.

90) Jones 1964, 109쪽에 인용된 암미아누스.

91) MacMullen 1988, 151.

92) 『후한서』 56. 1826; 劉文起 1995, 41~48; 于迎春 2000, 421~422, 430~431.

93) 錢穆 1940, 187~191.

94) Jones 1964, 400; MacMullen 1988, 196.

95) Goldsworthy 2009, 310; MacMullen 1988, 172~177, 192.

96) Jones 1964, 684; Whittaker 1994, 263~264.

97) 余英時 2003, 359.

98) 『후한서』 32. 1122; 于迎春 2000, 430~431.

99) 呂思勉 2005b, 467~470; 錢穆 1940, 217~218.

100) 趙翼, 『이십이사차기』 권5; 于迎春 2000, 430~431.

101) 『후한서』 74상 2373~2375. 『삼국지』 6. 190~191, 1. 31 주에 인용된 『일사전(逸士傳)』.

102) 『좌전』 「소공」 25; 錢穆 1940, 217.

103) 崔寔 『정론』; 于迎春 2000, 420引.

104) 劉文起 1995, 42~48, 61~62; 田昌五·安作璋 2008, 384~387.

105) 錢穆 1940, 191; 余英時 2003, 359.

106) Grant 1990, 28~34; Gibbon 1994, I.618~621; Shaw 1999, 148.

107) Zosimus quoted in Potter 2004, 448; Luttwak 1976, 188, 178~179.

108) Ammianus 21.16; Jones 1964, 653.

109) Ward - Perkins 2005, 44~46; Goldsworthy 2009, 22, 119, 203, 408.

110) Hobsbawm 1959; Blok 1972.

111) 『한서』 99하 4170.

112) Shaw 1984; Escherick 1983, 276~277.

113) 余英時 2003, 223.

114) 『사기』 48. 1952, 8. 344. 7. 286, 6. 277.

115) 『후한서』 1상 21.

116) 『삼국지』 6. 210에 인용된 『위서(魏書)』.

117) 錢穆 1940, 215; 唐長孺 2011, 33~41.

118) 『후한서』 64상 2387.

119) 『맹자』 「양혜왕」 하.

120) 『맹자』 「고자」 상. 「고자」 하.

121) 『논어』 「자장」; 『맹자』 「공손추」 상.

122) 余英時 2003, 203.

123) 『후한서』 71. 2303. 79하 2689.

124) 『삼국지』 1.4의 주석에 인용된 『구주도춘추(九州島春秋)』; 『후한서』 73.2353.

125) De Crespigny 2009, 110.

126) 朱熹, 「답진동보서(答陳同甫書)」, 『문집(文集)』 권36.

127) 汪榮海 2010, 374~375.

128) 徐難于 2002, 1~30, 45~76.

129) 田昌五·安作璋 2008, 445~450.

130) 『후한서』 75. 2431; 田昌五·安作璋 2008, 458~462.

131) 『후한서』 74상 2373~2375; 柳春新 2006, 6~7.

132) 田昌五·安作璋 2008, 468~477, 479~480.

133) 『삼국지』 2. 89에 인용된 『전론(典論)』; 王仲犖 2003, 20~21.

134) 『삼국지』 15. 467.

135) 田昌五·安作璋 2008, 466~467.

136) 柳春新 2006, 10~21; 田昌五·安作璋 2008, 491.

137) [역주] 조조의 부친은 조숭(曹嵩)이고, 조숭이 환관 조등(曹騰)의 양자다.

138) 王仲犖 2003, 27~49; 柳春新 2006, 13~14, 20.

139) 王仲犖 2003, 50~58.

140) 『삼국지』1. 24, 26.

141) 『삼국지』12. 375.

142) 『삼국지』1. 32, 44, 49; 王仲犖 2003, 60~61.

143) 『삼국지』35. 930, 934.

144) 『삼국지』35. 929, 931; 王仲犖 2003, 85~86.

145) 『삼국지』1. 26. 41, 1012.

146) 王仲犖 2003, 131~145.

147) 『삼국지』28. 791 주에 인용된『한진춘추(漢晉春秋)』; 柳春新 2006, 174, 204.

148) 『진서』20. 613~614, 33. 995; 柳春新 2006, 206, 222~224.

149) 王仲犖 2003, 193~196.

150) 王仲犖 2003, 198~201.

151) 翁獨健 2001, 168~169; 馬長壽 2006b, 135~148.

152) 『삼국지』15. 469, 22. 638; 林幹 2007, 113~115; 陳勇經 2007, 405~406.

153) 『진서』52. 1445.

154) 『진서』53. 1445; 王仲犖 2003, 195~196.

155) 『진서』97. 2549, 56. 1529~1534; 陳勇經 2007, 412~413.

156) 林幹 2007, 174~176; 陳勇經 2007, 422~432; 翁獨健 2001, 184~185.

157) 王仲犖 2003, 223~225.

158) 『진서』59. 1625. 『자치통감』85. 2754~2755, 2759~2761, 2763.

159) 『진서』104. 2716~2718; 王仲犖 2003, 224~227; 曹文柱 2008, 132~133.

160) 王仲犖 2003, 202~204.

161) W. Henning quoted in Vaissiere 2004, 22.

162) Ammianus 31.2.1. 23.6.67.

163) 陳勇經 2007, 492~502; Sinor 1990, 177~179; Gibbon 1994, I.1035~1042.

164) Maenchen-Helfen 1973; Heather 2005, 148~149; Kelly 2008, 43~45.

165) Heather 2005, 324~333; Thompson 1996, 50~51, 230~231; Barfield 1989, 33, 36, 49~51.

166) Heather 2005, 150~154. 202~203; Thompson 1996, 35.

167) Thompson 1996, 52, 62~64; Kelly 2008, 54~55; Heather 2005, 330~332.

168) Thompson 1996, 71~72; Heather 2005, 281~282, 286~287; Kelly 2008, 113~115.

169) Thompson 1996, 90; Heather 2005, 300~304.

170) Heather 2005, 302~303; Goldsworthy 2009, 320~324.

171) Heather 2005, 312, 333~339; Thompson 1996, 213~214.

172) Heather 2005, 340~341; Bury 1958, 295~296.

173) Bury 1958, 297~298; Wickham 2009, 84.

174) Heather 2005, 369, 372~373.

175) Gibbon 1994, II, 70.

176) Jones 1964, 160, 177, 207, 1066; Brown 1971, 36, 120.

177) Brown 1967, 331~332; Gibbon 1994, II.20.

178) Gibbon 1994, II, 99; Cameron 1993, 149~150. MacMullen 1988, 172~177, 192.

179) Heather 2005, 295~297; Bury 1958, 253~254.

180) Bury 1958, 110~111; Heather 2005, 219.

181) Heather 2005, 212~214; Gibbon 1994, II.124.

182) Bury 1958, 109~112, 119~120, 160~163; MacMullen 1988, 185~186, 188~189.

183) Bury 1958, 160, 166~169; Heather 2005, 205~206, 221, 247.

184) Heather 2005, 214~217, 224; Jones 1964, 177, 1038.

185) Bury 1958, 182, 178~183; Heather 2005, 224~229.

186) Bury 1958, 189.

187) Heather 2005, 253~257.

188) Heather 2005, 258~262, 286~287.

189) Heather 2005, 265~272, 285~286, 288~289

190) Heather 2005, 372~375, 378~379.

191) Zosimus quoted in Thompson 1982, 240.

192) Tacitus, *Annals* 15.1.

193) Goffart 1989, 13~14.

194) Heather 2005, 385, 388~389, 399~406; Goldsworthy 2009, 357~359.

195) Heather 2005, 416~418, 425~430; Wickham 2010, 89~98.

196) Holcombe 1994. Bowersock, Brown, and Grabar 1999.

197) 『자치통감』 87. 2763, 2834~2835.

198) 周一良 1997, 15~26.

199) Goldsworthy 2009, 311.

200) MacMullen 1988, 52~53. Thompson 1982, 239.

201) Ward‒Perkins 2005, 3~10, 174; Wickham 2101. 8~10.

202) Jones 1964, 1058~1062.

203) Ward‒Perkins 2005, 23에 인용된 『진서』 26.791.

204) 王仲犖 2003, 205~207.

205) Ward‒Perkins 2005, 117~124, 139~146.

206) Gibbon 1994, II.124.

207) Ward-Perkins 2005, 11에 인용.

208) 蔡琰, 「비분시(悲憤詩)」 2수, 『후한서』 84.2800~2803.

209) Scheidel 2009, 20~23.

210) Goldsworthy 2009, 4~5; Mutschler and Mittag eds. 2009, xiii~xiv.

[부록 1] 한나라와 로마는 서로 알았을까

1) 『후한서』 88. 2910, 2918.

2) 『후한서』 88. 2910; Lu 1988, 54~56.

3) Ptolemy 1.11~12. 1.17; Young 2001, 188~191.

4) 위는 Pliny 34.41; 아래는 Pliny 12.41, 4.26, 84.

5) Pliny 6.24, 6.20.

6) Ammianus 23.6.67~8.

7) 『후한서』 88. 2918~2920.

8) Thorley 1971, 76~79; 余英時 2005, 162~163.

9) [부록 2] 참조.

10) Ball 2000, 400.

11) 『한서』 96상 3886.

[부록 2] 실크로드 무역

1) [역주] 독일 지리학자 리히트호펜(Richthofen, 1833~1905)이 처음 사용했다. 그는 1869~1872년 중국을 답사한 후 『중국(China)』이란 책 5권을 저술했고, 이 책 제1권 후반부에서 실크로드를 독일어로 '자이덴슈트라센(Seidenstraßen)'이라고 불렀다.

2) Elisseeff 2000; Whitefield 2004; Hansen 2012; 趙汝淸 2005.

3) 『한서』 96상 3872; 『후한서』 88. 2911~2914.

4) 『후한서』 88. 2914; 趙汝淸 2005, 165~180.

5) Ptolemy 1.11~12, 1.17; Young 2001, 188~191; 趙汝淸 2005, 157~161.

6) 『후한서』 88. 2920~2922; 『한서』 96상 3884~3885, 3890~3891.

7) Periplus 64.

8) Ball 2000, 123~128; Young 2001, 28~31; Lu 1988, 19~27.

9) 余英時 2005, 127~128; Lu 1988, 55~56.

10) 『한서』 95.3840~3841.

11) 『후한서』 86. 2851; 『한서』 96상 3890.

12) Young 2001, 28~34; 余英時 2005, 143~149.

13) 『후한서』 88. 2922, 2920.

14) Yü 1967, 152~155, 160~161.

15) Periplus 28, 39, 49.

16) 『염철론』 「역경(力耕)」; Lu 1988, 54~56.

17) Ball 2000, 74~76, 135~139; Lu 1988, 19~20.

18) 余英時 2005, 130~131.

19) 『염철론』 「역경」.

20) www.chinaandrome.org/Simplified/culture/dress.htm 참고.

21) 余英時 2005, 132, 136~137; Lu 1988, 70.

22) Young 2001, 1~4, 195; Lattimore 1940, 173~176.

23) Young 2001, 193, 211~217; Dignas and Winter 2007, 203.

24) 『염철론』 「역경」, 「지광(地廣)」; 余英時 2005, 158~159.

25) 余英時 2005, 46~50, 56~59, 90~92, 136~137.

26) Ammianus 23.6.67~68.

[부록 3] 진나라의 장성(長城) 공사

1) Waldron 1990, 16~18, 194~226.

2) 景愛 2002, 341~342.

3) 景愛 2002, 33~42.

4) 景愛 2002, 158~181.

5) 『좌전』 「선공」 11, 「소공」 32, 「정공」 1.

6) 『한서』 2. 88, 89, 90, 91.

7) 『좌전』 「장공」 29.

8) Wang Z. 1982, 2.

9) 『위서』 54. 1201~1202, Waldron 1990, 45에 인용.

10) Smith 2004, 130~131, 206~207, 230 231; Romer 2007, 458~460.

[부록 4] 참고지도

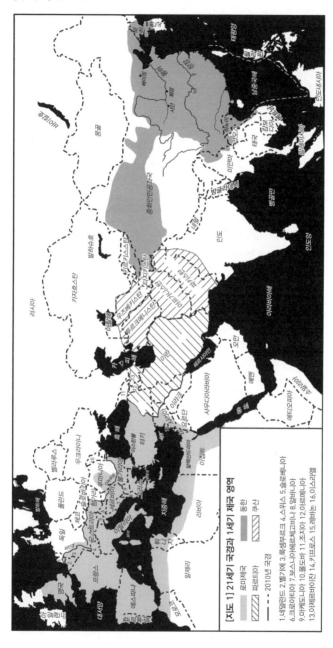

[지도 1] 21세기 국경과 1세기 제국 영역

로마제국 동한
파르티아 쿠산
--- 2010년 국경

1.네덜란드 2.벨기에 3.룩셈부르크 4.스위스 5.슬로베니아
6.크로아티아 7.보스니아헤르체고비나 8.알바니아
9.마케도니아 10.몰도바 11.조지아 12.아르메니아
13.아제르바이잔 14.키프로스 15.레바논 16.이스라엘

용과 독수리의 제국

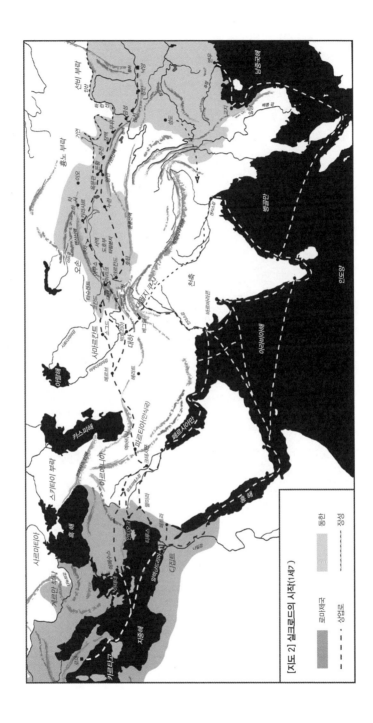

[지도 2] 실크로드의 시작(1세기)

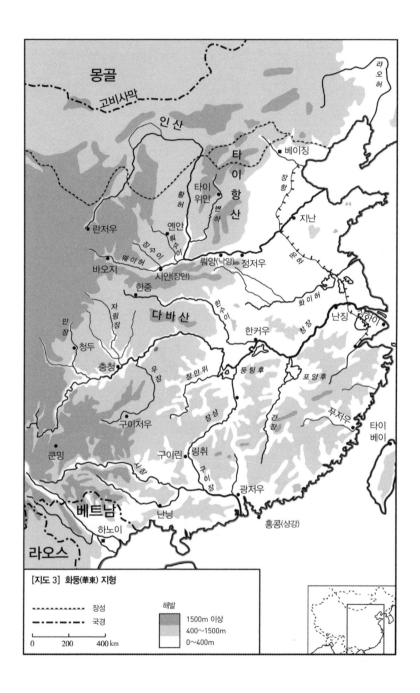

[지도 3] 화둥(華東) 지형

장성

국경

해발

1500m 이상

400~1500m

0~400m

0   200   400 km

몽골

고비사막

인 산

타 이 항 산

타이위안

황 허

변 하

옌안

뤄 수 이

징 수 이

란저우

웨 이 허

바오지

시안(장안)

한중

다 바 산

한 수 이

뤄양(낙양)

정저우

황 허

지난

화 이 허

베이징

장 허

라 오 허

난징 상하이

민 장

자 링 장

청두

충칭

우 장

장 안 위

동팅 후

한커우

칭 장

포양 후

쿤밍

구이저우

장 상

간 장

푸저우

타이베이

구이린

링취

구 이 장

광저우

시 장

난닝

베트남

라오스

하노이

홍콩(상강)

용과 독수리의 제국

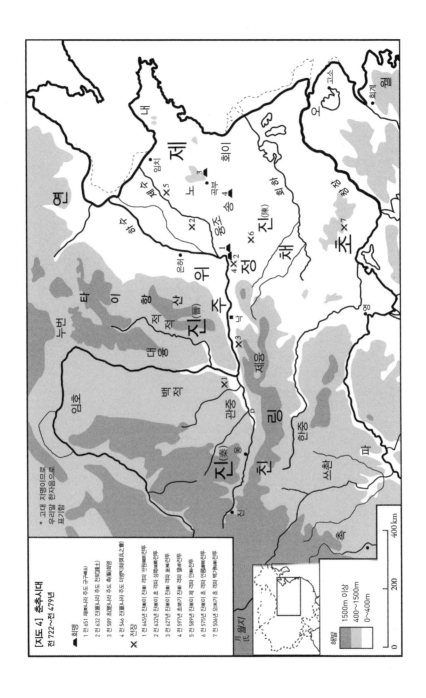

[지도 4] 춘추시대
전 722~전 479년

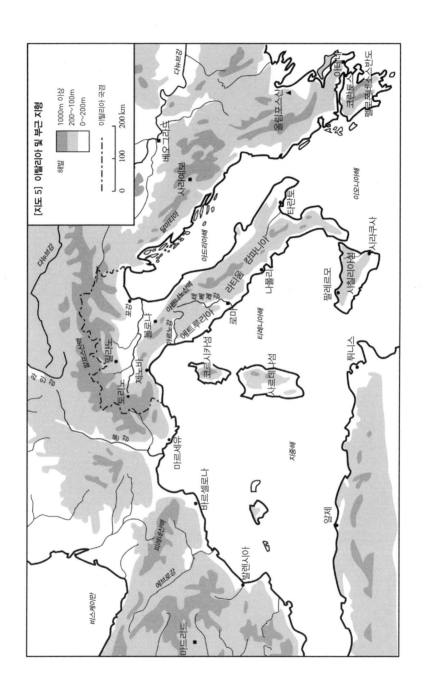

[지도 5] 이탈리아 및 부근 지형

해발
1000m 이상
200~100m
0~200m

이탈리아 국경

0   100   200 km

다뉴브강

베오그라드

펠레폰네소스반도

크레타섬

트레비아

올림포스산맥

달마티아

아드리아해

타란토

판텔로무

시칠리아섬

시라쿠사

다뉴브강

포강

파두아

아펜니노산맥

볼로냐

에트루리아

티베레강

캄파니아

나폴리

로마

티레니아해

티레니아해

알프스산맥

주라산맥

제노바

코르시카섬

사르테냐

튀니스

론강

라인강

마르세유

바르셀로나

발레아레스섬

지중해

알제

비스케이만

피레네산맥

에브로강

마드리드

지브롤터

용과 독수리의 제국

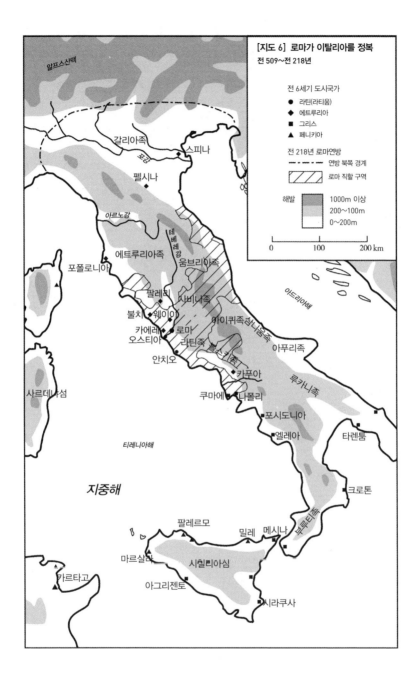

[지도 6] 로마가 이탈리아를 정복
전 509~전 218년

전 6세기 도시국가
- ● 라틴(라티움)
- ◆ 에트루리아
- ■ 그리스
- ▲ 페니키아

전 218년 로마연방
- ─·─·─ 연방 북쪽 경계
- ▨ 로마 직할 구역

해발
- 1000m 이상
- 200~100m
- 0~200m

0   100   200 km

알프스산맥

갈리아족

스피나

포강

펠시나

아르노강

에트루리아족

테베레강

움브리아족

포폴로니아

팔레리

불치 ◆ 웨이이

카에레

오스티아

로마

라틴족

안치오

사비나족

아이퀴족 삼니움족

아푸리족

볼스키족

카푸아

쿠마에 나폴리

루카니족

아드리아해

사르데냐섬

포시도니아

엘레아

타렌툼

티레니아해

지중해

크로톤

팔레르모

밀레 메시나

마르살라

시칠리아섬

카르타고

아그리젠토

시라쿠사

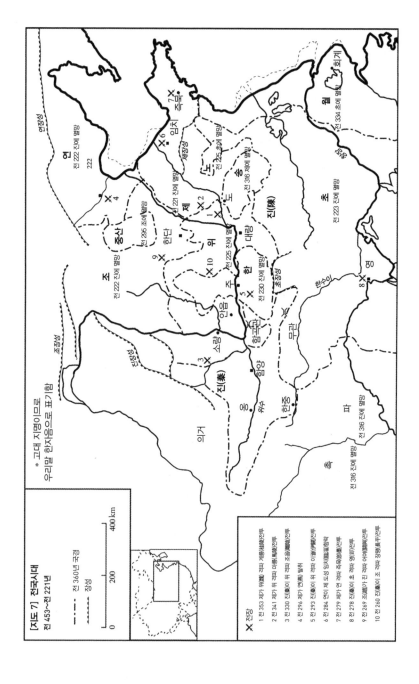

[지도 7] 전국시대

전 453~전 221년

— · — · — 전 360년 국경
— · · — 장성

0 ——— 200 ——— 400 km

＊고대 지명이므로
우리말 한자음으로 표기함

✕ 전장

1 전 353 제가 위魏를 격파 계릉桂陵전투
2 전 341 제가 위 격파 마릉馬陵전투
3 전 330 진泰이 위 격파 조음彫陰전투
4 전 296 제가 연燕을 멸하
5 전 293 진秦이 위 격파 이궐伊闕전투
6 전 284 연이 제 도성 임치臨淄를 함락
7 전 279 제가 연 격파 즉묵卽墨전투
8 전 278 진秦이 초 격파 영郢전투
9 전 269 조趙가 진 격파 어여閼與전투
10 전 260 진泰이 조 격파 장평長平전투

연燕

전 222 진에 멸망
222

조趙

전 222 진에 멸망

제齊

전 221 진에 멸망

연燕

전 222 진에 멸망

제齊

전 316 제에 멸망

송宋

진陳

전 225 진에 멸망

한韓

전 230 진에 멸망

주周

위魏

전 225 진에 멸망

진秦

초楚

전 316 진에 멸망

파巴

촉蜀

전 316 진에 멸망

전 223 진에 멸망

전 334 초에 멸망

회계

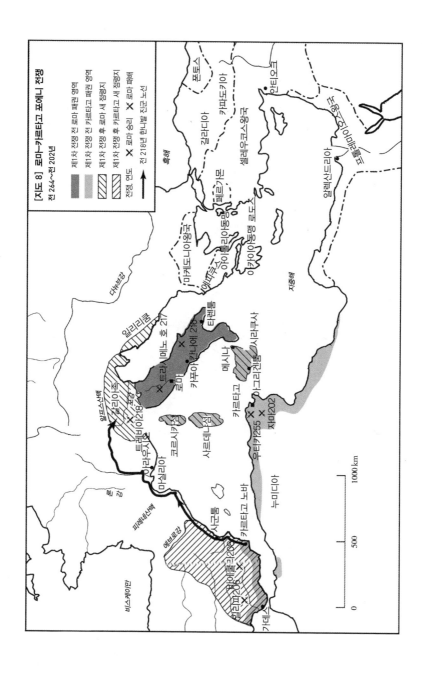

[지도 8] 로마-카르타고 포에니 전쟁
전 264~전 202년

- 제1차 전쟁 전 로마 패권 영역
- 제1차 전쟁 전 카르타고 패권 영역
- 제1차 전쟁 후 로마 새 점령지
- 제1차 전쟁 후 카르타고 새 점령지
- 전쟁 연도 ✕ 로마 승리 ✕ 로마 패배
- ➡ 전 218년 한니발 진군 노선

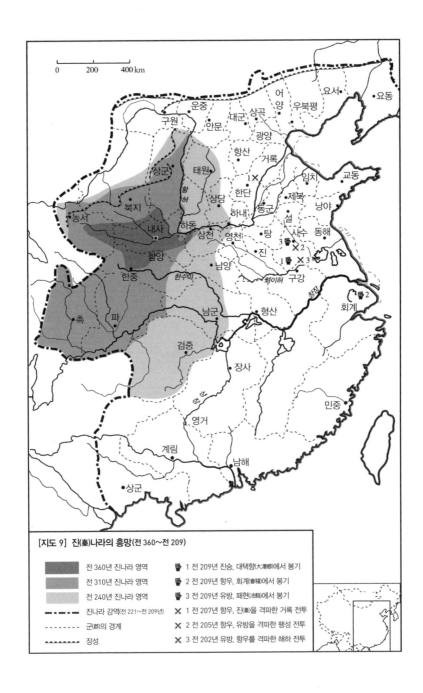

[지도 9] 진(秦)나라의 흥망(전 360~전 209)

▓ 전 360년 진나라 영역	👑 1 전 209년 진승, 대택향(大澤鄕)에서 봉기
▓ 전 310년 진나라 영역	👑 2 전 209년 항우, 회계(會稽)에서 봉기
▓ 전 240년 진나라 영역	👑 3 전 209년 유방, 패현(沛縣)에서 봉기
━·━·━ 진나라 강역(전 221~전 209년)	✕ 1 전 207년 항우, 진(秦)을 격파한 거록 전투
------ 군(郡)의 경계	✕ 2 전 205년 항우, 유방을 격파한 팽성 전투
▪▪▪▪▪▪ 장성	✕ 3 전 202년 유방, 항우를 격파한 해하 전투

용과 독수리의 제국

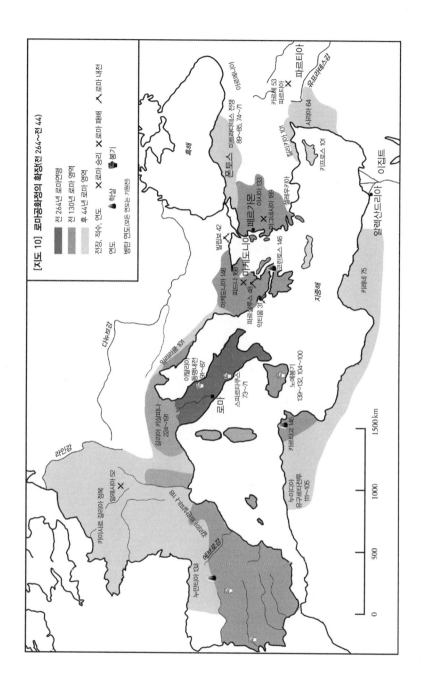

[지도 10] 로마공화정의 확정선 264~전 44)

- 전 264년 로마연맹
- 전 130년 로마 영역
- 후 44년 로마 영역

전장, 작수, 연도 ✗로마 승리 ✗로마 패배 ✗로마 내전
연도 ⬦화살 ⬦붕기
병단 연도 (모든 연도는 기원전)

흑해

발트해

다뉴브강

라인강

카이사르 갈리아 정복

알레시아 52 ✗

누만티아 133

에브로강

이베리아 반도 정복 197

누미디아 유구르타전쟁 111~105

카르타고 146

지중해

로마

스파르타쿠스 73~71

이탈리아 동맹시전쟁 91~87

노예봉기 139~132, 104~100

일리리쿰 101

마케도니아 146

피드나 168 ✗
파르살루스 48 ✗ 마케도니아
악티움 31

마케도니아 146

펠리보 42 ✗

페르가뭄

아시아 133

마그네시아 189 ✗

콜레우키아

코린토스 146

밀레투스 101

이즈미르 101

킬리키아 101

폰투스 미트라다테스 전쟁 89~65, 74~71

카르헤 53
파르티아 ✗

유프라테스강

파르티아

시리아 64

키프로스 101

이집트

알렉산드리아

키레네 75

1500 km

1000

500

0

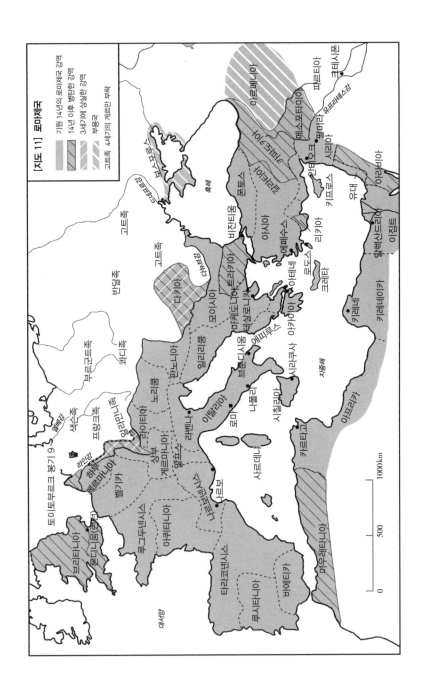

[지도 11] 로마제국

- 기원 14년의 로마제국 경역
- 14년 이후 병탄한 경역
- 3세기에 상실한 경역
- 부용국
- 고트족 4세기의 게르만 부족

토이토부르크 봉기 9년

브리타니아
마우레타니아
팅기타나

칼레도니아

라인강
벨기카
색슨족
프랑크족
알라마니족
게르마니아
엘베강
고트족
반달족
부르군트족
과디족
다키아
흑해

노리쿰
라이티아
판노니아
일리리쿰
모이아
비잔티움
트라키아
아르메니아

모사강
아퀴타니아
루그두넨시스
나르보넨시스
알프스
코르시카
상부 게르마니아
하부 게르마니아

타라코넨시스
루시타니아
바이티카

아프리카
사르데냐
이탈리아
로마
나폴리
베노시아룸
베네벤타나

시칠리아
헤라클레이아
타렌툼

자마
카르타고
키레네
키레나이카

마케도니아
테살로니카
에피루스
아카이아
에페소스
사르디카
아시아
비티니아
폰투스
갈라티아
카파도키아
리키아
크레타

로도스
키프로스
시리아
팔미라
안티오크
파르티아
메소포타미아
유프라테스강
아라비아
유대
알렉산드리아
이집트

지중해

유프라테스강

1000km
500
0

860   용과 독수리의 제국

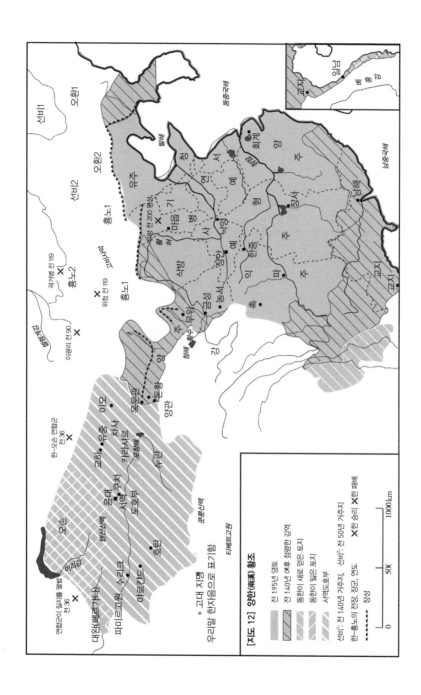

[지도 12] 양한(兩漢) 황조

- 전 195년 영토
- 전 140년 이후 점령한 강역
- 동한이 새로 얻은 토지
- 동한이 잃은 토지
- 서역도호부

선비[1]: 전 140년 거주지, 선비[2]: 전 50년 거주지
한-흉노의 전쟁, 장군, 연도 X 한 패배 X 한 승리 · 장성

0 ——— 500 ——— 1000km

* 고대 지명
우리말 한자음으로 표기함

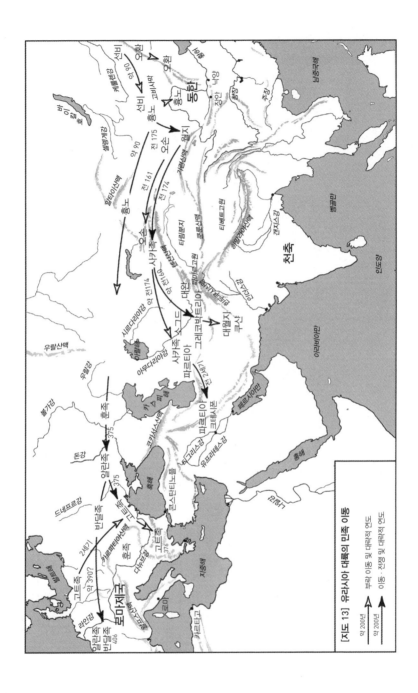

[지도 13] 유라시아 대륙의 민족 이동

범례
- 약 200년 ⟶ 부락 이동 및 대략적 연도
- 약 200년 ⟹ 이동 · 전쟁 및 대략적 연도

지도 내 표기:

선비, 오환, 오환, 남중국해, 낙양, 장안, 황하, 주천, 흉노, 흉노 고비사막, 동, 켈룰렌강, 선비, 양쯔, 약 90, 흉노 고비사막, 바이칼호, 셀렝게강, 전 175, 오손, 열지, 약 90, 흉노, 전 161, 개원사막, 룰룬분지, 톈산산맥, 티베트고원, 오손, 전 174, 오손족, 천축, 겐지스강, 인도양, 아랄해, 약 전174, 시르다리야강, 시카족 소그드, 대완, 페르가나, 카라코룸산맥, 파르티아, 그레코박트리아, 페르시아만, 벵골만, 우랄산맥, 우랄강, 카스피해, 아무다리야강, 시카족, 파르티아, 대월지, 쿠샨, 전 2세기, 볼가강, 흉노, 돈강, 티그리스강, 유프라테스강, 크레티온, 크라시스산맥, 홍해, 약 200년, 드네프르강, 알란족, 375, 흑해, 콘스탄티노플, 반달족, 375, 흉노, 고트족, 376, 발틱해, 고트족, 2세기, 다뉴브강, 게르마니아삼림, 고트족, 흉노, 지중해, 고트족, 로마, 로마제국, 약 390?, 알란족, 반달족, 406, 라인강, 카르타고

862 용과 독수리의 제국

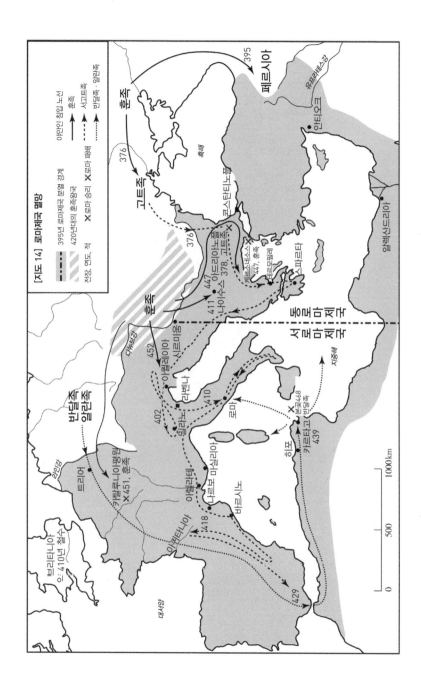

[지도 14] 로마제국 멸망

범례
395년 로마제국 분열 경계
420년대의 훈족왕국
전쟁, 연도, 적   X 로마 승리   X 로마 패배

야만인 침입 노선
훈족
서고트족
반달족·알란족

훈족

페르시아

유프라테스강

395

안티오크

흑해

376

고트족

알렉산드리아

코스탄티노플

카르소네소스 X   스파르타
447, 훈족
페르모필레

447   카이수스 378, 고트족
411   나이수스
훈족

동로마제국

서로마제국

지중해

다뉴브강

452   아퀼레이아
시르미움

라벤나

402   밀라노   410
로마

카르타고 반달족 468   X
439

나르본 마실리아   아를라테
418   아를라테
바르시노
바르시노

카르툴누아평원 X 451, 훈족
트리어

라인강

나르보   아퀴타니아

반달족
알란족

브리타니아
○: 410년 철수

아퀴타니아

대서양

429

1000km
500
0

[부록 4] 참고지도   863

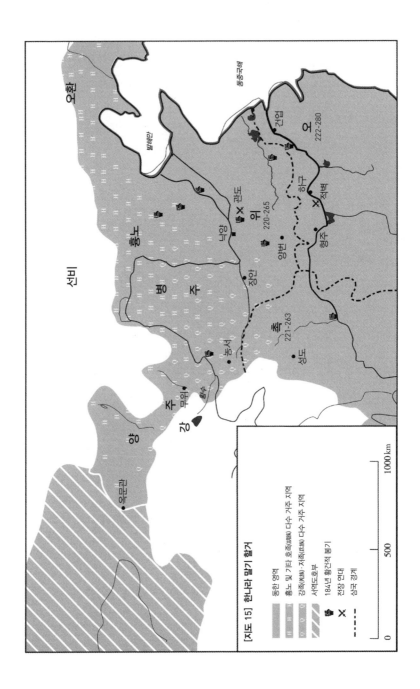

[지도 15] 한나라 말기 할거

용과 독수리의 제국

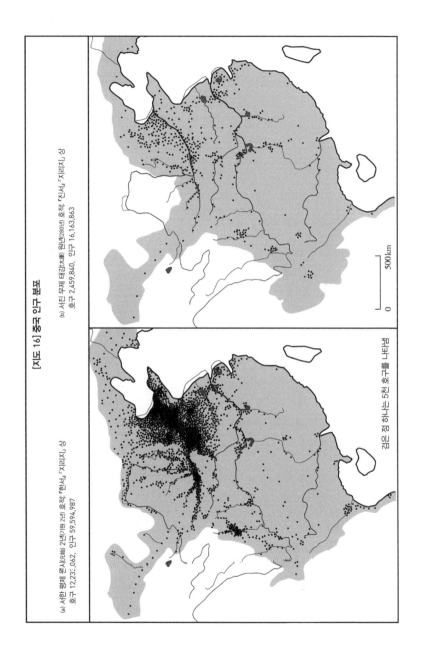

[지도 16] 중국 인구 분포

(a) 서한 평제 원시(元始) 2년(기원 2년) 호적: 『한서』「지리지」상
호구 12,233,062, 인구 59,594,987

(b) 서진 무제 태강(太康) 원년(280년) 호적: 『진서』「지리지」상
호구 2,459,840, 인구 16,163,863

검은 점 하나는 5천 호구를 나타냄

0 ─ 500km

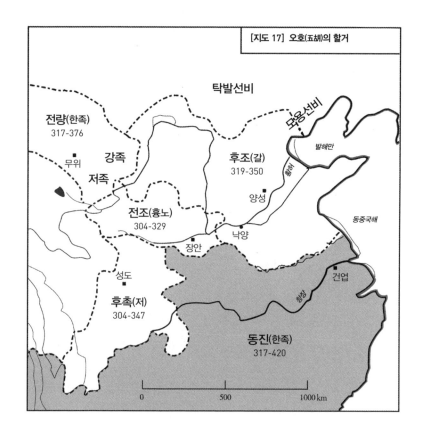

[지도 17] 오호(五胡)의 할거

탁발선비

전량(한족)
317-376

모용선비

무위

강족

저족

후조(갈)
319-350

발해만

전조(흉노)
304-329

황하

양성

동중국해

낙양

장안

성도

건업

후촉(저)
304-347

황강

동진(한족)
317-420

0   500   1000 km

용과 독수리의 제국

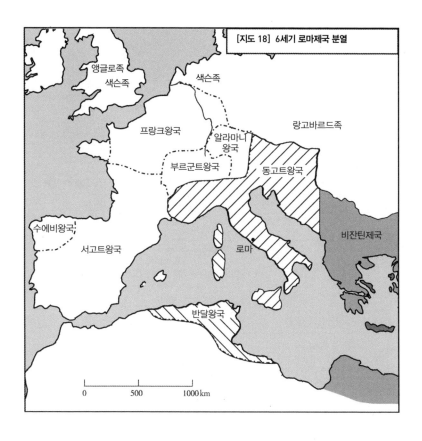

[지도 18] 6세기 로마제국 분열

앵글로족
색슨족

색슨족

프랑크왕국

알라마니
왕국

랑고바르드족

부르군트왕국

동고트왕국

수에비왕국

서고트왕국

로마

비잔틴제국

반달왕국

0   500   1000 km

[연표 1] 동서 세계 대사건

지 중 해 일 대	연 대	중 국
미케네(Mycenae) 멸망	약 전 1150	
	약 전 1166~전 771	서주(西周)
페니키아와 그리스, 사방에 식민지 개척	약 전 775~전 50	
	전 771~전 256	동주(東周)
	전 771	진(秦) 건국
전설상 로마 건국	전 753	
	전 722~전 481	춘추시대
	약 전 566~전 486	석가모니 생존 연대
	전 551~전 479	공자 생존 연대
로마공화정 성립	전 509	
그리스와 페르시아 전쟁	전 490~전 449	
소크라테스 생존 연대	전 470~전 399	
	전 453~전 221	전국시대
아테네와 스파르타 전쟁	전 431~전 404	
	전 359	상앙(商鞅) 변법 시작
로마, 이탈리아 중부 제패	전 338	
알렉산드로스 대왕 생존 연대	전 336~전 323	
로마, 해외 확장 시작	전 264	

용과 독수리의 제국

	전 221~전 206	통일 진(秦)나라
로마와 카르타고 제2차 포에니전쟁	전 218~전 202	
	전 206~전 202	초·한 전쟁
	전 202~후 1	서한
	전 200	흉노 선우 즉위
로마, 카르타고와 코린토스 학살	전 148~전 146	
	전 138	한, 서역 경영
로마 내전	전 49~전 27	
아우구스투스 재위	전 27~후 14	
예수 생존 연대	약 전 4~후 30	
	약 후 2	불교 동쪽 전교 시작
	1~22	왕망의 신(新)
	22~220	동한
	220~280	삼국(위, 오, 촉)
페르시아가 파르티아를 대체함	226	
로마제국 군벌 독재	235~284	
	265~316	서진(西晉)
	316	낙양 함락
	316~589	동진(東晉)―남북조
콘스탄티노플 건설	324	
서고트족, 로마시 진입	410	
서로마제국 멸망	476	
무함마드 생존 연대	571~632	
	580~610	수(隋)
	618~907	당(唐)
이집트와 중동에 이슬람교 전파	633~655	
비잔틴제국 멸망	1453	

전 770	주(周) 평왕, 낙양으로 천도. 진(秦) 양공, 제후에 책봉됨
전 685~전 643	제 환공 재위
전 677	진(秦), 옹(雍)으로 천도
전 660	적적(赤狄)이 위(衛)를 멸망시키고 의공(懿公)을 살해
전 659~전 621	진(秦) 목공 재위
전 636~전 628	진(晉) 문공 재위
전 632	성복(城濮) 전투에서 진(晉)이 초(楚)에 승리. 천토(踐土) 회맹
전 627	효(殽) 전투에서 진(晉)이 진(秦)에 승리
전 613~전 591	초 장왕 재위
전 597	필(邲) 전투에서 초가 진(晉)에 승리
전 594	노(魯), 처음으로 토지세 징수
전 546	상술(向戌) 전쟁 중지 회맹 주도
전 536	정(鄭) 자산(子産), 솥에 형법을 새김
전 524	주 경왕(景王), 대전(大錢) 주조
전 513	진(晉), 솥에 형법을 새김
전 506	오(吳), 초를 격파하고 영(郢)으로 입성
전 481	공자, 『춘추』 절필
전 473	월(越)이 오를 멸망시킴
전 453	한(韓)·위(魏)·조(趙)가 지백(知伯)을 멸망시키고 그 땅을 나눠 가짐
전 445~전 396	위(魏) 문후(文侯), 이회(李悝)의 변법을 채용

전 403	한·위·조가 제후로 봉해짐
전 386	전씨(田氏)가 제나라 권력을 찬탈함
전 375	진(秦) 헌공, 호적 편성
전 361	위(魏), 대량(大梁)으로 천도
전 361~전 338	진(秦) 효공(孝公) 재위
전 356	진(秦), 상앙의 변법 시행
전 350	진(秦), 함양으로 천도, 현(縣)을 설치함
전 342	마릉 전투에서 제가 위에게 승리
전 337~전 311	진(秦) 혜문왕(惠文王) (전 325년에 왕을 칭함)
전 334	제와 위가 서로 왕을 칭함
전 329~전 311	장의(張儀), 진(秦)을 위해 연횡책 시행
전 328	위, 하서(河西)와 상군(上郡) 땅을 모두 진(秦)에게 바침
전 316	진(秦), 촉(蜀)을 멸망시킴
전 314~전 312	연(燕)의 내란을 틈타 제가 연을 취함, 연나라 사람이 반발
전 312	진(秦), 남전(藍田) 전투에서 초를 격파하고 한중(漢中)을 탈취
전 307	조(趙) 무령왕, 호복(胡服)을 입고 기사(騎射)를 권장
전 306~전 251	진(秦) 소양왕(昭襄王) 재위
전 296	제·위·한, 함곡관을 공격. 조, 중산(中山)을 멸망시킴
전 295	위염(魏冉), 진(秦)의 재상이 됨
전 293	진(秦) 백기(白起), 이궐 전투에서 한과 위를 격파
전 284	오국이 합종책으로 제를 공격함. 연 악의(樂毅), 제 임치를 함락시킴
전 279	전단(田單), 제를 광복함. 백기, 초를 공격함. 장교(莊蹻), 전(滇)으로 진입
전 266~전 255	범저(范雎), 진(秦)의 재상이 됨
전 260	진(秦), 장평 전투에서 조를 격파
전 257	위 신릉군·초 춘신군, 조를 구원하고 한단(邯鄲)의 포위를 품
전 256	진(秦), 서주를 멸함
전 249~전 237	여불위(呂不韋), 진(秦)의 재상이 됨

전 246	진왕(秦王) 정(政) 즉위
전 241	조·초·위·한·연, 마지막 합종책으로 진을 공격
전 239	진왕 정, 친정 시작
전 230	진, 한(韓)을 멸함
전 221	진, 중국을 통일함. 진왕 정이 황제를 칭함(시황제)
전 209	대택향에서 민중 봉기
전 206	진(秦) 멸망. 초·한 전쟁 시작
전 202~후 9	서한(西漢)
전 200	흉노가 평성에서 한 고조를 포위
전 154	한 경제(景帝), 칠국의 난을 평정
전 138~전 126	장건, 서역과 수교
전 136	한 무제(武帝), 제자백가를 퇴출하고 유학만 존중
전 129~전 119	한이 흉노를 공격
전 122	한이 서역을 경영하기 시작
전 108	서역 출병
전 89	한 무제(武帝), 윤대의 조칙을 통해 전쟁 금지
전 81	염철회의(鹽鐵會議)
전 60	한, 처음으로 서역도호부 설치
전 54	흉노가 남북으로 분열. 호한야선우, 한에 투항
전 22	왕씨 집권
9~23	왕망의 신(新)
25~220	동한(東漢)
48	흉노 분열, 남선우 투항
73	두고(竇固), 북흉노 공격. 반초, 서역으로 감
91	두헌(竇憲), 북흉노 격파. 반초, 서역도호가 됨
107~118	제1차 강족(羌族)의 난
139~145	제2차 강족의 난

용과 독수리의 제국

159~168	제3차 강족의 난
166~184	청의(淸議) 당파를 금고(禁錮)에 처함(당고의 화)
184	황건적 봉기
189	동탁(董卓), 낙양으로 들어와 헌제(獻帝) 폐위
208	적벽대전
220	위(魏) 조비, 황제 즉위
220~280	위·촉·오 삼국 정립
280~316	서진(西晉)
301~306	팔왕(八王)의 난
304	흉노족 유연, 한왕(漢王)을 칭함
316	흉노가 장안을 점령. 동진, 강남으로 천도

[연표 3] 로마제국 대사건

전 509	로마공화정 성립
약 전 494	귀족과 평민 투쟁 시작. 투쟁 결과 호민관 설치
전 451~전 450	12표법 공포
전 449	평민이 공개 재판권 획득
전 396	로마가 웨이이 학살
전 387	갈리아가 로마시를 점령
전 367	전통 귀족과 평민 부호 사이에 분권 협정 성립
전 343~전 341	제1차 삼니움족과의 전쟁
전 340~전 338	라틴연맹과의 전쟁
전 326~전 304	제2차 삼니움족과의 전쟁
전 298~전 290	제3차 삼니움족과의 전쟁
전 289	민회 통과한 법률이 국법이 됨
전 282~전 275	에피루스 국왕 피로스와 분쟁
전 264	검투사 죽음의 경기를 처음으로 로마에서 개최
전 264~전 241	카르타고와 제1차 포에니 전쟁
전 238	로마가 카르타고의 사르데냐섬 탈취
전 227	로마가 시칠리아에 속주를 설치
전 219	원로들의 상업 활동 참여를 법률로 금지
전 218~전 201	제2차 포에니 전쟁(한니발 원정)
전 202~전 191	알프스 남쪽 갈리아 정복

용과 독수리의 제국

전 200~전 197	제2차 마케도니아(필리포스 5세)와 전쟁
전 197~전 133	에스파냐 정벌
전 192~전 188	시리아의 안티오쿠스와 전쟁
전 171~전 167	제3차 마케도니아와의 전쟁
전 167	마케도니아를 멸망시킴. 공민의 모든 직접세를 면제
전 149~전 146	제3차 포에니 전쟁
전 146	카르타고와 코린토스를 도륙함
전 136~전 132	제1차 시칠리아 노예 봉기
전 133	티베리우스 그라쿠스 개혁 실패 피살. 누만티아 도륙
전 123~전 122	가이우스 그라쿠스 개혁 실패 피살
전 113~전 106	마우레타니아와 유구르타 분쟁
전 107~전 100	집정관 마리우스, 군단 개혁
전 105~전 101	처음으로 게르만 부족과 상봉
전 104~전 102	제2차 시칠리아 노예 봉기
전 91~전 87	로마 동맹 전쟁 발발
전 88~전 82	폰토스와 제2차 미트라다테스 전쟁
전 82~전 80	술라 독재
전 74~전 63	제3차 미트라다테스 전쟁
전 73~전 71	스파르타쿠스, 노예 봉기를 주도
전 66~전 63	폼페이우스가 동방을 경략
전 60	폼페이우스 · 카이사르 · 크라수스 삼두체제 출범
전 58~전 49	카이사르, 갈리아 정복
전 55~전 53	파르티아 침입
전 49	카이사르, 내전을 일으킴
전 48	파르살루스 전쟁에서 카이사르가 폼페이우스를 격파
전 47~전 44	카이사르 독재
전 44	카이사르 피살

전 43	안토니우스 · 옥타비아누스 · 레피두스 삼두체제 출범
전 42	빌립보 전쟁. 공화정 멸망
전 31	악티움 해전에서 옥타비아누스가 안토니우스를 격파
전 27	옥타비아누스, 아우구스투스 지위에 올라 원로원 제압
9	토이토부르크에서 게르만족이 봉기. 로마를 라인강 서쪽으로 격퇴
69	내전. 1년에 황제가 네 번 바뀜
101~106	트라야누스, 다키아를 정복
114~117	트라야누스, 파르티아를 침략
162~166	베르스, 파르티아를 침략
168~175	마르쿠스 아우렐리우스, 게르만족과 전쟁
193~197	코모두스 피살 후 내전
198	셉티미우스 세베루스, 메소포타미아 북부를 병탄
224	사산조 페르시아 왕조가 파르티아를 전복
235~284	내전, 군벌 전횡, 로마제국 분열
270	아우렐리아누스, 다키아를 포기
273	팔미라 멸망
284~306	디오클레티아누스의 정부 개혁. 사제(四帝) 정치 시작
312	물비안(Mulvian) 다리 전투에서 콘스탄티누스가 기독교 깃발을 걺
363	율리아누스, 페르시아 전투에서 사망
378	하드리아노플 전투에서 서고트가 로마 군사를 대파
394	동 · 서 로마 군단이 프리기두스강에서 대치
395	로마제국이 동 · 서 두 제국으로 정식으로 분리
395~408	스틸리코, 서로마제국을 독단
406	라인강 방어선이 무너지고 반달족이 침입함
410	로마시가 서고트족에게 투항. 로마제국이 브리타니아를 방치
411~421	콘스탄티우스, 서로마제국을 독단
429	반달족이 에스파냐에서 바다를 건너 아프리카로 진출

용과 독수리의 제국

433~454	아에티우스, 서로마제국을 독단
440~453	아틸라, 훈족왕국을 세움
455	로마시가 카르타고에서 건너온 반달족에게 투항
468	본곶(Cape Bon) 전투에서 반달족이 로마 함대를 불태움
476	서로마제국 멸망

[연표 4] 진, 한, 서진 황제

전 221	진(秦)의 중국 통일	25~57	동한 광무제(光武帝)
전 221~전 210	진시황(秦始皇)	57~75	명제(明帝)
전 210~전 207	진2세(秦二世)	75~88	장제(章帝)
전 206~전 202	초 · 한 분쟁	88~106	화제(和帝)
전 202~전 195	서한 고조(高祖)	106~125	안제(安帝)
전 195~전 188	혜제(惠帝)	125~144	순제(順帝)
전 188~전 180	여후(呂后)	144~146	충제(沖帝), 질제(質帝)
전 180~전 157	문제(文帝)	146~168	환제(桓帝)
전 157~전 141	경제(景帝)	168~189	영제(靈帝)
전 140~전 87	무제(武帝)	189~190	소제(少帝)
전 87~전 74	소제(昭帝)	190~220	헌제(獻帝)
전 74~전 49	선제(宣帝)	220~280	위 · 촉 · 오 삼국 정립
전 49~전 33	원제(元帝)	265~289	서진(西晉) 무제(武帝)
전 33~전 7	성제(成帝)	290~306	혜제(惠帝)
전 7~후 1	애제(哀帝)	307~312	회제(懷帝)
1~5	평제(平帝)	312~316	민제(愍帝)
9~23	왕망(王莽) 신(新)		

[연표 5] 로마 황제

안정된 권력 이양을 위해 로마 황제는 때때로 동료를 지명하기도 했다. 이 때문에 황제 재위 연도가 중첩되는 경우도 있다.

전 27~전 14	아우구스투스(Augustus)	율리우스 · 클라우디우스 왕조 (Julio–Claudian Dynasty)
전 14~후 37	티베리우스(Tiberius)	
37~41	칼리굴라(Caligula)	
41~54	클라우디우스(Claudius)	
54~69	네로(Nero)	
69	1년에 네 황제가 바뀜	
69~79	베스파시아누스(Vespasianus)	플라비아누스 왕조 (Flavian Dynasty)
78~81	티투스(Titus)	
81~96	도미티아누스(Domitianus)	
96~98	네르바(Nerva)	네르바 · 안토니누스 왕조 (Nerva–Antonine Dynasty)
98~117	트라야누스(Trajanus)	
118~138	하드리아누스(Hadrianus)	
138~161	안토니누스 피우스(Antoninus Pius)	
161~180	마르쿠스 아우렐리우스(Marcus Aurelius)	
178~193	코모두스(Commodus)	

193~211	셉티미우스 세베루스(Septimius Severus)	세베루스 왕조 (Severus Dynasty)
198~217	카라칼라(Caracalla)	
218~222	엘라가발루스(Elagabalus)	
222~235	세베루스 알렉산데르(Severus Alexander)	
235~284	군벌 혼전, 24명의 황제가 외부 찬탈자	
284~305	디오클레티아누스(Diocletianus), 4황제	

서 황제		동 황제	
305~306	콘스탄티우스 1세 (Constantius Ⅰ)	305~311	갈레리우스 (Galerius)
306~337	콘스탄티누스 1세 (Constantinus Ⅰ)	308~324	리키리우스 (Licirius)
		324~337	콘스탄티누스 1세 (Constantinus Ⅰ)
337~340	콘스탄티누스 2세 (Constantinus Ⅱ)	337~361	콘스탄티우스 2세 (Constantius Ⅱ)
337~350	콘스탄스(Constans)		
350~361	콘스탄티우스 2세 (Constantius Ⅱ)		
361~363	율리아누스(Julianus)		
363~364	요비아누스(Jovianus)		
364~375	발렌티니아누스 1세 (Valentinianus Ⅰ)	364~378	발렌스(Valens)
375~383	그라티아누스(Gratianus)		
375~392	발렌티니아누스 2세 (Valentinianus Ⅱ)	379~395	테오도시우스 1세 (Theodosius Ⅰ)
394~395	테오도시우스 1세 (Theodosius Ⅰ)		
395~423	호노리우스(Honorius)	395~408	아르카디우스(Arcadius)
425~455	발렌티니아누스 3세 (Valentinianus Ⅲ)	408~450	테오도시우스 2세 (Theodosius Ⅱ)
457~461	마요리아누스(Maiorianus)	450~457	마르키아누스(Marcianus)
467~472	안테미우스(Anthemius)	457~474	레오1세(Leo Ⅰ)
475~476	로물루스 아우구스툴루스 (Romulus Augustulus)		

용과 독수리의 제국

참고문헌

현대 중국어 문헌(저자명 한글 독음 가나다 순)

景愛, 2002,『中國長城史』, 上海人民出版社.

顧德融·朱順龍, 2003,『春秋史』, 上海人民出版社.

高敏, 1998,『秦漢史探討』, 中州古籍出版社.

高恒, 2008,『秦漢簡牘中法制文書輯考』, 社會科學文獻出版社.

顧頡剛, 2005,『秦漢的方士與儒生』, 上海世紀出版社.

郭春蓮, 2012,『韓非法律思想研究』, 上海人民出版社.

瞿同祖, 2005,『中國封建社會』, 上海人民出版社.

瞿同祖, 2007,『漢代社會結構』, 上海人民出版社.

金春峰, 2006,『漢代思想史』第三版, 中國社會科學出版社.

羅丹華, 1989,『漢代的流民問題』, 臺灣學生書局.

勞榦, 2005, 論漢代的內朝與外朝,『制度與國家』, 黃清連編, 中國大百科全書出版社.

勞榦, 2006,『古代中國的歷史與文化』, 北京中華書局.

雷戈, 2006,『秦漢之際的政治思想與皇權主義』, 上海古籍出版社.

譚紅, 2006,『巴蜀移民史』, 巴蜀書社.

唐長孺, 2011,『魏晉南北朝史論拾遺』, 北京中華書局.

童書業, 2006a,『春秋史』, 北京中華書局.

童書業, 2006b,『春秋左傳研究』, 北京中華書局.

杜正勝, 1979a,『周代城邦』, 臺北聯經公司.

杜正勝, 1979b,『編戶齊民』, 臺北聯經公司.

馬克·鄧文寬·呂敏編, 2009,『古羅馬與中國—風馬牛不相及乎』, 中華書局.

馬長壽, 2006a,『北狄與匈奴』, 廣西師範大學出版社.

馬長壽, 2006b,『烏桓與鮮卑』, 廣西師範大學出版社.

馬彪, 2002,『秦漢豪族社會研究』, 北京中國書店.

白壽彝, 1994, 『中國通史』, 上海人民出版社.

范忠信·鄭定·詹學農, 2011, 『情理法與中國人』, 北京大學出版社.

卜憲群, 2002, 『秦漢官僚制度』, 社會科學文獻出版社.

傅樂成, 1995, 『漢唐史論集』, 臺北聯經公司.

傅樂成, 2002, 『中國通史』, 臺北大中國圖書公司.

斯維至, 1997, 『中國古代社會文化論稿』, 臺北允晨公司.

薩孟武, 『中國政治思想史』, 臺北三民書局.

徐難于, 2002, 『漢靈帝與漢末社會』, 齊魯書社.

徐復觀, 1985, 『兩漢思想史』第三版, 台灣學生書局.

徐祥民·胡世凱, 2000, 『中國法制史』, 山東人民出版社.

葉志衡, 2007, 『戰國學術文化編年』, 浙江大學出版社.

蕭公權, 1946, 『中國政治思想史』, 臺北聯經公司.

蘇俊良, 2001, 『漢朝典章制度』, 吉林文史出版社.

宋洪兵, 2010, 『韓非子政治思想再研究』, 中國人民大學出版社.

沈松勤, 1998, 『北宋文人與黨爭』, 人民出版社.

梁啓超, 1996, 『先秦政治思想史』, 北京東方出版社.

梁啓超, 2009, 論公德, 『飮冰室文集』, 大字書局.

楊寬, 2003a, 『西周史』, 上海人民出版社.

楊寬, 2003b, 『戰國史』, 上海人民出版社.

楊寬, 2004, 『中國古代冶鐵技術發展史』, 上海人民出版社.

楊寬, 2006a, 『先秦史十講』, 復旦大學出版社.

楊寬, 2006b, 『中國古代都城制度史』, 上海人民出版社.

楊樹達, 2007, 『春秋大義述』, 上海古籍出版社.

楊振紅, 2009, 『出土簡牘與秦漢社會』, 廣西師範大學出版社.

楊鴻年·歐陽鑫, 2005, 『中國政制史』, 武漢大學出版社.

於迎春, 2000, 『秦漢士史』, 北京大學出版社.

於振波, 2012, 『簡牘與秦漢社會』, 湖南大學出版社.

黎明釗, 2013, 『輻輳與秩序 ─ 漢帝國地方社會研究』, 香港中文大學出版社.

呂思勉, 2005a, 『先秦史』, 上海古籍出版社.

呂思勉, 2005b, 『秦漢史』, 上海古籍出版社.

呂思勉, 2005c, 『兩晉南北朝史』, 上海古籍出版社.

呂思勉, 2005d, 『先秦學術槪論』, 雲南人民出版社.

余英時, 2005, 『漢代貿易與擴張』, 上海古籍出版社.

余英時, 2003, 『士與中國文化』, 上海人民出版社.

呂靜, 2007, 『春秋時期盟誓研究』, 上海古籍出版社.

閻步克, 1996, 『士大夫政治演生史稿』, 北京大學出版社.

寧全紅, 2009, 『春秋法制史研究』, 四川大學出版社.

翁獨健, 2001, 『中國民族關系史綱要』, 中國社會科學出版社.

王文光·龍曉燕·陳斌 2005, 『中國西南民族關系史』, 中國科學科學出版社.

王文濤, 2007, 『秦漢社會保障研究』, 北京中華書局.

王彦輝, 2010, 『張家山漢簡〈二年律令〉與漢代社會研究』, 北京中華書局.

王勇, 2004, 『東周秦漢關中農業變遷研究』, 嶽麓書社.

王子今, 2006, 『秦漢社會史論考』, 北京商務印書館.

王仲犖, 2003, 『魏晉南北朝史』, 上海人民出版社.

汪榮海, 2010, 『中國政治思想史九講』, 北京大學出版社.

王暉·賈俊俠, 2007, 『先秦秦漢史史料學』, 中國社會科學出版社.

王興尚, 2011, 『秦國責任倫理研究』, 人民出版社.

廖伯源, 2003, 『秦漢史論叢』, 臺北五南圖書公司.

劉文起, 1995, 『王符〈潛夫論〉所反映之東漢情勢』, 台北文史哲出版社.

劉子健, 2012, 『中國轉向內在』, 江蘇人民出版社.

柳春新, 2006, 『漢末晉初之際政治研究』, 嶽麓書社.

劉澤華, 2004, 『先秦士人與社會』, 天津人民出版社.

劉澤華, 2008, 『中國政治思想史集』, 人民出版社.

劉學斌, 2009, 『北宋新舊黨爭與士人政治心態研究』, 河北大學出版社.

劉海年, 2006, 『戰國秦代法制管窺』, 法律出版社.

應永深, 1981, 「說'庶人'」, 『中國史研究』 第二期.

李劍農, 2005, 『中國古代經濟史稿』第一卷, 武漢大學出版社.

李大龍, 2006, 『漢唐藩屬體制研究』, 中國社會科學出版社.

李玉福, 2002, 『秦漢制度史論』, 山東大學出版社.

李學勤, 2004, 初讀里耶秦簡, 『古史文存·秦漢魏晉南北朝卷』, 社會科學文獻出版社.

林幹, 2007, 『匈奴史』, 內蒙古人民出版社.

林甘泉, 2007, 『中國經濟通史』秦漢經濟卷, 中國社會科學出版社.

林甘泉等, 『中國土地制度史』, 台北文津出版社.

林乾, 2004, 『中國古代權力與法律』, 中國政法大學出版社.

林乾, 2013, 『傳統中國的權與法』, 法律出版社.

林劍鳴, 1992, 『秦史』, 台北五南圖書公司.

林劍鳴, 2003,『秦漢史』, 上海人民出版社.

張金光, 2004,『秦制研究』, 上海古籍出版社.

張分田, 2003,『秦始皇傳』, 臺灣商務印書館.

張分田, 2009,『民本思想與中國古代統治思想』, 南開大學出版社.

張小鋒, 2007,『西漢中後期政局演變探微』, 天津古籍出版社.

張燦輝, 2008,『兩漢魏晉涼州政治史研究』, 岳麓書社.

錢穆, 1940,『國史大綱』, 臺灣商務印書館.

錢穆, 1957,『秦漢史』, 臺北東大圖書公司.

錢穆, 1971,『朱子學提綱』, 臺北東大圖書公司.

錢穆, 1989,『國史新論』, 臺北東大圖書公司.

錢穆, 2000,『四書釋義』, 蘭臺出版社公司.

錢穆, 2001,『兩漢經學今古平議』, 北京商務印書館.

戰爭簡史編寫組, 2005,『中國歷代戰爭簡史』, 解放軍出版社.

鄭秦, 1997,『中國法制史』, 臺北文津出版社.

田昌五·安作璋, 2008,『秦漢史』, 人民出版社.

趙岡, 2006,『中國城市發展史論集』, 新星出版社.

曹文柱, 2008,『魏晉南北朝史論合集』, 北京商務印書館.

曹旅寧, 2005,『張家山漢律研究』, 北京中華書局.

趙汝清, 2005,『從亞洲腹地到歐洲』, 甘肅人民出版社.

趙靖, 1998,『中國經濟思想史述要』, 北京大學出版社.

趙鼎新, 2006,『東周戰爭與儒法國家的誕生』, 上海三聯書店.

周桂鈿, 2006,『秦漢哲學』, 武漢出版社.

周芳, 2013,『坑儒平議』, 廣西人民出版社.

周一良, 1997,『魏晉南北朝史論合集』, 北京大學出版社.

周長山, 2006,『漢代地方政治史論』, 中國社會科學出版社.

中國軍事史編寫組, 2006a,『中國歷代軍事思想』, 解放軍出版社.

中國軍事史編寫組, 2006b,『中國歷代軍事制度』, 解放軍出版社.

中國軍事史編寫組, 2007,『中國歷代軍事思想』, 解放軍出版社.

陳序經, 2007,『匈奴史稿』, 中國人民大學出版社.

陳榮慶, 2012,『荀子與戰國學術思潮』, 中國社會科學出版社.

陳榮捷, 1976, 新儒學'理'之思想之演進,『中國哲學思想論集 宋明篇』, 項維新主編, 臺北水牛出版社, 頁 57~91.

陳榮捷, 1996,『宋明理學之概念與歷史』, 中央研究院中國文哲研究所.

蔡萬進, 2006, 『張家山漢簡〈奏讞書〉研究』, 廣西師範大學出版社.

蔡鋒, 2004, 『春秋時期貴族社會生活研究』, 北京中國社會科學出版社.

祝中熹, 2004, 『早期秦史』, 敦煌文藝出版社.

湯一介 · 李中華 主編, 2011, 『中國儒學史』, 北京大學出版社.

彭建英, 2004, 『中國古代羈縻政策的演變』, 中國社會科學出版社.

彭林等, 1992, 『中華文明史』, 河北教育出版社.

馮友蘭, 1944, 『中國哲學史』, 臺灣商務印書館.

馮天瑜, 2006, 『封建考論』, 武漢大學出版社.

何光嶽, 1996, 『漢源流史』, 江西教育出版社.

何懷宏, 2011, 『世襲社會』, 北京大學出版社.

許建良, 2012, 『先秦法家的道德世界』, 人民出版社.

許倬雲, 2005a, 『西周史』 增訂版, 臺北聯經公司.

許倬雲, 2005b, 『漢代農業』, 廣西師範大學出版社.

許倬雲, 2006a, 『中國古代社會史論』, 廣西師範大學出版社.

許倬雲, 2006b, 『求古篇』, 新星出版社.

赫治清 · 王曉衛, 1997, 『中國兵制史』, 臺北文津出版社.

邢義田, 2011, 『治國安邦』, 北京中華書局.

黃建躍, 2013, 『先秦儒家的公私之辯』, 廣西師範大學出版社.

黃今言, 2005, 『秦漢商品經濟研究』, 人民出版社.

黃留珠, 2002, 『秦漢歷史文化論稿』, 三秦出版社.

侯外廬, 1957, 『中國思想通史』, 人民出版社.

서양서(저자명 알파벳 순)

Abernethy, D.B. 2000, *The Dynamics of Global Dominance*, Yale University Press.

Adkins, L. and R.A. Adkins, 1994, *Handbook to Life in Ancient Rome*, Oxford University Press.

Alston, R. 1998, *Aspects of Roman History*, AD 14~117. Routledge.

Ammianus Marcellinus, *History*, Tr. J.C. Rolfe, Harvard (1948).

Anderson, P. 1974, *Lineages of the Absolutist State*, Verso.

Appian, *The Civil Wars*, Tr. J. Carter, Penguin (1996).

Aristides, *To Rome*. In *Complete Works*, Vol. 2. Tr. C.A. Behr, Leiden (1981).

Aristotle, *Ethics*, Tr. J.A.K. Thomson, Penguin (1955).

————, *Politics*, Tr. E. Barker, Oxford (1995).

Arjava, A. 1998, Paternal power in late antiquity, *Journal of Roman Studies* 88: 147~165.

Astin, A.E. 1967, *Scipio Aemilianus*, Oxford University Press.

———, 1978, *Cato the Censor*, Oxford University Press.

———, 1989, Roman government and politics. In Astin et al. 1989: 163~196.

Astin, A.E., F.W. Walbank, M.W. Fredericksen and R.M. Ogilvie, eds. 1989, *The Cambridge Ancient History*, 2nd ed. vol. 8, Cambridge University Press.

Augustus, *The Achievements of the Deified Augustus*, Tr. R. Mellor, In Mellor 1998: 356~364.

Bagnall, N. 1990, *The Punic Wars*, Thomas Dunne Books.

Ball, W. 2000, *Rome in the East*, Routledge.

Bang, P.F. 2012, Predation. In Scheidel 2012a: 197~217.

Barfield, T.J. 1989, *The Perilous Frontier*, Basil Blackwell.

Barnes, T.D. 1981, *Constantine and Eusebius*, Harvard University Press.

Barraclough, G. 1984, *The Times Atlas of World History*, 2nd ed., Hammond.

Bastomsky, S.J. 1990, Rich and poor: The great divide in ancient Rome and Victorian England, *Greece and Rome* 37: 37~43.

Beard, M. 2007, Looking for the emperor, *New York Review of Books*, November 8, 53~55.

———, 2009, *The Roman Triumph*, Harvard University Press.

Beard, M. and M. Crawford, 1985, *Rome in the Late Republic*, Cornell University Press.

Beck, B.J.M. 1986, The fall of Han, In Twitchett and Loewe 1986: 317~76.

Beckwith, C.I. 2009, *Empires of the Silk Road*, Princeton University Press.

Bell, D.A. 2008, *China's New Confucianism*, Princeton University Press.

Bendix, R. 1977, *Max Weber*, University of California Press.

Benn, C. 2002, *China's Golden Age*, Oxford University Press.

Bennett, J. 1997, *Trajan, Optimus Princeps*, Indiana University Press.

Berlin, I. 1969, *Four Essays on Liberty*, Oxford University Press.

Bernstein, A.H. 1994, The strategy of a warrior-state: Rome and the wars against Carthage, In Murray, Knox, and Bernstein 1994: 56~84.

Bielenstein, H. 1986a, The institutions of Later Han, In Twitchett and Loewe 1986: 491~519.

———, 1986b, Wang Mang: The restoration of the Han dynasty, and Later Han, In Twitchett and Loewe 1986: 223~90.

Birley, A. 1987, *Marcus Aurelius*, Barnes & Noble.

———, 1997, *Hadrian*. Routledge

Bivar, A.D.H. 1983a, The history of eastern Iran, In Yarshater 1983: 181~231.

용과 독수리의 제국

————, 1983b, The political history of Iran under the Arsacids, In Yarshater 1983: 21~99.

Blok, A. 1972, The peasant and the brigand: Social banditry reconsidered, *Comparative Studies in Society and History* 14: 494~503.

Boardman, J., J. Griffin, and O. Murray, eds. 1991, *The Oxford History of the Roman World*, Oxford University Press.

Bodde, D. 1981, *Essays on Chinese Civilization*, Princeton University Press.

————, 1986, The state and empire in Ch'in, In Twitchett and Loewe 1986: 20~102.

Bodde, D. and C. Morris, 1967, *Law in Imperial China*, Harvard University Press.

Boren, H.C. 1968, *The Gracchi*, Twayne.

Borkowski, A. 1997, *Roman Law*, 2nd ed. Oxford University Press.

Boulnois, L. 2005, *Silk Road: Monks, Warriors and Merchants*, Odyssey.

Bowersock, G.W., P. Brown, and O. Grabar, eds. 1999, *Late Antiquity*, Harvard University Press.

Bowman, A., P. Garnsey and D. Rathbone, eds. 2000, *The Cambridge Ancient History*, 2nd ed. vol. 11, Cambridge University Press.

Boylan, E.S. 1982, The Chinese cultural style of warfare, *Comparative Strategy* 3: 341~346.

Bradley, A.C. 1962, Hegel's theory of tragedy, In Hegel, *On Tragedy*, ed. A. and H. Paolucci, 367~388. Harper.

Bradley, K. and P. Cartledge, eds. 2011, *The Cambridge World History of Slavery*, vol. 1, Cambridge University Press.

Braund, D.C. 1984, *Rome and the Friendly King*, St. Martin's Press.

Brennan, T.C. 2004, Power and process under the Republican 'constitution'. In Flower 2004: 31~65.

Brown, P. 1967, The Later Roman Empire, *Economic History Review*, 20: 327~343.

————, 1971, *The World of Late Antiquity*, Norton.

Brunt, P.A. 1961, Charges of provincial maladministration under the early Principate, *Historia* 10: 189~227.

————, 1965, Reflections on Roman and British imperialism, *Comparative Studies in Society and History*, 7: 267~288.

————, 1971, *Italian Manpower, 225 BC~AD 14*, Oxford University Press.

————, 1978, *Laus imperii*, In Garnsey and Whittaker 1978: 159~192.

————, 1981, The revenues of Rome. *Journal of Roman Studies* 71: 161~172.

————, 1982, Nobilitas and novitas, *Journal of Roman Studies* 72: 1~17.

————, 1988, *The Fall of the Roman Republic*, Oxford University Press.

Burbank, J. and F. Cooper, 2010, *Empires in World History*, Princeton University Press.

Bury, J.B. 1958. *History of the Later Roman Empire*, Dover.

Caesar. *The Civil War*, Tr. J.F. Mitchell. Penguin(1967).

———, *The Conquest of Gaul*, Tr. S.A. Handford, Penguin(1982).

Cameron, A. 1993, *The Later Roman Empire*, Harvard University Press.

Cameron, A. and P. Garnsey, eds. 1998, *The Cambridge Ancient History*, vol. 13, Cambridge University Press.

Campbell, B. 2002, *War and Society in Imperial Rome*, 31 BC~AD 284. Routledge.

Champlin, E. 2003, *Nero*, Harvard University Press.

Chan, A.K.L. ed. 2002, *Mencius: Contexts and Interpretations*, University of Hawaii Press.

Chang, C -S. 2007, *The Rise of the Chinese Empire*, University of Michigan Press.

Chang, H. 1996, The intellectual heritage of the Confucian ideal of ching-shih, In Tu 1996: 72~91.

Chang, K -C., et al. 2005, *The Formation of Chinese Civilization: An Archeological Perspective*, Yale University Press.

Chen, C -Y. 1975, *Hsün Yüeh*, Cambridge University Press.

———, 1984, Review: Han Dynasty China: Economy, society, and state power, *T'oung Pao* 70: 127~148.

———, 1986, Confucian, Legalist, and Taoist thought in the Later Han, In Twitchett and Loewe 1986: 766~807.

Ch'ü, T -T. 1965, *Law and Society in Traditional China*, Mouton.

———, 1972, *Han Social Structure*, University of Washington Press.

Chua, A. 2006, *Day of Empire*, Doubleday.

Cicero, *On Obligation*, Tr. P.G. Walsh, Oxford(2000).

———, On the command of Gnaeus Pompeius. In *Selected Political Speeches*, Tr. M. Grant, 33~70. Penguin(1969).

———, *The Laws*, Tr. N. Rudd, Oxford(1998).

———, *The Republic*, Tr. N. Rudd, Oxford(1998).

Collins, J.T. 2003, The zeal of Phinhas: The Bible and the legitimation of violence, *Journal of Biblical Literature* 122: 3~21.

Collins, R. 1978, Some principles of long-term social change: The territorial power of states, *Research in Social Movements, Conflicts and Change*, 1: 1~34.

Connolly, P. 1981, *Greece and Rome at War*, Prentice-Hall.

Cook, C. and J.S. Major, eds. 1999, *Defining Chu: Image and Reality in Ancient China*, University of Hawaii Press.

Cook, S.A., F.E. Adcock and M.P. Charlesworth, eds. 1930, *The Cambridge Ancient History*, 1st ed.

용과 독수리의 제국

Vol. VIII, Cambridge University Press.

Cook, S.A., F.E. Adcock, and M.P. Charlesworth, eds. 1954, *The Cambridge Ancient History*, 1st ed. Vol. XI, Cambridge University Press.

Cornell, T.J. 1989, Rome: The history of an anachronism, In Molho et al. 1989: 53~70.

———, 1995, *The Beginning of Rome*, Routledge.

Cornell, T.J. and J. Matthews, 1990, *The Cultural Atlas of the World: The Roman World*, Stonehenge Press.

Cotterell, A. ed. 1980, *The Encyclopedia of Ancient Civilizations*, Penguin.

———, 1981, *The First Emperor of China*, Holt, Rinehart and Winston.

———, 2004, *Chariot*, Overlook Press.

Crawford, M. 1976, Review: Hamlet without the prince, *Journal of Roman Studies* 66: 214~217.

———, 1991, Early Rome and Italy. In Boardman et al. 1991: 13~49.

———, 1993, *The Roman Republic*, Harvard University Press.

Creel, H.G. 1970, *The Origins of Statecraft in China*, Vol. 1: *The Western Chou Empire*, University of Chicago Press.

Creveld, M. van. 1999, *The Rise and Decline of the State*, Cambridge University Press.

Crook, J.A. 1967, *Law and Life of Rome*, 90 BC~AD 212, Cornell University Press.

Crook, J.A., A. Lintott, and E. Rawson, 1994a, Epilogue: The fall of the Roman Republic, In Crook et al. 1994b: 769~776.

———, eds. 1994b, *The Cambridge Ancient History*, 2nd ed. vol. 9, Cambridge University Press.

Crowell, W.G. 1983, Social unrest and rebellion in Jiangnan during the Six Dynasties, *Modern China* 9: 319~354.

Cunliffe, B. 1997, *The Ancient Celts*, Oxford University Press.

David, J-M. 1997, *The Roman Conquest of Italy*, Blackwell.

Davies, J.K. 1993, *Democracy and Classical Greece*, Harvard University Press.

———, 2004, Athenian citizenship: The descent group and the alternatives, In *Athenian Democracy*, ed. P.J. Rhodes, 18~39, Oxford University Press.

De Bary, W.T. 1991, *The Trouble with Confucianism*, Harvard University Press.

De Crespigny, R. 1980, Politics and philosophy under the government of Emperor Huan 159~168 AD. *T'oung Pao* 66: 41~83.

———, 2009, The military culture of Later Han. In Di Cosmo 2009, 90~111.

Dench, E. 1995, *From Barbarians to New Men*, Oxford University Press.

Derow, P.S. 1979, Polybius, Rome, and the East. *Journal of Roman Studies* 69: 1~15.

———, 1989, Rome, the fall of Macedon and the sack of Corinth, In Astin et al. 1989, 290~323.

Dettenhofer, M.H. 2009, Eunuchs, women, and imperial courts. In Scheidel 2009c, 83~99.

Di Cosmo, D. 1994, Ancient Asian nomads: Their economic basis and its significance in Chinese history, *Journal of Asian Studies* 53: 1092~1126.

―――, 2002, *Ancient China and Its Enemies*, Cambridge University Press.

―――, ed. 2009, *Military Culture in Imperial China*, Harvard University Press.

Dien, A.D. 1986, The stirrup and its effects on Chinese military history, *Ars Orientalis* 16: 33~56.

Dignas, B. and E. Winter, 2007, *Rome and Persia in Late Antiquity*, Cambridge University Press.

Dio Cassius, *The Roman History*, Tr. I. Scott -Kilvert. Penguin(1987).

Dio Chrysostom, *The Discourses*, Tr. J. W. Cohoon. Harvard(1951).

Dodds, E.R. 1951, *The Greeks and the Irrational*, University of California Press.

Downing, B.M. 1992, *The Military Revolution and Political Change*, Princeton University Press.

Doyle, M.W. 1986, *Empires*, Cornell University Press.

Drews, R. 1993, *The End of the Bronze Age*, Princeton University Press.

Dreyer, E.L. 2009, Military aspects of the War of the Eight Princes. In Di Cosmo 2009: 12~142.

Dull, J.L. 1983, Anti -Qin rebels: No peasant leaders here. *Modern China* 9: 285~318.

Dunstan, H. 2004, Premodern Chinese political thought. In Gaus and Kukathas 2004: 320~337.

Dyson, S.L. 1971, Native revolts in the Roman Empire. *Historia* 20: 239~274.

Eadie, J.W. 1967, The development of Roman mailed cavalry. *Journal of Roman Studies* 57: 161 - 173.

Eastman, L.E. 1989, *Family, Fields, and Ancestors*, Oxford University Press.

Ebrey, P. 1983, Patron -client relations in the Later Han. *Journal of the American Oriental Society* 103: 533~542.

―――, 1986, The economic and social history of Later Han. In Twitchett and Loewe 1986: 608~648.

―――, 1990, Toward a better understanding of the Later Han upper class. In *State and Society in Early Medieval China*, ed. A.E. Dien, 49~72. Stanford University Press.

Eck, W. 2000a, The emperor and his advisers. In Bowman et al. 2000: 159~213.

―――, 2000b, The growth of administrative posts. In Bowman et al. 2000 : 238~65.

Edel, A. 1982, *Aristotle and His Philosophy*, University of North Carolina Press.

Eder, W. 1986, The political significance of the codification of law in archaic societies, In Raaflaub 1986b: 262~300.

―――, 1990, Augustus and the power of transition: The Augustan principate as binding link between Republic and Empire. In Raaflaub and Toher 1990: 71~122.

Elisseeff, V., ed. 2000. *The Silk Roads: Highways of Culture and Commerce*, Berghahn Books.

Elvin, M. 1973, *The Pattern of the Chinese Past*, Stanford University Press.

용과 독수리의 제국

Errington, R.M. 1989, Rome against Philip and Antiochus. In Astin et al. 1989: 244~289.

Ertman, T. 1997, *Birth of the Leviathan*, Cambridge University Press.

Escherick, J.W. 1983. Symposium on peasant rebellions: Some introductory comments. *Modern China* 9: 275~284.

Euripides, *Iphigenia in Aulis*, Tr. P. Vellacott. Penguin (1972).

Evans, P.R., D. Rueschemeyer, and T. Skocpol, eds. 1985. *Bringing the State Back In*, Cambridge University Press.

Fairbank, J.K. 1974, Varieties of the Chinese military experience. In *Chinese Wars in History*, ed. F. A. Kierman and J. K. Fairbank, 1~26. Harvard University Press.

――――, 1987, *China Watch*, Harvard University Press.

――――, 1992, *China: A New History*, Harvard University Press.

Falkenhauser, L.von. 1999. The waning of the Bronze Age: Material culture and social developments, 770~481 BC. In Loewe and Shaughnessy 1999: 450~544.

Feng, H. 2007, *Chinese Strategic Culture and Foreign Policy Decision-Making*, Routledge.

Ferguson, N. 2004, *Colossus: The Rise and Fall of the American Empire*, Penguin.

Fine, J.V.A. 1983, *The Ancient Greeks*, Harvard University Press.

Finer, S.E. 1997, *The History of Government from the Earliest Times*, vol 1, Oxford University Press.

Finley, M.I. 1968, Slavery. *International Encyclopedia of the Social Sciences* 14: 307~313.

――――, 1978, Empire in the Greco-Roman world. *Greece & Rome* 25: 1~15.

――――, 1980, *Ancient Slavery and Modern Ideology*, Viking.

――――, 1983, *Economy and Society in Ancient Greece*, Penguin.

Flower, H.I. 1996, *Ancestor Masks and Aristocratic Power in Roman Culture*, Oxford University Press.

――――, ed. 2004, *The Cambridge Companion to the Roman Republic*, Cambridge University Press.

Fong, W., ed. 1980, *The Great Bronze Age of China*, Metropolitan Museum of Art.

Forsythe, G. 2005, *A Critical History of Early Rome*, University of California Press.

Frankel, H.H. 1983, Cai Yan and the poems attributed to her. *Chinese Literature: Essays, Articles, Reviews* 5: 133~156.

Freeman, P. 2008, *Julius Caesar*, Simon & Schuster.

Fu Zhengyuan, 1996, *China's Legalists: The Earliest Totalitarians and the Art of Ruling*, M.E. Sharpe.

Fukuyama, F. 1992, *The End of History and the Last Man*, Free Press.

――――, 2011. *The Origins of Political Order*, Farrar, Straus and Giroux.

Fulford, M. 1992, Territorial expansion and the Roman Empire, *World Archeology* 23: 294~305.

Fuller, J.F.C. 1965, *Julius Caesar*, Da Capo Press.

Fung, Y.-L. 1952, *A History of Chinese Philosophy*, tr. D. Bodde, Princeton University Press.

Gabba, E. 1976, *Republican Rome: The Army and the Allies*, University of California Press.

———, 1987, Rome and Italy in the second century BC, In Astin et al. 1987: 197~243.

Galinsky, K., ed. 2005, *The Cambridge Companion to the Age of Augustus*, Cambridge University Press.

Gardner, J.F. 2011, Slavery and Roman law. In Bradley and Cartledge 2011: 414~437.

Garlan, Y. 1975, *War in the Ancient World*, Chatto & Windus.

———, 1988, *Slavery in Ancient Greece*, Cornell University Press.

Garnsey, P., and R. Saller. 1987. *The Roman Empire: Economy, Society and Culture*, University of California Press.

Garnsey, P., and C.R. Whittaker, eds. 1978, *Imperialism in the Ancient World*, Cambridge University Press.

Garst, D. 1989, Thucydides and neorealism. *International Studies Quarterly* 33: 3~27.

Gaus, G.F., and C. Kukathas, eds. 2004, *Handbook of Political Theory*, Sage.

Gelzer, M. 1968, *Caesar: Politician and Statesman*, Harvard University Press.

Giardina, A. 1993a, Roman man. In Giardina 1993b: 1~15.

———, ed. 1993b, *The Romans*, University of Chicago Press.

Gibbon, E. 1994, *The History of the Decline and Fall of the Roman Empire*, Penguin.

Gills, B.K., and A.G. Frank, 1993, World system cycles, crises, and hegemonic shifts, 1700 BCE to 1700 AD. In *The World System*, ed. A.G. Frank and B.K. Gills, 143~199, Routledge.

Goffart, W. 1980, *Barbarians and Romans*, Princeton University Press.

———, 1989, *Rome's Fall and After*, Hambledon Press.

Goldsworthy, A. 1996. *The Roman Army at War, 100 BC~AD 200*. Oxford University Press.

———, 2006, *Caesar*, Yale University Press.

———, 2009, *How Rome Fell*, Yale University Press.

Graff, D.A. 2002, *Medieval Chinese Warfare: 300~900*. Routledge.

Grant, M. 1978, *History of Rome*, Faber and Faber.

———. 1990, *The Fall of the Roman Empire*, Collier Books.

———, 1994, *The Antonines*, Routledge.

Greene, K. 1986, *The Archeology of the Roman Economy*, University of California Press.

———, 2000, Technology innovation and economic progress in the ancient world. *Economic History Review* 53: 29~59.

Gruen, E.S. 1973, Review: Roman imperialism and Greek resistance. *Journal of Interdisciplinary History* 4: 273~286.

———, 1974, *The Last Generation of the Roman Republic*, University of California Press.

용과 독수리의 제국

———, 1984, *The Hellenistic World and the Coming of Rome*, University of California Press.

———, 1989, Exercise of power in the Roman Republic. In Molho et al. 1989: 251~268.

———, 1990, The imperial policy of Augustus. In Raaflaub and Toher 1990: 395~416.

———, 2005, Augustus and the making of the Principate. In Galinsky 2005: 33~54.

Hamilton, N. 2010, *American Caesars*, Yale University Press.

Hanahan, D., and R.A. Weinberg. 2000. The hallmarks of cancer, *Cell* 100: 57~70.

Handel, M.I. 2001, *Masters of War*, 3rd ed. Frank Cass.

Hansen, V. 2012, *The Silk Road: A New History*, Oxford University Press.

Hanson, V. D. 2005, The Roman way of war 250 BC~AD 300. In Parker 2005b: 46~60.

Hao, Y., and M. Johnston. 2002. Corruption and the future of economic reform in China. In *Political Corruption*, 3rd ed., eds. A.J. Heidenheimer and M. Johnston, Transaction Publisher(2002): 583~604.

Harris, R. 2003, *Political Corruption*, Routledge.

Harris, W.V. 1979, *War and Imperialism in Republican Rome, 327~70 B.C.* Oxford University Press.

———, 1989, Roman expansion in the west. In Astin et al. 1989: 107~162.

———, 1990, On defining the political culture of the Roman Republic: Some comments on Rosenstein, Williamson, and North. *Classical Philology* 85: 288~294.

———, 2011, *Rome's Imperial Economy*, Oxford University Press.

Hart, H.L.A. 1961, *The Concept of Law*, Oxford University Press.

Heather, P. 1996, *The Goths*, Blackwell.

———, 1997, *Foedera* and *foederati* of the fourth century. In *Kingdoms of the Empire*, ed. E. Pohl, 57~75. Brill.

———, 2005, *The Fall of the Roman Empire*, Pan Books.

Hegel, G.W.F. 1952, *Philosophy of Right*, Oxford.

———, 1965. *The Philosophy of History*, Dover.

Henderson, J.B. 1991, *Scripture, Canon and Commentary*, Princeton University Press.

Herodotus. *The Histories*, Tr. A. de Sélincourt. Penguin(1954).

Hingley, R. 2005, *Globalizing Roman Culture*, Routledge.

Hiromi Kinoshita. 2007, Qin palaces and architecture. In Portal 2007: 83~93.

Hobsbawm, E.J. 1959, *Primitive Rebels*, Norton.

Holcombe, C. 1994, *In the Shadow of the Han*, University of Hawaii Press.

Hölkeskamp, K -J. 2004, Under Roman roofs: Family, house and household. In Flower 2004: 113~138.

Holleaux, M. 1930, Rome and Antiochus. In Cook et al. 1930: 199~240.

Homer. *Iliad*, Tr. R. Lattimore, University of Chicago Press(1951).

Honoré T. 1995, *About Law*, Oxford University Press.

Hopkins, K. 1978a, *Conquerors and Slaves*, Cambridge University Press.

———, 1978b, Economic growth and towns in classical antiquity. In *Towns in Society*, ed. P. Abrams and E.A. Wrigley, 35~78, Cambridge University Press.

———, 1980, Taxes and trades in the Roman Empire(200 BC~AD 400). *Journal of Roman Studies* 70: 101~125.

———, 1983a. *Death and Renewal*, Cambridge University Press.

———, 1983b. Models, ships and staples. In *Trade and Famine in Classical Antiquity*, ed. P. Garnsey and C.R. Whittaker, 84~109, Cambridge Philological Society.

Hsiao, K‐C. 1979, *A History of Chinese Political Thought*, Princeton University Press.

Hsu, C‐Y. 1965a, *Ancient China in Transition*, Stanford University Press.

———, 1965b, The changing relation between local society and the central political power in Former Han: 206 BC~8 AD, *Comparative Studies in Society and History* 3: 358~370.

———, 1980, *Han Agriculture*, University of Washington Press.

———, 1999, The Spring and Autumn period. In Loewe and Shaughnessy 1999: 545~586.

Hsu, C‐Y., and K.M. Linduff, 1988. *Western Chou Civilization*, Yale University Press.

Huang, P.C.C. 1996, *Civil Justice in China*, Stanford University Press.

Huang, R. 1990, *China: A Macro History*, M.E. Sharpe.

Hui, V.T. 2005, *War and State Formation in Ancient China and Early Modern Europe*, Cambridge University Press.

Hulsewé A.F.P. 1978, The Ch'in documents discovered in Hupei in 1975. *T'oung Pao* 64: 175~217.

———, 1985, The influence of the 'Legalist' government of Qin on the economy as reflected in the texts discovered in Yunmeng County. In *The Scope of State Power in China*, ed. S.R. Schram, 81~126, St. Martin's Press.

———, 1986, Ch'in and Han laws. In Twitchett and Loewe 1986: 520~544.

———, 1987, Han China: A proto 'welfare state'? *T'oung Pao* 73: 265~285.

———, 1989, Founding fathers and yet forgotten men: A closer look at the tables of the nobility in the 'Shih Chi' and 'Han Shu'. *T'oung Pao* 75: 43~126.

Hunt, P. 2011, Slaves in Greek literary culture. In Bradley and Cartledge 2011: 22~47.

Huntington, S.P. 1968, *Political Order in Changing Societies*, Yale University Press.

Huzar, E.G. 1978, *Mark Antony*, University of Minnesota Press.

Isaac, B. 1992, *The Limits of Empire*, rev. ed. Oxford University Press.

Jacques, M. 2009, *When China Rules the World*, Penguin.

James, H. 2006, *The Roman Predicament*, Princeton University Press.

Johnson, C. 2000, *Blowback: The Costs and Consequences of American Empire*, Basic Books.

———. 2004, *The Sorrows of Empire*, Metropolitan Books.

Johnston, A.I. 1995, *Cultural Realism, Strategic Culture, and Grand Strategy in Chinese History*, Princeton University Press.

Jones, A.H.M. 1940, *The Greek City*, Oxford University Press.

———, 1956, Slavery in the ancient world. *Economic History Review* 9: 185~199.

———, 1964, *The Later Roman Empire: 284~602*, Johns Hopkins University Press.

———, 1970, *Augustus*, Norton.

———, 1974, *The Roman Economy*, Basil Blackwell.

Jones, B.W. 1979. *Domitian and the Senatorial Order*, American Philosophical Society.

Kagen, K. 2006, Redefining Roman grand strategy. *Journal of Military History* 70: 333~362.

Kalinowski, M., Deng Wenkuan, and M. Bujard, eds. 2009, *Rome-Han: Comparer l' Incomparable*, Éole française d 'Extrême‐Orient. Bejing.

Kallert‐Marx, R.M. 1995, *Hegemony to Empire*, University of California Press.

Katouzian, H. 2009, *The Persians*, Yale University Press.

Kelly, C. 2004, *Ruling the Later Roman Empire*, Harvard University Press.

———, 2008, *The End of Empire*, Norton.

Kennedy, P., ed. 1983. *Grand Strategy in War and Peace*, Yale University Press.

Keppie, L. 1984, *The Making of the Roman Army*, University of Oklahoma Press.

Kern, M. 2000, *The Stele Inscriptions of Ch' in Shih' huang: Text and Ritual in Early Chinese Imperial Representation*, American Oriental Society.

———, 2007, Imperial tours and mountain inscriptions. In Portal 2007: 104~113.

Khazanov, A.M. 1994, *Nomads and the Outside World*, 2nd ed. Wisconsin University Press.

Kissinger, H. 1994, *Diplomacy*, Touchstone.

———, 2011, *On China*, Penguin.

Kolendo, J. 1993, The peasant. In Giardina 1993b: 199~213.

Kunkel, W. 1973, *An Introduction to Roman Legal and Constitutional History*, 2nd ed. Oxford University Press.

Lakoff, S. 1996, *Democracy, History, Theory, Practice*, Westview Press.

Lancel, S. 1998, *Hannibal*, Basil Blackwell.

Lary, D. 1980, Warlord studies. *Modern China* 6: 439~470.

Lattimore, O. 1940, *Inner Asian Frontiers of China*, Beacon Press.

Lawson, F.H. 1965, Roman law. In *The Romans*, ed. J.P.V.D. Balsdon, 102~128. Basic Books.

Lazenby, J. F. 2004, Rome and Carthage. In Flower 2004: 225~241.

Le Bohec, Y. 1989, *The Imperial Roman Army*, Hippocrene Books.

Leeming, F. 1980, Official landscape in traditional China. *Journal of the Economic and Social History of the Orient* 23: 153~204.

Le Glay, M.J. Voisin, and Y. Le Bohec. 2001, *A History of Rome*, 2nd ed. Basil Blackwell.

Lendon, J. E. 1997, *Empire of Honour*, Oxford University Press.

Leslie, D.D., and K.H.J. Gardiner. 1996, *The Roman Empire in Chinese Sources*,Bardi.

Lewis, M.E. 1990, *Sanctioned Violence in Early China*, State University of New York Press.

――――, 1999, Warring States political history. In Loewe and Shaughnessy 1999: 589~650.

――――, 2007, *The Early Chinese Empires: Qin and Han*, Harvard University Press.

――――, 2009, *China Between Empires*, Harvard University Press.

Lewis, N., and M. Reinhold, eds. 1990. *Roman Civilization: Selected Readings*, 3rd ed. Columbia University Press.

Li, F. 2006, *Landscape and Power in Early China*, Cambridge University Press.

Li, J. 1996, *Chinese Civilization in the Making, 1766-221 BC*. St. Martin's Press.

Li, X. 1985, *Eastern Zhou and Qin Civilizations*, New Haven: Yale University Press.

Liddell Hart, B.H. 1926, *Scipio Africanus*, Da Capo Press.

Light, P.C. 2003, Fact sheet on the new true size of government. www.brookings.edu/articles/2003/0905politics_light.aspx.

Lightfoot, C.S. 1990, Trajan's Parthian War and the fourth century perspective. *Journal of Roman Studies* 80: 114~126.

Lindner, R. 1981, Nomadism, Huns and horses. *Past and Present* 92: 1~19.

Lintott, A. 1981, What was the"Imperium Romanum"? *Greece and Rome* 28: 53~67.

――――, 1999, *The Constitution of the Roman Republic*, Oxford University Press.

Liu, S‐H. 1998, *Understanding Confucian Philosophy*, Praeger.

Liu, X. 2001, Migration and settlement of the Yuezhi‐Kushan. *Journal of World History* 12: 261~292.

Livy. *History*, Tr. A. de Séincourt, Penguin(1965).

Lloyd, G.E.R. 2005, *The Delusion of Invulnerability*, Duckworth.

Loewe, M. 1986a, The conduct of government and the issues at stake. In Twitchett and Loewe 1986: 291~316.

――――, 1986b, The former Han Dynasty. In Twitchett and Loewe 1986: 103~221.

용과 독수리의 제국

————, 1999, The heritage left to the empires. In Loewe and Shaughnessy 1999: 967~1031.

————, 2005a. *Everyday Life in Early Imperial China,*. Hackett.

————, 2005b. *Faith, Myth and Reason in Han China*, Hackett.

————, 2006. *The Government of the Qin and Han Empires, 221 BCE~220 CE.* Hackett.

————, 2007. The First Emperor and the Qin Empire. In Portal 2007: 58~79.

————, 2009. The Western Han army. In Di Cosmo 2009: 65~89.

Loewe, M., and E.L. Shaughnessy, eds. 1999, *The Cambridge History of Ancient China: From the Origin of Civilization to 221 BC*, Cambridge University Press.

Longden, R.P. 1954, Nerva and Trajan. In Cook et al. 1954: 188~222.

Lu, X. 1988, *Ancient India and Ancient China*, Oxford University Press.

Lucas, J.R. 1985, *The Principles of Politics*, Oxford University Press.

Luttwak, W.N. 1976, *The Grand Strategy of the Roman Empire*, Johns Hopkins University Press.

MacMullen, R. 1966, *Enemies of the Roman Order*, Harvard University Press.

————, 1974, *Roman Social Relations*, Yale University Press.

————, 1986, Judicial savagery in the Roman Empire. *Chiron* 16: 147~166.

————, 1988, *Corruption and the Decline of Rome*, Yale University Press.

Madden, T.F. 2007, *Empires of Trust*, Dutton.

Maddison, A. 2007, *Contours of the World Economy, 1~2030 AD*, Oxford University Press.

Maenchen‐Helfen, J.O. 1973, *The World of the Huns*, University of California Press.

Maier, C.S. 2006, *Among Empires: American Ascendancy and Its Predecessors*, Harvard University Press.

Mann, J.C. 1979, Power, force and the frontier of the Empire. *Journal of Roman Studies* 69: 175~183.

Mann, M. 1986, *The Sources of Social Power*, vol. 1. Cambridge University Press.

————, 1988, *States, War, and Capitalism*, Basil Blackwell.

Marcone, A, 1998. Late Roman social relations. In Cameron and Garnsey 1998: 338~370.

Marcus Aurelius. *Meditations*, Tr. George Long, Skylight Paths Publishing(2007).

Mattern, S.P. 1999. *Rome and the Enemy*, University of California Press.

Mattern‐Parks, S.P. 2003, The defeat of Crassus and the just war. *Classical World* 96: 387~396.

McDonald, A.H. 1938, Scipio Africanus and Roman politics in the second century BC. *Journal of Roman Studies* 28: 153~164.

McLeod, K.C.D., and R.D.S. Yates, 1981. Forms of Ch'in law. *Harvard Journal of Asiatic Studies* 41: 111~163.

McNeill, W.H. 1963, *The Rise of the West*, University of Chicago Press.

————, 1976, *Plagues and Peoples*, Anchor Books.

―, 1982, *The Pursuit of Power*, University of Chicago Press.

Meier, C. 1990, The formation of the alternative in Rome. In Raaflaub and Toher 1990: 54~70.

Mellor, R., ed, 1998. *The Historians of Ancient Rome*, Routledge.

Millar, F. 1981, *The Roman Empire and Its Neighbours*, 2nd ed. Duckworth.

―, 1992, *The Emperor in the Roman World*, 2nd ed. Duckworth.

―, 1993, *The Roman Near East 31 BC~AD 337*, Harvard University Press.

―, 1998, *The Crowd in Rome in the Late Republic*, University of Michigan Press.

―, 2002a, *The Roman Republic and the Augustan Revolution*, University of North Carolina Press.

―, 2002b, *The Roman Republic in Political Thought*, Brandeis University Press.

―, 2004, *Government, Society, and Culture in the Roman Empire*, University of North Carolina Press.

Millward, J.A. 2007, *Eurasian Crossroads*, Columbia University Press.

Mitchell, S. 2007, *A History of the Later Roman Empire*, Basil Blackwell.

Mittag, A., and F. Mutschler. 2009. Epilogue. In Mutschler and Mittag 2009: 421~447.

Mokyr, J. 1990, *The Lever of Riches*, Oxford University Press.

Molho, A.,K.A. Raaflaub, and J. Emlen, eds. 1989, *City States in Classical Antiquity and Medieval Italy*, University of Michigan Press.

Morris, I. 2010, *Why the West Rules ― For Now*, Farrar, Straus and Giroux.

Münkler, H. 2007, *Empires: The Logic of World Domination from Ancient Rome to the United States*, Polity.

Murphy, C. 2007, *Are We Rome?* Houghton Mifflin.

Murray, W., and M. Grimsley. 1994, On strategy. In Murray, Knox, and Bernstein 1994: 1~23.

Murray, W., M. Knox, and A. Bernstein, eds. 1994, *The Making of Strategy*, Cambridge University Press.

Mutschler, F., and A. Mittag, eds. 2009, *Conceiving the Empire: China and Rome Compared*, Oxford University Press.

Narain, A.K. 1990, Indo-Europeans in Inner Asia. In Sinor 1990b: 151~176.

Needham, J., G. Lu, and L. Wang. 1971, *Science and Civilization in China*, Vol. 4 part 3, *Civil Engineering and Nautics*, Cambridge University Press.

Needham, J., and R.D.S. Yates. 1994, *Science and Civilization in China*, Vol. 5 part 6, *Military Technology: Missiles and Sieges*, Cambridge University Press.

Nicolet, C. 1980, *The World of the Citizen in Republican Rome*, University of California Press.

―, 1993, The citizen: the political man. In Giardina 1993b: 16~54.

Nishijima Sadao 1986, The economic and social history of former Han. In Twitchett and Loewe 1986: 551~607.

Nivison, D.S. 1996, *The Ways of Confucianism*, Open Court Press.

———, 1999, The classical philosophical writings. In Loewe and Shaughnessy 1999: 745~812.

———, 2002, Mengzi as philosopher of history. In Chan 2002: 282~304.

Norden, B.W. van. 2007, *Virtue Ethics and Consequentialism in Early Chinese Philosophy*, Cambridge University Press.

North, J.A. 1981, The development of Roman imperialism. *Journal of Roman Studies*, 71: 1~9.

———, 1990, Democratic politics in Republican Rome. *Past and Present* 126: 3~21.

Nye, J. 2002, The New Rome meets the New Barbarians. *Economist*, March 23, 23~25.

———, 2005, *Soft Power: The Means to Succeed in World Politics*. Public Affairs.

Ober, J. 1982, Tiberius and the political testament of Augustus. *Historia* 31: 306~328.

Orend, B. 2006, *The Morality of War*, Broadview Press.

Osgood, J. 2006, *Caesar's Legacy*, Cambridge University Press.

Parker, G. 1996, *The Military Revolution*, 2nd ed. Cambridge University Press.

———, 2005a, The Western way of war. In Parker 2005b: 1~14.

———, ed. 2005b. *The Cambridge History of Warfare*, Cambridge University Press.

Parsons, T.H. 2010, *The Rule of Empires*, Oxford University Press.

Patterson, O. 1991, *Freedom*, vol. 1: *Freedom in the Making of Western Culture*, Basic Books.

Peerenboom, R. 2002, *China's Long March Toward Rule of Law*, Cambridge University Press.

Periplus of the Erythraean Sea, Tr. G.W.B. Huntingford. Hakluyt Society(1980).

Perry, E.J. 1992, Casting a Chinese 'democracy' movement. In *Popular Protest and Political Culture in Modern China*, ed. J.N. Wasserstrom and E.J. Perry, 146~164, Westview Press.

Pines, Y. 2002, *Foundations of Confucian Thought*, University of Hawaii Press.

———, 2009a, *Envisioning Eternal Empire*, University of Hawaii Press.

———, 2009b, Imagining the Empire? Concepts of 'primeval unity' in pre–imperial historiographic tradition. In Mutschler and Mittag 2009: 67~90.

Pirazzoli-t'Serstevens, M. 1982, *The Han Dynasty*, Rizzoli.

Pitts, J. 2005, *A Turn to Empire*, Princeton University Press.

Pitts, L.F. 1989, Relations between Rome and the German 'kings' on the middle Danube in the first to the fourth centuries AD. *Journal of Roman Studies* 79: 45~58.

Plato, *The Laws*, Tr. T.J. Saunders. Penguin(1970).

Pliny, *Natural History*, Harvard(1938).

Plutarch, *Lives*, Tr. B. Perrin. Harvard(1914).

Pohl E., ed. 1997, *Kingdoms of the Empire*, Brill.

Polybius, *Histories*, Tr. I. Scott -Kilvert. Penguin(1979).

Portal, J., ed. 2007, *The First Emperor*, Harvard University Press.

Potter, D.S. 2004, *The Roman Empire at Bay, AD 180~395*, Routledge.

Potter, T.W. 1987, *Roman Italy*, University of California Press.

Ptolemy, *Geography*, Tr. E.L. Stevenson. Dover(1991).

Pulleyblank, E.G. 1958, The origin and nature of chattel slavery in China. *Journal of the Economic and Social History of the Orient* 1: 185~220.

―――, 1999, Review: The Roman Empire as known to Han China. *Journal of the American Oriental Society* 119: 71~79.

Purcell, N. 1991, The arts of government. In Boardman et al. 1991: 180~214.

Pye, L.W. 1985, *Asian Power and Politics*, Harvard University Press.

Raaflaub, K.A. 1986a, From protection and defense to offense and participation: Stages in the conflict of orders. In Raaflaub 1986b: 198~243.

―――, ed. 1986b, *Social Struggles in Archaic Rome*, University of California Press.

―――, 2004, *The Discovery of Freedom in Ancient Greece*, University of Chicago Press.

Raaflaub, K.A., and N. Rosenstein, eds. 1999, *War and Society in the Ancient and Medieval Worlds*, Harvard University Press.

Raaflaub, K.A., and L.J. Samons, 1990, Opposition to Augustus. In Raaflaub and Toher 1990: 417~454.

Raaflaub, K.A., and M. Toher, eds. 1990, *Between Republic and Empire*, University of California Press.

Ramsey, J.T., and A.L. Licht. 1997, *The Comet of 44 BC and Caesar's Funeral Games*, Scholar Press.

Rathbone, D.W. 1981, The development of agriculture in the 'Ager Cosanus' during the Roman Republic. *Journal of Roman Studies* 71: 10~23.

Rawson, E. 1975, *Cicero: A Portrait*, Basic Classical.

Rawson, J. 1999, Western Zhou archeology. In Loewe and Shaughnessy 1999: 352~449.

Reinhold, M. 2002, *Studies in Classical History and Society*, Oxford University Press.

Rhodes, P.J. 2007, Democracy and empire. In *The Cambridge Companion to the Age of Pericles*, ed. L. J. Samons, 24~45, Cambridge University Press.

Richardson, J.S. 1991, Imperium Romanum: Empire and the language of power. *Journal of Roman Studies* 81: 1~9.

Riddle, J. M., ed. 1970, *Tiberius Gracchus*, Heath.

Romer, J. 2007, *The Great Pyramid: Ancient Egypt Revisited*, Cambridge University Press.

Ropp, P.S., ed. 1990, *Heritage of China*, University of California Press.

Rosenstein, N. 1999, Republican Rome. In Raaflaub and Rosenstein 1999: 193~216.

———, 2009. War, state formation, and the evolution of military institutions in ancient China and Rome. In Scheidel 2009c: 24~51.

Rostovtzeff, M. 1957, *Social and Economic History of the Roman Empire*, 2nd ed. Oxford University Press.

———, 1960. *Rome*, Oxford University Press.

Rüpke, J. 2004, Roman religion. In Flower 2004: 179~198.

Rutledge, S.H. 2001, *Imperial Inquisitions*, Routledge.

Sallust, *Conspiracy of Catiline*, Tr. S.A. Handford, Penguin(1963).

———, *Jugurthine War*, Tr. S.A. Handford, Penguin(1963).

Salmon, E.T. 1982, *The Making of Roman Italy*, Cornell University Press.

Sargent, C.B. 1944, Subsidized history: Pan Ku and the Historical Records of the former Han Dynasty, *Far East Quarterly* 3: 119~143.

Sawyer, R.D. 1993, *The Seven Military Classics of Ancient China*, Westview Press.

———, 2004, *Fire and Water*, Westview.

Scheffler, S., ed. 1988, *Consequentialism and Its Critics*, Oxford University Press.

Scheid, J. 1993, The priest. In Giardina 1993b: 85~99.

Scheidel, W. 2009a, Introduction and From the 'great convergence' to the 'first great divergence.' In Scheidel 2009c: 3~23.

———, 2009b, The monetary systems of the Han and Roman Empires. In Scheidel 2009c: 137~208.

———, ed. 2009c, *Rome and China: Comparative Perspectives on Ancient World Empires*, Oxford University Press.

———, 2012a, Slavery. In Scheidel 2012a: 89~113.

———, ed. 2012b, *The Cambridge Companion to the Roman Economy*, Cambridge University Press.

Schiavone, A. 2000, *The End of the Past*, Harvard University Press.

Schirokauer, C., and R.P. Hymes, 1993, Introduction. In *Ordering the World*, ed. R.P Hymes and C. Schirokauer, 1~58, University of California Press.

Schumann, R. 1992, *Italy in the Last Fifteen Hundred Years*, 2nd ed. University Press of America.

Schwartz, B.I. 1985, *The World of Thought in Ancient China*, Harvard University Press.

———, 1996, *China and Other Matters*, Harvard University Press.

Scullard, H.H. 1973, *Roman Politics 220~150 BC*, Greenwood Press.

———, 1976, *From the Gracchi to Nero*, Methuen.

————, 1980, *A History of the Roman World: 753~146 BC*, 4th ed. Routledge.

————, 1989, Carthage and Rome. In Walbank et al. 1989: 486~569.

Seager, R. 1972, *Tiberius*, Basil Blackwell.

————, 2002, *Pompey the Great*, Basil Blackwell.

Sellers, M.N.S. 2004, The Roman Republic and the French and American Revolutions. In Flower 2004:
347~364.

Shaughnessy, E.L. 1999, Western Zhou history. In Loewe and Shaughnessy 1999: 292~351.

Shaw, B.D. 1984, Bandits in the Roman Empire. *Past and Present* 105: 3~52.

————. 1999. War and violence. In Bowersock et al. 1999: 130 - 169.

Sherwin - White, A.N. 1957, Caesar as an imperialist. *Greece and Rome* 4: 36~45.

————. 1980, Review: Rome the aggressor? *Journal of Roman Studies* 70: 177~181.

Shryock, J.K. 1966, *The Origin and Development of the State Cult of Confucius*, Paragon Book Reprint
Corp.

Sinor, D. 1981, The inner Asian warriors. *Journal of the American Oriental Society* 101: 133~141.

————, 1990a, The Hun period. In Sinor 1990b: 177~205.

————, ed. 1990b, *The Cambridge History of Early Inner Asia*, Cambridge University Press.

Skinner, G.W. 1977, Cities and the hierarchy of local systems. In *Studies in Chinese Society*, ed. A.P.
Wolf, 1~78, Stanford University Press.

Skocpol, T. 1985, Bringing the state back in: Strategies of analysis in current research. In Evans et al.
1985: 3~43.

Smith, C.B. 2004, *How the Great Pyramid Was Built*, Smithsonian Books.

Southern, P. 1998, *Augustus*, Routledge.

————, 2001, *The Roman Empire from Severus to Constantine*, Routledge.

Starr, C.G. 1982, *The Roman Empire, 27 BC~AD 476*, Oxford University Press.

————, 1991, *A History of the Ancient World*, 4th ed. Oxford University Press.

Ste. Croix, G.E.M. de, 1981. *The Class Struggle in the Ancient Greek World*, Cornell University Press.

Steadman, L.B., C.T. Palmer, and C.F. Tilley, 1996. The universality of ancestor worship. *Ethnology* 35:
63~76.

Stockton, D. 1991, The founding of the Empire. In Boardman et al. 1991: 146~179.

Stone, L. 1965, *The Crisis of the Aristocracy: 1558~1641*, Abridged ed. Oxford University Press.

Strabo, *Geography*, Tr. H. Jones. Harvard(1948).

Strobe, J.A. 1998, Justification of war in ancient China. *Asian Philosophy* 8(3): 165~181.

Suetonius, *The Twelve Caesars*, Tr. R. Graves, Penguin (1957).

Swaine, M.D., and A. J. Tellis. 2000, *Interpreting China's Grand Strategy*, RAND.

Swanson, J.A. 1992, *The Public and the Private in Aristotle's Political Philosophy*, Cornell.

Syme, R. 1939, *The Roman Revolution*, Oxford University Press.

―――, 1958, *Tacitus*, Oxford University Press.

Taagepera, R. 1979, Size and duration of empires: Growth-decline curves, 600 BC to 600 AD. *Social Science History* 3: 115~138.

Tacitus. *The Annals of Imperial Rome*, Tr. M. Grant, Penguin(1956).

―――, *Germania*, Tr. H. W. Bernario, Aris & Phillips(1999).

―――, *The Histories*, Tr. W. H. Fyfe, Oxford(1999).

―――, *The Life of Agricola*, Tr. A.J. Church and W.J. Brodibb, In Mellor 1998: 394~416.

Taliaferro, J.W.,S.E. Lobell, and N.M. Ripsman, 2009, Introduction. In *Neoclassical Realism, The State, and Foreign Policy*, ed. S.E. Lobell, N.M. Ripsman, and J.W. Taliaferro, 1~41, Cambridge University Press.

Tan, S-H. 2002, Between family and state. In Chan 2002: 169~188.

Tanner, S. 2009, *Afghanistan*, rev. ed. Da Capo.

Taylor, L.R. 1962, Forerunners of the Gracchi. *Journal of Roman Studies* 52: 19~27.

Teggart, F.J. 1939, *China and Rome: A Study of Correlations in Historical Events*, University of California Press.

Temple, R. 1986, *The Genius of China: 3000 Years of Science, Discovery and Invention*, Simon & Schuster.

Thompson, E.A. 1952, Peasant revolts in late Roman Gaul and Spain. *Past and Present* 2: 11~23.

―――, 1958, Early Germanic Warfare. *Past and Present* 14: 2~29.

―――, 1982, *Romans and Barbarians*, University of Wisconsin Press.

―――, 1996, *The Huns*, Basil Blackwell.

Thorley, J. 1971, The silk trade between China and the Roman Empire at its height, circa AD 90~130. *Greece and Rome* 18: 71~80.

―――, 1981, When was Jesus born? *Greece and Rome* 28: 81~89.

Thucydides, *The Peloponnesian War*, Tr. R. Warner, Penguin(1954).

Tillman, H.C. 1981, The development of tension between virtue and achievement in early Confucianism. *Philosophy East and West* 31:17~28.

Tilly, C. 1975, Reflections on the history of European state-making. In *The Formation of National States in Western Europe*, ed. C. Tilly, 3~83, Princeton University Press.

―――, 1985, War making and state making as organized crime. In Evans et al. 1985: 169~191.

―――, 1990, *Coercion, Capital, and European States*, Basil Blackwell.

Todd, M. 1992, *The Early Germans*, Basil Blackwell.

Toynbee, A.J. 1957, *A Study of History* (abridged), Dell.

———, 1965, *Hannibal's Legacy*, Oxford University Press.

Tu, W - M, ed. 1996. *Confucian Traditions in East Asian Modernity*, Harvard University Press.

Turner, K. 1990, Sage kings and laws in the Chinese and Greek traditions. In Ropp 1990: 86~111.

———, 1993, War, punishment, and the law of nature in early Chinese concepts of the state. *Harvard Journal of Asiatic Studies* 53: 285~324.

———, 2009, Law and punishment in the formation of empire. In Scheidel 2009c: 52~82.

Twitchett, D., and M. Loewe, eds. 1986. *The Cambridge History of China*, vol. 1, *The Ch'in and Han Empires, 221 BC~AD 220*, Cambridge University Press.

Ungern - Sternberg, J.von. 1986. The end of the Conflict of the Orders. In Raaflaub 1986b: 353~378.

Vaissière, E. de la. 2004, The rise of Sogdian merchants and the role of the Huns. In *The Silk Road*, ed. S. Whitefield, 19~23, Serindia.

Veyne, P. 1993, *Humanitas: Romans and non - Romans*, In Giardina 1993b: 342~370.

Virgil. *Georgics*, Tr. P. Fallon, Gallery Books (2004).

———, *The Aeneid*, Tr. R. Fitzgerald, Vintage (1981).

Wagner, D.B. 1993, *Iron and Steel in Ancient China*, Brill.

Walbank, F.W. 1970, *Historical Commentary on Polybius*, Oxford University Press.

———, 1981, *The Hellenistic World*, Harvard University Press.

Walbank, F.W., A.E. Astin, M.W. Frederiksen, and R.M. Ogilvie, eds. 1989, *Cambridge Ancient History*, 2nd ed. vol. 7, pt. 2, Cambridge University Press.

Waldron, A. 1990, *The Great Wall of China*, Cambridge University Press.

Walzer, M. 2006, *Just and Unjust Wars*, Basic Books.

Wang Rihua. 2011, Political hegemony in ancient China. In Yan 2011: 181~195.

Wang, Z. 1982, *Han Civilization*, Yale University Press.

Ward, A.M. 1977, *Marcus Crassus*, University of Missouri Press.

Wardman, A.E. 1984, Usurpers and internal conflicts in the 4th century AD, *Historia* 33: 220~237.

Ward - Perkins, B. 2005, *The Fall of Rome and the End of Civilization*, Oxford University Press.

Weber, M. 1919, Politics as a vocation, In *From Max Weber: Essays in Sociology*, eds. H.H. Gerth and C.W. Wills, Oxford University Press (1946): 77~128.

Wellesley, K. 1975, *The Long Year AD 69*, Westview Press.

Wells, C. 1992, *The Roman Empire*, 2nd ed. Harvard University Press.

Wheeler, E. 1993, Methodological limits and the mirage of Roman strategy, *Journal of Military History* 57: 7~41, 215~40.

Whitefield, S. ed. 2004, *The Silk Road: Trade, Travel, War and Faith*, Serindia.

Whitehead, D. 1989, Norms of citizenship in ancient Greece. In Molho et al. 1989, 135~154.

Whittaker, C. R. 1978, Carthaginian imperialism in the fifth and fourth centuries. In Garnsey and Whittaker 1978, 59~90.

―――, 1994, *Frontiers of the Roman Empire*, Johns Hopkins University Press.

Whittaker, C.R. and P. Garnsey, 1998, Rural life in the Later Roman Empire, In Cameron and Garnsey 1998, 277~311.

Wickersham, J. 1994, *Hegemony and Greek Historians*, Rowman and Littlefield.

Wickham, C. 2010, *The Inheritance of Rome*, Penguin.

Wiedemann, T. 1981, *Greek and Roman Slavery*, Johns Hopkins University Press.

―――, 2000, Reflections of Roman political thought in Latin historical writing, In *The Cambridge History of Greek and Roman Political Thought*, ed. C. Rowe and M. Schofield, 517~531, Cambridge University Press.

Wilbur, C.M. 1943, *Slavery in China during the Former Han Dynasty*, University of Chicago Press.

Wilkinson, E. 1998, *Chinese History, A Manual*, Harvard University Asia Center.

Wirszubski, C. 1960, *Libertas as a Political Idea at Rome During the Late Republic and Early Principate*, Cambridge University Press.

Wong, R.B. 1997. *China Transformed*, Cornell University Press.

Wood, N. 1988, *Cicero's Social and Political Thought*, University of California Press.

Xu, J. 2011, The two poles of Confucianism, In Yan 2011, 161~80.

Yan, X. 2011, *Ancient Chinese Thought, Modern Chinese Power*, Princeton University Press.

Yang, H. and F. Mutschler, 2009, The emergence of empire: Rome and the surrounding world in historical narratives from the late third century BC to the early first century AD, In Mutschler and Mittag 2009, 91~114.

Yang, L-S. 1968, Historical notes on the Chinese world order. In *The Chinese World Order*, ed. J.K. Fairbank, Harvard University Press. 20~33.

Yates, R.D.S. 1987, Social Status in the Ch'in, *Harvard Journal of Asiatic Studies* 47: 197~237.

―――, 1999, Early China, In Raaflaub and Rosenstein 1999, 7~46.

Young, G. K. 2001, *Rome's Eastern Trade*, Routledge.

Yu, J. 2007, *The Ethics of Confucius and Aristotle*, Routledge.

Yü Y -S. 1967, *Trade and Expansion in Han China*, University of California Press.

―――, 1986, Han foreign relations. In Twitchett and Loewe 1986, 377~462.

―――, 1990, The Hsiung-nu, In Sinor 1990b, 118~146.

두 제국, 진·한과 로마제국

'G2'라는 말이 유행한 지는 꽤 여러 해 되었다. 2006년 미국 블룸버그통신의 칼럼니스트 윌리엄 페섹(William Pesek) 이 처음 거론한 것으로 알려진 이 용어는 2000년 이후 세계 경제를 리드하는 미국과 중국을 가리키는 말로 사용되어왔다. 이후 2009년 베이징에서 열린 미·중 수교 30주년 기념 학술행사에서는 즈비그뉴 브레진스키(Zbigniew Brzezinski)가 미국과 중국만 참여하는 'G2 회의' 를 개최하자고 제의하기도 했다. 일부에서는 G2가 초강대국 미국이 최근 급성장하고 있는 중국의 국력을 견제하기 위해 내세운 과장된 용어에 불과하다고 폄하하기도 하지만, 이른바 '굴기'로 호칭되는 근래 중국의 성장과 영향력은 경제 분야를 넘어 정치, 군사, 외교, 문화 등의 분야로까지 확산하고 있는 실정이다.

G2 사이에 자리 잡고 있는 우리의 입장에서는 특히 이 두 강대국

의 일거수일투족을 면밀히 주시하지 않을 수 없다. 게다가 우리는 최근 국내외 여러 가지 문제로 촉발된 미국과 중국의 갈등 및 그 강력한 여파에 직접 노출되어 있다. 또한 미국과의 한미동맹 문제, FTA 문제, 북핵을 둘러싼 중국과의 갈등 등이 얽히고설키면서, 이른바 G2와의 관계가 우리의 생존과 직접 연관되어 있음을 절실하게 체감하고 있다. 따라서 우리에겐 우리의 주권과 자존을 지키면서 G2와 얽힌 문제를 풀어가는 것이 지금도 여전히 시급한 과제임을 부인할 수 없다. 이에 우리는 두 강대국이 시행하는 각 부문의 정책과 전략을 꼼꼼하게 분석해야 할 뿐 아니라, 더 근본적으로는 현재의 미국과 중국을 가능하게 한 원형에 대한 탐구도 소홀히 할 수 없다.

로마공화정이나 로마제국의 유산이 구미 여러 나라 각 부문의 바탕을 이루고 있음은 여러 학자가 이미 인정한 바다. 미국의 국제정치학자 찰스 쿱찬(Charles A. Kupchan)은 미국을 '제2의 로마'라고 규정하면서, 현재 여력이 있을 때 단계적인 대책을 마련하여 로마와 같은 몰락을 피해야 한다고 주장했다. 중국의 경우는 역사상 가장 막강했던 진·한(秦·漢)제국의 유산이 이후 중국의 성격과 특징을 규정지었을 뿐 아니라 지금까지도 중국 각 부문에 깊은 영향을 미치고 있는 실정이다. 중국인들은 그들의 주류 민족을 한족(漢族)이라 부르고, 그들이 쓰는 문자를 한자(漢字)라 부르며, 그들이 사용하는 언어를 한어(漢語)라고 부른다. 이런 호칭은 모두 자신들이 한나라의 후예임을 표방하는 증거다. 또 진나라의 법치제도와 군현제도는 한나라를 거치면서 중국 왕조를 지탱하는 기둥이 되었고, 중국 사상과 정치 이데올로기의 핵심인 유가 이론도 한 무제(武帝)가 독존의 지위를 부여함으로써 이후 2,000여 년간 중국 사회에 막강한 영향력을 행사했다. 따라서 목전의 미국을 이해하기 위해서는 로마제국으로 진입해야 하며, 지금의 중국을 이해하기 위해서는 진·한제국으로 들어가지 않을 수 없다.

이를 위해 지금까지 로마제국이나 진·한제국의 특징을 각각 개별적으로 연구한 저작이 적지 않게 발표되었다. 하지만 이 두 제국을 전문적으로 비교·분석한 저작은 매우 드문 편이었다. 이 책은 본격적으로 진·한제국과 로마제국을 비교 분석하여 현재 G2로 언급되고 있는 중국과 미국의 전통적인 내면 의식과 행동 양식을 충실하게 드러낸 저작이다.

이 책의 글쓴이 어우양잉즈(歐陽瑩之, Sunny Y. Auyang)는 지금 미국에 거주하고 있는 중국 출신 학자인데, 그녀는 매사추세츠공과대학에서 20여 년간 고체물리학과 과학철학 연구에 종사했다. 흥미롭게도 그녀는 퇴임 후 문학과 역사 연구로 방향을 바꿔 그 첫 번째 저작으로 『용과 독수리(*The Dragon and the Eagle*)』(2014)를 미국에서 출간했고, 이어서 이 책의 중국어 번역판 『용과 독수리의 제국(龍與鷹的帝國)』(2015)을 중국에서 출간했다. 과학자로서의 학문 경력을 바탕으로 그녀는 이 책에서 특히 학술 용어에 대한 철저한 개념 규정과 객관적인 사료에 대한 치밀한 접근 등의 방식으로 자신만의 현저한 특징을 보여준다.

물론 어우양잉즈의 집필 태도의 바탕에는 2006년 이래 G2의 일원으로 꼽혀온, 자신이 태어난 조국에 대한 자부심이 깔려 있음을 부정할 수 없다. 그러나 그녀는 중국의 특수성을 일방적으로 선양하며 로마 또는 미국을 폄하하지 않는다. 오히려 진·한과 로마의 한계를 꼼꼼하게 분석하여 양대 제국의 유산이 지금까지도 중국과 미국에 많은 영향을 끼치고 있음을 폭넓게 드러내고 있다. 그중 우리의 관심을 끄는 대목은 2,000년 동안 중국 전통의 주류 이데올로기로 기능한 유가 사상의 주관적이고 허위적인 특징에 대한 비판과, 그리스 로마 이래로 구미 사상의 주요 기반으로 꼽혀온 자유 이념의 폭력적이고 패권적인 특징에 대한 비판이다. 지금도 중국과 미국의 근본적인 사유의 틀로 인정되고 있는 이 두 가지 사상에 대한 비판적 인식이야말로 이 책의 가장 중요한 덕목이나 다름없다. 특히 G2와의 주체적 관계 정립을 늘 고민해야 하는 우리 입장에서는 어우양잉즈의 비판적인 시각에 공감하지 않을 수 없으며, 이런 공감을 바탕으로 새로운 미래를 모색하는 일이 가능하리라 믿는다.

이 밖에도 진·한제국과 로마제국의 역사를 훑으며 경제와 군사 부문의 구체적인 증거를 통해 그들의 멸망 원인을 규명하는 대목도 매우 설득력 있다. 이런 면에서 이 책은 G2를 면밀하게 관찰하고 분석해야 할 우리에게 심도 있는 관점을 제시해줄 수 있을 것이다.

이 책은 영어 판본이 먼저 나왔고, 그것을 바탕으로 중국어 번역이 이루어졌다. 영어 판본과 중국어 판본을 비교해본 결과 기본적인 논지는 바뀌지 않았지만 중국어 판본이 훨씬 구체적이고 상세하게 서술되었음을 확인했다. 이 책은 중국어 판본을 완역한 한국어판이다.

이 책을 소개해준 노만수 선생에게 고마운 마음 전한다. 끝으로 이 책의 교정, 편집, 디자인 등 모든 출판 업무에 애쓰신 살림출판사에도 깊은 감사의 말씀 드린다. 이분들이 노고로 이처럼 품위 있는 책이 출간될 수 있었다.

2020년 3월 5일

곤산(崑山) 기슭 수목루(水木樓)에서

옮긴이 김영문

용과 독수리의 제국

용과 독수리의 제국

용과 독수리의 제국

지은이 **어우양잉즈**(歐陽瑩之, Sunny Y. Auyang)

여성으로 미국 국적 화교 생물학자, 과학자다. 상하이에서 초등학교, 홍콩에서 중학교를 다니고 1972년 매사추세츠공과대학(MIT)에서 물리학 박사학위를 받았다. 졸업 후 휴렛패커드(Hewlett-Packard)에서 근무했고, 나중에 모교 MIT 교수로 20여 년간 재직하며 주로 고체물리학과 과학철학 연구에 종사했다. 특히 복잡계 이론 분야에서 성과를 내며『복잡계 이론 기초(*Foundations of Complex System Theories*)』『공학: 끝없는 국경(*Engineering: An Endless Frontier*)』『양자역학, 무궁무진한 미래(*How Is Quantum Field Theory Possible?*)』등의 저서를 출간했다. 교수직 퇴임 후 문사철과 사회과학의 경계까지 넘나드는 왕성한 학제적 및 융합적 연구의 첫 번째 성과물로『용과 독수리의 제국』(2014)을 냈다. 이 책은 먼저 영어로 출간된 후 중국어로 번역되었다.

옮긴이 **김영문**(金永文)

서울대 대학원에서 석·박사학위를 받고, 한국연구재단 박사후과정에 선발되어 베이징대에 유학했다.『문선역주』(전 10권, 공역)와『루쉰전집』(전 20권, 공역)은 국내 최초 완역본이며,『동주열국지』(전 6권)는 중국 고전 번역의 수준을 한 단계 높인 것으로 평가받았다. 현재 세종대왕기념사업회 번역위원, 청청재(青青齋) 주인으로 각종 한문 고전 및 중국어 서적을 번역·저술하며 인문학 강의도 병행하고 있다. 그 밖에 저·역서로『노신의 문학과 사상』(공저),『원본 초한지』『역사, 눈앞의 현실』『중국역사 15강』『정관정요』『자치통감을 읽다』『루쉰, 시를 쓰다』등이 있다.

나라는 어떻게 흥하고 망하는가!
진·한과 로마, 두 제국의 천년사

용과 독수리의 제국

| 펴낸날 | **초판 1쇄** 2020년 4월 15일 |
| | **초판 2쇄** 2020년 6월 5일 |

지은이	**어우양잉즈**
옮긴이	**김영문**
펴낸이	**심만수**
펴낸곳	**(주)살림출판사**
출판등록	**1989년 11월 1일 제9-210호**

주소	**경기도 파주시 광인사길 30**
전화	**031-955-1350** 팩스 **031-624-1356**
홈페이지	http://www.sallimbooks.com
이메일	book@sallimbooks.com

| ISBN | 978-89-522-4202-0 03900 |

※ 값은 뒤표지에 있습니다.
※ 잘못 만들어진 책은 구입하신 서점에서 바꾸어 드립니다.

이 도서의 국립중앙도서실 출판예정도서목록(CIP)은 서지정보유통지원시스템 홈페이지(http://seoji.nl.go.kr)와 국가자료종합목록시스템(http://www.nl.go.kr/kolisnet)에서 이용하실 수 있습니다.(CIP제어번호: CIP2020010227)

기획 **노만수** 책임편집 **이상준, 김세중**